Jean Favier
Gold und Gewürze

Jean Favier
Gold und Gewürze
Der Aufstieg des Kaufmanns im Mittelalter

Aus dem Französischen von Roswitha Schmid

Junius Verlag GmbH
Stresemannstraße 375
2000 Hamburg 50

Copyright der deutschen Ausgabe
1992 by Junius Verlag GmbH
Copyright der Originalausgabe 1987 by Librairie Arthème Fayard
Titel der französischen Ausgabe: De l'or et des épices
Aus dem Französischen von Roswitha Schmid
Einbandgestaltung: Bartholl und Bartholl, Hamburg
Umschlagfoto: Keystone, Hamburg
Satz: DSD, Hamburg
Lithografie: Repro Studio Kroke · Leppin, Hamburg
Druck: SOAK GmbH, Hannover
Printed in Germany 1992
ISBN 3-88506-195-3
1. Auflage Mai 1992

Die Deutsche Bibliothek — CIP-Einheitsaufnahme
Favier, Jean:
Gold und Gewürze: der Aufstieg des Kaufmanns im Mittelalter
/ Jean Favier. Aus dem Franz. von Roswitha Schmid. — 1. Aufl.
— Hamburg : Junius, 1992
    Einheitssacht.: De l'or et des épices ‹dt.›
    ISBN 3-88506-195-3

Inhalt

Einleitung *9*

Horizonte *17*
Eine neue Welt *17*   Straßen und Flüsse *19*
Der Handel und die Bedürfnisse *24*   Der Wirtschaftsraum *30*

Die Anfänge *41*
Die Kunst der Schiffahrt *41*   Neue Handelsgeschäfte, neue Routen *45*
Die Italiener, und die anderen... *51*

Die Welt erfahren *63*
Der Meister und das Kontor *63*   Das Buch *71*
Der Briefwechsel *75*   Vermittler und Partner *81*

Das Privileg *89*
Die Geschäfte und die öffentliche Gewalt *89*   Die Gruppe und der Markt *94*
Der Dirigismus und seine Zwänge *98*

Die Konkurrenz *107*
Die freie Konkurrenz *107*   Der Protektionismus *111*
Egalitarismus und Werbung *114*

Der Fremde *121*
Außerhalb leben *121*   Sich organisieren *127*   Sich integrieren *133*

Das Geld *139*
Das System *139*   Die Wechsler und der Markt *146*   Münzverrufe *152*

Die Zahlung *157*
Die Instabilität *157*   Ersatzgeld *162*

Kapitalien *167*
Kapital und Arbeit *168*   Gesellschaften *172*   Die Compagnie *179*

Die Geschäfte *191*

Die universelle Ware *191*   Der Aufschwung des Gewerbes *199*
Die kaufmännische Hegemonie *202*

Der Kredit *209*

Theorie und Praxis *209*   Die Welt des Kredits *216*
Depots und Überweisungen *226*

Die Entstehung der modernen Bank *231*

Der gezogene Wechsel *231*   Vom Vertrag zum Wechselbrief *238*
Fiktion und Geschäftsverkehr *244*

Die Unwägbarkeiten der Geschäfte *251*

Die Risiken *251*   Vorsicht und Unergiebigkeit *259*
Auf dem Weg zur Versicherung *267*

Die Buchhaltung *273*

Die Kontrolle der Geschäfte *273*   Zahlen *275*
Die Partner und das große Buch *278*
Das Vermögen berechnen: Kasse und Waren *284*
Auf dem Weg zu einem System *289*

Die Macht der Geschäfte *297*

Handel und politische Karriere *298*   Die Oligarchie *302*
Die Geschäfte in der Politik *308*

Die Geschäfte und der Fürst *315*

Die Angelegenheiten der Stadt *315*   In den Diensten des Fürsten *321*
Die Konfrontation der Interessen *324*

Der Werdegang des Kaufmanns *331*

Die Wege zum Vermögen *331*   Der Kaufmann und der Edelmann *338*
Die Wege in den Adelsstand *343*

Das Vermögen und das Gewissen *351*

Der Gewinn und das Seelenheil *351*   Die gute Regierung *360*

Geist und Geld *369*

Das Konto und die Erzählkunst *370*   Eine kaufmännische Literatur *374*
Neue Fürsten, neue Mäzene *379*

Schluß *385*

Bibliographie *387*

Register *395*

Einleitung

Der Horizont macht den Menschen, der Horizont der Wogen und Bergkämme, der Horizont, den man sieht, und der Horizont, den man errät, der des Alltags und der des Traums. Der Horizont zeigt jedem den Maßstab und die Grenze seiner Bedürfnisse und seiner Fähigkeiten. Es gibt den Horizont, den man akzeptiert, und den, der sich entzieht. Der eine ist unergiebig, aber er existiert. Der andere ist nur eine Idee, dennoch ist er fruchtbar. Der eine wie der andere unterliegen der Relativität des Geistes und des Augenblicks. Sie definieren Menschen und Dinge, Ressourcen und Partner, indem sie diese umschließen.

Der Verstand kann den Kreis erweitern. Dazu braucht es entweder jenen Willen, etwas zu schaffen, den man Wagemut nennen kann, oder Unternehmungsgeist. Dazu braucht es auch die direkte Kenntnis der Realitäten, die das Maß des Möglichen vorgibt, ja, die Distanz des Wünschenswerten. So entfaltet sich der Horizont an den Grenzen des Bedürfnisses und des Ehrgeizes.

Dieses Buch geht von den Horizonten aus, die die Möglichkeiten der individuellen und kollektiven Tatkraft bestimmen. Aus ihrer Ausdehnung, die ermöglicht wird durch neue Verkehrstechniken und Finanzierungsmöglichkeiten, entstehen neue Räume für die Ausbeutung von Ressourcen und Märkten. Die Karte der Wirtschaftsverbindungen unterstreicht von einer Generation zur anderen die geistige Anstrengung, die Welt jenseits der ersten Wahrnehmungen zu organisieren.

Der *homo oeconomicus* berücksichtigt von nun an Realitäten, die seinem natürlichen Horizont fremd sind. Er muß daher die beiden miteinander verbundenen Gegebenheiten seiner Wahrnehmung der Welt und seines Einwirkens auf diese beherrschen: die Zeit und den Raum. Und er muß auch Zielsetzungen beherrschen, die in den Bereich der Erfindung, nicht aber des Imaginären fallen. Die Intuition macht nicht alles: Unter der zweifachen Bedingung, daß sie genau und schnell ist, hat auch die Information ihren Ort in der Tätigkeit des Kaufmanns oder des Bankiers. Die alte Formel gilt hier wie anderswo: Wo, auf welchem Weg, wann, wie? Sie ergänzt in den Geschäften die grundlegende Frage: »Was?« Der auf den See- und Landwegen Reisende weiß wohl, daß auf die Frage »Wann?« häufig die Frage »Wo?« antwortet und immer die Frage »Auf welchem Weg?«.

Verkaufen, was man hat, und kaufen, was man verkaufen wird, definiert mit der Ausdehnung der Horizonte von Zeit und Raum nicht länger den ökonomischen Austausch. Die Gelegenheit ist nicht länger zufällig — man verkauft nur, was man hat — und wird zum Gegenstand einer Wahl. Es gibt das, was sich dem Auge bietet, und es gibt das, was sich dort verkaufen läßt, aber nicht hier. Man kauft nicht mehr, was man findet, weil man es findet, und man verkauft nicht mehr, was man transportiert, weil man es gefunden hat. Auf der neuen Stufe seiner Beziehungen erscheint der Geschäftsmann, der vorhersieht, der reagiert, der sucht, der wählt. Er übernimmt Verantwortung. Kurz: Er entscheidet.

Vom Krämer zum Schiffseigentümer, vom Vestibül zur Bank und von der Schmiede zu den ersten Anzeichen einer vertikalen Integration im Textilgewerbe gibt es zahlreiche Wege, die die kollektiven Einstellungen gegenüber den wirtschaftlichen Realitäten vorgeben und die das persönliche Talent der Handelnden genauer bestimmt. Gegenüber der äußeren Welt wie gegenüber den Kollegen und Nachbarn knüpfen sich Solidaritäts- und Konkurrenzbeziehungen und drücken sich auf sehr unterschiedliche Weise aus, je nach den Traditionen und Horizonten. Die Reaktion auf die Welt ist nicht die gleiche, wenn man das Meer vor sich hat oder den geschlossenen Raum eines Tals. Man sieht den anderen nicht mit dem gleichen Blick in einem Hafen oder in einer Messestadt, wo das ganze Universum vorüberzieht, und auf dem lokalen Markt, dessen Protagonisten seit Generationen bekannt sind. Individualismus, Konkurrenz, Werbung, all das nimmt in Genua die eine Gestalt an und eine andere in London, eine Bedeutung in Florenz und eine andere in Lübeck.

Das Gewicht der Geschichte lastet auf den Menschen, im Verein mit der keineswegs gleichen Willkür der Elemente und der natürlichen Hindernisse. Die Unsicherheit der Meere, die Heftigkeit der Stürme, die Feindseligkeit der Fremde, all das ändert von einem Handelsplatz zum anderen das stets unsichere Verhältnis zwischen der Gruppe und dem Individuum, das sich dort von Geburt an oder aus eigener Entscheidung befindet, ja selbst das zwischen Mensch und Staat, der hier in den Augen der Bürger die Form der Stadt annimmt und dort in den Augen der Untertanen diejenige des Fürsten.

In dieser unendlichen Vielfalt der — politischen, ökonomischen, sozialen, sogar klimatischen — Grundlagen der Wechselbeziehung von Mensch und Gruppe wird ein bestimmtes Verhalten bei den einen ganz selbstverständlich als Tugend und bei den anderen als Fehler angesehen.

Wenn wir den Geschäftsmann auf seinem Weg in die moderne Welt der Wirtschaft begleiten wollen, müssen wir daher alle Schattierungen berücksichtigen, die Eigenheiten zum Ausdruck bringen, in denen man keinesfalls immer die Beziehung des Vorläufers zum Nachkömmling sehen kann. Die Ablehnung einer Innovation entspringt manchmal nur dem Realismus lokaler Kreise, die kein Bedürfnis danach verspüren, andererseits ist eine Innovation selbst häufig nur die lokale Antwort auf eine genau umschriebene Notwendigkeit. Bei jeder Etappe dieses Weges wird es von Vorteil sein, von einem Platz zum andern zu gehen und sich vor Verallgemeinerungen zu hüten. Die Ostsee ist nicht das Mittelmeer, und der Atlantik ist nicht das Mittel aus beiden. Der Alaunmarkt hat nichts zu tun mit dem Salzmarkt, und der Markt für Wein aus der Gascogne — unser Bordeaux — gleicht in nichts dem Markt für Wein aus Beaune.

Was die Vorstellung betrifft, die man sich von wirtschaftlichen Aktivitäten, ihren Antriebskräften und ihren Betätigungsfeldern, ihrem unmittelbaren Nutzen und ihren langfristigen Ergebnissen macht, so ist sie abhängig vom politischen Kontext, dem intellektuellen Milieu und den Traditionen des individuellen Werdegangs. Mit Waren zu handeln, stellt den Menschen und seine Rolle in der Stadt in Paris an einen anderen Platz als in Florenz, in Sevilla oder Danzig.

Man kommt daher nicht umhin, auch die materiellen, finanziellen, stets an Menschen gebundenen Kenntnisse und Handlungsmöglichkeiten zu beherrschen. Das Augenmaß genügte, als es darum ging, das Saatgut von der Jahresernte einzubehalten, und als man die Preise auf dem lokalen Markt nach Angebot und Nachfrage im Moment des Handelsgeschäfts festlegte. Wenn man auf weit entfernten Märkten — Versorgungs- wie Verbrauchsmärkten — Handel treiben und auf die morgige Konjunktur spekulieren will, wenn man Geschäfte tätigen will, bei denen die Komplexität der Objekte und die Vielzahl der Möglichkeiten Alternativen vorgeben, bei denen der Monat und das Jahr zugleich das Maß für die Distanz und die Fälligkeit sind, dann ist die unmittelbare persönliche Einschätzung nicht mehr ausreichend. Es war eine Sache, den Preis des Roggens auf einem schlecht belieferten Markt zu erhöhen oder den Preis des Weins nach einer überreichlichen Ernte zu senken; eine ganz andere ist es, in Florenz zu wissen, welche Felle aus Rußland im nächsten Winter bei den Kürschnern von London verkauft werden, oder in Brügge vorauszusehen, ob die Verknappung der aus England exportierten Wolle die Tuchhändler des Kontinents dazu bringen wird, die Preiserhöhung zu akzeptieren oder sich mit der — billigeren, aber qualitativ schlechteren — Wolle der Merinoschafe aus Kastilien zu begnügen.

Um aus seinem Laden herauszukommen und seinen Horizont zu überschreiten, muß der Geschäftsmann schließlich die komplexe Bewegung eines kohärenten Ganzen beherrschen: die Konjunktur. Jeder muß jetzt seine Handelsgeschäfte in die allgemeine Tendenz integrieren oder sie entschieden außerhalb dieser Tendenz betreiben — in dem Bewußtsein des eingegangenen Risikos. Der Erfolg gehört demjenigen, der eine bestimmte Tendenz ausnützt, statt sich in sie zu fügen. Es ist die Kunst, mit dem Markt zu spielen, und nicht mehr nur auf dem Markt.

Wissen, wonach man morgen fragen und was übermorgen wachsen wird — Kredit wie Wolle, Steuerpacht wie Waffenbedarf —, wird sehr bald die Grundlage aller Geschäfte sein: Es heißt spekulieren.

Intelligenz, Erfahrung und Information reduzieren hier den Anteil des Zufalls. Sie bringen jedoch nie das Risiko zum Verschwinden, das den Gewinn rechtfertigt, in den Augen der Theologen, die darüber Abhandlungen schreiben, wie in den Augen der Kunden, die dafür zahlen. Die Bemühungen der Kaufleute, ihre Schlauheit, ihre Solidarität richten sich darauf, den Folgen des Risikos vorzubeugen. Die Jagd nach dem Gewinn wird andere Spekulationen mit neuen Risiken hervorbringen.

In dieser Welt, die die Dimensionen eines Kontinents annimmt und bald darüber hinausreichen wird, in der finanzielle Knappheit schnell zur Isolierung, ja zum Ausschluß führt, hat ein einzelner Mensch von vornherein verloren. Sein Platz ist im Laden, in der Halle oder an seinem Stand, nicht auf dem Währungsmarkt von Brügge oder im Handel mit Ägypten. Die Entwicklung der Geschäfte verdankt sich professionellen, städtischen und nationalen Gruppen und der Fähigkeit, das gemeinsame Handeln zu organisieren, indem geeignete Strukturen geschaffen werden, die jedermann, Aktive wie Passive, zur Investition anregen und die Initiative fördern. Chancen hat derjenige, der das Kapital von seiner Unproduktivität befreit, der Aktivitäten koordiniert, bei denen sich Talent und Verantwortlichkeit in einem fruchtbaren Gleichgewicht halten.

In der notwendigen Öffnung der Unternehmensfelder hin zu den Dimensionen der Wirtschaftsräume erfolgt eine immer größere Spezialisierung der Menschen. Die Aktivitäten verzweigen sich mit den Produkten, wie sie von der handwerklichen Produktion hervorgebracht werden: So wie der Handwerker, der Zinnkrüge herstellt, nicht die Ausrüstung hat, um Tontöpfe zu fabrizieren, so ist keiner kompetent genug, um sowohl in Alexandria die zehn Pfeffersorten zu kennen, die auf dem Markt angeboten werden, als auch in der Champagne die hundert Arten Wolltuch zu unterscheiden, die aus den Städten und Dörfern kommen.

Auch die Funktionen innerhalb des Unternehmens bilden sich zusammen mit den einzelnen Teilbereichen, wie Kapital, Arbeit, Kompetenz und Organisationsfähigkeit, klarer heraus. Die technische Kette von etwa zwanzig Handwerkern zu kontrollieren, die zusammen ein Stück Tuch erzeugen, oder von Tag zu Tag die Bewegungen der Wechsel, die auf einem Platz Liquiditäten und auf einem anderen Kredit verschaffen, eine Fracht zu begleiten und an den Etappen über die Verwendung der finanziellen Erträge zu entscheiden, oder sich Stunde um Stunde informiert zu halten über die in einer Hauptstadt oder an einem Hof umlaufenden Gerüchte, all das sind ganz unterschiedliche Rollen, ebenso die Kunst, die Gewinne eines Handwerksbetriebs bewußt in die Viehzucht zu investieren oder verfügbare Gelder auf die Ausrüstung einer Mühle und eine öffentliche Anleihe zu verteilen, die Kompetenz desjenigen, der die buchhalterische Analyse der Geschäftsführung verbessert, und die Geschicklichkeit desjenigen, der die Maulesel für einen Konvoi auftreibt, oder desjenigen, der am Ladentisch unschlüssige Kunden überzeugen muß.

Der Kapitalismus wird sich eines Tages aus dieser Trennung der ökonomischen Funktionen der Finanzierung, der Leitung und der Ausführung entwickeln. Umgekehrt wird er auf die inneren Bedürfnisse einer Ökonomie antworten, die mit Vielfalt konfrontiert ist, und dem erfolgreichen Unternehmen universale Mittel bieten.

Man könnte unendliche Abhandlungen schreiben über die Verwendung des Begriffs »Kapitalismus« durch den Spezialisten für mittelalterliche Geschichte. Vor über zwanzig Jahren wurde ein noch junger Mediävist angegriffen, weil er ihn benutzt hatte. Fernand Braudel hatte aber, nach Espinas und einigen anderen, den Begriff noch nicht im Titel seines letzten Meisterwerks. Sagen wir es geradeheraus. Der mittelalterliche Kapitalismus hat nur entfernte Beziehungen mit jenen Produktionsstrukturen des gesellschaftlichen Reichtums, die Karl Marx im vergangenen Jahrhundert für die Industriegesellschaft analysiert hat. Täuschen wir uns nicht über Begriffe: Die Wirklichkeit, die sie abdecken, ist immer die einer Epoche. Die Athener Demokratie hat nichts zu tun mit dem Amerika, das Tocqueville gesehen hat, ebensowenig die römischen Diktaturen mit denjenigen unseres Jahrhunderts. Der Kapitalismus des 13. oder 14. Jahrhunderts ist natürlich nicht der des Industriezeitalters.

Aber indem der Geschäftsmann des Mittelalters die Funktionen innerhalb des Unternehmens aufteilte und den nicht produzierenden Schichten der Gesellschaft das persönliche Interesse an der Entwicklung einflößte, brachte er die Welt der Wirtschaft dazu, eine Schranke zu überwinden: die der individuellen Begrenztheit der Handlungsmöglichkeiten. Ob man von mittelalterlichem Kapitalismus spricht, von Geburt des Kapitalismus oder von den Ursprüngen des Kapitalismus, tut nicht viel zur Sache. Die Umschreibungen haben nur einführende Funktion, es gibt hier keinen Religionskrieg. Man muß sich darüber nur verständigen können. Die Zeit der toskanischen Gesellschaften ist sicherlich nicht diejenige der Ruhrkombinate. Von weitem bereitet sie diese vor.

Man sieht, daß der Fortschritt der industriellen Techniken nicht weit führen würde ohne den Fortschritt des intellektuellen Rüstzeugs, mit Hilfe dessen der *homo oeconomicus* die Märkte sowie seine eigenen Geschäfte beherrscht, Strukturen kombiniert und die Geschäftsführung seines Unternehmens analysiert, die Schwankungen der Konjunktur beobachtet und mißt. Vom Hausierer bis zum Geschäftsmann, vom Krämer bis zum Bankier, vom 11. bis zum 15. Jahrhundert mußten die Kaufleute, um ihre Entscheidungen zu begründen und die Chancen des morgigen Tages nicht zu verspielen, Referenzsysteme für Wertangaben und Zahlungssysteme für Transaktionen und Obligationen ausarbeiten. Um die Entwicklung abzusichern, mußten sie sich Kreditmittel ausdenken, die mit der Mentalität ihrer Umgebung und besonders mit den Imperativen der Moraltheologie und des kanonischen Rechts zu vereinbaren waren. Der Kaufmann gab seinen Unternehmungen eine juristische Basis, die den Bedürfnissen des Handels angepaßt war, nicht denjenigen der Grundherrschaft und der ländlichen Wirtschaft, aus denen im wesentlichen das Einkommen der Feudalherren kam. Und schließlich hat der Geschäftsmann, um seine Handels- und Bankstrategien in genauer Kenntnis seiner eigenen Situation und derjenigen seiner Partner planen zu können, die Instrumente der unmittelbaren Kontrolle und der Bilanz erfunden.

Aus diesen Antworten auf einen Bedarf, der selbst durch das Wachstum hervorgerufen wurde, entstehen die Techniken des ganzen modernen Systems der Wirtschaftsbeziehungen. Den drei Jahrhunderten des ausgehenden Mittelalters verdanken wir den Wechsel, das Papiergeld sowie die Praxis der Überweisung.

Auch tauchten verschiedene Formen der Spekulation auf, von Terminkäufen über Darlehen an Fürsten und die Notierung der Geldwechselkurse auf den späteren Messen bis hin zu verpachteten Monopolen, auf die die Medici und Fugger zu einem guten Teil ihr Vermögen gründeten. Aber das jeder Spekulation innewohnende Risiko ruft auch die Erfindungsgabe der Geschäftsleute auf den Plan. Da sie in der Lage sind, das Ausmaß des Risikos vorauszusehen, versuchen sie, den Zufall durch – noch sehr zaghafte – Verfahren der Aufteilung und Entschädigung des Risikos, die eines Tages die Grundlagen der Versicherung sein werden, weitgehend auszuschalten.

Der Historiker muß einige Beobachtungspunkte und einige Zeugen auswählen. Und er ist dabei nicht frei. Für diesen punktuellen Blick auf die vielfältigen Situationen und Einstellungen sind wir unseren Quellen verpflichtet. Am besten kennen wir die Kaufleute, die uns Konten und eine Korrespondenz hinterlassen haben, die es für gut befanden, zum Notar zu gehen, die ihre Zeit darauf verwandten, anderen ihre Erfahrungen zu vermitteln. Indem Francesco di Marco Datini beschließt, dem von ihm in seiner Geburtsstadt Prato gegründeten Hospital sein gesamtes Archiv zu vermachen, stellte er, ohne es zu wissen, sicher, hier öfter zitiert zu werden als mancher andere Unternehmer, der weniger an die Nachwelt dachte.

Die Organisation des dokumentarischen Gedächtnisses hängt mit der Organisation der Arbeit zusammen, und die Akteure der Geschichte haben das Überleben, das sie verdienen. Das Fehlen von Dokumenten spricht selten für eine erfolgreiche Tätigkeit, auch wenn umgekehrt allzuviele Papiere nicht notwendigerweise ein Beweis dafür sind. Kurz: Der Zustand der Quellen ist häufig selbst ein Indiz, und der Historiker, der gezwungen ist, dem Weg zu folgen, den die verfügbaren Quellen vorzeichnen, wird deswegen nicht vom Zufall geleitet. Der Raum, den in diesem Buch einige Städte und Menschen einnehmen, ist nicht nur durch die Bewahrung historischer Archive über fünf bis acht Jahrhunderte bestimmt. Es ist auch der Raum, den seinerzeit die Protagonisten im Spiel der Wirtschaft jenem Instrument der Geschäftsführung und Mittel der Entwicklung eingeräumt haben, das uns heute als Quelle des Wissens dient.

Es ist nicht die Absicht dieses Buches, ein Panoroma der Handelsplätze zu entwerfen oder die Börsen und Märkte aufzuzählen. Der Aufstieg des Kaufmanns bringt vielfältige Typen hervor, die charakterisiert sind durch ihre geistige Anpassung an die Realitäten des Wirtschaftslebens sowie durch ihren kollektiven Werdegang in Organisationen der Gesellschaft, die von anderen und für andere gemacht sind.

Gewiß, die geistigen und sozialen Ergebnisse geben Anlaß zu der Frage: Gibt es am Ende des Mittelalters einen Geschäftsmann? Gibt es nicht ebensoviele Männer wie Geschäfte und ebensoviele Typen wie Regionen und Märkte?

Es sind die Antworten, die unterschiedlich ausfallen. Und diese Antworten gaben dem Geschäftsmann das Profil, das er in einem bestimmten Landstrich zeigt. Aber die Fragen sind die gleichen in Cadiz und in Nowgorod. Alle entspringen der gleichen Suche nach höchstmöglichem Gewinn bei kleinstmöglichem Risiko, dem gleichen Wachstumsstreben unter Konkurrenzbedingungen. Der Geschäftsmann ist im Grunde genommen überall gleich: Er ist bemüht, heute möglichst der Klügste zu sein, um morgen das zu haben, was man hier und da mit dem Begriff Fortune bezeichnet.

Orval, den 2. August 1987

Horizonte

Eine neue Welt

Europa ist nicht aus den Eroberungen der Römer entstanden. Noch im Jahrhundert Pippins des Kurzen ist der Horizont der ökonomischen wie der politischen Welt derjenige des römischen Reiches mit der Einheit des Mittelmeerraums, die sich recht und schlecht erhalten hatte, auch wenn sie seit dem 3. Jahrhundert durch die Völkerwanderungen aus den Steppen des Ostens hinlänglich erschüttert worden war. Konstantin hat diese Einheit gestärkt, indem er dem Reich seine beiden Pole gab: Rom und Konstantinopel. Nachdem sie durch die ersten Erschütterungen des arabischen Eroberungsfeldzugs angetastet wird, kann Justinian sie für eine Zeitlang wiederherstellen. Im 7. und noch im 8. Jahrhundert ist der Orient überall zu spüren, in Gallien wie in Italien und Spanien. Die »syrischen« Händler sind in den Städten, nicht nur in den Häfen der Mittelmeerküste. Sie sind in Paris wie in Lyon, in Bordeaux wie in Orléans. Die orientalischen Religionen dringen in das Abendland ein, die Religion Mithras mit ihrem Dualismus von Gut und Böse und das Christentum mit seinem Geheimnis der Erlösung. Die ersten Formen des abendländischen Mönchtums – in Marseille, Hyères, Lérins, Arles – sind geprägt durch die orientalischen Klosterorden. Der Heilige Hieronymus übersetzt die Klosterregel eines Ägypters, des Heiligen Pachomius, für das Abendland, und als Cäsarius von Arles um das Jahr 500 die nach ihm benannte Regel verfaßt, schöpft er aus den orientalischen Bräuchen, die sich ein Jahrhundert zuvor in Lérins eingebürgert haben. Das politische Denken des Berbers Augustinus, Bischof von Hippo in Algerien von 398 bis 430, erneuert das intellektuelle Leben der lateinischen Welt. Das Recht der Barbaren gleicht sich mehr oder weniger dem vereinfachten römischen Recht des Codex Theodosianus an.

Die Händler ziehen noch immer über die Straßen des Abendlandes. Sie befördern nicht nur Luxusgüter, häufig orientalischer Herkunft, sondern auch die künstlerischen Muster, die von diesem Luxus getragen werden. Byzantinisches Elfenbein, syrische Seidenwaren bieten dem Okzident die Möglichkeit, andere Vorstellungen und Symbole in seine Kultur zu integrieren. Während aus Irland, in dem sich die lateinischen Formen der gelehrten Kultur zur Zeit der Invasionen erhalten haben, ein Teil des abendländischen Erbes aus dem Rom der Cäsaren auf den Kontinent zurückkehrt, bringen Händler, Mönche und Pilger die Errungenschaften des »neuen Rom« — Konstantinopels — und seiner Einflußzonen Ägypten und Syrien in das abendländische Europa. In Italien findet man sich drehende Sonnen in den durchbrochenen Balustraden der Kirchen. Löwen und Sphinxe tauchen in der imaginären Tierwelt des christlichen Gallien auf. Der düstere, bärtige Christuskopf auf dem römischen Mosaik der Heiligen Cosmas und Damian scheint im Gefolge des Ostgoten Theoderich direkt aus den Steppen zu kommen. Der Freund und Berater Karls des Großen, Bischof Theodulf von Orléans, übernahm von Byzanz den Grundriß seiner Abtei Germigny-des-Prés in Form des griechischen Kreuzes sowie den Schmuck der Mosaiken.

Der Orient ist gleichermaßen mit den nordischen Ländern verbunden, wo es Pelze und Holz gibt und zu denen man bequem auf den großen Flüssen gelangt, die in die Ostsee münden. Skandinavien liegt außerhalb dieser Handelsrouten; selten sind die Verbindungen zwischen Nordwesteuropa und einem Orient, der dem Mittelmeerraum zugleich so nah und doch so fern erscheint. Während die Lombarden in Italien, die Franken in Gallien und die Goten in Spanien sind, ist der Horizont noch immer derselbe wie zu Zeiten von Tiberius, Trajan und Septimus Severus.

Zur Zeit der Karolinger verleiht der Eroberungsfeldzug der Araber im 7. Jahrhundert in wenigen Jahrzehnten jener Welt, die sich vom Persischen Golf bis zur Atlantikküste des Maghreb erstreckt, eine neue, ganz andersartige Einheit. Das Mittelmeer war bis dahin ein Verbindungsweg. Es wird nun zur Grenze. Narbonne, Marseille, Barcelona verkümmern. Austrien hingegen etabliert sich an der Spitze der fränkischen Welt. Von dort, von den Ufern der Maas, der Mosel und des Rheins kommen seit dem 6. Jahrhundert politische Initiative und religiöse Dynamik. Die fränkische Expansion erreicht natürlich Italien und versucht sich unter Karl dem Großen in Spanien, aber ihre größten Erfolge hat sie in Germanien. Das auf Aachen zentrierte Reich definiert sich durch seine Kräfte und Ambitionen als zutiefst kontinental. Von Mainz und Fulda aus strahlt über Germanien ein Christentum, das dem Reich seine Einheit gibt. Die alte Wirtschaftsstraße des Rhônetals, die sich auf Marseille und das Meer hin öffnet, verliert an Bedeutung gegenüber den Übergängen der Westalpen, die Austrien und die Lombardei unmittelbar verbinden. In Verdun etabliert sich zur Zeit der Hausmeier der große Sklavenmarkt, auf dem Sklaven aus England und den slawischen Ländern ungeniert nach ganz Europa verkauft werden, vor allem nach dem jetzt islamischen Spanien.

Seit dem Beginn des 8. Jahrhunderts ist das Mittelmeer nicht länger ein einheitsstiftender Raum und wird schon nach wenigen Jahren zur Trennungslinie. Das Schisma, das im 11. Jahrhundert Byzanz zur Rivalin Roms macht, erschüttert vollends das mediterrane Gebäude. Aufgrund seiner geographischen Lage und trotz der Piraten unterhält Italien mit Antiochia und Alexandria und auch mit Byzanz Handelsverbindungen, die die Häfen der Halbinsel prosperieren lassen. Über Rußland wird weiterhin der Handel zwischen dem nördlichen Europa und der arabischen Welt abgewickelt. Der Rest spielt sich vor allem auf dem Kontinent ab. Der gemeinsame Horizont der Europäer ist von nun an Europa.

Alles trägt dazu bei, den Zusammenhalt Kontinentaleuropas zu verstärken. Durch die Eroberungen der Normannen kommen im 11. Jahrhundert zuerst Großbritannien und danach Sizilien hinzu. So erzeugt und erneuert sich die mächtige Bewegung der spirituellen und politischen Einigung, die im kluniazensischen Mönchstum, in der gregorianischen Reform, in der militärischen »Reconquista« des islamischen Spanien und schließlich in dem gemeinsamen — zumindest vom Papsttum so begriffenen — Unternehmen des Kreuzzugs am Ende des 11. Jahrhunderts zum Ausdruck kommt. Auch wenn wir im Heiligen Land den internen Rivalitäten und Konflikten der europäischen Christenheit wiederbegegnen, so sind und bleiben doch die Eroberung, die Verteidigung und der Verlust der Heiligen Stätten im Denken ganz Europas gegenwärtig und ein gemeinsamer Teil seiner politischen und finanziellen Bürde.

Westeuropa erlebt die letzten Wellen feindlicher Einfälle: die Normannen im 9. und 10. Jahrhundert, die Ungarn im 10. Jahrhundert, nicht zu vergessen die Sarazenen, die immer noch an den Gestaden des Mittelmeers sitzen, von Sizilien bis Andalusien sowie in der Provence. Überall herrscht Unsicherheit. Sie trägt viel dazu bei, daß das fränkische Königreich seine politische Einheit verliert und sich auflöst. Im Angesicht einer unmittelbaren Bedrohung triumphiert die lokale Befehlsgewalt über die globale Strategie. Das Reich Karls des Großen und Karls des Kahlen hat weder die Kräfte noch die Kommunikationsmittel, die in schwierigen Zeiten eine wirkliche Regierung ermöglicht hätten. Der Horizont verengt sich. Die Grafschaft, der frühere Verwaltungsbezirk des Grafen, des Beamten und Vertreters des Königs, wird zum Rahmen der politischen Organisation. Bei allen herrscht ein stillschweigendes Einverständnis, das den Grafen vergessen läßt, daß die Grafschaft keineswegs ihm gehört. Wenn Alarm geschlagen wird, ist ein Graf an Ort und Stelle besser als ein König in der Ferne. Bestenfalls erweitert sich der Rahmen dann, wenn der Graf seine Macht über mehrere Grafschaften ausdehnt. So bilden sich territoriale Fürstentümer, Herzogtümer, die künftige politische Einheiten ahnen lassen. Schlimmstenfalls verfahren Schloßherren und Dorfvorsteher mit dem Grafen so, wie dieser mit dem König verfahren ist. Bald sollte die Zeit der unabhängigen Schloßherren kommen.

Straßen und Flüsse

In diesem relativ engen und sehr kontinentalen Horizont werden die Handelsstraßen angelegt, an denen entlang ein neues, ökonomisches Europa entstehen wird, das reich an Facetten und sich seiner Eigenarten bewußt ist. Der entscheidende Faktor sind die Verbindungswege. Ohne Straßen und ohne Flüsse sind weder Menschen, noch Waren, noch Informationen in Umlauf.

Das Straßennetz der Römer erfüllte schon lange nicht mehr seinen Zweck. Es gab zwar noch einzelne Abschnitte, die man an ihrem gemauerten Unterbau erkennen konnte. Aber das meiste war im Schlamm und unter Gestrüpp verschwunden. Die römische Straße war nicht nur heruntergekommen, man hatte sie bewußt aufgegeben. Als für die Legionen gebaute strategische Straße erlaubte sie eine schnelle Verbindung auf gerader Linie zwischen den Garnisonsstädten, was charakteristisch ist für dieses Straßennetz und es noch heute erlaubt, auf der Karte oder dem Luftbild dessen Spuren zu verfolgen. Aus diesem Grund kümmerte sich die römische Straßenführung auch nicht um Bodenerhebungen, die die Händler mit ihren schweren Wagen jedoch nicht außer acht lassen können, und sie führte nicht zu Nebenorten, an denen aber diejenigen, die von Kauf und Verkauf leben, keine Kunden verlieren dürfen. Der Händler gehört nicht zu denen, die sich beeilen, um schnell ans Ende seines Weges zu gelangen. Von Stadt zu Stadt und von Marktflecken zu Marktflecken sind ihm einfache Wege, die aus den lokalen Gewohnheiten, den sozialen Beziehungen und den landwirtschaftlichen Praktiken heraus entstanden sind, dienlicher als kaiserliche Straßen, die seinen Bedürfnissen nicht angepaßt sind. Für seinen Rhythmus war es besser, die Bodenerhebung zu umgehen als sie überwinden zu wollen. Für den Handel war dies zweckmäßiger als der Gewaltmarsch über Berge und durch Wälder.

Die Straße des mittelalterlichen Händlers war daher ein einfacher Weg, mitunter hart und staubig, mitunter weich und schlammig. Oft war er von Wagenspuren durchzogen und ausgefahren, Wegmarken gab es selten. Man verlor sich, man blieb stecken. König war das Lastpferd, ein Pferd, das wenig trägt — nicht viel mehr als einen Zentner —, das sich aber selbst aus dem Dreck zieht und die Waren über den Staub hinwegträgt, in dem sein Herr läuft. Der Wagen konnte mehr befördern, jener schwere Wagen mit vier Rädern, mit dem man Konvois bildete, um Massengüter, Salz und Getreide, Stein und Holz zu transportieren. Auch wenn es sehr viele Vorschriften dafür gab, wieviel man auf einen Wagen laden durfte — die süddeutschen Städte setzten im allgemeinen eine Obergrenze von sechzehn Zentnern fest —, zögerten die meisten Händler nicht, ihre Wagen zu überladen. Eine Ladung von anderthalb Tonnen war nicht ungewöhnlich. Aber ein steckengebliebener Wagen war verloren, und das Gespann zog nur langsam. Der schnelle zweirädrige Karren war bei schönem Wetter ein Vergnügen für denjenigen, der über kurze Entfernungen Geschäfte machte. Mit einem solchen Gefährt weite Fahrten zu unternehmen, hieß jedoch, ein Risiko auf sich zu nehmen, das in keinem Verhältnis stand zu jenem Wert, den die Zeit für den Händler hatte. Schließlich ist sie nicht die Zeit des Mönchs.

Bleibt der Schiffsweg, eine zwar ideale, aber bekanntermaßen anfällige Verbindung. Das Schiff ist ein unvergleichliches Mittel für den Transport schwerer Lasten, dessen Kosten nur ein Sechstel oder Siebtel des Straßentransports ausmachen. Die

Schiffahrt bleibt lange das einzige Mittel, Fässer zu transportieren, ohne sie am Ende der Reise durch die Stöße des Wagens durcheinandergeworfen und geleert vorzufinden. Ohne Wasserweg kein Wein. Ein Weinberg ohne einen Fluß beliefert immer nur den lokalen Markt.

Um befahrbar zu sein, muß der Fluß ständig unterhalten werden. Denn die Natur verschafft sich schnell wieder ihr Recht: Unkraut und Buschwerk überwuchern den Wasserweg und seine Ufer. Die Fahrrinne wächst zu. Die Bäume und hohen Gräser, die den Treidelweg behindern, nehmen zudem den Wind weg, wo er die Segel der Flußschiffer blähen sollte.

»Der Fluß ist stark überwuchert von Holz, Binsen und Schilfrohr und hat einen sehr niedrigen Wasserstand, deshalb können die Schiffe auf dem Fluß nicht durch den Wind bewegt werden, und man muß sie mit menschlicher Kraft und Seilen vom Land aus ziehen.«

Der geringste Zwischenfall blockiert die Strecke für lange Zeit: Nur eine auf Grund gelaufene, querstehende Barke, und der ganze Verkehr kommt zum Stillstand. Den Weg vorsätzlich zu versperren ist ein leichtes Spiel: So läßt 1324 der Seneschall der Guyenne Pfähle in die Fahrrinne der Garonne rammen, um die »französischen« Boote aufzuhalten. Während des ganzen Mittelalters ist der Zustand der Flußwege eine der größten Sorgen der Regierenden in der Nachfolge der großen Krisen.

Jedermann ist sich bewußt, daß es schnell zum Ruin kommt, wenn man die Fahrrinne nicht unterhält. Man wartet nicht auf königliche Initiativen, um die Wassergräser zu mähen oder das Brombeergestrüpp auf dem Treidelweg zu verbrennen. Indessen geht nur der König über die jeweiligen lokalen Horizonte hinaus. Er allein kann Ausbaggerungen genehmigen oder anordnen und sich so über das Recht der Grundherren, die das Ufer bewohnen, hinwegsetzen. Er allein kann die Finanzierung von Maßnahmen begünstigen, die die Kapazitäten der Gemeinden überschreiten — das allerdings, indem er den Städten erlaubt, hohe Abgaben zu erheben. 1455, kaum zwei Jahre nach dem Ende des englisch-französischen Krieges, versuchen die Notabeln der Vendée, die Fahrrinnen in der Gegend von Luçon ausbaggern zu lassen, während Karl VII. oberhalb von Nogent-le-Roi die Fahrrinne der Eure bis nach Chartres ausbaggern läßt. Damit ist diese für Schiffe befahrbar, die hundertzwanzig Fuß lang und achtzehn Fuß breit sind, für Schleppkähne also, die ohne weiteres dreißig bis sechzig Registertonnen befördern können.

Das Marnebecken und seine Zuflüsse öffnen sich zum gleichen Zeitpunkt den kleinen Seeschiffen. Mit einfachen Barken fährt man am Ende des 15. Jahrhunderts den Loir bis nach Châteaurenault hinauf, den Clain bis nach Poitiers und die Sèvre bis nach Niort. Die Yonne ist normalerweise bis Auxerre schiffbar, die Seine bis Nogent, die Oise bis Compiègne. Auf der Loire fährt man bis nach La Charité, sogar bis nach Roanne. Der Cher ist nur bis Saint-Aignan befahrbar, aber mit kleinen Barken erreicht man auf dem Auron leicht Bourges. Die Garonne kann ohne weiteres bis Toulouse befahren werden, je nach Jahreszeit — die Zeit des niedrigsten Wasserstands ist lang im Languedoc —, und Flöße kommen sogar aus den Pyrenäen, um Toulouse mit Steinen und Holz zu versorgen.

In Deutschland ist die Oder schiffbar bis oberhalb von Frankfurt, praktisch bis Oderberg (heute Bohumin).

Auf den oberen Wasserläufen, die schwer zu befahren sind, ersetzt das Floß das Boot. So fahren auf der Etsch, auf der die Boote leicht bis nach Trient kommen, ab Bozen Flöße.

Auch wenn niemand vorsätzlich Schiffe auflaufen läßt, sind die Wasserwege nur nach einem jährlichen Zyklus schiffbar, der geprägt ist vom unvermeidlichen niedrigen Wasserstand wie auch vom Gefrieren und dem daraufkolgenden Eisgang. Im Sommer streift man den Grund: Mit Ausnahme der unteren Seine zwischen Harfleur und Paris ist das Seinebecken von Juni bis September praktisch für die Schiffahrt geschlossen. Im Winter ist das Gegenteil der Fall. Man ist durch den Frost blockiert, die Boote können nicht mehr unter den Brücken hindurchfahren. In den Strudeln des Eisbruchs und der Schneeschmelze werden die Boote gegen die Pfeiler getrieben oder bleiben quer zu den Mühlen stecken. Wenn die Ströme Südeuropas im Sommer nur mittelmäßige Dienste leisten, so sind die des Nordens von Dezember bis Februar nutzlos oder gefährlich. Und der Zeitpunkt des Frostes oder der Schneeschmelze ist kaum vorherzusagen. Von einem Jahr zum andern ändert sich der Winter. Der Händler rechnet mit ihm, und derjenige, der klug genug ist, sein Kapital nicht zwei Monate lang wegen Frost oder niedrigem Wasserstand brachliegen zu lassen, wird immer demjenigen voraus sein, der das Gefrieren der Flüsse für ein unabwendbares Verhängnis ansieht. Zwischen beiden besteht häufig ein wichtiger Unterschied: Die Jahreszyklen sind unerbittlich für denjenigen, der nicht die Mittel oder die Intelligenz hat, seine Geschäfte breit zu streuen.

Mehr noch als der Wagen verlangt das Boot nach Fracht auf seinem Rückweg. Es geht darum, die Kosten aufzuteilen: die Amortisierung des Schiffes, den Lohn für den Schiffer, die Miete für die Treideltiere. Man muß auch vermeiden, das Boot auf halbem Wege festzuhalten. Die Wege, die nur in einer Richtung befahrbar sind, sind hier weniger vorteilhaft als die Flußnetze, in denen die natürlichen Gegebenheiten der Region ins Spiel kommen. Der Kahn, der den Wein aus der Pariser Region oder aus Burgund nach Rouen »hinunterfährt«, bringt Obst oder Heu aus der Normandie »hinauf«, und auf großen Wasserstraßen wie der Maas, der Mosel und dem Rhein werden Wein und Holz flußabwärts gebracht und Salz und Fische aus der Nordsee flußaufwärts.

Die Kontrolle eines Wasserweges ist dem kleinsten Grundherrn wie dem feigsten Räuber möglich. Den Schiffer bei der Durchfahrt unter einer Brücke oder beim abendlichen Ankern zu kontrollieren, ist Sache eines Augenblicks. Es überrascht daher nicht, daß es im Zuge der Auflösung der öffentlichen Macht zu einem sprunghaften Anstieg der Wegezölle kam, die durch die ausgeübte Schutzfunktion oder den Unterhalt des Wasserweges mehr oder weniger gerechtfertigt waren. Mehr noch als das Straßennetz, dessen Schleifen und Pässe man mühsam umgehen kann, bietet das Flußnetz aufgrund der obligatorischen Streckenführung Gelegenheit zur Erhebung von Abgaben. Der Wegezoll ist Nutzungssteuer und Lösegeld zugleich. 1325 findet man auf der Garonne zwischen Toulouse und Bordeaux nicht weniger als einunddreißig solcher Zollstellen. Etwas später gibt es am Rhein fünfzig Zollstellen. Am Ende des 15. Jahrhunderts gibt es deren sechzig. Um das Jahr 1500 werden zwischen Ungarn und Venedig auf das Kupfer der Fugger rund 30 Prozent Steuern und andere Abgaben erhoben. Zu diesem Zeitpunkt muß für eine Schiffsladung Salz, die auf der Seine und der Eure von Rouen nach Chartres befördert wird, ein Wegegeld entrichtet werden, das insgesamt etwas über dem Preis liegt, der in Rouen für das Salz bezahlt wurde.

Der Krieg hat Auswirkungen auf den Fluß wie auf die Straße. Auch wenn nicht alles durch einen auf Grund gelaufenen Nachen blockiert ist, weiß der Händler, daß er beim Herannahen der Soldaten seinen Wagen leichter als sein Schiff zur Seite bringen kann. Die Straße zu wechseln, ist schwierig. Den Fluß zu wechseln, ist unmöglich. Die Zeiten der – tatsächlichen oder vermeintlichen – Unsicherheit sind hart für den Transport von Massengütern, und das wirkt sich auf die Versorgung der großen Städte aus. Wenn Heere das Land durchstreifen, ist es besser, ein Stück Tuch auf der Schulter zu tragen, als drei große Weinfässer auf dem Wagen zu fahren.

Seien es nun Goldstoffe oder Mühlsteine, ein Kahn oder ein Fuhrwerk, alles geht sehr langsam. Der Fuhrmann, der mehrere Tage hintereinander dreißig bis vierzig Kilometer zurücklegt, braucht sich nichts vorzuwerfen. Von Paris nach Toulouse braucht man üblicherweise drei Wochen. Von Paris nach Rouen drei Tage. Und Pegolotti rechnet für gewöhnlich mit siebzehn Tagen für die 600 km lange Strecke von La Rochelle nach Nîmes. Barthélemy Bonis und seine Gefährten aus Montauban brauchen für ihre Pilgerreise von Avignon nach Rom im Jahr 1350 nur zweiundzwanzig Tage; sie sind so geschwind, weil sie keine Waren mit sich führen. Zudem findet die Reise mitten im Sommer statt, und Reitpferde sind schneller als Fuhrwerke.

Und wenn man Pech hat, ist die Zeit, die man für eine Reise benötigt, schier grenzenlos. Die Alpenpässe sind im Winter nicht begehbar. Wer im Februar aufbricht, braucht für die Strecke von Paris nach Toulouse zwei Monate. Damit ist keine Kontrolle der Fristen möglich, und der Eigentümer der Waren kann sich glücklich schätzen, wenn alles gut ankommt. Nebenbei bemerkt, und der Händler weiß das wohl, schiebt der Fuhrmann die Zeit, die er im Wirtshaus beim Glühwein verbracht hat, gern auf die Schlammlöcher auf seinem Weg…

Unter dieser Langsamkeit leidet der Informationsfluß. Der reitende Bote, der kein lästiges Gepäck mit sich führt und an jeder Etappe frische Pferde vorfindet, wird schnell zu einem rentablen Luxus.

Auf dem Meer wagt man sich nicht über die Küstenschiffahrt hinaus, die für die Strecke zwischen Genua und Marseille eine Woche benötigt. Bestenfalls legt man bei ruhigem Meer und günstigem Wind sechzig bis hundert Meilen am Tag zurück: fünfmal die Entfernung, die an einem Tag auf den Straßen des Festlands bewältigt wird — aber zu welchem Preis an Mühsal! Wenn man zu der effektiven Fahrzeit die Tage hinzurechnet, an denen man nicht auszulaufen wagt, die Wartezeiten bei der Beladung und für die Zusammenstellung der Konvois, so ist die Schiffahrt zwar immer noch günstiger als der Landweg, was das Verhältnis der Kosten der beförderten Ladung betrifft, aber sicherlich nicht, was die Schnelligkeit betrifft. Land oder Meer, der Handel verlangt eine Tugend: die Geduld.

Die Küstenschiffahrt ist jedes Mal dann die bessere Lösung, wenn der Landweg durch die Unwägbarkeiten des politischen Spiels oder ganz einfach durch eine gebirgige Küste behindert ist. Von Barcelona nach Trapezunt ist der Seeweg durch das Mittelmeer und das Schwarze Meer sehr viel bequemer als die Maultierpfade der Seealpen und die ungewissen Straßen der Balkanländer. Ebenso ist der Landweg keine Konkurrenz zu jenem Seeweg, auf dem vom Ärmelkanal über die Nordsee zur Ostsee Massengüter wie Salz, Wein, Getreide, Fisch und Holz ohne große Hindernisse befördert werden.

Und die Tonnagen sind relativ niedrig: zwanzig bis dreißig Tonnen in den meisten Fällen, drei- bis vierhundert Tonnen in den besten Fällen. Die Zwänge der Aufenthalte in den Zwischenhäfen und der winterbedingten Unterbrechung lasten andererseits schwer auf den Transportkosten. Auch wenn die Ladung wohlbehalten im Zielhafen ankommt, weiß man, was es bedeutet, sein Gut auf den Seewegen aufs Spiel zu setzen.

Der Handel und die Bedürfnisse

Die rein regionalen Beziehungen überwiegen in vielerlei Hinsicht sehr lange: bis ins 13. Jahrhundert. Der Handel definiert sich — und mit ihm der Horizont der Händler — durch die Unabhängigkeit, die die Transportmittel verleihen, durch die Möglichkeit, Kapital festzulegen, das durch Überschüsse in der landwirtschaftlichen Produktion und steigende Grundrenten geschaffen wird, auch durch die traditionellen Beziehungen, die langsam aus derselben Bewegung heraus entstanden sind, die aus der Stadt einen Ort der Attraktionen und des Glanzes macht. Die geographische Herkunft der Stadtbewohner und die damit zusammenhängenden Netze familialer Solidarität bestimmen sowohl die Kundschaft — Lieferanten wie Käufer — als auch den Zustrom von Arbeitskräften und den Rückgriff auf Vermittler. Ein Händler in Toulouse zum Beispiel ist gewöhnlich der Partner seiner in Rodez oder Montauban ansässigen Landsleute, ein Großbürger aus Paris steht normalerweise mit seinen Cousins in Rouen in Verbindung. Florenz treibt Handel in seinem *contado*, bevor es die Hand nach der Welt ausstreckt, Genua und Venedig sichern sich ein Hinterland, Barcelona dehnt sein Betätigungsfeld bis nach Montpellier aus. Und Brügge ist der Hafen Flanderns, lange bevor es zur Drehscheibe des nordwesteuropäischen Handels wird.

Die Einengung der Wirtschaftsräume führt zwangsläufig zum Ersatz bestimmter Waren. So ersetzt die Wachskerze in den Regionen, in denen keine Olivenbäume wachsen, die Öllampe. Während das Nußöl in diesen Ländern für die Ernährung ausreicht, entsprechen beschränkte Verwendungszwecke — sogar in der Liturgie — hinfort der neuen Definition des Öls, das der Beleuchtung dient, als eines exotischen Produkts. Auch der Papyrus wird rar, und in den Kanzleien verbreitet sich der Gebrauch des Pergaments, gegerbter und behandelter Schafshaut, die mit Tinte beschrieben werden kann. Im Gallien der Merowinger tritt das Pergament seit 670 auf, in Italien nach 715, in Germanien um 730. Nur die päpstliche Kanzlei beharrt bis in die Mitte des 11. Jahrhunderts darauf, einen im übrigen sehr schlechten Papyrus aus Sizilien zu verwenden.

In diesem Horizont, der von der regionalen Ausstrahlung der ersten Wirtschaftsmetropolen und der geographischen Bedeutung der Flußbecken und des Hinterlandes abhängt, erscheint die Versorgung mit Konsumgütern als vorrangiger und wesentlicher Handelsgegenstand. Das Land, auf dem man Lebensmittel anbaut, ernährt die Stadt wiederum, die durch diesen kommerzialisierbaren Überschuß erst möglich wird. Die Stadt wiederum unterhält auf dem flachen Land eine Kundschaft für die Erzeugnisse ihres noch jungen Handwerks — Werkzeuge, Kleidung — und profitiert von den sich bietenden Investitionsmöglichkeiten, die in vielen Variationen die Formen des Kredits und des Kaufs annehmen.

Die Reichweite der regionalen Verbindungen wird aufgrund der Kommunikationsmöglichkeiten, der demographischen Dynamik des Umlands und seiner landwirtschaftlichen Erträge vor allem durch die Anziehungskraft der Stadt — als Arbeits- und Verbrauchsmarkt — bestimmt. Diese Reichweite vergrößert sich mit den Fortschritten in der Landwirtschaft und der Entwicklung des Bedarfs an Arbeitskräften im städtischen Handwerk. Die allmähliche Erweiterung bringt sogar eine Hierarchie zwischen den städtischen Zentren mit sich. Der Bauer wird eher in der benachbarten kleinen Stadt zum Städter als in der entfernten Metropole, und die Bevölkerung einer großen Stadt wie Paris besteht aus wenigen Parisern, die schon lange dort ansässig sind — drei Generationen ist schon viel —, und einfachen Bauern aus Bourg-la-Reine oder Le Bourget sowie kleinen Notabeln, die Auxerre, Troyes oder Evreux in der Hoffnung auf ein besseres Schicksal verlassen haben. So bilden sich Wirtschafts- und Versorgungszonen heraus. Kleine Zentren wie Muret für Färberwaid oder Gaillac für Wein bieten Schwerpunktmärkte, auf denen Händler sich mit Waren für die Versorgung von Toulouse eindecken.

Die Versorgung verläuft nicht nur in einer Richtung. Die regionale Verteilung schafft viele zusätzliche Handelsmöglichkeiten und verschafft viele Rückfrachten. Nach Paris kommen Weine aus der Ile de France — von Argenteuil nach Clamart über Chaillot — und aus dem Gebiet um Orléans, aus Beaune und dem Auxerre. Aber die Hauptstadt ist weit davon entfernt, alles zu konsumieren, und die Fässer mit Weiß- oder Rotwein werden vom Hafen aus in diejenigen Regionen verschickt, die keine Weinberge besitzen, wie das Artois, die Picardie, die Normandie um Rouen und Saint-Lô. Die in die eine Richtung mit Wein beladenen Schiffe fahren in die andere Richtung, in die Hauptstadt, nach Burgund und in die Champagne, mit Heringen aus dem Ärmelkanal, Getreide aus der Normandie oder dem Valois, Obst vom Unterlauf der Seine und Nutzholz von den Ufern der Aisne.

Das gleiche System eines breit gestreuten Handels etabliert sich in der Po-Ebene, wo die Händler aus Comacchio — vor den Venezianern — seit dem 7. Jahrhundert mit Fisch aus dem Adriatischen Meer handeln, mit Salz von der Küste der Romagna und mit Weizen aus den Ebenen der Lombardei.

Ein anderes Beispiel der Umverteilung ist Danzig mit dem schiffbaren Meer und dem Weichselbecken. Von Lemberg bis Krakau werden aus dem polnischen Hinterland die Erzeugnisse des Bergbaus — insbesondere Kupfer aus den Karpaten — zu dem großen baltischen Hafen gebracht, außerdem Luxusgegenstände des italienischen Schwarzmeerhandels, denen man in Krakau begegnet: Seide und Gewürze. Von dem großen Markt in Thorn begierig aufgenommen, liefert Preußen Roggen, Masuren Nutzholz. All das läßt einen Seehandel aufleben, der sich nach Lübeck, Brügge und England erstreckt, im 15. Jahrhundert nach Holland und Brabant, ja sogar nach Schottland. Im Austausch importiert Danzig Salz — die nach Bourgneuf geschickte Flotte zählt jedes Jahr etwa fünfzig Schiffe — und Wein aus der Gascogne, der in London oder Brügge eingekauft wird, aber auch Tuch aus Flandern und Brabant. All diese Waren geben sowohl dem Handel auf den Flüssen und Straßen Preußens wie Polens als auch den Seeverbindungen nach Schweden, Finnland und Lettland Auftrieb. Händler aus Danzig lassen sich in Litauen — vor allem in Kaunas — nieder, um dort Wachs und Pelze einzukaufen, auf die man in Westeuropa begierig ist. Andere gehen bis nach Lemberg und beliefern dort mit Ambra, Kupfer und sogar mit Heringen die Venezianer und Genuesen, die von der Krim oder vom Bosporus kommen.

Ähnliches kann man seit dem 8. Jahrhundert an der Nordsee beobachten und entlang der Elbe oder der Schelde, wo die Friesen sowohl mit Holz aus dem Rheinland als auch mit Moselwein oder friesischem Tuch handeln, sowie auf der Irischen See, die Schiffe mit Salz aus der Bretagne und Wein aus der Gascogne, mit Zinn aus Cornwall und Blei aus dem Poitou durchqueren.

In diesem regionalen Rahmen werden lokale Rohstoffe für das sich entwickelnde Handwerk gehandelt. Der Tuchmacher in Toulouse beschafft sich seine Wolle im Comminges, im Bigorre, im Béarn, sogar in Aragon. Er kauft sein Waid im Lauragais oder im Albigeois. Mitunter führt diese Konzentration zu einem Handel über größere Entfernungen. Der Londoner verkauft den flämischen Webereien die Wolle aus der englischen Schafzucht, und der Kantabrer verkauft den Engländern, den Bretonen und den Normannen Eisen aus Asturien. Das Kontor der Hanse in Nowgorod exportiert Pelze und Holz, die es in den Ländern des Weißen Meeres beschafft, zu den Handelsplätzen der Nordsee, nach Lübeck wie nach Brügge. Der Bürger von Bordeaux oder La Rochelle beginnt, zum professionellen Vermittler zwischen den Besitzern der Weinberge und jenen Händlern zu werden, die — mit baskischen, bayonnesischen, bretonischen oder englischen Schiffen — den Wein nach Brügge, Bristol, Southampton, London oder Hull bringen.

Versorgung der Stadt und Konzentration auf die Stadt, diese beiden Wirtschaftsformen des flachen Landes bilden den regionalen Horizont der Investitionen, also des wirtschaftlichen Einflusses. Der Geschäftsmann des 12. und häufig noch derjenige des 13. Jahrhunderts investiert nur im Rahmen der Kenntnisse, die er persönlich von den wirtschaftlichen Realitäten hat. Die Schafherden des Toulouser Bürgers befinden sich zwischen Garonne und Tarn, diejenigen des Barcelonesen weiden im Ebrobecken, zwischen Aragon und Westkatalonien. Die Investitionen für die Sicherheit und diejenigen aus Prestigegründen, also die ersten Landkäufe, einfache Grundzinsgüter eher als herrschaftliche Güter, gehen kaum über diese Grenzen hinaus. Auch die Wagemutigsten sind häufig nicht sehr weitsichtig. Sie sehen nicht über die paar Tage Fußmarsch hinaus, die der Großvater gemacht hat, um sich in einen Stadtbewohner zu verwandeln, oder die sie selbst machen, um sich Heu für ihre Pferde oder Flachs für ihr Leinen zu beschaffen. Es ist verständlich, daß dieser Blick den befahrbaren Straßen folgt, statt sich Gegenden zwischen den großen Verbindungswegen zuzuwenden, die schwer zu erreichen sind. Die Straße beschreibt sowohl den gesellschaftlichen als auch den wirtschaftlichen Raum.

Es tauchen einige langfristige Bedürfnisse auf, die bestimmte regionale Märkte dazu bringen, ihre Exporte zu verstärken. Die Fischer der Nordmeere brauchen jedes Jahr neues Salz, denn das alte Salz konserviert schlecht: Einsparungen beim Salz können die Fische unverkäuflich machen. Natürlich kann man sich den kostbaren Stoff verschaffen, indem man Meerwasser verkocht, aber es ist einfacher, dies der natürlichen Verdunstung in den Sümpfen der Atlantikküste zu überlassen. Der Fischer der felsigen Küsten des westlichen Mittelmeers denkt nicht anders, wenn er nach den Salinen der flachen Küsten der Provence und des Languedoc schielt.

Zur gleichen Zeit begnügen sich die Städte des Nordens, in denen das aufkommende Gewerbe die Kaufkraft anwachsen läßt, immer weniger mit den lokalen Getränken aus ihrer unmittelbaren Umgebung. Wegen seiner gastronomischen Qualitäten und wegen seiner stimulierenden Wirkung will man Wein. Und nicht den Wein, mit dem sich die Weinbauern des Cotentin oder des Artois oder die aus Kent zufriedengeben. Die Städte Brügge, Gent, Lille, London, Southampton und Lübeck beschaffen sich ihr Getränk in sonnigeren Ländern, vorzugsweise in den Weinbaugebieten, die man auf dem Wasserweg schnell erreichen kann. Dies ist eine Chance insbesondere für die Weinbauern von Aunis und der Gascogne. Aber obwohl der Transport zwischen zwei Flußabschnitten über die Straße abgewickelt werden muß, läßt Paris bald den Wein aus Beaune und Saint-Pourçain-sur-Sioule kommen.

Als gegen Ende des 14. Jahrhunderts mit Hopfen gebrautes Bier, das mehr geschätzt wird als das rustikale, von den Galliern übernommene Gerstenbier, allgemeine Verbreitung findet, sind die Gewohnheiten eingefahren: Außer in einigen Gegenden wie Flandern bleibt der Wein in den Ländern ohne eigenen Weinbau das Getränk par excellence. Und er ist zu einem der wichtigsten Objekte des internationalen Handels geworden.

Die Entwicklung verfeinerter Produkte, vor allem des Wolltuchs, läßt in einem weiten Umfeld neue Bedürfnisse entstehen. Je mehr man produzieren will, umso weiter muß man suchen: Die flämischen Webereien lassen ganze Ladungen von Wolle aus England kommen. Die Konkurrenz und das Streben nach Qualität führen zum Gebrauch verschiedener Farbstoffe, färbender Pflanzen, die aufgrund des Klimas nicht unbedingt zwei Schritte von den Schafweiden entfernt wachsen. Der Färberwaid aus der Picardie und dem Lauragais ist der gleiche, und der Krapp, den man in Lille verwendet, ist der gleiche wie in Arras, aber nichts ersetzt in Lille oder Paris, in Ypres oder Rouen den Safran, die Schildlaus und den Purpur, nicht zu vergessen den Alaun, das unerläßliche Beizmittel, das zuerst aus Kastilien kommt, später aus Kleinasien und schließlich aus Tolfa in Italien.

In Italien entdeckt man zur gleichen Zeit, daß es von Vorteil ist, im Handel mit dem mediterranen Orient über jenes schöne Wolltuch zu verfügen, das die Schafzucht in den Alpen und im Apennin nie hervorbringen konnte. In Florenz entwickelt man ein System der Valorisation, das den Namen der Straße trägt, in der es zuerst Fuß gefaßt hat: Calimala. Man kauft von den Flamen dickes, weiches Wolltuch, welches sich für die Mode der langen weiten Kleider eignet, man behandelt es weiter und gelangt somit zu raffinierten Farben und zu einer ganz besonderen Vollendung. Es wird der Tag kommen, an dem die Italiener die flämischen Spinnereien und Webereien ersetzen möchten. Deshalb holen sie selbst die Rohwolle zunächst jenseits der Alpen, später jenseits der Meere.

Von einem, wenn auch benachbarten Ort zum andern kann sich der Horizont von Grund auf ändern. Für den alten Marco Polo, den älteren Onkel des zukünftigen Vertrauten des Kublai Khan, ist es der Horizont der internationalen Geschäfte, die in Konstantinopel abgewickelt werden, und der Schiffahrt im Bosporus, mithin der Karawanenstraßen aus den Steppen Asiens zu den Umschlagplätzen des Okzidents, Genua und Venedig. Für seine jüngeren Brüder Matteo und Niccolò – den Vater Marcos – ist es der enge Horizont von Soldaia, eines kleinen Nachbarhafens auf der Krim. Hier konzentriert sich die Versorgung von Konstantinopel und gewisser Städte Kleinasiens, das Getreide von den nahen Feldern, das Salz der Lagunen, der Fisch aus dem lokalen Fischfang. Nur einige Tage Schiffahrt trennen die Krim vom Bosporus. In Wirklichkeit sind es zwei Welten.

Ein weiterer neuer Umstand, der auch mit dem wachsenden Wohlstand Europas zusammenhängt, wo seit dem Jahr Tausend das Wachstum der Bevölkerung und die Erhöhung der landwirtschaftlichen Erträge, also der Grundrente, zusammengehen, verdient Beachtung: Das Leben am Hofe und das urbane Leben entwickeln neue Bedürfnisse bei der Darstellung sozialer Unterschiede. Luxus bedeutet, nicht wie der Bauer aus der Nachbarschaft zu essen, sich zu kleiden oder zu bauen. Elfenbein, Seide und Gewürze sind im Alltag der Mächtigen, in ihrem Auftreten wie bei der Bekundung ihres Glaubens, immer gegenwärtig und seit dem 11. Jahrhundert gefragt in einer Welt, in der Kraft, Vermögen und Erfolg vorgezeigt werden müssen. Die erneut aufkommenden großen Reisen – Pilgerreisen und Kreuzzüge sind deren vollendetste Formen – bringen ebenfalls wieder einen gewissen Exotismus in Mode, der lange eines der Kennzeichen der herrschenden Schichten bleiben wird.

Kurz: Diese neuen Bedürfnisse kurbeln den mediterranen Handel, der den Erfolg Italiens ausmachen wird, wieder an. Es geht diesmal nicht mehr darum, im Okzident einige Kolonien von Syrern aufzunehmen, die wie ihre Vorfahren im 6. Jahrhundert die Produkte Asiens dem Abendland darbringen. Diesmal ergreift Europa – in erster Linie Italien – die Initiative und fährt, auf dem Schwarzen Meer, nach Antiochia oder nach Alexandria in Ägypten den Karawanen entgegen, die mit Seidenwaren aus China und Gewürzen aus Indien beladen sind. Da der Luxus ein Element des Hofes ist und der Hof ein Mittel und Zeichen der politischen Macht, verbindet sich die Rivalität der Großen mit derjenigen der Städte, die ihre Lieferanten sind. Jeder schürt das Feuer der Begierde. Im 11. und 12. Jahrhundert geht man sehr schnell vom Hausierhandel zu einem etablierten Großhandel mit festen Routen über.

Die Öffnung dieses großen mediterranen Handels befriedigt ein weiteres Bedürfnis: Die italienischen Städte spüren mehr als andere im Okzident die Notwendigkeit maritimer Verbindungen. Diese Meereslust hängt zum einen mit der Struktur der italienischen Halbinsel zusammen, deren innere Wegverbindungen ziemlich unbequem sind. Überall sind Berge, und schiffbare Wasserwege sind selten. Bis auf wenige Ausnahmen wie Neapel liegen die Häfen mit dem Rücken zum Gebirge und können ihr Hinterland nur schlecht kontrollieren. Um Florenz zu umgehen, hat Pisa nur das Meer: ein Meer, das zurückweicht, denn der römische Hafen ist nur noch eine Erinnerung, und Porto Pisano versandet seinerseits. Um seine Isolation zu durchbrechen, hat Genua nur seine Flotte. Venedig hat von seiner *terra ferma* nichts zu erwarten, Palermo und Syrakus, Bari und Rimini haben nur einen Daseinsgrund: ihren Hafen. Italien öffnet sich nach außen durch einen geographischen Determinismus, aus dem das Talent der herrschenden Kreise von einer Stadt zur anderen unterschiedlichen Gewinn zieht.

Zwischen diesen Städten, deren außergewöhnliche Dichte ein Erbe aus der Antike ist, deren Nähe aber die Lebensräume unaufhörlichen und kostspieligen Konflikten aussetzt, ist die einzige wirkliche Expansion, die der urbanen Dynamik angemessen ist, die Eroberung der Straßen und Märkte, das Abenteuer auf dem Meer und die Niederlassung in fernen Gegenden, die kommerzielle Kolonisierung und manchmal — Venedig wird dies in Europa wie im Orient demonstrieren — die bewaffnete Eroberung. Lange vor den Kreuzzügen hat sich die italienische Marine in endlosen Expeditionen der »Rückeroberung« gegen den Islam bewährt. Auf dem Meer und jenseits der Meere werden jene unauflöslichen Konflikte entstehen, die die Städte nur bei Strafe des Untergangs an ihren Grenzen zum Apennin oder an ihren Küsten durchstehen können. Der Preis, den die im Heiligen Land anwesenden Christen für ihre Uneinigkeit entrichten werden, wird in zahlreichen Niederlagen des lateinischen Orients bestehen.

Der Wirtschaftsraum

Große Handelsstraßen sind also im Laufe des 11. und 12. Jahrhunderts, vielfältiger als in den vorhergehenden Jahrhunderten, entstanden. Nun verbinden sich die Seewege und die Landwege, die Straße und der Fluß, um den Austausch von Waren in großem Stil — Fracht in jeder Richtung — und vor allem finanzielle Transaktionen zu ermöglichen.

An der Spitze steht, aufgrund der Handelsmöglichkeiten sowie seiner politischen Bedeutung, das Gewirr der Seewege, die sich zwischen Italien und den Häfen des Vorderen Orients die Handelsflotten Pisas, Genuas und Venedigs teilen. Nachdem die Pisaner seit der Mitte des 13. Jahrhunderts in den Hintergrund gedrängt wurden und Antiochia durch den Verlust seines Hinterlandes jedes Interesse für die Verbindungen nach Zentralasien verloren hat, besetzen Genua und Venedig jeweils genau definierte Positionen. Die Venezianer beanspruchen die Vorherrschaft in Alexandria, an der Mündung der Straßen aus dem südlichen Asien, der arabischen Welt und Indien, die Genuesen die Kontore am Schwarzen Meer, in Trapezunt sowie auf der Krim, die am Endpunkt der Karawanenstraßen aus Zentralasien, der Seidenstraßen, liegen.

Die Affäre von 1204 erschüttert eine Zeitlang dieses Gleichgewicht. Venedig hatte die Kreuzfahrer dazu gebracht, Konstantinopel einzunehmen. Die Venezianer machten aus dem kurzlebigen lateinischen Reich ein wesentliches Element ihrer

Handelstätigkeit. Der Sturz des Kaisers Balduin II. – eines Courtenay – und die Wiederkehr der Griechen mit Michael VIII. Palaiologos begruben 1261 die Illusionen der Venezianer. Der Realismus der Genuesen triumphierte. Venedig mußte sich mit dem Markt von Alexandria begnügen, während seit 1250 die Macht der Mamelucken die lange dauernde Politik der Toleranz gegenüber den Christen beendete, auf die die Händler von Rialto sich so sehr berufen hatten.

Der Aufschwung im Gewerbe des Okzidents verlangt seinerseits einen neuen Handel. Man braucht Alaun, damit das Wolltuch seine Farbe annehmen kann, und auch wenn die Venezianer sich ihn in Ägypten und Syrien beschaffen, so kommt doch der beste Alaun aus Kleinasien. Der Reichtum der Genuesen vermehrt sich durch eine Art Monopol.

Die Italiener holen aus dem Orient Gewürze, Seide, Alaun, Färbemittel und richten ihr Bemühen auf diejenigen, die sich in den Häfen der Halbinsel damit eindecken. Aus dieser mediterranen Berufung entstehen kontinentale Handelsströme. Die Produkte des Handels mit dem Orient müssen nach Nordwesten weiterverteilt werden. Zudem muß man sich eine Rückfracht verschaffen: für in Brügge gekauftes Tuch, für in Tunis oder Annaba, in Sevilla oder Cadiz geladenes Getreide. Die toskanischen Kaufleute überlassen den großen Häfen die Seewege und spezialisieren sich schnell darauf, die Straßen und Märkte des Kontinents zu bedienen. Ihre seit dem 13. Jahrhundert fast ständige Anwesenheit ist kein geringer Faktor der Entwicklung in Troyes, Lagny, Provins und Bar-sur-Aube, jenen Messen der Champagne, die im 12. und 13. Jahrhundert eine der Drehscheiben des europäischen Handels sind. Hier werden die Geschäfte getätigt zwischen Italienern, Flamen, Brabantern auf der einen Seite und den Franzosen auf der anderen Seite. Hier knüpfen sich auch im Gefolge der Handelsgeschäfte finanzielle Verbindungen, die sich schließlich vom Warenhandel unterscheiden und die diesen in der Champagne bis weit ins 14. Jahrhundert hinein überdauern werden.

Andere Straßen entstehen, um den Bedarf Nordeuropas und Nordwesteuropas zu decken, wo lange ein lebhafter regionaler Handel stattgefunden hatte, bei dem von der Irischen See bis zum Kaspischen Meer über die Ostsee und die großen russischen Ströme die skandinavischen Händler und Seefahrer sowie das aufkommende Bürgertum der deutschen Häfen eine Rolle spielten. Es sind ein und dieselben Männer, die bei den Handelsgeschäften, die sich seit 1200 eröffnen, die Handhabung der Geschäfte und der damit verbundenen politischen Interessen übernehmen und die finanzielle und materielle Organisation regeln.

Die politische Einheit unter den Plantagenets begünstigt in den ersten Jahren des 13. Jahrhunderts – zum gleichen Zeitpunkt, als das Haus Plantagenet die Normandie verliert – das Aufkommen eines regelmäßigen großen Handels: des Weinhandels von der Gascogne nach England. Damit erweitert sich die Versorgung der nordischen Länder – über Brügge und die englischen Häfen – mit Weinen, die

31

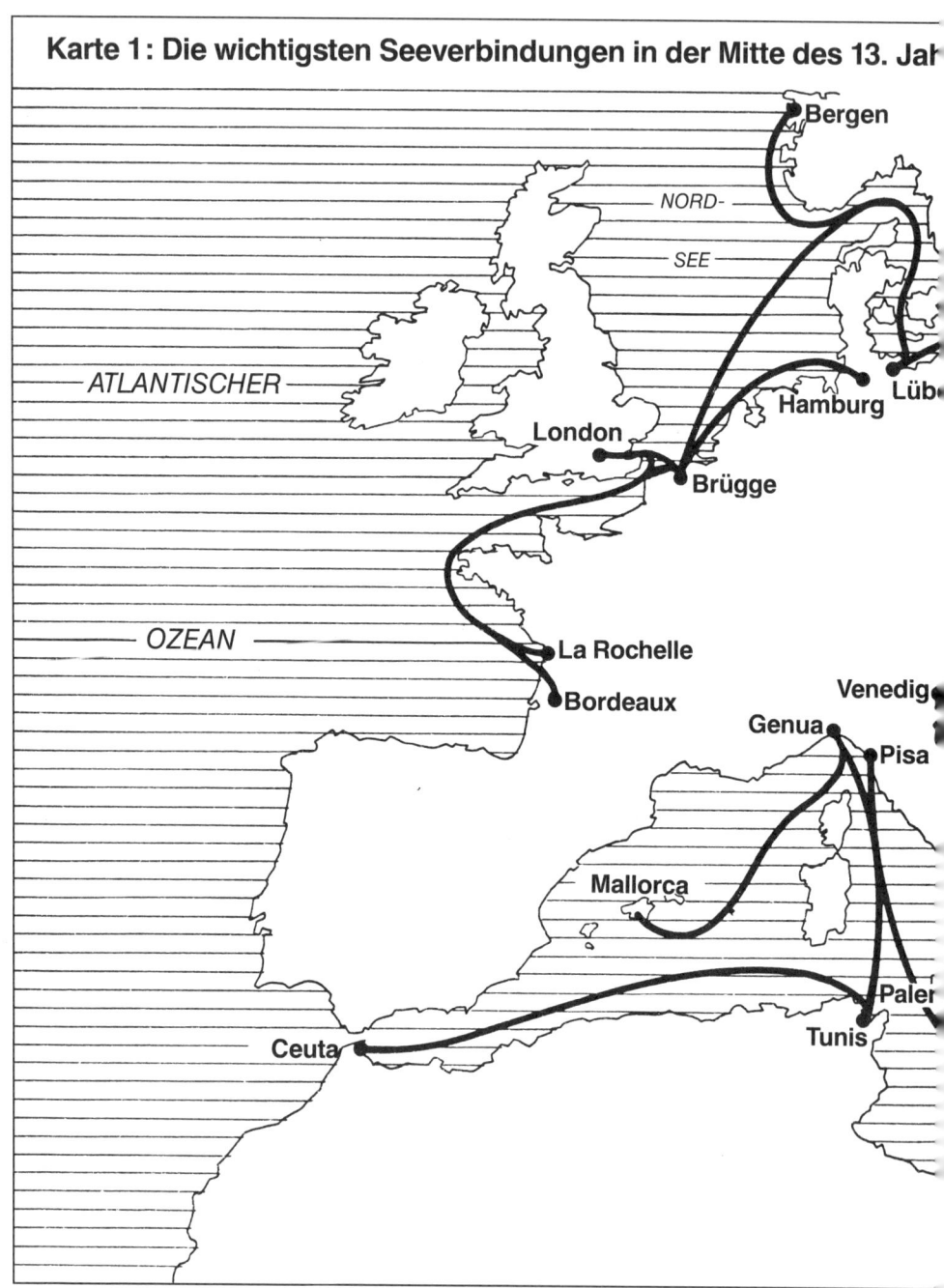

Karte 1: Die wichtigsten Seeverbindungen in der Mitte des 13. Jah

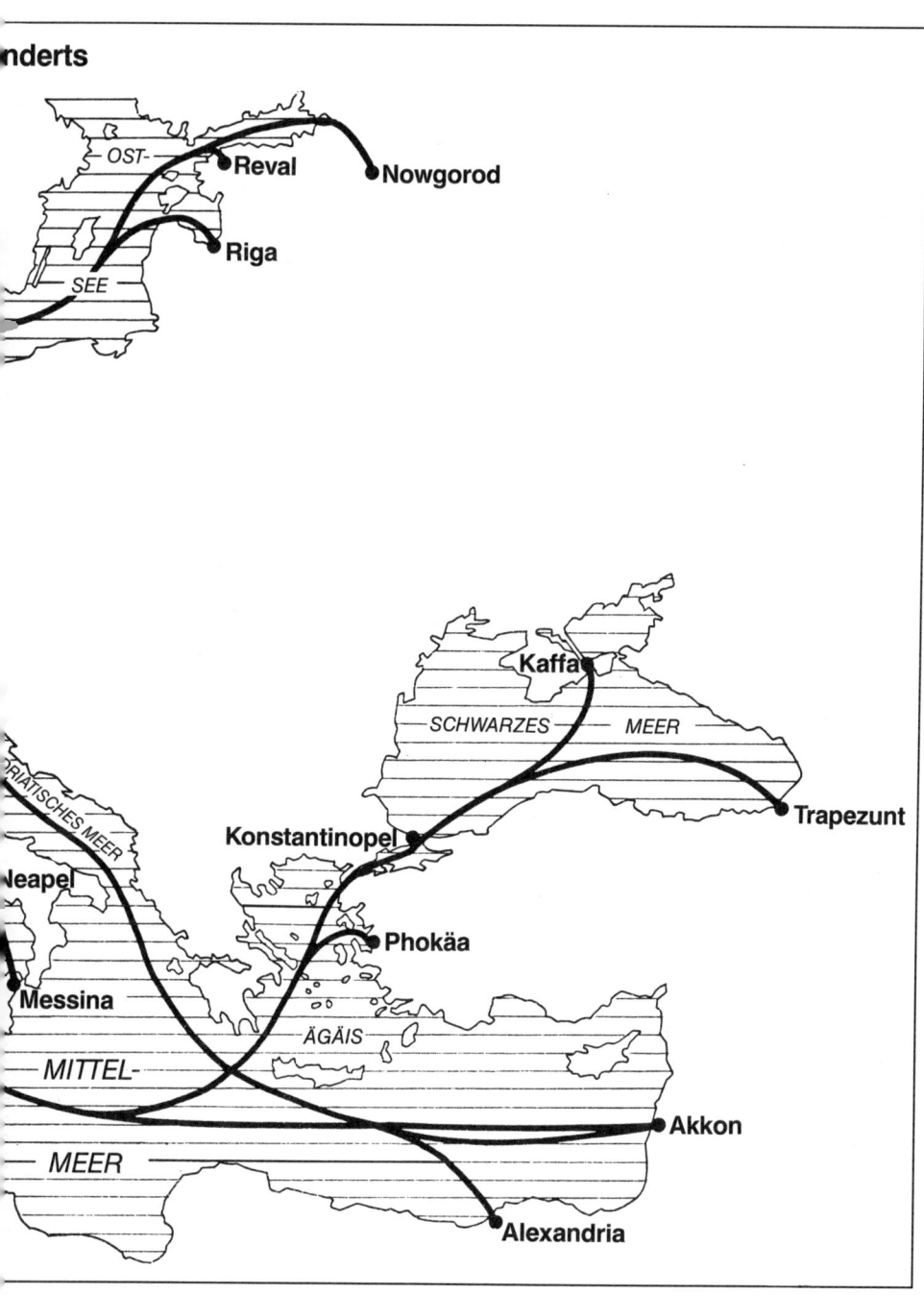

bis dahin in kleineren Mengen von den Weinbergen der Seine und des Rheins, des Anjou und des Aunis gekommen waren. Der Reichtum von Bordeaux und Southampton rührt zu einem guten Teil von diesem Handel her, der seit den Zeiten Ludwigs des Heiligen zu den großen ökonomischen Entwicklungen Europas zählt.

Der Salzhandel hatte lange seinen regionalen Charakter bewahrt, der mit der Zersplitterung der Produktionszentren zusammenhing. Während die Sonne des Mittelmeers die Salzgärten an den Küsten der Adria, der Provence oder des Languedoc förderte, und während das Salz aus den Salzgärten des Atlantik die angrenzenden Länder versorgte, schien das Steinsalz in den Gegenden zu genügen, deren Klima eine systematische Ausbeutung des Meersalzes ausschloß — außer mit kostspieligen Pfannen. Das Salz aus den Alpen und dem Jura sowie das aus Böhmen und Rumänien versorgte das Innere des Kontinents. Das Salz aus Lüneburg machte bereits die Händler aus Lübeck reich, die es bis nach Schottland, nach Skandinavien und Rußland exportierten.

Aber dieses Steinsalz war teuer, und die Produktion reichte nicht aus. Die steigenden Handelstonnagen änderten das Problem von Grund auf. Sie machten das Salz aus dem Atlantik für die Verbraucher erreichbar, die sich auf den Märkten von Riga oder Nowgorod bedienten. Die Fischer von Bergen konnten es verwenden, um die Produkte ihres Fischfangs zu konservieren und damit exportieren zu können. In der zweiten Hälfte des 14. Jahrhunderts entwickelte sich ein Handel über große Entfernungen. In Bourgneuf und Guérande sah man jedes Jahr richtige Flotten in die Nord- und Ostsee auslaufen. Die inneren Krisen der Hanse begünstigten diese Entwicklung: Städte wie Riga, Reval — heute Tallinn — oder Danzig machten sich damit frei von dem Monopol, das Lübeck für das Salz aus Lüneburg hatte.

In die eine Richtung mit Wein oder Salz oder auch mit flämischem Tuch beladen, fuhren die Schiffe natürlich nicht leer zurück. Sie dienten den internen Geschäften der englischen oder deutschen Städte. Die gestiegene Macht der Reedereien trug daher ebenfalls dazu bei, die Handelsgeschäfte der Hanse zu breiter zu streuen.

Diese kommerzielle Organisation der deutschen Städte und ihrer Kontore — von Köln, London und Brügge bis nach Riga, Bergen und Nowgorod — hatte im 13. Jahrhundert, beherrscht von dem jungen Patriziat von Lübeck, über den Okzident ein Handelsnetz gespannt, das auf einer außerordentlichen Seelage beruhte. Die Hanse öffnete sich gleichzeitig nach Skandinavien, den britischen Inseln und Flandern. Die Weser, die Elbe, die Oder, die Weichsel und ihre Nebenflüsse verschafften ihr Zugang zum deutschen und polnischen Hinterland. Der Fisch kam aus Schweden und Norwegen. Wachs und Pelze kamen aus Preußen oder Rußland, Bier von den baltischen Häfen, das Kupfer aus Schweden und Ungarn: Das ungarische Kupfer sollte am Ende des 15. Jahrhunderts den Reichtum der Fugger begründen. Eisen kam von den Alpen und den Karpaten, aber auch vom Rheinischen Schiefergebirge. Buchen-, Eichen- und Kiefernholz kamen aus Masuren, Eschen- und Eibenholz aus den Karpaten, Getreide aus Polen und Preußen. Mit einer Niederlassung in Brügge und einer starken Position auf den städtischen Märkten und Messen in Flandern und in der Champagne hatten die Kaufleute der Hanse die Mittel, den ganzen Kontinent zu beliefern. In ebendieser Zeit beherrschte der Deutsche Ritterorden von Königsberg aus den Handel mit Bernstein, der auf der Halbinsel Samland gefunden wurde.

Das Netz war gespannt, als Krakau von der mongolischen Bedrohung befreit war. Die Stadt wurde im 14. Jahrhundert zum Knotenpunkt der Handelswege, die die Länder des Nordens mit denen des Mittelmeeres verbanden. Von der Champagne nach Polen und von Gotland nach Amalfi oder Kaffa zeichnete sich ein neuer Wirtschaftsraum ab.

Durch die erstaunliche Versammlung von Kaufleuten unterschiedlicher Herkunft und Interessen spielten die großen Messen eine entscheidende Rolle bei der Ausweitung der Horizonte. Ein habgieriger französischer König wie Philipp I. fand schon um das Jahr 1080 italienische Kaufleute, die er ausplündern konnte, wenn sie zu den Messen der kleinen königlichen Domäne, zwischen Paris und Orléans, kamen. Papst Gregor VII. sollte sich darüber ereifern. Die fremde Welt, die Welt der wandernden Händler, die von außerhalb kommen, erscheint damit nicht länger als ein negatives Anderes, das die Einheimischen umzingelt. Das Fremde wird wahrnehmbar und analysierbar, da es in seiner ganzen Vielfalt gegenwärtig ist.

Die Messen der Champagne sind Messen wie die anderen, die ein- oder zweimal im Jahr in jeder der vier Städte abgehalten werden. Alles hängt hier von der Weitsicht der Grafen ab. Der Händler kommt nach Troyes, Lagny, Provins oder Bar-sur Aube, weil er seine Person und seine Güter dort in Sicherheit weiß, weil er weiß, daß der Graf der Champagne jeden Anschlag auf die Interessen dessen, der auf die Messen kommt, als eine persönliche Beleidigung ansieht, und weil diese Protektion auf dem Hin- und Rückweg wirksam ist. Eine Messepolizei, eine Messegerichtsbarkeit, ein Geleitbrief, dazu entsprechende Einrichtungen — gewartete Messehallen, funktionierende Waagen und streng überwachte Maße und Gewichte — flößen Vertrauen ein und laden zur Reise ein. Ein Messeaufseher, dem man zum ersten Mal 1174 begegnet, ist beauftragt, Ordnung zu schaffen und einen ungestörten Ablauf der Geschäfte zu gewährleisten. Er übernimmt die juristische Garantie für die Ausführung der vor ihm eingegangenen Verträge. Die Sicherheit und ihre Annehmlichkeiten sind einen Umweg wert. Der Erfolg der Messen der Champagne beruht auf nichts anderem als auf dieser intelligenten Politik der auf die Geschäfte angewandten öffentlichen Ordnung.

Weil die gemeinsame Herkunft gemeinsame Interessen schafft und eine interne Konkurrenz, die man besser kontrolliert als vor aller Augen ausbreitet, organisieren sich die Händler. Händler aus der gleichen Stadt oder dem gleichen Land bilden eine identifizierbare Gruppe, manchmal eine »Nation« mit eigenen Institutionen.

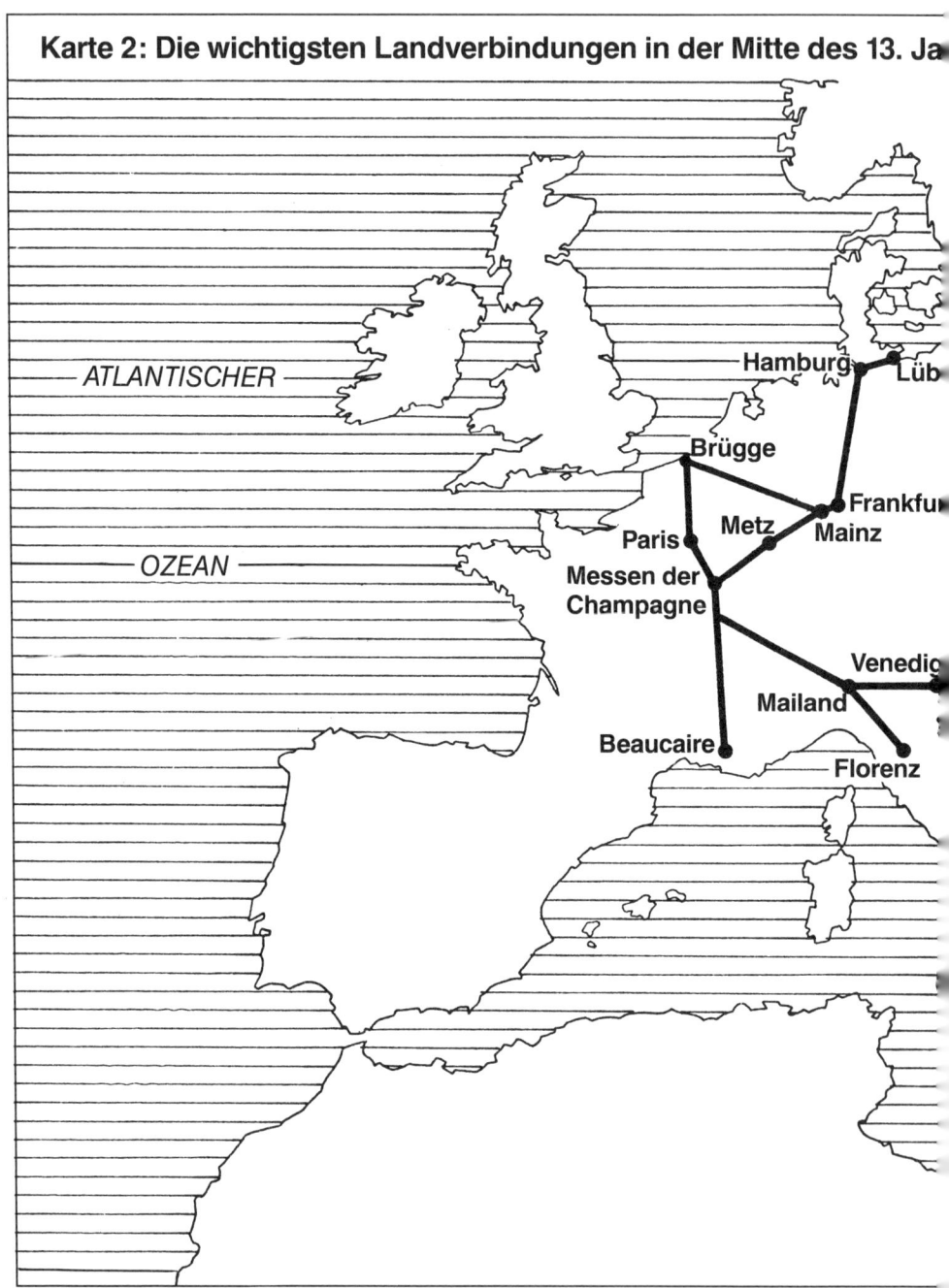

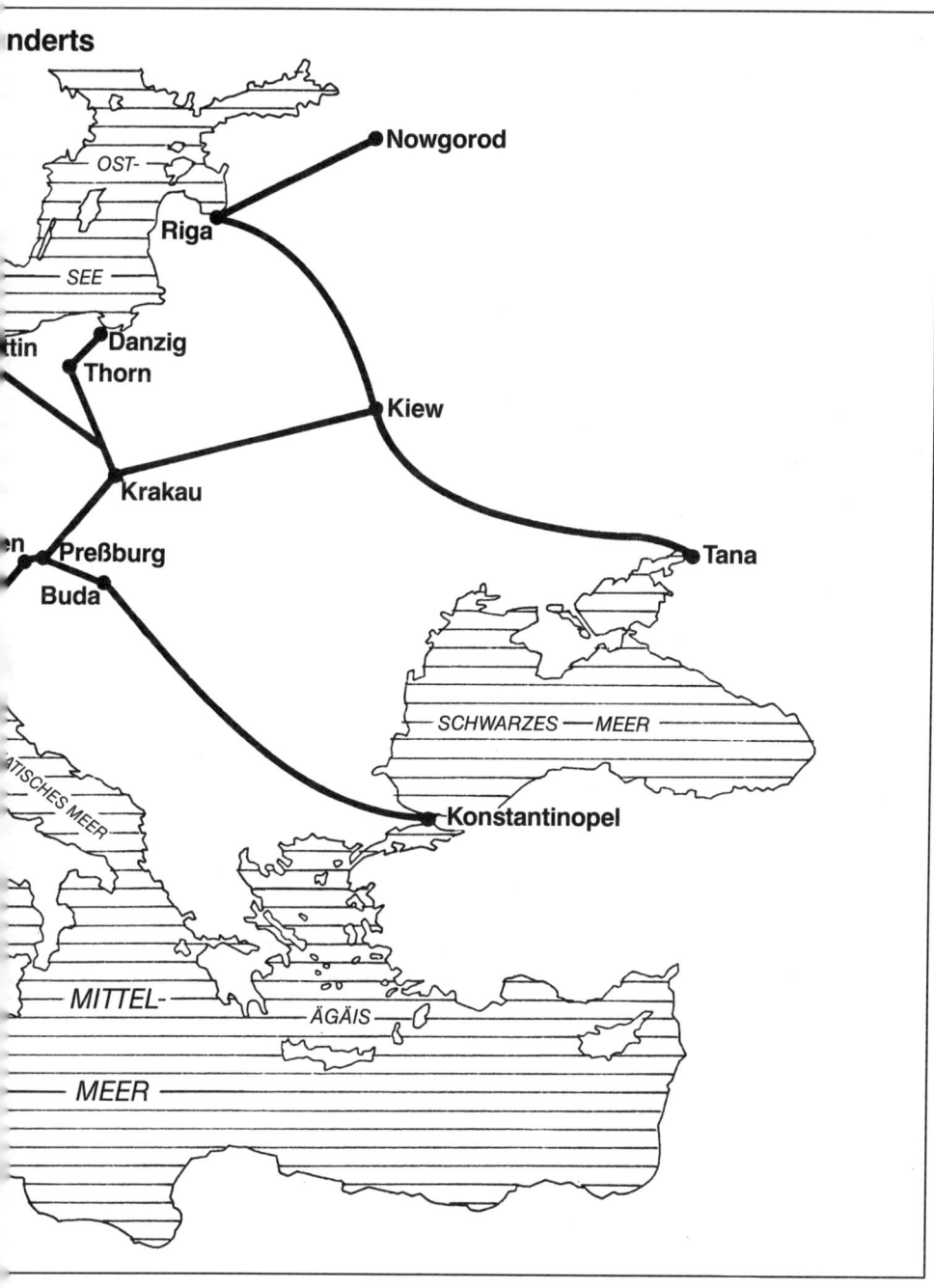

Die Vielfalt der Wirtschaftswelt ist nicht länger ein vager Eindruck an der Grenze zum Abenteuer und zum Sprachengewirr. Den Männern, die über Zahlen sprechen — Preise und Mengen — erscheint sie jetzt als eine meßbare und strukturierte Realität. Man kennt das Gewicht der Florentiner, das der Sienesen, das der Placentiner.

Der König mischt sich ein und trägt viel dazu bei, daß die Messen der Champagne seit 1230 eine internationale Ausstrahlung haben. Philipp August gewährt den Händlern, die in die Champagne kommen, das königliche Geleit: Von dem Augenblick an, in dem sie das Königreich betreten, bis zu dem Augenblick, in dem sie es verlassen, stehen sie unter dem Schutz des französischen Königs. Sich mit einem Händler anzulegen, der »die Messen der Champagne besucht«, grenzt an das Verbrechen der Majestätsbeleidigung.

Der Graf der Champagne hat richtig spekuliert. Der König und er selbst kommen auf ihre Kosten, ebenso der Händler. Eine besonders geringe Besteuerung — der Anreiz ist offensichtlich — macht dennoch aus den sechs Messen eine der wichtigsten Einkünfte der Champagne. Als 1284 die Gräfin der Champagne — die Königin Jeanne von Navarra — den zukünftigen Philipp den Schönen heiratet, sind die Messen bereits eines der wesentlichen Elemente der Wirtschaftspolitik des Kapetingers. Die Route nach Frankreich gilt als der normale westliche Verbindungsweg zwischen den mediterranen Verbindungen Italiens und den nordischen Verbindungen Brügges.

Die Welt der Wirtschaft um das Jahr 1250 hat indes ihre Fehler. Das Überwiegen des Transports auf Straßen und Flußabschnitten belastet die von Natur aus langsamen Verbindungen mit einer erschreckenden Zunahme der Abgaben und Risiken. Die Zollstellen liegen eine nach der anderen an den Wegen. Die Benutzung der Brücken — der Übergang, die Durchfahrt — muß bezahlt werden, desgleichen der Eintritt in die Städte oder der Aufenthalt auf den Pontons der Flußhäfen. Das System ist kaum annehmbar für hochwertige Waren. Im 15. Jahrhundert fallen 60 Prozent Transportkosten an, einschließlich der Abgaben, um Wein aus Burgund ins Hainaut zu transportieren. Das ist für Massenwaren abschreckend. Jenseits der gewohnten Pfade eine Gegend zu versorgen, die von einer schlechten Ernte heimgesucht ist, heißt die Versorgung so zu verteilen, daß die Verbraucher es nur schwer akzeptieren können. Das wirtschaftliche Zusammenspiel funktioniert daher nur sehr schlecht, lediglich in dem engen Rahmen der Flußbecken und der bereits kontrollierten Straßennetze.

Diese Langsamkeit macht das Kapital und die Arbeitskräfte unbeweglich bis an die Grenze des Erträglichen. Denn die Waren reisen nicht allein, und Geschäfte, die so einfach sind, daß man dem Fuhrmann volles Vertrauen schenken kann, sind selten. Im Laufe der Reise sind Entscheidungen zu treffen, und der Eigentümer kann sich dabei nicht blind auf einen Fachmann für Treideln oder Anspannen verlassen. Aber es gibt nur wenige Kaufleute, die in der Lage sind — und wenn, dann nur zu einem sehr hohen Preis —, wegen eines Konvois, der Steine, Holz oder Getreide transportiert, mehrere Monate lang abwesend zu sein.

Nicht weniger gravierend für das wirtschaftliche Gleichgewicht Europas ist die relative Isolation Mitteleuropas. Die Barriere der Alpen kann nur im Westen über den Mont Cenis und die beiden Sankt Bernhard und im Osten über das Tal der Drau und die Mährische Pforte von Wagenkonvois bequem überschritten werden. Was für die Champagne, Chalon-sur-Saône oder die großen Häfen der mittleren Donau wie Wien oder Budapest von Vorteil ist, bremst die Entwicklung der oberen Donau und des Rheintals, die von Italien und dessen zum Orient hin geöffneten Häfen abgeschnitten sind. Der Rhein sieht sich damit auf eine regionale Bedeutung reduziert, auf Verteilungsgeschäfte, für die eine ungünstige Mündung auf die Nordsee hin ihn schlecht qualifiziert: Ein so weitläufiges Delta ist für Häfen wenig geeignet. Die Welt der Geschäfte, die sich in Augsburg aufgrund der gewerblichen Perspektiven entwickelt, die sich aus den neuen Bergbautechniken und den neuen Verfahren der Erzbehandlung ergeben, strahlt erst nur auf Mitteldeutschland aus. Das handeltreibende Europa bietet somit das Schauspiel einer gigantischen Verzerrung. Trotz seines Reichtums und vor allem seiner Bodenschätze profitiert das geographische Herz Europas nicht von der Entwicklung. Da die gerade Linie im Bereich der täglichen Transporte untauglich ist, wird sie aufgegeben. Noch weniger vorstellbar ist sie indes für den großräumigen Handel, den die neuen Bedürfnisse hervorbringen.

Die Anfänge

Die Expansion schien blockiert, der Horizont geschlossen, die Kapazitäten begrenzt. Und plötzlich, um das Jahr 1250, ändert sich alles. Während sich eine der schwersten Krisen nähert, die die europäische Wirtschaft gekannt hat, und die statistischen Indikatoren, über die wir verfügen — vor allem Agrarpreise und Grundrente —, die ersten Anzeichen einer allgemein nachlassenden Dynamik erkennen lassen, leiten technologische Innovationen und geistige Umwälzungen eine Entwicklung ein, die sich gleichermaßen in die Linie zweier Jahrhunderte des demographischen Aufschwungs wie in die eines Wachstums der ländlichen Wirtschaftsformen samt ihrer Folgen für die Stadt einschreibt.

Die Kunst der Schiffahrt

Auf den Werften bewegt sich einiges. Von der antiken Galeere bis hin zu den Karavellen, die den Atlantik überqueren werden, gibt es ständig neue Schiffstypen. In den drei oder vier Jahrhunderten in denen sich das Mittelalter vollendet, vereinigen Konstrukteure und Seeleute ihre Erfahrungen und ihre Vorstellungskraft, um sicherere und schnellere Boote zu bauen, die bei schlechtem Wetter oder ungünstigem Wind manövrierfähiger sind, größere Ladungen befördern und sich leichter den verschiedenen Frachten anpassen können, die in den Häfen gerade auf sie warten. Das Schiff behauptet sich als das Transportmittel par excellence für Massengüter, Getreide oder Wein, Salz oder Alaun, Nutzholz oder Rohwolle.

Auch gibt es noch Ruderschiffe. In erster Linie die leichten Galeeren, die die Seemächte in Kriegszeiten weiterhin bewaffnen, um ihre Expeditionen zu führen, und in Friedenszeiten, um ihre Handelskonvois vor den verschiedenen Bedrohungen zu schützen, die von Piraten oder den Geschwadern konkurrierender Städte ausgehen. Aber es gibt auch zahllose Barken mit zehn oder zwölf Ruderern, mit denen der größte Teil der Küstenschiffahrt bestritten wird, an der preußischen Küste wie an der ligurischen Riviera, in der Irischen See wie im Adriatischen Meer. Sie sind leicht zu manövrieren. So lohnt sich die Reise auch für den bescheidensten Reeder. Mühelos entgeht die Barke den Zollkontrollen. Sie bleibt bis in die Moderne ein Instrument der Steuerhinterziehung.

Natürlich triumphiert in den Nordmeeren seit dem 12. Jahrhundert das Segelschiff über die schwere Ruderbarke, bei der das Gewicht der Ruderer und der für sie benötigten Lebensmittel höher ist als dasjenige der transportierten Waren. Auf dem Mittelmeer aber wird die kraftvolle Galeere mit zwanzig oder dreißig Reihen von drei Ruderern noch im 15. Jahrhundert für einen spekulativen Seehandel eingesetzt, bei dem die Schnelligkeit mitunter mehr zählt als die Tonnage. Sie ist das ideale Instrument in der Konkurrenz um den Handel mit Gewürzen oder Seide, und durch ihre Wendigkeit auch das beste Instrument im Seekrieg. Für den Angriff auf Christen oder Piraten hat sie nicht ihresgleichen. Sie weicht den Piraten aus, kommt ihren Attacken zuvor, durchbricht Blockaden. Provenzalen, Katalanen, Genuesen, Florentiner und Venezianer bleiben ihr lange treu. Trotz einiger »Unfälle«:

»Da der edle ser Martino da Mosto, unser Vogt auf Zypern, 213 Hypérpyron 5 Karate ausgegeben hat, um einige der Männer unserer Galeeren auf der Reise nach La Tana auszulösen, die Schiffbruch erlitten hätten, und wegen verschiedener zu diesem Zweck getätigter Ausgaben, ungefähr 71 Dukaten, hat der Große Rat beschlossen, diese Ausgaben zu machen und dem Konto des besagten Martino da Mosto gutzuschreiben.«

Dennoch triumphiert das Segelschiff fast überall, sobald es um den Transport von Massengütern geht, bei denen man nicht um jeden Preis der Schnelligkeit den Vorzug gibt. Es ist besser, mehr Getreide, Salz, Wein, Bücklinge, Wolle oder Holz zu laden, als sich mit Süßwasser, Keksen und Trockenfleisch zu belasten. Das große quadratische Segel kann in alle Richtungen manövriert und jedem Wind angepaßt werden. Es bewegt bereits das nordische Schiff des 12. Jahrhunderts und die friesische Kogge des 13. Jahrhunderts. Man findet es am Mast der Szkuta, die im 13. Jahrhundert die Weichsel befährt. Und es befindet sich an den beiden Masten der großen Handelsschiffe Venedigs, Genuas und Florenz' und bietet dem Wind umso mehr Fläche, je mehr das Schiff an Größe zunimmt.

Die Ruderer bestechen durch ihre eleganten Manöver, während die großen Segelschiffe für große Tonnagen geeignet sind. Von der noch schlanken Kogge um das Jahr 1200 bis hin zu der schweren, flachen und bauchigen Hulk um das Jahr 1350 erhöht sich das Fassungsvermögen der Schiffe ständig. Bereits 1190 genügten hundertfünfzig Schiffe, um das Heer von Richard Löwenherz und seine Pferde in den Orient zu bringen. In seinem vierzig Meter langen und fünf Meter breiten Rumpf trägt das Handelsschiff Genuas oder Venedigs wie die nordische Hulk des 15. Jahrhunderts leicht zwei- oder dreihundert Tonnen, eine Tonnage, die nicht zu vergleichen ist mit den höchstens zehn oder zwanzig Tonnen, die die Boote der bretonischen Küstenschiffer oder die Barken der Küstenschiffahrt des Languedoc oder der Provence laden können. Um die gleiche Zeit verleiht ein komplexeres Takelwerk, das auf drei Masten verteilt ist, der iberischen Karavelle — die bald schon von den Flotten der deutschen Hanse übernommen wurde — und dem Genueser Schiffstyp der Karake Wendigkeit und Schnelligkeit, womit die Neue Welt in Reichweite der europäischen Unternehmungen rückt. Es gab Karavellen, die vierhundert Tonnen befördern konnten. Karaken konnten bis zu tausend Tonnen laden.

So gelangt man an die Grenzen dessen, was die Infrastruktur der Häfen verkraften kann. Und sehr viele Handelsgeschäfte — wie in Venedig der Salzhandel — leiden unter der Konkurrenz der kleinen und großen Tonnagen.

Angesichts dieser Zahlen kann man verstehen, was die Investition in die Seefahrt bedeutete. Eine Zusammenlegung des Kapitals und eine Teilung der Risiken erscheint daher demjenigen vordringlich, der das »große Abenteuer« des Seehandels auf lange Sicht bestehen will. Der Kapitalismus erwächst zu einem Teil aus dieser Entwicklung, die jene Barken weit hinter sich läßt, welche noch von einem Kapitän gesteuert wurden, der zugleich Eigentümer und Seemann war, und von zehn bis fünfzehn Mann mühelos manövriert werden konnten. Die großen Schiffe des ausgehenden Mittelalters erfordern fünfzig bis hundert Matrosen. Unter diesen Umständen verwundert es nicht, daß dem Schiffsbau bei den staatlichen Investitionen nun ein Platz eingeräumt wird. Wie der venezianische Serenissimus, der französische König oder der Herzog der Bretagne werden Prinzen und hohe Offiziere Reeder. Wenn Personen von geringerem Stand hier mithalten wollen, müssen sie sich zusammenschließen.

Der technische Fortschritt ermöglicht Eigenschaften, die nicht zu Lasten der Manövrierfähigkeit gehen. Die wichtigste Neuerung ist im 13. Jahrhundert das Achterstevensteuer, das sich am Heck des Schiffes um seine Achse dreht und das Seitensteuer vorteilhaft ersetzt, welches nichts anderes war als ein Ruder auf einem Zapfen.

Die Kunst der Schiffsbauer versucht sich zur gleichen Zeit daran, die Probleme der Mechanik besser zu lösen. Im 15. Jahrhundert erreicht man eine spürbare Gewichtsreduzierung beim Schiffsrumpf, als glatte Schiffsrümpfe aus fugendichten Planken die Rümpfe aus übereinandergelegten Planken zu ersetzen beginnen, die zwar leichter zu richten sind, aber unnötiges Gewicht bringen.

Ein Problem bleibt die Seefahrt bei bedecktem Himmel, außerhalb der Sichtweite der Küste, wo sich Landmarken auf natürlichen Anhöhen finden oder von Menschen bewußt erbaut wurden, um dem Seemann leicht erkennbare Orientierungspunkte und Fluchtlinien zu bieten — wie der 132 Meter hohe Turm von Sankt Peter in Rostock, der eigens so hoch emporragt, damit man ihn aus dreißig Meilen Entfernung sieht. Riskant ist es, sich auf hohe See zu begeben. Der Schiffsrumpf, der dem Unwetter widersteht, und das Segel, das dem Gegenwind trotzt, nützen nichts mehr, wenn das Schiff sich von seiner Route entfernt. Das kostet Zeit, und manchmal gehen Schiff und Ladung dabei verloren: Ein Irrtum kann auf Riffe führen oder an feindliche Küsten. Der Matrose, der das Lot am Bug des Schiffes handhabt – ein mit einem Stein beschwertes geknotetes Tau – ist unersetzlich auf See, aber man kommt kaum voran, wenn man mitten auf dem Meer sondieren muß, um zu wissen, ob man an jenem Ort ist, an dem man erfahrungsgemäß den Kurs ändern muß.

Der Kompaß ist von unschätzbarem Wert. Er ist umso kostbarer, als die Seefahrt noch nicht von den Erkenntnissen der theoretischen Astronomie in Europa profitiert. Die in Paris um das Jahr 1327 ausgearbeiteten astronomischen Tafeln – die zu Unrecht Alphonsinische Tafeln genannt wurden, da ihre Autoren meinten, ihre Glaubwürdigkeit zu erhöhen, indem sie diese Arbeit dem weisen König von Kastilien, Alphons X., widmeten – kommen für die Praxis der Seefahrt absolut nicht in Betracht. Die Kapitäne haben weder die Kompetenz noch die Gerätschaften für die Beobachtungen, die zu einer Verbesserung der astronomischen Koordinaten führen, um den Standort bestimmen und die von den Schiffen auf See verfolgte Route kontrollieren zu können.

Alles hängt daher vom Kompaß ab. Der Kompaß wurde von den Arabern in den Mittelmeerraum eingeführt und war seit dem 12. Jahrhundert zu Wasser allgemein in Gebrauch. Die Magnetnadel war in ein Schilfsegment eingelassen, das an der Oberfläche eines Glases Wasser schwamm. Zu Beginn des 14. Jahrhunderts taucht der moderne Kompaß auf mit seinem System des Angelpunkts, wodurch eine waagerechte Lage und hohe Empfindlichkeit, also Genauigkeit erreicht werden.

Den meisten italienischen Kapitänen bald vertraut, ist der Kompaß im 15. Jahrhundert hingegen sehr vielen nordischen Seeleuten unbekannt, die sich nach dem Wind richten müssen, aber weniger auf hoher See als an der Küste entlangfahren. In der Nord- und Ostsee ist das größte Problem, den Kurs zu halten, und nicht, ihn zu kennen. Der Kompaß ermöglicht den italienischen Schiffen, sich ohne allzu großes Risiko auf den direkten Weg zu den Häfen des Ärmelkanals und der Nordsee zu begeben. Dank der Einführung des Kompasses trennt Gibraltar nicht länger zwei maritime Welten.

Dieser Fortschritt in der Schiffahrt schlägt sich unmittelbar in einer Veränderung der Skala der Entfernungen nieder. Die Wolle aus Southampton ist von nun an für die florentinische Galeere dreißig oder vierzig Tage von Porto Pisano entfernt, wie auch das Salz aus Zypern für das venezianische Schiff. Wein aus der Gascogne ist in zehn Tagen in London. Aber man muß noch mit sehr vielen Unwägbarkeiten rechnen: Alexandria ist drei Wochen von Venedig entfernt, wenn das Meer günstig ist, drei Monate, wenn man Pech hat und am Kai wie auf See Zeit verliert.

Das alles erschüttert den Horizont des Kaufmanns und seinen Kalender. Das große Schiff, dessen Steuer Manöver erlaubt, die weniger vom Wind abhängig sind und das auch bei bewölktem Himmel eine sichere Orientierung gestattet, befreit von dem lästigen Zwang, an den Küsten entlangzufahren. Die hohe See, die bis dahin den besonders Wagemutigen vorbehalten war, die nicht nur kommerzielle Risiken eingingen, öffnet sich jetzt für die normale Schiffahrt. Und diese kann sich von den Einschränkungen freimachen, die — in der Ostsee länger als im Mittelmeer — eine Überfahrt im Winter nicht zuließen und die Reeder zwangen, die Amortisierung ihres schwimmenden Kapitals allein für die »schöne Jahreszeit« zu berechnen. Auch wenn die Seefahrt im Winter eingeschränkt ist, erlaubt sie eine bessere Rendite der Schiffe, weshalb die Geschäftsleute das finanzielle Engagement nicht länger zu fürchten brauchen. Ein Vorteil ist, daß die Transportkosten sich dadurch verringern. Nicht zu vergessen die Zeit des Kaufmanns, der nun weniger durch die »tote Jahreszeit« beeinträchtigt ist, in der er trotzdem für Miete und Personal zahlen muß, obwohl Vorräte, Kapitalien und Transaktionen ruhen.

Der Wille, Menschen und Schiffe während der ganzen Zeit zu nutzen, führt zu ausgeklügelten Überlegungen. So entfernen die Reeder der Hanse ihre Schiffe vor dem Winter aus jener Zone, in der die Schiffahrt während mehrerer Monate unterbunden ist — der Nord- und Ostsee. Ein Schiff, das von Juni bis Oktober die nördlichen Seerouten befährt, wird dann Teil einer der Flotten, die im November Salz aus Bourgneuf holen. Man lädt das Salz im Januar und Februar, während sogar vor der Bretagne Unwetter wüten. Und man erreicht Brügge, Lübeck oder Reval wieder zwischen April und Juli.

Sofern man die saisonalen Gelegenheiten zu nutzen weiß, ist das Schiff immer beladen. Binnen dreizehn Jahren macht das Schiff des Genuesen Paolo Italiano fünfzehnmal die Reise nach London und nach Brügge. In siebzehn Jahren geht sein Landsmann Lorenzo Bandinella elfmal in die Nordsee und zwölfmal in den Orient.

Neue Handelsgeschäfte, neue Routen

Der Kaufmann, der geschickt vorteilhafte Frachten zu nutzen versteht, profitiert von den neuen Transportmitteln. Maximal zehn Prozent Kosten für eine lange Seereise — von Italien nach Flandern oder von Ägypten nach Italien — stehen dreißig, fünfzig, ja sogar sechzig Prozent für Transporte auf dem Landweg über mittlere Entfernungen gegenüber. Am Ende des 14. Jahrhunderts akzeptieren die Reeder sogar, ihre Forderungen nach dem Wert des geladenen Produkts zu staffeln, und das nur zu dem Zweck, den Transport von Massengütern zu fördern, auf denen die Existenz der Reederei beruht. Von Italien nach Flandern wird für Alaun und Färberwaid nur ein Sechstel oder Achtel der Kosten für die kostbare Schildlaus und das unersetzliche Safran bezahlt, aber zweimal soviel wie auf dem Rückweg für Rohwolle und dreimal soviel wie für Zinn aus Cornwall, für dessen Transport man es normal zu finden scheint, weniger als drei Prozent zu zahlen. Aber bei diesen Preisen ist sich die Geschäftswelt — Reeder und Kaufleute — darüber einig, eher dem Fassungsvermögen der Schiffe als ihrer Schnelligkeit den Vorzug zu geben.

All das verbietet den Handel mit nur einem Produkt. Die Auswahl der Frachten — und besonders der Rückfrachten — verlangt nach zahlreichen Zwischenhäfen. Das Schiff, das Alaun nach Brügge geliefert hat, holt Wolle in Southampton und macht Zwischenstation in einem iberischen Hafen, um seine Ladung mit Eisen, Früchten oder Wein zu ergänzen. Und derjenige, der Tuch nach Alexandria gebracht hat, holt vielleicht, wenn er nichts in Ägypten zu laden hat, auf Chios Alaun für die Industrie in Flandern oder in der Toskana. Die Verbesserung des Jahreszyklus und die Suche nach einer den Kosten angemessenen Rentabilität bestärken zudem jene Verweigerung einer Spezialisierung, die der Großhändler gerne demjenigen überläßt, der sich darin gefällt und davon auch nicht lassen kann: dem Krämer.

Gleichzeitig erweitert sich auch der geistige Horizont der Investoren, d.h. derjenigen, die von einer Wirtschaft, die immer weniger von den Überschüssen der Agrarproduktion und den Getreidepreisen abhängig ist, zu Besitzern von Kapitalien gemacht wurden, welche nicht mehr in den Wirtschaftsbereichen eingesetzt werden, die noch vor einem Jahrhundert als die vorteilhaftesten galten.

Der Kapitalismus entsteht. Wir wollen das Wort nur für das gebrauchen, was er im Mittelalter darstellt, also für etwas, was nichts zu tun hat mit den wirtschaftlichen und gesellschaftlichen Realitäten des Industriezeitalters. Aber Menschen und Kapital treten in einer Funktion, der Finanzierung, in Erscheinung, die sich hinsichtlich der politischen und technischen Initiative zu individualisieren beginnt. Es ist eine Sache, die Urbarmachung von Land zu finanzieren, indem einer den Boden, ein anderer das Werkzeug, ein anderer den Samen, ein anderer die Arbeitskraft stellt. Niemand ergriff in diesen Belangen über sein Land und seine Männer hinaus die Initiative. Und der Gewinn konnte nur eine Wertsteigerung des Erbes durch ein direktes Einkommen sein. Es ist freilich etwas ganz anderes, in die Infrastrukturen und mittelfristigen Geschäfte zu investieren, bei denen der Finanzier keine unmittelbare Beziehung zur materiellen Wirklichkeit hat. Weil es verfügbares Kapital gibt — Gewinne aus dem regionalen Handel, dem Handwerk, dem aufkommenden Textilgewerbe und der im Entstehen begriffenen öffentlichen Verwaltung —, kommt es zu einer Finanzierung von Geschäften mit einer Fälligkeit von sechs Monaten oder einem Jahr, zu langfristigen Finanzierungen, die übertragbar sind durch eine Wiederverwendung der Gewinne an anderen Orten, organisiert man die finanzielle Unterstützung öffentlicher Arbeiten — des Ausbaus der Häfen von Lübeck, Genua oder Paris — und diejenige des Baues neuer Schiffe mit hohen Tonnagen. Die Sichtweise des Geschäftsmannes erfährt dadurch eine Aufwertung.

Die Mehrfachfinanzierung geht in beide Richtungen. So werden Kapitalien für Frachten über große Entfernungen zusammengelegt, aber derselbe Investor legt sein Geld auch bei unterschiedlichen Unternehmungen an. Der aufkommende Kapitalismus integriert die Streuung der Risiken, die das Geschäftsrisiko verringert, vor allem dasjenige des Abenteuers par excellence, des Seehandels. Die Wagemutigsten ziehen daraus einen anderen Gewinn als den der Sicherheit. Die Streuung der Risiken erlaubt ihnen, höhere Risiken einzugehen: lange Seereisen, gewagte Konvois, spekulative Schiffsladungen, Geschäfte, die gegenläufig zum normalen Saisongeschäft sind und mit politischen Eventualitäten spielen.

Wenn der Horizont sich in die Dimensionen der ausbeutbaren Welt hinein ausweitet, so bleibt er dennoch für den einzelnen der bewegliche Horizont des Zyklus der möglichen Geschäfte. Aber in sehr vielen Fällen setzt sich jetzt der jährliche Zyklus durch. Die Schiffe der Hanse, denen strikte Sicherheitsregeln das Auslaufen im Winter verbieten, können nur mit einer Reise im Jahr nach Nowgorod oder Bergen sowie zu den Salzgärten der Atlantikküste rechnen. Die durch das Klima und die geographische Lage begünstigten italienischen Schiffe sind flexibler. In einem Jahr, 1458, bewerkstelligt das Schiff des Genuesen Oliviero Doria drei Reisen: nach Marseille, Korsika und der Insel Elba. Aber wer weit sieht, kann nicht auf kurze Sicht arbeiten. Das genuesische Schiff, das am Ende des Winters nach Brügge oder London ausläuft, kehrt selten vor dem Herbst zurück. Und der Venezianer weiß, daß ihm die gleiche Reise zwischen zwei Wintern praktisch unmöglich ist. So widmet er seiner Reise achtzehn Monate, erhöht die Zahl der Zwischenstopps und betreibt verschiedene Geschäfte.

Der jahreszeitliche Rhythmus der Produktion trägt natürlich zu diesem jährlichen Zyklus der Seereisen bei. Das gilt für die Salzflotten — die venezianische Flotte für das Salz aus Zypern, die hansische Flotte für das Salz aus Bourgneuf oder Setubal — wie für die Flotten mit Wein, die in Bordeaux und in La Rochelle laden.

Die neuen finanziellen und technologischen Möglichkeiten, die langfristigen »Abenteuer« zu beherrschen, begünstigen die Eröffnung neuer Routen, die das europäische Gleichgewicht umwälzen werden.

In den Hochtälern der Alpen ermöglicht die bewußte Zusammenarbeit der Junker und der dörflichen Gemeinschaften zuerst den Bau von befahrbaren Straßen auf der Spur von Maultierpfaden, die zu Pässen führen, die bis dahin nur von lokalem Interesse waren. So öffnen sich in der zweiten Hälfte des 13. Jahrhunderts die Pässe des Simplon und des Sankt Gotthard für den Handel. Zwei bequem zugängliche Straßen überwinden endlich die Zentralalpen, die das Herz Europas von der Lombardei trennten und die Schweiz völlig abschnitten. Der Simplon ist die direkte Verbindung zwischen dem Po-Becken und der oberen Rhône, zwischen dem Piemont und dem Wallis. Er verbindet Turin und Mailand auf der einen Seite mit Bern und Basel auf der anderen. Der Sankt Gotthard führt in der Verlängerung der Reuss ins

Tessin. Mailand wird mit Zürich und mit Konstanz verbunden. Beide Pässe werden die bis dahin sehr ungünstige Position der alten politischen und religiösen Metropole Mailand aufwerten, deren einziger Daseinsgrund lange Zeit gewesen war, Norditalien zu kontrollieren. Auf der anderen Seite der Alpen ziehen Städte wie Stuttgart, Augsburg, Regensburg und Nürnberg Nutzen aus ihrer neuen Lage. Der Rhein, die Elbe und die Weser führen im Süden nicht länger in Sackgassen.

Die Verschiebung nach Osten wird noch verstärkt durch die von den Mailändern unterhaltene neue Route des Splügen- und des San Bernardino-Passes, die das Veltlin mit den Ufern des Bodensees verbinden, und vor allem durch die Entwicklung des direkten Handels zwischen dem Trentino und der deutschen Donau über Tirol und den Brenner.

Diese Zentrierung der Übergänge des Alpenmassivs geht bald zu Lasten der großen westlichen Trasse der früheren Jahrhunderte. Der Verkehr über den Großen St. Bernhard kommt zum Erliegen. Der Paß des Mont Cenis, der noch benutzt wird für die Verbindungen zwischen Savoyen und der Dauphiné einerseits und dem Piemont andererseits sowie für die Ost-West-Verbindungen zwischen Italien und Frankreich, verliert jede Bedeutung für den weiträumigen Handel. Er wird erst im 14. Jahrhundert wieder etwas interessanter, als einer der Faktoren der politischen Einheit des savoyischen Staates und danach als einer der Zugänge zu jenem Markt, der sich im 15. Jahrhundert um die Messen von Lyon herum organisiert.

Der Niedergang der westlichen Pässe ist nur ein Symptom. Der ganze Nord-Süd-Verkehr umgeht jetzt seine früheren Zwischenstationen. Und die Messen der Champagne spüren diese Auswirkungen seit 1300, genauso wie die Handelsstraßen, die das alte Handelsgleichgewicht Westeuropas garantierten. Die Notwendigkeit, die Handelspartner des westlichen Europa regelmäßig zu versammeln, sucht sich in einem monarchischen Frankreich, dessen Institutionen sich gerade ausbilden, einen Ort, in dem ohnehin alles zusammenläuft: Paris, den Ort, an dem man Geschäfte macht. Diese Funktion konnten weder Basel noch Regensburg übernehmen. Konnte, nur einige Wegstunden von einer Stadt entfernt, die in drei Generationen von etwa 50 000 auf 200 000 Einwohner angewachsen war (nach der von der Steueradministration 1328 durchgeführten Haushaltszählung), auf Dauer etwas übrigbleiben von den Messen der Champagne, diesem Handelsplatz, dessen Rolle es war, in regelmäßigen Abständen Menschen und Geschäfte zueinander zu bringen?

Das neue Gleichgewicht der Straßenverbindungen, das sich zwischen 1270 und 1300 etablierte, erfuhr danach einige sekundäre Veränderungen, die meistens konjunkturbedingt waren. Der Hundertjährige Krieg, in dem eine Krise auf die andere folgte, erzeugte langfristig ein psychisches Trauma, das von jedem ökonomischen Wagnis abhielt, und brachte nach 1350 die Kaufleute dazu, diejenigen Wege vorzuziehen, die abseits der Fronten, der Militäraufmärsche und der Streifzüge beschäftigungsloser Kompanien lagen. Die Straßen des Ostens hatten manchmal den Vorteil davon, so auch der Rhein. Im folgenden Jahrhundert entfernten die Hussitenkriege, die Böhmen im Jahr 1420 verwüsteten, den Handelsverkehr von der Hauptachse Mitteleuropas — Nürnberg, Prag und Wroclaw (das deutsche Breslau). Der Handel nimmt hinfort lieber die Straße nach Norden, wodurch seit dem 15. Jahrhundert Leipzig zu Reichtum kommt.

Eine andere Veränderung der Landkarte hängt mit den inneren Krisen der Hanse zusammen, deren Mitgliedsstädte ihren Einfluß auf die Orte an der Nord- und Ostsee nur zum Preis eines totalen Vertrauens in den wichtigsten Standort, Brügge, sichern konnten. Von der langsamen Auflösung des politischen und ökonomischen Systems der Hanse, die sich seit 1475 deutlich abzeichnet, profitieren im ausgehenden Mittelalter zwei Konkurrenten: die Engländer und die Holländer. Beide tragen zum Ruin Brügges bei, das seinerseits durch Antwerpen verdrängt wird. Das heißt aber nicht, daß Antwerpen einfach die Stelle von Brügge einnimmt, Brabant die Stelle von Flandern, und daß der englische und holländische Handel in die Fußstapfen der Hanse tritt. Das Gleichgewicht des Handels im Norden und Nordwesten Europas ist erschüttert, während die Strukturkrisen, die die Tuchmacherei der großen flämischen Städte ruinieren, einer weniger eingeschränkten, industriellen Dynamik das Feld überlassen, die nicht so sehr in den eingefahrenen Gleisen eines jede Entwicklung ausschließenden Protektionismus befangen ist. Auch hier ziehen Brabant, Holland und England Nutzen aus den Schwierigkeiten Flanderns.

Die Entwicklung der Tuchmanufaktur in den Niederlanden erschüttert das Gleichgewicht des Subsistenzmarktes und schafft insbesondere eine neue Nachfrage für die Länder, die Getreide produzieren. Die deutschen und polnischen Ebenen, die über die Ostsee erreichbar sind, profitieren mehr davon als die bereits genutzten russischen Ebenen. Sie verschiffen ihre Getreideproduktion auf der Oder und der Weichsel zusammen mit den traditionellen Produkten des Bergbaus der Karpaten: Eisen, Kupfer, Blei und Silber.

Der Horizont der englischen Kaufleute erweiterte sich sehr schnell, als an der Wende vom 13. zum 14. Jahrhundert die neuen finanziellen und technologischen Bedingungen der Seefahrt im Verein mit einer gewissen Risikofreudigkeit es erlaubten, direkte Seereisen über einen langen Zeitraum hinweg zu unternehmen.

Als erster wagt dies der Genuese Nicolozzo Spinola, der 1277 Brügge erreicht. Ein anderer Genuese erreicht im Jahr darauf England. Für die junge Textilproduktion der italienischen Städte bedeutet dies, daß sich ein direkter Zugang zur englischen Wolle eröffnet. Was die Transportkosten und die vielen Zölle auf dem Landweg verbieten, wird wirtschaftlich machbar. Italien begreift im übrigen sehr schnell: Schon 1298 haben die genuesischen Reeder eine ausreichende Kundschaft, um eine regelmäßige Verbindung mit Brügge und London aufrechtzuerhalten. Fünfzehn Jahre später folgt Venedig Genua trotz des Handikaps eines wesentlich längeren Weges.

Aber Venedig hat in Flandern nicht die Interessen, die Genua dort aufgrund seines Alaunmonopols hat. Erst ein Jahrhundert später — genau: im Jahr 1374 — organisiert die Stadt Konvois nach Brügge.

Auch wenn die Bewegung nicht vergleichbar ist mit derjenigen, die die Genuesen und ihre florentinischen Kunden nach Flandern und England treibt, zeigen sich doch auch Seeleute von Atlantik in Gibraltar. Man trifft auf dem Mittelmeer Portugiesen, Basken, sogar Bretonen.

Wenn man Pegolotti Glauben schenken will, der die Handelsstraßen des Jahres 1320 beschreibt — die Tuchproduktion von Florenz und Mailand entwickelt sich bereits am Ende des 13. Jahrhunderts, vor der Öffnung Gibraltars für die regelmäßige Schiffahrt —, geht die englische Wolle noch eine Zeitlang über den aquitanischen Isthmus, und das trotz der Hindernisse, deren Kosten an Zeit und Geld der Geschäftsmann kennt. In Säcken zu zwei Ballen verpackt, wird die Wolle zuerst auf kleine Boote verladen, die den Ärmelkanal und den Atlantik befahren können, aber auch die Dordogne bis Libourne hinauffahren. Sie wird dann auf dem Rücken von Maultieren — ein Ballen auf jeder Seite — über Cahors und Albi bis nach Montpellier und Aigues-Mortes transportiert. Man merkt schnell, daß es von Libourne nach Aigues-Mortes siebenmal soviel kostet wie von London nach Libourne. Diese Zahl allein würde die Attraktivität des Seeweges rechtfertigen, der um die iberische Halbinsel herumführt.

Das maritime Abenteuer weckt in den florentinischen Geschäftskreisen, die bis dahin aufgrund ihrer Lage am mittleren Arno zu episodischen und ruinösen Abmachungen mit dem Hafen von Pisa gezwungen waren, neue Ambitionen. Das Schicksal des florentinischen Gewerbes — der Wollzunft, die Tuch erzeugt, und nicht nur der Zunft der Calimala, die es weiterverarbeitet — fordert jetzt die Unabhängigkeit in der Versorgung mit Rohstoffen. Man weiß wohl in Florenz: Entweder man bekommt freien Zugang zur englischen Wolle, der einzigen qualitativ hochwertigen, die Europa im Mittelalter kennt, oder es droht der Niedergang der florentinischen Gewerbeproduktion gegenüber der Konkurrenz, die von den genuesischen und venezianischen Lieferungen profitiert. Sofern man sich nicht den Bedingungen der Genuesen unterwirft...

Florenz zog es vor zu kämpfen. Ein erstes Ziel war die Zollfreiheit der florentinischen Waren im Hafen von Pisa. Das eigentliche Ziel, das schließlich 1406 erreicht wurde, war die Eroberung von Pisa, zu der sich 1421 diejenige des pisanischen Hafens von Livorno gesellte. Von da an wurde der Wirtschaftsraum Italiens neu gestaltet. Seit 1422 tauchen florentinische Galeeren in Barcelona und seit 1425 in Brügge auf. Die Geschäfte der Toskaner machen von 1428 an fast ein Viertel des Handelsvolumens von Barcelona aus.

Vierzig Jahre später bekommen zwei Florentiner, die sich in Rom niedergelassen haben, Lorenzo de' Medici — der zukünftige Lorenzo der Prächtige — und Giovanni

Tornabuoni, die beide das Oberhaupt der Gesellschaft, Piero de' Medici, vertreten, den Zuschlag für den Abbau des päpstlichen Alauns von Tolfa, wodurch der Alaun aus Phokäa ersetzt wird, der durch den türkischen Vormarsch in Kleinasien Gefährdungen ausgesetzt wurde. Die Medici, denen die Pazzi folgen, können ungehindert die Vermarktung des italienischen Alauns bis London und Brügge betreiben.

Die Öffnung Gibraltars für die Seefahrt über große Entfernungen hat viele Konsequenzen, nicht nur für die Messen der Champagne, die genauso von Gibraltar wie vom Sankt Gotthard betroffen sind. Ein reger Handel zwischen Italien und Nordwesteuropa umfährt nun Frankreich. Tatsächlich schaffen die Seekonvois jedoch eher neue Handelsmöglichkeiten, als daß sie alte in Gefahr bringen. Die traditionellen Produkte des italienischen Exports nach Frankreich auf den genuesischen oder florentinischen Galeeren sind immer nur Ergänzungen der Fracht. Der Zeitraum von einem Monat, den die schnellsten Galeeren brauchen, um von Genua nach Southampton zu gelangen, verbietet ihnen, ernsthaft mit dem Pferd zu konkurrieren, was den Transport von Perlen und Schwertern, Gewürzen und golddurchwirkten Tüchern angeht. Aber die Schiffahrt zwischen den beiden Meeren bedeutet, daß Wolle und bald auch Tuch aus England, Zinn aus Cornwall, Leinen und Barchent aus Frankreich und Flandern nach Italien gelangen. Und in den Häfen des Mittelmeers wird nun Thunfisch ausgeladen, der vor der marokkanischen Küste von Kastiliern und Portugiesen gefischt und zur Zufriedenheit der englischen und italienischen Verbraucher, die sich nicht länger mit den eingesalzenen Fischen des traditionellen Fischfangs begnügen, in Öl konserviert wird. Es bedeutet auch, daß Alaun aus Kleinasien an die Nordsee gelangt, ebenso ägyptische Baumwolle, Obst und Wein aus Spanien und Portugal, Öl und Seife aus Andalusien, sowie Cochenille aus Portugal.

Das Meer spiegelt diese Umwälzungen wider und leistet seinen Beitrag dazu, während die Zentren der Wirtschaftstätigkeit sich neu etablieren. Es kommt die Zeit, wo die italienischen Geschäftsleute überall zu Hause sind. Außer auf den Handelsplätzen der Hanse, auf denen die deutschen Kaufleute ihr Monopol mit Hilfe von Reglementierungen verteidigen, drängen die Italiener überall die lokalen Kaufleute in den Hintergrund. Den Genuesen und Toskanern die großen Geschäfte — mit ihrem Gefolge von Finanzgeschäften — und die weiten Horizonte. Dem örtlichen Kaufmann die lokalen Perspektiven.

Die Italiener, und die anderen...

Im Paris des Jahres 1300, als noch niemand auf die Dauerhaftigkeit der neuen Entwicklungen setzen kann, besitzt ein Neuankömmling das größte Vermögen, nämlich Aguinolfo degli Arcelli, der bereits »Gandoufle d'Arcelles« genannt wird. Zwei florentinische Brüder aus San Gimignano,

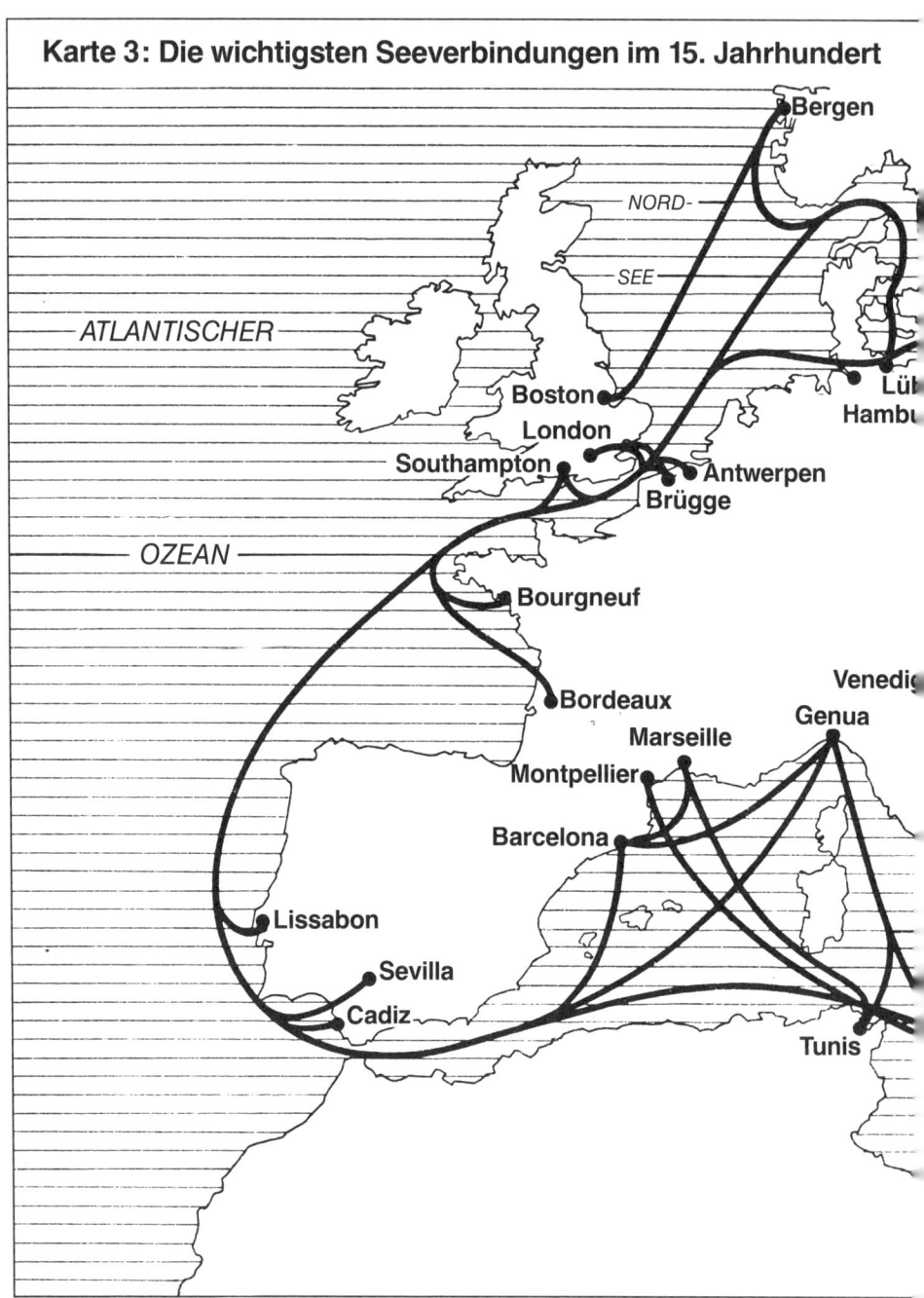

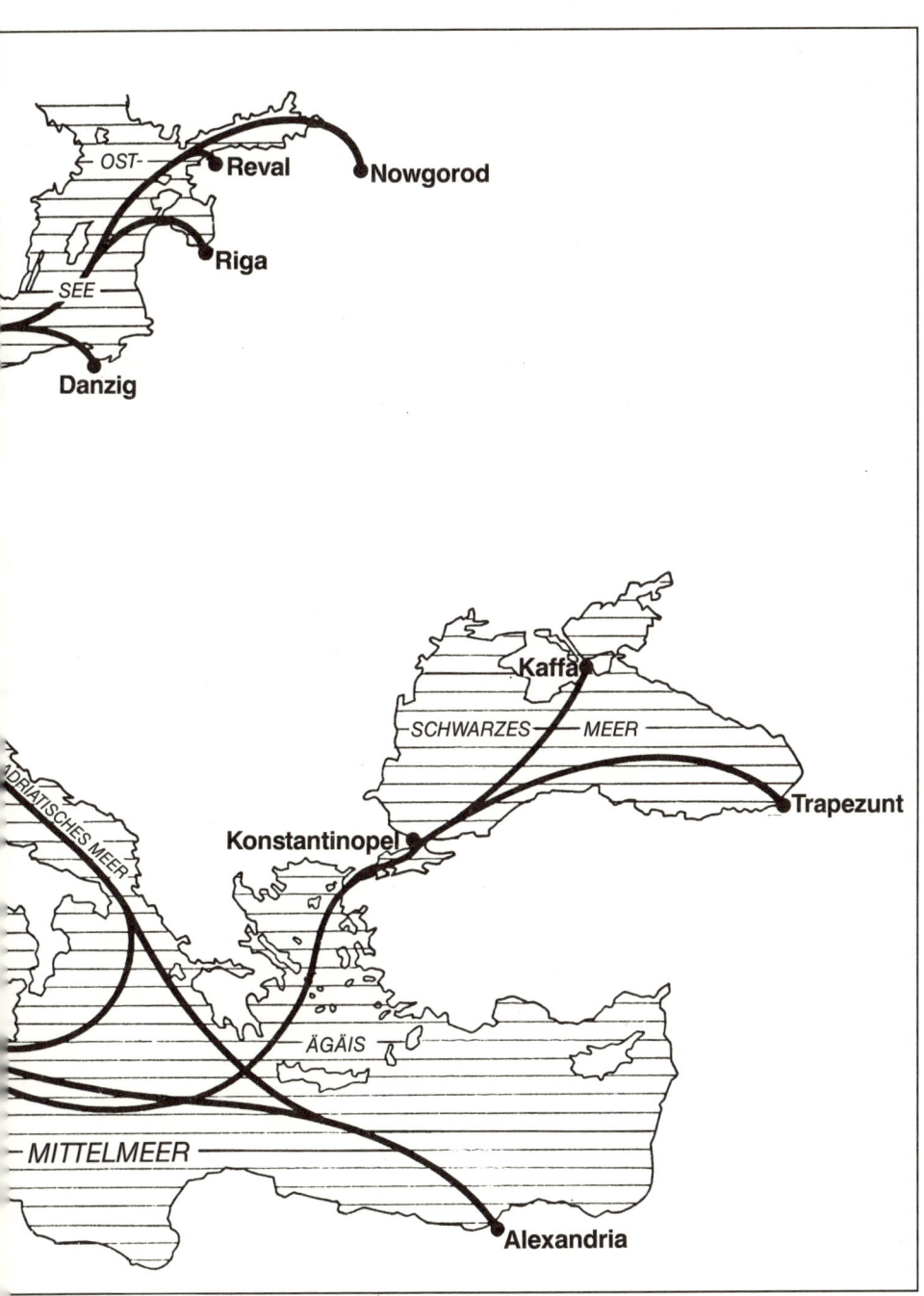

die Guidi de' Franzesi, beherrschen zu der Zeit die Welt der hohen Finanzspekulation und auch der Bestechung. Albizzo und Musciatto Guidi, »Biche und Mouche Guy«, beraten Philipp den Schönen in seiner Währungspolitik wie in seinen diplomatischen Beziehungen mit den Parteien, die sich in Mittelitalien gegenüberstehen. »Mouchet« hält im übrigen den zweiten Platz in den Pariser Vermögen, nach Gandoufle; Sire Pierre Marcel kommt erst an dritter Stelle. Was den Neffen von Biche und Mouche betrifft, Tote Guy, so ist er der »Kaufmann von Enguerran de Marigny«, zugleich dessen Geschäftsmann, Berater und Geheimagent.

Ein Jahrhundert später, als die Kaufleute aus Lucca die europäischen Märkte untereinander aufgeteilt haben, um dort nicht unnötig miteinander zu konkurrieren, und die Rapondi sowohl die Finanzen des Papstes in Avignon während des großen Schismas als auch die internationalen Geschäfte von Paris in ihrer Hand haben, ist Dino Rapondi — »Dine Raponde« — ihr Familienoberhaupt und der Kopf ihres Unternehmens. Er ist Berater Philipps des Kühnen, des Herzogs von Burgund, bei seiner schwierigen Suche nach einem Gleichgewicht zwischen den wirtschaftlichen Interessen seiner Grafschaft Flandern, die immer an die Versorgung mit englischer Wolle gebunden sind, und denjenigen Frankreichs, dessen Verbindungen mit England sich nicht auf einen Bedarf an Rohstoffen reduzieren lassen.

Die Stärke der italienischen Kaufleute, der Sienesen seit dem 13. Jahrhundert, der Florentiner, der Lucchesen und später der Genuesen, liegt großenteils in ihrer Fähigkeit der gegenseitigen Vertretung, die sie bereits in Organisationen mit scheinbar begrenztem Zweck erprobt haben, wie den Konsulaten der Messen der Champagne. Die Kaufleute aus Lucca sind zweifellos die einzigen, die am Ende des 14. Jahrhunderts in einer Generation die Konkurrenz zwischen Landsleuten wirklich begrenzen konnten. Sienesen und Florentiner, Genuesen und Venezianer bleiben immer den Rivalitäten ausgeliefert, die noch verschlimmert werden durch die Verlagerung der Konflikte, die in der Heimat Familien, Clans und Parteien entzweien, auf ausländische Schauplätze. In London wie in Avignon bleibt ein Guelfe ein Guelfe, und ein »weißer« Guelfe bleibt der eingeschworene Feind eines »schwarzen« Guelfen. Die großen Finanzgesellschaften, die die von den Agenten der apostolischen Kammer eingesammelten Gelder verwalten, dienen überall der guelfischen und angevinischen Politik, und man kann allen Ernstes behaupten, daß in dem Augenblick, in dem nach dem Sieg der Ghibellinen im Jahr 1260 die Guelfen in Florenz nichts mehr gelten, zumindest eine guelfische Macht bleibt, und keine geringe, auch wenn sie sich nur außerhalb der Stadt sehen läßt: die guelfische Bank.

Die Parteien schenken sich gegenseitig nichts. Trotzdem schließt man sich immer gegen den Fremden zusammen, ob er aus Brügge oder Venedig ist. Für den Florentiner ist es das gleiche!

Diese Stärke verdankt sich auch der Größe einer Handelsorganisation, die vom Schwarzen Meer bis zur Nordsee reicht, über Cadiz und Sevilla — von den Italienern lange Zeit gegenüber Lissabon und Porto favorisiert – bis zu jenem Avignon der Päpste, das bis zum Ende des 14. Jahrhunderts ein reger Geschäftsort ist. Die Organisation gibt dem Kaufmann liquide Mittel in die Hand, die an den verschiedensten Orten verfügbar sind. Als Teilhaber, Kunde oder Lieferant hat der Genuese oder Florentiner auf der Krim, in Katalonien oder in England immer einen Geschäftspartner, der eine Geldschuld eingehen kann. Da London und Brügge am Ende einer direkten Route lagen, schickten die italienischen Städte dorthin Informanten und Anwerber. In einem knappen halben Jahrhundert sind die großen florentinischen Gesellschaften in der Lage, in England den Kauf von Wolle für ihre Filialen zu finanzieren. Und zwar mit den Steuergeldern des englischen Klerus, die ein päpstlicher Steuereintreiber erhebt, dem wenig daran liegt, Säcke mit kostbarem Metall bis Avignon oder Rom zu befördern, weshalb die päpstliche Finanzverwaltung für den Zehnten und die Annaten, die der englische, portugiesische oder polnische Klerus bezahlt, das Gold und Silber erhält, das den florentinischen Gesellschaften aus der Belieferung einer Kundschaft mit hoher Kaufkraft, des päpstlichen Hofs, zufließt.

Die italienischen Geschäftsleute, die Kreditgeber sind und dank ihrer verschiedenen Niederlassungen Forderungen in ganz Europa haben, sind geradezu prädestiniert, im Bankwesen die führende Rolle zu spielen. Mehr als ein Jahrhundert lang versucht niemand wirklich, ihnen Konkurrenz zu machen. Uneinholbar erscheint der Vorsprung, den sie am Ende des 13. und zu Beginn des 14. Jahrhunderts haben, den Nicht-Italienern, die sich dadurch gewissermaßen gelähmt fühlen bei der Suche nach einem Rüstzeug, auf das sich allein die Italiener zu verstehen scheinen: die Bank, die Buchführung, das Gesellschaftswesen, die Versicherung. Der Horizont der Italiener ist die Welt. Für die anderen ist die Welt der Horizont der Italiener.

Verstehen wir uns richtig: Der Horizont der einen ist die Welt, die an ihnen vorüberzieht. In Paris wie in Brügge bemißt sich die Welt an den Sprachen, die man an den Kais und in den Herbergen hört. Für den Pariser besteht sie aus dem Schüler aus dem Limousin, der in der Vorstellung Rabelais' verprügelt wird, dem zukünftigen Advokaten aus der Normandie und dem Theologen aus der Picardie, dem Geistlichen aus Brabant und dem Schotten, aber auch aus dem Händler aus Saint-Lô, der jedes Jahr seinen Wein holt, dem Produzenten von Äpfeln und Birnen am Unterlauf der Seine, der in regelmäßigen Abständen die Erzeugnisse seiner Obstgärten anliefert, dem Steinbruchbesitzer aus Lizy-sur-Ourcq, Clément de Glan, der alle drei oder vier Monate mit einem Boot, das voll beladen ist mit Pflastersteinen, Abflußrinnen, Mühlsteinen und Grabsteinen, in die Hauptstadt fährt. Sie besteht aus einem toskanischen Finanzier, der zur Oberschicht gehört, und einem Lebensmittelhändler aus Genua, der sich auf Luxusprodukte spezialisiert hat, aber auch aus einem Konsul aus Conques oder Albi, der in Paris einen Prozeß verfolgt, bei dem es um die Interessen seiner Stadt geht, einem bretonischen Juristen, der die

Geschäfte seines Herzogs kontrolliert, einem Bischof aus der Champagne, der mit den Vorzimmern der Macht vertrauten Umgang pflegt, und aus einem Soldaten der Kompanien des Königs von Navarra, der im 14. Jahrhundert der Cousin des französischen Königs ist.

Es ist ein passiver Horizont, in den aber jeder seine Sicht der Dinge und seine Erfahrungen einschreibt. Und in Paris begegnen sich vielleicht der Florentiner und der Genuese. Das gleiche gilt für Brügge, wo man sehr weit reist, ohne den Hafen zu verlassen, bis an die Ufer der Düna und an die Gestade des Bosporus. Der Brügger selber reist immer weniger, aber er hört viel, und seine Rolle in den Geschäften ist auf der Höhe der Kenntnisse von der Welt, die ihm die Fremden mitbringen.

Andere befahren die Straßen, lassen sich eine Zeitlang nieder, schwärmen wieder aus. Die Kaufleute der großen italienischen Häfen – und nach 1420 die von Florenz – rivalisieren miteinander um die Ausbeutung des Orients, wo sie den gleichen Schwierigkeiten begegnen. Auch wenn die Position der Venezianer in Konstantinopel durch den Zusammenbruch des aus dem vierten Kreuzzug hervorgegangenen lateinischen Kaiserreiches im Jahr 1261 geschwächt wird, sind sie auf allen Märkten des Nahen Ostens präsent, und das besondere Interesse, das sie für Alexandria und die Route nach Indien zeigen, hindert weder Giacomo Badoer daran, um das Jahr 1440 seine Geschäfte in Anatolien zu betreiben, noch die Brüder Bembo, ein halbes Jahrhundert später bis nach Thessalien Handel zu treiben. Genua kontrolliert während dieser Zeit auf Chios die Verteilung des Alauns aus Phokäa, hält den Handelsplatz von Byzanz und erweitert seine Verbindungen mit dem Maghreb. Die einen wie die anderen müssen nach 1453 allmählich vor dem türkischen Vorstoß zurückweichen. Die genuesischen und venezianischen Kontore schließen eines nach dem anderen. Und schließlich ist 1475 auch die genuesische Niederlassung in Kaffa auf der Krim an der Reihe, während Ägypten sich lange Zeit jedem regelmäßigen Handel mit der Christenheit verschließt.

Die italienischen Geschäftsleute haben das Bankwesen in Kontinentaleuropa geschaffen und an sich gerissen, als erste die Sienesen seit dem 13. Jahrhundert, kurz danach die Florentiner und im 14. Jahrhundert schließlich die Luccheser und die Astier. Umso besser sind sie in der Lage, bei Gelegenheit von den Spekulationen zu profitieren, die die Ausbeutung der Domänen und steuerlichen Ressourcen der Fürsten und Städte bietet. Der Luccheser »Bétin Cassinel« und der Florentiner Donato Brunelli teilen sich mit den Peruzzi die Pacht der Geldwerkstätten Philipps des Schönen. Ein Jahrhundert später, im Paris des Jahres 1420, organisiert und kontrolliert der Luccheser »Augustin Ysbarre« – ein Sbarra – die Vereinigung der sechzehn französischen Wechsler und Händler, die alle Münzprägungen pachtet, die der burgundischen Macht zur Verfügung stehen. Die Florentiner Bardi und Peruzzi machen im 14. Jahrhundert eine Zeitlang Gewinne, indem sie dem englischen König Edward III. die Einkünfte der Steuer auf die Wollexporte diskontieren, die die

56

Expedition nach Flandern finanzieren sollte. Allerdings bezahlen Bardi und Peruzzi ihr Privileg auf dem englischen Wollmarkt sehr teuer. Ebenso ermöglichen der Genueser »Jean Sac« und seine Landsleute, die Spinolas, im 15. Jahrhundert die Finanzierung der Pariser Regierung Heinrichs VI. und des Regenten Bedford durch die Steuereinkünfte der Schatzkammer von Winchester. Nach dem Sieg Karls VII. verlieren sie allerdings jede Daseinsberechtigung auf dem Finanzplatz Paris.

Seit dem 14. Jahrhundert rivalisieren Florentiner, Venezianer und Genuesen miteinander, um von den Fürsten die Pacht für die Ausbeutung der Bergwerke Mitteleuropas zu erhalten. In Polen, Ungarn und Siebenbürgen ist das Erz häufig in den Händen der italienischen Gesellschaften. Nach der Entdeckung des Alauns von Tolfa beherrschen nacheinander die Medici, die Pazzi und einige andere diesen Handel, der für die europäische Produktion lebenswichtig ist.

Die Abgeschlossenheit des Orients und eine ungünstige Position auf dem Mittelmeer tragen dazu bei, daß sich seit dem Ende des 14. Jahrhunderts der Horizont Venedigs verengt. In dem es eine Territorialherrschaft etabliert, schafft sich Venedig im 13. Jahrhundert die Basis für eine Politik der Souveränität. Um das Jahr 1400 kontrolliert Venedig sein Hinterland bis Brescia und Bergamo einschließlich Friaul, herrscht über Dalmatien, Ragusa, Cattaro und Durazzo, die meisten Orte von Epirus und Morias – den Peloponnes – und die Ionischen Inseln, darunter Korfu und Kephalonia, den Negroponte – Euböa – und fast alle Inseln der Ägäis, insbesondere Naxos, und schließlich Kreta. 1489 kommt Zypern dazu. Aber gerade diese Größe ist ein Hindernis für Venedigs Dynamik.

Während Venedig Zypern kauft, erkunden die Genuesen im Westen neue Märkte. Die Brüder Vivaldi sind nie von ihrer Atlantikexpedition des Jahres 1291 zurückgekehrt, aber die Genuesen, die Cadiz zu ihrem wichtigsten Zwischenhafen auf den westlichen Seerouten machen, sind seit dem Beginn des 14. Jahrhunderts auf den Kanarischen Inseln, und ihre Nachfolger entdecken 1418 eine bewaldete Insel, die sie deswegen Legname, die Waldinsel, nennen: das spätere Madeira. Einige Jahre später durchquert ihr Landsmann Antonio Malfante die Touat-Oasen. Am Ende des 15. Jahrhunderts erreicht ein Florentiner, Benedetto Dei, Timbuktu.

Genuesen und Florentiner sind in Afrika und auf dem Atlantik auf der Suche nach einer direkten Route zum Gold des Sudan. Aber dessen ungeachtet beschaffen sie in Spanien Wein, Zucker und Seide, die nördlich der Pyrenäen so gut verkauft werden. Der Kaufmann Francesco di Marco Datini aus Prato handelt entlang der Rhône mit Salz aus dem Languedoc – vor allem von Peccais – und in Brügge mit Wein aus Mallorca. Und die florentinischen und genuesischen Gesellschaften machen aus Sevilla einen der Bankplätze des Okzidents, der sich sowohl auf die Ausbeutung der materiellen Ressourcen Andalusiens gründet als auch auf die Funktion eines Zwischenhafens, in dem der Seehandel zwischen dem Süden und dem Norden abgewickelt wird.

Auf den Meeren wie auf den Straßen des Kontinents sind die Italiener nicht ohne Konkurrenten. Die Barcelonesen des 14. Jahrhunderts betrachten das westliche Mittelmeer gerne als einen katalanischen See. Man sieht sie in Neapel, in Palermo, in Cagliari, sogar in Tunis. Die Gewürzstraße ist für sie in umgekehrter Richtung die Straße des katalanischen Tuchs. Die Barcelonesen kaufen in Neapel tartarische und in Tripolitanien afrikanische Sklaven und verkaufen in Sizilien Wildleder aus Sardinien. In Tunis verkaufen sie Leinen aus Alexandria, und nach Aragon importieren sie Leinen aus Algier sowie Korallen von den Küsten Sardiniens und Tunesiens.

Was die Marseiller betrifft, so spielen sie ein heikles Spiel zwischen dem Rhônehandel, der ihnen zu einem guten Teil entgeht, und der Küste, wo Genua sehr nahe ist, während Montpellier Vorteil aus der königlichen Politik zieht. Auch wenn er mit Korallen aus Tunis handelt, hat der Marseiller nicht den gleichen weiten Horizont wie seine italienischen Konkurrenten. Zumindest aber schneidet er sich von der ligurischen Riviera bis Katalonien und sogar bis Valencia ein nicht unbedeutendes Stück aus dem Kuchen der großen Küstenschiffahrt, die die geographisch nicht mögliche Küstenstraße ersetzt.

Sevilla und Cadiz sind die Nutznießer der Eröffnung einer Schiffahrtsroute zwischen dem Mittelmeer und der Nordsee und entwickeln eine Funktion, die in vielerlei Hinsicht mit derjenigen Brügges vergleichbar ist. Die beiden andalusischen Häfen, deren Kaufleute wenig in den Norden reisen, auch wenn sich seit dem Beginn des 14. Jahrhunderts Spanier in Harfleur an der Mündung der Seine niederlassen, bilden den Knotenpunkt für eine Vielzahl von Geschäften, die von dem Handel im Zwischenhafen begünstigt werden. Sevilla wird zum großen europäischen Markt für Gold aus dem Sudan sowie für Kupfer und Cochenille aus Marokko. In Cadiz kommt zu den Früchten und dem Öl das Quecksilber hinzu, das die deutschen Unternehmer, die jetzt das Silbererz mit der Amalgamtechnik behandeln, in Brügge kaufen. In dem Maße, in dem die Spanier die Inseln des Atlantik kolonisieren, wird Sevilla im 14. Jahrhundert der erste europäische Markt für Zucker.

Während Italien jene Anklänge an die Antike in die Praxis umsetzt, die aus dem Mittelmeer seinen Wirtschaftsraum machen, beutet die Hanse ihr faktisches Monopol aus. Seit 1150 hat sie mit Ausnahme des Deutschritterordens, der weiterhin Bernstein, Wachs und Pelze nach Flandern exportiert, alle ihre Konkurrenten beseitigt. Der Orden versucht jedoch nicht, über dieses geschützte Gebiet hinauszugehen. Auch wenn man Ausnahmen zitieren kann, wie die Brüder Hildebrand und Sievert Veckinchusen, die 1407 ihren Gesellschafter Peter Karbow an die Spitze einer Filiale setzen, die in Venedig für den Handel mit Brügge und Lübeck geschaffen wurde, ferner die jährliche Reise zum atlantischen Salz sowie die Anwesenheit einiger Hanseaten in Sevilla, so beschränkt sich der hansische Händler bewußt auf ein Gebiet, das von Nowgorod und Bergen bis Brügge und entlang den deutschen und polnischen Strömen bis nach Köln und Krakau reicht. Aber die Zwischenstationen sind bekannt, und dieses auf ganz Nordeuropa erweiterte Blickfeld erhält in Brügge, London und Venedig bereits genügend Anhaltspunkte, um die Welt von Lübeck aus in den Dimensionen des europäischen Kontinents zu sehen.

Nürnberg erweitert sein Tätigkeitsfeld. Seine Kaufleute sind im 13. Jahrhundert auf den Messen der Champagne, im 14. Jahrhundert in Italien, im 15. an den Gestaden der Ostsee, wo sie mit der Hanse konkurrieren. Am Ende des 15. Jahrhunderts werden Kaufleute aus Nürnberg Bürger von Lübeck.

Auf dem Land verursacht Nürnberg der Hanse den größten Schaden. Im Süden des großen kontinentalen Weges, der über Frankfurt und Leipzig an den Bergen Thüringens und den Bergwerken Sachsens entlangführt, wird Nürnberg zur Drehscheibe für den Handel Süddeutschlands und strahlt über Franken hinaus auf Hessen, Bayern und Österreich aus. So wird ein internationaler Markt geschaffen, der für die Verteilung der Produkte Mitteleuropas bislang fehlte. Die Gschaftlhuber aus Nürnberg sind im 15. Jahrhundert in Genf und in Lyon. Man findet sie in Warschau wie in Sevilla, und sie lassen sich in Brescia nieder.

Andere Mächte beginnen, in Erscheinung zu treten. Frankfurt entwickelt seine eigenen Verbindungen, Augsburg profitiert von der Entwicklung des neuen Metallgewerbes, das mit neuen Verfahren für die Trennung und Veredelung der Metalle und vor allem des Silbers, das im Kupfererz enthalten ist, den Regionen des Bergbaus sowie Unternehmern, die sich lange Zeit auf das Handwerk beschränkten, bis dahin unvermutete Perspektiven eröffnet. Die Einkünfte aus dem Bergbau des Grafen von Tirol, Friedrich IV. von Habsburg, der den Beinamen »Friedrich mit dem leeren Beutel« trägt, steigen um das Jahr 1425 auf jährlich 7500 Rheingulden. Um das Jahr 1480 erreichen diejenigen seines Sohnes, »Sigismund des Reichen«, 80000 Gulden. Die Kaufleute von Augsburg versäumen eine solche Gelegenheit nicht. Der Geniestreich von Jakob Fugger besteht darin, daß er mittels beträchtlicher Vorschüsse an den Grafen und seinen Nachfolger, den Kaiser Maximilian, die Hand auf die Ausbeutung des Tiroler Silbers legt und darauf wartet, sich des ungarischen Kupfers zu bemächtigen.

Leipzig zieht Nutzen aus seinen Messen und macht sich am Ende des 15. Jahrhunderts vom Zwischenhändler Nürnberg frei. Händler aus Augsburg wie die Welser haben nun ihr Kontor in Lissabon. Und die Ravensburger Handelsgesellschaft mit ihren achtzehn Sitzen und Filialen von Brügge bis Genua und von Pest bis Valencia zögert nicht, sich an vielen Orten als Rivalin der Medici niederzulassen, ohne deswegen aus ihrem Hauptsitz Ravensburg eine wirkliche Wirtschaftsmetropole zu machen.

Nach 1450, während Jacques Cœur versucht, auf dem ganzen Mittelmeer die französischen Galeeren zu etablieren, deren Monopol er sich gesichert hat, und alle Welt beginnt, Geschäfte in Antwerpen oder in Lyon zu tätigen, als Augsburg mit den ersten Fuggern versucht, den europäischen Wirtschaftsraum zu erobern, und die Genuesen gemeinsam von Afrika, vom Atlantik und von einer Seeroute nach Indien und China träumen, bewegen sich die Geschäfte ganz selbstverständlich im Horizont der bekannten wie der zu entdeckenden Welt.

Der Graben zwischen dem Kaufmann, dessen Blick nicht über das Gebiet der städtischen Versorgung und überschaubarer Spekulationen hinausreicht, und dem Kaufmann, der in der Lage ist, alles an allen Orten zu kaufen und zu verkaufen, vertieft sich. Je nach Erfolg oder Mißerfolg werden manche zum Waffenhändler oder zum Schuldner des Fiskus, zum Großbürger oder zum Krämer. Andere hingegen mischen als Bankier und Reeder bei den Staatsgeschäften mit. Durch Zufall — wie bei den Medici oder bei den Fuggern — werden ihre Söhne zu Fürsten. Die Welt bleibt ihr Horizont.

Als Folge der geistigen Entwicklung wie der technologischen Innovationen ist die Erweiterung des ökonomischen Horizonts seinerseits reich an Konsequenzen auf allen Gebieten. Die Entfernungen und Tonnagen erlauben es nicht mehr, die Rückfrachten an jedem Ort allein den Kapitänen oder den Händlern selbst zu überlassen. Man braucht eine Politik des Seehandels. Der Dreieckshandel, der bei den Wechselgeschäften, anders gesagt bei der Entwicklung der Bank, eine so große Rolle spielen wird, nimmt seinen Anfang.

Die Erweiterung des Raums ist die Verlängerung des Geschäftsverkehrs. Die Kapitalien werden festgelegt, die Menschen auch. Das Individuum gibt sich geschlagen. Es kommt zu einer Konzentration in allen Bereichen, bei der Verladung wie bei der Finanzierung. Horizontal gesehen, entstehen immer mehr gleichartige Unternehmen, während auf der vertikalen Ebene komplementäre Unternehmen integriert werden; die Konzentration erscheint paradoxerweise als einfachstes Mittel gegen die Erhöhung der Risiken. Gleichzeitig mit dieser Streuung der Investitionen bietet der Kredit, als eine der ersten Formen der Versicherung, eine andere Antwort auf das vergrößerte Risiko aufgrund der größeren Entfernungen und Tonnagen.

Ein anderer Effekt der neuen ökonomischen Sichtweisen ist die wachsende Unterscheidung zwischen der Bewegung der Waren und den Kreisläufen des finanziellen Ausgleichs. Der Ausgleich erfolgt unabhängig vom einfachen Spiel von Angebot und Nachfrage, Produkt für Produkt, auf spezialisierten Märkten.

Schließlich, und langfristig spürbarer für das kollektive Schicksal, beginnen sich die Geschicke, je nach den kommerziellen und geographischen Optionen, immer stärker voneinander zu unterscheiden. Einige verlegen sich auf den Orient, wie die Venezianer oder Jacques Cœur, der mit einer Verspätung von drei Generationen auf den Plan tritt. Andere diversifizieren die Ausrichtung ihrer Unternehmungen, wie Genua, das im Schwarzen Meer aktiv, aber bereits in den atlantischen Archipelen präsent ist, und Rouen, das mit dem offenen Meer liebäugelt, ohne seine Rolle im

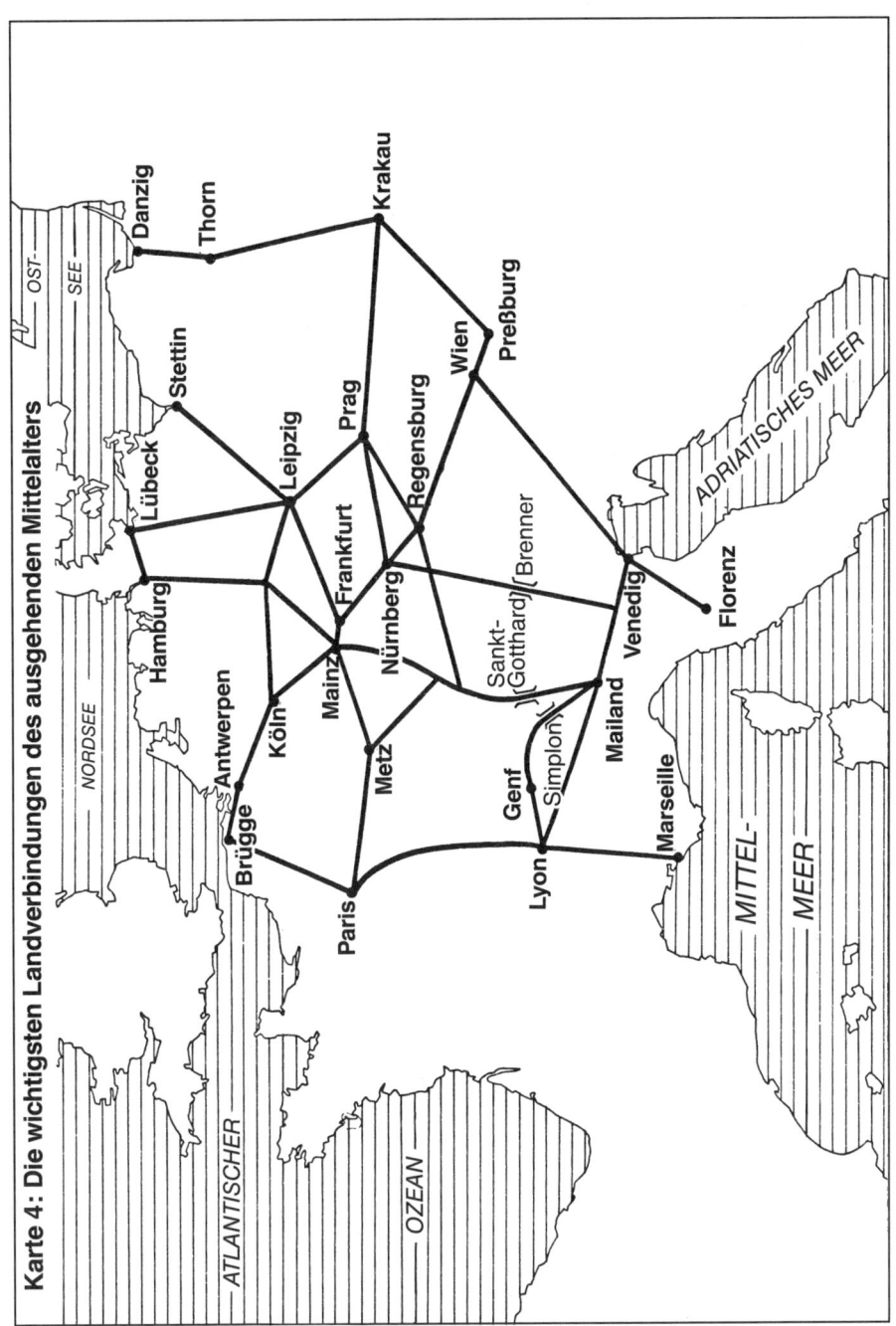

Karte 4: Die wichtigsten Landverbindungen des ausgehenden Mittelalters

Ärmelkanal oder in der Nordsee sowie im Seinebecken aufzugeben. Wieder andere setzen bewußt auf Innovationen. Dazu gehören Lissabon und Sevilla. Man findet dort die Methoden, die für das ökonomische Schicksal der modernen Welt von Bedeutung sein werden.

Die Horizonte haben sich erweitert. Nicht alle haben gleichen Anteil daran. Vor allem hat nicht jeder auf gleiche Weise die Chancen des Augenblicks und die der Zukunft gesehen.

Die Welt erfahren

Die Welt zu erfahren, verstand sich von selbst zu einer Zeit, als nur von einer lokalen Ausstrahlung der Handelsplätze die Rede sein konnte, als die fremden Kaufleute eher als Einwanderer denn als Reisende angesehen wurden und der Kaufmann mit immer denselben Menschen zu tun hatte, deren Sprache und Sitten er verstand. Das ändert sich mit der Ausdehnung der Wirtschaftsräume, die seit der Mitte des 13. bis zu den ersten Jahrzehnten des 14. Jahrhunderts durch die technologischen Innovationen und die Eröffnung neuer Routen bewirkt wurde. Mit London oder Sevilla, Genua oder Barcelona, Bremen oder Leipzig zu arbeiten, stellt den Florentiner, den Lübecker und den Marseiller vor allgemeine Probleme der Wahrnehmung des fremden Milieus und besondere Probleme der Anpassung an Märkte und Geschäfte.

Die Bildung der Kaufleute ist in jedem Fall sehr unterschiedlich, wobei das Bedürfnis nach Bildung natürlich nach dem jeweiligen Horizont je unterschiedlich verspürt wird. Die Kenntnis der Welt scheint demjenigen gesichert zu sein, der sich damit begnügt, zweimal im Jahr von Auxerre nach Paris zu gehen, um zwei oder drei Fässer jenes »Auxerrois-Weines« zu verkaufen, der in den besten Tavernen so sehr geschätzt wird. Wer mit halb Europa Geschäfte macht, weiß besser, was er lernen und verstehen muß, und umso größer ist sein Wille, dieses nützliche Wissen mitzuteilen und weiterzugeben.

Der Meister und das Kontor

Die Schule des Kaufmanns ist vor allem das Kontor. Aber der Meister vermittelt auch rudimentäre Kenntnisse in Lesen, Schreiben und Rechnen. Niemand täuscht sich darüber, daß diese Kenntnisse die Grundlage für alle weiteren Informationen bilden. Und der Kaufmann ist bereit, sein Scherflein dazu beizutragen, daß diejenigen, die ihm helfen, bevor sie seine Nachfolge antreten, sich sehr bald die Finger mit Tinte beflecken. Es ist eine disparate Bildung, die hier der Pfarrer, dort der Notar erteilt, wenn es denn kein Schüler oder ehemaliger Schüler ist, der einen Broterwerb sucht.

Einige Stunden täglich oder wöchentlich sind genug, aber kluge Meister nehmen diese Schule sehr ernst, auch wenn sie sich auf gelegentliche Lektionen eines Magisters beschränkt, der wie Guillaume de Villon, jener Kaplan von Saint-Benoît-le-Bétourné, der den jungen François de Montcorbier zu sich nimmt, in dem Kind, sei es nun bei ihm untergebracht oder nicht, vor allem einen willfährigen Diener sieht, der Feuer macht, Wasser pumpt und bei der Messe ministriert. Sehr viele Lehrverträge geben genau die Zahl der freien Stunden an, die der Meister seinem Lehrling jeden Tag lassen muß, damit er die Unterrichtsstunden des Notars besuchen kann. Die Schlachter denken pragmatisch und schicken ihre Lehrlinge für die Dauer der zwangsläufigen Arbeitslosigkeit in der Fastenzeit in die Schule des Notars.

Wenn auch vielleicht nur aus Gründen des bürgerlichen Prestiges, zieht der wohlhabende Kaufmann natürlich die Lektionen eines Hauslehrers vor. Ein einfacher Schuster wie der Toulouser Azémar Couronne scheut nicht davor zurück, für ein ganzes Jahr einen albigensischen Gelehrten einzustellen, der seinem kleinen Sohn und ihm selbst »die Wissenschaft und die guten Sitten« beibringen soll. Der Hauslehrer zahlt sechs Francs für seine Pension, was vermuten läßt, daß dieser Student, der nicht mal »au pair« ist, die kostenlose Unterbringung in einer Universitätsstadt nicht verachtet. Im übrigen verspricht sein Arbeitgeber ihm auch Kerzenlicht, mit dem er abends für sich selbst arbeiten kann.

Schon sehr bald organisiert man richtige Grundschulen für den Bedarf des Kleinbürgertums. Die großen italienischen Städte haben seit dem Ende des 13. Jahrhunderts ihre eigenen Schulen. Die Florentiner schicken sogar ihre Töchter dorthin. Im folgenden Jahrhundert gibt es in Europa kaum eine Stadt ohne Schule. Die Einwohner der kleinen Stadt Decize im Nivernais kümmern sich 1336 sogar darum, einen Schulmeister, in dessen Unterricht randaliert wird — er läßt die Kinder Würfel spielen —, durch einen anderen zu ersetzen, der den zweifachen Vorzug besitzt, ein guter Pädagoge und aus der Stadt gebürtig zu sein. Decize begnügt sich mit rudimentären Kenntnissen, und es steht zu befürchten, daß dieser brave Schulmeister unfähig war, die für den Kaufmann so nützliche Kenntnis der notariellen Schriften oder die Handhabung einer Rechentabelle zu unterrichten, die komplexer ist als die drei Stapel Jetons, die für die Didaktik der vier Grundrechenarten ausreichen. Der Junge aus Brügge oder Marseille, der das Ende seiner frühen Kindheit in der Schule verbringt — zwei bis vier Jahre lang, ab dem Alter von fünf oder sechs Jahren —, weiß wahrscheinlich etwas mehr.

Natürlich ist in Frankreich wie in Deutschland der öffentliche Schreiber für den Bauern, der auf den Markt gekommen ist, für den Gesellen oder das Zimmermädchen, die keinen Brief schreiben oder lesen können, immer zu Diensten. Der Kaufmann aber braucht ihn nicht. Selbst seine Konten zu führen, ganz allein seine Briefe zu lesen, garantiert das Geschäftsgeheimnis, wie bescheiden es auch sein mag.

In Florenz, Genua und Venedig erwartet man von der Schule etwas mehr als in Toulouse, Marseille oder Leipzig. Während in Frankreich und Deutschland ein Kind das Ende seiner frühen Kindheit in der Schule verbringt, lassen die italienischen Kaufleute ihre Söhne bis zum Alter von vierzehn oder fünfzehn Jahren die Schule besuchen. Das bedeutet, daß das Erlernen des Rechnens sich nicht auf die vier Grundrechenarten beschränkt, es erstreckt sich sogar auf den Algorithmus, das heißt auf eine Arithmetik des analogen Denkens. Die Techniken der Buchführung stehen am Ende dieser Ausbildung, die für die italienischen Kaufleute den Rückgriff auf professionelle Buchhalter entbehrlich macht. Man hat einen Schreiber, aber die Verantwortung für die Organisation der Konten und der Kontenführung bleibt dem Meister und seinen Angehörigen überlassen.

Einer der dauerhaften Faktoren für die Überlegenheit der Toskaner, Venezianer und Genuesen bei Termingeschäften in Brügge, London oder Barcelona ist ihre Fähigkeit, selbst rechnen zu können. Die zusammengesetzten Zinsen und ihre Kapitalisierung aufstellen, die Diskontsätze der Wechsel abschätzen, das Mittel der Fälligkeiten von Forderungen berechnen zu können, die zu verschiedenen Terminen fällig werden: das sind häufig die Schlüssel zur Spekulation.

Der Kaufmann muß sich zwangsläufig auch mit komplexen Zahlen und Brüchen zurechtfinden. Denken wir nur an den *Ecu couronne* Ludwigs XI., der 1474 in 72 Münzen pro Gewichtsmark eines Metalls mit einem Feingehalt von $23^{7}/_{8}$ Karat gestückelt wird — Feingold hat 24 Karat — und einen gesetzlichen Wert von 30 Sous 3 turonischen Denaren, also 363 Denaren hat. Oder an den silbernen *Guénar*, der 1389 in 74 Münzen pro Gewichtsmark eines Metalls mit einem Feingehalt von 5 Denaren 12 Gran — $5^{1}/_{2}$ auf 12 Denare — gestückelt wird, wobei das Silber nicht einmal Feinsilber ist, sondern zu elf Zwölfteln aus »Königs«silber besteht, also $^{5,5}/_{12}$ von $^{11}/_{12}$ ist. Man ist schon froh, wenn sich die Stückelung auf die gleiche Gewichtsmark bezieht! Der Kaufmann, der einen Buchhalter sucht, riskiert natürlich, seinen Gewinn zu verlieren, wenn er an einen Experten gerät, und übers Ohr gehauen zu werden, wenn er niemanden findet.

Die Schule in Florenz und Venedig vermittelt auch einige Kenntnisse in Wirtschaftsgeographie. Man lernt dort die Handelsplätze kennen und welche Produkte verkauft und gekauft werden. Man lehrt auch die Grundlagen des Handelsrechts, auf das man sich in der Praxis stützt. Die Abfassung eines Vertrages ist Aufgabe des Notars, dessen Bedingungen festzulegen Sache des Händlers.

Dem italienischen Kaufmann werden mit seiner Schulbildung auch elementare Sprachkenntnisse vermittelt, die ihn später an fremden Orten Zeit gewinnen lassen. Wahrscheinlich handelt es sich um einen Humanismus in sehr gedrängter Form, wenn die jungen Florentiner mehr schlecht als recht in der Schule etwas Virgil, Seneca oder Boethius lesen. Offensichtlich ist der Zweck praktischer Natur, wenn die jungen Hanseaten aus Lübeck Grundkenntnisse des Italienischen und des Flämischen erlernen und die jungen Italiener der *lingua di si* ausreichende Kenntnisse der »langue d'oil« lernen — die »langue d'oc« wird offensichtlich als leicht zugänglich angesehen —, um auf den Kais von Brügge, am Zoll von London oder auf den Messen der Champagne keinen Dolmetscher mehr zu benötigen. In der »langue d'oil« Nordfrankreichs verfaßt der Florentiner Notar Brunetto Latini um das Jahr 1260 seine Enzyklopädie, *Li livre dou trésor*, und 1298 macht der Notar Rustichello aus Pisa aus den Erzählungen des Marco Polo, dem er in genuesischer Gefangenschaft begegnete, sein *Devisement*, dessen Urheberschaft von der Nachwelt dem venezianischen Reisenden zugeschrieben wurde.

Die wesentlichen Kenntnisse in diesen Disziplinen vermittelt jedoch nur die Praxis. Hier ist die Lehrzeit entscheidend. Im Laden erfährt das Kind alles von den vorbeikommenden Kunden. Ob Sohn, Neffe oder unter Vertrag stehender Lehrling, ist einerlei: Der Lehrling ist häufig ein Verwandter, und der Lehrvertrag nimmt das Kind in seine neue Familie auf. Es lernt im Kontor den Umgang mit Menschen und Waren, deren qualitative Unterschiede und die Bedingungen für die Festsetzung der Preise. Es entdeckt die lokalen Sitten und hört von fremden Sitten. So bereitet es sich auf etwas vor, das kein kluger Geschäftsmann seinen Kindern vorenthält, sobald sie zwölf oder vierzehn Jahre alt sind: auf die Reise.

Eine praktische, realistische und vielfältige Ausbildung — das ist es, was der Florentiner Buonaccorso Pitti von seinen Reisen erwartet, als er 1372 im Alter von achtzehn Jahren die Ufer des Arno verläßt. Er ist zweiunddreißig, als er sich 1386 schließlich in seiner Heimatstadt etabliert. Inzwischen hat er Frankreich und England gesehen, Deutschland und die Niederlande. Er war zweimal in London, fünfmal in Brügge, fünfzehnmal in Paris, auf allen möglichen Reiserouten. Er kennt Mainz und Heidelberg, München und Buda, sogar Zagreb.

Die Venezianer Niccolò und Matteo Polo denken nicht anders, als sie sich 1271 erneut auf den Weg in den Orient machen. Zehn Jahre zuvor waren diese ganz gewöhnlichen Kaufleute von der Krim bis in die Mongolei gereist, auf einer jener Karawanenstraßen, die den Okzident mit kostbaren Seidenwaren belieferten. Dieses Mal brechen sie wieder nach Asien auf und nehmen ihren Sohn und Neffen Marco mit, einen Jungen von siebzehn Jahren. Niccolò und Matteo sind die jüngeren Brüder. Sie verhalten sich daher wie die jüngeren Söhne einer Familie. Deren ältester Sohn, Marco der Alte, der lange Jahre in Konstantinopel weilte, zu der Zeit, als die Venezianer dort viele Privilegien hatten, bleibt jetzt in Venedig, um die Kontinuität der Familiengeschäfte zu sichern.

Die drei Venezianer bleiben ein Vierteljahrhundert fort, da sie das eigentliche Ziel ihrer Reise mitunter aus den Augen verlieren. Sie treten beim mongolischen Khan als Diplomaten und als Vertreter der abendländischen Christenheit auf. Der Khan beauftragt sie, Informationen über die Verwaltung an den Grenzen seines Reiches einzuholen. Sie schalten sich in die Verwaltung des Fiskus ein, und Marco

Polo inspiziert mehrere Male die kaiserlichen Steuereintreiber in Hangzhou. Sogar in Indien treten sie als Botschafter des Khans auf.

Marco spielt drei Jahre lang die Rolle eines regelrechten hohen Beamten des mongolischen Reiches. Er ist Gouverneur von Yangshao, am Delta des Blauen Flusses. Versehen mit Renten, einem Rang, einem Titel, könnte er sehr gut in China bleiben, wäre da nicht der Umstand, daß er weder Venedig noch die Geschäfte vergißt, wo er im Alter seinen Platz wieder einnehmen muß.

Und er kehrt zurück. Auf dem Hinweg haben die Polos nur Landverbindungen genutzt und Armenien, Persien und die Wüste Gobi durchquert. Sie haben Täbris gesehen, nicht aber Mosul, Buchara und Samarkand. Auf dem Rückweg wollen sie den Seeweg versuchen, zweifellos, um Zeit zu gewinnen. Der Kaiser bietet ihnen die Gelegenheit und die Mittel dazu. Sie begleiten eine zu verheiratende mongolische Prinzessin bis nach Persien. Zweifellos schiffen sie sich daher in Quanzhou ein, das damals Zaiton hieß. Sie laufen die Küste Indochinas an, umschiffen die Spitze des späteren Singapur, fahren an der Küste Sumatras entlang, dann an der Ceylons. Nach langen Monaten der Küstenschiffahrt vor Malabar — der Westküste Indiens —, dann an den persischen Ufern des Indischen Ozeans, sind die drei Venezianer in Hormus, wo für sie die Seereise aufhört. Sie gehen geradewegs nach Norden und erreichen im Süden des Kaspischen Meeres die Route ihres Hinwegs. Wieder sehen sie Bagdad nicht. Marco ist um diesen Punkt sehr verlegen, wenn er von seinen Reisen erzählt.

Jetzt sind die Polos in Trapezunt. Sie werden dort beinahe getötet, denn die Venezianer haben an den Ufern des Schwarzen Meeres keinen guten Ruf mehr, und die Genuesen beschlagnahmen zu allem Überdruß einen großen Teil der Waren, die diese guten Kaufleute in China wie in Indien aufgeladen haben.

Von jetzt an beschleunigt sich die Reise. Ein Schiff bringt sie nach Konstantinopel, ein anderes bringt sie schließlich nach Venedig. Nach einer dreijährigen Reise, davon zwei Jahre auf See, sind sie 1295 auf dem Rialto.

Sie waren ein Vierteljahrhundert fortgewesen. Der junge Mann, der 1271 aufgebrochen war, ist jetzt einundvierzig Jahre alt. Die langen Reisen sind für ihn beendet. Es bleiben ihm dreißig Jahre zu leben. In kaufmännischen Kreisen gilt er von nun an als ein Mann mit Erfahrung. Seine Abenteuer machen aus ihm jedoch weder einen Aristokraten, denn er kommt zu spät in eine bereits geschlossene venezianische Gesellschaft, noch einen der wichtigsten Kaufleute des Ortes, da er in China kaum ein Vermögen gemacht und man ihm auf dem Rückweg seine Waren entwendet hat. Man spricht über seine Reisen, aber keiner will sich wirklich ein Beispiel an ihm nehmen. Er ist nach Kambaluk gegangen — Peking, heute Beijing —, und er ist kreuz und quer durch Asien gefahren, aber er war nicht der einzige.

Der junge Hanseate reist während dieser Zeit von Flandern nach Rußland, besucht die Messen Skandinaviens, sieht Gotland, hält sich in Riga auf. Zwischen sei-

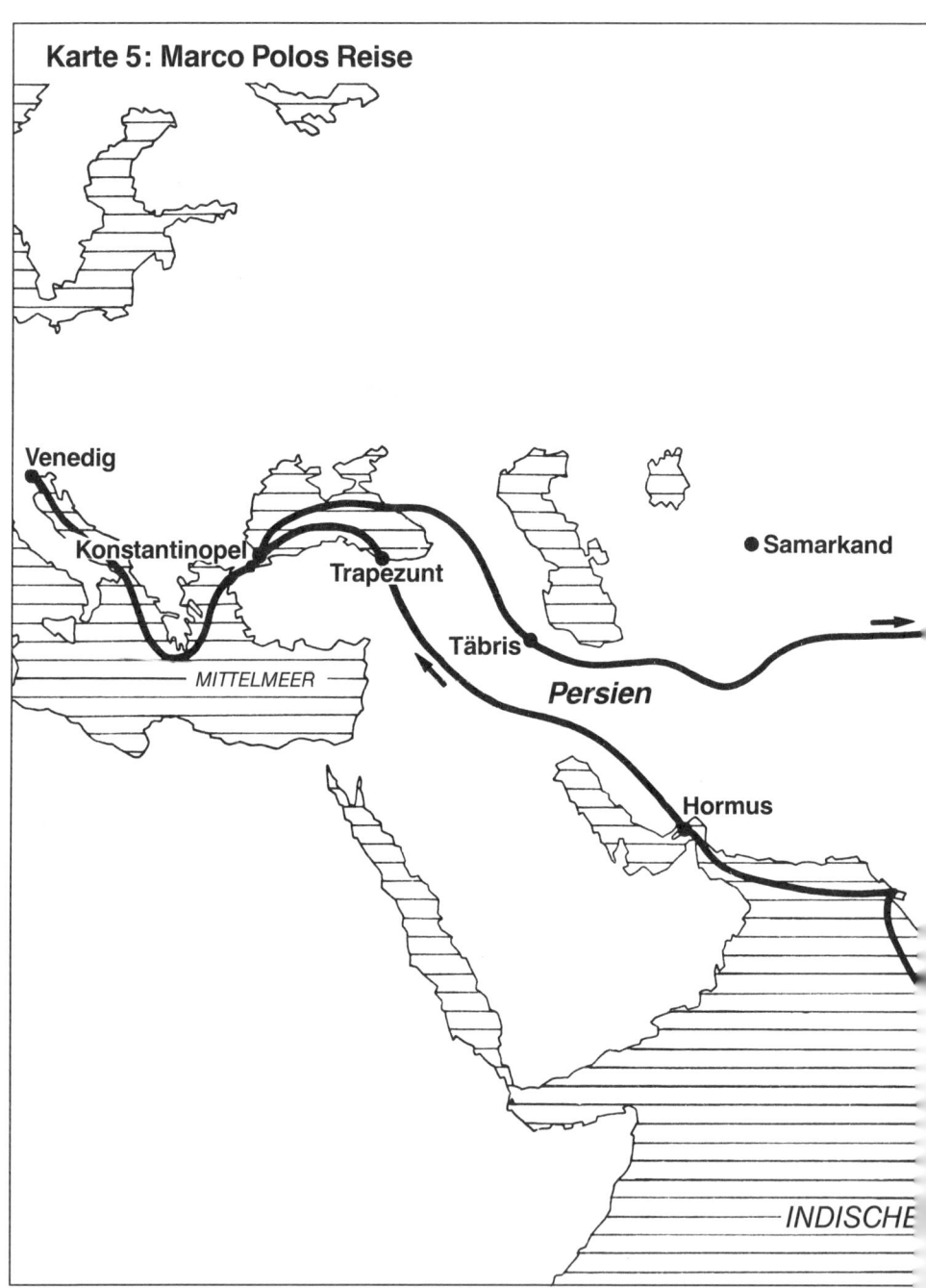

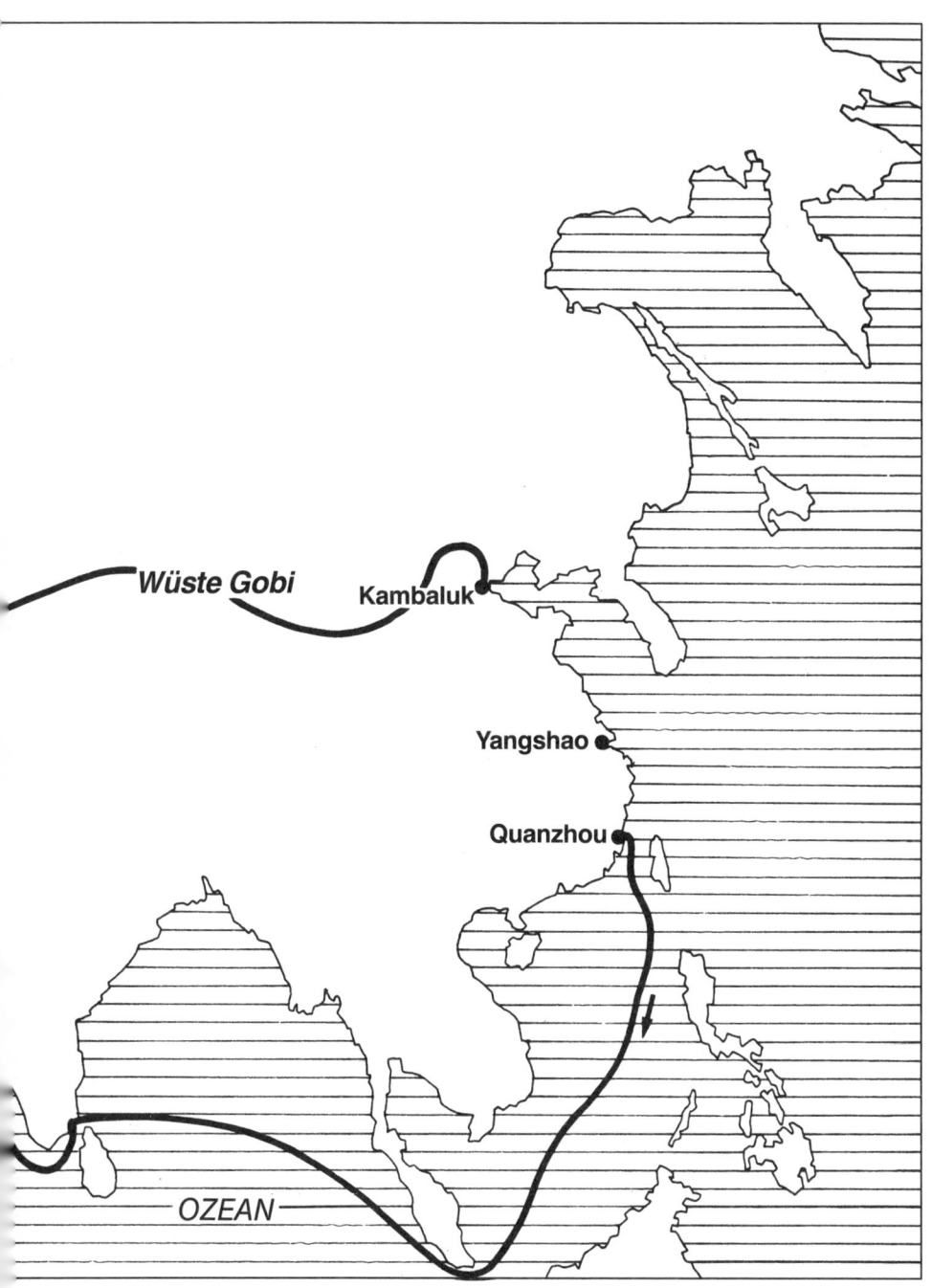

nem zwölften und seinem zwanzigsten Lebensjahr macht Hans Wessel aus Stralsund nicht weniger als sieben große Seereisen, jedes Jahr eine. Jakob Fugger verbringt ein Jahr im *Fondaco dei Tedeschi* in Venedig, zwischen seiner Rückkehr ins weltliche Leben 1478 und seiner endgültigen Niederlassung in Augsburg 1479. In einem bescheideneren Rahmen nimmt der junge Mann aus Rouen mit den Frachten seines Vaters oder seines älteren Bruders häufig das Schiff nach Paris. Guillaume le Moine, der auf dem Markt der Place de Grève Wein aus »Frankreich« und dem Auxerrois einkauft, beauftragt von 1462 an nicht mehr irgendeinen Vertrauten damit, sondern seinen Sohn Robert, genannt Robinet. Zur gleichen Zeit ersetzt der reiche Heu- und Holzhändler Enguerran Le Page seine Beauftragten durch seinen Schwiegersohn Maulin Lozère, danach durch seinen Sohn Pierre Le Page, der seine Schiffe in die Hauptstadt begleitet. Die zukünftigen Kaufleute des normannischen Hafens haben so die Gelegenheit, ein anderes Milieu kennenzulernen, sich bei den Geschäftsbeziehungen ihrer Familie einzuführen und mit dem dortigen Recht und der dortigen Praxis Bekanntschaft zu machen. So wissen sie für den Rest ihrer Tage, wie nützlich der *Concierge* des Rathauses sein kann.

Wenn die kaufmännische Gesellschaft sich organisiert, sieht sie die Reise der jungen Leute häufig als eine Verpflichtung an. Der Reisende ist für die ganze Gemeinschaft von Nutzen. Er ist Informant, Korrespondent, Kommissionär. Seine Rückkehr garantiert seine Treue. Die Qualität seiner Dienstleistungen in der Fremde rechtfertigt das Vertrauen, das man ihm entgegenbringt, wenn er sich dann niederläßt. Lübeck organisiert 1380 im allgemeinen Interesse seine Gesellschaft der *Bergenfahrer*, deren Statuten zwei Kategorien von Kaufleuten definieren: diejenigen, die in Lübeck ansässig sind, die *Borger to Lübeck*, ältere und erfahrene Leute, und diejenigen, die noch auf Seefahrt sind und häufig nach Bergen oder anderswohin gehen, die *Copgesellen to Bergen*. Die wirtschaftliche Rolle der einen wie der anderen gewinnt die Bedeutung einer staatsbürgerlichen Aufgabe.

Die großen toskanischen Familien verhalten sich ebenso, wenn auch weniger streng, da ihr Horizont mannigfaltiger ist, wenn sie den jungen Leuten die Verwaltung der Familieninteressen auf den großen transalpinen Messen und auf den ständigen Handelsplätzen anvertrauen, die diese Messen ablösen. Der Sienese Giacomino — genannt Mino — di Stricca, der Sohn eines Priors aus Siena, ist zu Beginn des 14. Jahrhunderts der ständige Vertreter der Gesellschaft der Gallerani in Paris, die zweiunddreißig Männer aus Siena zusammenschließt, die meistenteils durch enge Verwandtschaftsbande miteinander verbunden sind. Die Rapondi aus Lucca teilen sich zwischen Paris, Brügge und Avignon auf, der Älteste, Dino, geht von Paris nach Brügge, während sein jüngerer Bruder Andrea die Niederlassung in Avignon gründet, bevor er sie seinem Bruder Filippo übergibt. Als dieser nach Brügge geht, läßt sich sein Neffe Giovanni in Avignon nieder. Alle Rapondi kennen zugleich die Geschäfte der Familie und die Verschiedenartigkeit des europäischen Marktes.

Das Buch

Der Kaufmann ist wenig gesprächig, was Informationen betrifft, die den Konkurrenten nützen könnten. In der Öffentlichkeit spricht er nicht von guten Geschäften, günstigen Gelegenheiten und den Mitteln und Wegen, Zeit und Geld zu sparen. Wer eine Bilanz seiner Erfahrungen zieht, behält diese häufig seinen Mitgesellschaftern vor, seinen Verwandten und Nachfolgern. Ob die Erinnerungen des nach Hause zurückgekehrten Reisenden — und die Toskaner und Venezianer kehren so gut wie immer zurück — nun viele Abende beleben oder in Langeweile versinken lassen, die Abfassung von Reiseberichten ist, anders als beim Höfling oder Soldaten, kaum Sache des Kaufmanns. Als Zeugnis, als Rechtfertigung, um sich hervorzutun, erzählt Villehardouin von seinem Kreuzzug wie Joinville von dem seinigen. Um die Verbreitung des wahren Glaubens zu feiern und um anderen bei dieser Aufgabe zu helfen, schreiben die Franziskaner Pian Carpino und Willem van Ruysbroeck jeder ein Buch, der erste die Geschichte der Mongolen zusammen mit seiner eigenen, letzterer einen Reiseführer, der ein veritables Reiseprogramm ist nebst einer Anleitung für die zukünftigen Missionare. Den Kaufmann kümmert das nicht. Es kümmert ihn wenig, anderen zu helfen. Aber er gönnt sich die Freuden der Selbstzufriedenheit und die des historischen Anspruchs. Er erstattet Bericht, sofern es ihm nützt.

So erzählt Marco Polo mit professioneller Hilfe von Rustichello aus Pisa das *Devisement du Monde*, welches eher eine wunderbare Reiseerzählung denn ein Handelsreisebericht ist. Der Wunsch, in Erstaunen zu versetzen, ist stärker als der Wille, Informationen zu geben, und die natürliche Freude des Kaufmanns an Zahlen kommt nur bei der Erwähnung außergewöhnlicher Mengen zum Vorschein. Deshalb heißt das Werk von Rustichello und Polo im Italienischen auch *Il Milione*.

»Auf ein Schiff mit Pfeffer, das nach Alexandria oder an einen anderen Ort der Christenheit geht, kommen hundert und mehr zu dem Hafen von Zaiton.«

Aber die Zahlen beruhen auf Phantasie, und die Genauigkeit, die der Leser sich erhofft hätte, beschränkt sich häufiger noch auf Angaben wie »massenweise Waren«, »unzählige Wunder« und »große Reichtümer«. Über die Produkte und Märkte findet sich keine wirklich nützliche Bemerkung.

»Es gibt in Hangzhou mehr als ein großes Schiff, das nach Indien fährt und zu anderen fremden Orten, das vielfältige Waren mit sich führt, wovon es der Stadt wohlergeht.«

Polo ist im übrigen genauso beredt über das, was er ausgelassen, wie über das, was er gesehen hat. Seine Beschreibung des Mongolenreiches, seiner Verwaltung, seiner

Finanzen und seines Systems sozialer und politischer Beziehungen ermöglicht es ihm, den Leser in Bewunderung zu versetzen, indem er das Unglaubliche erzählt — von der Post bis zum Papiergeld — und sich auf diese Weise eine ebenso ansehnliche wie exotische Rolle verleiht. Sie ist in jeder Hinsicht besser als seine mittelmäßige Beschreibung der Handelsplätze Chinas, Indiens oder Persiens. Für den, der das Buch schreiben wollte — Rustichello, nicht Polo —, gehört das *Devisement* in die Reihe der großen Abenteuerromane, der Ritterromane, der antiken und märchenhaften Romane. Der Geschäftsmann hütet sich davor, über seine Ware mehr zu sagen als das, was allen bekannt ist. Er behält seine tatsächliche Erfahrung, ob sie nun wunderbar oder banal ist, für sich und schweigt über die Zahlen, die nützlich sein könnten.

Nicht alle haben das Talent des Venezianers, und keiner hat soviel zu sagen. Aber genaue Informationen und praktische Beobachtungen, die eine Erzählung begleiten, machen mitunter Texte interessant, deren Anmutung weniger verführerisch ist als *Il Milione*.

Und dann gibt es diejenigen, die aus Patriotismus die Geschichte ihrer Stadt schreiben. Das verschafft ihnen viele Gelegenheiten, die Welt zu beschreiben, in die ihre Geschäfte sie geführt haben. So fließen Notizen aus der Feder von Guido Mossaldi, Giovanni Frescobaldi, Donato Vellati, die den jungen Toskanern, die sich auf ihre Reise vorbereiten, Informationen an die Hand geben. Dino Compagni, ein Kaufmann der Zunft von Por Santa Maria, das heißt der Seidenzunft, ist ein ausgezeichneter Zeuge für das, was einen florentinischen Kaufmann um das Jahr 1330 beschäftigt. Genauso wertvoll ist für Florenz das Zeugnis von Marchione di Copo Stefani, des Sohnes eines Gesellschafters der Acciaiuoli. Ein Gesellschafter der Peruzzi, später der Buonaccorsi, Giovanni Villani, hat uns die feinsinnigste Beschreibung der europäischen Handelsplätze hinterlassen, sowohl von Brügge in den Jahren 1302 bis 1307 als auch von Florenz dreißig Jahre später. Wer nach Flandern reiste, konnte aber mit einem Bild des Wirtschaftslebens, das eine Generation zurücklag, wenig anfangen. Das literarische Werk triumphierte über das praktische. Eine Einführung, vielleicht, aber ganz gewiß kein Führer durch die Geschäfte!

Außerhalb Italiens wurde das Genre noch weniger gepflegt. Die Chronisten waren zumeist Männer des Hofes in einem Alter, in dem man Bilanz zieht — Monstrelet und Commynes nach Villehardouin und Joinville —, denn kompetente Beobachter des wirtschaftlichen Geschehens, und diejenigen Autoren, die das Schreiben zum Beruf machen, haben selten einen globalen Zugang. Nicolas de Baye und Clément de Fauquembergue, Schreiber am Pariser Parlament in der ersten Hälfte des 15. Jahrhunderts, notieren am Rand ihrer Audienzregister Kälte- und Hitzeperioden, Hochwasser und Eisgang, Krieg und Frieden, aber nie die Bräuche der Bootsleute oder die der Eichmeister auf der Place de Grève. Was normal zu sein scheint, wird nicht niedergeschrieben.

Ihre Niederschriften enthalten keine Unterweisung, so wenig wie die verzweifelten Bemerkungen des »Bürgers von Paris« — zweifellos des Domherren Jean Chuffart —, der den Preis der Bohnen und des Kohls notiert. Aber es handelt sich um den Preis des Vortags, und Chuffart sagt nichts über die Privilegien der Pariser oder die Konzessionen an die »forains«, die fremden Kaufleute. Er schreibt für sich selbst, nicht um zu unterweisen.

Der einzige, dessen Ausrichtung entschieden pädagogisch ist, ist der anonyme Autor des *Ménagier de Paris*. Ein alter Bürger gibt um das Jahr 1390 seiner jungen Gattin Ratschläge, damit sie ihn in naher Zukunft gut bedienen und später die würdige Gefährtin eines anderen Gatten sein möge. Aber die Geschäfte sind die Geschäfte, und das Haus ist das Haus. Die junge Gattin muß die Dienerinnen zur Arbeit anhalten, sich um die Wäsche und die Küche kümmern, das Haushaltsgeld verwalten, die Fliegen verjagen, den Gartenkalender führen. Alles, was sie über die Geschäfte ihres Mannes wissen muß, ist, daß ein Ehemann, der nach einem langen Arbeitstag müde ist, die größte Rücksichtnahme verdient.

»Den Männern fallen die Aufgaben außerhalb des Hauses zu, und die Ehemänner müssen deshalb hierhin und dorthin laufen, bei Regen, Wind, Schnee und Hagel, bald durchnäßt, bald trocken, einmal schwitzend, ein andermal zitternd, schlecht beköstigt, schlecht untergebracht, mit schlechtem Schuhwerk und in einem schlechten Bett.

Und all das macht dem Mann deswegen nichts aus, weil ihn die Hoffnung tröstet, daß sich seine Frau nach seiner Rückkehr um ihn kümmern wird, ihm Freude bereiten wird, daß er die Schuhe vor einem schönen Feuer ausgezogen bekommt, ihm die Füße gewaschen werden, frische Socken und Schuhe, gutes Essen, gutes Trinken, daß er gut bedient und gut als Herr behandelt wird, in weißen Laken und mit weißer Nachtmütze, gut zugedeckt mit guten Pelzen und mit anderen Freuden und liebevollen Heimlichkeiten überhäuft, über die ich mich ausschweige. Und am nächsten Tag neue Unterwäsche und Kleidung.

Sicherlich lassen solche Dienste den Mann gerne nach Hause zurückkkehren.«

Der *Ménagier* rät der Frau, eine »gute Verwalterin« zu sein und die Geheimnisse ihres Mannes zu bewahren. Natürlich handelt es sich mehr um seine Fehler denn um seine Geschäfte. Über diese verliert er in den Ratschlägen, die er der Herrin des Hauses gibt, selbstverständlich kein Wort. Einige Jahre später rühmt sich der misogyne Autor der *Quinze joies de mariage*, seine Frau an seinem Berufsleben nicht teilhaben zu lassen. Man ist in Frankreich weit entfernt ist man von jenem Florentiner, der seine Töchter zur Schule gehen läßt. Ebensoweit entfernt ist man von der kleinen Welt des Krämerladens, in dem die Frau ihren Platz hat.

Der Kaufmann hält daher nicht viel von mündlichen Unterweisungen. Sein methodischer Geist und sein Gefallen an praktischen Nomenklaturen lassen ihn eine direktere Information vorziehen. Um sich zu erholen, wendet sich der Geschäftsmann der schöngeistigen Literatur zu. Um sich zu unterrichten, benutzt er indes ein gutes Handbuch, das einfach aufgebaut ist, um allen Altersstufen als Hilfe bei der beruflichen Ausbildung und gleichzeitig als bequeme Enzyklopädie zu dienen, in der man Namen, Zahlen und genaue Auskünfte über den Handel und dessen Bräuche findet.

Das in Venedig um das Jahr 1300 kompilierte *Buch der Gewichte und Maße* ist ebenso ein Nachschlagewerk wie einige Zeit später das in Flandern verfaßte *Buch des Meeres*, dem durch eine Übersetzung ins Niederdeutsche am Ende des 15. Jahrhunderts, die noch im 16. Jahrhundert verbreitet war, während so viele Dinge sich im Universum der Kaufleute und Seeleute geändert hatten, eine große Zukunft beschieden sein sollte. Zumindest ist das *Buch des Meeres* ein wertvolles Repertoire der Gezeiten, der ausgeloteten Meerestiefen und der auf den Seewegen auftretenden Gefahren.

Es gibt zahlreiche Enzyklopädien, und bis zur Erfindung des Buchdrucks wurden sie ständig kopiert und ergänzt. Viele Werke, die sich als Originale ausgeben, sind in Wirklichkeit nur Neufassungen früherer Texte. Am Ursprung dieses Genres, der wiederum in Italien liegt, finden wir drei ähnliche Werke, die sich vor allem hinsichtlich der in ihnen enthaltenen Informationen unterscheiden, in dem, was jeder Autor in seiner eigenen beruflichen Laufbahn erfahren und überprüfen konnte.

Die *Praxis des Handels* von Giovanni di Antonio da Uzzano — die noch im 18. Jahrhundert gedruckt wird! — und das *Buch der Handelsbräuche der Länder* von Giorgio di Lorenzo Chiarini bleiben weit hinter dem zurück, was einer der Direktoren der mächtigen Handelsgesellschaft der Bardi, Francesco di Balduccio Pegolotti, seinem Leser bietet. In mehreren Fassungen und Überarbeitungen bei jeder Reise und jeder neuen Erfahrung während fünfzehn Jahren ist seine *Pratica della Mercatura* ausdrücklich dafür bestimmt, die Überlegenheit der Bardi und die Tüchtigkeit ihrer Agenten zu fortzusetzen. Um die komplexen Berechnungen, insbesondere von Zinsen und Fälligkeiten, zu erleichtern, werden arithmetische Tafeln eingesetzt. Pegolotti begnügt sich allerdings in seinem Buch damit, Tafeln zu kopieren, wie sie in Schulen und Schulbüchern benutzt werden, die wie dasjenige von Leonardo Pisano unter den Kaufleuten ziemlich verbreitet sind. Er bedient sich auch fremden Wissens, wenn er dem Leser einige Elemente des Computus liefert, mit Hilfe dessen man Termine berechnen oder einen Land- oder Seeweg genau angeben kann, wie die »Sonntagsbriefe«, mit denen sich feststellen läßt, auf welchen Wochentag ein Datum fällt, und die Osterdaten, durch die der Kaufmann weiß, wann die an Ostern oder Pfingsten gebundenen Messen stattfinden werden, und wieviele Monate ihn noch von einem beweglichen Feiertag trennen.

Seine persönliche Erfahrung kommt ins Spiel, wenn Pegolotti für jeden Ort, den er besucht hat oder mit dem die Bardi in Geschäftsverbindungen stehen, die Produktion und den Warenverkehr bilanziert, wenn er die hundertachtundachtzig verschiedenen Gewürzarten aufzählt, die auf den Märkten zu finden sind, wenn er eine Beschreibung der Städte und der Infrastruktur ihres Handels liefert und wenn er Listen von Gewichten und Maßen mit summarischen Äquivalenzen aufstellt. Die Währungen, die auf den verschiedenen Märkten in Umlauf sind, beanspruchen natürlich ebenfalls seine Aufmerksamkeit. Er beschreibt sie, beurteilt sie, schätzt sie. Als ein Mann von praktischem Verstand vergißt er weder die Formalitäten, noch die zu zahlenden Abgaben, noch die Kosten der Zwischenhändler:

»Wenn du mit deiner Ware zum Hafen der Ecluse kommst und sie nicht entlädst, kannst du mit ihr dorthin gehen, wo es dir gefällt, ohne sie zu entladen oder irgendwelche Gebühren zu bezahlen. Wenn du aber einen einzigen Ballen deiner Ware entlädst, mußt du die Steuer für den ganzen Rest zahlen, der sich auf dem Schiff befindet.

Die Steuer der Ecluse und die von Damme gehören demselben Grundherrn. Wenn du also an der Ecluse entlädst und in Ecluse verkaufen willst, zahlst du die Steuer in Ecluse, wenn du aber nicht in Ecluse verkaufen willst und es vorziehst, deine Ware von Ecluse nach Brügge zu führen, zahlst du die Steuer in Damme, wenn du sie nicht in Ecluse bezahlt hast.«

Pegolotti geht mit seinen Informationen bis zu den Gegebenheiten des Bankverkehrs und notiert die Wechselkurse und die üblichen Fristen zwischen dem Einreichen der Wechsel und ihrer Bezahlung. Trotz des objektiven Charakters seines Unternehmens untersagt sich Pegolotti allerdings weder Anekdoten noch Abschweifungen, die den künftigen Reisenden mit dem Alltag, der ihn an den fremden Handelsplätzen erwartet, vertraut machen.

Der Briefwechsel

Diese systematische Information wäre ein wenig flexibles Handlungsinstrument, wenn nicht Tag für Tag die Korrespondenz hinzukäme, die der Kaufmann zu Recht als eine wesentliche Aufgabe ansieht. Den Hauptsitz zu informieren, daß er sich an einem entfernten Posten befindet, oder die Filialen, daß er sich am Hauptsitz befindet, das heißt an einem Punkt, wo die Informationen zusammenlaufen, neue Bräuche und Moden mitzuteilen, was die Kundschaft will und was der Markt bietet, den Preis von Pfeffer, Goldfaden oder den Wechselkurs sofort bekanntzugeben, ihn gegenüber anderen Währungsschwankungen einzuschätzen und als erster die Ankunft eines Schiffes oder einen Schiffbruch anzukündigen — das sind Mittel, Einfluß zu nehmen auf den Geld- und Warenmarkt, günstige Gelegenheiten zu ergreifen und der Konkurrenz zuvorzukommen. Es gewinnt derjenige, der über das beste Netz verfügt, über die vorteilhaftesten Beziehungen und die schnellsten Verbindungen, der vor anderen weiß — und dies einige Tage oder Stunden lang —, ob morgen Krieg oder Frieden, Mangel oder Überfluß herrschen wird. Den klugen Kaufmann trifft die Erhebung einer neuen Steuer nicht unvorbereitet, und er verliert nicht alles, wenn sich die Position des »Sultans« von Ägypten verhärtet.

Eine solche Solidarität in der gegenseitigen Information macht die Stärke der Hanse aus. Auch wenn die Konkurrenz schwach ist, tauschen die Kontore eine Botschaft nach der anderen aus, da man Überraschungen auf den Außenmärkten vermeiden muß, wo die Hanseaten ihre Position nur halten können, wenn sie die Bedürfnisse ihrer Kundschaft befriedigen. So teilen die in Riga niedergelassenen Kaufleute 1458 denen in Lübeck mit, daß die Russen mehr auf die Preise als auf die Qualität achten und daß das leichte englische Tuch sich besser verkaufen läßt als die opulenten flämischen Stoffe.

Der Importeur in Brügge und sein Einkäufer in Thorn oder Nowgorod wären schlecht bedient, wenn sie von ihren Pariser Informanten um das Jahr 1380 in Unwissenheit über die neue Mode der dunklen Pelze gelassen würden. Natürlich trägt man an den Höfen noch lange Feh, das aus dem Bauchfell von Eichhörnchen hergestellt wird, und noch im 15. Jahrhundert wird es sehr geschätzt. Aber man zieht jetzt Marderfell vor. Vielleicht trägt die Ankunft der jungen Königin Isabella aus Bayern mit ihrer deutschen Begleitung in Paris zu den gewaltigen Änderungen in der Männerbekleidung nach 1385 bei oder dazu, daß der Feh rasch aus der Mode kommt. Ein halbes Jahrhundert später unterliegt die Damenbekleidung der gleichen Entwicklung. In der Zwischenzeit nimmt schwarzes Lammfell aus Italien einen bevorzugten Platz unter den Pelzwaren ein, die am Hofe Philipps des Guten in Mode sind, woran die Luccheser am burgundischen Hof sicherlich nicht ganz unbeteiligt sind. Am Ende des 15. Jahrhunderts sind wieder Wildpelze in Mode, der Winterluchs mit seinem silbrigen Fell und Zobel.

Der Kaufmann muß wissen, daß es einen Zeitpunkt gibt, zu dem es nutzlos ist, sich mit Eichhörnchenfellen aus Sibirien zu belasten, und es von Vorteil ist, sich preußische Marder zu beschaffen. Und zu einem anderen Zeitpunkt tut der Kaufmann gut daran, seinen Blick nicht nur auf die Ostsee zu richten.

Es besteht das Risiko, daß die Ware nicht verkauft werden kann oder die Investition nicht gewinnbringend ist. Wer Mode sagt, sagt Preis. Zwischen 1350 und 1400 verliert der Fehpelz in Paris 40 Prozent, in Avignon 50 Prozent seines durchschnittlichen Wertes in Silber. Und die Schwankungen von einem Jahr zum andern können 30 Prozent erreichen. Wenn man weiß, daß in den drei Sommermonaten des Jahres

1384 im Hafen von London 396 087 Felle angeliefert wurden, davon 377 000 Eichhörnchenfelle, dann kann man ermessen, was ein Fehler bei den Einkäufen in Thorn, Danzig oder Nowgorod an entgangenem Gewinn und unverkäuflichen Vorräten bedeutet. Ein weitsichtiger Informant an geeigneter Stelle bedeutet Geld.

Während der Vormarsch der eng anliegenden Kleidung und der Seidenstoffe zusammen mit dem steigenden Komfort in den wohlhabenden Häusern im 15. Jahrhundert den Textilmarkt umwälzt, teilt man von Brügge nach Lübeck mit, es bestehe das Risiko, daß die bis dahin sehr sicheren Pelze aus dem Norden sich nicht verkaufen lassen. Es genügt nicht, daß man in Nowgorod friert. Man muß auch wissen, ob die Häuser der Leute, die Pelze kaufen können, in Paris oder in Brüssel besser beheizt sind.

Mit ihrem System von Zweigstellen, mit der internen Solidarität der Handelsgesellschaften und mit den zwischen den Gesellschaften und Städten ausgehandelten Abmachungen verfügen die Toskaner schon sehr bald über die Möglichkeiten einer solchen Information. Mehrere Male im Jahr erhält man an den Ufern des Arno richtiggehende Wirtschaftsgutachten, in denen die Absicht, Geschäfte in großem Maßstab zu tätigen, zu Bemerkungen über die Entwicklung der Mode, der Frömmigkeit oder der künstlerischen Tendenzen führt. Der Kaufmann ist gut bedient, der im richtigen Moment weiß, daß Goldtuch aus Lucca sich gut verkaufen läßt, daß es Kunden für englischen Alabaster gibt und Nachfrage nach der Jungfrau mit den Sieben Schmerzen oder der mystischen Hochzeit der heiligen Katharina besteht. Und man dankt es dem in Paris ansässigen Beauftragten, dem Faktor, wenn sich als richtig herausstellt, daß, wie er an den Hauptsitz in Florenz schreibt, in dem Augenblick, wo die Bemühungen des Herzogs von Burgund, Philipps des Kühnen, und des englischen Königs, Richard II., dem Krieg ein Ende zu setzen scheinen, der wahrscheinliche Friede und das mögliche Bündnis zwischen Frankreich und England nur durch eine fürstliche Hochzeit besiegelt werden könnten: Wenn der englische König eine französische Prinzessin heiratet, wird es ein großes Fest geben, so daß es besser wäre, in Paris einen Vorrat an Schmuck als an Waffen zu haben.

Die Korrespondenz, mit der der junge Kaufmann aufwächst, der sie liest und mit ihr seine alltäglichen Beobachtungen vervollständigt, und die zum Mittel für die Regierung der Geschäfte wird wie die Korrespondenz der diplomatischen Gesandten für die Regierung der Staaten, garantiert obendrein den inneren Zusammenhalt des Unternehmens, die Kohärenz seiner Handelspolitik und das Gleichgewicht seiner Finanzverwaltung. Vom kleinsten Pariser Händler, der von seinem Neffen in Rouen oder seinem in Auxerre aufgehaltenen Faktor informiert wird, bis hin zu einer Gesellschaft mit zwanzig Filialen, die in Genua, Florenz oder Asti Nachrichten aus dem ganzen Okzident erhält, verspürt man das gleiche Bedürfnis, nämlich die Aktivitäten zu koordinieren in Kenntnis der hier eingegangenen Risiken, der dort erworbenen Gewinne, und mit einem sicheren Urteil über die Kompetenz der vor Ort befindlichen Agenten.

Was die Risiken mehr noch als die günstigen Gelegenheiten betrifft, so muß der Geschäftsmann den politischen Phänomenen Aufmerksamkeit schenken. Es gibt keine Wirtschaftsbeziehungen auf fernen Märkten, die nicht früher oder später – wohl oder übel – Darlehen oder Diskont an Fürsten mit sich bringen. Um 1330 ist das in London die absolute Bedingung für die italienischen Privilegien auf dem Wollmarkt, und um 1470 ist es für die Kaufleute aus Tours die Bedingung für ihre Privilegien in Lyon oder für Spekulationen auf die königlichen Einkünfte. Als Bankier der Päpste und Fürsten kann der Kaufmann den Brief nicht unterschätzen, der ihn über eine Rivalität oder eine Niederlage, über einen Aufstieg oder einen Sturz informiert, die zu politischen Veränderungen führen. Der Gesellschafter der Peruzzi auf Rhodos weiß es zu schätzen, im Jahr 1338 rechtzeitig über die Flucht der Engländer aus Flandern unterrichtet worden zu sein. So kann er Maßnahmen treffen, um die bei den Geldanlegern ausbrechende Panik in Grenzen zu halten, die wissen, daß die Gesellschaft in dieser Expedition finanziell stark engagiert ist. Und der Italiener in Avignon ist zur Zeit des großen Schismas seinem römischen Korrespondenten dankbar, der ihn über den Stand der Dinge innerhalb der Kirche auf dem laufenden hält. Wenn man den kanonischen Dispens erhalten will, um mit den Ungläubigen Handel treiben zu dürfen, ist es besser, sich nicht zu lange hinsichtlich der Chancen des einen und des anderen Papstes zu täuschen.

Es ist leicht, sich zu informieren. Faktoren, Gesellschafter, Kommissionäre, Zwischenhändler leisten ihren Beitrag auf den fremden Handelsplätzen, so wie Verwandte und Freunde am Ort, die Augen und Ohren offenhalten. Man begreift, daß es für die Ratsfamilien in Venedig, für die Patrizier in Lübeck, für die Finanziers, die Ratgeber eines Königs sind – Biche und Mouche bei Philipp dem Schönen, Pierre des Essarts bei Philipp VI. von Valois –, von Vorteil ist, ständig Zugang zu den Organen der politischen Entscheidung zu haben.

Weniger leicht ist die Übermittlung von Nachrichten. Mündliche und schriftliche Nachrichten reisen meistens zusammen. Der Reisende nimmt gern einige Briefe mit, die er ihren Adressaten erst dann übergibt, wenn er seine eigenen Geschäfte getätigt und sich die Zeit genommen hat, seinen Vertrauten die wichtigsten Informationen zukommen zu lassen. Es kommt übrigens vor, daß diese Präferenz offen und ehrlich zugegeben wird. Derjenige, der von der Post anderer abhängig ist, wird unvermeidlich als letzter benachrichtigt. Nicht jeder kann sich einen Boten leisten. Zwar legt ein Reiter, der eine dringende Botschaft übermitteln soll und über frische Pferde verfügt, hundertfünfzig oder zweihundert Kilometer an einem Tag zurück. Aber die Kosten einer solchen Botschaft können sich eher Fürsten als ein durchschnittlicher Kaufmann leisten. Und der Fürst selbst weiß, welches Risiko er eingeht, wenn er eine wichtige Botschaft nur auf einem einzigen Weg abschickt. Der Bote gelangt manchmal nicht weiter als bis zum nächsten Waldrand.

Die Kaufleute hatten daher ein Interesse daran, ein gemeinschaftliches System auf die Beine zu stellen. Seit dem 12. Jahrhundert verkehren mehr oder weniger regelmäßig Boten zwischen den italienischen Städten. Im folgenden Jahrhundert, als die Messen der Champagne auf ihrem Höhepunkt angelangt sind, schickt die florentinische Zunft der Calimalazu Beginn und am Ende jeder der sechs Messen einen Boten in jede Richtung. Aber diese Frequenz scheint den Kaufleuten im 14. Jahrhundert, die raffinierter mit den Schwankungen der politischen und ökonomischen Konjunktur spekulieren wollen, nicht auszureichen. 1357 schließen sich siebzehn florentinische Handelsgesellschaften zusammen, um eine gemeinsame Organisation zu gründen, die *Scarsella dei mercanti fiorentini*, die über Genua einen wöchentlichen Postdienst zwischen Florenz und Avignon, der Stadt der Päpste und ein wichtiger Umschlagplatz für Nachrichten aus ganz Europa, einrichtet, wobei die Post zwölf bis vierzehn Tage unterwegs ist.

Die Sache wäre freilich nicht rentabel, wenn die *Scarsella* nur die Post der Gesellschafter annähme. Die anderen Handelsgesellschaften können sie daher benutzen, aber sie wissen, daß ihre Post erst mit ein oder zwei Tagen Verspätung übergeben wird, nachdem die Post der siebzehn Gründungsgesellschaften verteilt ist. Aber der Kaufmann weiß, daß die der *Scarsella* anvertraute Post immerhin vor derjenigen ankommt, die ein Faktor oder Freund auf seine Reise mitnimmt. Dennoch verpaßt man so günstige Gelegenheiten.

Die Florentiner sind nicht die einzigen. Bereits im 14. Jahrhundert organisiert Barcelona eine öffentliche Post, die den Kaufleuten immer dann zur Verfügung steht, wenn das Privatinteresse nicht mit dem öffentlichen Interesse kollidiert. Gegen entsprechende Bezahlung kann der Barcelonese diese somit für seinen privaten Briefwechsel nutzen:

»Ich, Francesc de Peramola, Bote, Bürger von Barcelona, verspreche Ihnen, Miquel de Manresa und Johan de Lobera dem Jungen, Kaufleute, Bürger von Barcelona, durch feste und legitime Abmachung, daß innerhalb von vierzehn Tagen nach der zwölften Stunde der Nacht des heutigen Tages ich über Montpellier und Paris nach Brügge gehen werde und für Euch in diesen Städten die Briefe übergeben werde, die Ihr mir anvertraut.

Ich werde von niemandem sonst weitere Briefe annehmen, nur die Eurigen, solange ich in diese Gegenden reise.

Wenn ich durch Zufall diese Reise nicht innerhalb der obengenannten Zeit mache, verspreche ich, Euch alles zurückzugeben, was mir aufgrund dieser Reise gegeben wurde, ausgenommen in dem Fall, wo ich ernsthaft behindert worden wäre.«

Der Bote Peramola erhält 34 Florins aus Aragon mit einer Prämie von 4 Florins pro gewonnenem Tag, wenn er Brügge in weniger als vierzehn Tagen erreicht. Dieser am 14. März 1418 zu diesem Preis abgeschickte Brief bleibt eine Ausnahme. Häufiger begnügt sich der Barcelonese damit, seine Post der Sammelsendung beizulegen, auch wenn er dabei hinsichtlich der Route oder des Zeitplans Abstriche machen muß. So verzögert der Bote Ricardo Dalamanya wegen sechs Écus seine Abreise von Malines. Er akzeptiert für diesen Preis sogar, die Übergabe seiner regulären Post in Barcelona um zwei Tage aufzuschieben: Der Kunde, der Schmiergeld zahlt, wird als erster bedient. Gegen solche Mißbräuche begrenzt der Rat von Barcelona 1444 einen »Vorteil«, der zugunsten eines einzelnen den Geschäften der ganzen Stadt schadet, auf vierundzwanzig Stunden.

Zur gleichen Zeit richtet die Hanse Büros für den Briefwechsel ein, die für zweierlei zuständig sind: bei Gelegenheit für die des Schreibens Unkundigen Briefe abzufassen und diese dann zu versenden. Der Pfarrer der Gemeinde Sankt Peter in Nowgorod spezialisiert sich auf diese Dienstleistung. In London werden zu diesem Zweck drei Schreiber vom hansischen Kontor angestellt.

Überall kümmert man sich um die Post. Montpellier organisiert eine regelmäßige Korrespondenz mit Toulouse, Marseille und einigen anderen Orten, bis zu denen seine Handelsbeziehungen reichen. Dijon hat ebenfalls seinen Postdienst nach Paris und Brügge.

Von Paris nach Genua braucht ein Brief, wenn nichts dazwischenkommt, drei Wochen. Er braucht etwas weniger — sechzehn bis achtzehn Tage — von London nach Barcelona, aber zwanzig bis fünfundzwanzig Tage von Florenz nach Brügge. Was die Korrespondenz zwischen London und Venedig betrifft, so betragen die in der Mitte des 15. Jahrhunderts notierten Fristen dreiundzwanzig bis einundfünfzig Tage.

Bei solchen Geschwindigkeiten gibt es zahlreiche Unwägbarkeiten: je länger die Strecke, umso mehr Unfälle, unliebsame Begegnungen, Verspätungen. Es empfiehlt sich, den gleichen Brief mit zwei Boten zu verschicken, ja sogar auf zwei verschiedenen Wegen. Man muß die Wechsel numerieren. Bei sehr großen Entfernungen und wenn nur im geringsten die Gefahr besteht, daß es zu einem Sturm kommt oder Piraten angreifen, ist Mißtrauen an der Tagesordnung. Wenn er seinem Kommissionär in Acre schreibt, schickt der Venezianer Andrea Barbarigo nicht weniger als sieben Exemplare.

Die Geschäftskorrespondenz ist seit dem 14. Jahrhundert ein wichtiger Bereich für den Kaufmann geworden, der nicht mehr aufs Geratewohl arbeiten will. Die Briefe der Brüder Veckinchusen zählen zu Hunderten in dem bescheidenen Archiv des baltischen Kontors von Reval. Aber die schönsten Briefe, die uns ein Kaufmann hinterlassen hat, sind diejenigen, die in den Jahren 1364 bis 1410 an den Kaufmann Francesco di Marco Datini aus Prato adressiert oder von diesem an seine Vertreter auf einigen großen Handelsplätzen — Barcelona, Valencia, Avignon, Genua und Pisa — geschickt wurden: 125 549 Briefe, von denen zwei Drittel allein in den Jahren 1395 bis 1405 entstanden!

Auf dem Höhepunkt der Laufbahn von Datini, von dem man sagen muß, daß seine Geschäfte an Umfang und Ausbreitung nicht an die der großen Florentiner heranreichen, bedeutet das fast 10 000 Briefe im Jahr. Die Informationen gehen in alle Richtungen: 15 604 Briefe von Florenz nach Pisa, 5 652 Briefe von Pisa nach Florenz. Der Florentiner Agent von Datini in Avignon beklagt sich zu Recht: »Wir bräuchten die Hälfte unserer Zeit, um zu lesen und zu antworten!«

Der Unterweisung des jungen und alten Kaufmanns dienten das Handbuch mit seinen Fakten, die manchmal die Fakten von gestern sind, und der Briefwechsel mit den Fakten des Tages, die meist nur das Alltagsleben widerspiegeln. Die Briefe sagen, was auf den Handelsplätzen und in den Läden laut ausgesprochen oder leise gemurmelt wird. Die Kommunikation auf einem Handelsplatz ist daher die Bedingung für eine effektive Kommunikation über Berge und Meere hinweg und die Bedingung für Geschäfte auf diesem Handelsplatz. Der Erfolg auf den Märkten setzt den Zugang zu den einschlägigen Kreisen voraus.

Vermittler und Partner

Das Handbuch und die immer wieder gelesene Korrespondenz nützen einem Deutschen wenig, der sich im Herzen Rußlands befindet, oder einem Italiener, der nach London kommt, oder einem Katalanen, der zum ersten Mal seinen Fuß auf afrikanischen Boden setzt. Die Umgebung ist nur mit gewissen Vorbehalten hilfreich, und der Neuankömmling ist zu sehr Konkurrent, als daß man ihm immer den besten Rat geben würde. In dem Schweigen Marco Polos, der vorgibt, so viele Venezianer und Genuesen nicht zu kennen, die ihm vorausgegangen sind und denen er auf den Straßen Chinas und am Hofe des Kublai Khan begegnet, steckt der Wunsch, sich hervorzutun und seine Expedition als wundersame Heldentat darzustellen. Aber es ist auch der Reflex einer relativen Isolation.

Als erstes stellt sich das Sprachproblem. Es ist alltäglich, auch wenn es sich nicht immer gleich bemerkbar macht. Dino Rapondi, der als Bankier und Berater des Herzogs von Burgund, Philipp des Kühnen, den größten Teil seines Lebens zwischen Paris und Brügge verbringt, unterzeichnet schließlich selbst »Dyne Raponde«, wie der große genuesische Gewürzhändler »Henri Orlant«, der in Paris zur gleichen Zeit einen Laden mit Luxusgütern betreibt und alle vergessen läßt, daß er eigentlich Enrico Orlandi heißt. Aber die eigentliche Schwierigkeit ist die, der der Waffenhändler Albert Scherf aus Solingen begegnet, als er 1456 zum ersten Mal in Paris Schaufeln aus Eisen und Bronze, Sensen und Schwertklingen verkaufen will.

Wie hat er genügend Französisch gelernt, um sich dort zurechtzufinden? Und die Brüder Polo kommen auf den Straßen Persiens und Chinas mit zwanzig oder dreißig verschiedenen Sprachen in Berührung, die kein Magister ihnen in Venedig beigebracht hatte.

Die Kaufleute sind indessen nicht die einzigen, die mit dieser Schwierigkeit zurechtkommen müssen. Giovanni di Andriolo Guadagnabene aus Piacenza in Italien ist nicht besser gerüstet, als er 1381 zum päpstlichen Steuereintreiber in Portugal ernannt wird, und man mag mit einigem Recht die sprachlichen Fertigkeiten jener vier Italiener bezweifeln, die in den Jahren 1391 bis 1408 nacheinander Steuereintreiber in Polen waren. Jede königliche Verwaltung kennt dieses Problem, sobald sie auf eine ausschließlich lokale Rekrutierung verzichtet. Der Rechtsgelehrte Gérard de Courtonne, der seine Karriere in seiner Heimat als Bischof von Soissons beendete, war nacheinander Student in Montpellier, Richter in Nîmes, Botschafter in Aragon, in Kastilien und in England. Die Magister in Montpellier unterrichteten sicherlich Latein. Aber die Advokaten in Nîmes und die Höflinge in London machten diese Sprache gewiß nicht zu ihrer Umgangssprache.

Außer einigen rudimentären Ansätzen — Französisch in den großen italienischen Städten, Italienisch und Flämisch in Lübeck — finden wir kaum Spuren einer Unterweisung in den lebenden Sprachen. Wird der in seine Heimatstadt zurückgekehrte Kaufmann zum Sprachlehrer seines Neffen? Aber dessen rühmt sich keiner. Die Lehre scheint vor Ort stattzufinden.

Wahrscheinlich ist, daß diese Reisenden des Mittelalters, was das Sprachverstehen betraf, ein äußerst feines Ohr hatten. Auch hier mußte man sich mit wenigem begnügen, und sehr viele Kaufmannskarrieren beruhten vor allem auf der Verwendung des *Sabir**.

Man ermißt hier den Nutzen der Vermittler, die die verschiedenen Handelsplätze dem Kaufmann zur Verfügung stellen, um ihm zu helfen, aber auch um ihn zu kontrollieren. Häufig spielen sie eine offizielle Rolle, die von Amts wegen mit Zustimmung der lokalen Organisatoren des Handelslebens definiert wird. Sie sind, wie die vereidigten Makler, Garanten einer ehrlichen Abwicklung der Geschäfte, der Qualität der Produkte und der Angemessenheit der Preise. Sie bilden eine Barriere zwischen den durchreisenden Fremden und den lokalen Händlern. Ihre Intervention, die meistens wahlfrei, aber schwer zu umgehen ist, ist manchmal auch obligatorisch. Sie ist es umso mehr, als der Fremde öffentliche Einrichtungen benutzt, den Hafen, Maße und Gewichte, die Halle. Die Entladung eines Schiffes oder das Eichen eines Fasses macht das Eingreifen einer Person erforderlich, die von der öffentlichen Gewalt mit dieser Rolle betraut wurde. In Wahrheit ist es der Winzer aus Bourg-la-

---

* Anm. d. Übers.: Romanische Mischsprache, wie sie in Nordafrika und in der Levante gesprochen wurde (lingua franca).

Reine oder Chaillot, der sich beklagt, auf die »Schluckspechte« zurückgreifen zu müssen, die den Wein entladen. Auch beschwert er sich über diejenigen, die im Hafen die Zwiebeln abwiegen. Nicht aber der Fremde, der froh ist, sowohl Arbeitskräfte als auch Garantien vorzufinden.

Es lassen sich zwei Typen von Vermittlern ausmachen, die zweifache Dienste leisten: Sie nehmen den Fremden auf und geben ihm Rat. Die Herbergswirte sind in erster Linie Leute, die für Unterkunft sorgen. Aber die Herberge wird zum Zwischenlager für den Reisenden und für denjenigen, der wiederkommen und einige nicht verkaufte Waren an Ort und Stelle zurücklassen will. Der Herbergswirt mischt im übrigen bei den Geschäften mit. Er übernimmt bei Gelegenheit den finanziellen Ausgleich zu einem bestimmten Termin. Er bürgt für den Fremden. Er führt ihn ein. Er informiert ihn. Es kommt vor, daß der Herbergswirt zum Sozius wird und etwas von seinem Geld in die Geschäfte seines Kunden investiert.

Neben dem Herbergswirt — und manchmal in Konkurrenz zu ihm — ist der Makler normalerweise ein Spezialist. In Paris ist man Makler für Getreide, Wein oder Pferde. An einigen Orten, wie in Toulouse, kontrolliert der Makler gar eine Straße oder ein Viertel.

In Barcelona ist man weniger streng, und der Makler kann zugleich mit Wolle, Safran, Seide, Wachs und Leder handeln, mit Fisch, Öl, Käse, Eisen, Korallen, Hanf und Nüssen. Tatsächlich kümmern sich ganz bestimmte Makler, die sehr viel höher stehen als jene gewöhnlichen Makler, die mit Sardinen und anderen Lebensmitteln handeln, und die die wichtigste Kategorie der Zwischenhändler in Barcelona darstellen, auch um die Vermietung von Häusern und spielen ganz offiziell die Rolle, die heute den Heiratsagenturen zukommt. Der Makler, dem die Vermittlung einer Heirat gelingt, kassiert 5 Sous, wenn die Mitgift unter 50 Livres beträgt, 5 Sous pro 50 Livres darüber, und nur 1 Sou pro 50 Livres, wenn die Mitgift 300 Livres übersteigt.

Aber auch als Spezialist ist der Makler nur ein Vermittler, und die Statuten untersagen ihm fast immer die geringste Beteiligung an den Geschäften. Als ein durch — städtische oder königliche — Macht eingesetzter Experte bringt der Makler Käufer und Verkäufer zusammen, darüber hinaus wird er nicht tätig. Sehr viele Städte verbieten dem Makler, gleichzeitig mit der Ware Handel zu treiben, die Gegenstand seiner Tätigkeit als Makler ist. Wenn der Pariser Makler in seinem privaten Keller zuviel Wein hat oder wenn das Maklergeschäft in harten Zeiten wenig einbringt, muß er sein Amt vorübergehend aufgeben, um sich für einen Geschäftsabschluß zum Konkurrenten derer zu machen, die er normalerweise unterstützen und kontrollieren soll:

»Heute (23. Februar 1420) wurde Pierre Musnier, Weinmakler, von seinem Amt suspendiert, damit er einen Ausschank betreiben und Wein verkaufen kann und damit er in Anbetracht der Teuerung den Lebensunterhalt für sich und seine Frau sowie seine Kinder verdienen kann, vorausgesetzt, daß er während der Zeit, wo er dies tut, sein Amt nicht ausübt, unter Strafe von dessen Entzug.«

Das System von Barcelona ist liberaler und schreibt die Indienstnahme des Maklers nicht vor. Es stellt diesem frei, auch anderen Tätigkeiten nachzugehen, unter anderem der Führung einer Taverne und der Vermietung von Sklaven.

Ob nun Makler, Verkäufer oder Eichmeister, ob rechtlich zuständig für Getreide, Wein, Tuch, Nüsse, Holz oder Kohle, der Agent gibt dem Reisenden Ratschläge, die umso mehr geschätzt werden, als häufig junge, unerfahrene Leute oder Faktoren mit den Konvois zu fremden Märkten betraut werden. Es ist daher von Vorteil, vor Ort Ratschläge einzuholen, was am besten zu kaufen oder zu verkaufen ist.

Es gibt nur einen Nachteil bei diesem System, aber dieser ist gewichtig: So erfahren er auch sein mag, der Makler gibt gleichzeitig all seinen Kunden den gleichen Ratschlag oder sollte das zumindest tun. Der Vorteil ist daher immer auf der Seite des Kaufmanns, der am Ort präsent oder durch einen kompetenten und an den Geschäften interessierten Gesellschafter vertreten ist. Das bedeutet, daß die großen Handelsgesellschaften hier im Vorteil sind, vor allem wenn das System der Filialen — mit einer gewissen finanziellen Autonomie — Initiativen vor Ort ermöglicht und sofortige Reaktionen auf die Schwankungen der Handelskonjunktur erlaubt. Wenn in Avignon die Interessen der Rapondi von Andrea Rapondi verwaltet werden und in Brügge diejenigen der Medici von Tommaso Portinari, hängt die Entscheidung nicht mehr von der Wahl ab, die der Makler trifft. Diesem kommt lediglich die Rolle des Informanten zu. Der Kaufmann macht damit, was er will.

Die Herbergswirte und die spezialisierten Vermittler kennen den Handelsplatz. Sie wissen, wer heute was verkauft und wo man was finden kann. Sie sammeln die Nachrichten, sichern die Kontinuität des Marktes — und sie haben die Sprachkenntnisse, die dem Neuankömmling fehlen. In Barcelona, wo die Makler obligatorisch zu zweit auftreten, sehen die Vorschriften vor, daß einer der beiden lesen und schreiben kann. Als Dolmetscher bei den Geschäftsverhandlungen beherrschen sie auch das Fachvokabular, denn es ist eine Sache, nach dem Weg zu fragen, und eine ganz andere, sich im Berufsjargon zurechtzufinden. Der gleiche Fisch oder das gleiche Tuch ändern von einer Stadt zur anderen ihren Namen. Und derselbe Name bezieht sich häufig auf unterschiedliche Waren.

Der Vermittler ist Helfer und Kontrolleur zugleich, und die meisten städtischen Verordnungen machen die Inanspruchnahme bestimmter Dienstleistungen obligatorisch oder unumgänglich, einzig zu dem Zweck, auf dem Markt ein Handlungsinstrument zu behalten. Man geht manchmal sehr weit, um den fremden Kaufmann seine Geschäfte nicht alleine tätigen zu lassen. So ist es in Litauen untersagt, Nicht-

Hanseaten die slawische Sprache zu lehren. Damit ist bei allen Geschäftsabschlüssen ein Dolmetscher anwesend.

Der Zwang ist offensichtlich, wenn der Fremde, im Austausch gegen eine scheinbare Dienstleistung, gehalten ist, diejenigen an seinen Geschäften zu beteiligen, auf deren Hilfe er angewiesen ist. In Paris besteht die Verpflichtung, sich mit einem Pariser Bürger zusammenzuschließen, wenn man Waren auf der mittleren Seine und ihren Zuflüssen verschiffen will, insbesondere in den Häfen und unter den Brücken der Hauptstadt. Dies führte in den meisten Fällen sehr schnell zu einer Teilung des Gewinns. Gezwungen, für die Hälfte des Gewinns die ganze Investition und das ganze Risiko eines Verlustes zu übernehmen, ist der Fremde in einer sehr ungünstigen Position gegenüber seinem Pariser Konkurrenten. Es mag noch angehen, wenn der französische Geschäftspartner ein Verwandter ist oder eine nützliche Beziehung oder wenn dem Reisenden dessen Kenntnis des Ortes, der Formalitäten und der Kundschaft zugute kommen. Aber das ist nicht der Fall, wenn ein Kaufmann auf der Place de Grève gezwungen ist, auf gut Glück einen Bürger zu nehmen, der ihm weder Hilfe noch Rat bietet, oder wenn der Schreiber und der Concierge des Rathauses sich einig sind, ohne Ansehen der Person und ganz gleich wofür ihre Dienste feilzubieten und gegen Geld ihren Namen herzugeben.

Wenn es sich um einen richtigen Zusammenschluß handelt und man sich wirklich die Aufgaben teilt, dann ist der Vermittler ein nützliches Bindeglied. So die Fischhändler in der Region Caux, vor allem die von Dieppe. Sie beteiligen sich an der Finanzierung der Schiffsausrüstung durch Teilhaberverträge mit den Fischern. Sie kümmern sich um die Zahlung der Steuern und der dem Grundherrn geschuldeten Abgaben, vor allem mit Hilfe der Großeinkäufer aus Rouen, Amiens oder Paris. Sie behalten die Hälfte des Gewinns für sich und übernehmen dafür die ganze Vermarktung. Da er sich nicht um den Verkauf seiner Fische kümmern muß, kann der Fischer sich ganz dem Fischfang widmen. Was ihn das kostet, scheint ihm gerechtfertigt zu sein. Der öffentlich bestallte Fischhändler hat geschworen, das Recht des Königs zu wahren, aber auch das Recht des Seemanns. Ein solcher Vermittler spielt eine Rolle im wirtschaftlichen Geschehen. Wenn man seine Dienstleistungen in Anspruch nimmt, dann eher aus Gründen der Arbeitsorganisation denn aus Zwang.

In größerem Maßstab haben die *woolmen* einen ähnlichen Platz im kommerziellen Kreislauf der englischen Wolle. Als Vermittler zwischen den Produzenten und den ausländischen, vor allem den italienischen Käufern sind die *woolmen* auch selbst Produzenten. Ihre Kenntnis der neuen Tendenzen auf dem Wollmarkt wie ihre Möglichkeiten der finanziellen Investition tragen zur Entwicklung des Tuchgewerbes in England selbst bei. Offen für andere wirtschaftliche Sektoren, üben sie mit Gewinn unterschiedlichste kommerzielle Funktionen aus und haben nichts von jenem Vermittler an sich, dessen kleiner Gewinn sich auf ein kleines Monopol gründet. In London sind sie Tuchhändler, handeln aber auch mit Kurzwaren, Gewürzen und Pelzen. Es sind Geschäftsleute, die an einem Punkt des technischen Kreislaufs investieren, sich orientieren und organisieren. Als Großhändler und Mittelsmänner beherrschen sie den Handel, sie brauchen sich nicht einzuschleichen. Diejenigen, die sich in den Wolle erzeugenden Grafschaften etablieren — wie in den Cotswolds —, bilden dort im 15. Jahrhundert einflußreiche Gruppen.

Auch wenn der Käufer direkte und kontinuierliche Verbindungen mit den Produzenten unterhält — die Klöster haben ihre Stammkunden —, so wäre doch keiner so unklug, die *woolmen* zu unterschätzen. Man weiß, welche Kenntnis der verfügbaren Produkte sie haben. Man schätzt ihre Fähigkeit, die gewünschten Mengen schnell zusammenzuziehen, und ihre fachliche Kompetenz, die einundfünfzig verschiedenen Wollqualitäten auseinanderzuhalten, die, abgesehen von der Wolle aus den Grafschaften des Nordens, in den Preislisten des ausgehenden Mittelalters erwähnt werden. Auch wenn er noch so vertraut ist mit dem Land und der Ware, findet sich der Fremde darin nicht zurecht. Einen *woolman* in Anspruch zu nehmen, ist daher keine Geldverschwendung.

Letztendlich erwirbt man praktische Kenntnisse nur im Laden und auf den Märkten. Das professionelle Wissen, das von den Alten an die Jungen oder vom lokalen Experten an den durchreisenden Kaufmann weitergegeben wird, kann nicht darauf verzichten, Waren zu sehen und zu berühren. Auch der erfahrenste Kaufmann könnte nicht die acht Sorten Baumwolle identifizieren, die Pegolotti erwähnt, wenn er nicht mit ihnen zu tun gehabt hätte oder in entsprechender Begleitung ist: Baumwolle aus Syrien, aus Byzanz, aus Apulien, aus Kalabrien, aus Sizilien, aus Malta, weißes Baumwollgarn, gefärbtes Baumwollgarn. Er würde sich auch auf einem eher bescheidenen Platz wie Narbonne nicht aus der Affäre ziehen können, wo Tuch aus Arras, Brügge, Saint-Omer, Chartres, Reims, Figeac, Cahors, Albi, Lerida und Narbonne selbst angeboten wird, da all diese verschiedenen Tucharten mit vier verschiedenen Sätzen besteuert werden. Wer alleine handeln will, kann sicher sein, übers Ohr gehauen zu werden.

Für den Kaufmann, der die Welt kennenlernen will, steht nichts fest. Als der Florentiner Buonaccorso Pitti zum fünfzehnten Mal nach Paris kommt, findet er in der Hauptstadt der Onkel von Karl VI. einen Markt vor, der nichts mehr mit dem Markt zu tun hat, den er im Paris Karls V. so gut gekannt hatte. Von seinem achtzehnten bis zu seinem zweiunddreißigsten Lebensjahr ist Pitti unermüdlich durch die Welt gereist, in Friedens- wie in Kriegszeiten. Kein Handbuch hätte ihn über die Veränderungen in Europa seit seinem ersten Aufbruch 1373 bis zu seiner endgültigen Rückkehr nach Florenz 1396 unterrichten können.

Der Kaufmann reist, um sich zu informieren, zu verhandeln, Kontakt aufzunehmen und Männer vor Ort einzusetzen. Der gewöhnliche Kaufmann geht mit einem Konvoi, mietet ein Schiff, begleitet seinen Wagen. Der Gewinn ist geringer, aber von gleicher Art. Und der Konvoi oder das Schiff bieten obendrein Gelegenheit zu geselligem Beisammensein, wobei im Laufe der Zeit viele Erfahrungen ausgetauscht werden.

Der Begegnungsort par excellence ist die Messe. An einem bestimmten Ort und zu einem bestimmten Zeitpunkt ist sie der regelmäßige Treffpunkt der Kaufleute. Von einer Messe zur andern begegnet man sich wieder, setzt man die Gespräche fort. Man macht Bekanntschaft mit den Neuen, mit dem Sohn, der die Nachfolge seines Vaters angetreten hat oder sich darauf vorbereitet, mit dem Faktoren, der sich selbständig gemacht hat, oder mit einem gewöhnlichen Händler, der jetzt einen Durchbruch auf dem Markt versucht. Man hört von Ruin und Tod. Und die Meinung eines jeden zu allem trägt dazu bei, die Meinung aller zu jedem zu bilden.

Auf der Messe des Lendit* im Juni 1395 will der Finanzminister Karls VI. die erforderlichen Pelze kaufen, während man gleichzeitig den Frieden und die Hochzeit von Isabella von Frankreich mit Richard II. von England feiert. Das ist die Chance für zwei Händler aus Tournai und Mons, die dort Geschäfte machen wollen. Und auf der Mittfasten-Messe in Compiègne ergeht ein neuer Aufruf desselben Finanzministers, der bemerkt hatte, daß seine Bestellung nicht ausreiche. Es ist Sache der Importeure, dies zur Kenntnis zu nehmen und schnell zu handeln.

Das ist letztlich die Lektion, die der Kaufmann im Mittelalter aus der Praxis der Messen lernt: Man findet dort günstige Gelegenheiten und Informationen. Eines geht nicht ohne das andere. Und wer nicht dabei ist, verliert jede Chance, sich am Markt zu beteiligen.

---

* Anm. d. Übers.: Im Mittelalter bekannte Messe in der Gegend von Paris, die jedes Jahr an einem bestimmten Tag (dem »endit«) abgehalten wurde.

Das Privileg

Die Welt der Kaufleute hat nicht viel zu tun mit der Welt der Rechtsgelehrten. Das römische Recht, das die Richter und Notare Italiens noch anwenden, und das Gewohnheitsrecht Nord- und Westeuropas, das seine barbarischen Ursprünge nicht verleugnen kann, haben indes eines gemeinsam: Beide existieren bereits vor der Expansion der städtischen Gesellschaften und der urbanen Funktionen.

Die Geschäfte und die öffentliche Gewalt

Der Kaufmann tritt aus dem feudalen und ländlichen Rahmen des Gewohnheitsrechts heraus. Da er einem System sozialer Beziehungen fremd gegenübersteht, das sich auf die Ausbeutung des Bodens gründet und in einer Pyramide realer und persönlicher Rechte organisiert ist, in der die vertikalen Beziehungen bestimmend sind, gelten die Sicherheiten, die sowohl das Gewohnheitsrecht der Lehen als auch der gepachteten Ländereien einräumen, für ihn nicht. Die Regeln der ritterlichen Gesellschaft und diejenigen der bäuerlichen Welt gelten für ihn nicht. Die Gewährung von Schutz gegen persönliche Dienstleistungen, die gegenseitige, obzwar ungleiche Solidarität zwischen demjenigen, der etwas einräumt, und demjenigen, der etwas schuldet, die de facto und später auch de iure existierende Erblichkeit der Situationen und Bande, all das macht wenig Sinn für den Kaufmann, der das Abenteuer auf See sucht, genausowenig wie für den Handwerker, der nur über seine Arme und seine Fertigkeit verfügt. Beide werden lange brauchen, um als normale Leute angesehen zu werden. Ihre Geschäfte werden dem Recht der Juristen, das in den Fakultäten gelehrt wird, in denen Juristen für ziviles und kanonisches Recht ausgebildet werden, von seinem Wesen her fremd sein.

Nicht, daß die öffentliche Gewalt sich nicht für die Kaufleute und Bankiers interessiert hätte. Der Staat ist da, ob in der Gestalt des Fürsten oder in Form der Räte einiger republikanischer Städte, und greift zuerst als Garant für die von ihm anerkannten wirtschaftlichen Aktivitäten ein. Keiner könnte ohne Privilegien leben in einer Zeit, in der jeder sein eigenes Recht hat und in der das Privileg nur eine Anpassung des Rechts an die spezifischen Erfordernisse einer sozialen Gruppe ist.

Das anerkannte Gewohnheitsrecht und die oktroyierten Statuten, die die Körperschaften und ihren Platz in der Welt definieren, begründen somit Privilegien. Die Städte haben die ihrigen, mit zahllosen Facetten. Paris erhält so für die zugewählten und eingetragenen Zunftmitglieder, die in Paris ihren Wohnsitz haben und Steuern zahlen, das Monopol für die Handelsschiffahrt auf der Seine und ihren Nebenflüssen zwischen Nogent-sur-Seine, Sens, Compiègne und Vernon. Die anderen, die Fremden aus Köln, Rouen oder Bourg-la-Reine, müssen sich einen französischen Kompagnon nehmen, das heißt einen mehr oder weniger fiktiven Zusammenschluß mit einem Pariser Zunftmitglied tätigen, wobei die betreffende Person einen kleinen Gewinn einstreicht, ohne das geringste Risiko einzugehen. Ebenso erreichten die Bürger von Southampton im Jahr 1189, daß sie im Gegensatz zu den anderen Kaufleuten keinen Zoll mehr zahlen mußten.

Das Privileg kommt nur dann zum Tragen, wenn die öffentliche Gewalt seine Anwendung garantiert und Verstöße sanktioniert. In Southampton wie in Paris ist das Sache der königlichen Justiz. Somit etabliert sich ein Monopolrecht, das zum Teil auf die vom Fürsten erhaltenen Konzessionen oder Bestätigungen gegründet ist und zum anderen Teil auf die Jurisprudenz, die sich der Streitfälle und Verfehlungen annimmt.

Privilegien geben den Innungen der französischen Städte, den *crafts* der englischen Städte und den *arti* der toskanischen Städte Zusammenhalt und eine juristische Basis. Dadurch, daß sie normalerweise die interne Organisation der Zünfte regeln, bilden die von der öffentlichen Gewalt bestätigten Privilegien zugunsten der Zünfte jenes Recht, das ihre individuellen und kollektiven Beziehungen mit anderen begründet.

Täuschen wir uns nicht: Der wichtigste Grund für die staatliche Sanktion ist in diesem Stadium nicht mehr, dem einen oder anderen die Anwendung eines Rechtes zu garantieren, das ihn begünstigt. Vergessen wir die Worte in der Nacht zum 4. August 1789, die anderen Realitäten entsprechen. Im Mittelalter ist Privileg nicht gleichbedeutend mit Vorteil, sondern mit Ordnung. Das Privileg verweist jeden an seinen Ort, und wer dagegen verstößt, verletzt die öffentliche Ordnung. Der Fürst, der es nicht achtet oder zuläßt, daß es nicht respektiert wird, würde die Legitimation seiner Macht verlieren, und der unabhängigen Stadt würde in diesem Fall die Zustimmung entzogen, aufgrund derer sie, wenn auch nur für begrenzte Zeit, die Prärogativen des Staates ausübt.

Das Privileg ist die einzige Basis eines kaufmännischen Rechts, das sich auf die mehr oder weniger spontane Bewilligung durch eine öffentliche Macht gründet, die bereits vor der ökonomischen Gruppe existiert oder von ihr ausgeht. Es trägt daher dazu bei, reale soziale Körperschaften zu charakterisieren. Wenn sie von »all denen«

sprechen, »die die Messen von... besuchen«, definieren der französische König oder der Graf von Flandern ein immaterielles Ganzes, auf das ein Recht angewandt wird. Das allen Kaufleuten, »die zu den Messen der Champagne gehen und von dort kommen«, gewährte Privileg unterstreicht die seltsame Stellung des Kaufmanns in der mittelalterlichen Gesellschaft: Es hängt von ihm und nur von ihm ab, zu den Nutznießern eines Privilegs zu gehören und damit einem Recht zu unterstehen.

Das kann ein Schutz sein. Ein Privileg Heinrichs II. Plantagenet bietet 1157 den Kaufleuten aus Köln, die im Hafen von London ankommen, einen solchen Schutz. Der Geleitbrief der Messen ist die Bedingung für deren Besuch, und der Geleitbrief der Champagne, der *conduit*, der vom König selbst garantiert und seit dem Beginn des 13. Jahrhunderts oktroyiert wird, gehört zu denen, die für die Kaufleute besonders interessant sind. Menschen oder deren Güter auf den Straßen der Champagne schlecht zu behandeln heißt, den König persönlich zu beleidigen. Einen wirksamen Schutz *a priori* und eine gute Rechtsprechung *a posteriori*, das bieten die Geleitbriefe. Man versteht, daß der Wert eines Geleitbriefs und der Erfolg einer Messe zu einem großen Teil davon abhängen, wie weit die juristische Macht ihren Urteilen Respekt verschaffen kann.

Doch auch das Gegenteil kommt vor und bildet nicht weniger die juristische Basis des Geschäftslebens. So, wenn Ludwig XI., der seine Messen in Lyon fördern will, am 20. Oktober 1462 seinen Untertanen verbietet, die Messen in Genf zu besuchen:

»Wir ordnen an, daß hinfort kein Kaufmann oder andere aus unserem Königreich ihre Waren zu den Messen bringen, die in Genf abgehalten werden.

Und auch andere fremde Kaufleute dürfen, wenn sie zu den besagten Messen gehen oder von dort zurückkommen, keine Waren innerhalb der Grenzen unseres Reiches mit sich führen, aus welchem Grund auch immer, unter Strafe des Verlusts ihrer Waren, die sie zu den besagten Messen führen, und einer Buße.«

Häufiger hat das Privileg vor allem steuerliche Regelungen zum Inhalt. Der Staat steht hinter allem, der Zwangssteuer wie deren teilweiser Aufhebung. Unnötig zu wiederholen, daß diese steuerlichen Regelungen nichts mit Begünstigungen zu tun haben, sondern darauf abzielen, einen Warenverkehr anzuziehen oder zu konsolidieren, der als für das »öffentliche Wohl« notwendig angesehen wird. Aber natürlich zahlen die Kleinen für die Großen, die man behalten will. Der englische König fördert auf diese Weise die Italiener, die englische Wolle einführen, sowie die Hanseaten, die ihre Geschäfte lieber in London denn in Brügge tätigen sollen. In beiden Fällen geht es darum — auch wenn dadurch eine gewisse Fremdenfeindlichkeit unter den englischen Kaufleuten ausgelöst wird, die neidisch sind auf ihre begünstigten Konkurrenten –, Italiener und Hanseaten von einer vom König selbst erst vor kurzem geschaffenen indirekten Steuer zu befreien. In anderen Fällen geht das Privileg weiter und stellt den betreffenden Kaufmann außerhalb eines gemeinsamen Rechts, das aber in das Gewohnheitsrecht eingeschrieben ist. Man sieht, wie wenig das Gewohnheitsrecht zur wirtschaftlichen Entwicklung beiträgt.

Das ist besonders signifikant, was das *droit d'aubaine*, das Recht auf Beschlagnahmung, und das *droit de marque*, das Recht auf Repressalien in Fragen der Haftung, betrifft. Die Beschlagnahme der Güter des Fremden, der außerhalb seiner Heimat vom Tod überrascht wird, ist gängige Praxis. Sie war damals selbstverständlich, als der »Auswärtige« ein entwurzelter Bauer war, ein Landstreicher, ein Flüchtling, ein Unbekannter, eine Art Leibeigener, der sich nicht frei verheiraten und das wenige, was er besaß, nicht nach eigenem Gutdünken weitergeben konnte. Und das beschlagnahmte Gut gehörte zu den Einnahmequellen des Grundherrn. Was er einnahm, wenn er den Besitz eines Verstorbenen beschlagnahmte, der aus der Fremde gekommen war, kompensierte zu einem Teil das, was er verlor, wenn Männer aus seinem Herrschaftsbereich in der Fremde lebten und starben. Man versteht, daß die Kaufleute ein derart willkürliches Vorgehen kaum akzeptieren konnten.

Der Grundherr wußte das wohl. Wenn er die Waren eines Fremden beschlagnahmte, der auf einer Geschäftsreise gestorben war, hieß das, diese Quelle für immer versiegen zu lassen. Ganz zu schweigen von dem Fremden, der sich mit seiner Familie und seinem Besitz niedergelassen hat! Aber die Sache wird noch unrealistischer, sobald im Rahmen kapitalistischer Zusammenschlüsse über einen Gesellschafter oder auch einen bezahlten Angestellten Waren als kollektives Eigentum auf die Reise geschickt werden. Welche große oder kleine Handelsgesellschaft würde es hinnehmen, einen Teil ihrer Aktivposten dem Risiko auszusetzen, daß der ihre Wagen begleitende Faktor einen Unfall erleidet oder krank wird? Oder derjenige, der das Kontor verwaltet, wo die Ware bis zu ihrem Verkauf gelagert wird?

Die öffentliche Gewalt kommt zur rechten Zeit, um den Status des Fremden zu erleichtern. Die unabhängigen Städte sehen sich als alleinige Richter über denjenigen, der sich an den wirtschaftlichen Aktivitäten beteiligt. Die Grundherren nehmen für sich das Recht in Anspruch, über den Fremden und die Einnahmequelle der Beschlagnahme zu verfügen. Aber das heißt, daß diese juristische Diskriminierung umgelenkt wird, und man merkt schnell, daß der gewöhnliche Reisende, der eine ländliche Grundherrschaft durchquert, nichts mit dem Kaufmann zu tun hat, der in einem Königreich mit weiten Horizonten auf der Reise ist. Seit dem 13. Jahrhundert, während das Recht auf Beschlagnahmung im Gewohnheitsrecht dem Anschein nach verstärkt wird, sind sich alle darüber einig, daß das, was einmal Ausdruck einer ländlichen und einigermaßen geschlossenen Gesellschaft war, obsolet geworden ist, was die Reisenden oder außerhalb ihrer Heimat niedergelassenen Kaufleute betrifft. Die Aufhebung des Rechts auf Beschlagnahmung ist einer der wichtigsten Verhandlungsgegenstände zwischen Fürsten und Städten. Sie wird mit öffentlichen Privilegien vergolten.

Man kam auch zu einer Übereinkunft über das Strandrecht, das dem Herrn der Küste alles zusprach, was nach einem Schiffbruch an Land trieb. Was auf offener See schwimmt, ist natürlich verloren, aber die meisten Schiffe entfernen sich kaum von der Küste, und die meisten Unglücksfälle kommen ganz einfach dadurch zustande, daß der Schiffsrumpf an den Felsen der Küste zerschellt. Man kann daher häufig die Ware einsammeln, angefangen bei dem, was an der Oberfläche treibt. Salz ist sofort verloren, Wollballen in einigen Viertelstunden, Weinfässer oder Heringstonnen erst in einigen Stunden. Die Kaufleute verhandeln über das Recht, die Waren zu einem guten Preis wiederzuerlangen.

»Wenn Männer oder Kaufleute des Königreichs Norwegen in der Grafschaft Flandern oder Männer der Grafschaft Flandern im Königreich Norwegen Opfer eines Schiffbruchs sind, wollen wir, daß sie frei und in Ruhe ihre zertrümmerten Schiffe mit allen ihren Gütern retten können, solange sie sie nicht aufgeben.

Der Vogt muß, wenn es zu einem Schiffbruch kommt, auf beiden Seiten die Schiffbrüchigen, ihre Schiffe und ihre Güter vor jeder Belästigung und jeder Plünderung schützen und verteidigen, andernfalls wird er je nach Schwere des Delikts oder der Nachlässigkeit bestraft.«

Ebenso ergeht es sehr bald schon dem Recht auf Repressalien. Ein Mann aus Barcelona hat in Toulouse Unrecht getan oder Schulden hinterlassen. Mangels eines gemeinsamen Richters und unter Berücksichtigung dessen, was es kosten würde, in Barcelona vor Gericht zu gehen, rächt man sich an einem anderen Barcelonesen, der sich in Toulouse aufhält. Es ist seine Sache, den Landsmann zur Verantwortung zu ziehen und sich in Barcelona dafür entschädigen zu lassen oder vor Gericht zu gehen. Auch hier wurde das Recht in einer Zeit formuliert, als Forderungen im Ausland die Ausnahme waren. Während solche Forderungen normal wurden, war das Recht auf Repressalien dazu angetan, Menschen und Geschäfte zu lähmen. Die Herrscher wußten dies wohl und stellten nur selten Urkunden aus, die dazu berechtigten. Kollektive Privilegien und Verhandlungen zwischen den Städten bereiteten häufig einer Praxis ein Ende, die die »nationale« Solidarität durch gegenseitige Vertretung ersetzt. Der Landsmann des Schuldners erleidet nicht mehr die Folgen des Verhaltens anderer. Jetzt übernimmt der Landsmann des Gläubigers dessen Interessen. Die Solidarität spielt immer noch eine Rolle, aber in einem vertraglich abgesicherten juristischen Rahmen und zwischen wohlbeleumundeten Kaufleuten.

Weniger leicht läßt sich das Recht auf das Strandgut regeln. Dennoch erreichen die Hanseaten mit der Zeit, daß sie über ihre gestrandeten Schiffsladungen verfügen dürfen, die normalerweise den Herren der jeweiligen Fluß- oder Meeresufer zukommen. Aber es kommt zu manchem Streit, bis ein gestrandetes Faß als der Hanse gehörig anerkannt oder die Frist geschätzt ist, die zwischen dem Schiffbruch und der Forderung verstrichen ist. Die Gefahren auf See bieten ebensoviele Anlässe zu Konflikten wie günstige Gelegenheiten, und es scheint, daß meistens beide Seiten gleichermaßen arglistig sind.

Die Gruppe und der Markt

Das Privileg stellt das Individuum nicht außerhalb der Gruppe. Es versetzt es in eine andere Gruppe, die von anderen Privilegien definiert wird als denjenigen des gemeinsamen Rechts. Der Kaufmann, dessen Person und Güter geschützt sind, der befreit ist von der gewöhnlichen Steuerlast und den Gewohnheitsrechten, die ihn ruinieren würden, müßte er überall deren Risiken auf sich nehmen, will sein eigenes Recht und seine eigene Rechtsprechung bekommen. Wenn er in der Fremde ist, erlaubt ihm die Tatsache, daß er nicht der örtlichen Justiz unterworfen ist, mit seinesgleichen Geschäfte zu regeln, die nur sie betreffen. In Paris wie in Brügge arrangieren sich die Lombarden untereinander, und die stillschweigende Übereinkunft ersetzt häufig das Privileg. Ist der mittelalterliche Richter nicht vor allem ein Schiedsrichter, der sich anbietet? Das beste Mittel, den örtlichen Richter zu umgehen, ist immer noch, die internen Konflikte der Gruppe vor ihm geheim zu halten. Mitunter läßt sich die eine oder andere der niedergelassenen Gemeinschaften das Recht zuerkennen, offen über ihre Landsleute zu richten, so die Italiener auf den Messen der Champagne und in Brügge die Hanseaten.

Sobald in der kaufmännischen Welt eine richtige Justiz organisiert wird, sind sich alle einig, ihr das Gewicht der öffentlichen Autorität zu verleihen. Auf der höchsten Ebene der richterlichen Organisation wird das Handelsgericht ein Rad im Getriebe der öffentlichen Justiz. Das gilt in Florenz für die *Mercanzia*, den Gerichtshof, den zu Beginn des 14. Jahrhunderts die »arti maggiori«, die oberen Zünfte, organisieren, jene sechs Zünfte — des internationalen Großhandels, des Tuchgewerbes und der Bank —, die die Signoria dadurch in ihrer Hand haben, daß sie den »Prior« ernennen, und die Armee, da sie den »Gonfaloniere« wählen. Zwei Schritte vom Palast der Signoria beherrscht die *Mercanzia* eine ganze Seite des Platzes mit ihrer strengen Fassade, die mit den Wappen der Zünfte geschmückt ist. Man ist weit entfernt von stillschweigenden Schiedssprüchen. Die Justiz der Kaufleute ist in Florenz eine weithin sichtbare Institution. Das gleiche gilt für Venedig und die *Curia di petizion*.

Einen geringeren Grad an Autonomie hat außerhalb der Stadtrepubliken die delegierte Justiz, wie in Paris die des Vorstehers der Gilde der Kaufleute und seiner vier Schöffen. Ihre Kompetenz erstreckt sich auf alles, was die Privilegien der Stadt und die Wasserwege betrifft. Fälschungen, was Zeit und Ort des Verkaufs angeht, Streitfälle hinsichtlich der Verträge und Preise, Reklamationen wegen der Quantität und Qualität der Waren, all das gehört in den Zuständigkeitsbereich der »Prévôté« der Kaufleute, die ihren Sitz in dem »Maison aux Piliers« des Place de Grève hat, ob das den königlichen Richtern des Châtelet gefällt oder nicht. Aber es ist die Justiz des Königs — das *Parlement* — an die sich die enttäuschte Partei wendet, und letztlich sanktioniert die königliche Autorität das Urteil der Kaufleute. Das wird deutlich, wenn derselbe Jurist gleichzeitig die beiden Funktionen des Bevollmächtigten der Stadt und des Bevollmächtigten des Königs vor dem Gericht der Kaufmannsgilde ausübt.

Als Garantin der von ihr eingeräumten Privilegien und von ihr bestätigten Realitäten mischt sich die öffentliche Gewalt mitunter in die Organisation des Wirtschaftslebens ein und nimmt daran teil. Das ist der Fall, wenn der Staat — der Fürst oder die Stadt — Monopole einrichtet und bekräftigt. Und auch dann, wenn ein mehr oder weniger ausgeprägter Dirigismus die Initiativen in bestimmte Bahnen lenkt, begrenzt und die Kaufleute zwingt, Investitionen oder Beziehungen gemeinsam zu betreiben oder zu unterhalten.

In Frankreich lassen sich bereits im 14. Jahrhundert solche Interventionen ausmachen. Die Steuerverwaltung kontrolliert den wichtigen Salzhandel, da Salz das Mittel für die Konservierung von Fleisch und Fisch ist. Da jeder Salz kaufen und verkaufen kann, keine Zunft existiert, die eine Gruppe begünstigt, und die Käufe in den Salinen und der Weg zum Verbraucher allein Sache der Kaufleute sind, handelt es sich um einen freien Handel. Aber der König legt die Preise fest, und seit der Mitte des Jahrhunderts glaubt niemand mehr, daß der Kampf gegen die Spekulation, obzwar notwendig, diese Zwangsmaßnahme ausreichend rechtfertigt. Der König kontrolliert auch die Lagerung der kostbaren Ware in seinen Speichern und läßt von seinen Beamten, den »grènetiers«, den sogenannten »tour de papier« erstellen, der die Ordnung festlegt, in der die Vorräte verkauft werden, die von den verschiedenen Händlern im Speicher gelagert wurden. Da der Verbraucher aus dieser Regelung hinlänglich Nutzen zieht, wird das System der Salzsteuer (gabelle) von den Reformatoren weder 1350 noch 1410 ernsthaft angegriffen. Auch wenn die Salzsteuer schwer wiegt, sieht das Volk zumindest einen Vorteil bei dieser Intervention der öffentlichen Gewalt.

Ein ganz anderes, nicht weniger striktes Monopol ist das auf den Alaun, der in Genua Gegenstand von Konzessionen und staatlichen Pachten ist. Die Bedeutung des Alauns ist bekannt: Er ist das einzige qualitativ hochwertige Beizmittel, das im Wollgewerbe verwendet wird. Ohne Alaun hält keine Farbe und ist das Gewebe nicht geschmeidig. Aber der Alaun kommt aus Phokäa in Kleinasien, und Phokäa ist seit 1346 im Besitz der Genuesen. Die Dinge ändern sich erst 1462, als in Tolfa in der Nähe von Cività Vecchia ein Alaunvorkommen entdeckt wird, das den Reichtum des Papstes wie der Medici begründen sollte.

Genua will von seinem Alaun profitieren, aber nicht damit handeln. Deshalb werden Pachten für das wertvolle Mineral vergeben, von seiner Gewinnung in Phokäa bis hin zu seiner Vermarktung durch die Wiederverkäufer in Brügge oder anderswo. So befassen sich Gesellschaften wie die Cattaneo oder die Doria mit diesem Handel, die in der Mitte des 15. Jahrhunderts durch die Draperio abgelöst werden. Die Pacht schließt natürlich das Monopol ein. Der Meistbietende erhält den Zuschlag und schließt die anderen aus. Aber man darf nicht glauben, daß der Zuschlag völlig offen war: Eher als der Meistbietende gewinnt der am besten Eingeführte, und bei der Versteigerung geht es ebensosehr um Einfluß wie um eine Regulierung der Preise.

Die Organisation des Marktes durch den Staat ist in Genua die Ausnahme. Im Grunde seines Wesens bleibt der Genuese ein Individualist. In Venedig hingegen ist der Dirigismus König. Die Räte der Republik kontrollieren vor aller Augen die Geschäfte und garantieren mit Hilfe staatlicher Maßnahmen juristische und materielle Sicherheit. Dieser kollektive Dirigismus, Ausdruck der Solidarität der großen Kaufleute auf den Außenmärkten, in Alexandria wie in Brügge, verstärkt sich mit dem wirtschaftlichen Wachstum. Er gipfelt im 15. Jahrhundert, als Venedig seine Blütezeit erlebt – in den Jahren 1420 bis 1430 –, und stirbt dann mangels neuer Ideen dahin. Der Dirigismus bietet zwar kurzfristig Sicherheit, lähmt aber auf Dauer die Geschäfte, über die im hohen Saal des Senats entschieden wird, wo Verwandtschaftsbeziehungen und Allianzen ein Patriziat schaffen, das 1297 durch die *Serrata del Consiglio* festgeschrieben wurde, eine geschlossene Liste des Adels, der sich gegen ambitionierte Emporkömmlinge abschottet. Der Senat legt die Schiffstypen fest und läßt diese in einem staatlichen Marinearsenal bauen, in dem etwa zweitausend Arbeiter beschäftigt sind. Die Galeeren werden an Kaufleute verliehen, die sich an einem bestimmten Handel beteiligen wollen. Aber diese Kaufleute müssen auch die vom Senat ausgewählte Fracht akzeptieren; zudem bestimmt der Senat auch das Abreisedatum und den Weg des Konvois. In Venedig Handel zu treiben bedeutet letztlich, einen Teil des Handels von Venedig zu finanzieren.

Der Senat wie der Große Rat setzen sich aus den großen Kaufleuten zusammen, die die Geschäfte finanzieren; die kollektive Entscheidung wird durch kollektive Informationen untermauert, und die Erfahrungen der einen wie der anderen tragen zu dieser Entscheidung bei. Der Dirigismus schließt das persönliche Abenteuer aus, nicht den persönlichen Beitrag. Es handelt sich um ein offensichtliches Privileg, das einem geschlossenen Patriziat die Zugehörigkeit zu einer Gruppe vorbehält, die das System dirigiert und von ihm profitiert. Aber man ist weit entfernt von einer öffentlichen Gewalt, die von außen für die finanzielle Organisation und das kommerzielle System bürgt. Die venezianische Garantie ist eine gegenseitige. Der Staat und die Geschäfte haben das gleiche Gesicht.

Organisation und Reglementierung gehen oft mit dem Privileg einher. Die Erhellung und Kontrolle des Marktes und dessen steuerliche Ausbeutung rechtfertigen die »Etappen«, auf die die öffentliche Macht einen bestimmten Handel beschränken will. Die Etappe, obligatorische Durchgangsstation der Waren und Zentrum des finanziellen Ausgleichs, ist für viele bequem, für manche ein Zwang. Sie bietet immer reale Vorteile für die Leute vor Ort: Diese profitieren so von einer Konjunktur der Geschäfte, die sie ohne die Etappe vielleicht nicht hätten nutzen können. Im Einzelhandel und im Dienstleistungsbereich sind die Folgeerscheinungen der Etappe nicht unwesentlich: Der Kneipenwirt und der Kurzwarenhändler wissen dies wohl.

Man streitet sich um die Etappe. Wenn man sie erobern oder behalten will, braucht man die Gunst des Fürsten. In Paris läuft die Place de Grève erst 1413 den *Halles* den Rang ab, was Weine aus der Ile-de-France und aus Burgund betrifft. Die Etappe für die Loire-Weine bleibt in der Nähe der Mühlen des Temple. Zu einem späteren Zeitpunkt ist die Verlegung des Marktes für den für Nord- und Osteuropa bestimmten päpstlichen Alaun nach Antwerpen eine Sanktion, mit der Kaiser Maximilian I. Brügge belegte, das zu sehr nach Unabhängigkeit strebte. Die kontinentale Etappe für englische Wolle, die sich im 13. Jahrhundert noch auf mehrere Städte verteilt, wird 1313 nach Saint-Omer und 1315 nach Amiens verlegt, 1320 wieder nach Saint-Omer, 1325 nach Brügge und 1326 einfach aufgehoben. Zwölf Jahre lang befindet sich die Etappe für den Export in England selbst. Eduard III. verlegt sie 1338 wieder nach Antwerpen und zwei Jahre später nach Brügge. 1353 geht sie an England zurück. 1363 verlegt Eduard III. sie an die Pforte des Staates der Plantagenets zum Kontinent, nach Calais. Dort bleibt sie bis 1558.

Man ahnt den Einfluß und die Feilschereien, die sich hinter solchem Schwanken verbergen. Man weiß, wieviel die Privilegien kosten, die manchen erlauben, die Etappe zu umgehen. Damit sie sich direkt in England mit Wolle eindecken können, räumen die großen englischen Handelsgesellschaften 1330 dem Plantagenet unvorsichtigerweise einen Kredit ein, der sie in den Ruin führen sollte.

Wenn die Etappe organisiert wird, behält man alle Eventualitäten im Blick:

»Im Jahr 1331, am Samstag, dem Fest des Heiligen Bartholomäus, ungefähr um die Prima, in dem Hause, in dem die Schöffen der Gemeinde von Saint-Jean d'Angély tagen, in Anwesenheit von Sire Pierre Boisseau, Bürgermeister dieser Gemeinde, und mehreren Bürgern und Geschworenen der Gemeinde, erklärt der Bürgermeister:
›Ihr Herren, es ist wahr, daß die Leute aus Flandern unseren Leuten großes Unrecht und großen Schaden zugefügt haben, Euch und den Kaufleuten dieses Landes, und daß ihre Gewohnheiten für die Leute und Kaufleute dieses Landes von großem Nachteil sind, so daß wir darüber den Kaufleuten von Bordeaux, Libourne und La Rochelle geschrieben haben.
Und es wurde angeordnet, daß von jedem Ort, nämlich von Bordeaux, Libourne, La Rochelle und Saint-Jean d'Angély, weise Männer nach Flandern

gehen und mit denen in Flandern wegen dieser Dinge verhandeln, damit der rechtmäßige Zustand wiederhergestellt werde.

Und wenn sie es nicht tun wollen, gehen die beiden Schiedsrichter eines jeden Ortes nach Brügge, wo unseren Leuten und Kaufleuten versprochen wurde, daß sie völlig frei wären, wenn wir unsere Etappe nach Brügge verlegen wollen.

Und dies geschieht mit der Einwilligung des Grafen von Flandern, wobei die Privilegien und Freiheiten von unserem König bestätigt werden.‹«

Man könnte nicht besser verhandeln. Die Bürger von Saint-Jean d'Angély wissen, was es sie kosten wird, und setzen sich mit sechs Denaren pro Faß Wein aus der nächsten Weinlese durch. Aber sie kennen die Waffe, die sie benutzen können: von sich aus die Etappe ihrer Weinexporte nach Flandern zu ändern. Die Brügger wissen ihrerseits, was sie ihnen einräumen müssen, um einen derartigen Markt bei sich zu haben.

Der Dirigismus und seine Zwänge

Lassen wir den Staat beiseite, von dem der Kaufmann sicher viel erwartet, an dem er aber, mit Ausnahme einiger Handelsrepubliken wie Venedig oder Lübeck, nicht als solcher teilhat. Der Kaufmann ist vor allem in das Geflecht der horizontalen Solidarität eingebunden, der wechselseitigen Beziehungen zwischen Partnern mit gleichen Rechten, wenn auch mit unterschiedlichem Vermögen, ein Netz, das der Gruppe ihr besonderes Profil verleiht. Aber diese Zugehörigkeit ist unterschiedlich stark ausgeprägt. Der Handwerker und der Krämer entgehen ihr nicht und wünschen kaum, sich außerhalb zu stellen. Der Kaufmann, der Geschäftsmann und Geschäftemacher lassen sich sehr viel weniger einspannen und können ziemlich leicht die Zwänge in Grenzen halten, derer sie nicht Herr werden.

Wenn es eine Stadt gibt, in der man die Zwänge der Zunft besonders spürt, so ist es Paris. Folglich befreien sich die großen Kaufleute des Place de Grève mit dem Aufschwung der Geschäfte in der Hauptstadt der letzten Kapetinger von der wechselseitigen Kontrolle. In Toulouse versteht sich die Zunft der Gewürzhändler, die orientalischen und anderen Luxus importiert, darauf, die Reichweite der Statuten auf den Einzelhandel zu beschränken.

Begeben wir uns etwas tiefer in die Welt der Geschäfte: Der Londoner Kaufmann kann sich der Verpflichtung nicht entziehen, einer Zunft anzugehören. Er muß sich in eine *company* einschreiben. Der Wollhändler hingegen, der *woolman*, schreibt sich ein, wo er will: Er geht zu den Tuchhändlern, zu den Kurzwarenhändlern, sogar zu den Gewürzhändlern. Die Initiative des Großkaufmanns wird durch keinerlei Formalitäten eingeschränkt. Im 15. Jahrhundert heißt ein Großkaufmann in London *mercer*. Und jeder weiß Bescheid.

In Florenz herrscht das umgekehrte System. Die *arti*, in denen sich die Handwerker und die kleinen Kaufleute organisieren sollten, werden sehr schnell zum Mittel der Einflußnahme der großen Handels- und Bankgesellschaften auf die Politik der Grundherren und die toskanische Wirtschaft. Die wichtigsten Gesellschaften sind in jeder der *arti maggiori*, der oberen Zünfte, unübersehbar präsent. Die Geschäftswelt zieht Nutzen aus der Vielzahl der Organisationen, um die Vielfalt ihrer Geschäfte zu behaupten.

Den Zwängen zu entgehen heißt nicht, sich von der Gruppe zu entfernen. Ihnen zu unterliegen bedeutet nicht, daß man nicht von ihnen profitiert. Alle sind an einer gemeinsamen Verteidigung der Standesinteressen interessiert, sogar an einer gemeinsamen »Werbung«, die sich auf ein »Image« stützt, zu dem die Bekanntheit eines jeden beiträgt und das durch gegenseitige Kontrolle aufrechterhalten wird.

Vielleicht kommt in dieser kollektiven Aufmerksamkeit, was den Ruf der Produkte betrifft, die grundlegende Solidarität der Gruppe auf lokaler Basis am besten zum Ausdruck. Wo immer man ein Produkt verkauft, wird es zuerst durch seine Herkunft bestimmt. Der Wein ist aus Beaune, das Salz aus Bourgneuf, das Tuch aus Brüssel, der Goldfaden aus Lucca. Mängel und Betrügereien treffen alle. Das Vertrauen, von dem Bestellungen aus der Ferne und Terminkäufe getragen werden, rührt aus beständiger Qualität. Die Gruppe weiß das wohl und reagiert auf jede Beeinträchtigung. Man korrigiert, wo man kann. Man schließt Mitglieder aus, wenn es nötig ist. Viele Vorschriften, die den Praktiken eine Form zu geben scheinen, sind in Wahrheit nur Antworten auf Nachlässigkeiten und Unregelmäßigkeiten.

Wir wollen die Kehrseite der Medaille nicht verschweigen. Der gemeinsame Kampf um die Aufrechterhaltung des Rufes ist auch ein Kampf gegen die Innovation. Sehr viele Gewerbe leiden darunter, wie der Tuchhandel in den flämischen Städten, wo man nicht verstehen will, daß der Geschmack sich mit der Kundschaft ändert und daß die Qualität von gestern nicht immer die von morgen ist.

Das Bedürfnis nach einer gemeinschaftlichen Organisation wird natürlich von demjenigen besonders verspürt, der im Ausland arbeitet. Der fahrende Kaufmann, der nur vorübergehend an einem Ort ist, wünscht sich einen Schutz der Gemeinschaft vor den lokalen Behörden wie gegenüber den einheimischen Konkurrenten. Man muß weit von zu Hause entfernt sein, um die Stärke der natürlichen Bande zu verspüren, die einen mit der Heimat verbinden.

Überall führt die Entfernung zur Organisation der Gruppe. Die florentinische Zunft der *Calimala* delegiert Konsuln auf die Messen der Champagne und nach Pisa. In den Städten, die nicht der Hanse angegliedert sind, wie London und Brügge, haben die Hanseaten ebenfalls ihr gemeinsames Schutz- und Repräsentationsorgan. In Antwerpen haben von 1305 an die draufgängerischen englischen *Aventarii** an ihren bestallten Protektor, der abwechselnd den Titel eines Bürgermeisters, Kapitän oder Konsuls trägt und dessen ständige Funktion darin besteht, darauf zu achten, daß jeder in den Genuß der Privilegien kommt, die der Herzog von Brabant eingeräumt hat. Dieselben handeltreibenden Glücksritter haben ein halbes Jahrhundert später in Brügge einen »Gouverneur«, der damit beauftragt ist, in den Niederlanden diejenigen zu vertreten, die mit der Zeit als englische »Nation« angesehen werden.

Die Solidarität gegenüber den anderen Berufsgruppen ist keineswegs geringer. Die kleine Welt des Ladens und der Werkstatt ist hier stärker betroffen als die der großen Handelsgeschäfte mit allen möglichen Waren und Bestimmungsorten. Der Zwang der Technik reicht jedoch aus, dem Hersteller von Zinnwaren die Herstellung von Tontöpfen unmöglich zu machen, und läßt dem Walker nicht die Mittel, auch Kleidungsstücke herzustellen. Man produziert, was die Werkstatt, die Ausrüstung, Werkzeuge und flinke Hände erlauben. Die Spezialisierung herrscht auf natürliche Weise vor, und die Grenzen der Gemeinschaft, die man verteidigt, sind diejenigen, die von einer benachbarten Gruppe trennen, die allzusehr dazu neigt, sich einzumischen. So sehen die Pariser Wechsler, Waagmeister und Fachleute für Legierungen mit Besorgnis, wie die Goldschmiede, die sich mit ihren Schmieden auf der Pont au Change – der großen Brücke gegenüber dem Châtelet – niedergelassen haben, sich in den Handel mit Edelmetallen hineindrängen. Für den Goldschmied sind Gold und Silber nur Rohstoffe, kein Handelsgegenstand. Die Zunft der Wechsler erreicht 1419 beim königlichen Vogt, daß ihren Nachbarn, den Goldschmieden, Wechselgeschäfte verboten werden.

Eines der eingestandenen Ziele der kollektiven Organisation des Berufsstandes ist es, die Folgen der Konkurrenz zu begrenzen. Diese Ordnung hat in erster Linie die unorganisierte Produktion und den versteckten Handel im Auge. Der Schutz der Gruppe erfolgt über die Öffentlichkeit der Örtlichkeiten und Geschäftszeiten und über den systematischen Vergleich der angebotenen Waren. Wehe dem, der eigenmächtig handelt. Da er möglicherweise zu einem Zusammenbruch des Marktes beiträgt, wird er unerbittlich ausgeschlossen. Auch hier gilt das gleiche nicht für den Schneider, der bei Kerzenlicht arbeiten läßt und damit nicht kontrolliert werden kann, und für den Bankier, der seine Informationen über die Tendenzen des Marktes in Alexandria oder über die Zahlungsfähigkeit des Herzogs von Burgund für sich behält. Die Gruppe übt in dem Maße Zwang auf jemand aus, wie sie ihn braucht;

---

* Anm. d. Übers.: Aventarii, Abenteurer (von ital. »avventura«, Abenteuer), nannte man im Mittelalter jene Kaufleute, die sich auf eine besondere Form des Überseehandels spezialisiert hatten: Der Aventarius, eigentlich ein Importeur von Waren, arbeitete mit geliehenem Geld, das er nur im Falle eines geglückten Geschäfts zurückzahlen mußte.

und sie ist nachsichtig gegenüber demjenigen, der ihr nichts nützt. Die Solidarität der Bardi oder Medici ist eine andere als jene in der Zunft der *Calimala*.

Die Pariser Goldschmiede versäumen es im übrigen nicht, auf die unterschiedliche Behandlung aufmerksam zu machen, die man ihren kleinen Geschäften im Vergleich zu den großen Kaufleuten zukommen läßt, mit denen niemand Streit wegen einiger gewechselter Münzen sucht. Ein Prüfer im Châtelet erhielt folgende Beschwerde:

»Ich ging zu besagter Pariser Brücke und trug dem Sergeanten Jacquet Lescot auf, sich darum zu kümmern.

Dieser erzählte mir, daß er am Samstag, den 22. Juli 1419, als er über besagte Brücke ging, mehrere Goldschmiede vorgefunden hatte, die ihre Schmieden offen hatten, einen grünen Teppich auf ihren Tischen und Münzen darauf, und daß Leute an ihren Schmieden angehalten hätten, die ihnen anboten, Münzen zu verkaufen.

Besagte Goldschmiede sagten, daß es andere Goldschmiede gäbe, die um die Hälfte reicher wären als sie, und die sehr viel mehr Wechsel betrieben, ganz wie die Gewürzhändler, Kunstschmiede und Tuchhändler, die man nicht belangte.

Für diese Berufe versiegelte ich die Münzen, die so von dem Sergeanten gefunden und festgehalten wurden.«

Die Gruppe, Ausdruck einer Berufsgemeinschaft, grenzt sich letztlich durch ihre soziale Rolle ab, indem sie eine zweifache Barriere errichtet. Es geht darum, die Nutznießung der gemeinsamen erworbenen Privilegien allein auf die Mitglieder einer bestimmten Gruppe zu beschränken, aber auch darum, den Zuwachs derjenigen zu begrenzen, die ein Recht auf diese Privilegien haben. Dieser sozio-professionelle Malthusianismus einer unscharf konturierten Gruppe führt zur Abschottung und Blockierung, deren Komplexität daher rührt, daß die berufliche Solidarität sich in diesem Fall mit den nachbarschaftlichen Beziehungen und familiären Bindungen arrangiert.

Eine Liste derjenigen aufzustellen, die einen privilegierten Status haben, ist ziemlich einfach. Paris behält seinen Zunftbürgern die Vorteile des Systems der Handelsschiffahrt zu Wasser vor, und im 15. Jahrhundert ist bekannt, daß die Prüfung, das Meisterstück und das Bankett, die in den meisten organisierten Gewerben den »Meister« ausmachen, fast nur noch den Söhnen oder Neffen von Meistern zugänglich sind. Man bedenke, daß man eine siebenjährige Lehrzeit braucht, um im Louvre-Hafen Fährmann zu werden, das heißt um zwischen dem Louvre und dem Nesle-Turm hin- und herzufahren! Der wackere Fährmann, der 1449 versucht, sein Recht auf seine Arbeit als rechtmäßig zu erweisen, versucht nicht etwa, seine Kompetenz zu beweisen oder an seine Lehrzeit zu erinnern, sondern beruft sich ganz offen auf die Tatsache, daß sein Vater Fährmann war.

In den Städten der Hanse wird die Gruppe, die Handelsprivilegien genießt, immer kleiner. Bis zur definitiven Konstitution der Hanse 1356 wird jeder Kaufmann aus einer Stadt Norddeutschlands oder aus einer Stadt des Baltikums, auch wenn sie wie Stockholm nicht deutsch war, in jedem Kontor der Nord- und Ostsee aufgenommen. Nach diesem Datum nimmt man in den hansischen Kontoren nur noch Bürger der Mitgliedsstädte auf. Und die Definition wird immer eingeschränkter. Der Reichstag von 1434 versucht sogar – allerdings mit begrenztem Erfolg –, das Handelsrecht nur den Bürgern vorzubehalten, die in einer Hansestadt geboren sind, um auf diese Weise die als Bürger aufgenommenen Fremden auszuschließen. Erst deren Söhne sollen eines Tages die Privilegien der Hanse genießen.

In London herrscht eine strenge Trennung mit drei klar unterschiedenen Gruppen. Der wahre Londoner, der alle Vorteile und alle Freiheiten genießt, der, wie es ihm beliebt, eine Werkstatt oder einen Laden aufmachen kann und der auch den wesentlichen Teil der Steuerlasten trägt, ist der *citizen*, auch *enfranchised* genannt. Er ist im 14. Jahrhundert Mitglied einer *craft* oder eines *mistery*, im 15. Jahrhundert einer *company* oder eines *fellowship*. Und nicht jeder, der will, kann einer solchen Gesellschaft beitreten. Die *company* der Kurzwarenhändler nimmt nur solche Antragsteller auf, die über ein Kapital von mindestens 100 Pfund verfügen.

Neben dem *citizen* befindet sich der *alien* – der eigentliche Fremde – dennoch in einer angenehmen Situation. Er hat nicht die Freiheiten des ersteren, aber er hat diejenigen, die von den Privilegien seiner »Nation« definiert werden. Er ist nicht Londoner, aber er ist Hanseate oder Italiener. Damit ist er etwas. Wenn er keine organisierte Nation vorfindet, ist es für ihn besser, nur auf der Durchreise zu sein.

Die dritte Kategorie definiert sich gewissermaßen durch Subtraktion. Obwohl Engländer und häufig sogar Londoner, genießen die *denizens* keines der Rechte der Staatsbürgerschaft. In ihrer eigenen Stadt sind sie *foreigns*. Ihre heterogene Masse, in der sich reich und arm vermischen, bildet keine Gruppe. Sie haben weder gemeinsame Interessen zu verteidigen noch Mittel zu ihrer Verteidigung. Ihre einzige Hoffnung ist es, eines Tages in eine *company* einzutreten oder ihre Söhne hineinzubringen. Aber ihre Schwäche wappnet sie schlecht für die Eroberung des Rechts auf das Privileg. Ein Erlaß von 1463 verwirklicht diese juristische Marginalisierung im städtischen Raum: Die *foreigns* werden in einem Stadtbezirk zusammengefaßt, dem von Blancheappelton, nicht weit von Mark Lane. Die räumliche Absonderung betont und verstärkt die soziale Barriere. Ein Hindernis, das man nicht Schritt für Schritt überwinden kann, räumt man nur schwer aus dem Weg. Wie überall macht das Londoner System aus dem Eintritt in eine Gruppe einen juristischen Akt und eine sichtbare Geste. Die Gruppe verteidigt sich dadurch nur umso besser gegen die Neuankömmlinge.

Die Zwänge der Gruppe können zu einem regelrechten Dirigismus führen. Der vollendetste Typ ist sicherlich der von Venedig; der brutalste der von Lübeck.

In Venedig verbinden sich Nationalismus und Protektionismus. Nur die venezianischen Schiffe dürfen im Canale Grande oder in der Lagune anlegen. Man darf nur Waren exportieren, die Venezianern gehören. Fremde Waren dürfen nur in dem Maße importiert werden, als sie eine Ladung ergänzen. Der Dirigismus läßt dem venezianischen Kaufmann allerdings die Wahl dessen, was er verkauft. Natürlich bedeutet das die freie Wahl von Zeit und Raum, die freie Wahl der Lieferanten und Empfänger, die der Waren und ihrer Qualität und eine totale Freiheit in der Preisgestaltung. Der venezianische Geschäftsmann bleibt ein Kaufmann, der sich das Recht auf Initiative zuerkennt.

Das staatliche Monopol ist das gleiche in Lübeck, zumindest in groben Zügen. Der Fremde hat nicht einmal das Recht, seine Waren öffentlich auszustellen. Das bedeutet, daß er dies gezwungenermaßen seinen Konkurrenten vor Ort überläßt. Was er importiert, kann er nicht wieder mitnehmen: Alles muß vor Ort verkauft werden. Das System der Hanse perfektioniert die Kunst, den anderen ihre Position unhaltbar zu machen: Der Fremde hat nicht das Recht, einzelne Waren zu kaufen. Er darf lediglich seine Waren ausladen und muß sich ihrer so schnell wie möglich entledigen.

Die meisten Handelsplätze stellen indessen nur einen äußeren Rahmen dar. Die großen Geschäfte genießen eine innere Freiheit, die weder die handwerkliche Produktion noch der Einzelhandel kennen und kennen wollen. Es geht darum, die Geschäfte zu kontrollieren, sie den steuerlichen und steuerähnlichen Lasten zu unterwerfen, die äußere Konkurrenz zu vereiteln, ohne auf Beiträge zu verzichten, die notwendig sind für den Bedarf des Marktes und für den finanziellen Ausgleich.

Das gleiche gilt für die Handelsbeziehungen Englands. Die für die kontinentale Etappe, für das nicht-mediterrane Europa bestimmte Wolle, die über London, auch über Boston, Hull oder Ipswich exportiert wird, ist in den Händen der »Männer der Etappe«, der *staplers*, von Kaufleuten, die sich in einem solchen Maße spezialisiert haben, daß sie es ablehnen, die Rückfrachten zu organisieren. Das Geld, das sie in Brügge, Antwerpen oder Calais verdienen, könnte Importe nach England finanzieren. Die *staplers* überlassen dies anderen, und die Rückführung ihres Gewinns geschieht mittels Wechseln, die in England zahlbar sind. Wie man sich denken kann, ist das Geld nicht für alle verloren. Jene risikofreudigen Kaufleute, die alles mögliche importieren, verstehen sich sehr gut darauf, die auf dem Kontinent verfügbaren Kredite anzulegen, indem sie durch ihre Korrespondenten in England die Beiträge auszahlen lassen, die der *stapler* sobald wie möglich wieder in seine Wollkäufe investiert.

Die materielle Etappe, Zwang und Annehmlichkeit zugleich, ist eine Sache. Eine ganz andere ist der finanzielle Ausgleich, denn der Verkäufer der Wolle findet nicht immer vor Ort Abnehmer für einen Wechsel auf England. Die Importeure von Getreide, Wein, Eisen oder Waid — ein blauer Farbstoff, der im Languedoc den Namen Pastell trägt — haben in der Wolletappe nichts zu kaufen, wenn diese nicht, wie in Brügge in der Mitte des 14. Jahrhunderts einige Jahre lang, in einem großen Hafen mit vielfältigen Handelsmöglichkeiten liegt. In den meisten Fällen müssen die Kaufleute ihre Forderungen ausgleichen, und in den großen Häfen oder auf den Messen Flanderns — insbesondere in Berg op Zoom — finden jene finanziellen Transaktionen statt, mit denen die Geschäfte der Nachbaretappe beglichen werden.

Bekanntlich erfährt dieser Rahmen einige Verbesserungen. Persönliche oder häufiger kollektive, gelegentliche oder ständige Privilegien räumen sehr vielen Kaufleuten das Recht ein, englische Wolle direkt zu den Verbrauchern zu bringen oder sie selbst aus dem Land zu holen, in dem sie produziert wird. Die Grafschaften des Nordens exportieren ohne Vermittler an die Webereien in den Niederlanden. Die Kaufleute von Berwick, einer kleinen Stadt in der Nähe der englisch-schottischen Grenze, an der Mündung des Tweed, organisieren so den Verkauf der Wolle, die in Schottland und dem Gebiet zwischen Cocket und Tweed hergestellt wird. Diejenigen von Newcastle-upon-Tyne machen das gleiche mit der Wolle, die zwischen Tees und Tweed hergestellt wird, und mit der Wolle aus den Grafschaften Northumberland, Cumberland, Westmoreland und Durham. Ein Privileg, das auf klaren Grundlagen beruht: Die Leute aus Berwick oder Newcastle zu zwingen, über Brügge oder über Calais zu gehen, wäre geographisch gesehen Unsinn und eine Aufforderung zum Betrug. Das Privileg hält die königliche Kontrolle über die Exporte aufrecht. Der Betrug würde es zerschlagen.

Ferner gibt es diejenigen, die in England die Wolle holen, von der jeder weiß, daß sie die beste Europas ist. Die Italiener machen ihren freien Zugang zu Geld. In anderen Fällen handelt es sich um eine Gunst, so als der Herzogin von York von ihrem Sohn Eduard IV. eine Exportbegünstigung eingeräumt wird, die es ihr erlaubt, zu ihrem persönlichen Gewinn einen Handel zu vorteilhaften Bedingungen organisieren zu lassen. Der König vergißt dabei natürlich nicht seine eigenen Interessen: Die Wolle aus der königlichen Domäne unterliegt normalerweise nicht den Zwängen des organisierten Handels der kontinentalen Etappe.

Die *merchant venturers*, die *aventarii*, entgehen den Zwängen der Etappe. Sie handeln seit dem 13. Jahrhundert mit allem außer mit Wolle und kaufen überall ein. Ebenso verkaufen sie jedem, der will, das, was sie im Augenblick haben. Dieser Handelszweig erweitert sich sehr schnell. Der Aktionsradius der *aventarii* erreicht die Niederlande, dann die Ostsee, wo die Hanseaten im 14. Jahrhundert in ihnen gefährliche Konkurrenten sehen. Sie gehen nach Island wie in die Gascogne. Sie geben die Wolle auf, um ihre Handlungsfreiheit zu behalten, aber sie verzichten nicht auf das Wolltuch, das England noch aus Flandern importiert, und auch nicht auf das Tuch, das England im 15. Jahrhundert langsam selbst zu produzieren und zu exportieren beginnt. Die *merchant venturers* mischen nur deswegen im Tuchhandel mit, weil er nicht unter die Zwänge der Zunftregelungen fällt, aber der Aufschwung der englischen Webereien im ausgehenden Mittelalter ist ihre Chance und in gewisser Hinsicht ihre Daseinsberechtigung.

Sie sind Abenteurer, da sie Risiken eingehen auf Handelswegen, die weniger ausgetreten sind als andere, und sie organisieren sich in einigen »Handelsgesellschaften« nach dem Vorbild der Italiener, deren Geschäftsvolumen ausreicht, um den neuen Wechselverkehr, mit anderen Worten: die Bank, zu stützen. Am Ende des 15. Jahrhunderts haben sich diese Gesellschaften praktisch zusammengeschlossen. Die »Kompagnie der englischen *merchant venturers* in Holland, Seeland, Brabant, dem Hennegau und in Flandern« wird zur *Merchant Adventurers Company*, einer der Finanzmächte in Nordwesteuropa am Vorabend der Renaissance.

Jeder Markt ist mehr oder weniger geregelt. So ist es Vorschrift, sich mit einem Zunftbürger von Paris zusammenzuschließen, um die kleinste Ladung unter der Grand Pont passieren zu lassen, und diese Verpflichtung bedeutet die Unterwerfung eines jeden Handels unter die Regeln der »Marchandise de l'eau« — der Pariser Kaufleute — oder deren Entgegenkommen. Paris unterstreicht im übrigen diese Absonderung. Auch ohne »Nationen« zu bilden, haben die Gruppen der fahrenden Kaufleute in den *Halles* oder außerhalb der *Halles* ihre besonderen Plätze: die *Halle de Pontoise*, die *Halle de Gonesse*, die *Halle de Beauvais*. Und die Bäcker von Saint-Marcel verkaufen ihr Brot alle zusammen auf dem Place Maubert. Die Gruppe mißtraut dem Fremden, neigt dazu, ihn kenntlich zu machen und zu organisieren, um ihn besser kontrollieren zu können. Um ihr Überleben zu sichern, setzt sie sowohl auf Privilegien als auch auf Zwangsmaßnahmen.

Die vom Weinanbau dominierte Region um Bordeaux unterliegt einem Jahreszyklus. Hier benutzt man den Kalender, um die einheimischen Kaufleute zu begünstigen, aber dieser zeitliche Vorteil verlangt seinerseits nach einer Reglementierung. Seit 1241 gesteht der englische König in seiner Eigenschaft als Herzog der Guyenne den Einwohnern von Bordeaux das Recht zu, ihren Wein bis zu Sankt Martin allein ausführen zu können. Die Kaufleute der anderen Städte der Gascogne dürfen ihre Frachten erst nach dem 11. November auf die Reise schicken. Heinrich III. war schnell zu überzeugen, da das Privileg explizit gegen das Agenais gerichtet ist, das damals dem französischen König gehörte. Einige Jahre später indessen wird das Monopol der Bürger von Bordeaux gegen die Diözese von Bordeaux organisiert, die ganz den Plantagenets gehört.

Das Datum variiert. Im 15. Jahrhundert erreichen die Einwohner von Bordeaux, daß es auf den 25. Dezember verschoben wird. Ludwig XI., der die Eroberung seines Vaters nicht zunichte machen will, setzt es auf den 30. November fest und bewirkt somit einen Kompromiß zwischen den Ansprüchen der Bürger und dem Wunsch der Weinbauern des Oberlandes. Trotz der relativ liberalen Handelsbedingungen genügt dieses Privileg, um in manchen Jahren den Wein aus dem Hinterland erst nach der Wintersaison zu den Verbrauchszentren am Ärmelkanal und an der Nordsee gelangen zu lassen. Bordeaux verkauft seinen Wein im Herbst, das Oberland verkauft seinen Wein im Frühjahr. In der Zwischenzeit ist der Wein nicht besser geworden, die Keller von Brügge und London wurden aufgefüllt, die Preise sind gesunken.

Das alles verbietet weder die individuelle Initiative noch die Freiheit der Wahl. Beide sind sowohl auf einem Handelsplatz mit alten Traditionen wie Genua als auch auf einem expandierenden Markt wie Nürnberg anzutreffen. Abgesehen vom Alaunmonopol scheint der genuesische Handel nahezu frei von Behinderungen zu sein. Jeder, der will, kann Handel treiben, womit er will und mit wem er will. Und der Genuese setzt allein die Bedingungen fest, die ihm am vorteilhaftesten zu sein scheinen. Er trägt allein die Verantwortung für einen Mißerfolg. Die Reglementierung ist hier ein Ergebnis der Solidarität zwischen den Genuesen auf fremden Handelsplätzen, an denen man sich zusammentun muß, um Privilegien zu erhalten und zu nutzen, die außerhalb der Reichweite eines Einzelnen liegen.

In Nürnberg lösen sich die traditionellen Behinderungen, wie sie die Kaufleute der kleinen Stadt kannten, in der Dynamik der Expansion auf. Im 15. Jahrhundert verschwinden sie fast ganz. Fremde können hinfort so lange in der Stadt bleiben, wie sie brauchen, um ihre Geschäfte abzuwickeln. Bürger von Nürnberg und fremde Kaufleute schließen sich nach Belieben zusammen. In der neuen Vielfalt der Gewerbe-, Handels- und Bankgeschäfte, die von Kaufleuten mit einem weiten Horizont getätigt werden, gibt es keinen Platz mehr für Absonderung, Zwang und ein künstliches Gleichgewicht. Diejenigen, die am wenigsten Nutzen daraus ziehen, sind die ersten, die sie verwerfen. In ihrer Verwicklung in Korporationszwänge und Protektionismus bemerken die alten Metropolen etwas spät, daß sie an ihnen ersticken.

Die Konkurrenz

Während die soziale Gruppe sich entschieden verschließt, um ihre Vorteile für sich allein zu wahren und zu nutzen, stellt sich das Problem der Konkurrenz auf zwei Ebenen. Zum einen auf der des Königreichs oder der Stadt, ja des organisierten Gewerbes, der *arti* und Zünfte, der Hanse und der *company:* Die Gruppe wird trotz allem außerhalb der durch ihre Privilegien definierten Grenzen mit anderen ähnlich privilegierten Gruppen konfrontiert. Eine rauhe und mitunter dramatische Konkurrenz herrscht im 13. Jahrhundert zwischen Florenz und Pisa, und im 15. Jahrhundert kämpft Florenz gegen Lucca. Ebenfalls im 15. Jahrhundert rivalisiert Brügge mit Antwerpen, Lübeck mit Nürnberg. Auch Paris und Rouen konkurrieren ständig miteinander. Ganz zu schweigen von den Feindseligkeiten zwischen der florentinischen Wollzunft und der *Calimala* oder den endlosen Prozessen, die sich Schneider und Tuchmacher vor dem Pariser *Parlement* liefern. Die Gruppe ist solidarisch gegenüber der Konkurrenz von außen, aber diese Konkurrenz trägt dazu bei, daß die Gruppe sich immer mehr verschließt. Die Schranken zu beseitigen, heißt untergehen.

Die zweite Ebene der Konkurrenz ist natürlich die der einzelnen. Auch wenn er mit der Gruppe solidarisch ist, verzichtet doch keiner darauf, mehr zu verdienen als sein Nachbar. Trotz eines ziemlich verbreiteten rechtlichen Egalitarismus, der im Alltag wahrnehmbar ist, atmet die Praxis der Geschäfte den Geist der Konkurrenz. Das subtile Spiel mit den Beschränkungen dieser Konkurrenz, sein Einfluß auf die Einzelinitiative und seine Auswirkungen auf das Vermögen sind häufig das, worin sich die verschiedenen Handelsplätze und deren Perspektiven für den einzelnen am deutlichsten voneinander unterscheiden.

Die freie Konkurrenz

Jede egalitäre Politik beruht auf kollektiven Zwängen. In einer individualistischen Gesellschaft wie Genua kann darüber kein Zweifel herrschen. Allein die öffentliche Gewalt ist in der Lage, die Bildung privater Monopole oder bevorzugter Kundenkreise zu unterbinden. Und diese öffentliche Gewalt muß die Kraft dazu haben sowie die Zustimmung oder, besser noch, das stillschweigende Einverständnis der kaufmännischen Kreise. Der Egalitarismus, unter anderem eine Konsequenz der Solidarität, ist auch ein Mittel des Protektionismus. Nur ein homogener Markt läßt sich schützen.

Dieser Schutz reicht von einzelnen Verfügungen bis hin zu einer groß angelegten Politik. In Paris begnügt man sich damit, die Plätze in den *Halles* zu verlosen, da deren Lage mehr oder weniger günstig ist. Es ist vorteilhafter, in der Nähe des Eingangs zu sein und vom Käufer gleich gesehen zu werden, und der Hauptdurchgang bietet mehr Chancen als die seitlichen Durchgänge und Winkel. Aber in Paris geht man kaum weiter, während die Hanse die absolute Gleichheit aller Bürger der Mitgliedsstädte zum Prinzip ihres Handelssystems erhebt und der venezianische Senat jedem Kaufmann die Nutzung einer öffentlichen Dienstleistung — der staatlichen Schiffsausrüstung — und identische ökonomische Bedingungen mit gleichermaßen geringen Risiken garantiert. Natürlich ist dieser Egalitarismus ein zusätzliches Hemmnis: Gleiche Chancen und gleiche Risiken für alle bedeuten, daß es dem kleinen Kaufmann unmöglich ist, eines Tages zu den großen Kaufleuten zu gehören. Der Egalitarismus konsolidiert die großen Vermögen, begrenzt das Risiko und zementiert die Mittelmäßigkeit. Es ist verständlich, daß dieser Gleichlauf ein Ideal des Wachstums ist in einer Gesellschaft, in der im Jahr 1297 mit der Schließung der Liste der Familien, die Anspruch auf einen Sitz im Großen Rat haben, die Blockierung des individuellen Geschicks institutionelle Form annimmt.

In der Frühzeit ihrer kaufmännischen Geschichte erfuhren die Toskaner die Vorteile einer freien Konkurrenz. In wenigen Jahrzehnten wurden märchenhafte Vermögen angehäuft. Im 13. Jahrhundert tauchten überall Unternehmen auf, die auf Märkten miteinander konkurrierten, die man für unbeschränkt wachstumsfähig hielt. So wie früher die Pisaner, Genueser und Venezianer im Orient, die alle Meister auf See, wiewohl in den syrischen Häfen, in Byzanz oder im Schwarzen Meer erbitterte Rivalen waren, begegnen sich Florentiner und Sienesen auf den Handelsplätzen Westeuropas und rivalisieren ohne allzu große Schwierigkeiten auf den Messen der Champagne, in Brügge oder in London miteinander. Die großen Pariser Vermögen im 14. Jahrhundert gehören Gandoufle d'Arcelles — Aguinolfo degli Arcelli — und Biche und Mouche. Die Toskaner und ihre nächsten Nachbarn sind täglich auf dem Markt miteinander konfrontiert, aber es gibt noch genug Platz für alle.

Aber die Dinge kommen schnell in Bewegung. Die Konkurrenz der toskanischen Gesellschaften — nicht nur von einer Stadt zur andern — ist bereits gnadenlos, bevor man die Folgen der ersten Krisen des 14. Jahrhunderts zu spüren bekommt. Einer verdrängt den anderen. Biche und Mouche »Guy« zählen zu den meistgehörten Beratern Philipp des Schönen und ziehen unverfroren Nutzen daraus. Sie behalten sich die einträglichsten Spekulationen vor, bemächtigen sich der königlichen Münzprägung und übernehmen die Steuerpacht auf den Messen der Champagne. Der privilegierte Zugang zu Informationen, den ihnen der vertrauliche Umgang mit dem König verschafft, bietet ihnen viele günstige Gelegenheiten in Handel und Bankwesen. Und ihr Neffe Tote ist der persönliche Verwalter der Geschäfte von Enguerran de Marigny in einer Zeit, als dieser, von seinen Neidern als Vize-König angesehen, die diplomatischen Beziehungen mit dem Papst und den flämischen Städten in einen schäbigen Kuhhandel im europäischen Maßstab verwandelt. Der Block der Guidi macht natürlich sehr viele Hoffnungen der Florentiner auf Geschäfte mit Frankreich zunichte.

Seit dem Ende des 13. Jahrhunderts macht sich in Siena und einige Jahre später in Florenz die interne Konkurrenz unsanft bemerkbar. Ein Bankrott folgt auf den anderen: in Siena 1298 die Buonsignori, in Lucca 1300 die Riccardi, in Florenz 1301 die Mozzi, 1307 die Franzesi — Biche und Mouche sind tot —, 1312 die Frescobaldi und schließlich 1326 die Scali. Der kaufmännische Bankrott hat finanzielle Folgen. Das Vertrauen bricht zusammen. Das Bankwesen, das noch sehr mit dem Warenhandel verbunden ist, weil die Kunden dieselben sind und weil man den Verkaufsertrag braucht, um auf dem Kreditmarkt über liquide Mittel zu verfügen, wird dadurch in seiner Entwicklung beeinträchtigt.

Die Florentiner reagieren mit einer drastischen Änderung ihres Verhaltens. Die Konkurrenz wird für die Niederlagen verantwortlich gemacht. Um das Vertrauen in Europa wiederherzustellen, scheint es klug, auf sie zu verzichten. Die jungen Gesellschaften ziehen es vor, zu Übereinkünften zu gelangen, um sich nicht gegenseitig zu ruinieren. Man teilt die Märkte untereinander auf und operiert auf den Bankplätzen gemeinsam.

So auch in Avignon zur Zeit von Johannes XXII. und Benedikt XII., bis zum Jahr 1342, als die Bardi, die Peruzzi, die Bonaccorsi und die Acciaiuoli gemeinsam die Zirkulation der Gelder sichern, die von den päpstlichen Steuereintreibern in allen christlichen Ländern eingetrieben werden. Jede Gesellschaft bewirtschaftet einen genau definierten geographischen Raum. Wenn an einem Handelsplatz mehrere Gesellschaften anwesend sind, wie dies in Brügge der Fall ist, so teilen sie die Geschäfte untereinander auf. Das Einvernehmen ist vielleicht nur eine Fassade, und man kann nicht behaupten, daß jeder freudig diese Aufteilung des Marktes und des Gewinns akzeptiert. Aber jeder weiß, daß er nur unter dieser Bedingung überleben kann. Später, nach der großen Bankenkrise um das Jahr 1340, halten sich die Päpste meistens an eine einzige Gesellschaft: die Strozzi, die Alberti *antichi*, die Guardi und einige andere. Der politische Bruch mit Florenz bringt den Papst dazu, die Hilfe eines Bankiers aus Pistoia, Andrea di Tici, in Anspruch zu nehmen. Das große Schisma macht die Gesellschaft der Rapondi in Lucca und schließlich die Piemontesen in Asti ansässig.

Aber zu der Zeit, als die päpstlichen Gelder über eine einzige Gesellschaft laufen, kommt es zu einer Aufteilung im europäischen Rahmen. Florentiner und Luccheser behandeln die Finanzen des Papstes als Element eines globalen Marktes, den man untereinander aufteilen muß. In diesem besonders für die Luccheser sichtbaren Einvernehmen bekommt ein Dino Rapondi mit einem Platz in Brügge die Pariser Kundschaft des Herzogs von Burgund, Philipp des Kühnen, und die eines Papstes in Avignon, der durch die Krisen Frankreichs und der Kirche vor den Karren des französischen Königs gespannt ist.

Eine der Waffen der freien Konkurrenz ist natürlich das Geheimnis. Sogar auf den Handelsplätzen, wo man die Konkurrenz zu beschränken sucht, deckt das Geheimnis tatsächlich eine immer lebendige Konkurrenz, die im Falle einer kollektiven Gefahr nur durch das Gefühl der ökonomischen Solidarität zurückgehalten wird, in der alle den besten Schutz sehen.

Das Geheimnis ist desto sicherer, je rauher die Konkurrenz ist. Die Genuesen halten alles geheim, sogar ihre Reiserouten. Ein Genuese würde nicht von seinen Reisen erzählen oder von den Erfahrungen berichten, die er auf fremden Märkten gemacht hat. Man mißtraut sogar dem Notar, und in zahlreichen Verträgen wird nicht einmal der Zielhafen des Schiffes angegeben. Nur der Kapitän weiß Bescheid. »Wo immer sie hinfahren wollen«, schreibt ein Notar, »wo Gott sie hinführt«, notiert ein anderer. Als Christoph Columbus von seiner Atlantiküberquerung zurückkehrt, verhält er sich vollkommen wie ein Genuese, was zu einigen Ungenauigkeiten in der Geschichtsschreibung führen sollte...

Während dieser Zeit legt der Venezianer seine Frachten und Bestimmungsorte offen fest, beschreibt die Etappen, erzählt von seinen Reisen und veröffentlicht seine Memoiren. Marco Polo ist dafür nur ein Beispiel. An den Ufern der Lagune ist man sehr gesprächig. Wem sollte man mißtrauen, wenn alles vom Staat verordnet ist?

Aber das Geheimnis muß gewahrt werden. Die Strukturen des aufkommenden Kapitalismus spiegeln diese Besorgnis wider: Es muß vermieden werden, daß allzu viele Gesellschafter die ökonomische Wirklichkeit kennen. Die Praxis des vergüteten Depots, die im Gründungsvertrag der Gesellschaft fremdes Kapital anzieht und arbeiten läßt, hält einen Großteil der stillen Teilhaber erfolgreich von der Kenntnis und der Führung der Geschäfte fern. Die Gesellschaften in kollektivem Namen und die Gesellschaften mit Filialen erlauben auf subtilere Art und Weise eine Aufstockung der Gesellschafter, von denen die meisten nur einen Teil der Geschäfte kennen. Tommaso Portinari, Direktor der Medici in Brügge, weiß nichts über die Position und die Unternehmungen des Imperiums der Medici an anderen Orten. Oder vielmehr weiß er nur so viel, wie ihm nützlich ist, um in Brügge seine Handels- und Bankgeschäfte zu verwalten. Wie die Kapitalien — in Florenz floriert das Geschäft, während Portinari schlechte Geschäfte macht — sind die Informationen gestückelt.

Die Priorität, die der internen Weitergabe dieser Informationen zukommt, ist hingegen eine Notwendigkeit in der Praxis der Wirtschaft. Einen Tag warten, bevor

man den Kollegen und Nachbarn die Post übergibt, die man für sie erhalten hat:
So lautet der Rat, den ein junger Kaufmann von seinem Mentor bekommt. Man
muß als erster die Informationen auswerten, bevor man an die anderen denkt...

Der Protektionismus

Immer, wenn sie sich gegen Konkurrenz von außen zur Wehr setzt, neigt die Solidarität der lokalen Gruppe zu protektionistischen Regelungen, die Privilegien verschaffen, lenkend eingreifen und Beschränkungen auferlegen. In den Städten der Hanse hat sich die Fremdenfeindlichkeit im 15. Jahrhundert verfestigt. Die Rolle der Brügger Etappe im System der Hanse verstärkt sich, um der holländischen Konkurrenz die Stirn zu bieten, während die Delfter Messe an Bedeutung gewinnt und die Amsterdamer Schiffe bis nach Norwegen fahren. Der hansische Markt tendiert zur Abschottung nach außen. Der Hansetag von 1442 beschließt, das für die Hansestädte bestimmte Tuch nur noch in Brügge zu kaufen. Drei Jahre später ist die Brügger Etappe für den Export von nicht verderblichen Waren verbindlich vorgeschrieben. Man kann weiterhin Fisch in Hamburg oder Lübeck verkaufen, nicht aber Pelze und Holz.

Die Abschottung der Märkte ist natürlich eine direkte Waffe im Kampf gegen die ausländische Konkurrenz. Aber klugerweise behalten sich die Regierenden Beschränkungen im allgemeinen für Krisenmomente vor. Auf dem Höhepunkt des finanziellen Einbruchs, der Philipp den Schönen im Frühjahr 1303 zu einer Abwertung veranlaßt, geht dieser so weit, jeden Export von Rohwolle in die tuchverarbeitenden Städten des Hennegau, Valenciennes und Maubeuge, zu verbieten, wenn sie nicht... an französische Kaufleute verkauft wird. Ebenso schließt die Hanse, deren Position in der Nordsee durch Holland bedroht wird, im Jahr 1445 ihre Kontore für den Import von holländischem Tuch. England, das ein noch junges Tuchgewerbe weiter fördern will, verbietet im Jahr 1463 den Export von Rohwolle, bevor es 1484 seiner Produktion nicht weniger gewaltsam Absatzmärkte verschafft, indem es jeden Import ausländischen Tuchs untersagt.

Mitunter geht man, mit wechselndem Erfolg, so weit, Gewalt anzuwenden. Die englischen Kaufleute fordern im Jahr 1449 Heinrich VI. auf, die bretonischen und normannischen Schiffe zu versenken, um »die Meere beherrschen« zu können. Nicht ganz so unrealistisch ist der Vorsatz Ludwigs XI., der in den Jahren 1462 bis 1464 französische oder fremde Kaufleute, die sich auf die Genfer Messen begeben, mit Gefangennahme und Beschlagnahme bedroht. In der Umgebung Ludwigs XI. glaubt man, auf diese Weise würden sich die Geschäfte stärker auf die Messen in Lyon konzentrieren.

Diese Netze der Solidarität, die gegen die Konkurrenz gerichteten Absprachen und die protektionistischen Sperren bilden sich auf allen Ebenen. Die Pariser Gürtelmacher erreichen so beim König, daß er die Tore der Hauptstadt für Gürtel verschließt, die in der benachbarten Ortschaft Saint-Marcel hergestellt werden. Dort werden ärgerlicherweise Blei, Holz, Muscheln und andere billige Materialien dem reinen Zinn beigemischt, mit dem die Pariser Gürtel ausschließlich verziert werden.

Familiäre Bündnisse kommen ins Spiel, die die Wirtschaftsräume und die Konzentration der Kapitalien ohne fremde Einmischung kontrollieren. Auch wenn sich der toskanische Kaufmann in Barcelona, Brügge oder Avignon niedergelassen hat, so nimmt er doch eine Tochter seiner Heimatstadt zur Frau. Auch wenn er nicht mehr zurückkehren will, stärkt er mit diesen Familienbanden die Solidarität von Landsleuten, die gemeinsam der Konkurrenz begegnen müssen. Nicht nur aus Patriotismus — sofern diese Solidarität in den Geschäften nicht eines der Gesichter des Patriotismus ist — heiratet »Geoffroi« Cenami aus Lucca in Paris Filippa, die Tochter von Dino Rapondi aus Lucca, während in Brügge Giovanni Arnolfini aus Lucca Giovanna Cenami aus Lucca heiratet. Wir kennen das Doppelportrait, das Jan van Eyck von der Familie Arnolfini im Jahre 1434 anfertigte.

Man kann die fremde Konkurrenz nicht immer ausschalten. Rechtliche Monopole und faktische Kontrollen sind schwierige Ziele und zerbrechliche Gebilde. In Ermangelung eines Besseren organisieren sich die Kaufleute, um die Preise zu kontrollieren und sich die besten Bedingungen vorzubehalten. Seit dem Ende des 13. Jahrhunderts konzentrieren die Venezianer ihre Pfeffer- und Baumwollkäufe auf den Handelsplatz Alexandria. Ein halbes Jahrhundert später nimmt in Trapezunt der gemeinsame Bevollmächtigte der Kaufleute von Venedig auf Rechnung seiner an dem Geschäft interessierten Landsleute alle Gewürze ab, die eine Karawane gebracht hat. In einem Fall schließt man sich zusammen, um den Preis auszuhandeln, in dem andern reißt man den Markt an sich. Die Genuesen tun das gleiche und schieben die Konkurrenten im Handel mit dem Alaun aus Phokäa zu den Zentren der Umverteilung ab, im Orient die Insel Chios und im Okzident Brügge.

Ein paralleler Markt reicht aus, um ein Unternehmen zu ruinieren. Die in Riga lebenden Hanseaten wissen das am Vorabend des Fischzugs wohl und fürchten, die holländische Flotte gleichzeitig mit der ihrigen ankommen zu sehen: der Kurs des Salzes würde um die Hälfte nachgeben.

Es handelt sich ohne Zweifel um eine Preiskontrolle, wenn die englischen Kaufleute im Jahr 1454 vom Parlament verlangen, einen Höchstpreis für die Wolle festzusetzen, die für den Export bestimmt ist. Die Hausse der ausländischen Kurse für Rohwolle bedroht die Selbstkostenpreise der jungen Tuchproduktion auf der Insel. Die Wollpreise beim Export festzusetzen heißt, den Produzenten einen Anreiz zu geben, auf dem lokalen Markt zu verkaufen. Die Interessen der Großgrundbesitzer, die vor allem Wolle produzieren, setzen sich jedoch gegenüber den Interessen der Unternehmer durch: Das Parlament wird sich weigern.

Nicht vergessen sollte man auch den Protektionismus der Zünfte, der innerhalb ein- und desselben Marktes ausgeübt wird, wobei Zünfte einander gegenüberstehen, die auch verschiedene gesellschaftliche Schichten bilden. Es geht vor allem um die Konkurrenz derjenigen, die Dinge beschaffen, und derjenigen, die herstellen. Was das Pelzgewerbe betrifft, so stehen sich auf dem Markt die Pelzhändler, welche die für die Herstellung von Luxusbekleidung erforderlichen Pelzwaren des Nordens von Brügge und noch weiter kommen lassen, und die Kürschner gegenüber, die die Felle bearbeiten und die modische Bekleidung herstellen. Für den Kunden sind beide gleich wichtig, und die Kunst des Kürschners zählt genauso wie die kaufmännischen Fähigkeiten des Pelzhändlers.

Im übrigen wird die Konkurrenz häufig dadurch kompliziert, daß der Kunde selbst die Felle liefert, die er sich außerhalb des lokalen Marktes beschafft. So haben die Fürsten ihre »Beschaffer«, die zu den Quellen gehen und die Messen besuchen. Wenn es darum geht, Fürstenhöfe zu beliefern, bestimmt die Wahl des Fürsten die Verteilung der Rollen. Thomassin Potier, zukünftiger Kürschner Ludwigs von Orléans, erscheint in den Rechnungsbüchern der fürstlichen Häuser zuerst als Hoflieferant von kostbaren Pelzwaren.

Die beiden Welten des Handels und des Handwerks durchdringen sich hier gegenseitig so sehr, wie sie sich andererseits hassen. Der Schwager Karls V., der Herzog von Bourbon, der von diesem beauftragt wird, die königliche Rechtsprechung über die Pelzgewerbe auszuüben, verbietet den Handwerkern, die den Obolus der Pelzhändler nicht entrichten, vergeblich Handel zu treiben. Auch wenn der Fürst selbst auf dem Markt interveniert, bewirkt das nicht viel. Wenigstens erreicht man, daß die Käufe von neuen Pelzen durch die Kürschner begrenzt werden. Aber keiner kann den Kunden daran hindern, seinem bevorzugten Kürschner ein Gewand weiterzuverkaufen, das er nicht mehr haben will.

Die kaufmännische Welt selbst teilt sich. Kaum haben die Pelzhändler erreicht, daß die Kürschner aus dem Handel mit neuen Fellen ausgeschlossen werden, erscheint eine neue Konkurrenz auf dem Markt: Die Kurzwarenhändler, die mit allem handeln, was der Zurschaustellung von modischem Reichtum dienlich ist, bieten ihrer Kundschaft die kostbaren Pelzwaren an. Im 15. Jahrhundert findet man bei ihnen Bären- und Fuchsfelle, Fischotter und Hermelin. Der Pelzhändler, der gestern noch Feh und Marder verkaufte, kann sich kaum über die Konkurrenz beschweren, wenn ein anderer das verkauft, was noch nicht zu seinem Monopol gehört. Wie früher der Kürschner, so muß jetzt der Pelzhändler daran erinnern, daß der Handel mit Fellen einige technische Kenntnisse voraussetzt.

In der Praxis wird der einzelne Konkurrent ganz einfach aus dem Markt gedrängt. Und da ist jedes Mittel recht. Der Kaufmann Regnardon aus Clermont in der Auvergne macht um das Jahr 1380 diese traurige Erfahrung. Als er nach Paris kommt, um dort drei Ballen Stramin zu verkaufen, weiß er sehr wohl, daß die großen Pariser Tuchhändler sich direkt in der Auvergne einzudecken pflegen und daß er sich somit in der Randzone eines Handels bewegt, dessen Pfründe schon besetzt sind. So versucht er auch nicht, an ihnen vorbei zu handeln: Er bietet seine Ware den Pariser Tuchhändlern an. Zumindest können die anderen dann nicht behaupten, daß er ihnen ihre Kundschaft abspenstig mache. Wie überrascht ist Regnardon, als ihm ein Preis vorgeschlagen wird, der unter dem Preis liegt — zehn Francs pro Ballen —, den die Pariser normalerweise in der Auvergne bezahlen: »Im Gegenteil bereiteten sie ihm einen großen Verlust, damit er nicht mehr auf die Idee käme, mit besagter Ware zu handeln.«

Kurz: Man will es ihm verleiden. Aber der Mann aus der Auvergne ist ein Schlaukopf. Es ist Februar, Mittfasten rückt näher, was für ihn die große Messe von Compiègne bedeutet. Er begibt sich dorthin und verkauft mühelos seinen Stramin an Händler aus Tournai und Brügge.

Die Pariser sind schnell darüber informiert. Man läßt die Flamen wissen, daß sie den Stramin billiger bekommen könnten, wenn sie einen solchen Umweg vermeiden würden. Auch wenn im Augenblick die großen Tuchhändler etwas Geld auf dem kleinen Markt verlieren, auf dem Stramin gehandelt wird: Wesentlich ist, einem dreisten Mann aus der Auvergne das Genick zu brechen, der in der Lage ist, direkte Wege zu gehen...

Der alleinige Richter ist letztendlich der Kunde. Auch wenn, wie der Senat von Venedig 1424, eine politische Autorität dekretiert, daß die technische Kompetenz der einen größer sei als die der anderen, und auch wenn man sich, wie der Stadtrat von Arras, auf Betrügereien hinsichtlich der Qualität beruft, die derjenige nicht entdecken könne, der nicht die Erfahrung des professionellen Einkäufers habe, so hindert den Kunden in Wahrheit nichts daran, den Konflikt zu entscheiden und demjenigen den Vorzug zu geben, der ihn zufriedenstellt.

Alles hängt daher letztendlich vom Kunden ab. Und es ist leichter, ein Gewerbe daran zu hindern, unbilligerweise an das Kleinbürgertum zu verkaufen, als dem Fürsten zu untersagen, dort zu bestellen, wo es ihm gefällt.

Egalitarismus und Werbung

Auf dem lokalen Markt ist die Konkurrenz leichter zu kontrollieren. Demjenigen, der den Kunden mit anderen Mitteln als der ehrlichen Präsentation der zum Verkauf angebotenen Produkte anlocken will, ergeht es schlecht. Die freie Wahl, die der Kunde hat, entspringt seinem freien Urteil. Alle Berufsstatuten verurteilen Kundenfang und direkte Werbung. Den Kunden in seiner

Herberge aufzusuchen, ist ein schwerer Fehler. Ihn auf der Straße anzuhalten, ist ein weiterer. Das kostet zwei Pariser, Jean Boucher und Simonet Grandin, die sichere Kunden direkt beliefert hatten und den Anschein zu erwecken versuchten, als durchquerten sie nur die Markthalle, vierzig Sous Strafe:

»Große Mengen Wolle, die sie außerhalb der *Halles* in das Hôtel de Carneaux, beim Collège de Mignon, gebracht hatten, an welchem Ort Regnault Jouault und Jean Le Maignen, Kaufleute aus Paris, sie trotz der Vorschriften besichtigten.

Obwohl seitdem besagten Boucher und Grandin aufgetragen worden war, die Wolle auf einem Karren in die *Halles* zu bringen, haben sie kürzlich nach sieben Uhr morgens die Wolle auf einem Karren in die Halle gebracht und sie, ohne anzuhalten, ohne die Wolle auszupacken und sie öffentlich zu zeigen, an besagte Jouault und Le Maignen verkauft, die sie von ihnen gekauft hatten, und ließen sie in deren Häuser bringen.«

Hinter seinem Ladentisch hält sich der Krämer schadlos, indem er am lautesten schreit, und nichts verbietet ihm, eine gefällige Magd vorzuzeigen. Der Preis ist tariflich festgelegt, Schmiergeld als Skonto auf den Verkauf ist verboten. Und ein Heer von vereidigten Maklern wacht über den Markt, um eine gleiche Behandlung aller sowie die Ehrlichkeit der Transaktionen und der Gewichte und Maße zu garantieren. Natürlich hat der Handwerker die Freiheit, ein besseres Produkt billiger als sein Nachbar zu verkaufen. Wenn der Preis des Weins und der des Getreides sich auf dem Tagesmarkt bilden, so sind der Töpfer und der Kunstschmied kurzfristig weniger dem Vergleich unterworfen.

Je größer die Kunstfertigkeit, desto mehr verliert das arithmetische Maß seine Berechtigung. Der Goldschmied macht seinen Preis und geht gegenüber den Preisen des Rivalen sein Risiko ein. Auch muß er mit der Gruppe rechnen, die die Arbeitsbedingungen regelt, während er den Kunden nicht daran hindern kann, die Gürtelschnallen des Kurzwarenhändlers Guillaume oder die Wasserkannen des Töpfers Robin vorzuziehen. Das Verbot der Arbeit in geschlossenen Räumen berührt alle Gewerbe: Mit der Arbeit im Dunkeln — in den Hinterläden oder in den Nachtstunden — zerschlägt man die Preise. Zu dem immer wieder vorgebrachten Argument, wonach die vor den Augen des Publikums stattfindende Arbeit eine Garantie für Qualität ist, gesellt sich ein Argument, das weniger offen zugegeben wird, nämlich daß die Kollegen gern einen Blick auf die Konkurrenz werfen.

In Venedig wie in Lübeck bringt die strikte Reglementierung der Seefrachten den gleichen Egalitarismus zum Ausdruck. Aber die Patrizier, die über die Stadt und den Hafen herrschen, sind nicht so leicht zu kontrollieren wie arme Schuhmacher oder brave Bäcker, die keine Strafe zahlen oder ins Gefängnis gesteckt werden wollen. Die Kleinhändler von Venedig protestieren im Jahre 1356 vergeblich gegen das faktische Monopol der Corner und ihrer Verbündeten auf die Versorgung mit Baumwolle, mit Zucker und Salz aus Zypern. Federico Corner ist damals der wichtigste Bankier des Königs von Zypern, den er in Venedig in seinem Palazzo am Canale Grande empfängt. Keiner würde es wagen, ihm etwas vorzuschreiben. Die Corner, frei in der Gestaltung ihrer Preise, machen weiterhin ein Vermögen. Marco Corner wird im Jahre 1365 Doge, ein Jahrhundert später heiratet Catarina Corner den letzten König von Zypern, Jakob II. von Lusignan. Sie ist es, die im Jahre 1489 Zypern an Venedig verkauft. Und das in einer Zeit, als in den meisten Städten der Verkauf hinter dem Ladentisch oder in der Markthalle Zwängen unterworfen ist, die auf eine Nivellierung hinauslaufen...

Denn es handelt sich um Nivellierung, wenn man in Toulouse nur erlaubt, eine bestimmte Menge an Waren auszustellen, oder wenn man in Paris verbietet, vor der Zeit zu öffnen oder in die Nacht hinein offenzuhalten, sofern nicht, wie im Jahre 1316 im Falle des Gildevorstehers der »Sticker und Stickerinnen« von Paris, die königliche Autorität eine betrügerische Praxis sanktioniert, um ein bestimmtes Gewerbe nicht zu lähmen:

»Es kamen der größte Teil der Arbeiter und Arbeiterinnen besagten Gewerbes zu uns und baten uns, da in ihrem Gewerbe vorgeschrieben war, daß keiner des Nachts arbeiten dürfe, dies aber von Vorteil wäre, da man gut arbeite, ihnen zu erlauben, ungestraft des Nachts zu arbeiten.

Da wir erachten, daß dies von Vorteil für das Volk und die guten Leute in und außerhalb von Paris ist, erlauben wir ihnen, des Nachts zu arbeiten, wenn es ihnen gefällt, da sie gute und ehrliche Arbeit leisten.«

Damit alle Bescheid wissen, läßt die städtische Gemeinschaft die Preise in der Stadt ausrufen. Und man achtet darauf, daß die Ausrufer selbst die gleichen Chancen haben, sowohl bei Wareneingängen als auch beim Tod eines Bürgers — beide »Ausrufe« sind die Pflicht desselben Berufs. So wie der Schlachter von Sainte-Geneviève nicht über sein jährliches Kontingent an Schlachttieren hinausgehen und der Kornabwieger sein Amt nur einmal am Tag ausüben darf, darf jeder Ausrufer nur einen Todesfall am Tag verkünden. Ein Ausrufer sollte nicht von einer Grippeepidemie profitieren!

Die Florentiner vertrauen dem Geschriebenen mehr als der Lautstärke des Ausrufers, der schnell zu Ende kommen will. Die *Calimala* zwingt die Tuchverkäufer, an jedem Ballen ein Holztäfelchen anzubringen, auf dem der Großhandelspreis gut leserlich geschrieben steht. So gelingt es den Leuten Karls VI., die gleichzeitig und so schnell wie möglich zehn verschiedene Dinge ausrufen lassen, im Jahre 1382 die Wiedereinführung der indirekten Steuer bekanntzugeben, ohne daß die Pariser wirklich darauf achten. Allerdings wird dies einige Tage später, als man die Steuer auf den Kauf eines Bündels Kresse erheben will, zu jenem Aufstand führen, der in der Geschichte den Namen der Maillotins trägt.

Die Messe erscheint in dieser Hinsicht wie das Organ par excellence einer gegen die Konkurrenz gerichteten Reglementation durch Öffentlichkeit. Jede Messe wird durch die »Präsentation« eröffnet, die sich über einen Zeitraum von drei bis acht Tagen erstreckt, in dem man auspackt, ausstellt, vergleicht, schätzt. Während der Präsentation finden keine Geschäfte statt. Man schaut lediglich. So kennt man die angebotenen Mengen. Die Nachfrage zeigt sich. Die Preise werden festgelegt. Erst dann kommt die Zeit, in der die Geschäfte getätigt werden: weitere drei bis acht Tage. In einem dritten Zeitraum finden die Zahlungen statt, die Ausgleichsgeschäfte, die Stundung von Forderungen. Der Kunde riskiert keine unliebsamen Überraschungen. Die Informationen fließen. Jeder betastet und wiegt mit der Hand ab. Man sieht sich an, was der Kollege anbietet und was er dafür verlangt.

Die Örtlichkeiten erlauben den sofortigen Vergleich der Produkte, die durch ihre gemeinsame Herkunft einander ähnlich sind. Auf den Messen des Lendit, zwischen Paris und Saint-Denis, gibt es eine »Straße«, die den Händlern von Louviers gehört, eine Straße von Bernay, eine Straße von Lisieux, eine Straße von Vire, und die Händler aus Rouen verkaufen ihr Tuch in vier Straßen, die die »Halle von Rouen« bilden.

Im Handwerk, wo man eine Absatzflaute fürchtet wie anderswo die Arbeitslosigkeit, kommt es zu ausgeklügelten Verfahren. So schreibt das englische Parlament im Jahre 1377 den Londoner Goldschmieden vor, ihre Erzeugnisse ausschließlich an Londoner Goldschmuckhändler zu verkaufen, außer wenn sie einen Käufer finden, der zu einem Preis kauft, der dreimal so hoch ist wie der gängige Preis. In der Praxis läuft das darauf hinaus, den Herstellern Verkäufe zu verbieten, die sie leicht tätigen könnten, wenn sie ihre Gewinnspannen beschnitten. Aber man läßt sie machen, wenn ihre Initiative dazu beiträgt, daß die Verkaufspreise steigen. Die Händler tolerieren den Handel der Handwerker, wenn dieser ihnen zu Hilfe kommt!

Die direkte Werbung zu verbieten, die Handlung, die den Kunden anziehen soll, als schlecht an sich zu verurteilen, ist eine Sache. Aber keiner verzichtet darauf, die Aufmerksamkeit des Käufers auf sich zu lenken oder sein eigenes Image aufzuwerten. Und keiner entzieht sich der Verpflichtung, Vertrauen einzuflößen. Alle Mittel sind recht, und die indirekte Werbung schreckt auch vor Bloßstellungen und Einlassungen, die mit der Wirtschaft nichts zu tun haben, nicht zurück.

König Kunde spielt hier eine Rolle, die das Gewicht der zahlungsunfähigen Fürsten auf dem Markt der privaten Geschäfte ausgleicht. Als Lieferant der Fürstenhöfe und der aristokratischen Häuser bezieht der Kaufmann seinen Ruf von einer angesehenen Kundschaft, die seine Ehrlichkeit, die Qualität seiner Produkte und die Solidität seines Kredits garantiert. Auch die Mode mischt mit. Wenn Nicolas Bataille

117

seine Wandteppiche an die Onkel Karls VI. verkauft, an Ludwig von Anjou und an Philipp von Burgund, weiß der Pariser, bei wem er sein Himmelbett oder seinen Sessel bestellen muß.

Die Großen dieser Welt bringen die Werbung, die sie für ihre Kaufleute machen, ins Spiel, um deren Position zu stärken und bessere Dienstleistungen, mit anderen Worten: einen höheren Kredit, zu bekommen. Als nach den großen Florentiner Bankrotten in den Jahren 1343 bis 1346 Papst Clemens VI. sich an die kleine Gesellschaft der Malabayla in Asti wenden muß, setzt er alles ins Werk, um seinem neuen Bankier das ihm noch fehlende Format zu verleihen. Mit nur zwei Filialen — Brügge und London — können die Malabayla den Geldumlauf des päpstlichen Fiskus nicht übernehmen. Alles ist unter diesen Bedingungen recht, um die Aufmerksamkeit auf die Gesellschaft aus Asti zu lenken, die die Toskaner ablöst. Der Papst versäumt keine Gelegenheit, ihr seine Wertschätzung und sein Vertrauen zu erweisen. Mehr noch, er führt sie in die Geschäfte der Fürsten ein. Durch Vermittlung der Malabayla leiht Clemens VI. vom Jahre 1343 an dem König von Kastilien, dem Herzog der Bretagne und auch geringeren Personen Geld, wodurch die Gesellschaft in ganz Europa bekannt wird.

Auch prestigeträchtige Investitionen tragen zu einem guten Ruf bei, in denen der oberflächliche Beobachter voreilig unproduktive Zweckentfremdungen des Gesellschafts- oder Familienkapitals sehen könnte. Natürlich kostet der Schein etwas, und bestimmte Kreise — so die Pariser Bourgeoisie, die begierig nach Ämtern und Titeln ist — investieren in ihre Stadthäuser und bald in ihre Sammlungen das Geld, das dann im Handel fehlen wird. Aber man macht keine guten Geschäfte ohne eine elegante Fassade. Auch wenn der Luxus nicht nach außen gekehrt und die Eleganz der Florentiner Stadtpaläste auf den Hof, nicht auf die Straße hinausgeht, ist eine solide Verwurzelung im Handel der Stadt eine wesentliche Bedingung des Vertrauens. So wie in Frankreich die Konkurrenz des städtischen Bürgertums untereinander der Grund dafür ist, daß der Schlußstein des Gewölbes der Kathedrale von Laon in 24 Metern Höhe, derjenige in Soissons in 30 Metern Höhe, der in Chartres in 37 Metern Höhe, schließlich der in Amiens in 43 Metern Höhe angebracht wird und im Jahre 1284 das 48 Meter hohe Gewölbe des Chors von Beauvais zusammenbricht, so bringen auch die stolzen Fassaden der Hansehäuser in den Augen der Öffentlichkeit die Bedeutung des Vermögens zum Ausdruck. Der Kredit mißt sich an den Giebeln der Häuser. Wenn man weiß, daß die Gesellschafter persönlich für ihren Anteil verantwortlich sind, versteht man, daß ein festes, solides Vermögen die Geldgeber beruhigt, was die Risiken ihrer Teilhabe an der Gesellschaft betrifft, und die Deponenten vor der nie aus den Augen verlorenen Gefahr des Bankrotts bewahrt. Bevor sie ihr Geld einer Gesellschaft anvertrauen, schauen der Großinvestor wie der kleine Sparer, was die Garantie wert ist.

Wieviel Zeit, Dynamik und Kapital in zahlreichen Fällen die Repräsentation in der Öffentlichkeit auch verschlingen mag, besonders im Umkreis des französischen

Königs, so gehört sie doch zu jener Demonstration von Ehrbarkeit, die Vertrauen schafft und damit zur Expansion beiträgt. Gibt es ein besseres Unterpfand der Seriosität als einen Sitz im Rat der Stadt? Der Magistrat von Paris oder Toulouse, der Prior in Florenz, der Senator in Venedig oder Lübeck sind für ihre eigenen Geschäfte wie für diejenigen ihrer Verwandtschaft die besten Garanten von Eigenschaften wie Redlichkeit, Kundigkeit, Solvenz, die an einem Handels- oder Bankplatz den guten Gesprächspartner ausmachen. Das Ansehen der Standesgenossen bleibt nicht dem Zufall überlassen. Aber es steht mitunter auf tönernen Füßen, so daß sich das Spiel gegen die Akteure kehrt. Der Sturz der großen Florentiner Gesellschaften bewirkt zweimal, in den Jahren 1300 und 1340, den Zusammenbruch all derjenigen, die allzu sehr an die Unverletzbarkeit der anerkannten Mächte glaubten.

Die familiären Bindungen sind hierbei von unvergleichlicher Wichtigkeit. Gesellschaftlich und geographisch bestimmen sie das Ansehen. Wenn der Nürnberger Bürger Johann Lange, Gesellschafter der Pirkheimer, am Ende des 15. Jahrhunderts eine Patrizierin aus Lübeck heiratet, eröffnet er seinen Unternehmungen einen zweifachen Weg: den der Hanse bis Danzig und den von Nürnberg bis Venedig. Die Verwandtschaftsbeziehungen können die Reputation schützen: Wie man ein Haus und seine Giebel beurteilt, so wägt man das Informations- und Solidaritätsnetz ab, das von einer Ahnenlinie gezeichnet wird, in der sich die Bande des Blutes und die der Heirat ergänzen. Man hat die Söhne und Neffen, die man haben kann, und die Schwiegersöhne, die man verdient.

Mehr als die Ämter der gewöhnlichen Justiz sind diejenigen der öffentlichen Verwaltung von ausgezeichneter Werbewirksamkeit. Während der Kaufmann bei der Versteigerung die Steuerpacht oder die Pacht für die Münzprägung erwirbt, erhalten seine Verwandten Zugang zur Steuerverwaltung. Der Bankier erhebt die Steuer, aber sein Neffe macht die Veranlagung. Die großen Kaufmannsfamilien des Pariser Bürgertums haben sehr schnell begriffen, was ein Verwandter in der Finanzverwaltung wert ist.

Es ist bekannt, wieviel eine Bischofsmütze oder ein Kardinalshut dem Ansehen nützen. Bartolo Bardi, Bischof von Spoleta im Jahre 1320, Angelo Acciaiuoli, Bischof von Florenz im Jahre 1383 und Kardinal im Jahre 1384, Niccolo Guinigi, Bischof von Lucca im Jahre 1394, sind beachtliche Werbeträger für die Handels- und Bankgesellschaften, deren Namen sie tragen. Eine Generation lang ist es üblich, einen Acciaiuoli als »Kardinal von Florenz« zu bezeichnen. Jacques Cœur sieht die Vorteile, die ihm die Wahl seines Bruders Jean zum Erzbischof von Bourges im Jahre 1447 einbringen. Die Wahl zweier Medici zum Papst — Leo X. im Jahre 1513 und Clemens VII. im Jahre 1523 — markiert den Höhepunkt ihrer wirtschaftlichen Macht. In der unumgänglichen Verbindung von Macht und Geschäften wird die Macht das wesentliche Element. Als Sohn eines Bankiers und Vater eines Papstes verkörpert Lorenzo der Prächtige diesen Wandel der kaufmännischen Tätigkeit, die nicht länger ein Zweck an sich ist.

Der Fremde

Der Mensch des Mittelalters ist fremdenfeindlich. Der Mann aus der Fremde ist in jeder Hinsicht verdächtig, nicht nur in der kleinen, fast ebensosehr in der großen Stadt. Er entgeht den Strukturen der lokalen Gesellschaft. Außerhalb der solidarischen Gruppen fällt er auf.

Außerhalb leben

Die soziale Gruppe, die auf einen bestimmten Ort begrenzt ist und obendrein sensibilisiert durch die Privilegien, die sie genießt und die umso mehr wert sind, als man nicht unbedacht die Zahl der Nutznießer erhöht, hat ein so exklusives Selbstverständnis, daß man ihr sehr leicht als Fremder gegenübersteht. Der in London geborene *foreign*, der keiner *craft* angehören kann, gilt in seiner eigenen Stadt als Fremder. Noch deutlicher ist der Bürger von Nürnberg so gut wie ein Fremder in den Städten der Hanse. Der Winzer aus Meudon weiß, daß er ein *forain* ist, wenn er den Wein aus seinen Weinbergen nach Paris bringt. Der Bäcker aus Saint-Marcel und derjenige aus Corbeil dürfen nur dreimal in der Woche, am Mittwoch und am Samstag in den *Halles,* am Sonntag an den Ständen des Place Maubert, verkaufen, so wie der Londoner *foreign* nur auf den Distrikt von Blancheappleton Anspruch hat.

Auge in Auge mit der lokalen Gesellschaft ist der Fremde nicht weniger geneigt, sich einzuigeln. Die Straßen der Lombarden in vielen europäischen Städten bezeugen dies zur Genüge. Das Bedürfnis nach Zusammenschluß und kommerzielle Gründe veranlassen die Toskaner in Paris, sich im Schatten von Saint-Merry, von Saint-Jacques-de-la-Boucherie oder von Saint-Gervais, im Kloster Sainte-Opportune und in der Calande, im Herzen der Cité, zusammenzutun. Vierzehn Genuesen wohnen so im Jahr 1296 zusammen bei einem gewissen Roger Boël, der eine Art professioneller Gastwirt und ständiger Korrespondent der Genueser Gemeinschaft, ja auch einiger Mailänder zu sein scheint.

Wenn es zu Zwangsmaßnahmen kommt, so geht das mitunter auf die Initiative der Fremden zurück, die sich so wenig wie möglich unter die einheimische Bevölkerung mischen wollen. Außer in Brügge quartiert die Hanse ihre Kaufleute in einer besonderen Umfriedung jedes hansischen Kontors ein. In London wie in Bergen oder in Nowgorod genießt der Hanseate eine Art Exterritorialität, die ihn schützt und auf Abstand hält. Die Palisaden sind symbolischer Natur, da der Kaufmann sie durch sein Kommen und Gehen ständig überwindet, wenn seine Geschäfte oder die Notwendigkeiten des täglichen Lebens dies erfordern. Dennoch ist sie die sichtbare Definition einer Einfriedung.

In den Hansestädten geht die Verteidigung gegenüber dem Fremden über die Ebene des Symbolischen hinaus. Der nicht-hansische Kaufmann, der dem »Gästerecht« unterworfen ist, begegnet einem Hindernis nach dem andern. In das Innere des Landes vorzudringen, ist ihm untersagt. Er kann sich glücklich schätzen, wenn man seinen Aufenthalt im Kontor nicht auf einige Wochen beschränkt. Zwei oder drei, höchstens vier Monate, und er muß wieder gehen. Es ist ausgeschlossen, daß er den Winter in Köln, Hamburg oder Braunschweig verbringt. Seit dem Ende des 13. Jahrhunderts verbieten sich die hansischen Kaufleute von Nowgorod sogar jede Verbindung mit den Russen. Solche Verbindungen hätten mit der Zeit die Anerkennung eines Rechtes über die Geschäfte des Kontors bedeutet. Ein Jahrhundert später wird das gleiche Verbot in Brügge ausgesprochen, diesmal gegen die Flamen.

Fast überall werden Schranken gegenüber den Ansprüchen der Fremden, gegenüber ihrer Konkurrenz, errichtet. Sie können nicht Bürger werden. Man versucht auch, ihnen zu verbieten, dieses Hindernis durch eine Heirat mit einer Tochter aus den Kreisen der Hanse zu umgehen, was die Nürnberger Kaufleute, die auf sehr vielen Handelsplätzen eine starke Position innehaben, aber dennoch tun, so auch Johann Lange in Lübeck. Die Nürnberger Kaufleute wissen wohl, daß man nicht auf sie verzichten kann. In Wirklichkeit sind die Hanseaten ein Beispiel des Realismus gegenüber ihrem eigenen Protektionismus. Die Hanseaten in Brügge finden schnell heraus, daß es von Vorteil ist, sich als Flamen einbürgern zu lassen, um nicht von den Geschäften ausgeschlossen zu sein. Das »Gästerecht« behindert in Wirklichkeit nur die Fremden von geringer Bedeutung, insbesondere die Preußen. Die Holländer und Nürnberger kommen damit zurecht.

In diesem Kampf gegen die Integration der Fremden gehen die litauischen Städte bis an den Rand der Lächerlichkeit. Nachdem man bis zum 14. Jahrhundert gegenüber den slawischen Kaufleuten, die in Städten wie Reval oder Riga Fuß gefaßt hatten, die größte Toleranz gezeigt hatte, verschließt man plötzlich die Tore vor ihnen. In Riga werden die Slawen 1399 von jeder kommerziellen Vereinigung ausgeschlossen. Man verbietet sogar den Deutschen, die slawische Sprache zu erlernen. Lächerliche Barrieren, aber eben Barrieren.

Florenz und Paris zeigen ein ganz anderes Verhalten. Am Ufer der Seine kennt man seit 1300 eine Compagnie der Gaigne-Biens, die nichts anderes ist als die florentinische Gesellschaft der Guadagnabene. Die großen Kaufleute aus Lucca werden im 14. Jahrhundert schon bald nicht mehr als Fremde angesehen. Aus Rapondi wird Raponde, Burlamacchi wird Bourlamet, Cenami wird zu Céname. Spifame braucht nicht einmal seinen Namen zu ändern. In ein oder zwei Generationen sind sie alle Bürger von Paris geworden, so wie Jean Jouvenel aus Troyes oder Poilevilain aus Rouen. Die Bedingungen sind einfach: »Sofern er in Paris seinen Wohnsitz nimmt und seine Steuern an die Stadt zahlt.« Einige Jahre später schreibt Jacques Cœur sich in Florenz in die Wollzunft ein.

Seien wir ehrlich: Das Geschäft läuft natürlich besser, wenn der Kaufmann ein oder zwei Läden zur Straße hin kauft und seine Waren vorzeigt. Aber die guten Bürger von Paris, die am Anfang des 15. Jahrhunderts in den Steuerrollen zitiert werden, Jean aus Bourg-la-Reine, Jean aus Saint-Leu, Simon de Rueil, lassen schnell vergessen, daß sie Söhne oder Enkel von Bauern sind.

Die Fremden mischen leichter im großen Handel und im Bankwesen mit als in den lokalen Geschäften und im Einzelhandel. Die englischen Verordnungen beschränken Italiener und Hanseaten auf den Großhandel und auf die großen Häfen. Es ist ihnen untersagt, im Innern des Landes Geschäfte zu tätigen. Sie arrangieren sich damit.

Mitunter ist der Horizont freilich sehr begrenzt. So ist in Saint-Germain-des-Prés das Bäckerhandwerk strikt denjenigen vorbehalten, die in Saint-Germain geboren sind, sowie denjenigen Fremden, die eine Frau aus dem Ort geheiratet haben. Denn auch in einem Marktflecken vor den Toren der Hauptstadt ist man ein Fremder... Selbst in Paris ist man nicht weniger protektionistisch, was den Verkauf von Kurzwaren oder Flußfisch betrifft. Aber die fremden Tuchhändler, denen die Vorschrift von 1407 den Einzelhandel mit Tuch untersagt, das sie in den *Halles* kauften, verkaufen in Paris frei Tuchwaren, die sie aus Rouen, Brüssel oder Lucca kommen lassen, und sie kaufen ohne Schwierigkeiten in den *Halles* jene Tuchwaren, die sie nach Amiens, Tours oder Saint-Lô exportieren. Untersagt wird ihnen lediglich die Ladentätigkeit. Einen Laden zur Straße hin zu haben, ist viel wert. Man erreicht die Kundschaft der Stadt nicht, wenn man nicht in einem guten Bürgerhaus eine gut plazierte Auslage hat.

Ebenso beschränkt die Hanse die Import- und Exportgeschäfte der Fremden. Der Handel ist ihnen untersagt: nicht mehr als ein Sack auf einmal, sagen die Vorschriften der Hanse in Brügge, was Wolle betrifft. Damit schafft man sich keine Kundschaft. Zudem ist man demjenigen gegenüber mißtrauisch, der zahlreiche kleinere Geschäfte tätigt: Den Nürnberger Kaufleuten, die in die Städte der Hanse die gesamte handwerkliche und gewerbliche Produktion Mitteldeutschlands einführen könnten, wird der Verkauf aller Produkte untersagt, die nicht in Nürnberg hergestellt wurden.

Ein Risiko ortsfremder Präsenz an einem Handelsplatz, das man sehr wohl gesehen hat, ist die Kapitalflucht. Genau wie die einheimischen Kaufleute versuchen die Regierenden, die mit ihren Waren gekommenen Kaufleute daran zu hindern, mit ihrem Gold wieder zu gehen. Die Verteidigung des Geldmarktes und der Anreiz zum Export sind mit der Verpflichtung verbunden, die finanziellen Erträge wiederzuverwenden. In Wirklichkeit gibt es nicht viele Staaten, die stark genug sind, die Kapitalflucht zu kontrollieren. Das Verbot, Bargeld zu exportieren, das in Frankreich immer wieder ausgesprochen wurde, wird nie strikt eingehalten. Dies gelingt nur England. Die Insellage erleichtert die Kontrolle an den Grenzen, man braucht die Kaufleute bei ihrer Einschiffung nur zu durchsuchen. Wehe demjenigen, der mehr als zehn Écus bei sich trägt: Der Rest wird konfisziert.

Die Sache erledigt sich am Ende des Mittelalters von selbst, als die meisten Zahlungen des Großhandels durch Ausgleich abgewickelt werden, entweder schriftlich oder durch gezogene Wechsel, das heißt auf dem Bankwege. Es ist weniger Bargeld im Umlauf. Und keiner erlebt mehr, wie Kredite verlorengehen.

Die Anwesenheit der Fremden auf den wichtigsten Märkten ist ein wesentlicher Faktor der steuerlichen Differenzierung. Die Regierenden, die hier versuchen, sie anzuziehen, und dort, die Konkurrenz gegenüber den Einheimischen zu begrenzen, verfahren mit den Fremden je nach der Art ihrer Eingriffe in die Wirtschaft. *Foreigns* und *aliens* zahlen in London höhere Steuern als die Londoner, die als solche registriert sind, aber das Verhältnis verkehrt sich in der Mitte des 14. Jahrhunderts, als es um die Hanseaten geht: Die Engländer möchten, daß diese nicht immer in Brügge anhalten. In Paris zahlt der Fremde — aus Clamart oder Köln — für seinen Stand in den *Halles* sehr viel Geld, und er muß für jedes Handelsgeschäft auf dem Flußweg seinen Gewinn mit einem Pariser Partner teilen, der von Rechts wegen unumgänglich ist, aber in der Praxis nichts einbringt: Dies ist der »französische« Kompagnon.

In Italien, wo die steuerlichen Bedingungen der Wirtschaft bereits Gegenstand von Verhandlungen und Verträgen sind, ist man weniger empfindlich. So räumen sich 1204 die Städte Florenz und Faenza gegenseitig Vorzugssteuersätze ein:

> »Die Leute aus Florenz und seinem Distrikt, die nach Faenza und seinem Distrikt gehen und sich dort aufhalten und von dort zurückkommen, sind geschützt, was ihre Person und ihre Güter betrifft [...] Sie müssen nach dem Brauch von Faenza zahlen, und nicht mehr.
>
> Nach besagtem Brauch erhob man 28 Denare pro Betrag, aber aus Liebe zur Gemeinde von Florenz wird der Satz für die Florentiner reduziert, so daß die Leute aus Florenz und seinem Distrikt 12 Ravenna-Denare pro Betrag zahlen.«

Der Protektionismus wird flexibler, aber es ist dennoch ein entschiedener Protektionismus. Den Fremden und den Bürger, den auf der Durchreise Befindlichen und den vor Ort Wohnenden gleich zu behandeln, kommt keinem in den Sinn, weder den Regierenden noch den Kaufleuten.

Auch die aufgeschlossensten Geister sehen lange Zeit in den andernorts geborenen und »eingeschriebenen« Kaufleuten Konkurrenten, die einen ungehörigen Teil des gemeinsamen Gewinns einstreichen. Glücklich diejenigen, die wie die Italiener in London oder die Portugiesen in Harfleur eine für das Land nützliche Handelsverbindung aufrechterhalten, die außerhalb der Reichweite der Einheimischen ist. Auch der Engländer auf seiner Insel weiß sehr wohl, daß seine Wolle nicht nach Florenz gelangt, wenn die italienischen Schiffe sie nicht holen. Aber diesen Realismus besitzen nur Regierende und Unternehmer mit relativ weitem geistigen Horizont. Der durchschnittliche Bürger, der Krämer, der Mann aus dem Volk sehen nur das Vermögen des Lombarden, denn nicht dem florentinischen Weber begegnet man am Ufer der Themse, sondern dem Bankier und dem Großkaufmann, der vor allem Wolle und Tuch verkauft. Für den Pariser Handwerker ist reich sein und Lombarde sein ein und dasselbe, ob es sich nun um einen Großkaufmann handelt, dessen Lebensstil die Welt des Krämers in den Schatten stellt, oder um einen kleinen Geldverleiher, bei dem der Pariser, dem es an einem Écu fehlt, seine Habe verpfändet. Die Gewalt der sozialen Bewegungen um 1380 und 1410 ist sowohl auf den Haß der Schuldner als auch auf eine echte Fremdenfeindlichkeit zurückzuführen.

Auf einer bescheideneren Ebene findet sich der gleiche Widerspruch. Paris braucht seine fremden Bäcker, beschränkt sie aber auf einen räumlich und zeitlich begrenzten Markt.

Kriege und politische Konflikte haben viel dazu beigetragen, der Fremdenfeindlichkeit Auftrieb zu geben. Die Franzosen, die während der Waffenstillstände des Hundertjährigen Krieges nach England kommen, lassen sich von einem englischen Korrespondenten begleiten. Der geringste Bruch der politischen Beziehungen bedeutet für die Kaufleute die sofortige Vertreibung, wenn nicht Gefangennahme und Beschlagnahmung ihrer Waren. Ein maritimer Konflikt zwischen Engländern und Brüggern, die ihrerseits durch das Kontor der Hanse in Brügge mehr oder weniger zur Aggressivität getrieben werden, hat im Jahr 1351 die sofortige Vertreibung der in England befindlichen Hanseaten zur Folge sowie die unvermeidliche Konfiskation ihrer Waren. Ebenso führt die Allianz Genuas und der auf Initiative Spaniens gegen Frankreich gebildeten Liga 1496 zur Vertreibung der in Frankreich niedergelassenen Genuesen. Unter diesen Bedingungen ist die systematische Französierung der italienischen Namen verständlich, denn es ist besser, sehr bald den Anschein eines Fremden zu verlieren. Der große Gewürzhändler im Paris Karls VI., Henri Orlant, ist weniger bedroht als Enrico Orlandi.

Einige Jahre später erhält die Fremdenfeindlichkeit gar den Segen der Kirche. Der Theologe Robert Ciboule scheut sich nicht, um das Jahr 1449 alles Unglück Frankreichs unter Karl VII. einer Übermacht der Fremden zuzuschreiben: »Dieses

Land kennt großes Elend und wurde bestraft, weil es Leuten unterworfen war, deren Sprache wir nicht verstehen.« Darauf antwortet die Rede von Bruder Peresi, der über die letzte Bestimmung des Menschen und das Höllenfeuer predigte: »An der Sprache erkennt man, aus welchem Land ein Mensch stammt...« Bei dem Italiener, der sich der »Sprache des si« bediente, lag dies auf der Hand. Aber die Zeiten haben sich geändert. Henri Orlant hat das verstanden. Seine Nachfolger riskieren nicht mehr, für Lombarden gehalten zu werden.

Da die Fremden offensichtliche Privilegien genießen, auch wenn sie für diese Privilegien mit Dienstleistungen, mit einem Kredit oder mit Steuern bezahlen, wofür die Leute auf der Straße weniger empfänglich sind als die Regierenden, werden sie immer unbeliebter. Der durchschnittliche Engländer verabscheut die Italiener, obwohl sie ihre Gunst so teuer erkaufen. Er sieht darin nur die Ungleichheit der Positionen auf dem Markt. Der englische Kaufmann hat auch allen Grund dazu. Da die Italiener ihre eigene »Etappe« in England haben, die *home staple*, reißen sie in der Mitte des 14. Jahrhunderts über die Hälfte des Exports von Rohwolle an sich. Die englischen Kaufleute, die die kontinentale Etappe aufsuchen müssen, die *staplers*, machen vergebens eine Eingabe nach der andern, die Italiener halten die Position. Und noch am Ende des 15. Jahrhunderts kann der englische Exporteur sich ausrechnen, wieviel er verliert, als die Regierung Eduards IV. den Export von Rohwolle bremst, um die Entwicklung des Tuchgewerbes zu unterstützen, und die Ausfuhr von Wolle durch die italienischen Kaufleute davon ausnimmt.

Der Fremde ist per definitionem reich. Wäre er arm, würde er zu Hause bleiben oder dorthin zurückkehren. Aber dieses Urteil stimmt nur annähernd. Es trifft auf den Lombarden in Brügge zu, nicht unbedingt auf alle Bretonen in Paris! Vor allem ist es von da nur ein Schritt bis zu dem Gedanken, daß dieses Vermögen mit unlauteren Mitteln erworben wurde. Was der Fremde gewonnen hat, das hat der Einheimische verloren. Wenn der Engländer das von den Italienern denkt, die sich in London mit Wolle versorgen, so hat er nicht ganz unrecht. In einer merkantilistischen Sicht des Marktes ist jede neue Teilung zuviel. Es mag noch angehen, wenn der Fremde gekommen ist, um Waren zu bringen, oder wenn er für die Dauer eines Geschäfts Zwischenstation macht. Jeder sieht ein, daß er zur Belebung des Marktes beiträgt. Aber man ist unwillig, wenn der Fremde sich einrichtet, wenn er auf zwei Hochzeiten tanzt. Wenn der Pariser gewahr wird, daß die größten Vermögen in Paris im Jahr 1300 den Italienern gehören, die in der Rue des Lombards, der Rue de la Buffetterie oder der Rue de la Vieille Monnaie sitzen, träumt er davon, an ihren Stadthäusern, deren von Mund zu Mund weitergegebene, übertriebene Beschreibung seinem Haß und seinem Vergeltungswunsch Nahrung gibt, Feuer zu legen.

Das Massaker läßt nicht lange auf sich warten. Als man in Schonen — an der Südspitze Schwedens — merkt, daß die Deutschen seit zwanzig Jahren immer mehr werden und die Geschäfte monopolisieren, kommt es zu dem Gemetzel von 1332. Zu

Beginn des folgenden Jahrhunderts starten die Deutschen in Danzig eine Kampagne zur Vertreibung der Engländer. Diese haben ihre Frauen kommen lassen und damit ihre Absicht verraten, sich endgültig niederzulassen. Im Jahre 1424 geht es in Nowgorod wiederum den Deutschen an den Kragen: Sechsunddreißig von ihnen sterben im Gefängnis. Am Ende des Jahrhunderts greift Zar Iwan III. die alte Feindschaft der Russen gegenüber den Deutschen von Nowgorod wieder auf. 1494 werden sie nach Moskau deportiert, in eine Stadt, in der sie natürlich nichts verloren haben.

Ob Jude oder Lombarde, der Wucherer ist in jedem Fall ein Opfer der aufflammenden Fremdenfeindlichkeit, die ihm den Haß der chronisch Verschuldeten einbringt. Auch wenn er mit allem handelt – unter anderem mit Geld –, gilt der Jude als Wucherer par excellence, und auch wenn er schon lange am Ort ist, sieht man ihn immer noch für einen Fremden an. Die Gewalt der antisemitischen Bewegungen im Gefolge der Pest ist bekannt. In Deutschland, im Elsaß, in Avignon stößt man auf den gleichen Haß der kleinen Leute gegen den Pfandleiher, der mehr oder weniger glaubhaft von dem Märchen von den vergifteten Brunnen untermauert wird, wodurch das Massaker an den Juden wie die Beschwörung einer aus der Apokalypse hervorgegangenen Katastrophe erscheint.

Die Menge legt sich ebensogern mit den Lombarden an, mit dem reichen Kaufmann wie mit dem kleinen Wechsler. In den Aufständen von 1382 und in denen von 1413 bis 1418 jagt man den Fremden durch die Straßen von Paris, aber die prächtigen Stadtpaläste, die die Menge plündert, haben nichts zu tun mit den gewöhnlichen Wucherern, die von den armen Leuten verflucht werden. Was von den Plünderern verwüstet wird, ist das zu schnell erworbene Vermögen, die sichtbare Position. Den Lebensstandard, den man schon einem einheimischen Pariser nur schwer verzeiht, wirft man dem Fremden ungeschminkt vor: All das kann nicht mit rechten Dingen zugehen.

Fünfzig Jahre zuvor massakrierte der Mob während der *Jacquerie* unter Jubelschreien französische Herren. Der soziale Haß wird zum Fremdenhaß, wo sich Gelegenheit bietet. Wenn während der Aufstände von 1413 bis 1418 nicht mehr von den Juden die Rede ist, so deswegen, weil sie seit 1394 aus dem Königreich verbannt sind.

Sich organisieren

Die fremden Kaufleute, die einmal für nützlich gehalten und ein andermal ungern gesehen werden, spielen auf allen Handelsplätzen eine bedeutende Rolle. Der Fremde, der sich niederläßt – abgesehen von dem Juden, dessen Religion ihn abseits stehen läßt –, verhält sich sehr bald anders als der Fremde, der auf der Durchreise ist. Der große Handel bringt immer mehr Korrespondenten, Gesellschafter und »Faktoren« mit sich. Diese beleben die nahen und fernen Knotenpunkte der Netze, die Informationen, Geschäfte und den Finanzhandel beherrschen, alles Dinge, die Kenntnisse von den Menschen, Verfahren und Produkten voraussetzen, die unvereinbar sind mit denen des früheren fahrenden Kaufmanns. Es ist verlockend, an einem Ort zu bleiben, wenn die Zeit der Bildungsreisen vorbei ist. Die Hanseaten wissen dies und vertrauen ihre Schiffe nur verheirateten Kapitänen an, die Familienväter sind und zumindest einen Teil des Schiffes besitzen. Diese kommen sicher zurück...

Die inneren Krisen der italienischen Städte begünstigen paradoxerweise diese Kolonisierung des Wirtschaftslebens. Florentiner und Genuesen, die nach und nach aus ihrer Stadt verbannt werden, erlangen während ihres Exils eine nähere Bekanntschaft mit anderen Städten, was früher oder später zu Niederlassungen im Ausland führt. Häufig gehören die Florentiner in Paris oder Avignon zu denjenigen, deren Platz eine Zeitlang nicht mehr an den Ufern des Arno ist. Nichtsdestoweniger vertreten sie langfristig die Interessen einer Stadt, in der ihre Rolle eines Tages jenen Beziehungen entsprechen wird, die sie in der Welt geknüpft haben.

Die Fremden organisieren sich, um ihre gemeinsamen Interessen zu verteidigen. Privilegien zu erhalten und zu bewahren, setzt eine konzertierte Aktion und eine Regulierung der Konkurrenz voraus. Das Überleben in einem stets mißtrauischen und manchmal feindseligen Milieu erfordert eine gegenseitige Hilfe, die ebenso vielfältige Formen aufweist, wie die Bedürfnisse des persönlichen und professionellen Lebens verschieden sind. Das geht vom Gebet für die Toten bis hin zum Schiedsspruch im Handelsrecht, von der Hilfe für die Waisen bis hin zur Organisation einer gemeinsamen Post. Die Flamen in Florenz schließen sich seit dem Ende des 14. Jahrhunderts in der Bruderschaft der Heiligen Barbara zusammen. Die Bruderschaften der katalanischen Kaufleute haben gewissermaßen Zweigstellen in Brügge. Das Phänomen erlangt eine solche Bedeutung, daß sich schließlich die städtischen Behörden damit beschäftigen, weitgehend gestützt auf eine Kirche, die sich vor den Randerscheinungen der Volksfrömmigkeit in acht nimmt und Wert darauf legt, diese zu kontrollieren. Gebete und gute Werke sind eine Sache, aber offensichtlich handelt es sich um eine Gruppe, die politischen Druck ausübt. 1389 ordnet Richard II. in England eine Untersuchung über die Umtriebe der Bruderschaften an. Zehn Jahre später beschränkt Venedig ihre öffentlichen Kundgebungen. Und Florenz unterstellt 1419 die Bildung einer Bruderschaft der Genehmigung durch die Gemeinde.

In der Stadt kommt diese Gemeinschaft durch eine Kapelle hier und eine Straße dort zum Ausdruck. Die Straßen der Lombarden — *Rue des Lombards*, *Lombardstreets* — veranschaulichen dies. Die Deutschen in Venedig schließen sich im *Fondaco dei Tedeschi* zusammen, in Harfleur gibt es eine Spanische Straße und in Bergen einen Kai der Deutschen. Die Katalanen in Cagliari haben in der *Via dels Mercaders* ihr gemeinsames Haus.

Die nationale Gemeinschaft geht nicht immer so weit, ihre Konturen mit der Präzision der Hanseaten zu definieren, deren Kontore nur »anerkannte« Mitglieder aufnehmen. In den meisten Fällen definiert sich die Gruppe durch eine bestimmte Identität der Herkunft, der Sprache, der Interessen. Es gibt Gruppen, deren Existenz in die Augen springt. Andere kümmern dahin. In Brügge gibt es keine Gemeinsamkeiten zwischen den sechshundert Hanseaten, die 1457 eingetragen sind, und den einigen hundert Genuesen oder den zwanzig Florentinern, die mit ihnen auf demselben Markt sind. Bilden etwa die zehn genuesischen Gewürzhändler in Paris am Ende des 14. Jahrhunderts eine Gruppe, außer durch die Heirat unter Blutsverwandten? Und was soll man von den Kaufleuten aus Lucca sagen, die sich in Paris, Brügge und Avignon niedergelassen haben, die untereinander ein Netz der Solidarität für die Aufteilung der Geschäfte weben, es aber andererseits verstehen, in Brügge für gute Flamen zu gelten und in Paris für Pariser Notabeln, während sie in Avignon der *lingua di si* zugerechnet werden, der Sprache derjenigen, die *si* sagen statt *oui*?

Sobald die Gruppe sich organisiert und sich mit gemeinschaftlichen Einkünften ausstattet, gewinnt sie die Mittel einer leicht wahrzunehmenden Kollektivpersönlichkeit. Freiwillige Spenden, mehr oder weniger freiwillige Bußen oder Abgaben wachsen sich in der Stadt zu Glockentürmen und Giebeln aus, die das Phänomen der »Nation« konkret zum Ausdruck bringen. Eine Kirche oder eine Kapelle, in der man zu Gott beten und die Heiligen der Stadt oder der Heimat verehren kann, ein Haus, in dem man die Reisenden unterbringen, Waren lagern, Versammlungen abhalten und die gemeinsame Kasse aufbewahren kann, all das gibt der »Nation« auf Dauer ein Gesicht. Das Haus der italienischen Nationen auf dem Börsenplatz in Brügge ist das beste Beispiel. Die Genuesen in Brügge beten in Sankt-Georg, die Deutschen in Nowgorod wohnen und lagern im Hof von Sankt-Olaf, diejenigen in Venedig haben mit ihrem zwei Schritte vom Rialto entfernten *Fondaco dei Tedeschi* eine Fassade zum Canale Grande hin. Die Einheit und Kontinuität der hansischen Geschäfte bringt in London der *Stalhof* zum Ausdruck, auch hier in Nachbarschaft der Brücke. Das ist im übrigen alles, was die Engländer an Wirtschaftsenklaven tolerieren. Den anderen Kaufleuten wird jede partikularistische Anwandlung verboten.

Natürlich kommt man in diesen obligatorischen Lagerhäusern nur sehr schlecht zurecht. Seit 1494 verhandeln die Fugger wegen eines größeren Raumes für ihre Geschäfte und nehmen im venezianischen *fondaco* den Platz der Kärntner Kaufleute aus Judenburg ein. Die besten Plätze gehören auch hier demjenigen, der sich zu arrangieren versteht. Der Stern der Fugger ist im Steigen begriffen.

So entstehen die »Nationen«, die in der kaufmännischen Welt jenen durch eine mehr oder weniger gemeinsame Herkunft definierten Gruppen entsprechen, denen man unter diesem Namen in der Welt der Universität begegnet. Diese Nationen von Meistern und Schülern bilden sich bereits in der Mitte des 12. Jahrhunderts an der

129

Universität von Bologna. Sie entstehen in Paris offiziell im Jahr 1222. In beiden Fällen entwickeln sie sich sehr bald zur soliden Struktur des universitären Korporatismus und geben sich eine Verwaltung und einen Haushalt. In Bologna bilden sich Gruppen aus der Toskana und der Lombardei, französische, pikardische, burgundische Gruppen, ferner normannische, katalanische, provenzalische, spanische, gascognische, englische, ungarische, polnische und deutsche Gruppen. Diese organisieren sich alle im 13. Jahrhundert in zwei Nationen: den Cismontanen und den Ultramontanen, wie die Nicht-Italiener, die Fremden genannt werden. In Paris verteilen sich Meister und Studenten der Philosophischen Fakultät auf vier Nationen: die Normandie, die Picardie, England — oder Deutschland, je nach den politischen Umständen — und Frankreich.

Es handelt sich natürlich um einen grob vereinfachten Nationalismus, wenn auf diese Weise Schotten und Lütticher der gleichen »englischen« oder »deutschen« Nation zugeteilt und die Auvergne oder das Languedoc in Frankreich angesiedelt werden, nicht aber die Normandie und die Picardie. Es ist vor allem ein praktischer Nationalismus, der dem Bedürfnis nach linguistischer Hilfestellung entspricht und sich nicht mit unnötigen Definitionen herumschlägt. Die Studenten, die die *langue d'oc*, die Sprache des Südens, sprechen, kommen kaum nach Paris — sie sind in Montpellier oder in Toulouse —, und die Nation »Frankreich« ist in Wirklichkeit diejenige der alten königlichen Domäne des Jahres 1200. Aber dennoch ist es ein Nationalismus, der die in allen Kreisen angenommene Gewohnheit unterstreicht, den einzelnen nach seiner Herkunft einzuordnen. Unter den Beinamen, die in der Hauptstadt Philipps des Schönen zu erblichen Familiennamen werden, gibt es zahlreiche Langlois und Lallemant*, neben Le Breton, Le Normant und Le Flamant. Für den durchschnittlichen Pariser heißt man damals Le Picart, wie man d'Amiens heißt, woraus Damiens wird. Die Herkunft wird vergessen, die Identität bleibt.

Der Kaufmann tritt daher mühelos in die Fußstapfen des Universitätsangehörigen. Auch er spürt in der Fremde stärker die Gemeinschaft, die diejenigen in geringerem Maße wahrnehmen, die ihren Kirchturm nie aus den Augen verloren haben. Es geht in erster Linie darum, gemeinsame Interessen zu verteidigen, sie der lokalen Obrigkeit gegenüber zu vertreten und ihnen gegenüber der Konkurrenz Stärke und Kohärenz zu verleihen. Manche Privilegien widerstehen nur dank der konzertierten Aktion aller den Angriffen des lokalen Protektionismus — oder denjenigen anderer nationaler Gruppen. Der König von Aragon versäumt keine Gelegenheit, an diese Aufgabe zu erinnern, da er für die Vertretung der Interessen Barcelonas bürgt, die an den Handelsplätzen in Übersee und in Brügge einem vom Rat der Stadt ernannten »Konsul« anvertraut wird. So hat etwa der Konsul von Syrien die schwierige

---

* Anm. d. Übers.: Zusammenziehung von französisch l'Anglois bzw. l'Allemand (»... der Engländer«, »... der Deutsche«).

Aufgabe, von den Sarazenen die Wiedererstattung dessen zu fordern, was sie bei katalanischen Kaufleuten beschlagnahmt haben.

In ganz Europa versucht man, das immer wieder auftauchende alte Haftungsrecht, das »droit de marque«, zu unterbinden, diesen Zwang zur Solidarität, die von den Einheimischen als die Verantwortlichkeit eines jeden Fremden für die Verpflichtungen aller seiner Landsleute angesehen wird. Die individuelle Verantwortung aufrechtzuerhalten, bleibt immer ein Gewaltakt, da die seßhaften Kaufleute dem Handelspartner, der vielleicht nie wiederkommt, aufs äußerste mißtrauen. Das bedeutet auch, daß die Nation Interesse daran hat, die Verpflichtungen und die Verträge jedes ihrer Mitglieder zu garantieren, denn auf diese Weise wird man sie weniger leicht zurückweisen. Aber die Rechnung ist manchmal hoch, wie in jenem Fall, als die Güter der Albertini und der Strozzi in England im Jahr 1375 wegen zehntausend Pfund konfisziert wurden, die zwei italienische Einkäufer zu zahlen vergessen hatten. Noch im 15. Jahrhundert erreicht Jacques Cœur bei Karl VII., daß dieser allen spanischen Kaufleuten auf seinem Territorium die Zahlung einer Entschädigung auferlegt, die nichts anderes ist als das alte Haftungsrecht:

>»Eingenommen durch den Notar Jean Mérichon im Auftrag des Königs wurden gewisse Steuern auf die Denare und Waren der Spanier wegen gewisser Schäden, die in Spanien Jacques Cœur zugefügt wurden...«

Man wirft Jacques Cœur vor, daß er mehr als seinen Anteil an den explizit als solche bezeichneten Steuern genommen habe. Aber der mit der Schätzung der Vermögenswerte des Finanziers* beauftragte Kommissar wundert sich nicht übermäßig über die so weit ausgelegte Anwendung eines Rechts, von dem jeder Kaufmann weiß, daß es zur Lähmung führt. Was die Leute des Königs aufbringt, als der Finanzminister von seinem Sockel gestürzt ist, ist die Tatsache, daß er geschickt von einer Abgabe profitierte, die einen weiter zurückliegenden Schaden betraf.

>»Besagter Jacques Cœur wurde außerdem beschuldigt, zu Unrecht mehrere große Denar-Beträge aus den Abgaben der Genuesen, der Provence und Kataloniens gefordert und erhalten zu haben, und besonders die alte Abgabe der Genuesen angehäuft zu haben, die zurückgehalten wurde, um die Geschädigten bei dem Verlust der *Galeere von Narbonne* zu entschädigen, und zwar mit der letzten Abgabe, die für die Geschädigten der Galeere *Saint-Denis* einbehalten wurde, zum großen Schaden dieser Geschädigten, für die die erste und alte Abgabe angeordnet wurde.

---

* Anm. d. Übers.: Jacques Cœur (1395-1456), französischer Kaufmann und Finanzier, wurde 1440 Finanzminister Karls VII. 1451 wurde er gestürzt und floh nach Rom.

Denn durch die Anhäufung und Verbindung der beiden Abgaben der Genuesen wurde die Bezahlung der ersten Geschädigten stark verzögert und vermindert: statt in sechs oder acht Jahren bezahlt zu werden, werden sie es in dreißig Jahren nicht sein, und sie werden nicht viele Sous haben, wo sie doch jedes Jahr Pfund und Taler hätten haben können.«

Der lokalen Obrigkeit gereicht es ebenfalls zum Vorteil, für ihre Handelsbeziehungen über einen autorisierten, anerkannten und organisierten Gesprächspartner zu verfügen. Die Hanseaten in London haben einen »englischen Ältesten«, dessen Funktion in jeder Hinsicht diejenige eines Konsuls ist. Als Eduard III. 1353 Verhandlungen über die wirtschaftliche Stellung der Fremden in England führen will, läßt er die Vertreter der Geschäftswelt vor seinen Rat treten: siebzig Engländer, acht Italiener, vier Hanseaten. So diskutiert man über Zölle oder Regeln für die Schiffahrt. Dank ihrer eigenen Organisation erscheint die »Nation« als kollektiver Abgesandter ihrer fernen Metropole. Eine solche Rolle, die unerläßlich ist für die Regelung der Geschäfte, hat natürlich mit der Fremdheit des Fremden zu tun.

Die Nation ist der notwendige Rahmen für die Wirtschaftspolitik auf den großen internationalen Messen, in erster Linie auf den Messen der Champagne. Mit der relativen Seßhaftwerdung, die in der Gründung der großen Gesellschaften mit ihren Filialen ihren Ausdruck findet, verliert diese Funktion im 14. Jahrhundert an Interesse. Der Kaufmann geht, aber die Gesellschaft bleibt. Auch wenn der Fremde kaum versucht, sich zu assimilieren — zum Beispiel in Brügge und später in Antwerpen —, verlangt das Wirtschaftsleben im 15. Jahrhundert nicht mehr eine quasi-offizielle Vertretung ferner Handelsplätze. Portinari ist in Brügge präsent, und wer mit ihm Geschäfte macht, hat kaum das Gefühl, mit Florenz Geschäfte zu machen. In Paris, wo der Lombarde des 14. Jahrhunderts im 15. Jahrhundert ein Bürger von Paris wird, braucht man keinen Konsul von Genua mehr, um mit Henri Orlant zu verhandeln, in dem niemand mehr Enrico Orlandi sieht.

Solange es aber gemeinsame Interessen zu schützen gilt, ist die ausländische Kolonie sich schuldig, eine interne Rechtsprechung auszuüben, die die Bedingung ihrer Glaubwürdigkeit ist und die der Gruppe ihren Zusammenhalt sichert. Für handelsrechtliche Urteile zwischen Angehörigen einer Nation hält man so das Recht und die Gewohnheiten des Mutterlandes aufrecht. Die Richter des französischen Königs sind damit zufrieden, die Lombarden in der Champagne in aller Öffentlichkeit das tun zu lassen, was sie auf jeden Fall tun würden, ohne es zu sagen, nämlich handelsrechtliche Urteile zu fällen. Und in Antwerpen kommt man sehr gut damit zurecht, daß die Florentiner ihre Heiratsangelegenheiten unter sich ausmachen, auch wenn im Jahr 1390 der Konsul Girolamo Frescobaldi und vier Notabeln seiner Nation gebeten werden, den lokalen Behörden den in Florenz gültigen Status der Güter von verheirateten Frauen anzugeben.

Die öffentliche Ordnung hingegen käme schlecht zurecht mit einem fremden Strafrecht. Sogar die Hanseaten, die ihre Jurisdiktion in London und Bergen zugestanden bekommen, dürfen sie nicht auf Verbrechen anwenden, auf die die Todesstrafe oder Verstümmelung steht. Aufgrund der Rechtsprechung ihres »englischen Ältesten«, der durch den englischen König mit diesem Amt beauftragt wird, können die Deutschen denjenigen aus ihren Reihen bestrafen, der sich schlecht aufführt, aber der englische König würde es nicht tolerieren, daß die Deutschen sich in London unter sich aufhängen! Die hansischen Kaufleute bekommen dieses Recht nur in ihrem russischen Kontor in Nowgorod aufgrund der Sprachbarriere und der weiten Entfernung zugestanden. Außer für die Hanseaten – und auch für die Kaufleute aus Amiens, Nesle und Corbie kraft eines Privilegs aus dem Jahre 1237 – beschränkt in England die *Carta mercatoria*, die Handelscharta von 1303, die Justiz der Kaufleute auf handelsrechtliche Urteile und weist ihr im übrigen eine Vermittlerrolle zwischen den fremden Kaufleuten und den königlichen Beamten zu, ja in sehr vielen Fällen sogar die Funktion des offiziösen Advokaten der in Schwierigkeiten geratenen Fremden.

Sich integrieren

Die Nation verliert ihren Sinn, wenn der Ehrgeiz des Fremden nicht mehr dahin geht, sich zu organisieren, sondern sich zu integrieren. Auch hier sind die Situationen unterschiedlich, die Kolonien ungleich bereitwillig, die lokalen Kreise verschieden durchlässig. Die hansische Gesellschaft, verschlossen für jeden, der nicht aus einer der Hansestädte kommt, ist offen für die innere Assimilation. Es ist üblich, von einer Stadt in die andere zu gehen. Solange man nicht aus der Hanse heraustritt, macht man leicht Karriere in einer anderen Stadt. Heinrich Castorp, der um das Jahr 1420 in Dortmund geboren wurde, läßt sich 1450 in Lübeck nieder. Fünf Jahre später wird er dort Bürger. 1462 hat er einen Sitz im Rat. Schließlich wird er Bürgermeister.

Zur gleichen Zeit wird die Wahl von Christophe Paillart zum Pariser Magistrat an dem Tag – dem 16. August 1464 – zunichte, als der Bevollmächtigte des Königs die Bemerkung macht, daß Paillart aus Auxerre stamme. Seit zwanzig Jahren gehört dieser zur Oberschicht der Hauptstadt. Der Wechsler Jean le Riche hatte 1452 mehr Glück: Als man ihn beschuldigte, aus Bourg-la-Reine zu stammen, gelang es ihm, durch Zeugen zu beweisen, daß seine Mutter in Paris niedergekommen war. Es fanden sich sogar Pfarreimitglieder, die sich daran erinnerten, daß das Kind in der Kirche Saint-Paul getauft wurde.

In den Jahren, als Jean Juvénal des Ursins Erzbischof von Reims und sein Bruder Guillaume Kanzler von Frankreich ist, hat man ganz vergessen, daß deren Vater

Jean Jouvenel, dem Paris es verdankte, am Ende des vorangegangenen Jahrhunderts seine ökonomischen Privilegien wiedererlangt zu haben, für die Gilde der Kaufleute, die er wieder ins Leben gerufen hatte, nicht wählbar gewesen wäre, da er aus Troyes stammte. In Wirklichkeit öffnet Paris sich bereitwillig, aber Christophe Paillarts Ehrgeiz ging genau dahin, wo er nicht hin sollte. Hätte der Prokuror des Königs zu seinen Freunden gehört, hätte er geschwiegen.

Auch wenn die Haltung der im Ausland niedergelassenen Kaufleute nicht weniger unterschiedlich ist, so lassen sich doch einige charakteristische »nationale« Traditionen erkennen. So findet sich der Stolz der Florentiner nur schwer damit ab, die Herkunft hintanzustellen. Wie Tommaso Portinari, der 1469 Maria Bandini Baroncelli heiratet, kehrt der Florentiner für die wichtigen Dinge in seinem persönlichen Leben nach Florenz zurück. Er kehrt auch zurück, um städtische Ämter auszuüben. Wie Portinari, der 1496 im Alter von einundsiebzig Jahren in die Heimat zurückkehrt, kehrt er zum Sterben an die Ufer des Arno zurück. Die einige Meilen von Florenz entfernte kleine Stadt Lucca prägt ihre Abkömmlinge weniger. Dino Rapondi, der 1374 Bürger von Paris wird, unterzeichnet mit Dyne Raponde, und aus seinen Zeitgenossen Guidiccioni, Moriconi und Burlamacchi werden zur gleichen Zeit Guidechon, Moriçon und Bourlamet. Jean Spifame, der Enkel eines Kaufmanns aus Lucca, wird 1421 Junker und Hauptmann von Conflans-Sainte-Honorine. Der Genuese ist überall zu Hause und geht innerhalb von zwei oder drei Generationen in der Masse auf. Henri Orlant war Genuese. Sein Sohn Thomas, glücklicherweise in Paris geboren, wird 1435 Magistrat. Zur gleichen Zeit ist Giovanni Sacchi bei seinen Kunden — darunter die Regierung des Regenten Bedford — nur als der Bankier Jean Sac bekannt.

Paris hat keineswegs das Monopol auf derartige Eingliederungen. Der Genuese kann ebensogut Marseiller oder Sevillaner werden. Wenn er die Riviera verläßt, denkt er meistens nicht an Rückkehr. Benedetto Zaccaria wird zu einer hochstehenden Persönlichkeit in der andalusischen Gesellschaft. Der Admiral Emmanuele Pessagno empfängt 1337 von Alphons IV. eine Grundherrschaft und eine Rente zur Belohnung für sein Engagement mit drei Galeeren im Dienste Portugals. Der Florentiner kehrt mit einem Vermögen nach Hause zurück; der Genuese, der zurückkehrt, gesteht seine Niederlage ein. In den Randbereichen der kaufmännischen Welt, in denen die Söldner ihr professionelles Talent als Soldat oder Schiffer feilbieten, neigt der genuesische Kaufmann nicht weniger zu langen Reisen. Christoph Columbus ist nicht der erste. Philipp der Schöne hatte bereits einen genuesischen Admiral, Benedetto Zaccaria. Die genuesischen Armbrustschützen kämpfen in der Armee des französischen Königs auf allen Schlachtfeldern des 14. Jahrhunderts. 1372 führt Rainier Grimaldi vor La Rochelle die Flotte Karls V., und Ambrogio Boccanegra, der Neffe des Dogen Simone, die des Königs von Kastilien.

Auf dem Weg der Integration ist die Heirat eine entscheidende Etappe. Die Verbindung mit Michèle de Vitry macht aus Jean Jouvenel, dem Sohn eines Tuchmachers aus Troyes, einen Bundesgenossen des reichen und einflußreichen Pariser Bürgertums. Die Heirat mit einer Tochter aus dem Patriziat von Lübeck öffnet dem Nürnberger Kaufmann Johann Lange die Türen der Lübecker Gesellschaft, die faktisch die Hanse der deutschen Städte regiert. Immer von dem Wunsch nach Einbürgerung getragen, gehen die Kaufleute aus Lucca in Paris ein regelrechtes Wettrennen um Heiraten ein. Bartolomeo Spifame heiratet Jacqueline de Honfleur, Giovanni Spifame nimmt die Tochter des Humanisten Gontier Col zur Frau, der Sekretär des Königs ist, und Guglielmo Cenami — der sich Céname nennt — bekommt die Tochter des großen Pariser Advokaten Jean Langlois. So öffnen sich die Türen...

Seltener ist die eigentliche Einbürgerung. Die Privilegien der Einheimischen zu erlangen, bevor man sich bewährt hat, erregt Mißtrauen. Die Einbürgerungsbriefe sind rar in den Registern der französischen Staatskanzlei. Das englische Parlament, das sich um solche Angelegenheiten kümmert, ist genauso zurückhaltend, aber der König kann Fremden den rechtlichen Status eines Einheimischen verleihen, die *denization*, deren Auswirkungen vor allem fiskalischer Natur sind.

Häufig begnügt man sich mit dem, was in Geschäftskreisen machbar ist, ohne sich an politische Entscheidungsträger zu wenden und ohne allzu weit in die Zukunft zu sehen. Den Fremden in die örtliche Gemeinschaft aufzunehmen, ihn zum Bürger zu machen, das ist häufig ausreichend, in London wie in Paris, in Bristol wie in Marseille. Der fremde Kaufmann gewinnt Privilegien und vor allem Kredit.

Ferner gibt es noch bestimmte Funktionen von öffentlicher Bedeutung. Sie garantieren mehr oder weniger die Integration, indem sie eine faktische Einbürgerung bewirken, ohne deswegen einen irreversiblen Tatbestand zu schaffen. Sie öffnen dem Fremden die Türen, ohne sie hinter ihm zu schließen. Er kann bleiben, ausharren, sich in seinem neuen Stand einrichten. Er kann auch zurückkehren und nur die Erinnerung an eine gute oder schlechte Sache mitnehmen. Als Finanzberater der Fürsten verstehen es die Kaufleute, aus einer Funktion, die keinen Titel hat, die beste Einführung auf den Wirtschaftsmärkten zu machen. Biche und Mouche — Albizzo und Musciatto Guidi de' Franzesi — werden in den Akten Philipps des Schönen »Ritter des Königs« oder »Schatzmeister des Königs« genannt. Aber die Buchhalter kümmern sich nicht um die Formeln der Staatskanzlei und schreiben einfach »Konto von Biche« oder »Konto von Mouche«. Alle wissen, welches Ergebnis solche vollendeten Tatsachen am Ende haben. Und die aragonesischen Botschafter, feinsinnige Beobachter der Politik und der realen Machtverteilung, schreiben dann auch in ihren Depeschen »Sire Mouchet«. Was ihren Neffen Tote Guy betrifft, »Diener des Königs« in den offiziellen Akten und für die Buchhalter Steuereintreiber in Flandern, so ist er für die Realisten ganz einfach der »Kaufmann des Monseigneur Enguerran de Marigny«. Das gibt ziemlich gut die Rolle wieder, die dieser Alleskönner, den die Diplomatie des pragmatischen Marigny nach vorne brachte, in Flandern und in England spielte.

In England kennt man zur Zeit Eduards I. die gleichen Situationen, die Kaufleute und Bankiers in die erste Reihe der lokalen Geschäftswelt befördern, ohne ihnen deswegen die Einbürgerung zu verschaffen. Die Riccardi, Bankiers Eduards I. bis zu ihrem Zusammenbruch 1294, tragen in den Akten keinen anderen Titel als den von »Kaufleuten aus Lucca«. Ihre Nachfolger in der Gunst und im Kredit der letzten Plantagenets, die Ballardi aus Lucca, die Bardi, die Peruzzi, die Frescobaldi und andere Florentiner Gesellschaften, suchen nichts anderes als diese gefährlich privilegierte Position. Als einziger wird Amerigo Frescobaldi zur Zeit Eduards III. Konnetabel von Bordeaux.

In Flandern ist dies der Fall bei dem Ratgeber des Grafen Louis de Nevers, dem Kaufmann Conte Gualterotti, der niemand anderes als der Faktor der Bardi ist. Und am Ende des Jahrhunderts ist Dino Rapondi aus Lucca für den Herzog von Burgund, Philipp den Kühnen, zugleich Ratgeber, Bankier und diplomatischer Agent, also das, was Mouche für Philipp den Schönen war.

Erst wenn er aufhört, Kaufmann zu sein, gliedert sich der Geschäftsmann wirklich ein. Solange er Forderungen eintreibt und auf klingende Münze setzt, bleibt er, was er immer war: ein Händler, der gekommen ist, um Geld zu verdienen. Auch wenn Mouche mit Louis d'Evreux und Gaucher de Châtillon im königlichen Rat sitzt, bleibt er ein Lombarde. Zwei oder drei Generationen später hat der Fremde seinen Wunsch nach Dauerhaftigkeit bewiesen. Er exportiert kein Geld mehr. Er hat seinen Platz in der sozialen Rangordnung eingenommen. Er spielt das Spiel der örtlichen Honoratioren. Der in Paris ansässige Enkel des Lombarden ist Seigneur eines Landguts, wo er in guter Nachbarschaft mit dem Enkel eines Pariser Tuchmachers und dem Enkel eines Advokaten im *Parlement* lebt.

Der Weg ist leichter in jenen Städten, die eine starke regionale Wanderungsbewegung daran gewöhnt hat, neue Gesichter und neue Namen zu entdecken. Ein fremdländischer Akzent überrascht kaum in Paris, Brügge, Antwerpen und London. Mit der Öffnung auf den Atlantik hin bemerkt man ihn auch in Rouen nicht mehr. Vom Bauern aus Bourg-la-Reine bis hin zum Bankier aus Lucca hat der Pariser alles gesehen: den Strumpfhändler aus Troyes, den Fischhändler aus Dieppe und den Waffenhändler aus Solingen. Er stellt sich keine Fragen mehr über den Seneschall aus Beaucaire, der mit dem Akzent des Südens Rechenschaft ablegt. Er fragt sich auch bald nicht mehr, wie die navarrischen Soldaten Karls des Bösen Normannen und wie die Engländer des Schwarzen Prinzen Gascogner sein können. Rabelais macht sich über den limousinischen Akzent seines Schülers nur lustig, um einen Pedanten zu geißeln, der »an der Seine promenieren« wollte.

Die Reaktion scheint schärfer und die Integration langwieriger zu sein, wenn der Betreffende von weit her kommt und keinen Vermittler hat. Die Slawen sind in Danzig genauso ungern gesehen wie die Westdeutschen, und Lübeck weist sie zurück, obwohl es sich anderen Deutschen so leicht öffnet. Weder Paris noch London haben jemals eine Flut von Florentinern befürchtet, und die Eingliederung der Kaufleute aus Lucca ist selbstverständlich. Niemand hat Grund zu fürchten, daß sie in Paris die Oberhand über die Einheimischen gewinnen und daß die *langue d'oïl,* die Sprache des französischen Nordens, auf dem Place de Grève eines Tages von der *lingua di si* besiegt sein wird. In Danzig hingegen verschanzt man sich.

Das Geld

Das System

Karl der Große und sein Sohn Ludwig der Fromme haben dem Abendland für lange Zeit eine feste Gestalt gegeben. Die Goldprägung ist eine Utopie geworden, der Bimetallismus ein unmöglicher Luxus. Die Goldmünze des Römischen Reiches, deren Name, *solidus*, besagt, daß man sie für so unvergleichlich hielt, daß sie zu jeder Zeit und an jedem Ort gültig war, ist nur noch eine Erinnerung, für die lediglich einige Gelehrte empfänglich sind. Es ist schon lange her, daß der Drittelsou, der *Triens*, rar wurde. Man hortet, man schmilzt ein, man exportiert.

Karl prägt noch einige Münzen, aus Prinzip, einige *Triens*, die in Norditalien und in der Toskana ausgegeben werden, um den Anspruch des Königs der Franken auf das Erbe der Cäsaren zu untermauern. Es geht darum, das souveräne Recht par excellence auszuüben, die Prägung von Gold, nicht darum, die Wirtschaft zu beleben, indem man ihr die Mittel für einen Austausch an die Hand gibt, der auf etwas anderem als der alten Praxis des Tauschhandels beruhen soll.

Der Okzident jedoch hat nicht genug Gold, um sich solche Münzen leisten zu können, und das geprägte Gold verschwindet schnell aus dem Geldverkehr. Kaiser Ludwig der Fromme ist um das Jahr 820 der letzte, der einen *Triens* aus Gold prägen läßt, der, wie es scheint, nie in Umlauf gebracht wird. Man begegnet wohl gelegentlich der byzantinischen *Hyperpera* und einigen arabischen Münzen, die aus Spanien oder Sizilien kommen. Sonst aber keinen.

Man zahlt also nicht mit diesem Geld, sondern mit guten Silberdenaren, die Ludwig der Fromme 825 streng definiert hat, indem er anordnete, daß man von jetzt an 240 Münzen aus einem Pfund Silber prägen solle. Das Pfund entsprach etwa 490 heutigen Gramm. Das ergab einen Denar zu zwei Gramm.

Die erste Entwertung war 865 das Werk Karls des Kahlen. Der Denar wurde leichter. Man prägte aus einem Pfund 264 Stück. Aber man rechnete weiterhin gewohnheitsmäßig, daß 240 Denare ein »Pfund« wert seien. Dieses »Pfund« hatte nichts mehr mit einem Pfund Gewicht zu tun. Das rechnerische Pfund war geboren. Wir finden es noch zur Zeit Ludwigs des Heiligen, als die Münzstätten des französischen Königreiches in Tours den sogenannten turonischen Denar (Tournois) prägen mit 217 Münzen auf eine Gewichtsmark, das heißt 434 Münzen auf ein Pfund Gewicht, und das in einer Legierung mit 3¾ Zwölftel Feinsilber. Dieser Denar gehört zu einem System, in dem zwölf Denare einen Sou ausmachen und zwanzig Sous ein rechnerisches »Pfund« (*Livre*).

Jedermann kannte den turonischen Denar, den *Denier tournois,* zumindest in Nordfrankreich. Aber es gab so viele Denare wie Münzstätten, und diese Münzprägestätten nahmen in dem Maße zu, wie die einheitsstiftende Autorität des karolingischen Königs zusammenbrach, und danach wieder in jenen Zeiten politischer Zersplitterung, die die Feudalzeit ausmachen. In Frankreich, um nur dieses Beispiel zu nennen, konnten nur die Wechsler zwischen Denaren aus Paris, Toulouse, Melgueil, Provins und aus anderen Städten, die eine Münzstätte besaßen, unterscheiden. Die Messen der Champagne sicherten dem Denar aus Provins eine solche Popularität, daß italienische Städte nichts dabei fanden, *Provinois* zu prägen, die nicht falsch im heutigen Sinne, sondern ganz einfach Münzen waren, deren Gewicht und Titel denen aus der Champagne entsprachen. Das Volk begnügte sich mit den in der Gegend üblichen Münzen. Man wußte in Paris, daß fünf Denare aus Tours vier *Parisis* wert waren.

Auch wenn das System in sich stimmig war, blieb seine Basis zerbrechlich. Aufgrund weniger, schlecht ausgebeuteter Minen blieb die verfügbare Menge an Metall unzureichend. Der von den Karolingern eingeführte, auf Silber beruhende Monometallismus war das kleinere Übel. Bei der — nie bezwungenen — Knappheit an Zahlungsmitteln war dies realistisch.

Zwei oder drei Jahrhunderte lang konnte man glauben, daß dieses System die Expansion begleiten würde. Die Ausbeutung der Minen wurde mit jener Tatkraft wiederaufgenommen, die auf den Bedarf antwortet. Die Vorkommen im Harz bei Goslar gaben etwa seit dem Jahr 960 Kupfer und Silber im Überfluß her. Man öffnete Minen wieder, die zur Zeit der Karolinger geschlossen worden waren. Neue Techniken wie der Gebrauch von Mühlen für den Betrieb der Entwässerungspumpen und von Winden gaben ihnen ein wenig von der Rentabilität zurück, die sie mit dem Ende der antiken Sklavenhaltung verloren hatten. In den Alpen, in den Vogesen und im Jura wurde Silber, Kupfer und Blei gewonnen. Gleichzeitig entdeckte man neue Vorkommen in Sachsen sowie in den Ostalpen.

Nichts davon reichte für den Umschwung zu einer Geldwirtschaft aus, die seit dem Jahr 1000 durch das Bevölkerungswachstum möglich wurde und die für alle die Gestalt des Kaufmanns aus der Stadt annahm. Das Silberbergwerk unter Tage gab wenig her, und die Hortung störte stets den Geldumlauf. Das Silber, das die Silberschmiede im Auftrag der Großen und der Kirchen für Tischgeschirr, Kelche und Reliquienschreine verwendeten, fehlte den Münzprägern. Man kann sagen, daß das Kunstwerk die normale Form dieser Hortung war, die sich weniger offen durch das Vergraben von »Geldschätzen« äußerte, deren meist zufällige Entdeckung heute die Numismatiker beglückt. Man konnte im Notfall immer die Kruzifixe und Kelche, die Humpen und Schmuckschnallen einschmelzen. Aber solange man den Gegenstand für Notfälle aufbewahrte, war das kostbare Metall nicht in Umlauf.

Eine Wirtschaft, die ihre Gegenstände und ihre Horizonte ausweitet, mit Zahlungsmitteln, die dieser Entwicklung nicht folgen — das bedeutet Inflation. Zur Zeit Ludwigs des Frommen, um das Jahr 820, wog der Denar zwei Gramm Feinsilber. Um das Jahr 1000 wog der Denar der ersten Kapetinger noch anderthalb Gramm und bestand immer noch aus Feinsilber. Aber wenig gewissenhafte Grundherren wagten es bereits, Fälschungen auszugeben, Münzen mit vermindertem Feingehalt, die nur von professionellen Wechslern beurteilt werden konnten. Der Währungskrieg begann, der jahrhundertelang darin bestand, das wertvolle Metall des Nachbarn in den eigenen Besitz zu bringen, indem man bessere Kurse bot. Anschließend kam man wieder auf seine Kosten, indem man es mit der Legierung nicht so genau nahm. Lange bevor der englische Geschäftsmann Thomas Gresham im 16. Jahrhundert ein entsprechendes Gesetz formulierte, bemerkte man, daß »das schlechte Geld das gute vertreibt«.

Anderthalb Jahrhunderte später, in der Zeit des großen Aufschwungs der Messen der Champagne, wird der Denar des französischen Königs aus einer Legierung gefertigt, die nur noch zur Hälfte aus Silber besteht, und das Gewicht der Münze, das auf 1,27 Gramm gesunken ist, verbirgt nur schlecht die Tatsache, daß kaum 0,64 Gramm Feinsilber verblieben sind. Auf dem Höhepunkt des Systems, in den Jahren 1230 bis 1250, hat der Denar aus Tours nur noch 0,35 Gramm Feinsilber. Die Inflation hat 83 Prozent des karolingischen Denars aufgefressen. Allen steht vor Augen, daß aus den hellen Münzen schwarze Münzen geworden sind.

Säcke voll Metall schleppt man zu den großen Messen, wenn Forderungen und Luxuswaren auf europäischer Ebene verhandelt werden. Wandelt man die in Naturalien zu entrichtenden Abgaben, die von keinem Grundherrn an Ort und Stelle konsumiert werden können, in Münzgeld um, dann füllt der Zehnte oder der Grundzins eines Bauern einen Sack mit Münzmetall, und es kostet die Gräfin der Champagne drei Zentner »schwarzen Geldes« — einen ganzen Wagen voll —, um die Neutralität von König Philipp II. August gegenüber einer Bewegung der städtischen Emanzipation zu erkaufen. Man sieht, welches Metallgewicht einer Ladung Wolle, einer Ladung Gewürze, einem Quantum Ambra oder einem Triptychon aus byzantinischem Elfenbein entsprechen kann.

Im 13. Jahrhundert, als es mit der Dynamik bergab geht, aber niemand die Krisen der Wirtschaft und der Gesellschaft kommen sieht, verspürt der Okzident das Bedürfnis nach »vielfältigen« Währungen, die nicht nur eine Anhäufung von schwarzen Münzen auf den Waagschalen sind.

Aber man verwechselt damals die beiden Verkörperungen des Mangels: den Monometallismus (»ganz aus Silber«) und die Einheitlichkeit der Währung (einzig der Denar). Man untersucht also die Perspektiven, die der Verzicht auf diese beiden

Grundlagen eines Währungssystems eröffnen könnte, das um das Jahr 800 organisiert wurde und um das Jahr 1200 den Bedürfnissen völlig zuwiderläuft.

Der Okzident nimmt sich zuerst die Einheitlichkeit der Währung vor, und das ist eine sehr vernünftige Entscheidung. Warum so viel wertloses Metall wiegen, tragen, schätzen, zählen? Warum so viel Blei mit sich führen? Warum die hohen Summen zahlen, die der Handel jetzt durch eine Anhäufung schlechter Münzen mit sich bringt? Die große Reform des 13. Jahrhunderts, und bei weitem die beste, ist die »große Währung«. In Wirklichkeit ist es die Rückkehr zu Karl dem Großen.

Venedig gibt 1203 ein Beispiel mit dem *Matapan*. Florenz folgt 1237 vorsichtig mit einem *Soldo* (Solidus), das heißt mit einer Münze, die man seit vier Jahrhunderten nicht gesehen hat, also mit einer realen Münze, die eine Zähleinheit wert ist: zwölf Denare, ein Soldo. Man hatte vergessen, daß der römische Solidus aus reinem Gold war. Der neue Solidus ist eine Silbermünze, aber eine »große Münze«.

Zur gleichen Zeit beginnen die Theoretiker sich über das Verhältnis von Gold und Silber Fragen zu stellen. In dem nur auf Silber gegründeten Währungssystem hat das Gold wie jede beliebige Ware einen Handelskurs. Grob gesagt weiß man, daß ein bestimmtes Gewicht an Gold zwölfmal dessen Gewicht an Silber wert ist. Das war das Verhältnis des antiken Bimetallismus — die Goldmünze, der Sou, war zwölf Silbermünzen, zwölf Denare wert —, und aus diesem Grunde etablierte sich als Währungseinheit der Sou, der zwölf Denare wert war, wie hoch der Silbergehalt des Denars auch sein mochte. Natürlich fehlten auch die guten Geister nicht, die obendrein bemerkten, daß die Zwölf eine heilige Zahl sei. Es gebe zwölf Apostel, aber auch zwölf Monate im Jahr. Die Zahl Zwölf sei ein arithmetischer Ausdruck der natürlichen Ordnung der Dinge. Das Verhältnis zur Zahl Zwölf scheint sich denjenigen aufzudrängen, die um das Jahr 1250 denken, daß das Goldgeld nicht notwendigerweise ein Privileg des byzantinischen Kaisers und der Kalifen ist.

Ludwig der Heilige ließ seinerseits im Jahr 1266 eine große Silbermünze prägen, den *Gros tournois* (Turnosen) zu zwölf turonischen Denaren. Nach so vielen Jahrhunderten, in denen er lediglich eine Rechnungsmünze war, ein Vielfaches der realen Währung, wird der *Sou tournois* eine greifbare Realität. Dreizehn Jahre später folgt Eduard III. diesem Beispiel und gibt England seinen *groat*. Ganz Europa gibt große Geldstücke heraus. Böhmen hat seit 1296 seine Groschen.

Diese Geldstücke sind natürlich aus reinem Silber, während der Denar sich ständig verschlechtert. Daher kann das einfache arithmetische Verhältnis von Sou und Denar nicht beibehalten werden. Seit dem Ende des 13. Jahrhunderts zählt der *Gros tournois,* der immer noch zu 58 Stück pro Gewichtsmark Feinsilber geprägt wird, 15 Denare. Der Gros ist kein Sou mehr. Mit seinem Sou zu zwölf Denaren und seinem Livre zu zwanzig Sous bleibt das System die ideale Skala, an der jederzeit — auf einem Niveau, das durch die Situation auf dem Währungsmarkt bestimmt wird — die

142

realen und sehr unterschiedlichen Währungen gemessen werden, mit denen man zahlen kann.

Die gleichen Gründe, die zu großen Münzen aus Feinsilber geführt haben, führen zum Goldgeld. Von der schwarzen Münze — 70 oder 75 Prozent Blei — bis zur Münze aus Feinsilber mußte man das Geld schwerer machen, um das Duodezimalverhältnis zu erhalten, nämlich das von Sou und Denar. Die Münzpräger Ludwigs des Heiligen ziehen 220 *Deniers tournois* aus einer Gewichtsmark Legierung, aber nur 58 Gros aus einer Gewichtsmark Feinsilber. Zwölf Münzen zu 1,11 Gramm schwarzem Metall sind eine Münze von 4,22 Gramm wert. Indem man zum Gold übergeht oder vielmehr darauf zurückkommt, multipliziert man aufs neue mit zwölf, allerdings ohne das Gewicht zu erhöhen. Man kann nun seine Geschäfte tätigen, ohne sich mit Säcken oder Wagen voller Münzen zu belasten.

Florenz und Genua ergreifen 1252 die Initiative. Die Handelsbilanz der beiden Städte ist ausgeglichen, mit dem mediterranen Orient ebenso wie mit dem kontinentalen Europa. Die beiden wertvollen Metalle sind daher auf den italienischen Märkten ebenfalls im Gleichgewicht — im Überfluß.

Der Florentiner Florin und der Genueser Dukaten werden sofort in ganz Europa mit Begeisterung aufgenommen. Mit Johannes dem Täufer auf der Vorderseite und der Lilie auf der Rückseite ist der Florin schon bald das Symbol der neuen Prosperität von Florenz und der Stabilität des Währungsstandards. Der Okzident begnügt sich nicht damit, in Florins zu zahlen, er rechnet auch in Florins. Venedig folgt nach langem Zögern 1284 dem Beispiel Genuas. Es gibt daher zwei »Dukaten«, wobei dieser Name ganz einfach »Geld des Dogen« bedeutet (Doge ist im Lateinischen *dux*).

England und Frankreich können nicht zurückstehen, wohlgemerkt weniger aus wirtschaftlichen Gründen als aus Prinzip. Die Prägung von Gold behält den Charakter einer Bestätigung der Souveränität. In diesem Geiste wagte bereits im 6. Jahrhundert König Thierry, der älteste der Söhne Chlodwigs, sein eigenes Abbild auf die goldenen Sous zu setzen, die in seinem Reich geprägt wurden. Im 13. Jahrhundert wollen weder der Kapetinger noch der Plantagenet den Stadtrepubliken Italiens den Anschein eines kaiserlichen Erbes überlassen. Obendrein ist es verlockend, Nutzen aus dem Niedergang des Heiligen Römischen Reiches deutscher Nation zu ziehen, das nicht in der Lage ist, die Herausforderung anzunehmen. Nach dem Tod des umstrittenen und exkommunizierten Friedrich II. im Jahr 1250 geht das Reich in einem »Großen Interregnum« unter, das vom Tod des kurzlebigen Konrad IV. im Jahr 1254 bis zur Wahl Rudolphs von Habsburg im Jahr 1273 die benachbarten Könige von einem lästigen Rivalen befreit. In seinem sizilischen Reich, in dem immer noch die byzantinischen und arabischen Goldmünzen zirkulieren, zögert Karl von Anjou nicht, den *Augustalis* zu prägen, dessen kaiserliches Abbild selbst ein politisches Glaubensbekenntnis ist.

Heinrich III. wagt als erster im Jahr 1257 einen zaghaften Versuch, Gold zu prägen. Dieser Kühnheit ist keine Zukunft beschieden. England hat sein Goldgeld erst im Jahr 1344.

Ludwig der Heilige folgt im Jahr 1266 mit einem *Denier d'or à l'écu*, der das gleiche Gewicht wie der *Gros tournois* hat. Der Name dieser neuen Münze sagt schon, wie sehr man daran gewöhnt ist, daß es keine andere Münze als den Denar gibt und daß daher jede Münze ein Denar ist. »Denar« bedeutet einfach »Münze«, und man spricht noch lange von Golddenaren — was unsinnig ist — und von Denaren mit diesem oder jenem Abbild.

Man muß für diese Goldmünze einen Kurs festsetzen. Der Écu ist zehn *Sous tournois* wert. Das heißt, daß Gold zehnmal so viel wert ist wie Silber. Es scheint, daß die königlichen Münzstätten zu diesem Preis vergeblich nach dem zu prägenden Metall suchen: Das Gold hält sich verborgen. Es ist sogar möglich, daß durch heimliches Einschmelzen die wenigen Münzen verschwinden, die als Währung des Königs in Umlauf sind. Die sehr kleine Zahl erhaltener Münzen läßt den Historiker über die in Umlauf gesetzte Menge im Zweifel. Außerdem ist das Wesentliche getan. Der Kapetinger bestätigt, daß er das Gold genauso prägt wie die byzantinischen Kaiser und die italienischen Städte, bei denen niemand vergißt, daß sie zum Heiligen Römischen Reich gehören. Wollte Ludwig IX. wirklich weiter gehen?

Der Gedanke setzt sich jedenfalls in den Gemütern fest, und genau das wollte man. 1270 zieht Philipp III. der Kühne die Konsequenzen daraus mit einem *Denier à la reine*, der die Serie der Goldmünzen eröffnet, deren Aufeinanderfolge erst mit den letzten »Louis« der Dritten Republik unterbrochen wird.

Zwei große Verordnungen in den Jahren 1263 und 1266 geben Frankreich die Grundlage für ein neues Währungssystem mit eher politischer als ökonomischer Ausrichtung. Die Reform, die aus einem Jahrhundert der aristotelischen Reflexion über die Rolle des Staates bei der Definition der Grundlagen der gesellschaftlichen Verhältnisse hervorging, verrät das ihr innewohnende Prinzip, wonach der Standard des Tausches nicht im Ungewissen liegen darf. Der Monarch hat über die Währung, die im allgemeinen Interesse festgesetzt ist, das alleinige Recht auf die Münzprägung und auf den Gewinn aus den Prägungen sowie das Recht, die Währung »anzugleichen«, wenn der »Gemeinnutz« es erfordert. In der Praxis hat diese Bedingung, die die Rechtsgelehrten jedem Eingriff des Königs in die privaten Beziehungen seiner Untertanen zugrundelegen, sehr bald einen technischen Sinn. Man muß die Währung angleichen, wenn der Handelskurs des Edelmetalls sich so weit vom gesetzlichen Kurs der Währung entfernt, daß man die Spekulation fördert und die Ausfuhr des einen oder anderen Metalls in Gegenden riskiert, in denen die Wertschätzung eine andere ist.

Angleichen heißt korrigieren. Das Volk irrt sich, wenn es glaubt, daß der Monarch die Währung »angleicht«, um Profit aus einer neuen Prägung zu ziehen. In

Wirklichkeit sind in den gut informierten Geschäftskreisen Spekulationen nicht selten, und es sind Fälle bekannt, in denen das Interesse der Spekulanten eine Entscheidung des Fürsten bestimmt. Diese Fälle sind selten, und solche Angleichungen sind meistens von Mißerfolg gekrönt, das heißt von dem Verschwinden der Währung. Sehr viel häufiger, als es die Zeitgenossen und sogar informierte Kaufleute glaubten, gleicht der Monarch die Währung an, weil er keine andere Wahl hat, weil die Situation auf dem Währungsmarkt es erfordert und weil er die »Allgemeinheit« mit Zahlungsmitteln versorgen muß.

Die Reform Ludwigs des Heiligen setzt in Frankreich einige Prinzipien, die von Aristoteles und Thomas von Aquin sowie vom römischen Recht inspiriert sind. Die königliche Münzprägung hat ein Privileg vor allen anderen: Die Währung des Königs ist im ganzen Reich obligatorisch, die Währung der Barone und der Prälaten gilt nur in ihrem Herrschaftsbereich. Das heißt, daß in der königlichen Domäne, die durch die Eroberungen von Philipp II. August und auch seitdem stark erweitert wurde, die Währung des Königs die einzige ist oder sein sollte. Den Baronen wird untersagt, andere Münzen prägen zu lassen als diejenigen, die vom Gewohnheitsrecht sanktioniert sind. Das beschränkt die Münzprägung der Herzöge und Grafen wie die der Bischöfe und Äbte auf die Ausgabe von Denaren der alten Art, auf Münzen also, die bald nur noch als Hilfswährung dienen.

Diese Verfügungen werden von einer realistischen Politik begleitet. Der Kapetinger kauft alle grundherrschaftlichen Münzstätten auf. Zu Beginn des 14. Jahrhunderts hat die königliche Währung in Frankreich die Oberhand über alle anderen gewonnen. Der Machtzuwachs der Fürstentümer zur Zeit des Hundertjährigen Krieges sollte indessen die Gesetzgebung Ludwigs des Heiligen stören. In dieser Zeit prägen Burgund, Flandern, die Bretagne und einige andere — um hier von dem Aquitanien der Lancaster erst gar nicht zu reden — alle Gold- und Silbermünzen, die der König sich vorbehalten hatte. Es ist nicht mehr die Zeit der Vielfalt, wie noch im 12. Jahrhundert, als es *Deniers tolzas* und *Deniers provinois* gab. Es kommt die Zeit des *Cavalier d'or* der Bretagne und des *Ridder* Flanderns, des *Philippus* von Burgund und des *Écu* der Guyenne.

Der Bimetallismus setzt sich indes in Europa durch. Ungarn kommt 1308 hinzu, Böhmen 1325. 1340 prägt man Gold in Lübeck. Nur Polen und Schweden warten bis zum 16. Jahrhundert.

Diese neue Vielfalt verstärkt die Daseinsberechtigung einer Rechnungswährung. Während die großräumigen Geschäfte, trotz der theoretischen Monopole und der offiziellen Ausschlüsse, alle möglichen Währungen bei der Bezahlung der Transaktionen in Erscheinung treten lassen, muß die Notwendigkeit einer Bezugsgröße nicht mehr bewiesen werden. Häufig bezieht man sich auf eine gängige Währung, die für ihre Stabilität bekannt ist, etwa auf den Florin aus Florenz. Häufiger noch, normalerweise bei örtlich begrenzten Transaktionen, hält man sich an das alte Sy-

145

stem des Livre und des Sou, die auf einem Denar beruhen, der nicht mehr die Münze par excellence ist, sich aber immer noch durch sein altes Verhältnis zu den anderen Denaren definiert. Das *Livre parisis* ist zwanzig *Sous parisis* wert, aber für den Händler ist vor allem wichtig zu wissen, daß es fünfundzwanzig *Sous tournois* wert ist.

Die Sorge um eine Bezugsgröße für die reale Münze führt im übrigen zu Präzisierungen: Livre oder Sou »de bons petits parisis« oder »de vieux tournois«. Man kennt also ebensoviele Livres und Sous wie reale Denare, aktuelle oder vergangene. Der Papst von Avignon gibt zu Beginn des Großen Schismas weiterhin einige Florins »de la Chambre« (der Apostolischen Kammer) heraus, um das System, das die Bücher der Apostolischen Kammer, des Finanzorgans des Papsttums, lenkt, nicht seiner Währungsstütze zu berauben: Schon lange zahlt der Schatzmeister des Papstes in *Florins courants* des Comtat Venaissin, in *Florins de la reine* der Provence, in *Écus à la couronne* Frankreichs, sogar in aragonischen Florins. Aber man würde es um 1380 nicht wagen, in Florins der Apostolischen Kammer zu rechnen, wenn dieses Geld nicht mehr in Umlauf wäre.

Von da an ist es unwichtig, ob eine Zahlung nun in dieser oder jener Währung, die in der Börse des Zahlenden zur Verfügung steht, erfolgt.

Die Wechsler und der Markt

Schon die geringfügigste Zahlung setzt eine Kenntnis der in Umlauf befindlichen Währungen voraus, eine elementare Arithmetik, die der Hausierer und der Kneipenwirt nicht beherrschen können. Bevor man seinen Durst stillt, sollte man eine Münze bei sich haben, die der Wirt kennt. Diese traurige Erfahrung macht im Frühjahr 1424 ein Soldat des Regenten Bedford, der sich in der Garnison Paris befindet.

Mit zwei Begleitern hatte der Engländer Sander Russel im »Écu de Bretagne«, einer Taverne am Place Baudoyer, hinter dem »Maison aux piliers«, dem damaligen Rathaus, reichlich gegessen und getrunken. Die Wirtin verlangte drei oder vier *Sous parisis*. Die Engländer zogen einen *Écu d'or* hervor, versicherten, daß er 26 *Sous parisis* wert sei, und wollten sich das Restgeld zurückgeben lassen. Die Wirtin behauptete, daß der Écu höchstens 24 Sous wert sei. Russel lehnte diesen Kurs ab und schlug vor, seine Münze »in der Stadt« zu wechseln. Die Wirtin sah, daß der Engländer mit dem Écu gehen wollte, und erklärte, die Münze zu behalten, bis Russel mit akzeptablen Münzen zurückkehre. Russel hatte offensichtlich nur diese Münze, die ohne Verlust gewechselt werden konnte. Er bot daher der Wirtin als Pfand einen Rheinischen Gulden, eine Münze der schlimmsten Sorte, von der der Engländer wohl wußte, daß kein Wechsler ihm etwas dafür geben würde. Russel brauchte eine

Stunde, um seinen Écu zu wechseln, und die Wirtin wollte als Pfand für den bereits getrunkenen Wein keinen Rheinischen Gulden akzeptieren, der falsch sein konnte. Sie weigerte sich. Der Soldat wurde böse: »Zum Teufel, können wir hier nicht herauskommen? Wir wollen doch zahlen!«

Der Engländer wurde sehr zornig und warf zwei leere Gläser, die nacheinander an der Wand zerschellten. Ein Sergeant war da, der ihn beruhigen wollte. Man beschimpfte sich. Russel bemerkte, daß man, wenn man ihre Sprache höre, doch verstehen könne, »was für Leute sie seien«. Der Sergeant bezeichnete sie als Diebe. Man zog die Degen. Schließlich brach der Sergeant tot auf der Treppe zusammen.

In dem Kampf hatte er den Gürtel mit seiner Börse verloren, so daß man in der Taverne »Kleingeld« aufsammelte. Die Geschichte berichtet nicht, ob die Wirtin daraus ihre Zeche beglich...

Versetzen wir uns einen Augenblick in die Lage der Wirtin. Sie hatte zumindest den *Écu couronne* von 1420 (66 Stück pro Gewichtsmark, 22 Sous 6 Deniers tournois bei der Ausgabe) und den *Écu couronne* von 1419 (64 pro Gewichtsmark, 30 Sous) gekannt, nicht zu vergessen den von 1411 (64 pro Gewichtsmark, 22 Sous 6 Denare) und den von vor 1411 (61⅓ pro Gewichtsmark, 22 Sous 6 Denare). Es war ihr gutes Recht, sich Fragen zu stellen angesichts so vieler verschiedener Münzen, die trotz der in den königlichen Verordnungen veröffentlichten Münzverrufe weiterhin in Umlauf waren. All diese Écus trugen auf der einen Seite das Wappen Frankreichs mit drei Lilien und einer Krone und auf der anderen ein Kreuz in einem Vierpaß. Sie wurden 1423 durch Bedford widerrufen und durch den *Salut* ersetzt, den man mit seinem Engel, der die Jungfrau Maria hinter den Wappen Frankreichs und Englands grüßt, wenigstens ohne große Mühe erkennen konnte.

Der Soldat und die Tavernenwirtin konnten sich über den Kurs eines Écu nicht einig werden. Um die Münze zu tauschen oder sie schätzen zu lassen, mußten solche Leute den Wechsler aufsuchen.

Das Bedürfnis des Kaufmanns und des Finanziers war freilich ein ganz anderes. Als der Schatzmeister des päpstlichen Schatzamtes im Jahr 1362 seinen Rechenschaftsbericht vorlegt, notiert er, daß er 15 654 Florins, 1 397 Léopards, 299 Écus, 103 Moutons, 5 Royal d'or und 60 Livres 6 Sous 2 Denare aus Silber erhalten hat. Wenn es jedoch nur das wäre:

»Von den Florins sind 4 223 Florins der Apostolischen Kammer, 3 869 Florins der Sentence, 7 438 starke Florins, 16 Dukaten, 5 Florins aus Genua, 31 Florins aus Aragon, 7 Florins aus Frankreich, 59 Florins mit kleinem Gewicht, 6 Florins aus Cambrai.

Von den Écus sind 271 alte Écus mit gutem Gewicht, 1 Écu aus England, 1 Écu aus Bayern, 2 alte Écus, nicht mit gutem Gewicht, 17 nachgemachte alte Écus, 8 Écus von Philipp.«

Ein Jahrhundert später, in den Jahren 1476 bis 1480, kommen durch einen Ablaß, der den Gläubigen Burgunds angeboten wird, in den zu diesem Zwecke in 55 Kirchen – von Groningen bis Mâcon – aufgestellten Opferstöcken 18 000 Goldstücke von siebzig verschiedenen Münztypen zusammen. Die päpstlichen Kommissare zählen in den Opferstöcken von Antwerpen, Lille und Auxonne mehr als dreißig verschiedene Münzsorten. Die 128 Münzen, die in den Opferstock der kleinen Stadt Semur-en-Auxois gesteckt wurden, stammen von acht verschiedenen Sorten. Auf 61 Goldstücke zählt man in Haarlem 12 Sorten. Und es gibt Münzen, die man für vergessen halten könnte, wie den *Klinkaart* aus Flandern, der aus dem Jahr 1426 stammt. Es gibt Münzen, die von weit her kommen, aus Bayern, Aragon, Venedig…

Zehn Jahre später, als die Generalstände des Languedoc der Währungsanarchie abhelfen wollen, zählen sie nicht weniger als 27 verschiedene Goldmünzen und 25 Silbermünzen. Der Gulden aus Utrecht findet sich in Montpellier genauso wie der Dukaten aus Venedig, der Écu aus Foix »mit zwei Kühen«, der *Ridder* aus Flandern, der doppelte Denar aus Mailand und der *Car* aus Bern. Sogar der Gros von Jacques Cœur ist nach so vielen Jahren noch in Umlauf.

Dem Buchhalter wie dem Kaufmann würde der Kopf schwirren, gäbe es nicht den Wechsler, den Mann, der erkennt, abwiegt und beurteilt. Er wohnt glücklicherweise im Herzen der Stadt. In Florenz ist die Zunft der Wechsler nach der *Calimala*, in der die großen Kaufleute zusammengeschlossen sind, die zweite der »höheren Zünfte«, vor derjenigen der Importeure von Seide und Seidenwaren – der *Por Santa Maria* – und der Wollzunft. Die Wechsler sind am Mercato Vecchio, in Or San Michele, an der Hauptstraße, die vom Dom zur Signoria führt. Ihre venezianischen Kollegen sind auf dem Rialto. In Paris haben die Wechsler seit Beginn des 12. Jahrhunderts die Grand Pont mit Beschlag belegt. Diese Brücke ist ein wichtiger und bis zum 14. Jahrhundert der einzige Übergang zwischen dem rechten Ufer, wo die Geschäfte getätigt werden, und der Cité und dem linken Ufer, wo sich die großen Verwaltungen und die Kollegien befinden. Die Wechsler teilen später die Grand Pont mit den Goldschmieden. Dennoch bleibt die Brücke für die Pariser die »Pont au Change«, die Brücke der Wechsler.

Von 503 reichen Parisern, die 1423 der Steuer unterliegen, sind 43 Wechsler. Zehn Wechsler gehören zu den zwanzig Steuerpflichtigen, die am höchsten besteuert werden. Und von der Wiedererrichtung der Stadtverwaltung im Jahr 1412 bis zur königlichen Kontrolle des Rathauses um das Jahr 1450 gehören nicht weniger als vier Vogte des Kaufmannsgewerbes *(Prévôts des marchands)* und neunzehn Magistrate dem Gewerbe der Wechsler an.

Die Vielfalt der in Umlauf befindlichen Münzsorten hängt natürlich mit den Münzstätten zusammen. Sie verdankt sich den internationalen Zahlungen, die Börsen und Wagen mit Gold und Silber über große Entfernungen bewegen. Aber sie hängt auch in großem Maße mit dem Handel mit geprägtem Metall zusammen.

Seit den ersten Erfahrungen mit dem Bimetallismus wissen die Spekulanten, daß das Verhältnis von Gold und Silber in Alexandria, einem der wichtigsten Tore zum Orient, diejenigen begünstigt, die Silber nach Ägypten exportieren und Gold nach Europa importieren.

Eine ausgeglichene, ja vorteilhafte Handelsbilanz mit dem Orient schützt Italien vor den gefährlichen Exporten von Bargeld. Florenz, Venedig und Genua haben genug Waren, die sie nach Alexandria, Trapezunt am Schwarzen Meer oder Kaffa auf der Krim schicken können. Ein einseitiger Handel ist nicht zu befürchten. Das verbietet im übrigen nicht, auf mittelfristige Schwankungen zu setzen, und der Florentiner Wechsler Lippo di Fede del Sega hortet von Juni 1317 bis März 1318 nicht weniger als 2300 Silberflorins, um sie einige Monate später, nach einer leichten Hausse der Kurse, wieder in Umlauf zu bringen. Lippo di Fede spekuliert auf einen relativ niedrigen Kurs und verkauft sein Metall an die Münzstätte, wenn diese vorübergehend keines hat. Es gibt Spekulation, aber es gibt keine Kapitalflucht.

Im Notfall kommt der italienische Währungsmarkt sogar den Kolonialmärkten zu Hilfe. Der Große Rat von Venedig versucht am 29. Juli 1353 dem Geldmangel abzuhelfen, unter dem mehrere venezianische Territorien in Südosteuropa leiden. Man prägt neue Münzen, die trotz ihres Leihnamens — »Turnose« — ziemlich schlecht sind, und man beauftragt die örtlichen Beamten, sie so schnell wie möglich in den Handelsverkehr einfließen zu lassen.

»Zum Wohl und Nutzen der Kommune und unserer Ländereien Coron und Modon (in Mazedonien), des Negropont (Euböa) und Kretas wird verordnet, hier Turnosen mit 8 Unzen Kupfer und 1 Unze Silber, 80 Turnosen auf eine Gewichtsmark zu prägen, ferner eine möglichst große Menge dieses Geldes in besagte Ländereien zu schicken und den Beamten aufzutragen, sie angemessen auszugeben und alles zu tun, um sie in Umlauf zu bringen. Ferner soll dieses Geld zu 3 Denaren den Turnosen gezählt werden, und die Form und Prägung soll so sein, wie es der Signoria gut zu sein scheint.«

Frankreich hat nicht das gleiche Handelsvolumen mit dem Orient. Dennoch besteht es darauf, Gold zu kaufen, um sein Geld zu prägen. Das System gibt daher Gelegenheit zu den schlimmsten Spekulationen, die Nutzen aus dem Ungleichgewicht ziehen und es dadurch verschlimmern. Seit dem Ende des 13. Jahrhunderts verlassen Schiffe, die mit Säcken voller Silber beladen sind, Montpellier. Eine solche Verschiffung, die die königlichen Dekrete nicht verhindern können, verknappt das Silber und infolgedessen das Kleingeld, das im täglichen Leben gebraucht wird.

»Allen Herzögen, Grafen, Baronen und Richtern in unserem Reich tragen Wir auf, Unsere Verordnungen bezüglich der Währung streng einzuhalten und einhalten zu lassen und genau darauf zu achten, daß keine unserem Reich fremde Währung in Umlauf kommt und als Zahlungsmittel angenommen und ausgegeben wird, ferner die Häfen und Übergänge Eurer Länder und Rechtsprechungen bewachen zu lassen, damit keiner Geld oder verbotene Währungen aus Unserem Reich hinausbringt oder hinausbringen läßt.«

Es droht der Zusammenbruch: Die Regierung muß das Rechnungsgeld abwerten, mit anderen Worten, den Kurs der Silbermünzen erhöhen. Die Instabilität verschlimmert den Mangel. Die Wechsler werden zunehmend wichtiger. Sie sind gleichzeitig Ratgeber und Spekulanten, beeinflussen den König und informieren die Kundschaft. Reich an Erfahrungen, notieren sie in ihren Büchern von Tag zu Tag die Kurse der unter Druck stehenden Geldsorten. Den französischen König kommt ein voreiliger Bimetallismus teuer zu stehen, aber die französischen Wechsler gewinnen dadurch einen besonderen Platz in der Gesellschaft.

Der Wechsler kann natürlich nicht allein alle diese Geldsorten beurteilen. Zwar kann er mit seiner Waage kontrollieren, ob die Besitzer eine Münze, deren gesetzliche Beschreibung er kennt, abgenutzt haben. Er kann sie zurückweisen, wenn das tatsächliche Gewicht unter jene gesetzliche Grenze gefallen ist, welche die technischen Unvollkommenheiten der Prägung berücksichtigt. Der Markt verweigert die Annahme der Münzen, bei denen mit dem Messer etwas Edelmetall abgeschabt wurde. Aber es bleibt immer noch eine Ungewißheit über die Münze selbst. Keine Methode außer dem Einschmelzen kann den genauen Feingehalt bestimmen. Mit bloßem Auge kann jeder das schwarze Geld — mit zwei oder drei Zwölfteln Feinsilber — vom »guten Geld« unterscheiden, das aus einem sehr hellen Metall gemacht ist. Aber kein Experte kann den Gehalt der Gros zu 11 Denaren 12 Gran Feingehalt von denen zu 12 Denaren 12 Gran unterscheiden, die aus reinem Silber sind. Keiner kann den Feingehalt der Écus mit 24 Karat, der *Moutons* mit 23 Karat und der *Couronnes* mit 12$^{1}/_{8}$ Karat beziffern. Der Wechsler registriert daher die Geldsorten und ihre Merkmale, so wie sie in den königlichen Dekreten definiert werden. Und er notiert gewissenhaft die Unterschiede zwischen den einzelnen Münzstätten oder den einzelnen Prägungen: ein winziges Symbol, ein Punkt, ein Kreuz, ein Sternchen.

Um ihnen nicht zum Opfer zu fallen, muß man die Schwankungen der Kurse des Edelmetalls kennen und damit den Handelskurs der Münzen. Natürlich schwanken diese Kurse von Tag zu Tag und von Ort zu Ort, je nach dem Bedarf, den der Markt an dem einen oder anderen Zahlungsmittel anmeldet. Auch eine minimale Kursdifferenz zwischen Pisa und Genua oder zwischen Barcelona und Montpellier reicht schon aus, um Spekulationen hervorzurufen. Mehr braucht es nicht, um die Tendenz in einer Stadt oder einem Reich umzukehren.

Die sofortige Information über die Situation auf dem Geldmarkt ist nicht die geringste Sorge des Kaufmanns. Der Kurs des Florin ist für denjenigen, der seine Geschäfte kontrollieren will, genauso wichtig wie der Kurs der Wolle oder des Salzes oder veränderte Fristen. Um spekulieren oder gegen die Spekulation kämpfen zu können, muß der Kaufmann zugleich die Marktmechanismen und die kurzfristigen Schwankungen kennen. Wer die besten Informationen hat, hat die Nase vorn.

Der Währungsprotektionismus ist ein ständiges Hemmnis für den Geldumlauf. Man glaubt, damit dem Export des Edelmetalls und der Spekulation auf dem Markt Widerstand entgegenzusetzen. Vor allem in Frankreich folgt seit der Rückkehr zum Bimetallismus ein Dekret auf das andere. Umso wertvoller sind die Ausnahmen, wie sie die Privilegien der Messen den Kaufleuten häufig verschaffen. Natürlich erzeugen die Messen das reale Risiko von Währungsspekulationen. Aber dieses Risiko ist geringer als der Vorteil, der durch den Zusammenfluß der Zahlungsmittel bei den Handelsgeschäften entsteht. Die Bürger von Lyon lassen dies Ludwig XI. wissen, als dieser 1466 daran denkt, die Konkurrenz der Messen von Genf gegen die Messen von Lyon auszuspielen:

»Wenn man sagt, daß bei Gelegenheit der Messen von Lyon viel Gold- und Silbergeld aus dem Reich geschafft wird, was vor diesen Messen nicht geschah, und dies zum Schaden des Königs, so ist die Antwort klar, denn das Gegenteil ist richtig. Vor diesen Messen schafften viele dieses Geld aus dem Reich...

Es ist wahr, daß durch diese Messen kein Gold- und Silbergeld aus dem Reich geschafft wird, sondern Gold- und Silbergeld anderer fremder Länder, also Währungen, die durch diese Messen und ihre Befreiungen in Umlauf sind, in diesem Reich als Zahlungsmittel während dieser Messen zu seinem rechten Preis angenommen werden...«

Die Messe reinigt den Markt. Sie ist die Polizei des Geldumlaufs. Was exportiert wird, sind in der Hauptsache fremde Währungen, die für die Zeit der Messe dort zugelassen sind. Sonst würde dieses Geld unerlaubterweise im Königreich verbleiben. In Wirklichkeit könnte dies leicht ein vergebliches Unterfangen sein, aber die Einwohner von Lyon versäumen es nicht, die letztlich positiven Aspekte der Bilanz zu betonen:

»Auch wenn ein Teil aus dem Königreich hinausgeht, so bleibt doch viel übrig. Und durch besagte Messen bringen viele Leute den Messen große Mengen gutes Geld, das aus Deutschland und anderswoher kommt und das man in der Münzstätte des Königs in Lyon bearbeiten läßt.«

Die zeitweilige Freiheit führt letztlich der Münzstätte Münzmetall zu. Das Argument hat natürlich — was die Bürger nicht sagen — mit der Handelsbilanz zu tun. Die Messe bringt Edelmetall ins Land, wenn sie, unter Berücksichtigung der Kom-

151

pensationen und bargeldlosen Zahlungen, mehr exportiert als importiert. Eine Messe im Sinne einer Einbahnstraße, wie diejenige, die der Berater Philipps des Schönen, Enguerran de Marigny, im Jahr 1313 in Ecouis einrichtet, ist eine Katastrophe: Die Flamen schaffen ihr Tuch dorthin und kaufen nichts.

Allen, sowohl den Beratern der Fürsten als auch den Kaufleuten, ist klar, daß die königlichen Erlasse eine Sache sind und der Geldmarkt eine andere. Blieben die fremden Währungen im Ausland und die französischen Währungen in Frankreich, würden die Wechsler auf der Grand Pont keine Geschäfte machen. Das gleiche wäre der Fall, wenn die offiziell widerrufenen Sorten nach einem Münzverruf nicht mehr in Umlauf wären. Auch hier ist die Rolle des Wechslers wesentlich für den Geldmarkt: Er gibt der alten Münze ihren neuen Wert.

Münzverrufe

Die Währung neu zu bewerten heißt, das Verhältnis des Edelmetalls zum Rechnungsgeld zu ändern. Für das System des Bimetallismus, das sich nach und nach im Okzident etabliert, bedeutet das auch, das Verhältnis von Gold und Silber zu ändern. Die Neubewertung, der Münzverruf, gleicht den legalen Kurs der Währung an das neue Gleichgewicht des Marktes an, auch wenn dieses Gleichgewicht noch instabil ist. Die Münzstätten würden keine »Scheidemünze« zum Prägen finden, wenn sie zu billig einkaufen, während in Zeiten der Inflation die Kurse steigen. Zu einem überhöhten Kurs findet der Fürst hingegen so viel Metall, wie er will, aber der Markt wird die Münze als überschätzt einstufen. Der Münzverruf ist daher eine Korrektur, mit Hilfe derer die Regierenden versuchen, mit der wirtschaftlichen Realität Schritt zu halten. Sie ist keine willkürliche Geste eines Fürsten und seiner »schlechten Ratgeber«, die sofortigen Gewinn suchen. Im übrigen gibt es zahlreiche Münzverrufe ohne Neuprägung, und nur im Falle einer Neuprägung wirft die Operation für die Münzprägung Gewinn ab.

Es gibt drei Elemente, die bei einer Neubewertung des Geldes ins Spiel kommen. Wie man auch immer diese Münzverrufe ins Werk setzen mag, stets handelt es sich darum, entweder die Menge an Feinmetall zu ändern, die der Rechnungseinheit entspricht, oder — und das läuft auf dasselbe hinaus — den Preis des geprägten Metalls.

Das erste Verfahren besteht darin, einfach den bereits in Umlauf befindlichen Münzen einen neuen legalen Kurs zu geben, der dem Geldmarkt angemessener ist. Genau das macht der zukünftige Karl V., damals Statthalter des Reiches für seinen Vater Johann den Guten, der nach der Niederlage von Poitiers gefangengenommen wurde, am 25. November 1356.

»Der Golddenar mit dem Lamm, den man in der Vergangenheit geprägt hat und heute noch prägt, wird in Zukunft zu 30 Sous tournois das Stück gerechnet und nicht mehr.

Die weißen Denare, die zu 8 Deniers tournois das Stück rechneten und noch rechnen, werden in Zukunft als Zahlungsmittel für 3 Deniers tournois und nicht mehr ausgegeben und angenommen.«

Bei seiner Ausgabe vier Jahre zuvor war der *Mouton* oder *Denier à l'agnel** 25 Sous tournois wert. Indem er ihn jetzt auf 30 Sous anhob, verzeichnete Karl für den *Livre tournois* eine Abwertung von 20 Prozent in zwei Jahren. Er ist weder Urheber noch Herr dieser Abwertung. Er berücksichtigt sie, um nicht eine Wirtschaft zu ruinieren, die bereits durch die Steuerlasten des Krieges und der Niederlage angegriffen ist. Die Abwertung ist noch schlimmer bei Silber: Der »Weiße« — so nannte man den *Gros à fleur de lis florencée* (Liliengroschen), obwohl er mit nur 25 Prozent Feingehalt eher schwarz war — war bei seiner Ausgabe am 13. September 1358 noch 8 statt 15 Denare wert. Im Verhältnis zum Silber geht das Livre daher um 62 Prozent zurück. Das bedeutet, daß die Niederlage den Zusammenbruch des Kleingeldes heraufbeschwört, welches vor allem im täglichen Leben der Soldaten gebraucht wird. Als man dem englischen König das Lösegeld für den Besiegten von Poitiers bezahlt, bricht die französische Währung auch im Verhältnis zum Gold zusammen.

Das zweite Verfahren ist schwerfälliger: Man ersetzt inadäquate Münzen durch andere, die geeigneter erscheinen. Das Umschmelzen weist einen sofortigen Vorteil auf. Es erlaubt dem Fürsten oder der Stadt, den kleinen Gewinn auf die Prägung zu erheben, den man *Seigneuriage* nennt und der, was die Herstellungskosten angeht, den Unterschied zwischen dem Kaufpreis des Metalls durch die Münzstätte und dem Verkaufspreis, d.h. dem legalen Kurs der ausgegebenen Münze, ausmacht. Die Neuprägung betrifft obendrein die Allgemeinheit, da der Inhalt der Geldbörsen nun anders aussieht. Aber sie läßt sich von den Benutzern nur um den Preis einer in Wahrheit ziemlich einfachen Rechnung ermessen. Wenn die gleiche Münze von 25 auf 30 Sous angehoben wird, bemerkt auch der Dümmste die Inflation. Wenn eine neue Münze erscheint, gibt sich keiner Illusionen hin, aber Genaues weiß keiner.

Natürlich unterscheidet sich die neue Münze von der vorhergehenden zumindest im Gewicht oder im gesetzlichen Wert, meistens in beidem. Wenn das Bildnis sich ändert, wird mit offenen Karten gespielt. So läßt Philipp VI. hintereinander ein Wappenschild, einen Löwen, eine Fahne, eine Krone, einen Engel, einen Stuhl prägen, alles Goldstücke, bei denen ein kurzer Blick genügt, um den Unterschied fest-

---

* Anm. d. Übers.: Diese Münze bildete auf einer Seite das Lamm Gottes (agnel, frz.: das Lamm) ab und wurde daher auch Agnel genannt. Der Volksmund machte daraus respektlos ein Schaf bzw. einen Hammel (frz.: mouton).

zustellen. Eine Verwechslung ist unmöglich, auch wenn man keine Waage hat, um festzustellen, daß der schwere Engel von 1341 mit 33 Stück pro Gewichtsmark geprägt ist (7,42 Gramm) und der Wappenschild mit 54 Stück pro Gewichtsmark (4,53 Gramm).

Das Spiel ist weniger offen, wenn die letzten Kapetinger 1311 einen *Agnel* mit 58$\frac{1}{3}$ pro Gewichtsmark für 20 Sous, 1313 einen weiteren *Agnel* zu 59$\frac{1}{6}$ für 15 Sous und 1322 einen *Agnel* zu 59$\frac{1}{6}$ für 20 Sous ausgeben. Das Volk sieht in diesen Münzen, die mit dem Osterlamm geschmückt sind, nur »Schafe« (moutons). Wer kann wirklich ermessen, um wieviel der König den *Livre tournois* mit einer Münze aufwertet, deren legalen Kurs man 1313 um 25 Prozent herabsetzt, nachdem man sie um 1,4 Prozent leichter gemacht hat: $\frac{5}{6}$ mehr für eine Goldmark, d.h. 0,059 Gramm Gold weniger in jeder Münze? Wer sieht, daß sich dadurch das Goldgewicht, dem das Rechnungsgeld entspricht, um 31,6 Prozent erhöht? Angesichts solcher Verwandlungen einer Münze, die ihr Aussehen nicht verändert, kapitulieren selbst diejenigen, die sich auskennen, und der Wechsler ist König.

Er ist es umso mehr, wenn der Monarch für den dritten Weg optiert, der freilich moralisch anrüchig ist: die Veränderung des Feingehalts. Man behält das gleiche Abbild, den gleichen Namen, das gleiche Gewicht bei, aber man verändert den Feingehalt: etwas weniger Edelmetall. Eine solche Veränderung ist bei Goldmünzen relativ selten. Diese bleiben die Bestätigung der Souveränität, und der Monarch zögert, sich vom reinen Gold mit 24 Karat zu trennen, wenn dieses ein politisches Symbol ist. Die Änderung des Feingehalts ist hingegen bei Silber häufig, wobei die Münzen seltener ihr Aussehen ändern. Man kann die Herstellungskosten für Münzen mit geringem Wert nicht unnötig erhöhen. Aber welch wundersame Vermehrung an Sous, Gros, Denaren von gleichem Aussehen von einer Prägung zur anderen, mit zwei bis zwölf Zwölfteln Feingehalt!

Hier wird die Öffentlichkeit getäuscht. Auch wenn die Änderung nicht heimlich vorgenommen wird, schafft sie Zweideutigkeiten. Im 14. Jahrhundert zieht der italienische Jurist Bartole, einer der Meister des römischen Rechts, die Grenzen der öffentlichen Moral in Währungsangelegenheiten:

> »Die Neubewertung ist statthaft, wenn die der Münze innewohnende Qualität sich ändert, während ihre Form und Materie rein bleiben und man sagen kann, daß es sich um eine ganz andere Münze handelt.
>
> Ebenso wenn die der Münze innewohnende Qualität nicht schwankt, wohl aber der Wert, so daß der Florin mehr oder weniger wert ist als vorher.«

Die Änderung, die allein das »Material« betrifft, erschreckt, weil sie eine der Grundlagen der Gesellschaft erschüttert und weil sie die öffentliche Ordnung in Verwirrung stürzt. Der Staat setzt sein Siegel auf etwas Ungewisses, die öffentliche Gewalt garantiert das Zweifelhafte. Der Bischof Nikolaus Oresme, Berater Karls V. und Übersetzer des Aristoteles, bezieht sich auf das »öffentliche Wohl«, wenn er schreibt:

»Die Änderung des Feingehalts ist sicherlich eine Fälschung, die schlimmer ist als die Änderung des Gewichts, weil sie weniger wahrnehmbar ist. Sie kann daher mehr Schaden anrichten und der Gemeinschaft noch größeres Unrecht zufügen.«

Die Geldknappheit ist, so gesehen, ein politisches Drama, da die Entscheidungen des Fürsten oder der Stadt nicht im Stande der Unschuld verbleiben können. Aber der Münzverruf ist die Antwort des Fürsten, nicht diejenige der Kaufleute. Derjenige, der die Münzen ausgibt, entscheidet über eine Neubewertung, um eine Lähmung der Wirtschaft zu vermeiden. Die Akteure des Wirtschaftslebens wurden zunächst von der Entwicklung überrascht. Im 13. und häufig auch noch im 14. Jahrhundert leiden sie wie alle anderen auch, verstehen manchmal, kritisieren immer. Sehr bald aber suchen sie nach einer langfristigeren Lösung als den aufeinander folgenden, widersprüchlichen Münzverrufen. Was sie zu beheben suchen, ist die Instabilität, die Unsicherheit der Werte, mindestens ebensosehr die Schwierigkeiten des Zahlungsverkehrs. Die große Frage lautet nicht mehr »Wie zahle ich?«, sondern »Wieviel schulde ich?«.

Die Zahlung

Was der Hausierer ebenso wie der gewitzte Geschäftsmann durch die Mechanismen des Geldes zu spüren bekommt, ist die Tatsache, daß Instabilität die wirtschaftlichen Beziehungen lähmt. Eigentlich lassen die Auswirkungen der Krise leicht ihre Ursachen erkennen, und die Lähmung, die von der Knappheit an Geld herrührt, unterscheidet sich kaum von denjenigen Ungewißheiten, die jeder Münzverruf mit sich bringt, auch wenn durch ihn dem Mangel abgeholfen werden soll. Aber man glaubt dennoch an das Wunder, an die belebende Neubewertung der Währung: »So wäre der daniederliegende, kraftlose Handel wiederbelebt durch das schwarze Geld und den großen Zuwachs, der daraus entstehen würde...« So die Meinung der Wechsler aus Tours, Troyes, Orléans und Poitiers, die diese Philipp dem Schönen kundtun: Das Heil sei von einer Vermehrung der Münzen zu erwarten, auch wenn es sich um schlechtes Geld handele. Besser viele als gute Münzen. Zur gleichen Zeit fordern weniger kundige Leute als diese Wechsler ganz einfach die Rückkehr zur starken Währung!

Die Instabilität

Dem einfachen Volk sind die Mechanismen des Geldes unbekannt. Es hält die Münzverrufe nicht für eine Reaktion auf Schwankungen der Konjunktur, sondern für den Ausdruck eines Willens. Der Monarch ändert die Währung, weil er Gewinn daraus zieht! Er bewertet neu, um die Eigentümer zu begünstigen — im Fall der seltenen Stärkung des Rechnungsgeldes — oder um die Großen und den Klerus zu ruinieren — in dem häufigeren Fall der Abwertung — und natürlich, um das Vermögen der Spekulanten zu sichern! Jedenfalls ist er verantwortlich für die hohen Lebenshaltungskosten, die aus der Abwertung folgen. Jeder beruft sich auf seine Quellen und prangert die wahren Schuldigen an: die »schlechten Ratgeber«.

»Weil sie das Wappen Frankreichs trugen«, notiert 1427 ein »Bürger von Paris«, der uns sein *Journal* hinterlassen hat, »wurden die kleinen *Moutons d'or*, die vorher 10 Sous wert waren, auf 12 *Sous parisis* heraufgesetzt.

Am darauffolgenden Tag, nachdem dies ausgerufen worden war, gab es weder Brot noch Wein noch sonst etwas. Die Wechsler wollten weder Denare noch einen Scherf geben. Und das Volk hatte nur dieses Geld, das nichts wert war.

Als sie ihren großen Verlust sahen, verfluchten manche insgeheim wie in aller Öffentlichkeit ihr Schicksal und sagten über die Regierenden, was sie dachten.

Viele warfen ihr Geld über die Läden der Wechsler hinweg in den Fluß, weil man nichts dafür haben konnte: für acht oder zehn *Sous parisis* hätte man höchstens nur vier oder fünf gute Münzen bekommen.

In der Woche, als das neue Geld ausgerufen wurde, warf man aus Verzweiflung mehr als fünfzig Florins oder ihren Gegenwert in Kleingeld in den Fluß.«

Hier haben wir die Reaktionen und unsinnigen Handlungen nach dem Ausrufen einer Abwertung — ihrer öffentlichen Verkündigung an allen Straßenecken — vor Augen. Die Bekundung von Unzufriedenheit trägt den Sieg über die Kurskorrektur davon. Der Bürger macht sich zum Echo dessen, was sich in Begriffen der Buchhaltung nicht ermessen läßt: Das Vertrauen ist geschwunden. Im dunkelsten Augenblick der Währungskatastrophe des Regimes des Regenten Bedford bedeutet die »Aufwertung« des *Mouton* von zehn auf zwölf Sous eine Abwertung des Rechnungsgeldes um 20 Prozent. Das rechtfertigt indessen keinen Kurssturz von 80 Prozent in bezug auf das schwarze Geld. Trotz seines Namens hat der *Blanc* (der Weiße) nur fünf Zwölftel Feinsilber, obwohl er für 5 Denare ausgegeben wurde. Vier oder fünf *Blancs,* d. h. etwa zwei Sous, für acht oder zehn Sous alter Münze zu bekommen, ist nicht vertrauenerweckender als die Erfahrung, mit diesen Münzen nichts kaufen zu können. Das Volk ist mißtrauisch und zornig, während die erschreckende Vielfalt der Münzsorten dem Markt erlaubt, den Schiedsrichter zu spielen. Bei gleichem Wert gibt es die Münzen, die man kauft — die man akzeptiert, was auf das gleiche hinausläuft, — und diejenigen, die man zurückweist. Hier stoßen wir wieder auf die Geschichte des Engländers Sander Russel. Das Schicksal des Geldes liegt letztlich in den Händen des Kaufmanns und des Kunden. Der Markt hängt von einem Konsens ab, und die Vorstellung, die man in der Stadt vom Marktgeschehen hat, zählt mindestens genausoviel wie das auf der Münzwaage festgestellte Gewicht oder der Feingehalt, den man durch einen kräftigen Biß auf die Münze ermittelt.

Der mit der Instabilität des Geldes konfrontierte Kaufmann stellt sich Fragen. Wie kann er die Verträge einhalten? Wie die Terminkäufe bezahlen? Wie die Darlehen zurückzahlen? Wie die Mieten bezahlen? Die Abwertung trifft den Gläubiger, also den Kapitalisten. Die Aufwertung bringt den Schuldner, den Verbraucher, den Mieter zur Verzweiflung. Die eine ruiniert die Eigentümer und entmutigt die Investoren, die andere treibt das Volk auf die Straße. Seit dem 13. Jahrhundert ist bekannt, daß die Bestimmung, die Bauern hätten die Abgaben für ihr Land in Livres, Sous und Denaren zu entrichten, die Grundherren ruiniert hat.

Der gewitzte Kaufmann findet natürlich Antworten auf die Wertveränderungen des Geldes. Genau das hat der Fürst befürchtet und darum von vornherein verboten. Denn was die Instabilität behebt, macht die Geldpolitik zunichte. Wozu ist die Neubewertung des Geldes nutze, wenn die Kaufleute deren Auswirkungen abfangen, ohne deswegen dem Übel zu begegnen, das diese notwendig machte?

Die Antwort der Kaufleute läßt sich im großen und ganzen auf ein Prinzip reduzieren, nämlich die Verträge so zu verklausulieren, daß sie trotz der Zeit und ihrer Überraschungen den Wert der Forderung erhalten.

Für den, der das Währungssystem durchschaut hat, ist es am einfachsten, das Gewicht des Edelmetalls vertraglich festzulegen. Statt in Dukaten oder Kronen rechnet man in Gewichtsmark oder Unzen Feinmetall, Gold oder Silber. Es genügt, das Gewicht und den Feingehalt der Münzen zu kennen, um die entsprechende Münze einer anderen Währung zu finden.

Das tut bereits im 12. Jahrhundert die Finanzverwaltung des Plantagenet Heinrich II. für die Zahlung der Pachten der Grafschaften. Sie rechnet mit einer fiktiven Währung aus Feinmetall, die das »weiße Geld« genannt wird. Damit ist die königliche Schatzkammer vor Überraschungen sicher. Der Sheriff zahlt natürlich mit den in Umlauf befindlichen Münzen, aber er zahlt umso mehr, je geringer ihr Feingehalt wird. Während der Denar Heinrichs II., der sehr viel mehr wert ist als der *Tournois* seines Zeitgenossen Ludwig VII., zu 94 Prozent aus Feinsilber besteht, kostet es den Sheriff von Yorkshire 389 Pfund in gängigen Münzen, um einen Pachtzins zu entrichten, der auf 365 Pfund »weißes Geld« festgelegt ist.

Im darauffolgenden Jahrhundert führt die neapolitanische Finanzverwaltung Karls I. von Anjou ihre Konten in Silberunzen. Die Regierung Karls VI. und Heinrichs V. handelt nicht anders auf dem Höhepunkt der Währungskrise von 1417 bis 1422, während der das Geld vom »neunundzwanzigsten Münzfuß« über den hundertzwanzigsten Münzfuß im Jahre 1419 zum vierhundertundachten Münzfuß im Jahre 1421 überging, um schließlich eine kurzlebige Prägung zum eintausendvierhundertundvierzigsten Münzfuß zu erreichen: Diese *Florette* ist sicherlich die schlechteste Münze des Mittelalters; sie enthält ¼ Zwölftel Feinsilber zu dem unwahrscheinlichen Kurs von zwanzig *Deniers tournois*. Die Pariser Münzstätte kann offensichtlich nicht mehr das für ihre Prägungen erforderliche Metall beschaffen. Die durch Patentbrief vom 24. März 1421 erhobene Steuer im Frankreich der Lancasters wird daher offiziell als »Silbermark« bezeichnet. Absicht der königlichen Regierung ist es, »gutes Geld zu machen, das dem Volke Nutzen bringt«. Jede Stadt wird mit einem bestimmten Silbergewicht taxiert: Troyes etwa mit 500 Mark, was 122,375 heutigen Kilogramm entspricht. In Paris, dessen gesamte Steuer uns nicht bekannt ist, werden von jedem steuerpflichtigen Bürger zwischen zwei Unzen und fünfzig Mark gefordert. Die häufigste Steuer betrug vier Unzen, also eine halbe Mark.

Die Geschäftswelt läßt sich selten auf solche Abmachungen ein. Die königliche Finanzverwaltung darf sich mit Zahlungen in »Ausschuß« oder in Scheidemünzen begnügen. Das heißt, daß man dem Steuereintreiber Geschirr und nicht mehr gebräuchliche Münzen ebenso übergibt wie Münzen, die einen normalen Kurs auf dem Markt haben. Wenn er nicht selbst Wechsler ist, findet sich der Steuereintreiber mit Hilfe des Wechslers zurecht. Der Kaufmann kann nichts anfangen mit Metallstücken, die er von einem zum andern Tag als Bezahlung für ein Stück Tuch oder als Rückerstattung für ein Darlehen erhält. Die Antwort der Geschäftswelt auf die Unsicherheit der Zahlungen ist keineswegs die Anhäufung von Silber: Der Geschäftsmann wie der Krämer rechnen einfach in realen Münzen.

Die öffentliche Gewalt widersetzt sich dem natürlich mit Entschiedenheit, und das mit Erfolg. Von 1330 an, seit Philipp VI. versucht, den Geldumlauf zu regeln, der durch die ersten mit dem Hundertjährigen Krieg verbundenen Finanzmaßnahmen in Mitleidenschaft gezogen war, erinnert ein Erlaß daran, daß vertragliche Abmachungen nur in Rechnungsgeld (*monnaie de compte*) beglichen werden dürfen:

> »Arglistige Leute haben sich bemüht, in mehrerer Hinsicht Unsere Erlasse zu umgehen, besonders bezüglich der Handelsgeschäfte, Verträge und Darlehen in Golddenaren und in Gros Tournois, zu Unserem Schaden und zum Schaden Unseres Volkes, was Uns sehr mißfällt.
>
> Wir verbieten, daß einer sich erdreiste, mit Golddenaren oder Gros Tournois zu handeln, Verträge abzuschließen oder Darlehen zu nehmen, außer in Sous und Livres der Währung, die Wir jetzt prägen lassen.«

In Wirklichkeit legt jeder den Preis der Waren und die Höhe der Forderungen in Gros oder in Écus fest, vor allem in Florins. Eine solche Zahlung verlangt indes die Hilfe eines kundigen Wechslers, und das Geschäft wird dann kompliziert, wenn der Zahlende seiner Börse Bargeld entnimmt, das genausowenig aus einheitlicher Münze besteht wie der Geldumlauf selbst. Die Geschäftswelt sieht sich daher sehr bald veranlaßt, Berechnungspraktiken auszuarbeiten, die zu neuen Zählsystemen führen, die auf reale Münzen gegründet sind, insbesondere auf das am wenigsten von Schwankungen betroffene Geld, das Goldgeld. Das sieht stets so aus, daß eine Goldmünze mit Stückelungen versehen wird, die sie nie gehabt hat. Deren Namen und Verhältnisse entnimmt man den bekannten Sorten des alten Rechnungsgeldes, das ehemals auf das Silbergeld der Karolingerzeit gegründet war.

Während das ganze offizielle System auf dem Denar, d.h. auf einer Reminiszenz an die Silbermünze beruht, stützt sich das System, das der Instabilität entgegenwirken soll, auf eine Goldmünze, die aufgrund ihrer Bekanntheit als Bezugspunkt genommen und über die Neubewertungen des Goldgeldes hinaus als solche beibehalten wird.

Die in aller Augen sicherste Bezugswährung ist natürlich der Florin *(Fiorino)* aus Florenz. Es überrascht nicht, daß die Kaufleute auf den verschiedensten Handelsplätzen Berechnungssysteme erfinden, die sich an den Florin anlehnen, mit Stückelungen, die sich nach dem Verhältnis der lokalen Silbermünzen zum Goldflorin zu dem Zeitpunkt richten, an dem der neue Gebrauch festgesetzt wird. In Florenz selbst, wo man lange Zeit den Florin mit 29 Sous gekannt hat, erfindet man einen »Florin-Sou«, der unverändert als $1/29$ Florin gerechnet wird. Als der Mangel an Silber den Florin auf 65 Sous steigen läßt, steigt der Florin-Sou von 12 auf 27 Denare. Auf diese Weise schützt sich die Geschäftswelt vor den Silberkrisen.

Auf der anderen Seite der Alpen stützt man sich zuerst auf den Florin. Im Forez, seit der Mitte des 14. Jahrhunderts im Lyonnais, später in Burgund, werden Verträge in Florins aufgesetzt, mit Stückelungen, die sich aus der lokalen Währungssituation herleiten. Man rechnet für einen Florin 15 *Sous estevenants* in der Comté, 12 *Gros de florins* — die auch *Gros de petit poids* (Gros von kleinem Gewicht) genannt werden — im Forez.

Andernorts verbindet man ähnliche Systeme, die in der Theorie neue Stückelungen vorsehen, mit Goldmünzen der örtlichen Münzstätte. So übernehmen Kaufleute und Notare um das Jahr 1420 im Languedoc ein System von Gros und Écus, mit einem *Gros d'écu,* der $1/18$ von einem Écu bleibt, ein Verhältnis, das festgelegt wird durch den Kurs der beiden realen Münzsorten im Jahre 1410: Der *Écu à la couronne* war damals 30 Sous wert und der Gros 20 Denare, also achtzehnmal weniger. Aber der *Gros d'écu* war nie real.

Der Große Rat von Genua geht sogar so weit, das Mißtrauen der Kaufleute gegenüber dem von den Karolingern übernommenen System offiziell zu machen. Am 21. Juni 1447 wird die Zahlung in Goldmünzen für alle gezogenen Wechsel — die Geschäfte des Bankkredits — und für die Begleichung aller Geschäfte mit dem Ausland obligatorisch. Die Genuesen kannten am Ende des 14. Jahrhunderts eine gewisse Stabilität. Sie bewahren die Erinnerung an einen Golddukaten, der 25 Sous wert war, und an einen silbernen Gros von ausgezeichneter Qualität — $23/24$ Feingehalt —, der zwei Sous wert war. Ein halbes Jahrhundert später lassen sie sich davon inspirieren. Von 1451 an, während der Dukaten den Kurs von 44 Sous erreicht, rechnet man in »gutem Geld«, in einem Rechnungssystem, das auf den Dukaten gegründet ist.

Im Jahr 1451, als der Dukaten 44 Sous wert war, blieb das Livre natürlich bei 20 Sous. Dieses Verhältnis behält man bei. Die »Lira von gutem Geld« — das Livre — ist $20/44$ Dukaten wert, wie auch immer es um den Dukaten bestellt ist. Was die Lira betrifft, die ihren alten Wert behält, so bezeichnet man sie als Kurantgeld. Ihr Kurs beträgt immer 20 Sous, immer in enger Abhängigkeit vom Silber, was ihren realen

Wert betrifft. Am Ende des Jahrhunderts ist der Dukaten 64 Sous Kurantgeld wert, wobei dieses stark unter den Auswirkungen der im Okzident allgemein verbreiteten Knappheit an Silber leidet. Das Kurantgeld hat in einem halben Jahrhundert im Verhältnis zum guten Geld 45 Prozent seines Wertes verloren. Die Geschäfte haben allerdings nicht darunter gelitten.

Überall gewöhnt man sich daran, die Rechnungssysteme an reale Münzen anzubinden. Inmitten der Währungswirren machen die Verträge, die den traditionellen Bezugswährungen treu geblieben sind, selbst Zugeständnisse an die Wirklichkeit. Man spricht von Livres harter Währung, von alten »Tournois«, sogar — natürlich mit Datum — von aktuellem Geld: von dem Geld, das »zur Zeit in Umlauf ist«.

Kühnere Geister erwägen Indexbindungen, sogar Auflösungsklauseln, wie jener Weber aus Toulouse, der die Miete für sein Haus bezahlt, indem er für sechs *Livres tournois* Tuch webt. Wir sind im Jahr 1421, inmitten der Krise. Das Livre bricht zusammen. Nichts läßt vermuten, daß die Inflation aufhört. Man sieht daher vor, daß die für die Miete geleistete Arbeit nicht unter einen Wert von sechs Livres fällt, wie sie vor der Krise Geltung hatten. So fühlt der Eigentümer sich in Zeiten der Inflation vor den Nachteilen der Pacht geschützt. Aber auch der Mieter ist für den Fall, daß man zur harten Währung zurückkehrt, geschützt. Man kann dann von ihm nicht mehr Arbeit verlangen, und er zahlt seine Miete in Silber, zum Kurs des alten Geldes:

»Es wurde beschlossen, daß während der Zeit der Schwäche des Kurantgeldes der Edelmann Guilhem Pagèze dem Bernard Capelle Arbeiten zu seinem Berufe gibt, d.h. Faden, um Tuch herzustellen.

Besagter Bernard stellt Tuch zu dem üblichen Preis her, den die anderen Weber üblicherweise zur Zeit des alten Geldes erhielten, und dies bis zum Betrag von 6 Livres tournois des besagten alten Geldes.

Es wurde vereinbart, daß, wenn das Geld an Wert gewinnt und den Stand des Jahres 1414 wieder erreicht, Bernard für besagten Pagèze nicht mehr besagtes Tuch herstellen, sondern nur zu den vorgesehenen Terminen die besagten Livres zahlen muß.«

Ersatzgeld

All das begegnet jener Instabilität mehr schlecht als recht, die aus dem konjunkturbedingten Mangel an Prägemetall resultiert, der wiederum durch die Einbehaltung der Münzen verschlimmert wird, mit der der Markt häufig auf eine Erhöhung der Kurse reagiert. Am Rande der europäischen Wirtschaft ist der Tauschhandel, der seine Währungsstandards in Naturalien festlegt, keineswegs zum

Erliegen gekommen. In Nowgorod rechnet man noch in »Ledergeld«: der Standard ist die Marderhaut. So umgehen die europäischen Kaufleute teilweise das Verbot oder die Begrenzung von Transaktionen. Sind sie nicht gehalten, in ihren Geschäften mit den Russen einen Gesamtwert von tausend Mark nicht zu überschreiten? Aber man tauscht auch im Westen, und das Ledergeld ist im 15. Jahrhundert in Barcelona ebenso in Gebrauch wie in Venedig, und in Ragusa ebenso wie in Brügge, wo man Marderfelle gegen Gewürze oder Korallen eintauscht und Eichhörnchenfelle gegen Öl oder Wein. Die Verrechnung mag paradox erscheinen, aber der Barcelonese Durand Carol, der im Jahr 1445 siebzehn Marderfelle für zweiundzwanzig Dutzend schwarze Lammfelle bezahlt, ist keine Ausnahme.

Die erste Reaktion auf die Knappheit ist natürlich der Run auf das Metall. Überall da, wo ehemals Silbervorkommen ausgebeutet wurden, wird der Abbau am Ende des Mittelalters wieder aufgenommen. Vorkommen, die als fast erschöpft galten, schenkt man wieder Beachtung, wobei die Rentabilität durch die vor allem bei Silber spürbare Hausse der Kurse gesichert ist. Manche spekulieren nicht ohne Risiko, indem sie die Suche nach Silbervorkommen vorantreiben und gleichzeitig die Prägung von Münzen in Pacht nehmen. So belebt Jacques Cœur den Abbau des silberhaltigen Bleis der Minen des Lyonnais wieder, insbesondere der Minen von Pampailly. In Böhmen und in Ungarn steigt die Ausbeute ebenfalls.

Gleichzeitig sucht man nach neuen Wegen zum Gold des Sudan. Die Wege von Marco Polo waren die der Seide und der Gewürze. Auch wenn die europäische Christenheit bei der Gelegenheit ihren Wunsch äußert, Verbindungen zu dem hypothetischen christlichen Reich des »Priesters Johannes« zu knüpfen — vielleicht ein eher legendenhaftes als wirkliches Äthiopien —, und auch wenn man nach Tunis, Ceuta oder Sidjilmasa geht, den Endstationen der großen Karawanenstraßen Afrikas, suchen vom 14. Jahrhundert an abendländische Reisende, die es immer weniger in den Orient lockt, einen direkten Zugang zum Land des Goldes. Ibn Battuta geht ihnen voran. Er verläßt im Jahr 1352 Marrakesch für eine lange Reise durch Afrika, die ihn nach Timbuktu, Gao und Agade's führt. Er durchquert den Hoggar und überwindet ein weiteres Mal die Wüste, bis er schließlich Sidjilmasa erreicht, und dann Fes, wo er seine Erinnerungen sorgfältig aufzeichnet, freilich nicht, ohne sie etwas zu verschönen.

Ibn Battuta gibt der Imagination von Generationen von Reisenden Nahrung, aber den schnellen Weg zum Gold des Sudan fand er nicht. Die europäischen Kaufleute begnügen sich nicht mit dem Wissen, daß man Gold im Überfluß bei jenen Völkern findet, denen die großen Karawanen begegnen. Sie wollen sich das Gold verschaffen, in großen Mengen und zu möglichst geringen Preisen. Es kommt natürlich der Gedanke auf, den Seeweg entlang der Küsten Afrikas zu erforschen. Mit Hilfe der Genuesen, der Normannen und der Spanier entdeckt Europa dabei die Kanarischen Inseln, Madeira, die Kapverden. Dinis Dias entdeckt im Jahr 1445 die

Mündung des Senegalflusses. Ca da Mosto fährt den Fluß zehn Jahre später hinauf, bevor er Gambia erforscht.

Der Name Rio de Oro gibt zum Träumen Anlaß. Europa hat bei diesem Abenteuer mehr Zucker — und Getreide — als Gold gewonnen. Das Heil des europäischen Währungsmarktes kommt schließlich von daher, wo es keiner erwartet hatte: aus Amerika.

Während man in den Bergwerken nach Silber und auf dem Seeweg nach Gold sucht, muß man Ersatz finden für das Geld, das sich aufgrund des wirtschaftlichen Wachstums ständig verschlechtert hat und dessen wesentliche Eigenschaft — die Sicherheit — durch die Krisen ebendieser Wirtschaft stark in Mitleidenschaft gezogen war. Neben einem in seinen Perspektiven begrenzten Tauschhandel florieren die außermonetären Zahlungsmittel.

Das erste Zahlungsmittel, das auf Metall verzichtet, ist die schriftliche Anweisung. Die Praxis der Überweisung schafft ein »Schriftgeld«, mit dem das Geschäftsvolumen unabhängig wird von der Menge der in Umlauf befindlichen Münzen. Wechsler und »Bankiers« nehmen Einlagen an. So können sie leicht Forderungen von einem Kunden zum andern transferieren. Das Edelmetall dient nur noch dazu, nach mehr oder weniger komplexen Verrechnungen die Unterschiede auszugleichen. Vor allem finden die Gold- und Silbermünzen in den bescheideneren Bereichen des wirtschaftlichen Lebens, für die Auslage in den Läden und für Dienstleistungen, Verwendung. Der Sold des Soldaten wird in Bargeld ausgezahlt, das ebenso im Wirtshaus endet wie der Lohn des Maurers oder des Dieners. Der bestickte Gürtel wird mit einigen Münzen bezahlt, genauso wie das Faß des Winzers oder der Zinnbecher.

Die Terminzahlung ist zwischen dem Groß- und dem Einzelhändler die Regel, aber die Natur dieses Geschäftstyps verlangt eine Zahlung in Bargeld. Wie sollte auch sonst in den Büchern des Grossisten der Kauf von Tuch oder Salz durch einen Einzelhändler verrechnet werden?

Die Dinge ändern sich erst mit der Bank, das heißt mit dem Verkehr der gezogenen Wechsel. Wer an dem einen Tag Geld verleiht, leiht es am nächsten Tag selbst. Kredit in Anspruch zu nehmen, ist nicht unbedingt die Handlung eines Armen, und man kann sehr wohl sein Geld bei einem Bankier deponieren und ihn eines Tages für ein mittel- oder langfristiges Geschäft um Kredit bitten. Während es für den armseligen Kunden des Wucherers, der mit seiner Habe kommt und mit drei Sous geht, keine Überweisungen zwischen Konten geben kann, ist dies für den Genueser Bankier, der einen Wechsel auf seinen Kollegen in Brügge »zieht« und in Genua einen Wechsel seines Kollegen in London bezahlt, ein leichtes.

Diese Praxis gewinnt eine andere soziale Dimension, wenn zahlreiche Bürger in derselben Bank ein in ihrem Namen eröffnetes Kontoblatt für diejenigen Einlagen haben, die sie in Bargeld vornehmen und über die sie nach Belieben verfügen können. Indem er auf seine »Kolumne« der *Casa di San Giorgio* Wechsel zieht — und auf die Zinsen, die ihm die in dieser Kolumne eingetragenen Einlagen einbringen —, bezahlt der Genueser Dienstleistungen und Lieferungen. Auch hier findet der technische Rückstand des restlichen Europa im Vergleich mit der toskanischen, lombardischen, genuesischen oder venezianischen Geschäftswelt auf schmerzliche Weise seine Fortsetzung in der ökonomischen Realität. Dank dieses bargeldlosen Zahlungsmittels spüren die Italiener die Knappheit des Geldes weniger als ihre ausländischen Kollegen. Die Überweisungsaufträge sind gängige Praxis bei den Medici in Florenz wie bei *San Giorgio* in Genua. Sie sind das beste Mittel gegen die Lähmung der Geschäfte der Stadt. Der Genueser weiß wohl, warum er wenig Eile hat, sich am Fälligkeitstag seine Zinsen zahlen zu lassen. Er läßt sie in seine »Kolumne« übertragen, in die Bücher von *San Giorgio*. Mit einem einfachen Schreiben, ja per mündlicher Anweisung nutzt er diese für seine Zahlungen.

Mehr noch: Man kann die zukünftigen Verbindlichkeiten diskontieren. Genua notiert die fällig werdenden Zinsen. Nach ihrer Fälligkeit notiert, stellen diese Verbindlichkeiten tatsächlich Buchgeld dar, dessen Bequemlichkeit jeder zu schätzen weiß. Während die ganze Genueser Gesellschaft Anteile bei *San Giorgio* kauft, verwendet man das Buchgeld für alle möglichen Zahlungen, für den Kauf von Verbrauchsgütern wie für das komplexe Geschäft einer Handels- oder Bankspekulation.

Dem Buchgeld liegt eine ursprüngliche Einlage in Bargeld zugrunde. Das Papiergeld oder Fiduziärgeld geht hingegen aus dem Umlauf von Forderungen hervor, die aus dem Handel und dem gezogenen Wechsel herrühren. Man kommt erst sehr spät dazu, als in der Mitte des 15. Jahrhunderts italienische Geschäftsleute die Idee haben, die Wechsel nur durch schriftliche Anweisungen zu bezahlen. In drei Jahren und neun Monaten zieht der Genuese Giovanni Piccamiglio Wechsel für 160000 Lire; die in Bargeld bezahlten Wechsel belaufen sich dabei nur auf 12000 Lire.

Das echte Indossament, das ein Papier oder einen Schuldschein durch eine Erwähnung auf der Rückseite des Dokuments in Umlauf bringt, taucht langsam zu Beginn des 15. Jahrhunderts auf. Man begegnet ihm bei einigen Wechselgeschäften zwischen Toskanern in Valencia und in Barcelona. Seit der Mitte des 15. Jahrhunderts ist es in Florenz wie in Genua geläufige Praxis. Das übrige Europa, dem inzwischen die Praktiken der Italiener bekannt sind, macht es diesen erst im 16. Jahrhundert nach.

Der Gebrauch des Papier- bzw. Fiduziärgeldes bleibt unterdessen aufgrund der Bedingung, die ihm seinen Namen gibt, eingeschränkt: Es ist »Vertrauens«geld. Auch wenn sich diese Praxis über ganz Europa erstreckt, betrifft sie nur den relativ kleinen Kreis der Geschäftsleute, die sich kennen und die den Kredit eines jeden kennen. Nachdem die Garantie des Staates an die Stelle des Systems sozialer Beziehungen getreten ist, wird die »Banknote« dieses Hindernis erst in der Neuzeit überwinden.

Kapitalien

Man mag über den lokalen Handel hinausgehen wollen, jenen Handel im Laden, in dem die Produkte des bedeutenden Handels umverteilt werden, wo man auf einem städtischen Markt Obst und Gemüse vom Land oder Zinnkrüge aus dem lokalen Handwerk verkauft. Aber man muß dafür andere Kapitalien finden als diejenigen, über die der Kaufmann oder der Handwerker persönlich verfügt und die nie ausreichen. Die großen Vermögen am Vorabend der Krisen des 14. Jahrhunderts sind noch immer die ländlichen Vermögen einer mehr oder weniger alten Aristokratie, die reicher an Ländereien und Abgaben ist als an verfügbaren Liquiditäten für wirtschaftliche Unternehmungen. Flotten aufzustellen, Frachten zu organisieren, bei Terminverkäufen und bei der Investition der Gewinne mit Kredit zu spielen, all das entgleitet langsam dem einzelnen Investor. Und das umso mehr, als dieser nicht in der Lage ist, allein eine gewerbliche Produktion zu finanzieren, vom Einkauf der Rohstoffe auf manchmal weit entfernten Märkten bis zur Vermarktung der Endprodukte. Es geht darum, in einem ökonomischen Horizont zu handeln, der den Kauf von Wolle in England und von Alaun in Kleinasien ebenso einschließt wie den Verkauf von in Florenz veredeltem Tuch auf dem Markt von Alexandria, und der Seide aus China und Pelze aus Rußland der kosmopolitischen Kundschaft der Fürstenhöfe oder der päpstlichen Kurie zuführt.

In Lübeck oder Genua die Ausrüstung von Schiffen zu finanzieren, in Brügge oder Barcelona die Aufstellung von Kränen, in Ypern oder Florenz den Betrieb von Färbereien, das kann ein einzelner Tuchhändler oder Wechsler nicht bewerkstelligen. Selbst die bescheidensten Ausrüstungen, wie die Mühlen am Fluß — um Korn zu mahlen oder Tuch zu walken — wären eine kaum tragbare Belastung für jemanden, der diese nur dreimal im Jahr in Betrieb setzt.

Und es gibt das Risiko. Es ist offensichtlich bei einem Schiff, das auf Grund laufen oder Schiffbruch erleiden kann. Es ist bei jedem ökonomischen Unterfangen latent vorhanden: Die Konjunktur schwankt, der Verbrauch ist wechselhaft, die Schuldner sind von Natur aus unstet. Das Risiko treibt natürlich den Investor zu einem Einsatz seiner finanziellen Möglichkeiten, der Streuungen erleichtert. Es ist besser, zwölf Anteile an zwölf Schiffen zu haben, als ein ganzes Schiff zu besitzen, das mit allen in es gesetzten Hoffnungen untergeht.

Kapital und Arbeit

Alles geht von dem Kaufmann aus, der bereit ist, sein eigenes Kapital zu investieren — seine Aktivitäten, Fähigkeiten und liquiden Mittel —, aber seine Geschäfte zu erweitern wünscht, indem er andere Kapitalien zu Hilfe nimmt. Die Antwort kommt von einem Gleichgesinnten, der nicht überall gleichzeitig sein kann, aber nicht darauf verzichten will, seine Geldanlagen zu streuen und alle Gewinnmöglichkeiten auszuschöpfen. Sie kommt auch von dem bescheidenen Geschäftsmann, dessen Aktivitäten nicht wachsen können, weil er materiell nicht in der Lage ist, seine Gewinne wieder in sein eigenes Unternehmen zu investieren, begrenzt wie es aufgrund der mangelnden Eignung des kleinen Gewinns für geradliniges Wachstum und fortdauernde Reinvestitionen ist. Es sind liquide Mittel bei dem Bäcker vorhanden, der nicht mit einer Steigerung des Brotverbrauchs in seinem Viertel rechnen kann, und es gibt sie bei dem Schmied, der nicht jedes Jahr die technische Kapazität seiner Schmiede um fünf Prozent ausweiten kann.

Was die finanziellen Erträge von Dienstleistungen betrifft, so machen auch sie eine Anlage außerhalb ihres Herkunftsbereichs notwendig. Der Rechtsgelehrte verdient manchmal mehr, als er ausgibt. Der Domherr kann die Einkünfte aus seiner Pfründe nicht für den Erwerb eines Bistums verwenden. Der Geldeintreiber will nicht seinen ganzen Gewinn für Kredite an Fürsten blockieren, was häufig die Bedingung für seinen Aufstieg ist. Alle suchen außerhalb ihres Gewerbes nach anderen Anlagemöglichkeiten und anderen Sicherheiten. Sie wünschen eine Wiederanlage, die keine zusätzlichen Aktivitäten von ihnen fordert und ihnen einfach eine Vergütung ihres Geldes verschafft, für das sie ein kalkulierbares Risiko eingehen.

Als erstes kommt die Idee auf, die Möglichkeiten der einen wie der anderen für ein bestimmtes Geschäft zusammenzulegen. So vertraut etwa der Besitzer eines Warenpostens dessen Transport und Verkauf anderen an. Der »aktive« Kaufmann, also derjenige, der reist und arbeitet, hat keinen anderen Anteil am Risiko als den seiner Person. Wenn er nicht gerade auf der Straße erschlagen wird, kann ihm nichts passieren. Sein Anteil am Profit ist umso bescheidener: Er besteht in der Bezahlung seiner Zeit und seiner Mühen, in der Vergütung seines Talents. Mehr als ein Gesellschafter ist er ein Handlungsgehilfe, ein »Faktor«. Er wäre ein Lohnempfänger, wenn sein Gewinn nicht von seinem Erfolg abhängig wäre. Wird er nach von vornherein festgelegten Bedingungen entlohnt, hat er keinen Anteil am Gewinn. Er kann höchstens damit rechnen, als Belohnung für seinen Erfolg bei dem einen Geschäft günstigere Bedingungen für das folgende Geschäft zu erhalten. Wenn er der Sohn oder Neffe des Besitzers der Waren ist, hofft er auf eine Beteiligung oder auf die Nachfolge. Wenn er nur ein Angestellter ist, schielt er nach einer Lohnerhöhung. Wenn er selbst Kaufmann ist, kann er in dem Auftrag nur eine Gefälligkeit auf Gegenseitigkeit sehen, die man ihm eines Tages vergelten wird.

Keiner kann auf allen Straßen gleichzeitig sein, und der Kaufmann weiß wohl, daß er, wenn er den Fisch des Kollegen zusammen mit seinem eigenen transportiert, die Kosten der nächsten Reise spart, die dann der Kollege unternehmen wird. Für den Venezianer, der seine Zeit nicht auf dem Schiff verbringen will, ist die Reise eines Landsmanns nach Ägypten eine günstige Gelegenheit. Die Hanseaten werden schnell Meister in der Kunst, Brüder, Neffen und Nachbarn einzusetzen. Wer nach Nowgorod aufbricht, ist mit mehr Geschäften beauftragt, als er allein finanzieren könnte. Manche machen ein System daraus, und den vier Brüdern Mulich, die am Ende des 15. Jahrhunderts in Lübeck, Nürnberg und Frankfurt etabliert sind, gelingt es vorzüglich, unnötige Reisen zu vermeiden, indem sie sich gegenseitig beauftragen. So sichert die Praxis der *Sendeve* — der Kommission — das Gleichgewicht des hansischen Individualismus. Mehr noch als um verfügbare Kapitalien geht es hier um kostbare Zeit. Die Kommission ist lediglich eine vertragliche Organisation des Handels.

Man macht einen Schritt in Richtung auf eine Form von Kapitalismus, wenn zwei Kaufleute, von denen der eine die Geschäfte führen und der andere einen Geldbetrag anlegen will, ihre Möglichkeiten in einem Geschäft vereinen, dessen Gewinn sie sich teilen. In diesem System der *Commenda* geht jeder ein Risiko ein: Der eine kann sein Geld verlieren, der andere seine Arbeit. Der »aktive« Kaufmann hat nicht, wie bei der »Kommission«, einen sicheren Lohn. Es liegt an ihm, ob er einen Gewinn erzielt. Der Zusammenschluß liegt hier auf der Hand, und man geht zu einem Notar, um ihn vertraglich zu regeln.

Das hat nur in dem Maße einen Sinn, in dem der Kaufmann, der das Geschäft ausführt, selbst eine reale Fähigkeit einbringt und wenn er echte Risiken eingeht. Was er in die Sozietät einbringt, ist seine Kenntnis der Märkte, der Kunden und der Vermittler, sein Urteil über Qualität und Preise, seine richtige Einschätzung der Reisewege und Rückfrachten. Man überläßt ihm einen Anteil — häufig ein Viertel, manchmal, im 15. Jahrhundert, ein Drittel — des Gewinns, der zum Teil von seinen eigenen Fähigkeiten abhängig ist und nicht nur von der Qualität der ihm anvertrauten Waren. Die den Hanseaten teuren »echten« Gesellschaftsverträge überlassen im allgemeinen dem seefahrenden Kaufmann die Hälfte des Gewinns. Man kann vermuten, daß diese hohe Entlohnung der Arbeit mit der Tatsache zusammenhängt, daß die Stürme der Ostsee den Seefahrer aus Lübeck oder Riga häufiger in Gefahr bringen als denjenigen aus Venedig oder Barcelona.

Eine solche Commenda kann je nach dem wirtschaftlichen Milieu, das einmal punktuelle und gestreute Operationen, ein andermal Interessengruppierungen und dauerhafte Strukturen bevorzugt, sehr unterschiedlich aussehen. Mit den *Colleganza*-Verträgen bringen die Venezianer seit dem 14. Jahrhundert ihre Vorliebe für individuelle Unternehmungen und ihr Mißtrauen gegenüber einer Konzentration der Geschäfte zum Ausdruck. Beides wird begünstigt durch die ständige Interven-

169

tion der Republik in die Organisation des ökonomischen Lebens. Jeder streut seine Kapitalien und schließt mit möglichst vielen Partnern Verträge ab. Man begrenzt die Operationen: ein Vertrag für eine Reise, für ein Geschäft. Venedig ist so ein Sammelbecken für vertragliche Geschäfte: Der Kaufmann, der im Hafen bleibt, zählt die Reisen, die er finanziert, und derjenige, der London oder Alexandria erreicht, zählt ebenso viele stille Teilhaber, als er in seinem Schiffsrumpf völlig verschiedene Frachten hat. Ob man mitreist oder nicht, ändert nicht viel: Wer in den Hafen zurückkehrt, legt für jedes Geschäft Rechenschaft ab, ohne einen anderen Ausgleich als das, was er ganz persönlich aus seinem Gewinn oder Verlust bei jedem Vertrag macht.

Der gleiche rudimentäre Kapitalismus regiert die Geschäfte in Frankreich und England. Die dynamischsten Unternehmer werden daher immer risikofreudiger, ohne deswegen in die Geheimnisse des eigentlichen Kredits einzudringen, den sie erst so spät wie möglich in Anspruch nehmen. Das kann man sehen, wenn nach dem Hundertjährigen Krieg die Kaufleute aus Rouen schließlich die »Darlehen für das große Abenteuer« vervielfachen, die die geliehenen Kapitalien nicht mehr an einen bestimmten Teil der Fracht binden, sondern die Funktion einer maritimen Versicherung haben, ohne einen wirklichen Zusammenschluß zu beinhalten. Das Darlehen wird erst bei der Ankunft zurückgezahlt, wenn die Seereise mit dem Verkauf der Waren endet, die immer nur dem »aktiven« Kaufmann gehört haben.

Seit dem 14. Jahrhundert teilen sich immer häufiger regelrechte Gesellschafter die Einlagen, Risiken und Gewinne. Der von den Engländern als *sleeping partner* bezeichnete stille Teilhaber ist mitunter ein sehr aktiver Geschäftsmann, dessen Aktivitäten aber einem anderen Gebiet zuzurechnen sind oder der sich in ein bestimmtes Geschäft aus dem einfachen Grund, daß er etwas anderes zu tun hat, nicht einmischen will. Durch Commenda-Verträge schließen sich Fischer und Fischverkäufer zusammen, Kaufleute und Schiffer, Viehzüchter und Metzger. Viele solcher Verträge haben die Nutzung von Werkzeugen, den Betrieb einer Werkstatt oder eines Geschäfts zum Gegenstand. Für die Hälfte seines zukünftigen Gewinns nimmt ein Tavernenwirt aus Toulouse für ein Jahr hundert *Livres tournois* auf, die er auf der Stelle in einige Fässer Schankwein verwandelt. Ein Bürger gibt einen ihm gehörenden Wagen in Commenda, den er nach einem Jahr mit drei Vierteln des Gewinns, den der damit ausgerüstete Fuhrmann erzielt hat, zurückerhält. Ein Wechsler investiert bei einem Vertrag mit einem Zimmermann gegen die Hälfte des Gewinns in einige Träger.

Die Commenda wird zu einem üblichen Mittel der Geldanlage des kleinen Sparers und zu einem Mittel der Entwicklung für die kleinen Unternehmen. In Barcelona vertraut jeder, der seine Ersparnisse gewinnbringend anlegen will, diese einem Handwerker oder Kaufmann an, dessen Unternehmen auf diese Weise etwas frisches Geld bekommt, ohne daß dieser deswegen die beängstigende Verpflichtung eines festen Zinssatzes eingehen muß, der unabhängig vom Ergebnis des Geschäfts ist. Notare, Makler, Handwerker und Kaufleute legen somit mittelfristig Geld in den Geschäften eines Tuchmachers, Webers oder eines Importeurs von Korallen an.

Der Seehandel läßt dem »aktiven« Kaufmann eine Freiheit, wie sie bei Commenda-Geschäften auf dem Landweg nicht möglich ist. Diese sind den Risiken der in der Ferne getätigten Wiederanlage der Gewinne und der Wahl der Rückfrachten von einem Zwischenhafen zum anderen, die ein wesentliches Element der Rentabilität ist, weniger unterworfen. Man weiß, was man mitnimmt. Nur derjenige, der das Geschäft begleitet, kann jedoch entscheiden, was er mitbringt. Die Verträge legen sehr genau die Grenzen dieser Freiheit fest, aber das genügt nicht, um Beanstandungen zu verhindern. Derjenige, der nichts weiter getan hat, als das Unternehmen zu bezahlen, glaubt manchmal, daß der von ihm Beauftragte günstige Gelegenheiten falsch beurteilt hat. Das glaubt auch der Katalane Anthoni Berga, der 1432 eine Sendung von zwanzig Krügen Honig in den Orient finanziert und dafür Pfeffer und *Baladi*-Ingwer erwartet. Der seefahrende Kaufmann – er heißt Johan de Vilasecha – hat *Maqui*-Ingwer mitgebracht, was nicht das gleiche ist. Der Markt in Barcelona ist gesättigt mit *Maqui*-Ingwer, und der Preis bricht folglich zusammen. Berga verweigert die Teilung des Gewinns, den er durch Verschulden seines Partners für unzureichend hält.

Von Commenda-Verträgen zu See und zu Lande, die sich auf ein Geschäft oder eine Reise beziehen, bis hin zu verschiedenen Investitionsformen der Commenda, die sich der Findigkeit des Geschäftssinns verdanken, finden sich in diesem aufkommenden Kapitalismus alle Formen der finanziellen Beteiligung. Die einen sind echte Mitfinanzierungen, die anderen sind eher eine Geldanlage und unterscheiden sich von einem zu verzinsenden Darlehen nur durch die Natur des finanziellen Ertrags: Variable Einkünfte sind durch das Risiko des Verlustes weitgehend gerechtfertigt. Natürlich hat der Commenda-Vertrag im großen Handel den zeitlichen Rahmen der Dauer einer Reise, der Hin- und Rückreise in den Orient oder in die Nordsee. Die Commenda-Verträge bei Investitionen haben hingegen einen im voraus festgelegten Termin, meistens ein Jahr, während dessen der Beauftragte Herr über seine Geschäfte ist.

Aus diesen beiden Formen der Commenda, die beide die Finanzierung und die Arbeit durch eine Aufteilung des Gewinns vergüten, machen die Genuesen seit dem 13. Jahrhundert eine originelle Synthese, die *societas maris*, die die Geschäftswelt stetig in Richtung einer entschieden kapitalistischen Struktur treibt. Im 15. Jahrhundert haben die Verträge eine längere Laufzeit, die finanziellen Beteiligungen werden auf eine bestimmte Zeit für eine variable und manchmal unbegrenzte Zahl von Geschäften festgelegt. Die großen Kaufleute nehmen so viele Commenda-Verträge an, um ihre Geschäfte mit Kleinasien, dem Bosporus und der Krim oder mit Brügge und London zu finanzieren, daß sich daraus in Genua und sogar in Marseille, wo man das Beispiel Genuas immer vor Augen hat, eine Konzentration des Kapitals ergibt, die — ohne die Investoren verantwortlich zu machen, wie die *compagnia* der Toskaner — einen Kapitalismus verwirklicht, der sehr viel fortgeschrittener ist als der Individualismus der Republik Venedig. Diese Konzentration des Kapitals verleiht den Geschäften ein Ausmaß, das nie machbar gewesen wäre, wenn jede Transaktion in den finanziellen und technischen Grenzen der Möglichkeiten eines jeden Kaufmanns verblieben wäre.

Es gibt, wohlgemerkt, keinerlei Systematik in diesem Zusammenschluß von Kapital und Arbeit, wie ihn die Commenda darstellt. Nicht selten sind Verträge, in denen der »aktive« Partner einen Teil des Aktivpostens in das Geschäft einbringt und für diesen Anteil wie die anderen Investoren vergütet wird. Der reisende Kaufmann bringt seine eigenen Waren ein. Der Handwerker, der eine Commenda für seine Werkstatt entgegennimmt, liefert gleichzeitig sein Material und seine Kundschaft. Und der Kaufmann, der lediglich seine Qualifikation in das Geschäft einbringt, ist häufig ein junger Mann, der reicher an Hoffnungen als an wirklichen Erfahrungen ist.

Gesellschaften

Davon unterschieden ist die Beteiligungsgesellschaft, bei der der aktive Kaufmann ebenfalls ein stiller Teilhaber eines gemeinsamen Unternehmens ist, in dem die Kapitaleinlagen der anderen Gesellschafter nur die Funktion haben, den Umfang der Geschäfte zu erweitern. Der mit einer Commenda Beauftragte riskiert, abgesehen von seinem Leben und seinem Ruf, nur das Gut der anderen. Jetzt riskiert der Gesellschafter seinen eigenen Besitz. Er ist ein Kaufmann wie die anderen auch, aber er bringt in seine Unternehmungen zusätzliches Kapital ein.

Zwei oder drei Kaufleute schließen sich für eine bestimmte, selten begrenzte Sache zusammen, was keineswegs ausschließt, daß jeder sich an mehreren derartigen Gesellschaften beteiligt. Ein durchschnittlicher Kaufmann wie Francesco di Marco Datini ist am Ende des 14. Jahrhunderts mit Lotto Ricci in Sachen »Florentiner Waren« assoziiert, sowie mit Tuccio Lambertucci, mit dem er in Florenz drei Läden mit Schuhen und Tuch betreibt, mit Toro di Berto und später mit Gherardo Guidalotto, mit denen zusammen er auf der mittleren Rhône mit Salz handelt, und mit Tommaso di ser Nastagio, mit dem zusammen er in Avignon und auf der unteren Rhône alles mögliche verkauft. Die Krise des Großen Schismas und die Aussichten einer angevinischen und päpstlichen Expedition in Süditalien regen Datini dazu an, sich mit einem Mailänder für die Herstellung von zweihundert Sturmhauben zusammenzuschließen, die von den Soldaten ersetzt werden müssen, wenn sie verbeult sind. Während er sich erneut in Prato niederläßt, schließt Francesco di Marco sich mit dem Mailänder Basciano da Pescina zusammen, um alle möglichen Geschäfte zwischen der Lombardei und der Provence zu tätigen, was ihnen im übrigen nicht verbietet, mit englischer Wolle zu handeln, die von der toskanischen Produktion gebraucht wird.

Solche Gesellschaften umfassen immer nur eine begrenzte Anzahl von Teilhabern, und ihre Solidität hängt ebensosehr von den Bündnissen der Familien untereinander wie von den Verträgen ab. Die Hanseaten greifen gern auf solche Familienbeteiligungen zurück, um ihren Geschäften eine ungeteilte Erbfolge zu sichern. Sehr viele Geschäfte zwischen Lübeck und Bergen werden so über den Tod ihres Begründers hinaus weitergeführt. Hildebrand, Sievert und Cäsar Veckinchusen, drei Brüder, die aus Reval in Litauen stammen, teilen sich am Ende des 14. Jahrhunderts die Märkte Nordeuropas. Hildebrand taucht hintereinander in Brügge, Dortmund, Riga und Lübeck auf, bevor er sich endgültig in Brügge niederläßt. Sievert geht von Reval nach Köln, bevor er sich in Lübeck niederläßt. Cäsar bleibt während dieser Zeit anscheinend in Reval. Beide zeigen sich sehr aktiv in Frankfurt, Mainz, Danzig und Nowgorod. Ihr Mitgesellschafter Peter Karbow führt das Kontor in Venedig. Die intensiven Geschäfte der Veckinchusens um das Jahr 1400 sollten zwanzig Jahre lang den Schwierigkeiten widerstehen, die aus einer unvorsichtigen Handlung entstanden, die man kühn hätte nennen können, wenn sie die drei Brüder nicht in den Ruin geführt hätte.

Das Besondere an diesen Beteiligungsgesellschaften ist nicht allein die Begrenzung der Teilhaber. Normalerweise sind sie auch auf begrenzte Zeit angelegt. Man hat noch nicht völlig vergessen, daß es darum geht, finanzielle Kapazitäten und Arbeitskapazitäten für ein Geschäft miteinander zu verbinden. Ein Viertel der in Toulouse zwischen 1400 und 1450 gegründeten Gesellschaften ist auf weniger als ein Jahr angelegt, ein Drittel auf ein Jahr. Höchstens eine von zehn Gesellschaften ist für Geschäfte von über fünf Jahren Dauer gedacht.

Die Gewinne werden normalerweise im Verhältnis zu den Kapitaleinlagen geteilt. Die Tätigkeit selbst, die Arbeit des einen wie des anderen, dieser wesentliche Beitrag ist mit einem Anteil am Kapital zu vergleichen. In Genua überläßt die *societas maris* dem aktiven Kaufmann die Hälfte des Gewinns, wenn er ein Drittel des Kapitals einbringt. Seine eventuellen Verluste beschränken sich auf seinen Anteil am Kapital. Man ist hier noch sehr nahe an der Commenda. Der aktive Kaufmann verliert daher nur, was er eingebracht hat; er gewinnt aber etwas mehr. Ähnliche Kombinationen gibt es in den Hansestädten, wo der Gewinn des aktiven Kaufmanns selten den Anteil seiner Kapitaleinlage übersteigt. Das Geschäft ist wechselseitig, und manch einer ist »stiller Teilhaber« in einer mit seinen Brüdern gegründeten Gesellschaft und mit denselben Brüdern »aktiv« in einer anderen. Auch wenn der juristische Status der Gesellschaft diese zeitlich begrenzt, ist der Geist schon derjenige der Kompagnie: Wer zu einem bestimmten Zeitpunkt für die anderen arbeitet, bekommt zu einem anderen Zeitpunkt seinen Anteil an der Arbeit der anderen.

Die Beteiligungsgesellschaft ist daher genau der Rahmen für technisch komplementäre Aktivitäten, von dem man lange geträumt hat. Keiner kann sich auf einem bestimmten Gebiet um alles kümmern und überall gleichzeitig sein. Aber die Interessen sind gemeinsame. Der Krämer, der in der Stadt verkauft, schließt sich mit dem Messehändler zusammen, der die Märkte der Region besucht. Der Tavernenwirt macht gemeinsame Sache mit dem Einkäufer von Weinen, der die Weinberge aufsucht. Der große Unternehmer braucht Leute, die auf den lokalen Märkten eingeführt sind. Wer im europäischen Rahmen Geschäfte betreibt, zieht es vor, an jedem Ort einheimische Händler daran zu beteiligen, die über die Privilegien und Verbindungen des Einheimischen verfügen. Um den Zuschlag für eine Steuerpacht zu erhalten, sind die Kapitalien des Großkaufmanns unerläßlich, aber nur der einheimische Bürger kann die Steuer auf den ausgeschenkten Wein, auf die in der Markthalle von den Gemüsehändlern verkauften Gemüse oder auf die Tuchballen erheben, die auf dem Rücken der Pferde oder der Menschen zu den Toren der Stadt hereinkommen.

Weil man die Risiken verteilen und Kapitalien zusammenlegen muß und weil es gut ist, die Verantwortlichkeiten der Steuererhebung aufzuteilen, werden die Steuerpachten meistens Beteiligungsgesellschaften zugeschlagen, und der französische König ist sogar mehrmals gezwungen, auf dem Weg des Erlasses die Zahl der »Kompagnons« je nach der Höhe der Pachten zu begrenzen:

> »Kein Pächter darf mehr als einen Kompagnon haben, wenn die Pacht 300 bis 500 Livres beträgt, über 500 bis 1000 Livres zwei Kompagnons, und über 1000 Livres drei Kompagnons.«

Diese Regeln, die nur schwer akzeptiert werden, wenn man die Zahl der Prozesse betrachtet, die in Paris wegen einer überhöhten Anzahl von Teilhabern angestrengt werden, verbergen nicht die Vielfalt der Beziehungen zwischen dem Hauptpächter, auf dessen Namen die Pacht häufig läuft, und seinen Kompagnons, die häufig einfach stille Teilhaber sind, denen aber mitunter ein Teil der Geschäftstätigkeit obliegt. Es gibt Pachten, bei denen sich zwei Pächter eine gemeinsame Pacht teilen und jeder die Pacht auf ein Produkt oder auf ein Stadtviertel erhebt. Es kommt sogar vor, daß ein Pächter nur für einen Teil des Jahres die Erhebung übernimmt und ein anderer ihn dann ablöst, während der erste sich einer anderen steuerlichen oder kommerziellen Tätigkeit widmet.

Die Hanseaten benutzen eine Gesellschaft gerne, um den Schiffskapitän am Handel zu beteiligen. Gleichzeitig Reeder, Kaufmann und Kapitän ist der Kommandant der Unternehmung selten der Lohnempfänger desjenigen, der ihm Waren zum Transport auf der Nord- oder Ostsee anvertraut. Er ist sogar sehr selten der einzige Besitzer seines Schiffes, von dem nur ein Viertel oder ein Achtel ihm gehören. Er befördert die Waren, die ihm seine Mitgesellschafter anvertrauen, und gleichzeitig diejenigen, die er sich selbst beschafft hat und die er auf eigene Rechnung verkauft. Häufig hat der Kapitän den gleichen Anteil am Kapital, den das Schiff repräsentiert, und an der Investition, wie sie die Fracht darstellt. Man kann sich keine klarere Teilung der Risiken und Gewinne vorstellen.

Der Toskaner findet bereits andere Finanzierungsmittel. Der Aufschwung des Bankwesens befreit den Kaufmann von jener auf Verpflichtung gegründeten Verbindung zwischen seiner Tatkraft und ihrem materiellen Gegenstand. Die großen Kaufleute, die auch große Bankiers sind, erhalten genügend Geldeinlagen und müssen nicht außerhalb ihres Unternehmens nach dem notwendigen Kapital zur Finanzierung unterschiedlicher Geschäfte suchen, die sich aber immer ergänzen. Die Beteiligungsgesellschaft bleibt der ideale Rahmen für die kleinen Geschäfte. Für die großen Geschäfte schafft sich der Toskaner entwickeltere Strukturen.

Der neue Umfang der toskanischen Geschäfte seit 1350 führt zur Unterscheidung dreier Funktionen, die sich seit den Zeiten des Ladenhandels immer weiter differenzieren, nämlich der Finanzierung, der Geschäftsleitung und der Lohnarbeit. Der wirkliche Kapitalismus entsteht aus dieser Unterscheidung. Sie macht die Führung und Offenlegung der Konten erforderlich und führt so zu den modernen Techniken der analytischen und systematischen Buchführung.

Datini kommt dieser Sache nahe. Er gründet als wichtigster Gesellschafter von neun über Europa verteilten Gesellschaften eine »Gruppe« von Gesellschaften in kollektivem Namen, deren Einheit daher rührt, daß ein einziger Kapitalist die Kohärenz der Geschäftspolitik garantiert, sowie daher, daß jede Gesellschaft ganz natürlich die Rolle eines Korrespondenten der anderen innehat. In seiner Geburtsstadt Prato hat Francesco di Marco Datini seine beiden Hauptgesellschaften, die eine für die Herstellung von Wolltuch, die andere für den großräumigen Handel. Das Tätigkeitsfeld der letzteren wird erweitert durch Gesellschaften, die im Laufe der Jahre in Florenz, Pisa, Genua, Avignon, Barcelona, Mallorca, Valencia und schließlich auf Ibiza gegründet werden, wobei mehr oder weniger spezialisierte Tochtergesellschaften wie diejenige, die auf der Rhône mit Salz handelt, nicht einmal hinzugezählt sind. Alle zusammen bilden eine Gruppe, die keine andere juristische Begründung als die jeweilige Verantwortlichkeit ein- und desselben Kaufmanns, d. h. Francesco Datinis, in jedem Unternehmen hat.

Die Gesellschafter, die mitunter ehemalige Faktoren sind, haben im übrigen im Rahmen ihres Gesellschaftskapitals nur einen begrenzten Handlungsspielraum. Indem Datini die Gesellschaft von Avignon gründet, die ihn mit Boninsegna di Matteo und Tieri di Benci verbindet, schützt er eine beträchtliche finanzielle Reserve vor dem Zugriff seiner Strohmänner:

175

»Im Namen Gottes, Amen.

Kontoheft der Waren und Pachten, die ich, Francesco di Marco Datini aus Prato, in Avignon Boninsegna di Matteo aus Florenz und Tieri di Benci aus Florenz unter dem Datum des 1. Dezember 1382 zuweise...

Die Waren und Pachten belaufen sich insgesamt auf 3 866 Goldflorins, über deren Betrag wir uns einig wurden. Daraus folgt:

Wir, Boninsegna und Tieri, sind mit besagtem Francesco einig, daß von besagter Summe, die gänzlich Francesco di Marco gehört, besagter Francesco uns die Summe von 3 000 Florins zu 24 Sous zur Aufbewahrung überlassen muß, entweder in Waren oder in Pachten.

Der Rest, also 866 Florins, wird von uns seinem Konto gutgeschrieben, zu Beginn des Jahres in Denaren, so daß wir nur die Summe von 3 000 Florins behalten.

Besagter Francesco ist zufrieden und will, daß Boninsegna und Tieri so, wie es ihnen am besten zu sein scheint, mit besagter Ware, die in diesem Heft eingetragen ist, und mit jeder anderen Ware handeln können, wie sie es zum Vorteil des besagten Francesco für nützlich und profitabel halten.«

Es handelt sich also um interessierte Faktoren mit wirklicher Initiative. Aber es geht um den Profit von Datini, und das in Bargeld investierte Kapital bleibt zu seiner Verfügung.

Der Vorteil dieser Struktur liegt auf der Hand: Das Geschäftsvolumen nimmt zu, die Risiken bleiben durch die Teilung begrenzt. Datini weiß wohl, daß keiner seiner Gesellschafter in der Lage ist, Anspruch auf Mitwirkung bei der Leitung der Geschäfte zu erheben. Mit fünf- oder zehntausend Florins Kapital für jede Gesellschaft hat der Gesellschafter von Avignon oder Valencia kaum die Mittel zur Mitsprache über eine globale Politik im europäischen Rahmen. Francesco di Marco, dem es frei steht, den Handel mit Barcelona zu entwickeln oder die Warenströme nach Avignon zu begrenzen, bleibt der alleinige Herr.

Andere lassen sich von der Commenda, von der *societas maris* inspirieren und entwickeln »Kommmandit«-Gesellschaften, die in großem Umfang die auf dem Markt verfügbaren Gelder sammeln, ohne den Kaufmann auf eine Teilung der Verantwortlichkeiten zu verpflichten. Die in Florenz seit 1408 legale Gesellschaft »mit beschränkter Haftung« erlaubt es, bescheidene, ja ängstliche Sparer zu verführen, die bei jeder Geldanlage nur einen Teil ihres Guthabens riskieren wollen. Diese Zusammenschlüsse von Gläubigern mit gleichen und übertragbaren Anteilen — nichts verbietet einem Investor, mehrere zu besitzen — begünstigen Kapitalkonzentrationen, die im übrigen nicht mehr auf Mitwirkende mit sehr unterschiedlichen Fähigkeiten angewiesen sind. Das gilt auch für die Bank, die ohne die Präsenz von Gesellschaftern an allen Enden der Welt auskommt: Korrespondenten genügen.

Bei der Kommanditgesellschaft besteht ein wesentlicher Unterschied zum Depot: Die Gesellschafter erhalten einen Anteil am Gewinn und nicht einen festen Zins für ihr Geld. Das ist sowohl für den Unternehmer wie für den Investor verführerisch. Der eine verschafft sich Kapital, das er nur im Falle eines Gewinns zu vergüten braucht. Der andere sieht darin eine spekulative Geldanlage, die zum Preis eines begrenzten Risikos mehrwertfähig ist.

Daß die Anteile übertragbar sind, ist ein unschätzbarer Fortschritt. Da der Gesellschafter sich mit seinem Anteil am Gewinn zurückziehen kann, wann er will, verlangt er keinen schnellen Abschluß der Konten. Daß diese jederzeit in Ordnung sind, genügt ihm völlig. Wer zögern würde, mittelfristig zu investieren, ist beruhigt, wenn er weiß, daß er sein Geld wiederbekommt, wann immer er will. Für den Geschäftsmann, der seine Geschäfte planvoll gestalten will, bedeutet diese ständige Umverteilung des Kapitals die Möglichkeit von mittelfristigen Unternehmungen. Initiativen ergreifen und Unternehmungen über sechs oder zwölf Monate lancieren zu können, ist natürlich ein Vorteil, für den es aber eine Bedingung gibt: Man muß den Kredit und das Vertrauen aufrechterhalten, so daß der abzutretende Anteil auf dem Markt Investoren findet, die ein Interesse daran haben, ihn zu kaufen. Wie das Depot beruht der Anteil an einer Kommanditgesellschaft auf der Kontinuität des guten Rufs.

In Genua, wo man sich in »Karat«-Gesellschaften zusammenschließt, zieht man alle Konsequenzen aus der finanziellen Flexibilität des Systems der Kommanditgesellschaft. So wie Feingold vierundzwanzig Karat hat, ist die Gesellschaft in vierundzwanzig gleiche Karate unterteilt. Nichts verbietet, die Karate ihrerseits zu unterteilen, und ein Genuese, der sein erspartes Geld in hundert verschiedenen Geschäften anlegt, verschmäht es keineswegs, ein Viertel Karat zu kaufen: $1/96$ eines Schiffes oder eines Betriebs. Damit bietet man in der Mitte des 15. Jahrhunderts einem sozial breit gestaffelten Kapitalismus Anteile an Gesellschaften, die für den Handel mit Alaun aus Kleinasien, mit Korallen aus Tunesien oder Quecksilber aus Spanien gegründet wurden.

Bei so vielfältigen Gelegenheiten der Geldanlage können die Kapitaleigner ihre Geschäfte auswählen, ihre Risiken dosieren und selbst auf den zu erwartenden finanziellen Ertrag spekulieren. Die Karatgesellschaften, die zu einem bestimmten Zweck gegründet wurden, sind häufig an die Nutzung eines Monopols oder eines Privilegs gebunden. Es gibt die *maona* auf Chios, die auf der Insel Elba, und die *compere*, die die Ressourcen der Gemeinde nutzen und als Pfand und zur Tilgung der öffentlichen Schulden dienen, bilden schließlich das Syndikat der Gläubiger des Staates, das durch die Umschichtung aller möglichen *compere* zur *Casa di San Giorgio* wird. Es obliegt einem jeden, selbst zu entscheiden, ob der Zeitpunkt günstig ist, ein Viertel eines Karats von einer Gesellschaft zu kaufen, die Obst aus Granada importiert, oder ob es nicht besser ist, in die Pacht einer neuen Steuer zu investieren, die *San Giorgio* zugestanden wurde.

Auf der anderen Seite der Alpen entwickeln sich aus den gleichen Gründen ähnliche Systeme. Der Geschäftsmann, ob Unternehmer oder Investor, bleibt Herr über die Geschäftsführung und die Verwendung seines Kapitals. Franzosen und Deutsche kommen auf die Idee, das Eigentum an Schiffen in Anteile zu unterteilen. Die große Hulk der Hansestädte gehört häufig zweiunddreißig oder vierundsechzig Teilhabern. Seit dem 12. Jahrhundert sind die Mühlen von Toulouse Eigentum von *pariers*, die gemeinsam eine oder mehrere Mühlen besitzen. Seit 1370 sind die Mühlengesellschaften in Achtel (*uchaux*) unterteilt, und die *pariers* besitzen mehrere Achtel, die Hälfte oder ein Drittel eines Achtels. So repräsentieren die zwölf Mühlen des Bazacle im Jahr 1367 89 Achtel, im Jahr 1478 96 Achtel.

Dieses Achtel ist von Anfang an übertragbar, während die *pariers* noch als ungeteilte Betreiber einer feudalen Konzession angesehen werden und sich eher wie in einem herrschaftlichen Lehen (*pariage*) fühlen als im aufkommenden Kapitalismus. Das veräußerbare Achtel sichert somit den Fortbestand eines Unternehmens, das nicht in regelmäßigen Abständen aufgelöst werden kann, wie eine Sozietät von den Kaufleuten, die sich nur für ein bestimmtes Geschäft zusammengeschlossen haben. Die *pariers* gehen, die Mühle bleibt. Ein Markt der Achtel organisiert sich. Die Anteile werden unter Berücksichtigung der Gewinnaussichten, die die politische, militärische und ökonomische Konjunktur erwarten lassen, notiert. Eine Mühle brennt, und die *uchaux* der sie besitzenden Gesellschaft brechen zusammen, während die Notierung der anderen Mühlen, in denen das Korn gemahlen wird, steigt und die Geschädigten sich bemühen, den Wiederaufbau zu finanzieren. Da es sich um die Herstellung von Lebensmitteln handelt, gibt es eine einleuchtende Beziehung zwischen der demographischen Entwicklung und den Kursschwankungen der *uchaux* von Mühlen.

Ein solcher Kapitalismus beruht auf dem Prinzip der Streuung: der Streuung im Raum und der Streuung in der Gesellschaft. Die Teilhaber der Genueser *maona* auf Chios, wo der Alaun aus Phokäa konzentriert wird, sind sich eines gemeinsamen Images derart bewußt, daß sie beinahe alle den Namen der Familie annehmen, die die *maona* beherrscht: den Namen der Giustinianis. Besser könnte man die Oligarchie dieser Meister eines weltweiten Handels nicht illustrieren. Allerdings sind diese Kapitalisten nicht sehr zahlreich, und die Anteile der *maona* werden innerhalb des eigenen Kreises abgetreten. Die Gesellschaften, in denen das Bürgertum von Lübeck sein Kapital zusammenlegt, um die Salinen von Lüneburg auszubeuten, scheinen kaum offener zu sein. Anders ist es in Allevard in der Dauphiné, wo die Anteile an den Eisenbergwerken häufig in den Händen von einfachen Bergarbeitern sind. Und die Handwerker von Nürnberg oder Köln finden es normal, in die Geschäfte ihrer Nachbarn zu investieren. Das ist nicht mehr eine Sache des Einflusses, sondern der Mentalität.

Bevorzugt werden die Geldanlagen, die am offensten sind, das heißt die Geschäfte, die geographisch am Rande der großen Konzentrationen des Bürgertums liegen. So ist das Kapital der Bergwerke Bosniens in den Händen von deutschen, italienischen und griechischen Finanziers.

Das gleiche Bedürfnis nach einem Zusammenschluß finanzieller Mittel bringt seit dem 14. Jahrhundert die kastilianischen Viehzüchter dazu, sich in einer landesweiten Vereinigung zusammenzuschließen, der *Mesta*. Von den Großgrundbesitzern bis hin zu den reichsten landbesitzenden Klöstern, allen voran das Escorial, legen alle Kapitalisten, die in die Schafzucht investieren können, ihre Herden zusammen, die von einer gemeinsamen Organisation bis zu den letzten Etappen des Verkaufs auf dem internationalen Markt verwaltet werden. Es geht ebensosehr darum, die Strecke und die Zeit der Herdenwanderungen festzulegen, wie darum, die Regulierung eines Marktes zu sichern, auf dem, wie man weiß, die Wolle der Merinoschafe aus Kastilien bald zur Konkurrenz für die Wolle wird, die die englische Viehzucht traditionellerweise produziert und die zwar längere Fasern hat, aber für viele Gewerbe zu teuer ist.

Die Konzentration der Geschäfte durch die *Mesta* führt natürlich zu einer Festschreibung der Handelszentren, zum Beispiel Herbstmessen von Medina del Campo oder von Riaza, wo die Herdenwanderung nach Andalusien organisiert wird, oder der Wintermessen, auf denen im Süden und vor allem in Villanueva de la Serena die Geschäfte getätigt werden.

Auch hier erkennen wir die Prämissen eines Kapitalismus, der sich vor allem auf die Zusammenlegung der Investitionen und die Trennung der drei Funktionen von Finanzierung, Verwaltung und Ausführung stützt. Die *Mesta*, das sind Großgrundbesitzer, Viehzuchtverwalter, spezialisierte Kaufleute und natürlich Schäfer.

Die Compagnie

Während in ganz Europa mit der Beteiligung gespielt wird, geben die Toskaner seit langem einer Struktur den Vorzug, die komplexer und reicher an günstigen Gelegenheiten ist: der Compagnie. Von 1300 an wendet sich die Geschäftswelt, die zuerst aus Siena, dann aus Florenz den Finanzplatz der westlichen Welt macht, größeren Konzentrationen von Kapital zu, die dauerhafter und gleichzeitig für vielfältigere Geschäfte einsetzbar sind.

Die Investition unterscheidet sich dabei sehr bald von der Handels- oder Banktätigkeit. Bezahlte Faktoren werden in den Rang von »Gouverneuren« erhoben und zu Direktoren der Zweigstellen gemacht, die dank der Expansion über die ganze Welt verstreut sind. In den entwickeltsten Compagnien entsteht der neue Menschentypus des »Ministers«, des bezahlten Generaldirektors, wie wir heute sagen würden. Im Dienste der Medici stehen so ein Giovanni Benci und ein Francesco Sassetti.

Die Basis der Compagnie ist die Familie. Es gibt nur wenige Compagnien, deren Gesellschaftskapital, das sich von der Manövriermasse eines Depots unterscheidet, nicht im wesentlichen in den Händen von ein oder zwei, häufig durch geschickte Heiraten miteinander verbundenen Familien ist. Trotz der Erneuerungen, bei denen meistens alle vier Jahre zweitrangige Gesellschafter kommen und gehen, sichert diese familiäre Basis die Kontinuität der Geschäfte, des Namens und der Marke. Das Vertrauen der Öffentlichkeit verdankt sich zu einem guten Teil dieser Tatsache.

Mit ihren verantwortlichen Mitarbeitern aller Altersstufen ist die Compagnie somit ein unerschöpfliches Sammelbecken von Menschen, dank dessen die Bezeichnung nicht bloß die Fassade eines Familienunternehmens ist. Von fünfzehn Zweigstellen der mächtigen Florentiner Compagnie der Peruzzi im Jahre 1335, am Vorabend ihres Zusammenbruchs, haben sechs an ihrer Spitze einen Gesellschafter oder — in London — den Sohn eines Gesellschafters. Und drei davon, in Brügge, Neapel und Paris, sind Peruzzi, nämlich der Sohn, der Neffe und der Cousin des Hauptgesellschafters, dessen Namen die Compagnie offiziell trägt: Giotto di Arnoldo de' Peruzzi.

Die leitenden Angestellten der großen Compagnien reihen sich in dieses Familienspiel ein und finden ebensoviel Nutzen daran, wie sie ihrer Gesellschaft einbringen, indem sie die Interessengemeinschaft fördern. Als im Jahr 1465 der Florentiner Pigello di Folco Portinari die Mailänder Filiale der Medici leitet, in der sein Bruder Accerrito seine Nachfolge antreten wird, sind seine beiden Söhne Folco di Pigello und Benedetto di Pigello in Brügge an der Seite seines Bruders, des großen Tommaso di Folco Portinari, der dort gerade die Nachfolge seines Cousins Bernardo di Giovanni Portinari angetreten hat. Ihr junger Cousin Folco di Adoardo Portinari ist ebenfalls in Brügge, wohin ihm bald sein älterer Bruder Giovanni folgen wird. Ihr jüngster Bruder, Alessandro di Adoardo, wird bald einen Posten in der Londoner Filiale annehmen.

Zur gleichen Zeit teilen sich die Brüder Fugger in Deutschland die Verantwortlichkeiten innerhalb der Familiencompagnie. Der älteste, Ulrich, leitet in Augsburg die Geschäfte und knüpft das Netz der Verbindungen mit Kaiser Friedrich III. Andreas und Johannes sind eine Zeitlang in Venedig. Peter und Georg lösen sich in Nürnberg ab. Markus, Sekretär in der päpstlichen Kanzlei, leistet in Rom seinen Brüdern diverse Dienste. Eine Tochter heiratet einen Meuting, den großen Konkurrenten auf den Märkten Mitteldeutschlands. Was Jakob betrifft, der am Ende des Jahrhunderts der große Fugger sein sollte, so trat er zuerst in den Minoritenorden ein und begnügte sich eine Zeitlang mit einer Domherrenpfründe, aber 1478 wird er dem weltlichen Leben zurückgegeben, hilft in Venedig seinen Brüdern und lernt dort die Geschäfte kennen.

Wie in der Kommanditgesellschaft teilen sich die Gesellschafter Risiken, Gewinne und Verluste. Aber die Compagnie führt einen ganz neuen Begriff ein, die

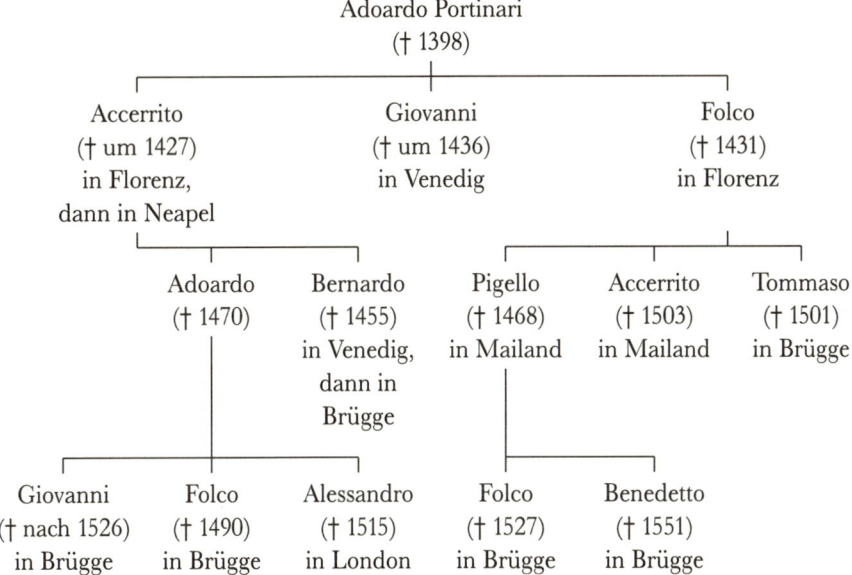

kollektive Verantwortung, die untermauert wird durch das Verbot, mehreren Gesellschaften anzugehören. Zweck der Commanda-Gesellschaften war es, die Investitionen auf mehrere Gesellschaften zu verteilen, deren Risiken sich gegenseitig ausglichen. Die Compagnie versteht sich jedoch als eine exklusive Gesellschaft. Man kann immer beim Nachbarn Geld anlegen oder woanders unter anderen rechtlichen Formen investieren. Auf Gedeih und Verderb gehört man freilich nur einer einzigen Compagnie an.

Letzteres ist allerdings die Ausnahme. Auch wenn die Peruzzi 1335 ihre Gesellschaft mit einem Verlust von 15 Prozent des Kapitals auflösen, so haben die vorangegangenen Abrechnungen seit 1300 doch durchschnittlich 15 bis 20 Prozent jährliche Dividende ausgewiesen. Von 1322 bis 1329 schwankt die bei den Alberti ausbezahlte Dividende zwischen 9 und 16 Prozent. Der kühnere oder geschicktere Rosso di Ubertino degli Strozzi verschafft seinen Gesellschaften zwischen 1330 und 1340 eine jährliche Dividende, die drei- bis zehnmal so hoch ist wie das investierte Kapital. Im 15. Jahrhundert bieten die Medici ihren Gesellschaftern keine geringeren Gewinne, vom Zusammenbruch der Brügger Filiale einmal abgesehen. Die Genfer Filiale erwirtschaftet dafür etwa 30 Prozent Gewinn in den Jahren 1430 bis 1450 und danach über 60 Prozent.

Die Praxis des Depots ist für die toskanischen Compagnien keine Tätigkeit unter anderen: Sie ist grundlegend für das System. Indem sie Depots annimmt und diese vergütet, ohne sie mit dem von den Gesellschaftern eingebrachten Gesellschaftskapital zu vermengen, erhöht die Compagnie ihre verfügbaren Gelder. Sie erhöht deswegen aber nicht die Zahl derjenigen, die das Recht haben, sich an der Verwaltung der Geschäfte zu beteiligen. Der Deponent hat keinen Zugang zum Geschäftsgeheimnis, man ist ihm keine Rechenschaft schuldig. Als ein Gläubiger unter anderen hat er das Recht, sein Guthaben zu überprüfen und seine Zinsen zu erheben, nicht aber zu wissen, wie man das Geld verdient hat, mit dem man ihn bezahlt. Und diese Zinsen werden nur durch das Verhältnis von Angebot und Nachfrage auf dem örtlichen Kreditmarkt bestimmt. Das Geschäftsvolumen hat damit nichts zu tun, auch nicht die Tendenz des Geschäfts. Im 15. Jahrhundert zahlen die Compagnien in Italien 8 bis 12 Prozent jährlich. Wenn auf dem Markt reichlich Kredit vorhanden ist, fallen die Zinssätze, so in Lübeck, wo von 1280 bis 1310 der Zinssatz von 10 auf 5 Prozent fällt.

Das System hat seine Vorteile: garantierte Zinsen für den Deponenten, für die Gesellschafter verfügbares Kapital ohne eine Teilung der Macht. Dennoch macht es Gesellschaften verletzbar, die unvorsichtigerweise ihre Manövriermasse über ihre reale Kapazität hinaus vergrößern. Bei der ersten Vertrauenskrise, beim ersten Gerücht über Schwierigkeiten ziehen die Anleger ihr Geld zurück. Die Compagnien, die dieses Geld in allzu ehrgeizige Unternehmen gesteckt haben, können es dann nicht zurückzahlen. Bei der Schließung im Jahr 1318 haben die Bardi einen Aktivposten von 1266775 Livres, von dem das Gesellschaftskapital weniger als 100000 Livres ausmacht. Das Zwölffache seines Kapitals zu leihen, um seine Geschäfte zu entwickeln, heißt, diese der Willkür mißtrauischer Reaktionen auszusetzen.

Auch wenn nicht, wie in den Jahren 1342 und 1346, der schlimmste Fall eintritt, als die Deponenten das Geld, das sie bei den Peruzzi und den Bardi angelegt hatten, in großem Umfang zurückziehen, bringt die Verpflichtung der Compagnien, den Deponenten die fälligen Zinsen auszuzahlen, wie auch immer die Geschäftsbilanz aussieht, ungeachtet eines Defizits, diese in Schwierigkeiten, sobald der Mangel an liquiden Mitteln auf dem Markt den Zinssatz auf die Höhe des mittleren Gewinns des Handels und der Banken anhebt. Nur selten gibt es Zeiten und Geschäfte, bei denen der Gewinn zwölf Prozent übersteigt. Es heißen nicht alle Medici, und nicht alle werden von einem Sassetti bedient. Depots zu zehn oder zwölf Prozent anzunehmen heißt, daß man sich zutraut, diese Gewinnrate zu übertreffen.

Das Risiko ist so hoch, daß die Kaufleute zwei Schutzmöglichkeiten ersinnen. Die eine, die den kleinen Unternehmern lieb und teuer ist, ist die bereits erwähnte Karatgesellschaft, die eine Vielzahl von kleinen Beteiligungen erlaubt. Damit zieht man die kleinen Sparer an sich, deren Geld in Form von Depots zu den großen Compagnien geht, und die Karate werden nur im Verhältnis zum erzielten Gewinn vergütet. Die andere Möglichkeit, die vor dem massiven Rückruf von Kapital schützt, ist das befristete Depot. Die Sparer erkennen darin aber sehr wohl das mangelnde Zutrauen und sind selbst mißtrauisch.

Die größte Gefahr geht indessen vom Gigantismus der Compagnien aus, deren Zweigstellen gesamtschuldnerisch Geschäfte mit zusätzlichen Risiken betreiben. Das System der Filialen, das um das Jahr 1370 von den Toskanern erfunden wird, ist vor allem eine Antwort auf dieses für das investierte Kapital gefährliche Gesamtschuldverhältnis. Auch hat es die Tendenz, die lokale Initiative zu entwickeln, die einzige Antwort auf die lähmende Langsamkeit der Kommunikation. An Ort und Stelle muß man auf die Ereignisse und Gelegenheiten reagieren. Das Kapital auf mehrere Gesellschaften mit identischen Interessen zu verteilen und jeden Leiter selbst entscheiden und das Risiko von Gewinn oder Verlust eingehen zu lassen — im Rahmen einer globalen Strategie, die durch den gemeinsamen Namen symbolisiert wird —, das ist der wohlbedachte Kapitalismus der großen dezentralisierten Compagnien, die sich im 15. Jahrhundert als die ideale Struktur einer europaweiten Kontrolle der Geschäfte durchsetzen. Seit den Zeiten von Giovanni di Bicci, dem Begründer der Bankgesellschaft am Ende des 14. Jahrhunderts, ist das die Politik der Medici. Man trennt die Geschäfte, indem man das Kapital verteilt.

Die Dezentralisation ist jedoch hinsichtlich des Kapitals nur eine Fiktion: Die Familie — oder die Familien —, die die Hauptfirma leitet, ist in jeder der Filialen mehrheitlich vertreten. Sie ist noch greifbarer, was die Geschäftsführung betrifft: Ein Minderheitsgesellschafter, der häufig unter den jungen Leuten der leitenden Familie gewählt und durch eine Beteiligung am Gewinn entlohnt wird, ist vor Ort besser als der Stab im fernen Florenz in der Lage, sich sofort ein Urteil über Menschen und Geschäfte zu bilden. Das Wesentliche ist indessen die Aufteilung der Risiken. Als im Jahr 1480 die Medici in Brügge und London unter dem Druck ihrer Außenstände, die von der Regierung Mariens von Burgund nicht aufgebracht werden können, in Konkurs gehen, sieht das übrige Medici-Reich dem Zusammenbruch eines Tommaso Portinari, der sich allzu sehr mit der Sache Karls des Kühnen verbunden hatte, und dessen brutaler Liquidierung durch Lorenzo den Prächtigen zu, als ob es sich um einen Fremden handelte. Natürlich verliert bei diesem Zusammenbruch jeder das Geld, das er in die Brügger Filiale gesteckt hatte. In Florenz, Venedig, Pisa, Rom oder Mailand, in Genua, London oder Avignon verliert die Compagnie von Lorenzo dem Prächtigen nicht einen Florin. Der Verlust in Brügge hat keine Auswirkungen auf die Investitionsfähigkeit und auf den Kredit der anderen Mitglieder der Compagnie.

Trotz der Autonomie, die der Langsamkeit der Verbindungen entspricht, bewahrt das System der Filialen das, was die Einheit der Filialgesellschaften des 14. Jahrhunderts ausmachte, nämlich die globale Sicht der europäischen Geschäftsbewegungen, die allgemeine Anpassung der Aktivitäten an die Schwankungen der Konjunktur und die gegenseitige Information in einem weiten Netz wirtschaftlicher Verbindungen. Die Gesellschaft bewahrt das, was für ihren politischen und finanziellen Kredit wichtig ist: die Einheit des Firmenzeichens, das durch den Namen

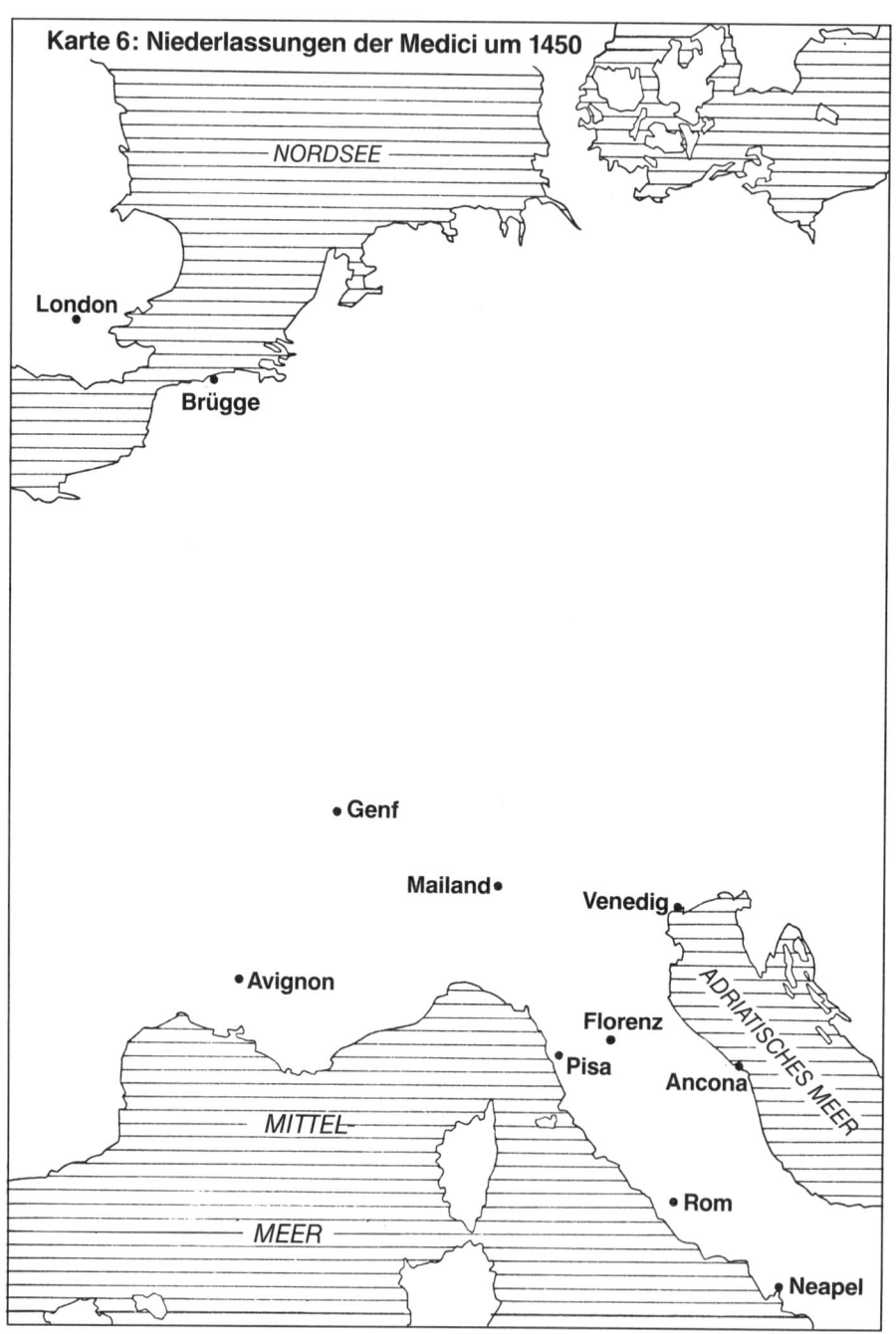

illustriert wird. Auch wenn die Medici in Genf unabhängig sind, was das Kapital betrifft, geht der Genfer Kaufmann, der sich zwischen 1430 bis 1450 an Giovanni Benci, danach an Ruggieri della Casa und schließlich an seinen früheren Assistenten Francesco Sassetti wendet — dem bekanntlich in der Gesellschaft eine große Zukunft beschieden sein wird —, bewußt zu den Medici. Die Allgemeinheit sieht nicht, daß man in der Zeit zwischen den Peruzzi und den Acciaiuoli des 14. Jahrhunderts und den Medici des 15. Jahrhunderts von der Zweigstelle zur Filiale übergegangen ist. Man geht eben »zu den Medici«.

Die Generaldirektion, die Sassetti übernimmt, als die großen Medici eher den Fürsten als den Kaufmann spielen, bewahrt insbesondere das Vorrecht, Filialen zu schaffen, deren Präsenz an einem Ort von einer globalen Einschätzung der Bedürfnisse und Umstände im Rahmen der ökonomischen Horizonte abhängig ist und nicht nur von einer genauen Sicht der örtlichen Konjunktur. Da das verfügbare Kapital Gegenstand einer gesteuerten Investition ist, stellt sich im Jahr 1452 nicht nur die Frage, ob eine Filiale der Medici in Mailand notwendig ist, wo Francesco Sforza seine noch frische Macht konsolidiert, sondern auch das Problem, ob es klug ist, nach Mailand eben jenen Kredit zu delegieren, der für die Schaffung einer neuen Filiale verwendet werden kann.

Der erste der großen Medici, Giovanni di Averardo de' Medici, genannt Giovanni di Bicci (gest. 1429), streut die Geschäfte zuerst in Italien. Die Gesellschaften entstehen nebeneinander, im Anschluß an die kleine Bankgesellschaft, in die er im Jahr 1382 eingetreten war und die bereits vier Zweigniederlassungen zählt: Florenz, Venedig, Genua und Rom. Giovanni di Bicci ist noch jung. Man schickt ihn nach Rom, um das dortige Kontor zu leiten. Zehn Jahre später kauft er den Anteil des Hauptgesellschafters, seines Cousins Vieri di Cambio de' Medici. Er schließt sich mit einem Bardi und einigen anderen zusammen, verlegt seinen Sitz nach Florenz, baut seine Filialen in Venedig und Rom aus, eröffnet eine Filiale in Neapel. In den Jahren 1402 und 1408 gründet er zwei Gewerbebetriebe für die Herstellung von Wolltuch.

Seine Söhne Cosimo di Giovanni (1389-1464) und Lorenzo di Giovanni (1395-1440) führen zuerst die Geschäfte ihres Vaters weiter, immer noch zusammen mit den Bardi. Im Jahr 1426 haben sie ihre Filiale in Genf, einer Stadt, deren Messen damals in vollem Aufschwung begriffen waren. Das Konzil bietet ihnen die Gelegenheit, im Jahr 1435 ein zeitweiliges Büro in Basel aufzumachen. Im Jahr 1436 gründen sie eine Kommanditgesellschaft in Ancona. Im gleichen Jahr gründen sie die Filiale in Brügge, um in Flandern nicht mehr die Vermittlung der Bardi und der Borromei in Anspruch nehmen zu müssen, und betrauen damit Bernardo Portinari.

Im Jahr 1441 zählen die Medici neben ihren Gesellschaften in Florenz — der Muttergesellschaft und drei Manufakturen, einer für Seide und zwei für Wolle — fünf Handels- und Bankfilialen in Rom, Venedig, Ancona, Brügge und Genf. Dazu kommen im Jahr 1442 die Zweigniederlassung in Pisa, im Jahr 1446 die in London – die zuerst einfach eine Filiale von Brügge war – und die in Avignon, von der aus die Geschäfte in Marseille, Montpellier und Toulouse kontrolliert werden. Die Karte der Gesellschaft wird im Jahr 1452 ergänzt durch die Gründung einer Zweigstelle in Mailand und im Jahr 1464 durch die Verlegung der Genfer Filiale nach Lyon. Gleichzeitig sind die Medici auf den wichtigsten Märkten des Nordens präsent: Seit 1413 findet man sie in Lübeck.

Das Gleichgewicht der Geschäfte scheint bei Prüfung der Bilanzen gut zu sein. Von den im Jahr 1451 von der gesamten »Gruppe« erzielten 75 000 Florins Gewinn entfallen 13 000 Florins (17 Prozent) auf die Bank in Florenz und 18 600 Florins auf die drei Florentiner Gewerbegesellschaften (25 Prozent). Die Geschäfte in der Mutterstadt machen 42 Prozent der Gesamtsumme aus. Was das Gesellschaftskapital betrifft, so ist es zu drei Vierteln in den Händen von Mitgliedern der Familie Medici, von Piero di Cosimo und Giovanni di Cosimo, den Söhnen des »Vaters des Vaterlandes«, und von Pierfrancesco di Lorenzo, ihrem Cousin zweiten Grades. Piero di Cosimo ist zu diesem Zeitpunkt Vater eines Kindes von zwei Jahren, aus dem Lorenzo der Prächtige werden wird.

Außer in Pisa, wo die Medici nur ein Drittel des Kapitals halten, ist ihr Anteil in allen Filialen mehrheitlich. Er erreicht 87,5 Prozent in Avignon und in Genf, wo der Rest in den Händen von Francesco Sassetti ist.

Die Expansion geht zur Zeit Cosimos weiter. Mit der veränderten Einstellung der Florentiner gegenüber Francesco Sforza bildet die Filiale in Mailand ein wesentliches Element in einem von da an mehr politischen als rein ökonomischen Spiel. Die schlechte Geschäftsführung von Accerrito Portinari, dem Bruder des ausgezeichneten Pigello Portinari in Mailand, wird die Liquidierung der Filiale jedoch unumgänglich machen. Der dritte Sohn des ehemaligen Direktors der Medici-Bank in Florenz, Folco Portinari, Tommaso, hat kaum mehr Glück in Brügge, wo der Kredit, den er Herzog Karl dem Kühnen einräumen muß, kurz nach dem politischen Zusammenbruch dieses Fürsten zur Liquidierung führt. Aber die Gesellschaft von Cosimo und später die von Lorenzo dem Prächtigen gleicht diese Niederlagen andernorts wieder aus. Unter der geschickten Leitung von Francesco Sassetti, der im Jahr 1458 von Genf nach Florenz zurückgerufen wird, verwurzelt sie sich sogar in den Ländern, deren neue Dynamik langsam die Karte der ökonomischen Welt neu gestaltet. Die Medici sind auf den Messen von Antwerpen und Berg op Zoom präsent. Man trifft ihre Korrespondenten in Lübeck wie in Barcelona.

Sie ergreifen alle Gelegenheiten, und keinen überrascht es, daß der Papst sich seit dem Jahr 1462 an sie wendet, um den Handel mit Alaun aus Tolfa zu finanzieren, das er in Pacht nimmt. Die Entdeckung des Alauns auf dem päpstlichen Territorium war wie ein Wunder in dem Augenblick, als der Vorstoß der Türken in Kleinasien den jahrhundertelangen Handel mit Alaun aus Phokäa ruiniert hatte.

Der Erfolg der Medici ist außergewöhnlich. Aber sie sind nicht allein auf dem europäischen Markt. Die im Jahr 1380 von Joseph Hompys gegründete »Große Ravensburger Handelsgesellschaft« hat schnell ihre Filialen in ganz Europa errichtet. Natürlich gibt es Filialen im Heiligen Römischen Reich deutscher Nation: in Köln, Nürnberg, Wien. Bern, Genf und Pest haben ihre Filiale. Es gibt eine in Brügge und eine in Antwerpen. Italien hat Filialen in Genua und Mailand, Frankreich eine in Lyon. In Spanien ist die Ravensburger Handelsgesellschaft in Barcelona, Valencia und Saragossa vertreten. Damit haben die zusammengeschlossenen Kaufleute das Mittel, ganz Europa zu erreichen und sogar auf die Italiener zu verzichten. Im folgenden Jahrhundert folgen die Fugger diesem Beispiel. Bemerkenswert ist die Vorsicht der Deutschen: Sie gehen nicht so weit, eine Filiale in Florenz zu eröffnen...

Die kaufmännischen Vermögen erreichen damit im ausgehenden Mittelalter ein Ausmaß, das zur Zeit der Messen der Champagne schwer vorstellbar war. Das von Cosimo de' Medici und seinem Bruder Lorenzo — später seinem Neffen Pierfrancesco — investierte Kapital steigt von 180 000 Florins im Jahr 1429 auf 235 000 Florins im Jahr 1440 beim Tod Lorenzos und auf 400 000 Florins um das Jahr 1460.

Aber die Geschäftsleute beginnen, außerhalb der Geschäfte zu investieren. Es geht nicht mehr darum, die Geldanlagen zu streuen, wie dies die großen Kaufleute zu Beginn des 15. Jahrhunderts taten, die Zeitgenossen von Datini und von Giovanni di Bicci. Die Zeitgenossen Cosimos haben die Mentalität von Eigentümern, die ihr eigenes soziales Ansehen finanzieren wollen, ja die Mentalität von Rentiers, die von ihrer Compagnie leben.

Emporkömmlinge im Geschäftsleben und Emporkömmlinge im Staatsdienst — wenn es nicht ohnehin dieselben Männer oder dieselben Familien sind — kaufen in der Stadt Gebäude, die geeignet sind, ihren Erfolg zu dokumentieren. Die Sorge um einen ihrem Einfluß angemessenen Lebensstil zeigt sich in ökonomisch unfruchtbaren Investitionen. Die venezianischen und florentinischen Paläste, die Pariser Stadtpaläste, das sind Kapitalien, die letztlich den Geschäften fehlen. Indem sie nach einem aristokratischen Lebensstil streben und nach dem, was dieser an menschlichem Umgang und Prestige mit sich bringt, geben sich die Geschäftsleute Investitionen hin, die von den alten Feudalherren, denen durch den Zusammenbruch des Grundzinses schwer zugesetzt worden war, geringgeschätzt wurden: Sie kaufen Ländereien, Domänen, Herrensitze.

Der Boden ist hier nicht mehr Einnahmequelle. Er ist eine sichere Anlage, die dazu dient, die Spekulationen im Bankwesen und im Handel auszugleichen sowie die politische Bekräftigung des Eintritts in die Welt der Mächtigen zu liefern. In den Ländern, in denen der alte Adel seinen Rang und sein Ansehen behält, verleiht erst der Grundbesitz dem Geld seinen Glanz. Das wird deutlich, wenn der Bürger aus Rouen oder Lyon beginnt, den Namen des Herrensitzes zu tragen, den sein Vater gekauft hat, anstatt eines Namens, der nach Fisch riecht oder an Geldforderungen

187

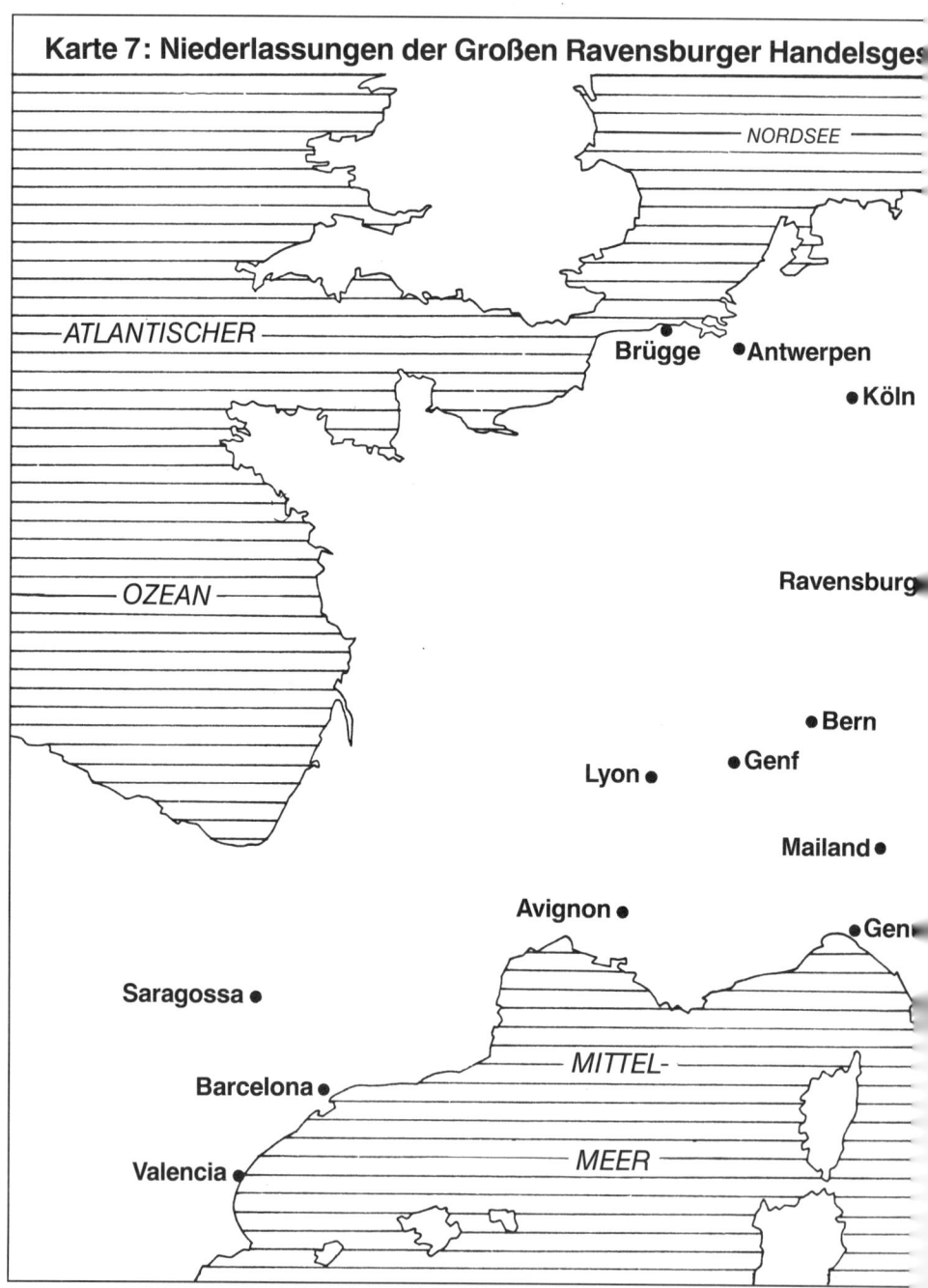

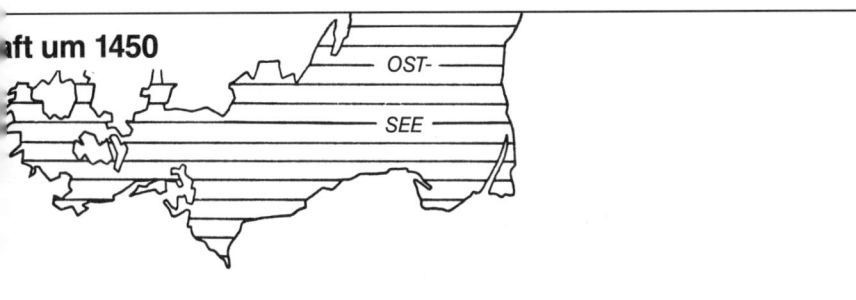
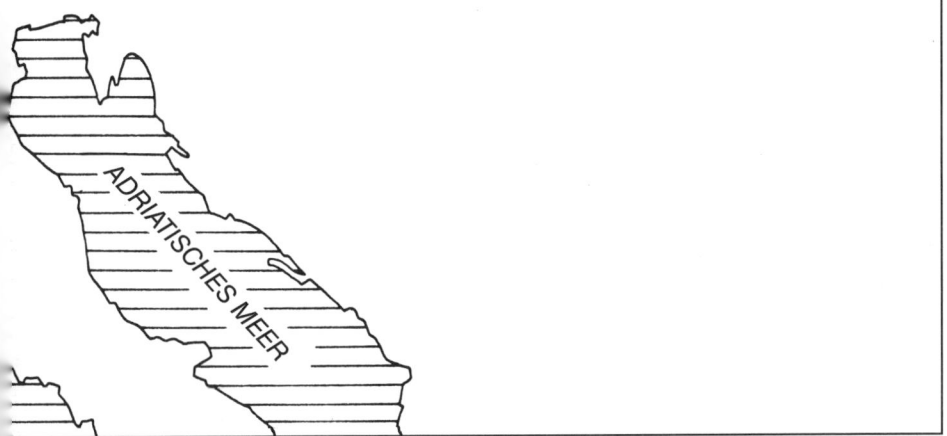

denken läßt. Die im Orienthandel reich gewordenen Venezianer sichern sich Domänen auf dem Festland. Die Florentiner lassen sich über die ganze Toskana verstreut Villen bauen. Die Pariser rivalisieren durch den Luxus ihrer Stadtpaläste miteinander und entdecken den Charme des Landbesitzes.

Aber das verbietet nicht, nach Sicherheit zu suchen. Die Streuung der Geldanlagen macht den Erfolg der Rente aus, Renten aus Häusern und Domänen, Renten aus Stadtpalästen, Renten sogar vom Staat, wenn Florenz und Genua die öffentliche Verschuldung zum Grundstein ihrer Wirtschaftspolitik machen und Venedig daraus die Basis seines Steuersystems. Auf dem Höhepunkt seiner Laufbahn besitzt Cosimo de' Medici die Hälfte seines Vermögens — außer den Bauwerken — in *luoghi del Monte*, in Papieren der öffentlichen Verschuldung der Republik.

Sieht man sich diese Zahlen an, so wird nur ein geringer Anteil des kaufmännischen Vermögens in den Handel investiert. Andrea Barbarigo, der in Venedig um das Jahr 1460 eine große Rolle spielt, legt nicht mehr als zehn Prozent seiner verfügbaren Gelder in den eigentlichen Handelsunternehmen an, obwohl diese den Ruhm der Serenissima begründet haben. Wir sollten nicht glauben, dies sei Gedankenlosigkeit. Barbarigo schreibt in seinem Testament an seinen Sohn: Der Handel bringt nichts ein. Wenn man weiß, daß in Florenz die *luoghi* des Staates sichere fünf Prozent einbringen und daß man fünfzehn Prozent daraus ziehen kann, wenn man in Krisenzeiten zu kaufen weiß, versteht man, wie es zu den großen kaufmännischen Vermögen kam. Man versteht auch den Zusammenbruch der Handelsunternehmen, die unter der Last der Renten und Paläste in sich zusammensinken.

Zu erwähnen sind noch die Investitionen der Macht, unter welchem politischen Regime auch immer, die kostspielige Anziehungskraft der Ämter, die außerhalb des Marktes eine Rolle und einen Rang verleihen. In Frankreich und vor allem in Paris, wo die großen Kaufmannsfamilien sich alle in Adelsfamilien verwandeln, gibt es einen Ansturm auf den Dienst beim König, auf Finanz- oder Justizämter, letztlich auf den Adel. Überall geht der Weg zur Notabilität über Ämter im Gemeinwesen, und es kostet genauso viel, Rat in Lübeck zu sein wie *Capitoul* in Toulouse oder Prior der Zünfte in Florenz. Die Macht, die aus dem Handel und der Bank rührt, hat die Tendenz, sich durch eine Position in der Stadt und durch eine politische Rolle Ausdruck zu verleihen. Beides verschlingt Energie und Kapital.

Die Geschäfte

Nur wenige können von einem einzigen Handelszweig leben. Die sich gegenseitig ergänzenden Wirtschaftsregionen legen die Organisation eines vielfältigen Austauschs nahe. Die nordischen Länder haben nicht viel Sonne, aber sie wollen Wein. Den weinanbauenden Ländern fehlt es im allgemeinen an Getreide. Die Wolle kommt aus England, Spanien, aus dem Languedoc oder der Provence, während der Alaun aus dem Orient oder aus Italien und die Farbstoffe — Waid, Indigo, Safran, Cochenille, Färberflechte — von überall her kommen. Damit steigt die Zahl der wechselseitigen Geschäfte, der Kompensationsgeschäfte zwischen den Handelsplätzen, der wechselseitigen Frachten. Aber das reicht nicht aus, um die Geschäfte eines jeden Kaufmanns vielfältig zu gestalten.

Die universelle Ware

Der erste Anstoß zur Universalität ist die Neuanlage der finanziellen Erträge. Bis zur Entwicklung des Wechselverkehrs im 14. Jahrhundert hat der Kaufmann nur die Wahl zwischen zwei Möglichkeiten: entweder das gewonnene Geld zurückfließen zu lassen oder sich dessen für neue Käufe zu bedienen. Die erste Lösung bedeutet brachliegendes Kapital: Im Handel über weite Entfernungen können dies bis zu sechs Monate sein. Da zaudert keiner.

Das Aufkommen des gezogenen Wechsels — des Bankwesens und der Kapitalbewegungen — verändert kaum die Ausgangslage des Problems. Zwar kann jeder sein Geld in die Heimat zurückführen, aber keiner wäre bei steigenden Frachtsätzen mit dem Risiko einverstanden, unbeladen zurückzufahren. Bei den Salzflotten, die manchmal unbeladen aus der Ostsee zurückkommen, nimmt man das hin. Die Kaufleute betrachten solche Fahrten aber einstimmig als Notbehelf, und auch hier handelt es sich um brachliegendes Kapital. Wozu soll es gut sein, Kapital und Schiffe ruhen zu lassen, wenn es im Augenblick nichts gibt, was man in den russischen oder baltischen Häfen kaufen könnte?

Auch wenn ein einziges Produkt genügt, einen Handelsstrom zu schaffen, schafft der kollektive Einfallsreichtum der Kaufleute meistens einen gegenläufigen, notwendigerweise verzweigteren Strom. Denn die großen, straff organisierten Handelsströme eignen sich weder räumlich noch zeitlich für jene Wechselseitigkeit, die für alle ein Geschäft ist. Die Flotten mit Wein erreichen London nicht in dem Augenblick, in dem die Schafe geschoren werden. Und die Flotten mit Salz sind lange vor den Fischzügen im Baltikum, Fisch gibt es erst später. Dieselben Schiffe, die das in der Weberei benötigte Alaun von Chios nach Genua transportieren, bringen so verschiedene Produkte wie genuesisches und florentinisches Wolltuch — meistens Produkte des verarbeitenden Gewerbes, welches das flämische Tuch veredelt — und Produkte der italienischen oder deutschen Goldschmiedekunst in den Orient, sogar Früchte von der Riviera oder in Barletta geladenes Öl.

So unentbehrlich es für den Okzident auch sein mag, ein Produkt wie der Alaun aus Kleinasien ist ein relativ billiges Massengut. Der Transport ist daher teuer: etwa 16 Prozent vom Einkaufspreis des Minerals. Das bedeutet, daß sich das Ungleichgewicht der beiden Handelsströme, das zum Teil durch die nach Konstantinopel und zum Schwarzen Meer exportierten Lebensmittel aufgefangen wurde, durch ein finanzielles Mißverhältnis gravierender wird. Der Ertrag der Verkäufe im Orient wird nur zu einem geringen Teil beim Kauf von Alaun wiederangelegt, dessen Produktion und Preise von Genua kontrolliert werden. Man muß daher im Handel mit dem Orient einen hochwertigen Ersatz finden, kein Massengut. Diese Rolle spielen die Gewürze, insbesondere der Pfeffer, obwohl hierfür eher Alexandria als Konstantinopel der große Markt ist, und vor allem die exotischen Farbstoffe, alles hochwertige Produkte, die nur wenig Platz in Anspruch nehmen. Die europäischen Färbemittel sind nicht schlecht, und keiner denkt daran, dem Waid durch Erzeugnisse des Orients Konkurrenz zu machen. Nach Purpur oder Indigo verlangt man nur in vollkommener Kenntnis der Preise. Und schließlich kommt hier die Seide ins Spiel, durch deren hohen Preis — sie ist bei gleichem Gewicht zehn- bis zwölfmal so teuer wie Pfeffer — die Transportkosten auf etwa 0,5 Prozent gesenkt werden.

Das Gleichgewicht der genuesischen Handelsschiffahrt kommt dadurch zustande, daß in den Orient hochwertige Massengüter und nach Genua ein preiswertes Massengut und wenig wiegende teure Zusatzprodukte mit geringem Gewicht verschifft werden.

Diese Suche nach einem Gleichgewicht bei Wert und Gewicht der Waren führt seit dem 13. Jahrhundert zu Rückfrachten, die wiederum regionale Umverteilungen mit sich bringen. Flämisches Tuch wird in Italien gegen die Produkte aus dem Orient eingetauscht, die von der Hansestadt Brügge in London und Lübeck sowie in Köln und Paris weiterverkauft werden. Es wird auf den Messen der Champagne oder in Paris gegen Wein aus Frankreich oder Burgund eingetauscht, der von den Städten der Nord- und Ostsee, die keinen eigenen Wein haben, gekauft wird. In

Rußland ist flämisches Tuch der Gegenwert für das von den Schiffswerften des Ärmelkanals und der Atlantikküste benötigte Holz, für Honig und Pelze, die in diesen Jahrhunderten einer allgemeinen klimatischen Abkühlung bei den wohlhabenden Kreisen so begehrt sind — in den Jahrhunderten, in denen Pelzwerk auf raffinierte Weise genau die soziale Hierarchie zum Ausdruck bringt. Der Hermelin der Würdenträger am päpstlichen Hof, das Eichhörnchenfell der Pariser Magistraten und der Hamburger Bürger sind im Okzident am äußersten Ende jener Bewegung angesiedelt, die in die entgegengesetzte Richtung violettes Wolltuch aus Brüssel oder braunmarmoriertes Tuch aus Saint-Omer, rotes Tuch aus Arras oder gestreiftes purpurfarbenes Tuch aus Gent auf die Märkte von Bergen oder Nowgorod schickt.

Flämisches Tuch ist nicht das einzige Beispiel. Für den Wein aus der Guyenne und aus Aunis, der über Bordeaux und La Rochelle exportiert wird, kommen Wolle und Tuch aus England, Wollstoffe aus den ländlichen Webereien der Normandie, getrockneter Fisch aus dem Ärmelkanal und der Nordsee, Getreide aus dem Pariser Becken oder der polnischen Ebene. Die Flotten mit Wein fahren weder von London noch von Brügge aus unbeladen zurück. Als die Engländer im 15. Jahrhundert versuchen, die Erzeugnisse ihrer noch jungen Tuchproduktion zu exportieren, wissen sie, daß ihnen Rückfrachten mit Wein aus der Gascogne und iberischem Eisen, ja sogar mit Farbstoffen aus dem Orient sicher sind.

Die verzweigten Ströme, die die entschlossene Nutzung eines Wirtschaftsraums entstehen läßt, sind subtiler. Hier entfernt man sich von jenen eindeutigen Wechselbeziehungen, die abhängig sind von den Ressourcen, die an den beiden Enden der Route verfügbar sind. Indem der Kaufmann die lokale Konjunktur ausnützt, mehr Initiative entfaltet und auf günstige Gelegenheiten reagiert, muß er nicht mehr fortgehen, um ein bestimmtes Produkt zu verkaufen und ein anderes mitzubringen. Er beobachtet, wer kauft und was man verkauft. Dadurch, daß er vor einer teilweisen Ausladung oder der Verschiffung einer zusätzlichen Fracht nicht zurückschreckt, um von einem lokalen Markt, von unvermuteten Ressourcen oder momentan vorteilhaften Preisen zu profitieren, indem er dort verkauft, wo er nicht zu verkaufen gedachte, das mitbringt, was man nicht erwartete, und das auf den Markt bringt, was weder der Kunde noch der Konkurrent erwartete, lebt er von dem, was der Handelsplatz hergibt.

Wir sind hier weit entfernt von einem geradlinigen Handel, wie ihn der Alaun aus Chios oder das Salz aus Bourgneuf darstellt. In einem Wirtschaftsraum wie der Nordsee, dem Mittelmeer oder der iberischen Küste entwickelt sich ein vielfältiger Handel, der nach Gewinnmöglichkeiten sucht. Sehr viele italienische Kaufleute leben davon, laden in Neapel Tuch oder Wein und in Bari oder Barletta Öl oder Baumwolle. Sie bringen gepökeltes Fleisch aus Neapel nach Katalonien und Zucker aus Sizilien nach Venedig. Sie holen in Tunesien Korallen, die sie in Marseille oder Genua verkaufen. Sie handeln bei Gelegenheit mit Salz aus der Provence. Sie profitieren in Alexandria von einer Ladung Gewürze und in Konstantinopel vom Preis des Goldfadens. In den Häfen der Krim, wie Kaffa, und denen des Asowschen Meeres, wie La Tana, kaufen sie je nach dem, was gerade angekommen ist, Silber aus dem Kaukasus, Buchsbaumholz und tatarische, tscherkessische oder georgische Sklaven, die sie finanzieren, indem sie Weizen und Waffen beschaffen, womit die durch den Vorstoß der Türken bedrohten Kontore bis zur Mitte des 15. Jahrhunderts überleben können. In Trapezunt, dem Absatzmarkt der Routen aus Zentralasien am Schwarzen Meer, finden sie Seide, die soeben mit einer Karawane angekommen ist, und Fisch vom letzten Fischzug. Hier kann man auch günstig Kupfer und Silber erwerben. All das wird von einer Etappe zur andern verkauft: die Sklaven in Barcelona, der Goldfaden in Pisa.

Auch die Hanseaten sind während ihrer Seefahrten auf der Suche nach guten Geschäften, nach Holz und Pelzen aus Preußen oder Rußland, Leder aus Skandinavien, Metallen aus Norwegen, Fisch aus der Ostsee und Getreide aus Pommern, Zinn aus Cornwall, Meersalz aus der Bretagne und Salz aus den Siedereien Lüneburgs, nach Wein aus der Gascogne, den man in Brügge und London findet, Produkten aus dem Orient und Wollstoffen aus dem ganzen Okzident, die auf den Märkten von Brügge und Antwerpen angeboten werden.

Alles ist gut zu kaufen, sobald alles gut zu verkaufen ist. Jedes Geschäft ist von Nutzen. Wer den Profit auf den Handelsplätzen sucht, wird nicht lange zögern, seine Aktivitäten auf den Handel mit Wechseln auszudehnen — auf das Bankgeschäft — und auf die gewerbliche Produktion. Im übrigen bedeutet die Vielfalt der Geschäfte nicht lediglich eine größere Zahl an günstigen Gelegenheiten. Sie ist auch die einfachste Reaktion auf das Risiko der Spekulationen. Für den, der gleichzeitig mit Gewürzen in Alexandria und mit Alaun in Brügge handelt, ist eine Weberei in Florenz eine gute Versicherung.

Diese Vielfalt, die aus den Zwängen des Seehandels erwachsen ist, erfaßt sehr bald den gesamten Handel, sogar denjenigen, der mit dem Meer nichts zu tun hat. In den achtziger Jahren des 14. Jahrhunderts erkennt Jakob Fugger, der ständig zwischen Augsburg und Venedig unterwegs ist, die Chancen, die die ergiebigen Minen Tirols bieten. Zu den Stoffen und Gewürzen, mit denen die Familie seit zwanzig Jahren Handel treibt, gesellen sich Metalle — vor allem Kupfer und Silber — und die Erzeugnisse des jungen deutschen Metallgewerbes.

Diese Vielfalt überlebt sogar die Entwicklung des gezogenen Wechsels, der den ökonomischen Zwang zur kommerziellen Wiederanlage der finanziellen Erträge verringert, ohne ihn aufzuheben. Auch hier entscheidet das sofortige Urteil des Kaufmanns — aufgrund der ihm zur Verfügung stehenden Informationen — in dem einen Fall, aus einem Vorteil oder Kredit Gewinn zu schlagen, in einem anderen Fall, diesen in eine Ware zu verwandeln, die auf dem lokalen Markt zu einem guten Preis verfügbar ist oder an einem mehr oder weniger weit entfernten Ort zu einem vorteilhaften Preis verlangt wird.

Es kommt hier zu einer Spaltung, die den Graben zwischen der Welt der Geschäftemacher und der des kleinen Ladeninhabers immer tiefer werden läßt. Der Kleinhändler ist zu einer Spezialisierung verurteilt, die durch das Zunftwesen unterstützt wird. Eingezwängt in das System der Zünfte, hat er weder die Mittel noch das Verlangen, diesen Zwang zu lockern. Der Messerschmied handelt mit seinen Messern, der Krämer mit englischem Alabaster und byzantinischem Elfenbein. Es gibt Tuchhändler, die hinter ihrem Stand stehen und dem Kunden das Stück Tuch anbieten, aus dem ein Wams hergestellt wird, und Tuchhändler, die die Wollkäufe eines Gewerbes finanzieren, deren Produkte sie in alle Welt exportieren. Auf der einen Seite des Grabens befindet sich ein Jacques Cœur, auf der anderen Seite der Krämer, der von Maître Pathelin übers Ohr gehauen wird.*

Die großen regionalen Märkte bieten denjenigen, die keine Medici oder Fugger sind, die Mittel, an den vielfältigen Möglichkeiten des großen internationalen Handels teilzuhaben. Die gutsituierten Kaufleute übernehmen hier die Kontrolle der Verteilung von Waren, die ebenso verschieden sind wie die Verbrauchsgewohnheiten. So zieht das Großbürgertum von Brügge und von Antwerpen, das Ende des 15. Jahrhunderts den Platz von Brügge einnimmt, Nutzen aus dem Weiterverkauf derjenigen Waren nach Nordwesteuropa, die auf dem Seeweg in die Nordsee gelangen, zum einen aus dem mediterranen Orient, zum andern aus der russischen und skandinavischen Ostsee. Der Kaufmann aus Brügge oder Antwerpen ist ein Großhändler, dem jeder Gedanke einer Spezialisierung fremd ist. Finanziell und technisch ist er in der Lage, den Verkauf und vor allem den Weiterexport der im Hafen ankommenden Waren auf seine Rechnung zu nehmen. Dieser Universalismus rechtfertigt im übrigen die Tätigkeit der spezialisierten Makler, die sich in den großen Häfen niederlassen, die verschiedenen Warentypen beurteilen und den Kaufmann beraten können. Dieser ist Ideengeber und Finanzier, aber kein Techniker.

Alle Häfen bieten, wenn auch in unterschiedlichem Maße, ähnliche Möglichkeiten. So Rouen, das Eingangstor für den Seehandel, das sich auf die Städte und Regionen hin öffnet, die von der Seine und ihren Nebenflüssen gespeist werden. Mitte des 15. Jahrhunderts liefert Jean Baudouin Weizen und Hafer, Heringe, Kabeljau und Lachs, sogar spanische Feigen nach Zentralfrankreich, insbesondere nach Paris, und er kauft auf dem Pariser Markt den Wein, der in den Tavernen der Normandie ausgeschenkt wird. Guillaume de Bois wiederum handelt im Landesinnern mit Zucker und Ingwer, Wolle, Wein, Öl und Papier, Tuch aus den Niederlanden und aus der Normandie. Sein Landsmann Cardin Pelletier, immer auf der Lauer nach exotischen Waren, die an den Kais von Rouen ausgeladen werden, beliefert Paris mit Zucker, Baumwolle, Alaun, Papier, Feigen, Trauben und Mandeln.

---

* Anm. d. Übers.: Anspielung auf eine bekannte Farce, in der unter Rückgriff auf allerlei Listen von Maître Pierre Pathelin die Bezahlung eines Stoffes verweigert wird.

Zur gleichen Zeit handelt der Wechsler Jean Amic aus Toulouse, der Sohn eines Tuchhändlers und Schwiegersohn eines Gewürzhändlers, zwischen dem Languedoc und Katalonien mit allem, was auf den Märkten von Toulouse, Montpellier und Barcelona zu haben ist: mit Tuch aus dem Languedoc, der Normandie oder England, Färberwaid aus dem Lauraguais und Wolle aus Aragon, aber auch mit Wachs und Safran, Kupfer und Stahl, Geschirr aus Silber, Pferden und sogar mit Wein.

Die Hanseaten sind genauso eklektisch bei den Geschäften, die sie an der Ostsee betreiben. In Riga, Reval, Bergen und Nowgorod ziehen sie die Produkte aus dem Hinterland an sich und liefern die in London und Brügge gekauften Waren. Das Gleichgewicht des Austauschs ist hier sehr wichtig, denn der Hanseate ist mißtrauisch gegenüber den Bankgeschäften mit Kompensationen und Wechseln. Die Rückfracht hat absoluten Vorrang vor jeder anderen Erwägung, aber der Markt ist in beide Richtungen so lebhaft, daß die Sorge, die Schiffe zu füllen, jede Spezialisierung verbietet.

Auch wenn sie enger sind, bieten die großen Märkte der Metropolen und der Höfe eine Vielfalt, von der die Großkaufleute zu profitieren wissen, da sie in der Lage sind, sich von den korporativen Zwängen zu befreien. Auch wenn der Großkaufmann bei den Gewürzhändlern, Kürschnern oder Kurzwarenhändlern eingetragen ist, weil er aus diesem Gewerbe stammt und weil man innerhalb des juristischen Rahmens des bürgerlichen Lebens irgendwo seinen Platz haben muß, versucht er, sich eine Kundschaft zu erobern. Zwar hindern ihn die gegen die Konkurrenz gerichteten Strukturen daran, den ganzen Markt eines Produkts zu erobern, aber dennoch ist er bestrebt, seine Kunden mit allem beliefern zu können. Häufig bemühen sich Wechsler oder Tuchhändler — die »Lombarden« im Paris Karls VI. und die wenigen Franzosen, die auf ihren Spuren wandeln — sich Fürsten und wohlhabenden Bürgern anzudienen, in Avignon etwa die Florentiner Gesellschaften, später die aus Lucca, im päpstlichen Palast und bei den Purpurträgern. Es läuft auf das gleiche hinaus, ob man kostbares Geschirr, Goldschmuck, luxuriöses Wolltuch oder Pelze verkauft, Pferde oder Manuskripte beschafft.

Jacques Cœur macht um 1440 nichts anderes, als er — versehen mit dem ziemlich trügerischen Titel eines Schatzkanzlers — eine Art Luxusbasar betreibt, auf dem sich der Hof Karls VII. eindeckt. Aus dieser kommerziellen Basis ergibt sich ein erstaunlicher Eklektizismus, und der Kronanwalt Jean Dauvet, der damit beauftragt ist, das Erbe des gestürzten Schatzkanzlers zu beschlagnahmen und zu verwalten, macht Entdeckungen, die den Hauch des Exotischen an sich haben. So findet man im Nachlaß von Jacques Cœur unter den hundert Erfordernissen eines Hofes, der gekleidet, beköstigt und zerstreut werden will, »zwei Kisten voller Straußenfedern«, die man schließlich in Genf verkauft. Nicht zu vergessen die Löwin, die Jacques Cœur in Lyon hatte und die der König nach Paris bringen läßt. Das kostet 25 Écu für einen Fuhrmann und 12 Livres 12 Sous 6 Denare für Jacques de la Layne, »der besagte Löwin immer gestriegelt hat« und der für diesen Preis zusagt, »sie zu führen und zu striegeln, bis sie an besagtem Ort in Paris in die Hände der Wache der Löwen des Königs übergeben wird, einschließlich vier Ellen Wachstuch, mit dem der Käfig der Löwin bedeckt wurde«.

Zwischen dem kleinen Laden und dem großen Handel liegen Welten. Einige halten sich stets an die enge Spezialisierung eines Produzenten, der mit seinen Erzeugnissen auf einem regionalen Markt handelt, der die lokalen Ressourcen ausschöpft. Der Winzer aus Suresnes und der Förster aus Villers-Cotterêts, die in Paris ihren Ertrag abliefern, kehrten zurück, ohne etwas mitzunehmen, es sei denn eine neue Mütze. Der Handel mit englischer Wolle wird auf einer anderen Ebene mit einer ähnlichen Spezialisierung organisiert. Die *woolmen* leiten die Wolle zu den Häfen, die *staplers* verkaufen sie auf der kontinentalen Etappe. Das Geld kommt per Wechsel. Der *stapler* hat andere Sorgen, als Wein zu kaufen, und der *woolman* verkauft auf dem englischen Land, wo er seine Wolle kauft, nicht den Wein aus der Gascogne, den man in Brügge findet. Den Handel, der nichts mit Wolle zu tun hat, überläßt man anderen, den *Aventarii,* die alle Häfen im Nordwesten Europas auskundschaften.

In ihrer großen Mehrheit kommen die französischen, englischen und deutschen Kaufleute mit dieser Spezialisierung, zu der sie aufgrund des bescheidenen Kapitals verurteilt sind, das sie in ihre Geschäfte stecken können, ziemlich gut zurecht. Selbst in Italien können die meisten nicht gleichzeitig mit Pelzen und Gewürzen handeln. Die Inventurlisten nach einem Todesfall weisen überall sehr homogene Lagerbestände auf. Andererseits schlagen die Tuchhändler, die bei ihrem Tuch bleiben, und die Goldschmiede, die sich damit begnügen, Gold und Silber zu verarbeiten, nicht immer ein Geschäft aus, das sich auf ihrem Niveau und im Rahmen ihrer Möglichkeiten bewegt, auch wenn es mit ihrem Gewerbe nichts zu tun hat. Das zeigt sich, wenn diese Kaufleute es wagen, mit einem Wechsel zu handeln, oder wenn sie eine Steuerpacht übernehmen. Aber nichts von all dem erweitert wirklich die Horizonte. Der Metzger ist Pächter der Steuer in seinem Viertel oder der gesamten Steuer auf die Metzger.

Es liegt ein Graben zwischen dieser kleinen Welt des Ladens und den großen italienischen Gesellschaften, die sich gleichermaßen durch ihren Universalismus wie durch ihre kapitalistische Struktur auszeichnen. Francesco di Marco Datini, der in Florenz der Zunft der *Calimala* und derjenigen von *Por Santa Maria*, der Seidenzunft, angehört, verkauft um das Jahr 1400 in Paris, wo er keine Filiale, sondern lediglich einen Korrespondenten hat, Seiden- und Samtwaren aus Lucca, Seidenmousseline und Baumwollstoffe aus Perugia, Stickereien und Juwelen von überall her, Waffen aus Toledo, Leder aus Cordoba, Bilder aus Siena und Florenz. Er kauft in Paris Emaillen aus dem Limousin und bemalte Stoffe aus Flandern, aus denen seine Kunden Vorhänge, Baldachine und Wandbespannungen machen. In Brügge verkauft Datini Scharlachfarbe, Brasilholz und Rohbaumwolle. Er importiert Waffen aus Mailand und Kurzwaren aus der Toskana nach Avignon. Und in Orange und Carpentras handelt er mit Salz aus dem Languedoc.

Einige Jahre später macht der Venezianer Andrea Barbarigo Geschäfte mit Wollstoffen aus Florenz und Mecheln, mit Gewürzen aus Indien, Baumwolle aus Syrien, Goldfaden aus Byzanz, Lederwaren aus Italien, Weißblech und Zinn aus England, sogar mit Sklaven, die er in La Tana am Asowschen Meer kauft.

Die Medici mit ihren elf Gesellschaften in ganz Europa handeln sowohl mit Rohwolle, feinem Tuch und Seide als auch mit Alaun und Scharlachfarbe, Öl und Gewürzen, Wandteppichen und Kunstwerken. In Florenz und Rom sind sie Bankiers. Das sind sie zwar überall, aber ganz besonders in Florenz seit der Zeit, als Giovanni di Bicci de' Medici das Geld verwahrte, das ihm der Legat der Romagna, der Kardinal Baldassare Cossa, anvertraute, nachdem er es Papst Gregor XII. abgenötigt hatte. Cossa berief sich ständig auf die Notlage des päpstlichen Staates, den er für unfähig hielt, seine eigene Verteidigung zu finanzieren. Dieses Geld, das 1409 anläßlich der Eröffnung des Konzils von Pisa plötzlich zurückgezogen wurde, sollte dazu dienen, Gregor XII. zu stürzen und der Kirche einen dritten Papst zu geben. Weniger als ein Jahr später war Cossa Papst. Der Vater der Medici-Bank hatte auf das richtige Pferd gesetzt.

Seine Nachfolger interessierten sich nicht weniger für parafiskalische Pachten: Die berühmteste war die industrielle und kommerzielle Ausbeutung des Alauns von Tolfa. In der Toskana kennt man die Medici daher auch als Industrielle.

Deutschland zählt vor der Zeit der Fugger — vor dem Ende des 15. Jahrhunderts — bekanntlich nur eine einzige Gesellschaft des italienischen Typs: die »Große Ravensburger Handelsgesellschaft«, die 1380 in Ravensburg gegründet wurde. Einige hanseatische Familien, auch einige Kaufleute aus Nürnberg, gründeten Mehrzweckgesellschaften. Die Castorp, Limberg und Veckinchusen nutzten ihre Niederlassungen an mehreren Orten der Nord- und Ostsee und die dortige Schiffahrt. Einige Kaufleute aus Nürnberg wurden sogar Bürger von Lübeck und überwanden die Barrieren der hansischen Fremdenfeindlichkeit.

Frankreich kennt nur einen einzigen Konkurrenten der Italiener, der in der Mitte des 15. Jahrhunderts versucht, sich über die obligatorische Vermittlung der Genuesen, Venezianer und Toskaner hinwegzusetzen, was den Zugang zu den Märkten des östlichen Mittelmeers betrifft. Jacques Cœur ist fasziniert von den Ressourcen Asiens, während zur gleichen Zeit der Vorstoß der Türken die Italiener dazu bringt, andere Horizonte auszukundschaften, und versucht, die Öffnung auf das Mittelmeer zu nutzen, indem er in Montpellier eine Handelsflotte mit vier Galeeren bauen läßt. Er macht Geschäfte mit Ägypten und Syrien, mit Zypern und Rhodos, mit Barcelona aber, wohlgemerkt, nicht mit Sevilla und Cadiz. Aufgrund seiner Rolle als privilegierter Lieferant des Königshauses und des Hofes macht er aus allem Gewinn, was man in den Häfen findet, die den Italienern bekannt sind. Er exportiert Tuch und Leinen und importiert Gewürze. Sein Ehrgeiz erstreckt sich nicht nur auf den Seehandel. Er liebäugelt mit schottischer Wolle und toskanischer Seide, mit Getreide und Wein, Waffen und Pferden, Metallen und Salz. Das ist nichts Neues. Jacques Cœur macht 1450 das, was die Gallerani um 1300 taten, Datini dann um 1400.

Er wird Produzent, kauft Papiermühlen, kontrolliert Silberminen im Lyonnais und Salinen im Languedoc. Die Finanzspekulation geht einher mit einer breiten Streuung der Aktivitäten. Jacques Cœur spekuliert mit dem Wechselgeschäft. Er pachtet Münzstätten, handelt mit Prägerechten und diskontiert sogar das Lösegeld von glücklosen Soldaten.

In der Struktur seiner Geschäfte unterscheidet sich Jacques Cœur indessen nur wenig von anderen französischen Unternehmern. Im Gegensatz zum italienischen Kapitalismus bleibt der Schatzkanzler Karls VII. alleiniger Herr über seinen persönlichen Besitz. Solange er in der Lage ist, die vorteilhafte Position zu nutzen, die ihm das Vertrauen des Königs einbringt, ist dies seine Stärke. Es sollte allerdings bald seine Schwäche werden.

Der Aufschwung des Gewerbes

Die Gewerbeproduktion ist mehr als eine Kapitalanlage, sie ist die technische Ergänzung der Ware. Abgesehen vom Kleingewerbe der städtischen Handwerker, dem des Messerschmieds oder des Wamsmachers, ist jedes Gewerbe von drei Faktoren abhängig, nämlich von Rohstoffen, Kapitalien und Arbeitskräften, wenn letzterer nicht eng mit der Entlohnung verknüpft ist, die eine Frage der Finanzierung ist.

In der Tat sind Produktionszweige selten, die mit den lokalen Ressourcen an Rohstoffen auskommen. Sogar die englische Tuchmacherei des 15. Jahrhunderts, die die beste Wolle der Welt verarbeitet, kann weder auf Alaun noch auf spanischen Cochenille oder orientalische Kermesschildläuse verzichten. Das Metallhandwerk, das in der Regel an Wasserläufen angesiedelt ist, auf denen Massengüter, wie Holz oder Kohle, transportiert werden, findet nur ausnahmsweise sein Mineral vor Ort. Obwohl das Metallhandwerk in der Normandie über reichlich Wasser, Wald und – dank der Vorkommen von Verneuil – Eisen verfügt, existiert es zur Hälfte von spanischem Eisen, und die sich am Ende des 15. Jahrhunderts entwickelnde Herstellung von Messingnadeln ist ganz auf den Import von Kupfer und Zink angewiesen. Das Nürnberger Metallhandwerk kommt nicht ohne Kupfer aus Sachsen, Böhmen und Ungarn aus.

Die mittelalterliche Gewerbeproduktion par excellence, das Textilgewerbe, kann sich nirgends von Importen freimachen. Die flämischen Webereien verarbeiten englische Wolle, die Webereien in der Toskana englische oder spanische Wolle. Die Färber von Gent und die von Florenz benutzen Waid oder Safran, die ihnen der Kaufmann beschafft. Die Seidenfabriken von Lucca sind auf Rohseide angewiesen, die in den Häfen des Schwarzen Meeres gekauft wird. Das bedeutet eine wechselseitige Abhängigkeit von Ware und Gewerbe, die auf dem Bedarf an Belieferung von seiten des Fabrikanten und der Notwendigkeit eines Absatzmarktes für den Importeur beruht.

Würde es dabei bleiben, könnte dies lediglich ein Band der Kooperation zwischen einander verpflichteten Partnern sein. Aber die Gewerbeproduktion verlangt, sobald sie über die lokalen Bedürfnisse hinausgeht, nach einer Neubelebung des Handels. Diesmal geht es darum, zu verkaufen. Für den Bäcker ist das einfach: Der Mann steht am Backofen, die Frau hinter der Ladentheke. Aber man kann nicht Schaufeln und Schwerter von der Ruhr nach Paris oder violettes Tuch aus Mecheln nach Barcelona exportieren, indem man die Ware vor den Kunden auslegt.

Ob der Kaufmann nun mit Rohstoffen oder Fertigerzeugnissen handelt, er rechnet mit der Zeit. Wolle wird drei Monate vor ihrer Verarbeitung gekauft, Tuch sechs Monate – oder auch sechs Jahre – nach seiner Herstellung verkauft. Der Kaufmann finanziert das Geschäft. Weder der Weber, noch der Walker, noch der Scherer sind in der Lage, Geld vorzustrecken. Das übersteigt die Möglichkeiten dieser eng spezialisierten Gewerbetreibenden. Der Walker, der ein armer Teufel ist, kann kein Tuch kaufen, das gewalkt werden muß, und das gewalkte Tuch dann weiterverkaufen. Und keiner dieser Handwerker hat die Mittel, das Ganze zu finanzieren, die Investition für jene sechs Monate zu übernehmen, während derer das Wolltuch die fünfundzwanzig oder sechsundzwanzig Werkstätten passiert, die für den Herstellungsprozeß notwendig sind.

Das Einfachste ist auch am logischsten. Der Kaufmann, der es gewohnt ist, mittel- oder langfristige Geschäfte zu finanzieren und sich sowohl für seine Arbeit als auch für das investierte Geld bezahlen zu lassen, ist natürlich geneigt, den Finanzier jenes im übrigen wenig komplexen Vorganges zu spielen, wie ihn das Textilgewerbe darstellt, und der in einer einleuchtenden Abfolge vonstatten geht. Als Lieferant, nicht als Verkäufer des Rohstoffes, und als Exporteur des bearbeiteten Tuches verwandelt der Kaufmann ohne viel Aufhebens die Handwerker des produzierenden Gewerbes in Arbeiter, die sofort auf ihre Rechnung kommen, da sie schließlich nur ihre Arbeit verkaufen oder tageweise und nach Stückzahlen für die bescheidensten Arbeiten entlohnt werden, wenn es ihnen wie den Tuchscherern von Lyon gelingt, den Anschein der Eigenständigkeit zu wahren:

»Das Scheren des Tuches wird für jede Elle Scharlachstoff mit drei Sous vier Denaren bezahlt, und für jede Elle Tuch aus Rouen mit einem Sou und acht Denaren, für die Elle Tuch aus Bourges mit zwei Denaren, für die Elle Tuch aus dem Languedoc mit acht turonischen Denaren, und für die Elle anderen billigeren Tuches mit fünf Denaren, für anderes Tuch desgleichen.«

Was am Anfang ein finanzieller Vorschuß in einer reinen Handelsangelegenheit ist, wird vom 13. Jahrhundert an in Flandern, vom 14. Jahrhundert an auch anderswo zur Kontrolle des Kaufmanns über die ökonomische Organisation der Produktion. Wenn die Kaufleute von Nürnberg im 15. Jahrhundert den Gießern aus Thüringen Vorschüsse auf ihre zukünftigen Lieferungen von Kupferbarren geben, so handelt es sich nur um die elementare Spekulation eines Bürgers, der eine Ernte aufkauft. Man ist noch beim Kredit. Als vom 13. Jahrhundert an der Bürger aus Ypern oder Douai über die Mengen und Farben des Tuchs entscheidet, das er bei den Handwerkern bestellt, indem er ihnen das Material liefert, hat der Kaufmann sich in einen Geschäftemacher verwandelt.

Gleiches geschieht auf einer anderen Ebene — denn die Märkte lassen sich nicht aufstückeln —, wenn die Ausschreibung der Pachten für die gewerblichen Monopole ein Kapital voraussetzt, das nur die Finanziers des großen Handels aufbringen können. Tidemann Limberg, bekannt wegen seiner Geschäfte mit Wolle und Getreide, pachtet 1359 die englischen Blei-, Silber- und Kupferbergwerke von Alston Moor. Und die großen Bankiers, die in Verbindung mit der römischen Kurie stehen, bekommen von 1462 an den Zuschlag für die Nutzung des Alauns von Tolfa. Seit dem Vertrag von 1465 sind Produktion und Export eng miteinander verbunden.

Eine solche Kontrolle der Produktion verläuft nicht ohne Reibungen. Die Fabrikanten, die gleichzeitig Arbeitgeber und Geldverleiher sind, Herren der Stadt und des Marktes, machen das Gesetz, und die Handwerker haben das Gefühl, in der Klemme zu stecken. Ein Einwohner von Douai, der beim Tode des Patriziers Jehan Boinebroke über die von ihm erduldeten öffentlichen Beleidigungen Zeugnis ablegt, beschreibt 1286 die Unmöglichkeit, dem Dilemma zu entfliehen, entweder für Boinebroke oder gar nicht zu arbeiten:

»Riché de Monstreuil, vereidigter Zeuge, sagt, daß Alice Houvastre, die Frau von Piéron Houvastre, ihm mehrmals gesagt hat: ›Ich habe von Seigneur Jehan Wolle angenommen, und ich habe viel dabei verloren!‹ Und der Zeuge sagte zu ihr: ›Wenn Ihr dabei verliert, warum nehmt Ihr es an?‹ Und sie sagte: ›Ich könnte nichts anderes tun. Ich kann nicht anders mein Geld verdienen, wenn ich keine Wolle von ihm annehme.‹«

Der Handwerker wird für die bereits geleistete Arbeit nur bezahlt, wenn er weitermacht, und zwar zu den Bedingungen von Jehan Boinebroke. Das bedeutet, daß er seine Unabhängigkeit verliert. Über den Lohn wird nicht mehr diskutiert. Ein anderer Zeuge sagt, wie es mit den Löhnen aussieht:

»Der Zeuge sagt, daß er drei Tage an seinem Tuch arbeiten ließ. Und als es an die Abrechnung ging, wollte er nur für zwei Tage bezahlen.«

Die Abhängigkeit verschlimmert sich dadurch, daß der Lohnempfänger gleichzeitig Mieter ist. Um den ausgezahlten Lohn wieder einkassieren zu können, weist Boinebroke einem Tuchzurichter zwangsweise eine Bleibe zu und verdoppelt die Miete. Das Opfer gibt nach, alles andere bedeutet Arbeitslosigkeit:

> »Ich richtete ihm dreißig Stück Tuch zu und sollte für jedes Stück neun Sous parisis bekommen, aber ich bekam nur sieben Sous. Und ich mietete ein kleines Haus, das ihm gehört, in Four des Eaux, für sechs Livres parisis. Es war für mich ausreichend. Als ich den Preis für die Zurichtung der dreißig Stück Tuch verdient hatte, mußte ich das Haus verlassen und ein Haus für elf Livres beziehen, gegen meinen Willen. Es entstand mir dadurch ein großer Schaden, und ich verlor viel dabei.«

Es gibt viele, die noch schlechter behandelt werden, wie etwa Robert Perruce, der von Boinebroke zum Umzug gezwungen wird. Auch seine Miete erhöht sich von sechs auf elf Livres. Der Fabrikant hatte ihm genug Arbeit versprochen, damit er einen solchen Betrag bezahlen konnte, hielt aber sein Versprechen nicht ein:

> »Sire Jehan verlangte, daß er dieses Haus verlasse und nach Wes gehe, in ein Haus für elf Livres. Und er sollte ihm etwas zu verdienen schicken. Aber Sire Jehan schickte ihnen nicht genug, damit er bezahlen konnte, was er schuldete.«

Die Miete wird unregelmäßig bezahlt. Aus dem Mieter ist ein Schuldner geworden. Mit einem Schuldner macht man, was man will.

Die kaufmännische Hegemonie

Natürlich empfindet jeder in der wichtigsten mittelalterlichen Gewerbeproduktion die Notwendigkeit einer Organisation des technischen Zyklus, einer Koordination der gewerblichen Arbeiten. Andere würden gern die Leitung übernehmen, vor allem unter den qualifizierten Gewerbetreibenden, deren soziale Position von anderen kaum angefochten werden kann. Die flämischen Weber, die von den Färbern und den Walkern gegen die Kaufleute unterstützt werden, beanspruchen im 13. Jahrhundert diese Rolle des Vorreiters der Produktion. Sie profitieren von außergewöhnlich günstigen Umständen, die im folgenden Jahrhundert die florentinischen Arbeiter nicht haben werden, die sich — vor allem die Wollschläger (Ciompi) im Jahr 1378 — gegen die wirtschaftliche Diktatur der »oberen Zünfte«, der *Calimala* und der Wollzunft erheben. Die Weber von Gent haben im 13. Jahrhundert die englische Wolle unter Kontrolle, die auf der kontinentalen Etappe zur Verfügung steht. Man braucht keinen Kaufmann, der sich in Brügge oder Saint-Omer mit Wolle eindeckt, und die geographische Nähe macht Käufe möglich, die Dauer und Umfang der Investitionen in Grenzen halten. Ebenso findet man in Brügge mühelos Kunden aus der ganzen Welt. Wie man weiß, reist der Flame wenig, und der Handwerker stellt sich gern vor, daß der internationale Markt von Brügge ausreicht, den Absatz der Produktion zu sichern, vor allem seit dem Niedergang der Messen der Champagne.

Die gleiche Illusion haben um das Jahr 1270 die Pariser Weber. Haben nicht auch sie einen Markt in der Hand? In Paris kann man alles kaufen und verkaufen. In Wirklichkeit schreibt sich dieser Konflikt der Weber und der Tuchhändler in die lange Tradition der Konflikte zwischen den Gewerben ein. Die Weber und Färber sind ebenso betroffen wie später in Paris die Rauchwarenhändler und Seiler bzw. die Rauchwarenhändler und Kürschner — mit der Bezahlung der Wanttaue sind fürs erste alle Ansprüche abgegolten — und in London die Kaufleute und die Goldschmiede sowie die Handwerker und die Goldschmiede.

Aus diesen Konflikten gehen im allgemeinen drei Besiegte hervor. Kurzfristig muß der Handwerker nachgeben, da er sich hinsichtlich seiner organisatorischen Fähigkeiten getäuscht hat. Auf längere Sicht führen solche Streitereien zu starren Positionen und blockieren die Anpassungsprozesse, die das Gewerbe retten könnten. Sowohl in Gent wie in Paris ist der Zusammenbruch der Tuchproduktion teilweise darauf zurückzuführen, daß die kaufmännische Dominanz von den Gewerben nur schlecht ertragen wird. Der dritte Besiegte ist der Kaufmann, der andernorts aufs neue sein Glück suchen muß. Nicht alle finden es.

Der Weber, der Herr über seine Aktivitäten ist, weil er die Wolle an seinem Kai und den Fremden vor seiner Tür hat, unterschätzt mehrere Dinge. Zuerst die Kettenreaktion des Berufsstolzes: Wenn die Verantwortung nachläßt, sinkt auch der Anspruch, und der Färber spricht genauso wie der Weber. Dann den Umfang der notwendigen Finanzierung: Der Kunde steht nicht vor dem Ladentisch, und er zahlt selten bar. Und schließlich unterschätzt er die Komplexität der vom Geschäftsmann benötigten Fähigkeiten. Besser als jeder andere weiß der Kaufmann, wie der Markt und die Mode aussieht. Die Kaufleute regen im 14. Jahrhundert die Produktion jenes leichten Tuchs an, nach dem die nun auf Taille gearbeitete Mode verlangt. Die Männer verzichten endgültig auf die lange weite Robe, außer in den Funktionen, die sich bis in die Neuzeit durch die »Robe« definieren. Man trägt ein eng geschnittenes Wams, das auf der Vorderseite geknöpft wird. Die Frauen tragen jetzt einen engen Rock und ein geschnürtes Mieder, mit einem Überrock, der die Schultern und die Hüften betont. Die Kundschaft kann mit den dicken Wollstoffen, für die die Zunftregeln im 13. Jahrhundert die Normen festlegten und die der Mode der weiten drapierten Überwürfe entsprachen, nichts mehr anfangen.

Ebenso richtet die kaufmännische Welt die von ihr kontrollierten Produkte nach lebhafteren Farben aus. Natürlich weiß man, daß sie weniger dauerhaft sind, aber die Mode entwickelt sich jetzt schnell, und der Zuschnitt oder die Anbringung der Ärmel ändern sich so häufig, daß es nicht mehr die wichtigste Eigenschaft eines Wollstoffes ist, unverwüstlich zu sein. Es ist müßig, wie früher den Ruf eines Tuches auf seine Haltbarkeit zu gründen.

Ebenso weiß der Kaufmann besser als der Handwerker, wie die Konkurrenz bei Pelz aussieht, der immer gefragter ist, wobei aber Felle und Farben ständig wechseln, oder bei Seide, die der Suche nach leichten Stoffen Vorschub leistet und sich in dem Maße verbreitet, wie die Produktion im Okzident zunimmt, in der Toskana wie in der Lombardei bis hin zu den Versuchen Ludwigs XI. in der Touraine.

Zu seiner Kompetenz als Händler gesellt sich beim Geschäftsmann seine Fähigkeit als Verwalter. Besser als der Handwerker kann er die Kosten der Produktion analysieren. Seit dem Beginn des 14. Jahrhunderts wenden die Leiter der Compagnie Del Bene, einer der aktivsten in der Wollzunft, in ihrem Gewerbe die gleichen Methoden an, die ihren Kollegen von der *Calimala* erlauben, den Ertrag ihrer Handelsunternehmen zu messen. Einige Jahre später unterscheiden die großen flämischen Tuchhändler die Folgen des Anstiegs der Löhne — vor allem nach der Bevölkerungskrise im Gefolge der Schwarzen Pest — sehr wohl von den Kosten der traditionellen Walkerei, des Walkens mit den Füßen, das von vielen als die einzige Methode angesehen wird, die Wollfasern nicht zu beschädigen. Gegen die Zünfte der tucherzeugenden Städte, die ihre Aktivitäten mit technischen Verordnungen im Namen einer Verteidigung der Qualität einschnüren, sind die Kaufleute Meister der technischen Innovation im Namen der Ökonomie. Für die Zünfte ist die Walkmaschine ein Teufelswerk, das die Fasern bricht; für die Kaufleute ist sie das Mittel zur Steigerung der Produktivität und damit zur Verringerung der Herstellungskosten, das heißt für eine bessere Position auf Märkten, auf denen die Konkurrenz unaufhörlich wirksam ist.

Die Gewerbeunternehmer, die in ihrer Eigenschaft als Kaufleute und Finanziers dazu neigen, mit der strengen beruflichen Tradition zu brechen, können nur dann erfolgreich eine Entwicklung vorantreiben, wenn sie den städtischen Rahmen verlassen, in dem die Zünfte herrschen. Daraus ziehen die kleinen traditionslosen Städte und das Land Nutzen.

Die Kontrolle ist besonders wirksam im Textilgewerbe, in dem sich der Typus des »Fabrikanten« entfaltet, der zugleich die wirtschaftliche Verbindung schafft, die technischen Abläufe kontrolliert, Chef der entlohnten Produzenten und — mit allen Risiken — Herr über den Handelsvertrieb ist. Die englischen Tuchfabrikanten gehen im 15. Jahrhundert so weit, dem auf dem Lande wohnenden Weber mit der Wolle auch das Werkzeug zu liefern. Selbst das einfachste Handwerk gelangt unter die Kontrolle des Kaufmanns. In einer mittleren Stadt wie Toulouse werden die

Kamm-, Spielwürfel- und Kesselmacher von denjenigen finanziert und angeleitet, die eine Kundschaft haben.

Die Handelsbeziehungen sind der eine Vorteil. Ein anderer ist der Besitz der Mittel. In dem Maße, in dem die Produktionsstrukturen schwerfälliger werden, finden sich diejenigen, die die Waren herstellen, in den Stand einfacher Lohnempfänger versetzt. Auch wenn die topographische Streuung zwischen der Stadt und dem Land die Regel bleibt, verleiben sich die großen Compagnien de facto die Werkstätten ein, und in der Toskana gibt es reine Gewerbegesellschaften inmitten der im 14. Jahrhundert existierenden Dachgesellschaften. So ist Francesco Datini mehrheitlicher Besitzer einer Tuchgesellschaft in Prato, wie die Medici im 15. Jahrhundert, die in Florenz zwei Tuchfilialen und eine Seidenfiliale haben.

Diese Kontrolle der Kaufleute über die Produktion erstreckt sich im übrigen auf Sektoren, mit denen der Besitzer überhaupt nichts zu tun hat. Das Phänomen wird sogar in London beobachtet, wo ein reicher Fischhändler 1325 eine Brauerei besitzt und ein Kurzwarenhändler 1456 in zwei »Compagnien« eingetragen ist — in die der Kurzwarenhändler, weil dies seine eigentliche Tätigkeit ist, und in die der Zinntöpfer, weil er es für gut befand, die wichtigste Werkstatt für die Herstellung von Becken und Wasserkannen für die Tische der Bürger zu kaufen. Es finden sich erstaunliche Übereinkünfte, die häufig auf Nachbarschaft gegründet sind. So gehört im Jahr 1399 eine Londoner Seilmacherei den Gewürzhändlern des Viertels. All das beweist die Vielseitigkeit der Geschäftsleute. Der Profit ist schon recht, wie auch immer er zustande kommt.

Nur die italienischen Compagnien gehen bis zu einer Integration, die selbst in der »Fabrik« der flämischen Tuchhändler, die die sie beliefernden Werkstätten kontrollieren, nur angedeutet ist. Die bescheidensten dieser Compagnien begnügen sich damit, die Fabrikation zu erleichtern, und nehmen für den Export der Produkte Zwischenhändler in Anspruch. Die großen Compagnien, die eine lange Tradition der gegenseitigen Ergänzung auf den Märkten geerbt haben, organisieren innerhalb ihres ökonomischen Horizonts eine regelrechte vertikale Konzentration. Auch hier gelangt das Imperium der Medici zur Perfektion, als der Alaun von 1465 an von der Bankfiliale in Rom, die den Zuschlag für die Alaunminen von Tolfa erhalten hatte, beschafft wird und die Filialen von Brügge und London die florentinischen Tuchunternehmen mit Wolle versorgen, welche wiederum die neun Handelsfilialen beliefern, die die Produkte in der ganzen Welt absetzen.

Die kleine Integration auf der Ebene des Ladens bricht angesichts derartiger Finanzkonzentrationen und der Koordination der einzelnen Initiativen schnell zusammen. Die Handwerker, die in geringen Mengen produzieren, erweisen sich als unfähig, auf die Fluktuationen des Marktes zu reagieren. Sie sind vor allem nicht in der Lage, dem politischen Druck der großen Produzenten Widerstand zu leisten. Die Londoner Goldschmiede-Händler lassen 1377 den einfachen Handwerkern verbieten, ihre Produkte selbst zu verkaufen. Der Produzent muß über den Kaufmann gehen. Und den Hanseaten in Bergen gelingt es, die Handwerker, die bis dahin die in ihrem Laden hergestellten Produkte an der Ladentheke verkauften, aus dem Handel zu entfernen.

Auch wenn keine Vorschrift die Handwerker auf ihre Werkstatt beschränkt, werden sie in der Praxis vom Markt verdrängt. Im Paris Karls VI. reißen die großen französischen und italienischen Kaufleute den Verkauf von Goldschmuck an die Fürsten und Prälaten an sich. Die Goldschmiede, die ein kostbares Metall bearbeiten, das ihnen nicht gehört — man liefert sein Gold bei der Bestellung eines Schmuckstücks —, und nach Wunsch die Saphire und Rubine einfassen, die der Kunde liefert, sind nur noch Arbeiter, die Stücklohn erhalten. Und was für die Goldschmiedekunst gilt, gilt genauso für die Wandteppiche und Stickereien, die ein Pariser Kaufmann an die Fürsten verkauft, als hätte er sie selbst gemacht:

»Ich, Colin Bataille, Kaufmann in Paris, anerkenne, von Josset de Halle, Schatzmeister des Herzogs von Burgund, den Betrag von zweieinhalb Franken für sechs mit Serge bespannte Kacheln für das Zimmer des Grafen von Nevers erhalten zu haben. Gesiegelt am 12. Januar 1396.«

Dieser Nicolas Bataille ist aber derselbe, dem häufig die Ehre erwiesen wird, als Schöpfer der Wandteppiche *Die Apokalypse* angesehen zu werden, die er zwanzig Jahre zuvor an den Herzog von Anjou verkauft hatte. Der Kaufmann hat sich durchgesetzt, sogar bei den Historikern.

Vom 14. Jahrhundert an ist der Kaufmann somit ein Förderer der industriellen Entwicklung. Vielleicht weil seine kommerziellen Unternehmungen nicht von den Zyklen der Schiffahrt bestimmt werden, ergreift der Unternehmer in den Städten des Landesinneren als erster die Initiative. Seine Geschäfte wiederholen sich in einer chronologischen Verflechtung, die sich für die langfristigen Perspektiven der Fabrikation als günstig erweist. In Florenz und Mailand wird die gewerbliche Produktion zuerst zur wichtigsten Tätigkeit des Kaufmanns, zusammen mit dem Handel. Das Auftauchen der großen Genueser Kaufleute in der Tuch- und Seidenfabrikation, ja selbst in der Metallgewinnung der ländlichen Werkstätten des Apennin, wird vor dem 15. Jahrhundert kaum wahrgenommen, so wie man auch die Kaufleute von Rouen, die sich der Tuchmacherei und der Metallgewinnung in der oberen Normandie zuwenden, erst spät bemerkt. Der Zugang zu den Seewegen war lange Zeit die Handelsmöglichkeit par excellence. Diejenigen, die nicht davon profitierten, suchten nach etwas anderem.

Paradoxerweise werden zur gleichen Zeit die Florentiner der Gewerbeproduktion überdrüssig. Von der Bank voll und ganz in Anspruch genommen, fasziniert von dem kommerziellen Imperium, das ihnen ihr neuer maritimer Horizont eröffnet, überlassen sie anderen die damals expandierenden Gewerbezweige, die Metallgewinnung sowie die Glas- und Papierherstellung. Lombarden und Deutsche lassen sich auf diesen erstaunlicherweise freien Märkten nieder. Und Jakob Fugger macht sein Vermögen durch die Ausbeutung der silberhaltigen Kupferminen Tirols.

Die Gewerbentwicklung Europas in diesen zwei Jahrhunderten des ausgehenden Mittelalters verdankt dem Interesse der Kaufleute an der Finanzierung und Kontrolle der Fabrikation viel. Die sozialen Strukturen der Welt der Kaufleute machen aus dieser ein Milieu, das für Initiativen, Entwicklungen, Innovationen günstiger ist als das Handwerk. Während das Handwerk in dem engen Protektionismus des Zunftwesens erstarrt, erweitert der Kaufmann seinen Horizont. Der Florentiner gehört mehreren *arti* an, der Londoner mehreren *companies*. Sobald er ein bestimmtes finanzielles Niveau und eine bestimmte geographische Ausstrahlung erreicht hat, verkauft er alles, mischt er überall mit.

Und er greift überall ein. Die flämischen Tuchhändler fördern und finanzieren vom 13. Jahrhundert an eine ländliche Gewerbeproduktion, die die Vorschriften der Zünfte der großen tuchherstellenden Städte nicht behindern können. Von ihnen stammen die neuen Qualitäten, die neuen Farben, die neuen Stoffe. Von ihnen stammen auch die neuen Verfahren, angefangen bei der Walkmühle und dem Spinnrad, deren Leistung in den Augen dieser Realisten die Risiken etwaiger Qualitätsmängel aufwiegt.

Ihnen ist vor allem die Rentabilität der »Fabriken« zuzuschreiben, in denen die Arbeit zu ländlichen Löhnen bezahlt und von den sozialen Bewegungen der großen Gewerbezentren nicht erreicht wird. Die politischen Forderungen der Genter Zünfte haben viel dazu beigetragen, daß die von den »Fabrikanten«, den großen Kaufleuten aus Gent und anderen Orten, finanzierten dörflichen Werkstätten so prosperierten. Auf den nahen und fernen Märkten hat dies einen Einfluß auf die Preise, für die ein Kaufmann, der mit den Problemen des Verkaufs und des Verlusts unmittelbar konfrontiert ist, ein Gespür hat, mehr als jeder Handwerker, der sie logischerweise an der dafür aufgewendeten Mühe mißt.

Die Gewerbeproduktion tritt daher auf dem Niveau der damaligen Warenwelt in eine Marktökonomie ein. So führt die Eröffnung der Seeverbindungen mit England zu neuen Entwicklungen in der florentinischen Tuchmacherei und trägt zum Untergang der großen flämischen Tuchmacherei in Ypern, Douai oder Gent bei. Und die Sperrung der Wollexporte durch Eduard III. begünstigt — mit einer Produktion auf der Basis von spanischer, italienischer oder provenzalischer Wolle — den Aufschwung der Tuchmacherei im Languedoc, in der Toskana und sogar in der Normandie. Brabant, praktisch neutral im Konflikt zwischen Frankreich und England, verdankt vom 14. Jahrhundert an die Expansion der Tuchproduktion von Mecheln und Brüssel der politischen Entwicklung.

Die umgekehrten Phänomene sind nicht weniger bemerkenswert. Die Veränderungen der gewerblichen Produktion übertragen sich auf die Märkte. Die Entwicklung der englischen Tuchproduktion — noch ein Gewerbe der kleinen Städte und Dörfer —, die von den Wollhändlern kontrolliert wird, führt zum kommerziellen Malthusianismus. Um das Jahr 1350 exportiert man etwa 35 000 Säcke Rohwolle im Jahr. Ein Jahrhundert später, kurz vor dem behördlichen Verbot, exportiert man kaum 5 000. Im Gegensatz dazu begünstigen der Niedergang der flämischen Gewerbeproduktion und die Ankunft von Wanderarbeitern in der zweiten Hälfte des 14. Jahrhunderts und im 15. Jahrhundert den Aufschwung einer hochwertigen Tuchproduktion in Holland und bringen die Holländer dazu, ihre Versorgung mit Wolle sowie ihre Exporte von Fertigprodukten selbst sicherzustellen. Das trägt nicht wenig zum Wachstum eines holländischen Handelsverkehrs bei, der sich andererseits auf das Salz der Bretagne, den Wein der Gascogne, das Getreide Preußens und Polens erstreckt. Auch hier hat die Welt der Geschäfte wiederum ihre Unvergleichlichkeit unter Beweis gestellt.

Der Kredit

»Tut Gutes und leiht, wo ihr nichts dafür zu bekommen hofft.« Der heilige Lukas dachte nicht daran, als er in seinem Evangelium (VI, 35) einen Ausspruch Jesu — »Liebet eure Feinde, tut Gutes!« — wiedergab, daß er damit einem der größten Hindernisse für die wirtschaftliche Entwicklung eine unantastbare, da dem Evangelium entnommene Grundlage verlieh. In Wirklichkeit täuschten sich weder die Theologen, die über die Illegitimität des Zinses schrieben, noch die Väter der Konzile, die mehrmals das Zinsverbot aussprachen, ganz rigoros im Jahr 1215 in einem Kanon des vierten Laterankonzils, über einen Text, der offensichtlich nicht auf die Vergütung der Investition abzielte. Das Alte Testament hatte in noch geringerem Maße ökonomische Absichten und erinnerte nur daran, daß man sich einem Landsmann (*Exodus*, XXII, 24) oder einem Verwandten (*Leviticus*, XXV, 35) gegenüber nicht wie ein Wucherer gegenüber seinem Kunden verhält. Die Heilige Schrift war sogar sehr deutlich: »Von dem Ausländer darfst du Zinsen nehmen, aber nicht von deinem Bruder...« (*Deuteronomium*, XXIII, 20). Natürlich hatten die Psalmen die Großzügigkeit Gottes gelobt, und der Prophet Ezechiel hatte die Wucherer verflucht. All das schien jedoch die Wirtschaftsbeziehungen nicht lähmen zu müssen. Aber das Prinzip jeder scholastischen Argumentation war, einige »Autoritäten« als Prämissen zu setzen, und keine Autorität konnte es mit einer scheinbar eindeutigen Sentenz aus dem Evangelium aufnehmen.

Theorie und Praxis

Das Verbot des Wuchers — so nannte man das verzinsliche Darlehen, wie hoch der Zinssatz auch immer sein mochte — ruhte daher auf einem soliden Fundament. Aber für diesen Grundsatz, der nach und nach genauer formuliert wurde, in dem Maße wie das Wirtschaftsleben nach einer größeren Genauigkeit der Urteile über die Methoden des Handels verlangte, gab es noch andere — philosophische, theologische, moralische — Gründe als die Auslegung des Evangeliums. Der moralisierende Rat des Evangelisten Lukas fügte ihnen nur eine Formulierung hinzu, deren Stärke in ihrer Kürze lag. *Mutuum date, nihil inde sperantes* glich einer Aussage aus einem universitären »Disput«. Mehr brauchte es nicht, um eine Regel zu begründen.

Die mittelalterliche Welt blieb aber geprägt von den theologischen Begründungen der Arbeit und des Gewinns. Die Arbeit war eine Strafe für die Erbsünde, sogar die am meisten spürbare, denn die Kaufleute und Handwerker des Mittelalters konnten sich ein Leben in den Gärten des irdischen Paradieses nicht wirklich vorstellen, wohingegen sie täglich die Mühen des Berufslebens zu spüren bekamen. Der Mann war dazu verurteilt, sein Brot im Schweiße seines Angesichts zu verdienen, so wie die Frau dazu verurteilt war, Kinder unter Schmerzen zu gebären. Jeder Gewinn ohne Arbeit schien daher eine Schande zu sein. Das war das *turpe lucrum* par excellence: ein Betrug vor Gott.

Vor den Menschen war es ein Diebstahl. Der große Pariser Theologe Pierre Lombard zählte bereits um das Jahr 1150 in seinem *Livre des Sentences*, das eine der Grundlagen der scholastischen Unterweisung bleiben sollte, den Wucher zu den Sünden, die dem Diebstahl vergleichbar seien. Etwas später hatte der Legatar Robert de Courçon, der im Jahr 1215 der jungen Universität von Paris ihre ersten Statuten geben sollte, die Idee eines Konzils, das den Wucher in der christlichen Welt ausmerzen sollte.

Die Philosophen gingen noch weiter. Die geistigen Nachfahren des Aristoteles bemerkten, daß Geld an sich eine nutzlose Sache sei. Geld produziere nur durch die Arbeit Reichtum, nicht durch die Zeit. Denn die Zeit gehöre Gott, und das durch die Zeit geschaffene Geld sei Geld, das man Gott raube. Sich die Früchte der Zeit anzueignen, ist die Sünde des Hochmuts par excellence. Hier gelangt man zur Erbsünde zurück. Thomas von Aquin gelangt in der Nachfolge des Aristoteles zu dem gleichen Urteil wie die Kanoniker, die die *Genesis* auslegten.

Die Aristoteliker, die diesem Profit durch Zeit jede Legitimität absprechen, treffen sich im übrigen mit den Moralisten, die im Zins ein Produkt des Müßiggangs sehen. Warum sollten aus zehn Sous zwölf werden, nur weil Zeit vergangen ist? Woher sollten die zwei Sous Zinsen kommen? Um die Mitte des 13. Jahrhunderts schreibt Thomas von Aquin in seiner *Summa theologica*: »Zinsen für geliehenes Geld anzunehmen, ist an sich eine ungerechte Sache: Man verkauft, was nicht existiert, und erzeugt damit eine Ungleichheit, die der Gerechtigkeit entgegengesetzt ist.«

Eine ganz andere Feststellung scheint sehr früh schon die Kirche dazu zu bringen, jedes Kreditgeschäft abzulehnen: Die antiken Gesellschaften – so die Schuldsklaverei in Athen – haben den Beweis erbracht, daß die Verschuldung zum Freiheitsentzug führt. So oberflächlich und so widersprüchlich es in seiner Akzeptanz der Leibeigenschaft auch sein mochte, das soziale Anliegen war eines der wichtigsten Motive jener Verurteilung des Wuchers, die die Kaufleute des Mittelalters dazu zwang, erfinderisch zu sein.

In der Tat läßt sich schon sehr bald folgendes beobachten: Nur wenige Kaufleute können ihren Gewinn sofort und direkt in das Wachstum ihrer Geschäfte reinvestieren. Die Annahme, der Tuchhändler könne immer mehr Tuch kaufen und verkaufen, ist eine naive Sicht des Gewinns, und das ist allen bewußt. Was den Schmied betrifft, so kann er erst bei ständig wachsendem Gewinn zwei Schmieden haben. Ebenso kann der Bäcker zwar einen zweiten Ofen bauen, aber wohl erst nach einem linearen Wachstum von zwanzig Jahren. Der Raum und die Zahl der verfügbaren Arbeitskräfte, die Sättigung der Kundschaft in einem der Konkurrenz unterliegenden Markt, die Unfähigkeit, Aktivitäten so zu organisieren, daß sie zu einem beständigen Wachstum führen, all das bringt zahlreiche Kaufleute dazu, jene Reinvestition, die einen Zins für das Geld erwirtschaftet, außerhalb zu suchen.

Man muß daher jenen Gewinn rechtfertigen, den keine Arbeit heiligt und ohne den das Geld in Schlupfwinkeln schlummert, deren Unproduktivität auch dem Unkundigsten ins Auge springt. Vom 13. Jahrhundert an kommen die Theologen des wirtschaftlichen Wachstums, die häufig aus Geschäftskreisen stammen oder diesen sehr nahestehen, überein, diejenigen Fälle zu definieren, in denen Gott den Gewinn des Darlehens nicht verurteilen könne. Gleichzeitig gestalten die kanonischen Texte ihre Verurteilungen nuancierter, greifen eher die Exzesse des Wuchers an als die Praxis als solche und gelangen zu einem moralischen Urteil, das darin besteht, denjenigen, der für sein Darlehen Zinsen verlangt, dennoch auf einen Platz im Paradies hoffen zu lassen, allerdings unter der zweifachen Bedingung einer teilweisen Rückerstattung in Form von frommen Vermächtnissen und einer Zeit der Reue in einem Vorzimmer des Himmels, dem Fegefeuer.

Diesen Weg, dessen Ausweitung dazu führt, den göttlichen Willen lächerlich zu machen, betreten einige, wie der heilige Bernhard von Siena, nur mit der größten Vorsicht. Andere, die sich der Absurdität einer Lähmung der Wirtschaft bewußter sind, von der keiner — und vor allem nicht die Armen — einen Vorteil hat, zeigen eine Toleranz, die von den Leuten der Praxis schnell verstanden wird. Antonio di ser Niccolò Pierozzi, der Sohn eines florentinischen Notars, der 1405 in den Dominikanerorden eintritt und 1445 Erzbischof von Florenz wird, war durch seine Herkunft wie durch die Erfordernisse seines Amtes geneigt, den ökonomischen Realitäten besondere Aufmerksamkeit zu schenken. Als Moralist, Theologe und Historiker konnte der heilige Antoninus nicht ignorieren, was seinen Schäfchen einen Daseinsgrund in dieser Welt gab und ihnen Sorgen im Hinblick auf die jenseitige Welt bereitete: den Profit. Wir finden ihn daher in der ersten Reihe jener gemäßigten Juristen und Theologen, deren Vorstellungen den Geschäftsleuten zwar nicht die Mittel ihrer Arbeit verschaffen, wohl aber die Mittel, ruhigen Gewissens zu arbeiten.

Der erste »Fall«, der alle anderen durch seine Ungenauigkeit und gleichzeitig seinen bodenständigen Realismus abdeckt, ist der Schaden, der dem Geldverleiher durch die vorgeblich verspätete Rückzahlung entsteht. Wenn man die vorgesehene

Frist absichtlich sehr kurz ansetzt, kann die tatsächlich vergangene Zeit als Verspätung angesehen werden. Das *damnum emergens* kann somit den Zins auf ein Jahr für eine Summe rechtfertigen, die gratis für eine Woche geliehen wurde.

Im übrigen spielt man mit Worten. Das *stipendium laboris*, der Lohn der Arbeit, rechtfertigt den Zins insofern, als er gerade etwas anderes ist: Der Geldverleiher hat Kosten und Mühen gehabt. Kurz: Es handelt sich um Arbeit. Man zögert etwas, weil der Gewinn sich genau auf jene Zeitspanne erstreckt, die auf die eigentliche Arbeit folgt. Der Gewinn ist zwar zulässig, aber auf diese Weise kommt man nicht sehr weit.

Ökonomisches Denken im engeren Sinne findet sich hingegen bei denjenigen, die erfinderischer sind und sich von Zwängen, die keiner in Bausch und Bogen abschütteln kann, durch den Rückgriff auf einen der Geschäftswelt entlehnten Begriff, das *lucrum cessans*, zu befreien suchen. Der entgangene Gewinn ist das, was der Geldverleiher legitimerweise hätte beanspruchen können, wenn er über sein Geld verfügt hätte. Natürlich muß man dafür voraussetzen, daß der Kreditgeber sich von seinem Guthaben nur getrennt hat, um einem Freund einen Gefallen zu erweisen. Der Kreditnehmer wird als derjenige angesehen, der die Initiative ergriffen hat. Ihm günstig und unentgeltlich zu antworten, macht natürlich jede andere vorteilhafte und zulässige Geldanlage unmöglich. Das *lucrum cessans* ist die Entschädigung für den gefälligen Freund, der sich geniert. Dieses Argument, auf das man sich bei verzinslichen Bankeinlagen schwerlich berufen kann, gehört zu einem Bündel von Rechtfertigungen, die die ganze kanonische Verurteilung des verzinslichen Darlehens untergraben.

Eines ist sicher: Der durch die Verspätung entstandene Schaden, der Gewinn aus der Arbeit, die der Akt des Verleihens an sich darstellt, die Entschädigung für die Vorenthaltung eines Kapitals, diese drei Fälle zeigen, daß der Wucher nicht unbedingt an sich schlecht ist. Man schließt sich denjenigen an, die den Exzeß verurteilen, ohne das Prinzip zu verneinen.

Einige Theoretiker wagen es sogar, sich auf die Unsicherheit der Geldanlagen zu berufen. Das *periculum sortis*, die Macht des Schicksals, ist das Risiko, das man eingeht, wenn man jemandem Geld leiht, der riskante Geschäfte macht. Und welche Geschäfte sind nicht riskant? Der Kreditgeber hat an den Risiken teil, insbesondere an den Risiken der Seeschiffahrt. Er ist daher berechtigt, auch an den Gewinnen teilzuhaben. Sehr viele Theologen klammern indessen diese Wirkung der *Fortuna* aus: Dieser Fall ist nur gerechtfertigt, wenn der Gläubiger seine Einlagen verliert, wenn er also Besitzer eines Teiles der Schiffsladung ist — und dies macht einen Unterschied zum verzinslichen Darlehen. Die Macht des Schicksals widersteht der Analyse letztlich nur, wenn das Unglück den Schuldner zahlungsunfähig macht. Aber es ist schwer nachzuvollziehen, wie er in diesem Fall den Zins bezahlen könnte. Der Wucher wäre letztlich durch das Risiko nur in dem hypothetischen Fall gerechtfertigt, daß der Schuldner nicht mehr fähig ist, ihn zu bezahlen!

Ebenso klammert man meistens die gewagte Rechtfertigung der *ratio incertitudinis* aus, der Ungewißheit des Gläubigers, der Geld in eine zweifelhafte Sache steckt. Keiner kann, wie das Sprichwort sagt, sich auf seine eigene Verderbtheit berufen. Dennoch tätigt natürlich niemand Terminkäufe — eine noch nicht eingetroffene Fracht, noch aufzuziehende Tiere, noch unreifes Getreide —, wenn er dabei keinen Gewinn macht. Man weiß aber, daß ein Terminverkauf, der über dem »richtigen Preis« liegt, nicht unbedingt rechtens ist: die Zeit ändert den Preis... Der heilige Antoninus von Florenz läßt dies zu, aber er ist fast der einzige. Die Kanoniker sind dagegen. Warum, fragen sie, soll man sich unter diesen Umständen nicht das Annullierungsrisiko eines jeden Vertrages bezahlen lassen?

Das ist die Theorie. Entsprechend den Rechtsvorschriften des vierten Laterankonzils untersagt das Konzil von Trier im Jahr 1227 jede vergütete Geldeinlage bei den Finanziers. Das Konzil von Lyon verweigert im Jahr 1274 denjenigen Wucherern das christliche Begräbnis, die nicht vor ihrem Tod das »Unrecht« wiedergutmachen, das sie dem Kreditnehmer mit der Erhebung eines Zinses zugefügt haben.

Aus der Not heraus entwickelt sich die alltägliche Praxis. In den italienischen Geschäftskreisen ist man sich durchaus bewußt, daß der Kredit die Bedingung für ein Wachstum ist, das das ökonomische Gleichgewicht aufrechterhält. Daher ist man sich einig, Theologen und Kanoniker von der Führung der Geschäfte fernzuhalten. Was die Kirchenlehrer betrifft, so wollen sie die Gesellschaft nicht lähmen. Im übrigen machen die Notwendigkeiten sie selbst zu Kreditnehmern, wenn nicht günstige Gelegenheiten sie sogar in Kreditgeber verwandeln. Die Fürsten leihen sich ständig Geld, und keiner macht sich etwas vor, wenn sie, anstatt den Zins in Bargeld zu bezahlen, solche Anleihen mit Privilegien und Handelsvorteilen vergüten. Die Einräumung eines Kredits, ja expliziter Darlehen ist notwendige Voraussetzung, um den Zuschlag für die Aufträge des Hofes zu erhalten.

Fürsten, die sich in Schwierigkeiten befanden, kannten immer schon den Rückgriff auf das Pfand, sogar den Weg zum Wucherer. Bei seinen verrückten Unternehmungen zu Beginn des Hundertjährigen Krieges gab Eduard III. seine Krone aus Gold und Edelsteinen als Pfand für die 45 000 Florins, die ihm der Erzbischof von Trier geliehen hatte. Eduard I., Graf von Bar, verpfändete um das Jahr 1320 den Lombarden sein silbernes Tafelgeschirr. Sein Enkel, Herzog Robert, tat 1380 das gleiche und verpfändete sein eigenes Silber sowie seine Edelsteine und die seiner nächsten Verwandten. Sein Schwiegersohn Enguerran de Coucy verlor bei einer solchen Aktion beinahe die kostbaren Stücke, deren Auslösung durch Robert de Bar auf sich warten ließ und die die Lombarden verkaufen wollten.

Die Fürsten, die immer bereit sind, Gesetze über den Wucher zu erlassen, hüten sich andererseits davor, ihn zu verbieten. Ludwig VII. und Ludwig der Heilige versuchen, den Wucher zu beschränken und die Exzesse zu begrenzen, da diese die ökonomische und soziale Ordnung stören. Aber da sie keinesfalls wünschen, die

213

ökonomischen Aktivitäten ihrer Untertanen zu lähmen, begnügen sie sich damit, für die jüdischen Wucherer einen jährlichen Höchstsatz von 33½ Prozent festzulegen, wobei nicht verborgen bleibt, daß es sich in Wirklichkeit um den Wert handelt, den man bei den christlichen Wucherern noch toleriert.

In ihren glanzvollen Zeiten belohnten die Päpste von Avignon ihre italienischen Bankiers mit dem Monopol auf die Lieferungen von Goldtuch oder Hermelin, von Perlen oder Wein aus Beaune. In den schwierigen Zeiten des Schismas, als Benedikt XIII. das Glück hatte, bei den in Avignon ansässigen Bankiers aus Lucca und Asti noch Kredit zu bekommen — gedeckt durch die Einkünfte der Apostolischen Kammer —, mußte sein Rivale Innozenz VII. seinen Bankiers, vor allem Giovanni di Bicci de' Medici, seine »kostbare Mitra« und sein Schloß in Civittà Castellana zum Pfand geben. Die wenig diskreten Texte sagen nie »eine Mitra«, sondern immer »die kostbare Mitra unseres Herrn«, denn es handelte sich um nichts anderes als um die Tiara. Vier Jahre lang ging diese von Hand zu Hand. Die Bankiers traten sich gegenseitig die Forderung an den Papst und damit die Tiara ab. Als der letzte Besitzer, der Florentiner Antonio di Giovanni Roberti, sie schließlich im April des Jahres 1409 an Gregor XII. zurückgab, kostete es diesen den Betrag von 12 000 Florins, die der Papst sich gegen neue Garantien von einem anderen borgte.

Zur gleichen Zeit konnte die Regierung Karls VI., um die Unternehmungen des Herzogs von Orléans zu finanzieren, nur Geld leihen, indem sie die königliche Krone zum Pfand gab. Man mußte im Juni 1407 eine zusätzliche Steuer auf das Salz erheben, um den Rückkauf der Krone zu finanzieren. Einige Jahre später kam es noch schlimmer: Sie wurde in Stücke zerteilt. Bankiers aus Lucca und Genua, Fürsten und Bürger aus Paris teilten sich die Kleinodien. Die Herzogin von Alençon, die für 15 000 Francs eines der großen Kleinodien zum Pfand erhielt, beeilte sich, ihre Schuldforderung abzutreten und sich des Pfandes zu entledigen.

Auch mit der Sprache läßt sich kaum etwas verheimlichen. Der Schatzmeister von Klemens VII., stets ein Bischof, erwähnt in seinen Abrechnungen mehrmals auf einer Seite ausdrücklich Beträge, die als Zinsen für Darlehen gezahlt wurden, *pro interesse*, *pro luco et interesse*, *pro dampno et interesse*, wenn das Darlehen nicht ganz einfach als *mutuum cum usuris* oder *mutuum sub usura* bezeichnet wird. Man vermeidet solche Ausdrücke, wenn der Kreditgeber ein Fürst oder Kardinal ist, nicht aber, wenn es sich um einen Wechsel aus Avignon handelt. Nur wenige sind über den großen Bankier aus Avignon im Zweifel, der sich offiziell als gefälliger Vermittler eines anonymen Wucherers vorstellt.

Die einfachen Bürger von Metz nahmen die Gewohnheit an — und wurden hierin von den Bettelorden unterstützt —, in ihren Testamenten zu bestimmen, daß derartige Geschäfte weder den Papst noch irgendeinen Kardinal, Bischof oder Legatar etwas angingen. Es kam sogar vor, daß ein notorischer Wucherer um das Jahr 1295 im Kreuzgang des Dominikanerklosters begraben wurde. Das Einverständnis seiner

Testamentsvollstrecker war daran nicht ganz unbeteiligt: Es handelte sich um den Prior der Dominikaner und den Kustos des Franziskanerklosters. Auf Bitten des Bischofs mußte sich der Papst der Sache, die zu einem Skandal wurde, annehmen: Man exhumierte die Leiche, regelte die Angelegenheit, indem man die Opfer entschädigte, und legte den Wucherer wieder in den Kreuzgang.

Die Hanseaten, die finanzielle Risiken mehr fürchten als die Stürme der Nordsee, mißtrauen rasch dem Kredit. Vereinzelte Bedenken werden bereits im 13. Jahrhundert geäußert, und im 15. Jahrhundert ist die Ablehnung total. Die vorgegebenen Gründe sind solche der Wirtschaftsmoral: Der Kredit sei eine Form des Abenteurertums, er erleichtere riskante Operationen und führe zur Instabilität der Preise. Der eine kaufe zu überhöhten Preisen, da er nicht sofort bezahlen müsse, und der andere verkaufe mit Verlust, um sich von einer hohen Verschuldung zu befreien. Als ordentliche Menschen und vorsichtige Kaufleute waren die Hanseaten von einigen spektakulären Zusammenbrüchen schockiert. Der große Kaufmann Hildebrand Veckinchusen wurde 1422 aufgrund seiner Schulden festgesetzt. Der einzige Lübecker, der es wirklich mit dem Gewerbe des Bankiers versuchte, Godeman van Buren, machte im Jahr 1472 Bankrott.

An den Gestaden der Nord- und Ostsee denkt man, daß der Kredit Kolosse hervorbringt, die auf tönernen Füßen stehen. Dieses Bild wurde ein Jahrhundert zuvor in Florenz, nach dem Sturz der Bardi, heraufbeschworen. Den Hanseaten ist ein Wachstum ohne Widerstände verdächtig. Der Italiener will bei den tönernen Füßen Remedur schaffen, der Hanseate mißtraut dem Koloß.

Aber für diese Ablehnung des Kredits gibt es noch einen anderen Grund, der nichts mit Moral zu tun hat, nämlich den Vorsprung der Nicht-Hanseaten bei der Verwendung des Kredits als Finanzierungsmittel. Der stets fremdenfeindliche Hanseate glaubt, und das, ohne sich zu täuschen, daß den Kredit zu tolerieren heiße, die Lombarden zu begünstigen, die zuerst in der Champagne, später in Brügge und London die Technik des Termingeldes einsetzten.

Trotz einiger unbedeutender Einschränkungen schien sich der Kredit bis zum 14. Jahrhundert zu verbreiten. Zwar verboten ihn die Statuten des Kontors von Nowgorod bereits um das Jahr 1295, aber Nowgorod war ein Markt, auf dem noch der Tauschhandel praktiziert wurde. Werte und Preise wurden häufig nicht in einer Währung angegeben; man rechnete in Marderfellen. Und Nowgorod war allen Neuerungen gegenüber mißtrauisch. Anders in Köln und Lübeck: Man borgte und man lieh, man kaufte und verkaufte auf Kredit. Selbst die Stadtregierungen verzichteten nicht darauf, sich der Anleihe zu bedienen. All das wird zwanglos praktiziert.

Das ändert sich abrupt in der Mitte des 15. Jahrhunderts. Die Kaufleute der Hanse — die in den Kontoren noch vor denen auf dem Hansetag von Lübeck — bemerken, daß die Fremden sehr bald die Geldgeschäfte in ihrem Wirtschaftsbereich kontrollieren. Einem Baglioni glückte zu Beginn des Jahrhunderts durch die Heirat

215

mit einer Lübeckerin die Niederlassung. Auch gelang es ihm, die Fäden eines Bankennetzes zu knüpfen, das Basel wie Florenz und Danzig einschloß. Ein Faktor der Medici übernahm die Nachfolge, während die deutschen Kaufleute von Regensburg und Nürnberg auf den Plan traten. Wegen der Konzentration des Kredits riskierte die Hanse, das Schicksal zu erleiden, das sie selbst dank der Organisation ihrer Handelsgeschäfte ihren Kontoren aufgezwungen hatte: die Kolonisierung.

Im Jahr 1399 verbietet man in Riga und Reval den Kredit für alle Geschäfte mit den Russen. Zwei Jahre später untersagt der Lübecker Hansetag zum ersten Mal jede Inanspruchnahme des Kredits in Flandern. Aber die Hanseaten, die ihren Posten in Brügge haben, wissen sehr wohl, wie der Markt außerhalb der Welt der Hanse aussieht, und veranlassen, daß die Maßnahme wieder aufgehoben wird. Das hindert Riga nicht daran zu fordern, daß die in Flandern gekauften Waren bar bezahlt werden. Tatsächlich wird der Handel von Reval und Riga mit Brügge sehr schnell zu einem Tauschhandel: Wachs und Pelze gegen Tuch und Gewürze. Und im Jahr 1417 wird mit Erfolg das ausdrückliche Verbot der Inanspruchnahme von Krediten für die in Flandern geführten Handelsgeschäfte wiederholt ausgesprochen. Das Kontor der Hanse in London will 1462 das Verbot sogar auf die Käufe von Tuch in England ausdehnen.

Es bleibt der Kleinkredit: die kurzfristigen Anleihen im Alltag. In Lübeck oder Hamburg kann man immer zwei Mark für einen Monat auftreiben. Aber die Mißbilligung der Termingeschäfte legt den Keim für den Niedergang der Hanse. Die Holländer und vor allem die Engländer, die offen alle Formen des Kredits praktizieren, vom verzinslichen Darlehen bis hin zum Terminmarkt der verschiedensten Waren, besetzen in Nordeuropa mühelos die Position, die die großen deutschen Häfen abgelehnt haben.

Die Welt des Kredits

Trotz der gelehrten Streitigkeiten verstanden die Kaufleute es daher sehr bald, das kanonische Verbot zu umgehen, indem sie auf die Kanoniker zählten, die eine Rechtfertigung für die aus der Notwendigkeit geborene Praxis finden sollten. Der Kredit geht von Anfang an mit der wirtschaftlichen Expansion einher, wobei die Vielfältigkeit seiner Formen der Entwicklung der Funktionen entspricht. Der Kredit ist sowohl die Basis der Geschäfte als auch ein Geschäft unter anderen.

Die wirtschaftliche Entwicklung verschafft billiges Geld. Im 13. Jahrhundert liegt der Kredit in Österreich bei einem Zinssatz von 75 Prozent. Auf dem Markt von Venedig, wo Geld reichlich vorhanden ist, liegt er bei 5 Prozent. Daß man sich in Österreich dagegen sträubt, ändert nichts an den Geschäften, und keiner protestiert in Venedig wegen der 5 Prozent, die eine Tätigkeit vergüten, die wie jede andere ist.

Am geläufigsten ist natürlich der Verkauf auf Kredit. Im Großhandel wie im Einzelhandel zwischen Kunden und Lieferanten wird die Barzahlung lange Zeit die Ausnahme bleiben. Keiner erwartet, daß der Fürst seinen Wein oder seine Juwelen oder der Bürger sein Brot oder sein Holz sofort bezahlt. Barzahlung würde lediglich in der Taverne praktiziert, wären da nicht die Stammgäste! Der Reisende zückt seine Börse, so wie der Bürger, für den Einkauf in einem Viertel, in dem er unbekannt ist. Im übrigen wird der Kredit in die Bücher des Kaufmanns eingetragen oder auf die Schnittfläche eines in zwei Hälften gespaltenen Holzstäbchens, des Kerbholzes, geschrieben, wenn er nicht ganz einfach im Gedächtnis des Krämers aufbewahrt wird. Daher die Schikanen, von denen das bürgerliche Theater — die *Farce de maître Pathelin* (entstanden um 1464) und einige andere Stücke —, das ein mit dem Problem vertrautes Publikum zum Lachen brachte, uns ein Bild gibt: »Für das Tuch, das ich Euch geliehen habe, brauche ich das Geld, Maître Pierre!« Der Tuchhändler glaubt seinen Augen nicht zu trauen: Der Advokat, der gerade noch sechs Ellen Tuch in seinem Laden gekauft hat, liegt im Bett und sagt, daß er schon lange krank sei. »Zum Teufel, ich weiß nicht, wie ihm dieses Unglück passiert ist, denn heute ist er gekommen, und wir haben miteinander gehandelt, zumindest hatte es den Anschein, oder ich weiß gar nichts mehr!« Der Händler fand es normal, das Tuch an seiner Ladentheke abzumessen und auszuhändigen. Daß der Advokat einen Kauf tätigte, ohne Geld bei sich zu haben, war ganz natürlich. Auch ohne an einen langfristigen Kredit zu denken, war es Sache des Tuchhändlers, zu seinem Kunden zu kommen und sein Geld zu holen. Wohlgemerkt: Der Tuchhändler benutzt unterschiedslos »verkaufen« und »leihen«. Sechs Ellen Tuch zu leihen, damit der Kunde sich ein Kleid daraus machen lassen kann, heißt verkaufen, wohl wissend, daß Barzahlung nicht existiert. Denn das Tuch ist weg. In seiner Verbitterung wegen eines Kunden, der jetzt den Todkranken spielt, läßt der Kaufmann nicht locker: »Welche Possenreißer sind das! Schnell! Daß ich bezahlt werde, in Gold oder Münzen, für mein Tuch, das Ihr genommen habt.« Der getäuschte Tuchhändler wußte — oder glaubte zu wissen —, wer der Advokat Maître Pierre Pathelin war: eine angesehene Person und ein Nachbar.

Die Anonymität der städtischen Gesellschaften des Industriezeitalters sollte die Barzahlung allgemein machen. Im 20. Jahrhundert bezahlt man sogar den Arzt oder die Hutmacherin, die im vorigen Jahrhundert noch regelmäßig ihren Auszug schickten, auf der Stelle. Dadurch, daß die Kreditkarte die Anonymität durch die Garantie der Banken durchbricht, ist sie im Begriff, die Barzahlung auf ihren Ursprung zurückzuführen: kleine Zahlungen, die es nicht wert sind, aufgeschrieben zu werden.

Wer Kredit sagt, meint nicht immer verzögerte Bezahlung. Die Bezahlung nach der Lieferung begleicht in Wirklichkeit einen Kredit an den Käufer. Die verzögerte Lieferung kann eine Form der Finanzierung durch den Käufer sein. Der Fleischer kauft Tiere, die noch nicht alt genug sind. Der Tuchhändler bezahlt den Handwerker für das Stück, das dieser weben oder färben wird. Der Fleischer verdient dabei, weil er weniger bezahlen muß. Das ist der Profit für das Risiko, denn er verliert alles, wenn das Vieh stirbt. Den wichtigsten Vorteil hat jedoch der Verkäufer. Der Viehzüchter kann seine Herde über die Menge hinaus vergrößern, die er allein mit seinem Kapital kaufen könnte. Der Weber finanziert auf diese Weise den Kauf der Wolle und den Lohn seiner Kompagnons. Alle spüren, daß ein solcher Kredit, der häufig über sechs Monate oder ein Jahr läuft – die Zahlungen selbst können gestaffelt sein – und bei dem niemand im Kursunterschied Wucher sieht, die notwendige Voraussetzung für die Expansion ist. Es stimmt eben, daß der Terminverkauf auf bestimmten Märkten ein normales Verfahren ist und daß man deswegen die Kurse nicht vergleichen kann.

Auf Termin kaufen heißt, ein Risiko eingehen, aber auch als erster zu wählen. Dumm, wer darauf verzichten würde. Und der Verkäufer wäre schlecht beraten, der darauf warten würde, auf einem Markt bar zu verkaufen, auf dem die Kurse zusammenbrechen könnten, wenn der Bedarf durch die Terminverkäufe erst einmal gedeckt ist.

Diejenigen, die rechnen, täuschen sich nicht: Der Verkauf auf Kredit ist ein Darlehen. Ob notariell beglaubigte Urkunde oder einfacher, vom Schuldner unterschriebener Schuldschein, die Schuldverschreibung, in der die Forderung schriftlich fixiert wird, vermischt häufig die beiden Begriffe. Das kann man sehen, wenn ein *stapler*, ein englischer Kaufmann der Etappe, zwei Kaufleuten aus Leiden einige Säcke Rohwolle für hundert Pfund Sterling liefert, die zu einem festen Termin in Antwerpen zahlbar sind. Die Schuldanerkennung sagt nicht, daß er ihnen die Wolle auf Termin verkauft hat: Er hat »sie für Wolle bezahlt«. Wesentlich ist nicht der Verkauf des Engländers an die Holländer, sondern der Kredit, der aus dem Kauf des Engländers bei den englischen Lieferanten der Wolle resultiert, die letztlich für die Holländer bestimmt ist. Er hat für sie bezahlt. In dem Geschäft sieht niemand eine Spur von Wucher!

Ein derartiges juristisches Gerüst macht deutlich, wie intelligent die kontinentale Etappe für englische Wolle finanziell organisiert ist. Der Zins ist hier in der Bezeichnung des Kredits versteckt. Noch häufiger ist er in der Differenz der Wechselkurse verborgen, die durch die zeitliche Verschiebung ermöglicht und gerechtfertigt wird und zu der häufig noch die räumliche Distanz hinzukommt. Die Wechselkurse können sich von einem Tag zum andern und von einem Handelsplatz zum andern ändern...

Die Berechnung ist so genau, daß man von vornherein den so geschickt versteckten Zins festlegt. Man braucht nur die Dauer der Schuldanerkennung zu wählen. Die Zahlungsfristen sind damit die Regulatoren des Marktes in einem subtilen Spiel, durch das die Stabilität der Preise aufrechterhalten wird. Je nach dem von den

Parteien ausgehandelten Zins wird die in der Etappe verkaufte Wolle auf der nächsten Messe von Antwerpen, Brügge oder Berg op Zoom bezahlt. Man muß im jährlichen Zyklus nur zwischen zehn oder zwölf Terminen wählen. Die Agenten der *staplers* brauchen nur von einer Messe zur andern zu gehen, um sich bezahlen zu lassen.

Indem er das Darlehen und die Anweisung auf Einkünfte aus einer Domäne miteinander verband, kontrollierte Jakob Fugger nach dem Vorbild der Genuesen, die mit Anweisungen auf Eisen von der Insel Elba oder Alaun aus Phokäa die öffentliche Schuld begleichen, die Kupfer- und Silberproduktion der Bergwerke Tirols und Ungarns. Als Fugger dem Habsburger acht rheinische Gulden vorstreckt, um ein Jahr später eine Gewichtsmark — 280 Gramm — Feinsilber zu bekommen, die er zu neun Gulden wieder verkauft, handelt es sich um ein Darlehen zu 12,5 Prozent, um eine wenig riskante Spekulation auf eine mittelfristige Hausse des Silbers, von dem damals alle wußten, daß es in unzureichender Menge vorhanden war, und um die effektive Kontrolle der Einführung des Silbers auf dem europäischen Markt.

Das Geschäft ist noch vorteilhafter, wenn es dem Geschäftsmann — wie manchmal Fugger — gelingt, den Anteil seiner Investition hinauszuzögern, an dem der Kreditnehmer wenig interessiert ist. Anstatt dem Grafen von Tirol acht Florins mit der Auflage auszuzahlen, daß dieser den Abbau mit fünf Florins an den Produzenten finanziert, gelingt es Jakob Fugger in manchen Jahren, dem Grafen unmittelbar nur die drei Florins auszuzahlen, die diesem letztlich bleiben werden, indem er es übernimmt, den Produzenten bei der Lieferung zu bezahlen, das heißt ein Jahr später. Die dem Produzenten geschuldeten fünf Florins werden daher unmittelbar beim Weiterverkauf zurückgewonnen. Auch wenn die Regierung des Habsburgers nicht dumm ist und einen solchen Handel nur unter der Voraussetzung eines Darlehens über zwei Jahre akzeptiert, bleibt dem künftigen Bankier Karls V. ein jährlicher Zins von 17 Prozent, ein Satz, der durch die lange Unsicherheit gerechtfertigt ist, was die Kurse des Silbers beim Weiterverkauf betrifft.

Die Forderungen, die nicht beglichenen Geschäften entsprechen, stellen unter diesen Umständen bald schon einen wichtigen Anteil der Aktivposten dar: von einem Drittel bis zu zwei Dritteln. Als man die für eine begrenzte Zeit konstituierten italienischen Gesellschaften erneuert, stellt man fest, daß der Wert der Forderungen immer deutlich über dem Kassenbestand und manchmal über dem Lagerbestand liegt.

Die Vertrautheit mit dem Kredit führt zum Handel mit den Schuldforderungen. Der eine ist froh, sich einer Forderung zu entledigen oder seine Gläubigerposition zu erleichtern. Ein anderer wünscht, seine Geldanlagen durch den Erwerb von anderweitigen Handelspapieren zu streuen, die nichts mit seinen eigenen Geschäften zu tun haben. Damit erscheint in Italien vom Jahr 1250 an der Wechseldiskont, in Frankreich und England dann im 14. Jahrhundert.

In Metz, wo die Kaufleute sich gegen den Zahlungsaufschub für die Lieferungen an die Fürsten zu sträuben scheinen, treten die Wechsler häufig an die Stelle der Käufer und haben auf diese Weise einen Teil der Gewinne für sich. Von den 3695 Francs, die der Herzog von Bar im Jahr 1393 seinen Bankiers Aubert Augustaire und Pierre de Tournai schuldet, entsprechen 1513 Francs direkten Lieferungen, die durch diese getätigt wurden — Wein, Getreide, Gewürze, Pferde, Geschirr, Juwelen —, und 636 Francs Zahlungen, die von den Bankiers an andere Kaufleute geleistet wurden.

Der Diskont rechtfertigt natürlich eine neue Berechnung des Preises. Bei diesem Handel gewinnt jeder im Verhältnis zur Zeit, eventuell ausgeglichen durch die Schwankungen des Risikos. Für den Kauf von Getreide, das gerade keimt, sind drei Wintermonate kostspieliger als drei sonnige Frühlingsmonate. Die italienischen Handbücher behandeln nun die mittlere Fälligkeit mehrerer Wechsel mit verschiedenen Fälligkeiten und tragen damit der wachsenden Komplexität dieses Handels Rechnung.

Gleichzeitig hat das »freundschaftliche Darlehen« Konjunktur, das nichts mit Freundschaft zu tun hat. Der Begriff bedeutet lediglich — ohne irgend jemanden zu überzeugen —, daß der Darlehensgeber nichts zurückerwartet. Die Freundschaft respektiert das Evangelium. Natürlich kann man auf diese Weise nicht die Aufzucht einer Schafherde finanzieren oder den Weinvorrat für ein Jahr bezahlen. Das »freundschaftliche« Darlehen ist der Ausweg der kleinen Leute par excellence. Handwerker und Krämer, Meister und Kompagnons strecken ihrem Nächsten die zwei Sous vor, die diesem gerade fehlen, eher für acht Tage als für zwölf Monate. Diese Art der Forderung hat jedoch keine Beziehung zu einer wie auch immer gearteten Banktätigkeit.

Aber täuschen wir uns nicht: Bei kleinen Beträgen oder bei sehr kurzen Fristen gehen auch die Größeren manchmal wie bescheidene Darlehensnehmer vor. Wenn ein Fürst oder ein Kardinal *amicabiliter* dem König oder Papst fünf Florins leiht oder wenn ein einfacher Schreiber der Apostolischen Kammer der päpstlichen Schatzkammer zehn Sous leiht, bedeutet das ganz einfach, daß an diesem Tag fünf Florins oder zehn Sous für eine kleine Zahlung im Kassenbestand fehlten — nicht bei den Einkünften — und daß der erste Würdenträger, der gerade des Weges kam, den Betrag vorstreckte.

Freundschaftlich heißt gratis. Keiner würde zu diesem Zinssatz Kredit finden, auch nicht für einen Tag. Aber die Geringfügigkeit mancher Forderungen geht einher mit einem ganzen Arsenal kaum eingestandener Praktiken, die durch Quittungen verdeckt und in der Buchhaltung manchmal erraten werden können. Die geläufigste Praxis, gegen die die Prediger vergeblich wettern, ist, daß derjenige, der fünf Écus geliehen hat, für sechs Écus unterschreibt. Je nach dem Zeitpunkt der Rückzahlung kann das einen ganz schönen Wucher bedeuten. Das freundschaftlich und für eine sehr kurze Zeit gewährte Darlehen ist ausgefeilter und erfordert trotz der Kosten und der verlorenen Zeit eine notariell beglaubigte Urkunde, wobei eine Entschädigung für den mündlich angekündigten Fall festgelegt wird, daß die Rückzahlung nicht innerhalb dieser Frist erfolgen kann.

Eine ebenso einfache Praxis besteht darin, den Zins als »Geschenk« zu deklarieren. Nichts verbietet ein Geldgeschenk an denjenigen, der einem eine Gefälligkeit erwiesen hat. Wenn Vertrauen herrscht, kann das Geschenk mit der Rückzahlung einhergehen. Wenn nicht, begleitet es das Darlehen, was darauf hinausläuft, mehr als die wirkliche Schuldforderung zu vereinbaren. Da der päpstliche Archidiakon, Jean de Bar, Papst Klemens VII. am 15. Juli 1381 500 Florins geliehen hatte, zahlte ihm die Schatzkammer am 12. Dezember 500 Florins als Rückzahlung und 15 Florins als »Geschenk« aus. Der relativ bescheidene Zinssatz – 7,4 Prozent – erklärt sich, wenn man weiß, daß Jean de Bar eine wichtige Persönlichkeit der Kurie war, persönlich mit dem Papst verbunden. Im Jahr 1384 lieh Klemens VII. 20 000 Francs von Enguerran de Coucy. Die Apostolische Kammer wies die Rückzahlung innerhalb von fünfzehn Monaten an, und zwar auf die Einnahmen aus verschiedenen Kollekten, ließ jedoch auf der Stelle an Sire de Coucy 6 000 Francs auszahlen »wegen der 20 000 Francs, die der Papst ihm schuldete«. In solchen Fällen scheint der Gläubiger sich nicht um seinen Zins zu sorgen oder nicht anders handeln zu können: Klemens VII. und Coucy machen gemeinsame Sache.

Anders ist es bei dem Kaufmann Corrado dal Ponte aus Asti, von dem die päpstliche Schatzkammer im Jahr 1391 5 000 Aragon-Florins leiht. Der Kredit von Klemens VII. ist im Jahr 1391 nicht mehr der gleiche wie vor zehn Jahren, als die ganze angevinische Macht unter seinem Banner stand und man noch an die Aufhebung des Schismas durch die »Schaffung von Tatsachen«, das heißt durch Gewalt glaubte. Corrado dal Ponte läßt sich sofort 162 Florins und 11 Denare auszahlen – etwa 181 Aragon-Florins – »für seine Zinsen und Kosten«. Und das heißt, daß er für eine Forderung von 4 819 Florins eine Anweisung für 5 000 Florins erhielt.

Das freundschaftliche Darlehen wird zwischen Bekannten praktiziert. Obwohl das nicht unbedingt verboten ist, vermeidet man es meistens, ein Pfand zu übergeben. Diese Formalität ist jedoch wesentlich, sobald man sich an einen berufsmäßigen Wucherer wendet, an einen Pfandleiher, der sich für einige Sous die alten Habseligkeiten der Witwe oder das zerbeulte Geschirr des in Schwierigkeiten befindlichen Handwerkers aushändigen läßt. Der Wucherer ist ein Mann, der einen Kramladen führt, in dem sich das Elend der Welt anhäuft und an dem man ängstlich oder verächtlich vorbeigeht, je nachdem, ob man ihn braucht oder nicht.

Pfand ist nicht gleich Pfand, und wegen zehn Sous ist man eher verächtlich, als wenn es sich um zehntausend Livres handelt. Der Bankier aus Köln, der die Krone Eduards III. zum Pfand nimmt und diejenige von Philippa, Königin des Hennegau, der Bankier, der die Tiara Innozenz' VII. erhält, und derjenige, der ein Juwel aus

221

der Krone Karls VI. in die Hand bekommt, sind in Wirklichkeit nur große Kaufleute, für die dies nur Geschäfte wie andere auch sind. Bei bestimmten Forderungen ist es das gleiche, ein wertvolles Pfand zu übergeben oder zukünftige Einnahmen anzuweisen. Die Tiara oder den nächsten Zehnten abzugeben, ist kein Beweis von Mißtrauen, sondern eher ein Beweis guter Ordnung. Man erhält keinen Kredit ohne Garantie, und ein kostbares Möbelstück ist besser als nichts, während man auf die Einkünfte wartet, mit denen zurückgezahlt wird. Für den Bankier der Fürsten oder der Kirchenoberen gehört die Pfandleihe zu den vielfältigen Beziehungen mit einer bekannten und ausgewählten Kundschaft. Zahlreiche bedeutende Kaufleute in Paris — Franzosen wie Lombarden — sind erstaunt, als der wütende Pöbel ihre Stadthäuser plündert, weil er sie für Wucherer hält. Der Haß des chronisch Verschuldeten kehrt sich mitunter, da diese Geste ausdrucksvoller ist, gegen den Gläubiger des Nachbarn.

Der Wucherer im eigentlichen Sinne, zu dem man ohne Empfehlung und ohne Verhandlungen geht, ist eine Randfigur der Gesellschaft. Sein Beruf gehört zu denen, die man aus Familientradition übernimmt oder weil man nichts Besseres tun kann. Das bedeutet, daß die Juden hier einen bedeutenden Platz einnehmen, den sie der Möglichkeit verdanken, das kanonische Verbot zu ignorieren. Das Hochmittelalter kannte sie bereits als Pfandleiher in den meisten Städten des Okzidents. Als solche fungieren sie noch an der Schwelle zur Neuzeit in den Ländern, die sie nicht vertrieben haben oder die ihnen einen Zufluchtsort und ein Betätigungsfeld anboten, wie der Comtat venaissin den im Jahr 1394 aus Frankreich verjagten Juden. Der Wucher ist nicht die einzige Tätigkeit des Juden. Es kommt vor, daß er sich als Kleinhändler, Handwerker oder Hausierer mehr oder weniger auf die Pfandleihe spezialisiert. Auch muß jemand die nicht zurückgeforderten Pfänder der nicht zurückgezahlten Darlehen verkaufen. So wird der Wucherer wieder zum Händler, und sein Laden ist auch ein Trödelladen.

Auf die Gefahr hin, von der guten kaufmännischen Gesellschaft schlecht angesehen zu werden, beteiligen sich auch Christen an diesem Handel mit Kleinkrediten und konkurrieren dabei mit den Juden. Die Kirche verschließt die Augen und überläßt es diesen zweifelhaften Gläubigen, sich mit ihrem Gewissen zu arrangieren. Sogar die selbstgewissen Kirchenlehrer sehen wohl, daß der Wucher offensichtlich notwendig ist in einer Welt, in der die Ärmsten keine andere Wahl haben, wenn sie dem Unvorhergesehenen — Krankheit und Arbeitslosigkeit oder dem verspätet ausgezahlten Lohn — begegnen wollen. Es gibt Verurteilungen wegen Häresie, Hexerei, wegen Gotteslästerung, Ehebruch, Tätlichkeiten gegen Kleriker. Es ist kein Wucherer bekannt, den eine Verurteilung außerstande gesetzt hätte, seine Praxis fortzuführen. Das Gericht kassiert die strittige Schuldanerkennung, weil sie den Makel des Wuchers trägt, bestraft den Schuldigen und läßt ihn frei, damit er wieder neu anfängt. Daher wettert der italienische Franziskaner Luigi Peresi nicht ohne Naivität von der Kanzel gegen die Wucherer in der Auvergne und bedauert, daß man es bei halben Maßnahmen bewenden läßt:

»Wenn der Papst oder der König von Frankreich den Wucherern unter Androhung der Todesstrafe verordnen würde, auf ihre Wuchergeschäfte zu verzichten, und den Frauen, auf ihre Spitzhauben zu verzichten, würden alle diese Leute eiligst gehorchen!«

Was man am meisten fürchtet, ist nicht der zu zahlende Zins, sondern die Notlage, die aus dem unbezahlten Zins resultiert. Sofern der Darlehensgeber über Mittel verfügt, gegen den Schuldner vorzugehen, wird die Situation schnell kritisch. Der reiche Tuchhändler aus Douai, Jehan Boinebroke, hat all seine kleinen Schuldner in der Hand, weil sie auf Arbeit von ihm warten. Krankheit und Tod werden zum Ruin einer Familie. Der Kaufmann liefert eine Färberin seiner Willkür aus, beschlagnahmt ihr Färberwaid und geht bei der Abrechnung über sie hinweg:

»Agnès la Patinière, Tochter von Druon le Patinier, Frau von Jean du Hoc, sagt unter Eid mit Einwilligung ihres Mannes aus, daß, als ihr Vater starb, Sire Jehan Boinebroke Marion, die Frau von Druon le Patinier, wegen einer Schuld verklagte.

Und er hielt während dieser Zeit Waid zurück, eine Menge, die zwanzig Livres parisis mehr wert war, als das, was ihm geschuldet wurde.

Jeanne aux Clés sagt unter Eid, daß seit gut sechsundzwanzig Jahren die Mutter Agnès la Patinière Färberwaid bereit für den Bottich hatte, welchen ihr Sire Jehan wegen der Schuld wegnahm. Sie weiß nicht, wieviel die Schuld betrug, aber sie sah, wie das Waid abgemessen wurde. Sie war vier Jahre alt und hörte, wie die Mutter für den Überschuß des Kaufs dieses Färberwaids zwanzig livres parisis von Sire Jehan verlangte. Und Sire Jehan sagte: ›Gevatterin, ich weiß nicht, was ich Euch schulde, aber ich werde Euch in mein Testament aufnehmen!‹«

Unter den Wucherern, die am Rand der Kirche tätig werden, sich aber nicht als ausgeschlossen betrachten, nehmen die Italiener den ersten Platz ein. Freilich sind dies nicht die großen toskanischen oder genuesischen Kaufleute, sondern die kleinen »Lombarden« wie die Piemontesen aus Asti oder Chieri, die keine Hoffnung haben, mit den Florentinern konkurrieren zu können — den Kaufleuten aus Asti gelingt dies erst Ende des 14. Jahrhunderts in Avignon aufgrund des Großen Schismas, das eine Zeitlang die Gläubigen des römischen Papstes von den Geschäften fernhält —, aber die Absicht nicht aufgeben, sich einen bescheidenen Platz in der Geschäftswelt zu verschaffen. Einer scheinbar einflußlosen Familie wie den Royer aus Asti gelingt es, in mehreren Städten jenseits der Alpen Geschäfte für den Geldverleih zu etablieren und dabei das Gebaren einer richtigen Bankgesellschaft anzunehmen. Andere, wie die Kaufleute aus Cahors und allgemeiner alle berufsmäßigen Geldverleiher, die im Volk mit dem Namen »Cahorsiner« belegt werden, versuchen, sowohl den Juden als auch den Lombarden Konkurrenz zu machen. Seit dem Ende des 13. Jahrhunderts gewähren ihnen Fürsten und Städte das Recht, gegen eine angemessene Abgabe und auch einige schwer einzugrenzende moralische Verpflichtungen Stände zum Geldverleih zu betreiben. So wird ihnen in Flandern aufgetragen, ohne Wucher zu verleihen, was zweifellos nicht die Vergütung des Geldes ausschließt — wovon würden die Geldverleiher sonst leben? —, sondern lediglich überhöhte Zinssätze, wie sie mit der modernen Definition des Wuchers verbunden bleiben.

Gesellschaften wie die *Grands Cahorsins* oder die *Société du Paon* lassen sich mit Erfolg auf dem Darlehensmarkt von Brügge nieder. Aber wo der jüdische Geldverleiher nur Händler sein kann, übernehmen die Lombarden und die Leute aus Cahors, die sich in Gesellschaften organisieren, schon sehr bald andere Funktionen, von denen wir sagen würden, daß es sich um Bankgeschäfte handelt. Weil sie sichere Geldschränke haben müssen, um die Pfänder aufzubewahren, vertraut die Öffentlichkeit ihnen Bargeld zum Depot an. Hier stößt man auf einen allgemeinen Geld- und Kredithandel. Bis zur modernen Bank ist es nicht mehr weit.

Wenn man sich die Zinssätze ansieht, die in den Prozessen ans Tageslicht kommen, könnte man an fabelhafte Profite glauben. Denn der Darlehensnehmer findet es manchmal bequem, zum Richter zu gehen und wegen Wucher zu klagen, statt das Geld mit Zins zurückzuzahlen. Der Richter kann natürlich nichts anderes tun, als den Wucherer zu verurteilen. Die Schuldverschreibung wird für rechtswidrig erklärt, der Darlehensnehmer ist von jeder Schuld befreit. Das ist insofern häufig ein Schwindel, als der betreffende Darlehensnehmer beim nächsten Mal woanders Kredit suchen muß, und zwar zu härteren Bedingungen. Und die Preise des Wuchers kennen keine Schranken. Ein Satz von zwei Denaren pro Livre und pro Woche — d. h. 43,33 Prozent im Jahr — gilt als relativ normal. Für sehr kurze Fristen und ohne große Garantien verwundert ein Satz von 20 Prozent für eine Woche kaum. Als der Papst von Avignon zur Zeit des Großen Schismas die schäbigsten Wucherer in Anspruch nehmen muß, kostet ihn dies 28 bis 36 Prozent Zinsen im Jahr.

Aber täuschen wir uns nicht. Der reale Gewinn des Wucherers bleibt gering. Der Habenichts, der seinen mottenzerfressenen Mantel für drei Sous zu einem Zinssatz von zwei Denaren pro Livre in der Woche verpfändet, weiß wohl, daß er sein Kleidungsstück nie auslösen wird und daß er in Wirklichkeit drei Sous verkauft hat, die der Trödler vielleicht nicht wollte. Der Wucherer ist sich dessen bewußt und fragt sich, ob der Mantel wohl für vier Sous einen Käufer finden wird. Bei Perlen und Rubinen besteht das Risiko, sich bei der Schätzung des Pfandes zu irren. Nicht jeder Wucherer ist Experte in Rubinen. Und das konjunkturbedingte Risiko ist keineswegs gering zu veranschlagen. In seinem Geldschrank Edelsteine zu haben ist eine Sache, sicher zu sein, daß auf dem Markt genau an dem Tag, an dem das Pfand zu Geld gemacht werden muß, Edelsteine gefragt sind, ist eine ganz andere. Bei Kleidungsstücken ist das Risiko nicht geringer, von der Konjunktur enttäuscht zu werden. Ein milder Winter bedeutet kein Geschäft für den, der alte Mäntel und schlechte Decken anzubieten hat.

Am realsten ist der Handel bei Pfändern der mittleren Preisklassen. Ein Bürger, der eine Kanne oder einen Gürtel verpfändet, um eine Fälligkeit oder eine unvorhergesehene Ausgabe zu bestreiten, wird zweifellos versuchen, sein Gut wiederzuerlangen. Er zahlt in der Tat den hohen Zins des Wuchers.

Der erfinderische Geist der Kapitalbesitzer und derjenigen, die Kapital nachfragen, hat andere juristische Formeln gefunden, um das Entgelt sicherzustellen, ohne das man keinen Kredit findet. An der Grenze dessen, was das kanonische Recht tolerieren kann, besteht eines dieser Verfahren in einem »Verkauf mit Rückkauf« (*remere*). Wer Kredit sucht und über ein Gut verfügt, verkauft dieses — Land, Haus, bewegliche Habe — und behält sich die Möglichkeit vor, es innerhalb einer bestimmten Frist zurückzukaufen. Der Darlehensgeber, der in dem Wissen kauft, daß er seine Erwerbung eventuell zurückgeben muß, erwirtschaftet bei dem Geschäft einen Zins, den man mehr oder weniger geschickt verschleiert, indem man das Gut — und damit die Schuld beim Rückkauf — zu hoch schätzt, ohne am Anfang den vereinbarten Preis wirklich zu zahlen. Wir begegnen hier der alten Technik der Schuldanerkennung wieder, die höher ausfällt als die tatsächlich geliehene Summe. Aber sie wird in diesem Fall durch ein Pfand ergänzt, das ein Gewinn abwerfendes Gut aus dem Besitz des Adligen oder des Bürgers sein kann. Man kommt damit mühelos über das hinaus, was letzterer an Möbeln, Tafelgeschirr oder Garderobe verpfänden könnte.

Ein solches System, das den Grundbesitz für sich arbeiten läßt, trägt zu einem gut Teil zu jenen Eigentumsübertragungen bei, durch die die Kreise der Grundherren in ständiger Erneuerung begriffen sind. So wie die alte Frau ihren Mantel bei einem Lombarden verpfändet, überlassen sehr viele ehemalige Grundherren letztlich ihr Land dem Bürger, ihrem Gläubiger, da sie in der Zwischenzeit nicht genügend Geld beschaffen können, um innerhalb der gesetzten Frist die Rückkaufklausel geltend zu machen.

Auch an dem Rückkauf haben die Kanoniker allerdings etwas auszusetzen. Wenn der Käufer die Früchte eines auf diese Weise gekauften und wieder verkauften Stückes Land erntet, handelt es sich offensichtlich um einen Zins. Das Geschäft ist daher rechtswidrig, sofern diese Früchte nicht vom Kapitalwert, das heißt von der Schuld abgezogen werden. Wenn das Pfand etwas abwirft, muß das vom Rückkaufpreis abgezogen werden. Bei dem Wucherer, der Kleider als Pfand für drei geliehene Sous entgegennimmt, und dem Bankier, der Rubine oder Perlen als Pfand für tausend Livres entgegennimmt, handelt es sich eher um einen Unterschied im Niveau als in der Natur der Sache. Es ist der gleiche Unterschied wie zwischen demjenigen, der sich gegen ein bewegliches Pfand Geld leiht, und demjenigen, der sein Hab und Gut mit Rückkaufsrecht (*remere*) verkauft. Der eine geht zum Wucherer, der andere zum Geschäftsmann.

Es gibt komplexere Verfahren, die nur in einem Milieu vorkommen können, in dem man wie in Genua mühelos mit öffentlichen und privaten Schuldforderungen jongliert. Es gibt dort eine Art Mietverkauf: Man geht zu einem Notar, um ein Gut zu verkaufen, und danach zu einem anderen, um ein Dokument erstellen zu lassen, das dem Verkäufer gegen Miete die Nutznießung des Gutes läßt, das er verkauft hat. Später muß dann ein dritter Notar aufgesucht werden, der den Verkauf annulliert. Der Pseudo-Verkäufer war während der ganzen Zeitspanne zwischen Verkauf und Annullierung im Genuß des bezahlten Preises. In dem Durcheinander, das durch die Intervention von drei Notaren geschaffen wurde, die nichts voneinander wissen oder wissen wollten, behielt der Pseudo-Käufer die Miete für sich, die für ein Gut bezahlt wurde, dessen Nutznießung er weder von Rechts wegen noch de facto gehabt hatte und die daher sehr einem Zins ähnelt...

All das sind letztlich nur komplizierte Erfindungen, um das verfügbare Geld mit Gewinn demjenigen zukommen zu lassen, der es braucht, um davon zu leben oder damit zu arbeiten. An diesem Spiel von Forderungen mit mehr oder weniger gerechtfertigten Vergütungen nehmen alle irgendwie teil. Mit dem freundschaftlichen Darlehen, dem Pfand, dem Rückkauf und all den anderen Verfahren, die ausgesonnen wurden, um die Kirche, die sich dagegen verwahrte, aber beide Augen zudrückte, hinters Licht zu führen, ist man freilich noch sehr weit von der eigentlichen Banktätigkeit entfernt.

Depots und Überweisungen

Man nähert sich hingegen einer echten Bankfunktion, wenn Geschäftsleute gewerbsmäßig fremdes Kapital in Verwahrung nehmen. Schon vor dem Jahr 1200 in Italien, wenig später in Metz und in Brügge, und trotz des im Jahr 1227 auf dem Konzil von Trier verkündeten Verbots nehmen die Wechsler Depositengelder an, und zwar aus dem zweifachen Grund, weil diejenigen, deren Gewerbe es ist, Münzen zu wechseln, im allgemeinen gute Tresore haben und weil ihre Kompetenz Streitigkeiten verhindert, was die Natur und Qualität der deponierten Münzen betrifft. Das Depot ist für den Kunden zuallererst eine Reserve. In einem 1295 verfaßten Testament vermacht die Witwe eines Bürgers aus Metz ihrer Tochter das Geld, das die Wechsler Geoffroi Jallée und sein Bruder Androwat »aufbewahren«. Noch in den Jahren 1366 bis 1369 kommt es weder den Wechslern

Collard de Marke und Guillaume Ruyelle noch ihrer Kundschaft — nahezu vierhundert Bürgern und Geschäftsleuten aus Brügge — in den Sinn, daß derartige Gelddepots entsprechend der Verweildauer vergütet werden könnten. Der Kunde hat nicht das Gefühl, daß er sein Geld gewinnbringend anlegt. Er bringt es lediglich in Sicherheit.

Man kommt aber auf die Idee, daß die Eintragungen in das Buch des Wechslers erlauben, Verrechnungen zwischen Kunden durchzuführen. Die Überweisung ist geboren, die gänzlich auf jenem Vertrauen beruht, das die Öffentlichkeit in die Bücher des Wechslers hat. Die dem »Buch« des Wechslers eigene chronologische Ordnung schützt vor betrügerischen Fälschungen, ganz wie der Umstand, daß die nacheinander erfolgenden Eintragungen auf den Seiten keine Leerstelle hinterlassen. Die Statuten der Wechsler, die die Buchführung regeln, legen obendrein in sehr vielen italienischen Städten fest, daß man nur römische Zahlen benutzen darf, die als die sichersten gelten.

Das alles bleibt noch auf einem bescheidenen Niveau der Finanztechnik. Wenn man anfängt, von »Bank« zu sprechen, dann deswegen, weil der Ladentisch des Wechslers »Bank« heißt. Die Banken, bei denen man Depots entgegennimmt, um durch schriftliche Verrechnungen den Geschäftsverkehr abzuwickeln, sind die *banchi di mercato*, die »Bänke«, auf denen man Markt hält. Der wichtigste derartige Markt sind in Venedig am Eingang des Rialto die *banchi di scritta*. Am Ende des 15. Jahrhunderts ist dieser Markt des Rialto der größte Depotplatz Europas. In Barcelona spielt eine *Taula de cambi* eine öffentliche Rolle. Seit 1401 dient sie der Stadt als Schatzkammer. In Brügge konzentriert sich die Aktivität auf den »Börsenplatz«, der so genannt wird, weil die Familie Van der Beurse dort ihr eindrucksvolles Wappen an der Fassade eines Patrizierhauses angebracht hat. Der Name geht nach Antwerpen über, wo man im 15. Jahrhundert den Versammlungsort der Wechsler »Börse« nennt.

Die Florentiner unterscheiden die *banchi minuti*, die »kleinen Banken« der Wechsler, die mit Bargeld handeln, Depots entgegennehmen, Edelmetall kaufen und gelegentlich Goldschmiedearbeiten verkaufen, von den *banchi grossi*, den »großen Banken«, den Handels- und Bankunternehmen der großen Gesellschaften. Das bestehende Vertrauen bringt nach und nach die ökonomische Praxis des Depots mit sich. Man akzeptiert, daß der Wechsler als Vergütung für seine Dienstleistung, sichere Aufbewahrung zu bieten, mit dem ihm anvertrauten Geld Geschäfte macht. Marke und Ruyelle in Brügge halten nur die Hälfte, ja ein Drittel der deponierten Beträge als Bargeld verfügbar. Der Rest dient dazu, Handelsgeschäfte zu finanzieren. Der Wechsler wandelt sich zum Kaufmann.

Der »Bankier« in der engeren Bedeutung des Begriffs ist aber nicht der einzige, dessen Geldschränke und dessen Kompetenz Vertrauen einflößen. Sehr viele Kaufleute nehmen Depots entgegen, ganz wie die Herbergswirte, die zugleich Ratgeber und Bürgen des durchreisenden Kaufmanns sind. Für den, der ständig auf den Straßen unterwegs ist, kann es von Nutzen sein, den Ertrag eines Geschäfts oder einer Saison bei einem ständigen Korrespondenten zurückzulassen, wie es der Herbergswirt ist, bei dem man jedesmal absteigt.

So kann man jedoch keine anderen Geschäfte machen. Das deponierte Geld arbeitet kaum. Ob Wechsler oder Herbergswirt, der Depositär, der sich des Geldes bedient, wird zum Darlehensnehmer. Das deponierte Geld zu verwenden, ohne es zu sagen, wäre unredlich. Es an einen Dritten zu verleihen, wäre ein zweifacher Fehler, auf den sich nur wenige Wechsler einlassen. Bestenfalls geht es um einige lokale Verrechnungen, deren Ungleichgewicht als freundschaftliches Darlehen zählt. Einige flämische Wechsler in Brügge lassen sich darauf mit dem Segen des Grafen ein, der die Banken als Lehen hat. Und ihr wichtigster Darlehensnehmer ist der Graf selbst...

Damit aus dem Wechsler wirklich ein Bankier in der modernen Bedeutung des Wortes wird, muß er andere Geschäfte machen, als nur mit vollwichtigen Münzen zu handeln. Der »manuelle« Geldwechsel wird ein Bestandteil des Komplexes von Geschäften, dessen Fäden der Großkaufmann oder die Handelsgesellschaft in der Hand halten. Die Italiener in Brügge handeln sowohl mit Denaren als auch mit Tuch, Gewürzen und Pelzen. Die Inhaber der »Logen« der Pont au Change sind auf dem Pariser Markt ebenfalls in der Lage, alle möglichen Geschäfte zu tätigen. Der relativ enge finanzielle Horizont des manuellen Wechslers ist natürlich nicht der Horizont eines Jacques Cœur, der zu Unrecht mit dem Wiederaufleben des Pariser Marktes rechnet und für eine Zeitlang vergeblich eine Wechslerloge pachtet.

In Florenz wie in Venedig oder Genua ist der Münzhandel für die großen Kaufleute ein Handel unter hundert anderen. Das läßt an die vielfältigen Funktionen der modernen Bank denken. Es gilt aber nicht für die kleinen Wechsler, die lediglich den Lohn für ihre Dienstleistung verdienen, indem sie Bargeld aufbewahren und es auf Anfrage zurückgeben. Auf den bescheideneren Handelsplätzen— sogar in Toulouse — bemühen sich die Wechsler darum, der Nachfrage zu entsprechen, und versuchen sich in allen Geschäften, ohne deswegen sehr flexibel zu sein.

Der Staat hat das Bedürfnis nach einer dynamischeren Verwaltung des Fiskus als der bloßen Registrierung der Eingänge und Abgänge, mit denen sich die königlichen Finanzbeamten in Paris oder Winchester oder diejenigen des Papstes in Rom oder Avignon befassen. Von 1356 an versucht die Serenissima, eine Staatsbank zu schaffen, die in der Lage ist, die umfangreichen Verrechnungen zwischen den Steuereinkünften Venedigs — den Zöllen — und den Forderungen an den Staat vorzunehmen, die aus dem systematischen Rückgriff auf die öffentliche Anleihe resultieren. Einem erneuten Versuch, den Finanzverkehr der Republik im Jahr 1374 auf schriftliche Verbuchungen umzustellen, ist kein besserer Erfolg beschieden. Weitere Mißerfolge, insbesondere derjenige von Heinrich Castorp mit seiner 1461 in Lübeck gegründeten und zehn Jahre später in Konkurs gegangenen städtischen Bank, machen deutlich, wie schwer das Ziel zu erreichen ist, die Forderungen gegenüber dem Staat in eine treuhänderische Praxis einzubinden. Der Steuerpflichtige ist mißtrauisch.

Einzig die *Casa di San Giorgio* hat Erfolg. Die Gläubiger Genuas sind im 14. Jahrhundert in Verbänden, den *compere*, zusammengeschlossen, die die zum Pfand überlassenen Einkünfte aus den Domänen und die Steuereinkünfte bewirtschaften. Genua diskontiert auf diese Weise sein Einkommen, indem es sich von der Verwaltung und den damit verbundenen Kosten entlastet. Eine *compera* erhebt für die Gläubiger die Steuer auf die Weinimporte. Eine andere ist seit 1346 auf dem Markt von Chios präsent, wo sich der Alaun aus den Minen Phokäas konzentriert. Und jeder erhebt Zinsen für seine Anteile: Von 5 Prozent Zinsen für die *compere* des 14. Jahrhunderts fällt der Zinssatz im 15. Jahrhundert auf 4 Prozent und nach 1463 sogar auf 3 Prozent für *San Giorgio*.

Das System der *compere* hatte allerdings für den Staat zwei Nachteile: Die Diskontierung erfolgte, erstens, mit großen Verlusten, da das Einkommen der *compere* weit über den auf diese Weise getilgten Schulden lag, und die Regierung des Dogen hatte, zweitens, nicht den geringsten Überblick über ihr Finanzsystem. Die staatlichen Einkünfte und die öffentlichen Schulden waren nur sehr annähernd einer Kontrolle unterworfen. Als Reaktion darauf wurde im Jahr 1407 eine einheitliche Körperschaft gegründet, die ein Produkt aus der Fusion der laufenden Aktiv- und Passivposten der *compere* war.

Dieses »Haus von Sankt Georg«, die *Casa di San Giorgio*, faßte damit alle Gläubiger der Stadt Genua zusammen, um in ihrem Namen die Einkünfte zu verwalten, die mit der Tilgung der öffentlichen Schuld verbunden waren. Aber in Wirklichkeit handelte es sich um eine sehr viel wirkungsvollere Depositenbank als die Banken der Wechsler. *San Giorgio* eröffnete in seinen Büchern »Spalten« im Namen eines jeden, der investieren wollte. Geld zu deponieren bedeutete von da an, daß man eine Zeile in einer Spalte kaufte, einen *luogo*. So wie sie im 14. Jahrhundert Anteile kauften, »Karate« einer *compera*, erwarben die Genuesen im 15. Jahrhundert *luoghi* von Sankt Georg. In kurzer Zeit erwuchs aus dieser Praxis ein Kapitalismus, der vielen leicht zugänglich war. Vom Großkaufmann bis zum Handwerker hatte jeder Genuese seine Spalte.

Der Begriff des Darlehens ist unscharf. Das eingegangene Risiko rechtfertigt den Gewinn der Gläubiger einer *compera*. Keiner bezweifelt jetzt die Rechtmäßigkeit der Zinsen, die im Verhältnis zu den *luoghi* und den Einkünften der der *Casa* angewiesenen Güter ausgezahlt werden. *Luoghi* zu kaufen wird eine normale, ja die beste Geldanlage. Das Geschäft konnte indessen nur solange dauern, wie das Wachstum des wirtschaftlichen Reiches der Genuesen andauerte.

Da *San Giorgio* die Zinsen erst mit einer Verspätung von mehreren Monaten auszahlte, nahmen die zu dem normalen Fälligkeitstermin in den Spalten der Deponenten eingetragenen »Auszahlungen« die Gestalt eines Kredits auf die *Casa* an, den die Genuesen als übertragbar ansahen. Die »Zinslire« sind die eingetragenen Summen, die im Verhältnis zur tatsächlichen Zahlungsfrist diskontiert wurden. Sie bildeten schließlich ein zwar variables, aber vorhersehbares Zahlungsmittel. Man zahlte in »Zinslire« je nach Tageskurs.

Man gewöhnte sich daran, Handelsgeschäfte durch Überweisung von einer Spalte zur anderen zu begleichen. Der schriftliche oder mündliche Überweisungsauftrag wird auf der Stelle ausgeführt. Statt die Auszahlung seiner Zinsen zu verlangen und gleichzeitig seine Zahlungen in Bargeld zu leisten, gewöhnte sich der Genuese daran, seine Zinsen als verfügbares Kapital, das durch Überweisung leicht zu mobilisieren ist, in den Spalten von *San Giorgio* zu lassen.

Vom 14. Jahrhundert an wird auf den großen italienischen Handelsplätzen für derartige Geschäfte der private Auftrag als ausreichend angesehen. Bereits vor 1350 in Florenz und um das Jahr 1370 in Pisa überweist ein Bankier nach Vorlage eines unterschriebenen Papiers einen Betrag von einem Konto auf ein anderes. Allerdings müssen beide Parteien ein Konto bei demselben Bankier haben. Indem *San Giorgio* seine Bücher der ganzen Genueser Gesellschaft öffnet, wird das System freigegeben. Im 15. Jahrhundert wird ein mündlicher Auftrag unter der Voraussetzung als gültig angesehen, daß er vor Ort und vor Zeugen erteilt wird. Die Venezianer tun es ihnen gleich.

So etabliert sich zwischen 1350 und 1450 ein Bankensystem mit offensichtlichen Vorteilen. Dieses System, das aus dem Bargeldhandel der »manuellen« Wechsler oder der Geschäftsleute hervorgeht, die die vielfältigen Aktivitäten ihres Hauses oder ihrer Gesellschaft auf das Wechselgeschäft ausgedehnt haben, bietet zugleich die Sicherheit eines Depots, das in jedem Augenblick zurückgefordert werden kann, und die Bequemlichkeit von Überweisungen zwischen Kunden des gleichen Treuhänders. Der Sparer, der in den meisten Fällen zur Unergiebigkeit der von einem Tag zum andern getätigten Depots verurteilt ist, gelangt mit *San Giorgio* zu einer Vergütung seines Geldes, das zu den unsicheren Bedingungen der Teilung eines Geschäftsgewinns anvertraut wurde. Außer dieser Unproduktivität, die es — vom Fall Genuas einmal abgesehen — nicht erlaubt, aus den Depots wirkliche Investitionen zu machen, ist der größte Nachteil die enge örtliche Beschränkung der Schuldforderung und der möglichen Aktivitäten. Das Depot hat seine Vorteile. Weder für Finanzierungen noch für Zahlungen genügt es jedoch dem Horizont der Geschäftsleute.

Die Entstehung der modernen Bank

Weder die Praktiken des Wuchers und des freundschaftlichen Darlehens noch die des Depots und der Überweisung konnten der Wirtschaft die Finanzierungsmittel verschaffen, die an einem beliebigen Ort und zu einem beliebigen Zeitpunkt die für das wirtschaftliche Leben notwendigen Kredite zur Verfügung gestellt hätten. All das entsprach zwar recht gut den Bedürfnissen des Bürgers im alltäglichen Leben, nicht aber denjenigen des Geschäftemachers, der mit den Gelegenheiten des Marktes konfrontiert ist. Deshalb erfinden die Kaufleute wie selbstverständlich ein anderes System, nämlich den »gezogenen« Wechsel, der der Ursprung der modernen Bank ist.

Der gezogene Wechsel

Der Wechsel, um den es sich hier handelt, ist derjenige, dem wir auf den »Bänken« der Wechsler begegnet sind: der Tausch einer Währung gegen eine andere. Die Vielfalt der Münzen auf beiden Seiten bleibt immer eine wesentliche Bedingung für die »Ziehung« sowie das Mittel, einen Zins hinter Kursen zu verstecken, deren Einschätzung für den Nichtfachmann verwirrend ist. Aber es handelt sich nicht mehr um einen manuellen Wechsel. Der Wechsler gibt, wie man weiß, mit der einen Hand Münzen für diejenigen, die er in die andere Hand bekommen hat. Alles geht bei ihm von Hand zu Hand. Der Kunde gibt Florins und bekommt dafür Écus. Alles liegt in der Geste des Wechselns, alles geschieht unmittelbar. Es gibt weder Fristen noch Geschriebenes außer der Kassenabrechnung, die der Wechsler vornehmen kann und die er vornehmen muß, wenn er Depots – auch diese in vollwichtiger Münze – annehmen und daraus Gewinn ziehen will. Der »gezogene« Wechsel kann nicht direkt sein. Für die Florins, die er bekommt, zieht der Wechselmakler einen Wechsel auf einen anderen Handelsplatz, wo ein anderer Wechselmakler die Écus demjenigen übergibt, der Florins gegeben hat, oder seinem Korrespondenten.

Man versteht nicht ganz, wie ein Wechsler, der auf seiner Bank am Rialto mit Gold- und Silbermünzen handelt, einen Kollegen belasten kann, der in Paris auf der Pont au Change etabliert ist. Der Wechselmakler, der einen Wechsel »zieht«, ist zuallererst ein Kaufmann, dem eine Kundschaft auf anderen Handelsplätzen Forderungen und Schulden verschafft. Die Sache wird umso leichter, je mehr sich die Handelsgesellschaften entwickeln, deren Korrespondenten vor allem die an den verschiedenen Handelsplätzen etablierten Zweigstellen sind. Für die Florins, die er bekommt, findet der Florentiner Hauptsitz der Bardi in Brügge mühelos jemanden, der in Écus zahlt, nämlich die Zweigstelle der Bardi. Es ist nicht einmal erforderlich, eine Forderung an den zahlenden Wechselmakler zu haben. Wenn die Zahlung, die er auf diese Weise vornimmt, um einen Wechsel auszuführen, den Betrag überschreitet, den er seinem Korrespondenten schuldete, schreibt der Zahler den Unterschied einfach den provisorischen Aktiva seiner Bilanz gut.

Die Kaufleute haben die »Ziehung« erfunden, um Zahlungen an entfernten Orten zu tätigen. Es ging zuerst lediglich darum, den Transport von Bargeld zu vermeiden. Der eine will sich nicht mit Edelmetall belasten, das immer von Verlust oder Diebstahl bedroht ist. Der andere hat keine Lust, einen Sack mit Münzen oder einen Wagen mit Säcken voller Geld zu schicken, um seine Käufe im Ausland zu begleichen. Daher die vier Parteien, die zwangsläufig in den Vorgang verwickelt sind.

Derjenige, der an einem entfernten Ort zahlen will, ist der Wechselnehmer. Er gibt Münzen und nimmt Wechselgeld. Das kann ein Großkaufmann oder ein bescheidener Händler sein, der zehn Livres schuldet. Wer sein Geld bringt, wird kaum jemals nach einer Rechtfertigung oder Garantie gefragt.

Ganz anders verhält es sich natürlich mit dem Aussteller, der den Wechsel zieht. Keiner wird ihm Gold gegen Versprechungen geben, ohne das Vertrauen, das durch die Bekanntheit der Person, ihren Kredit, das Geschäftsvolumen, die Vorgeschichte gegeben ist. Der Aussteller ist häufig ein Großkaufmann. Mit der Zeit wurden die großen Handelsgesellschaften die wichtigsten Aussteller von Wechseln.

Es ist nicht der Mangel an Vertrauen, der normalerweise dem kleinen Kaufmann verbietet, Wechsel zu ziehen. Man kann ein einfacher Krämer sein und einen ehrbaren Ruf haben. Eher sind es seine bescheidenen Geschäftsverbindungen. Wer europaweit Geschäfte macht, findet immer Kredit, ob in London, Barcelona oder Alexandria. Nicht so der Gewürzhändler aus Castelnaudary. Die von den kleinen Händlern gezogenen Wechsel bleiben auf familiäre und regionale Beziehungen beschränkt. Man weiß in seinem Stadtviertel, daß der in Paris lebende Normanne einen Wechsel auf seinen Bruder in Rouen ziehen oder einen anderen für seinen Cousin in Evreux bezahlen kann. Der Aussteller wird durch seinen Kredit und seine Beziehungen definiert.

Die dritte Person in diesem Vorgang ist der »Bezogene«. Er ist sonstwo, aber er ist gleichartig. Im Gegenzug wird er Aussteller sein, sofern der Ausgleich nicht durch eine Warensendung erfolgt. Wenn der Wechselnehmer einen Wechsel nimmt, um an einem anderen Handelsplatz zu bezahlen, so akzeptiert der Bezogene häufig einen Wechsel, um seine Schulden auf dem ursprünglichen Handelsplatz zu bezahlen. Die beiden Forderungen gleichen sich nicht unbedingt aus. Erst die Bewegung insgesamt erhält das Gleichgewicht aufrecht.

Was den »Begünstigten« betrifft, so ähnelt er dem Wechselnehmer, und zwar derart, daß die beiden manchmal ineinander übergehen. Aber es gibt einen wesentlichen Unterschied: Es handelt sich um verschiedene Orte, nicht unbedingt um verschiedene Menschen.

Diese Geschäftsleute können gut genug rechnen, um sich von Anfang an darüber im klaren zu sein, daß mit diesem Vorgang ein Kredit eröffnet wird. Während der Zeit, in der der Wechselauftrag von Genua nach Brügge oder von London nach Barcelona gelangt, ist der Aussteller im Besitz des durch den Wechselnehmer veranschlagten Geldes. Für den Augenblick hat er lediglich ein Papier ohne wirklichen Wert ausgehändigt, eine Art Schuldanerkennung, die ihn erst etwas kosten wird, wenn sie bezahlt wird. Er wird zum Schuldner eines Betrages, den er erst an dem Tag wirklich zurückgeben wird, an dem der Korrespondent, auf den er gezogen hat, ihn um einen ähnlichen und gleichwertigen Dienst bitten wird.

Ebenso verhält es sich, wenn die Ziehung des Wechsels zum Zweck hat, eine Handelsschuld des Bezogenen gegenüber dem Aussteller zu begleichen. Dieser sieht sich durch den Wechselnehmer für das bezahlt, was der Bezogene an Waren bekommen hat. Aber er wird auf der Stelle bezahlt, während die Waren vielleicht noch nicht angekommen sind oder die Zahlung durch den Empfänger der Sendung normalerweise erst später eintrifft. In diesem Fall leiht der Aussteller nicht, er diskontiert indirekt seine Forderung. In jedem Fall schafft der gezogene Wechsel eine Zahlungsmöglichkeit, in der jeder einen Kredit erkennen kann.

Wenn viele lange Zeit den Wechsel als das Mittel ansehen, Gelder zu transferieren, ohne daß Münzen transportiert werden müssen, so wird der dadurch bewirkte Kredit von Anfang an richtig eingeschätzt. Er rechtfertigt vom ökonomischen Standpunkt aus den Vorteil, der aufgrund der Kursdifferenz dem Wechselnehmer eingeräumt wird. Er hat in den Wechsel investiert, und er bekommt sein Geld erst später wieder. Dafür muß er entschädigt werden. Das hat indessen nichts mit dem Gewinn zu tun, den der manuelle Wechsler oder der Pfandleiher aus seinen Forderungen zieht. Beim Ziehen der Wechsel und beim Handel mit gezogenen Wechseln beruht alles auf dem Warenhandel und den sich daraus ergebenden Forderungen. Die Bank in der modernen Bedeutung des Begriffs, die aus diesem Handel auf Distanz mit zeitlich befristeten Schuldanerkennungen hervorgeht, ist eine Tochter des Handels. Bankplätze sind daher in der ersten Zeit die Handelsplätze, an denen der Warenverkehr einen Komplex von Forderungen verfügbar macht. Man zieht nur auf einen Handelsplatz Wechsel, an dem es Geld gibt, und das Geld geht nie allein zu einem Handelsplatz. Der gezogene Wechsel begleitet Wolle und Alaun, Tuch und Seide, Eisen und Wein. Er wird zu einer Form der Wiederanlage des Geldes.

Die kommerzielle Wiederanlage ist eine einfache Angelegenheit, die lediglich materiellen Zwängen unterliegt. Man muß wissen, was man in Bergen oder Konstantinopel mit dem Ertrag der dort getätigten Verkäufe kaufen kann, oder was man dorthin schickt, um kaufen zu können. Diese Frage berührt die Amortisierung des Schiffes und die Ausnutzung der Fahrtzeit — Warum soll diese nur in einer Richtung rentabel sein? — sowie die Notwendigkeit, mit der finanziellen Investition einer Reise zweimal Gewinn zu machen. Die Ziehung der Wechsel löst sich von derartigen Zwängen und befreit damit den Handel. Das Dreiecksgeschäft ist einfach. Es erlaubt, an einem Platz zu bezahlen, was man an einem anderen Platz schuldet, sobald ähnliche Kompensationsgeschäfte von einem zum anderen Platz das Gleichgewicht wiederherstellen. Es wird möglich, sich an dem Ort Geld zu verschaffen, an dem man es braucht, wenn man an dem Ort, an dem man eine Forderung hat, nichts damit anfangen kann. Es ist möglich geworden, einen Kauf in Trapezunt oder Kaffa mit einem Wechsel auf Brügge oder auf die Messen der Champagne zu finanzieren, und diese neue Flexibilität gibt den Kaufleuten das Mittel an die Hand, Import und Export endlich voneinander zu trennen, nicht mehr zwangsläufig englischen Alabaster importieren zu müssen, weil man den Engländern Wein verkauft. Die Verwendung des Schiffes wird zur Angelegenheit des Reeders, die des Geldes zur Angelegenheit des Kaufmanns. Es ist nicht länger erforderlich, mit der Hin- und Rückfahrt zu kalkulieren.

Die Geschäftswelt kann von jetzt an eine entschiedene, nicht länger den Zufällen überlassene europäische Politik betreiben. Die großen Florentiner Handelsgesellschaften, die im 14. Jahrhundert den Geldumlauf des päpstlichen Fiskus kontrollieren, nehmen in London das Geld, das der päpstliche Steuereintreiber vom englischen Klerus bekommen hat, um Wolle zu kaufen, ohne die Wolle nach Avignon liefern zu müssen, auf die das Florentiner Gewerbe wartet, das kaum Forderungen auf London hat. Wenn die Alberti *antichi* an die Kurie in Avignon die Beträge transferieren, die sie von den Steuereintreibern in Polen über ihre Korrespondenten in Thorn oder Krakau erhalten haben, fragen sie sich nicht einmal, ob es in Thorn oder Krakau etwas zu kaufen lohnt.

Auch wenn man deutlich sehen kann, daß es sich um einen Kredit handelt, bleibt der gezogene Wechsel ein zeitlich und geographisch flexibles Zahlungsmittel. Er ist auch am billigsten, wenn man bedenkt, was die Organisation des Transports von Bargeld in einer eher unsicheren Zeit kostet. Der Bankrott des Bankiers ist ein geringeres Risiko als die Flucht der bewaffneten Eskorte. In Frankreich, England und in Deutschland betrachten die Kaufleute bis zur Mitte des 15. Jahrhunderts den Wechselverkehr als einen Zahlungsausgleich in riesigem Maßstab. Man kommt dort erst gegen Ende des Jahrhunderts auf den Gedanken, der den Italienern schon vor dreihundert Jahren eingefallen ist, daß man nämlich keine Zahlungen braucht, um mit Kredit zu handeln. Damit entfernt sich die Bank vom Handel.

Sie bleibt ihm aber eng verbunden. Die Handelsbilanzen bestimmen von einem Handelsplatz zum andern den Preis des Geldes. Der Bankier, der das nicht berücksichtigen würde, wäre schlecht beraten. So entscheidet er sich häufig, statt eines direkten Wechsels von Brügge auf Florenz zwei Wechsel miteinander zu verketten, einen von Brügge auf Barcelona, den anderen von Barcelona auf Florenz. Münzen aus Aragon werden in Brügge, wo man nicht weiß, was man damit anfangen soll, wenig geschätzt und unterschätzt, während man Florins aus Florenz sucht und überschätzt. Und der Kaufmann weiß, daß es in Barcelona Kredite gibt, die von den Italienern in Brügge angehäuft wurden, welche dort mehr verkaufen, als sie einkaufen. Der Wechsel von Barcelona auf Florenz ist daher eine Gelegenheit, die man ergreifen muß. Das gleiche geschieht Ende des 15. Jahrhunderts, als man in Genf die Wechsel von Brügge und vor allem Antwerpen, die für die italienischen Handelsplätze bestimmt sind, übernimmt.

Damit entsteht der neue Typus des Bankiers, der sehr viel mehr als der einfache Wechsler, dessen Aktivitäten sich auf die Stadt beschränken, in der er seine »Bank« hat, internationaler Geschäftsmann ist. Im 14. Jahrhundert wird die Bezeichnung »Wechsler« auf alle angewandt, die sich professionell mit Finanzen beschäftigen, auf diejenigen, die Depots annehmen, und sogar auf Pfandleiher. Im 15. Jahrhundert gelangen diejenigen, die auf den großen Finanzplätzen mit gezogenen Wechseln handeln, zu dieser Bezeichnung, auch wenn sie weiterhin auf den kleineren Märkten wie dem von Paris auf die eigentlichen Geldwechsler angewandt wird. In Brügge, Antwerpen, London, Barcelona, Genua und Florenz gehen die Funktionen des eigentlichen Wechslers und des Wechselmaklers mehr und mehr ineinander über. Es gibt keinen Bankier, der seine Aktivitäten nicht in großem Umfang auf diesen Handel mit befristeten und andernorts einzulösenden Schuldverschreibungen ausweitet, die jedermann als Wechsel bezeichnet, weil es sich auch um den Wechsel einer Währung gegen eine andere handelt.

Der Bankier macht bei diesem Geschäft seinen Profit. Wir haben gesehen, was eine toskanische Gesellschaft gewinnen konnte, wenn sie sich gleichzeitig mit englischer Wolle und den päpstlichen Geldern in Avignon befaßte. Ein Jahrhundert später sind die Medici sowohl »Depositäre der Apostolischen Kammer«, das heißt Bankiers des Papstes, als auch Pächter für die Gewinnung des Alauns in den päpstlichen Minen von Tolfa und dessen Vermarktung in Europa. Ebenso arbeitet das Geld, das die *staplers* für die auf dem Kontinent verkaufte englische Wolle verdienen und das von den kontinentalen Kurzwarenhändlern an ihre Londoner Korrespondenten überwiesen wird, für die Kurzwarenhändler in Calais und anderswo, die in Flandern die Luxusprodukte kaufen müssen, deren Verkauf an die englische Kundschaft die *staplers* mit Bargeld versorgt, das wiederum zum Kauf neuer Wollfrachten dient. Hier wie in so vielen anderen Regionen unterstützt der Handel den Finanzverkehr und wird durch diesen erleichtert.

Der geleistete Dienst geht noch weiter. Wenn der Geldumlauf so schnell ist, wird nur selten in Bargeld gerechnet. In einer Welt, die schwer an der allgemeinen Knappheit des verfügbaren Metalls leidet und damit an der Knappheit der Zahlungsmittel, begreifen die Geschäftsleute sehr schnell den unmittelbaren Vorteil eines Systems, das Zahlungen ohne jede Verbindung mit dem vor Ort befindlichen Münzgeld organisiert. Der gezogene Wechsel hilft der mittelalterlichen Wirtschaft, durch eine Expansion zu überleben, bei der die zirkulierenden Kredite die Geldmenge ergänzen.

Obendrein verschafft die Bank dem Handelspartner Argumente. Eine Position ist besser zu halten, wenn man anbieten kann, Geld zu leihen oder finanzielle Erleichterungen zu gewähren. Die Darlehen, die die Florentiner Eduard III. einräumen, werden mit Steuerprivilegien für ihren Wollhandel belohnt. Zur selben Zeit kann der Deutsche Tidemann Limberg, ein in London ansässiger Geschäftsmann aus Dortmund, dadurch, daß er Eduard III. Geld leiht, die Zinkkonzession für Cornwall kaufen. Andere Deutsche aus Köln und Dortmund kaufen auf diese Weise Lizenzen für den Export von Wolle, sogar die Zollpacht des englischen Fiskus. Im 15. Jahrhundert ist das Monopol auf den päpstlichen Alaun die Gegenleistung für die Darlehen der Medici, und ihre Position in Brügge, auf dem großen Alaunmarkt für Nordwesteuropa, ist eine Folge des Kredits, den ihre Brügger Filiale und deren Direktor, Tommaso Portinari, Karl dem Kühnen und Marie von Burgund einräumen, nicht ohne dabei ein Risiko einzugehen. Weder die Bardi, noch Limberg, noch Portinari hätten auch nur einen Augenblick lang gedacht, daß die Bank etwas anderes wäre als eine Komponente im politischen und ökonomischen Komplex der Geschäfte.

Einige Bankiers riskieren es, den Warenverkehr aufzugeben. Vom Jahr 1300 an spezialisiert sich die Gesellschaft der Gianfigliazzi, die von 1283 bis 1325 bekannt ist, auf Darlehen in der Provence und der Dauphiné. Ebenso ist der Florentiner Jacopo Scaglia de' Tiffi vor allem der Bankier des Grafen von Burgund, Otto IV., bevor er Berater seiner Witwe, Mahaut d'Artois, wird. Gleichzeitig widmen sich die Guidi — Biche, Mouche, Tote und Vanne — sowohl den königlichen Einkünften als auch dem Geldumlauf, den Steuern auf die Messen der Champagne und der Handelspolitik mit den tucherzeugenden Städten Flanderns, wie sie von Enguerran de Marigny betrieben wird, der auf einen baldigen Aufschwung seiner Messen in Ecouis in der Normandie hofft. Später bleiben die florentinischen Bankiers der Päpste von Avignon vor allem Kaufleute, und als Lieferanten des päpstlichen Hofes werden sie für ihre »freundschaftlichen« Darlehen an den Papst und seine Kardinäle belohnt.

Diese Entwicklung in Richtung auf eine vom Warenverkehr unabhängige Bank, so begrenzt sie auch sein mag, profitiert im 15. Jahrhundert sicherlich von den Möglichkeiten, die — wie noch zu sehen sein wird — durch den Wechselprotest und den Rückwechsel von einer Bank geboten werden, die völlig unabhängig ist von Forderungen, die auf anderen Handelsplätzen tatsächlich verfügbar sind. Der Geschäftsmann spürt, daß der Warenverkehr mit den Forderungen, die er verursacht und auf einem bestimmten Handelsplatz hinterläßt, der beste Gleichgewichtsfaktor gegen einen steigenden Geldzins ist, der, wenn er rein spekulativ bliebe, einen Markt in Unordnung bringen würde, der bereits schwierig zu kontrollieren ist. Für Risikofreudigkeit ist man zu haben, nicht aber für Torheiten.

Das wird offenbar, als im Jahr 1335 in Lübeck der Bankier Hermann Klendenot Bankrott erleidet. Ein seriöser, angesehener Mann ist dieser Klendenot, der einen Sitz im Rat hat und seine gewagten Aktionen auf die solide Basis eines respektablen Kapitals stützt. In der Euphorie der letzten Jahre der Expansion entwarf er ein Finanzierungssystem, das ohne jede Verbindung mit dem Handel war, außer mit dem Handel der anderen. Er sah alles vorher, nur nicht die Kehrseiten der Expansion: Das aufgrund der allgemeinen Hochkonjunktur verfügbare Geld ließ die Zinssätze fallen. Klendenot sah die Einkünfte aus seinen Geldanlagen dahinschmelzen. Die Kundschaft wurde unruhig. Der Bankier mußte sein Kapital angreifen. Das war der Ruin. Dieses Beispiel wurde weitergetragen und veranlaßte mehr als einen zur Vorsicht.

Einige Jahre später kommt es zum Zusammenbruch der Bardi und der Peruzzi, die für das entgegengesetzte Vorgehen optiert hatten. Die Überlegungen der Geschäftsleute werden durchkreuzt. Die einzige Schlußfolgerung, die sie daraus ziehen, ist, daß man sich vor den Fürsten in acht nehmen muß. Was die Struktur und die Strategien dieser wirtschaftlichen Unternehmungen betrifft, so scheitert der eine da, wo der andere Erfolg hatte. Dieses Risiko zählt zu den Rechtfertigungen, die man für den Geldzins ersinnt, wenn es sich um gewagte Geschäfte handelt...

Durch die großen Messen haben die Handelsgeschäfte einen zyklischen Charakter. Sehr schnell ziehen die Wechselmakler aus dieser Tatsache Konsequenzen. Weil die Kaufleute mit Sicherheit zu einem bestimmten Zeitpunkt dort anzutreffen sind, konzentriert sich der Finanzmarkt auf diese Orte. Da die Fälligkeiten vorhersehbar sind, kann man sagen, daß die Zahlungen — durch eine Übereinkunft zwischen den Parteien — auf der Messe zu Saint-Ayoul in Provins, auf der Pfingstmesse in Antwerpen und auf der Messe zu Allerheiligen von Berg op Zoom abgewickelt werden. Für den, der in der Laufzeit eines Wechsels einen Zins zu verbergen sucht, ist es von Vorteil, auf diese Weise über eine Reihe von Fälligkeitsterminen zu verfügen, die durch die Gebräuche des Handels gerechtfertigt sind.

Die Messen waren die regelmäßigen Zusammenkünfte des regionalen Handels und später des großräumigen Handels. Die Entwicklung des Transportwesens und vor allem der Seetransport für Massengüter nahmen ihnen ihre Daseinsberechtigung. Es ist nicht verboten, auf der Messe Rohwolle oder Wein en gros zu kaufen — noch im 15. Jahrhundert verkauft man mitten im Monat Juni auf der Messe des Lendit Wein —, aber es gibt bessere Märkte, die häufig näher an den Produktions-

237

stätten liegen. Englische Wolle wird in London oder in der kontinentalen Etappenstadt gekauft, spanische Wolle in Medina del Campo, Wein aus der Gascogne in Bordeaux oder Brügge, Wein aus Burgund in Paris. Die Messen verschwinden, wie die meisten Pariser Messen, die durch die Einrichtung einer ständigen Geschäftsniederlassung in der Hauptstadt im 14. Jahrhundert überflüssig wurden. Andere wiederum, die sich dadurch, daß sie sich spezialisieren, behaupten können, kommen zum Vorschein. Wolle findet man im 14. Jahrhundert auf der Messe von Medina del Campo, Seide und Gewürze im 15. Jahrhundert auf der Messe von Lyon. Diese Luxusprodukte bringen einen Zahlungsumfang mit sich, der geeignet ist, die Funktion der Bank festzuschreiben.

Die meisten Messen retten ihren Betrieb, indem sie den Markt des Termingeldes an sich ziehen und organisieren. Man notiert das Termingeld — je nach der für die Zahlung vorgesehenen Messe — wie die Ernten und zukünftigen Frachten. Manche Messen bewahren ein gewisses Gleichgewicht zwischen ihrer Handels- und ihrer Finanzfunktion. Die Messe von Boston in England gibt Wolle und Tuch nicht auf. Berg op Zoom behält seine Rolle im Vertrieb des englischen Tuchs. Die Messen von Frankfurt sind weiterhin der große europäische Markt für die deutschen Produkte, für Leinen wie für Werkzeuge und Waffen, für Weine wie Heringe. Nach Leipzig kommen Pelze aus Polen und Rußland. Und die Genfer Messen behalten die Kontrolle des transalpinen Handels mit italienischen Produkten und Produkten aus Nordwesteuropa.

Andere halten sich nicht an dieses Gleichgewicht und werden zu einer »Wechselmesse«. Die Begleichung und die Verrechnung der gezogenen Wechsel reichen aus, um Menschen und handelsfähige Papiere zusammenzubringen. So hält die Finanzfunktion ein Vierteljahrhundert lang den Niedergang der Messen der Champagne auf, der sich seit 1300 ankündigte. Sie begünstigt im 15. Jahrhundert ebenfalls das Überleben der Messen von Lyon trotz der Konkurrenz von Genf und der Häfen des Languedoc. Die Finanzspekulation des Wechselmaklers erreicht hier die Dimension, die ihr unter den »Geschäften« tatsächlich zukommt. Im finanziellen Gewinn, der durch einen offenen Markt moralisch gerechtfertigt ist, sieht sie ihre Vernunft.

Vom Vertrag zum Wechselbrief

Als eine Verbindlichkeit, die an einem Ort eingegangen und an einem anderen beglichen wird, resultiert der Wechsel aus einem Vertrag. Die Menschen des Mittelalters gehen bei jeder Gelegenheit zum Notar, ob sie nun einen Ochsen mieten oder einen Kompagnon einstellen. Es scheint ganz natürlich zu sein, den Notar damit zu beauftragen, ein Instrument für den Wechsel zu erstellen. Als um das Jahr 1200 der gezogene Wechsel in Erscheinung tritt, ist seine sachliche Form ein Wechselvertrag, der vor einem Notar und vor Zeugen abgeschlossen wird. Dabei wird nichts von dem ausgelassen, was in dem Jahrhundert der Wiederentdeckung des römischen Rechts für eine derartige Urkunde vorgeschlagen wird, um deren Sicherheit, Auslegung und Ausführung zu gewährleisten. In der komplexen Form, die der juristische Diskurs vorschreibt, wird dieses Instrument — das im übrigen ziemlich einfach ist für Leute, die etwas vom Geschäft verstehen — mit einem ganzen Rattenschwanz von Klauseln versehen, in denen die mittelalterliche Praxis den besten Schutz vor dem Schrecken, der Vertrag könnte nichtig sein, sieht. Man verzichtet daher auf Ausnahmen, schafft Garantien und zitiert das ganze Arsenal geistlicher und weltlicher Strafen. Um ganz sicher zu gehen, sagt man dreimal das gleiche. Die Kanzleien kennen das Verfahren. »Wir haben gegeben, abgetreten und eingeräumt«, sagt der eine. »Wir weisen an, verfügen und befehlen«, sagt der andere. So will es der Brauch. Davon abzugehen, wäre unklug.

Der Wechselvertrag formuliert daher seinen wesentlichen Zweck, Schuldanerkennung, Verpflichtung und Zahlungsbefehl zu sein, in einem langen Diskurs. Der letztendlich Begünstigte wird selten genannt und spielt zu diesem Zeitpunkt des Geschäfts keine Rolle. Der Aussteller schuldet dem Wechselnehmer das Geld, das dieser ihm übergeben hat. Er verpflichtet sich, es demjenigen zurückzugeben, der zu diesem Zweck vorstellig wird. Aus dieser grundlegenden Verfügung des Wechselvertrags resultiert, daß der Begünstigte kein Recht hat. Er hat daher keine Handhabe, weder gegen den Bezogenen, wenn dieser nicht zahlt, noch gegen den Aussteller, wenn dieser einen Wechsel leichtfertig ausgestellt hat. Der einzige Gläubiger ist der Wechselnehmer. Wird der Wechsel nicht bezahlt, wird er enttäuscht.

Die Geschäftsleute sehen hierin eine offene Tür für die Umgestaltung des Wechsels in ein Kreditmittel. Die Zeit, die bis zur Zahlung verstreicht, ist nicht die Zeit des Transfers, sondern natürlich die Zeit des Darlehens.

So lädt am 26. Februar 1308 — unserer Jahreszählung zufolge, die die Jahre mit dem 1. Januar beginnen läßt — der Bruder von Biche und Mouche, Vanne Guy, zu der Zeit Gesellschafter der Tolomei, einen Notar aus Siena in sein Haus in Bordeaux, der sich wie durch Zufall dort befindet. Vanne Guy muß auf den Messen der Champagne tausend Florins zahlen:

»Im Namen des Herrn, Amen. Im Jahre 1307 nach der Geburt unseres Herrn, am sechsundzwanzigsten Tag des Monats Januar, im Jahre zwei des Pontifikats unseres Herrn Papst Klemens V.
In Gegenwart von mir, Notar, und der unterzeichneten Zeugen, hat Raniero Griffi, Bürger und Kaufmann aus Siena, Gesellschafter der Gesellschaft der Gallerani aus Siena, in seinem Namen und im Namen aller Gesellschafter besagter Gesellschaft, den Wechsel und den Preis von tausend Goldflorins, die er in seinem Namen und im Namen besagter Gesellschafter und Gesellschaft

anerkennt, von Vanne Guy, seinem Mitbürger und Kaufmann aus Siena, Gesellschafter der Gesellschaft der Tolomei aus Siena, bar in seinem Namen und im Namen besagter Gesellschafter erhalten.

Raniero Griffi hat besagtem Vanne versprochen und mit ihm abgesprochen, in seinem Namen und im Namen besagter Gesellschafter, besagtem Vanne und seinen Gesellschaftern und jedem von ihnen für das Ganze oder ihrem zu diesem Zweck Gesandten auf den Messen von Lagny, die derzeit in Lagny abgehalten werden, als gerechte Zahlung 2125 Livres in kleinen Deniers tournois zu zahlen, von denen ein alter Gros tournois aus Silber ungefähr 40 Denare wert ist...«

Auch wenn sie notwendig sein mag, so ist die schwerfällige Präzision des notariellen Textes doch quälend. Alles wird doppelt gesagt, und das mehrere Male. Wird diese Form nicht erfüllt, gibt der Notar keine Garantie. Wohlgemerkt: Er wird nach der Länge des Textes bezahlt. Um auf ihn verzichten zu können, muß der Kaufmann sein eigenes Recht schaffen, seine eigenen Urteile und seine eigene Rechtsprechung, mit Hilfe derer man sich über das Vokabular des Handels und untereinander verständigt. Dann wird man nicht mehr einen Notar und Pergament bezahlen, um, wie der Gesellschafter der Gallerani, auf zwanzig Möglichkeiten zu verzichten, gegen die Schuldverschreibung Einspruch zu erheben, was sicherlich die Wirkung hätte, den Geschäftsmann, der dies riskieren würde, vom Markt auszuschließen. Der Notar von 1308 kann nur Vorsicht walten lassen. Im übrigen ist er dafür da:

»Besagter Raniero [...] verzichtet auf die Einrede der erhaltenen und nicht berechneten Summe, auf die Einrede des Bekenntnisses, der Anerkennung, des Versprechens, der Übereinkunft, der Verpflichtung und des Wechsels, wie oben genannt, die nicht tatsächlich erfolgt sind, auf die Einrede nicht erledigter Dinge, wie gesagt wird, und auf den Gewinn neuer Aussetzungen, des Erlasses des göttlichen Hadrian, auf das Privileg des Kreuzes, auf das Privileg der Rechtsprechung jeder Partei, auf jede Übereinkunft über Richter und Orte, und auf jede andere Einrede...«

Vanne Guy, der sich hier als aus Siena stammend ausgibt, weil er zu der Zeit Gesellschafter der Tolomei ist, wechselt mit dieser Urkunde, deren Text eine ganze Pergamenthaut in Anspruch nimmt, tausend Florins, zahlbar in kleinen Tournois auf einer der Messen der Champagne. Zum offensichtlich nicht strittigen, also bei den Kaufleuten bekannten Kurs von 2 Livres 2 Sous 6 Deniers für einen Florin macht das 2125 Pfund. Aber für den anonymen Bezogenen, den Vanne Guy nicht kennenzulernen sucht, denn man findet in Lagny mühelos den Gesellschafter der Gallerani, ist der Kurs des Tournois wichtig. Es handelt sich um die kleinen Tournois, die mit vierzig Denaren für einen alten Gros notiert werden. Sofern nicht eine Änderung der königlichen Währung innerhalb der Frist weniger Münzen und weniger Feinsilber verfügbar macht!

Verträge wie dieser werden von Genuesen und Venezianern noch während des ganzen 14. Jahrhunderts abgefaßt. Franzosen und Spanier führen dies bis zum Ende des 15. Jahrhunderts fort. Trotz ihrer Kosten hat diese Praxis ihre Vorteile. Der Vertrag bleibt bei den Urschriften des Notars, der sich damit begnügt, die Seite auszustreichen, wenn man ihm später die Zahlungsquittung vorlegt. Das heißt, daß die Parteien durch die Ausfertigung des Vertrages, den der Wechselnehmer im Austausch gegen seine Florins erhält, vor einem eventuellen Verlust geschützt sind. Der Wechselnehmer hat nicht sein Gold gegen ein Papier eingetauscht, das verlorengeht. Eine Ausfertigung verbleibt, mit einem sicheren Datum versehen, bei einem Zeugen, der durch die Autorität des Fürsten eingesetzt und mit diesem Vorrecht ausgestattet ist.

In der Toskana empfindet man dies alles als unnötige Erschwernis. Und man geht das Risiko ein, das Verfahren einfacher zu machen. Seit langem — zumindest um das Jahr 1200 — konnte der Wechselaussteller nicht darauf verzichten, unverzüglich den Korrespondenten zu benachrichtigen, auf den er einen Wechsel gezogen hatte. Die Vorlage des Vertrages durch den Empfänger — den Wechselnehmer selbst oder seinen eigenen Korrespondenten — hatte dann nichts Überraschendes. Der »Ankündigungsbrief« hatte weder eine obligatorische Form noch einen juristischen Wert. Aber er löste den finanziellen Mechanismus der Zahlung aus. Indem er den Brief zur Kenntnis nahm, konnte der Bezogene die Zahlung in seinen eigenen Fälligkeitskalender übertragen. Man sprach gern von einem »Zahlungsbrief«.

Einige kamen auf die Idee, daß man dem Wechselnehmer den Ankündigungsbrief zusammen mit der Abschrift des Vertrags übergeben könnte. Schließlich lag es im Interesse des Wechselnehmers, diesen Brief so schnell wie möglich abzuschikken. Der »Zahlungsbrief« hatte daher die Tendenz, ein Wertpapier zu werden. Sofern die Parteien regelmäßig genug in Verbindung miteinander standen, um das gegenseitige Vertrauen zu rechtfertigen, konnte man daran denken, einfach nur den Brief zu schicken. Der Wechselnehmer behielt den Vertrag für den Fall einer Beanstandung. Wenn der Bezogene bei Vorlage des Briefes zahlte, hatte die notarielle Urkunde nur als Sicherheit gedient. Man sprach in diesem Fall von einem »Wechselbrief«.

Eine solche Entwicklung war nur möglich aufgrund des merklich gestiegenen kulturellen Niveaus des Kaufmanns. Der Aussteller unterschrieb seinen Brief. Seine Korrespondenten wiederum mußten wenigstens seine Unterschrift kennen und identifizieren können. Diese Vereinfachung des Verfahrens war nur denkbar in einer Welt, in der ständig Post ausgetauscht wurde, in der also der Kaufmann sich alltäglich die Finger mit Tinte befleckte.

Die Vorteile waren bald schon für diejenigen offensichtlich, die den gezogenen Wechsel häufig verwendeten. Sobald der Vertrag nur noch der Sicherheit diente, erschien diese durch die Urschrift, eine Art Konzept, das mit vielen Abkürzungen in die Register des Notars eingetragen wurde, ausreichend garantiert. Die Urschrift, obwohl der Form nach ein Konzept, war nichtsdestoweniger das wirkliche Original. Sie diente als Beweisstück. Wozu sollte man also unter diesen Umständen für eine umständliche Ausfertigung zahlen, die nur im Falle eines Prozesses nützlich war? Es war immer noch Zeit dafür, wenn es zu einem Prozeß kam.

Dreißig Zeilen einer feierlichen Urkunde wurden durch drei Zeilen eines einfachen Briefes ersetzt. Das kostete nur das Pergament und später das Papier. Da der Brief wenig kostete, konnte man sich den Luxus leisten, zwei oder drei Exemplare davon, gebührend numeriert, durch verschiedene Überbringer und sogar auf verschiedenen Routen zu verschicken. Die Transaktion gewann damit an Sicherheit. Bald sparte man auch die Urschrift selbst, das heißt den Notar. Wesentlich war, daß der Wechsel in der Sprache der Kaufleute präzise beschrieben wurde. Im 15. Jahrhundert blieben davon nur noch die finanziellen Angaben übrig:

»Im Namen Gottes. Am 26. April 1465. Zahlt durch diesen ersten Wechsel über 75 Tage, ausgestellt auf Piero de Medici und Compagnie, 1564 Dukaten, das heißt 1574 Philippstaler, für den uns berechneten Wert. Gott schütze Euch.
Niccolò Manelli und Giovanni Chanigliani und Compagnie in Valencia.«

Und auf der Rückseite hieß es:

»An Giovanni Salviati und Piero da Rabatta und Compagnie, in Brügge. Erster Wechsel.«

Die Ausweitung der Geschäftsverbindungen und insbesondere die der Filialen machte die Bahn frei für den Wechsel. Es ist nicht erstaunlich, daß dies, wie es scheint, zuerst in Siena und Piacenza der Fall war, und zwar um das Jahr 1225. Florenz ersetzte etwas später den Vertrag durch den Brief. Der erste gesicherte Fall datiert aus dem Jahr 1291, aber der Schritt war vielleicht schon seit der Mitte des Jahrhunderts getan. Es folgte Genua, auch wenn man an der Riviera noch lange Zeit den Vertrag benutzte. Die Vorsicht der Genuesen rührte aus ihrer langen Vertrautheit mit der Seefahrt: Man kann nicht alle Risiken gleichzeitig eingehen.

Da die Italiener den Bankenmarkt von Brügge dominieren, gewöhnt man sich dort seit dem ersten Drittel des 14. Jahrhunderts an den Wechselbrief, der die Transaktionen vereinfacht und der, alles in allem, wenig schockiert an einem Ort, an dem die Notare und das römische Recht nur importierte Akteure des gesellschaftlichen Spiels sind.

Venedig kommt erst spät zum Wechselbrief: nach 1350. Die Tatsache, daß das Recht und die Gebräuche der Serenissima in der Praxis die Entstehung von Filialen untersagen, beschränkt stets das, was die Venezianer auf das Vertrauen über große Entfernungen gründen könnten.

Frankreich, England und Deutschland kommen erst im 15. Jahrhundert dazu, und mit welchen Vorbehalten! Man schickt Briefe, macht aber weiterhin Verträge, wenn man es nicht sogar vorzieht, Wagen mit Säcken voll Gold und Silber zu schikken. Um das Jahr 1390 kennen sehr viele päpstliche Steuereintreiber keine andere Transfermöglichkeit als diese. Der Eintreiber von Toulouse, Sicard de Bourguerol, und der Eintreiber von Le Puy, Pons de Cros, befördern so 80 bis 84 Prozent ihrer Sendungen für die Schatzkanzlei von Avignon. Zur gleichen Zeit fließen die Einkünfte des Papstes in Kastilien eher durch Wechsel, die in Sevilla gezogen werden. Der Grund ist offensichtlich: Die Entfernung lastet auf der Wahl der Mittel.

Allerdings ist die Entfernung nicht immer ein Argument: Der Hamburger Kaufmann Vicko von Goldensen schickt Säcke mit Gold und Silber nach Brügge, um seine Einkäufe zu begleichen.

Die Italiener gehen schon lange nicht mehr zum Notar, es sei denn, sie wollen Änderungen in den Registern vornehmen. Die toskanischen Bankiers ziehen ihre Wechsel, indem sie Wechselbriefe unterschreiben, das ist alles. Andernorts wird die Bankpraxis weiterhin durch das enge Netz der Verbindungen beschränkt. Der Kaufmann aus Toulouse stellt Wechsel auf die Messen von Pézenas und Montagnac und auf Barcelona aus, notfalls auch auf die Genfer Messen. Wenn sein Mißtrauen dem Hanseaten nicht verbietet, auf Kredit zurückzugreifen, stellt er Wechsel auf Brügge aus. Der Wechselbrief hat die Bankgeschäfte leichter gemacht, aber wir dürfen nicht vergessen, daß der Kaufmann nur auf einen Handelsplatz Wechsel ausstellt, an dem seine Unterschrift bekannt ist.

Die Frist macht den Kredit aus. Das ist von einem theologischen Standpunkt aus sogar der größte Mangel der Zinsen: Diese resultieren aus der verstreichenden Zeit. Ob Vertrag oder einfacher Brief, der gezogene Wechsel ist zu einem bestimmten Termin zahlbar, an einem Feiertag, auf einer Messe. Man kennt die Skala der Fälligkeiten, wie sie der Zyklus der Messen, etwa der Messen der Champagne oder der Messen Flanderns, festlegt. Es erscheint aber sehr bald schon wünschenswert, deutlich eine Zahlungsfrist festzusetzen, die unabhängig von der Transportzeit ist. In Genua einen Wechsel zu ziehen, der in Provins zu Saint-Ayoul zahlbar ist, bedeutet nichts, wenn man nicht weiß, wann der Brief ankommen wird. Einen Monat oder acht Tage vor dem Feiertag, das ist für den Bezogenen ganz und gar nicht das gleiche. Daher die Idee, die im 14. Jahrhundert aufkommt: Ein Wechsel ist zahlbar innerhalb einer bestimmten Frist, die auf jedem Handelsplatz durch den Brauch je nach der Ankunft des Briefes, oder genauer: je nach seiner Vorlage bei dem Bezogenen, das heißt demjenigen, der ihn bezahlen muß, festgelegt wird. Der Begünstigte legt seinen Wechsel vor. Er wird in Venedig innerhalb von zehn Tagen für einen Wechsel, der aus Florenz kommt, und in Barcelona innerhalb von dreißig Tagen für einen Wechsel, der aus Brügge kommt, bezahlt. Für einen von Italien auf London gezogenen Wechsel beträgt die Frist drei Monate.

Der erste Grund für die Frist ist eine Erleichterung für den Bezogenen. Sie deckt die Zeit ab, die er braucht, um das Geld zu beschaffen. Sie ist für die beiden Beteiligten aus dem Herkunftsort auch eine garantierte Zeit des Kredits. Sonst wäre nicht einzusehen, warum die Frist im Verhältnis zur Entfernung und nicht zum Betrag festgesetzt wird, wobei die Reisezeit natürlich noch hinzukommt. Hundert Écus zu beschaffen, um eine Schuld zu begleichen, ist ein und dasselbe, ob der Zahlungsbefehl nun aus Florenz oder aus Montpellier kommt. Die Frist, die den im Wechselkurs verborgenen Zins rechtfertigt und reguliert, wird daher sehr bald eine der Gegebenheiten der Wahl, die sich dem Geschäftsmann bietet, sobald er nicht mehr die Absicht hat, in Lagny für Tuchballen zu bezahlen, sondern sich in Genua oder Barcelona einen mittelfristigen Kredit zu verschaffen — den Kredit der Spekulationen und Investitionen.

Fiktion und Geschäftsverkehr

Wenn man ihm den Wechsel präsentiert, kann der Bezogene auf zweierlei Weise reagieren. Er kann ihn akzeptieren und innerhalb der Frist zahlen oder ihn verweigern. Die Statuten Genuas geben ihm vierundzwanzig Stunden, um seine Wahl bekanntzugeben. Diese ist in Wirklichkeit leicht, denn für den, der lesen kann, sind die Dinge klar.

Der einzige Gläubiger ist der Wechselnehmer. Keiner vermag etwas auszurichten gegen jemanden, der sich weigert, in London einen Wechsel aus Genua zu zahlen. Es ist für den Bezogenen leicht, geltend zu machen, daß die Situation in London anders aussieht, als man in Genua glaubt, und daß er nicht über das notwendige Bargeld verfügt. Der Begünstigte, der das Geld in London erwartete, kann immer protestieren und Zeugen angeben. Aber er kann nicht die Zwangsvollstreckung betreiben.

Er tut besser daran, sich an einen Notar zu wenden und ein amtliches Protokoll über die Weigerung erstellen zu lassen, einen sogenannten »Protest«. Einige machen sich das Leben schwer, indem sie im Gegenzug einen Wechsel in umgekehrter Richtung ziehen: Der enttäuschte Begünstigte zieht auf den Wechselaussteller zugunsten des Wechselnehmers, was zu nichts führt. Einfacher ist die Rücksendung des protestierten Wechsels mit dem Protest. Der scheinbar verwirrte Wechselaussteller erstattet ihn dem theoretisch enttäuschten Wechselnehmer. In London zahlen zu wollen, ist in der Tat eine Niederlage und bedeutet verlorene Zeit. Eine Schuldverschreibung zu verlangen, bedeutet einen langen Kredit, nämlich die Dauer von zwei Reisen. Sofern man sich mündlich im voraus geeinigt und den Bestimmungsort je nach der gewünschten Frist gewählt hat, kann ein protestierter Wechsel von Florenz auf London einen sicheren Kredit über sechs Monate verschaffen, bei dem der Anteil des Zufalls sich auf die kurzfristigen Schwankungen des Geldmarktes reduziert.

Im 16. Jahrhundert geht man weiter und hält schwarz auf weiß fest, daß es nicht darum geht, bei Fälligkeit zu bezahlen. Die *ricorsa*, die vereinbarte Rücksendung, hinterläßt erst nach 1550 Spuren in den Akten. Im 15. Jahrhundert muß der »Rückwechsel« den Anschein des Zufälligen haben. Er ist in der Tat seit dem 14. Jahrhundert so häufig, daß man nicht an die Ungeschicklichkeit der Wechselaussteller glauben mag. Wenn jemand in diesem Ausmaß Wechsel auf Korrespondenten gezogen hätte, die wenig zur Zahlung bereit waren, hätte er seine Kundschaft nicht behalten. Das wird deutlich, wenn in Genua von 1450 an unerwartete Proteste hervorgehoben werden. Die anderen verstehen sich von selbst. Ende des 15. Jahrhunderts spricht man in der Toskana, unabhängig vom Bestimmungsort der zum Protest bestimmten Wechsel, von »Londoner Wechseln«. Aber man stellt für kürzere Kredite »Londoner Wechsel« auf Genf oder Barcelona aus!

Im 15. Jahrhundert etabliert sich ein Brauch, der die Berechnung der Kurse klärt und praktisch den Gewinn des Wechselnehmers garantiert. Anstatt daß jeder Handelsplatz nach Belieben die ausländischen Währungen in ihrem Verhältnis zur lokalen Währung berechnet, kommen die Geschäftsleute mit der Zeit überein, daß bestimmte Handelsplätze anderen einen sicheren Kurs garantieren, anders gesagt, daß diese Orte mit einer variablen Zahl ausländischer Währungen für eine lokale Einheit rechnen. Italien garantiert Brügge einen sicheren Kurs: Wenn der Florin oder der Dukaten in Florenz oder Venedig bereits eine variable Anzahl flämischer Groschen wert ist, so verhält es sich in Brügge genauso. Ebenso garantiert Venedig Florenz einen sicheren Kurs. Dieser wird ausgedrückt in einer bestimmten Zahl florentinischer Soldi für einen Dukaten. In der gleichen Zeit geht Genf dazu über, Genua einen sicheren Kurs zu geben: Der Écu ist so und so viele Genueser Soldi wert.

Das könnte lediglich eine Sache des Währungsstolzes sein. In Wirklichkeit kommt für alle die Begrenzung der Unwägbarkeiten des Wechselkurses vor dem Nationalstolz. Ein stillschweigendes Übereinkommen hält den Kurs einer Währung, der durch die Makler aufgrund von Angebot und Nachfrage festgesetzt wird, auf einem Handelsplatz, der einen sicheren Kurs garantiert, auf einem höheren Niveau. Nicht weil dieser Handelsplatz einen sicheren Kurs garantiert, sondern weil er als wichtiger angesehen wird und daher einen sicheren Kurs festlegt.

Sofern man den gezogenen Wechsel bezahlt — was den Kredit nicht ausschließt, denn er wird häufig mit der Zahlung auf Distanz kombiniert —, wird der Vorgang nicht unbedingt durch eine Zahlung in vollwichtiger Währung abgewickelt. Sehr

245

vielen Geschäftsleuten, die bereits über ein Konto verfügen, genügt eine einfache schriftliche Eintragung. Aber ob man nun in Münzgeld bezahlt oder nicht, der wechselseitige Kurs der beiden vertraglich festgesetzten Währungen garantiert den Zins des Gläubigers. Da der Kurs in beiden Richtungen verschieden ist, verdoppelt die Rückkehr zur Herkunftswährung den Zins des Rückwechsels.

Trotz der Mißbilligung der Kanoniker stellt man »Londoner Wechsel« aus, ohne den Wechselbrief abzuschicken. Der florentinische Aussteller notiert in seinen Büchern, daß er zehn Florins schuldet, zahlbar in Venedig in *Lira di grosso*. Zwei Wochen später zahlt er seinem Gläubiger die elf Florins zurück, die das Produkt des Rückwechsels sind. Dieser »trockene Wechsel« hat natürlich nichts mehr mit irgendeinem Handelsgeschäft zu tun und ist reine Fiktion, deren Mechanismus auf dem garantierten Unterschied der Kurse zwischen Florenz und Venedig beruht. Aber der Handelsverkehr hat ihn möglich gemacht: Weil die Handelsbilanz der beiden Städte früher zugunsten des großen Hafens an der Adria ausfiel, garantierte Venedig mit der Zeit Florenz einen sicheren Kurs. Der Kurs ist höher an dem Ort, der den Kurs garantiert. Man weiß das und berücksichtigt es vor der Ausstellung eines Wechsels und mehr noch eines Rückwechsels.

Die Kurse sind abhängig vom Finanzmarkt, besonders von den Schwankungen der Handelsbilanz. Ein permanentes Defizit verteuert normalerweise das Geld. Aber man weiß, daß andererseits der Zinssatz – die Geldmiete – von der Geldmenge abhängig ist, die für Investitionen zur Verfügung steht. Jede Erhöhung der Zinssätze, die die Kurse an dem Ort, der einen sicheren Kurs garantiert, steigen läßt, führt, an dem Ort, der keinen sicheren Kurs gibt, zu einer entsprechenden Senkung.

Die Währungsänderungen wirken sich natürlich unmittelbar auf den Wechselkurs aus. Sie können den Zustand und die Tendenz des Finanzmarktes zum Ausdruck bringen oder von innenpolitischen Erwägungen abhängen. Manche haben einen Vorteil bei einer Abwertung, andere bei einer Aufwertung. Vom 14. Jahrhundert an spielen die Währungsänderungen infolge der Rückkehr zum Bimetallismus in einem unruhigen Europa auch eine Rolle für die Kursbildung und das Verhältnis von Gold und Silber, was die Historiker als »Währungskrieg« bezeichnen, weil der Feind gelähmt oder der Nachbar dadurch in Bedrängnis gebracht werden kann, daß es zu einer Kapitalflucht kommt. Auch wenn die Zeitgenossen deren Häufigkeit und Tragweite überschätzt haben, leiden die Wechselkurse auf den großen Handelsplätzen wie Brügge oder Genua doch unter den Auswirkungen der Spekulationen der Geschäftsleute, die nach Profit streben.

Der Wechselmakler macht keinen Reingewinn. Er hat Kosten. Der Wechsel bringt nicht immer etwas ein. Um das Jahr 1450 verdient ein Genueser Wechselmakler jährlich 8 bis 12 Prozent auf seine Londoner Wechsel. Ein Toulouser Wechselmakler verdient zwischen 3 und 17 Prozent, aber größtenteils mit Wechseln von rein kommerziellem Interesse, die nicht zurückgehen. Auf den großen Handelsrouten handelt es sich um einen Profit ohne wirkliches Risiko; auf den weniger frequentierten um einen spekulativen Profit, auf den nur bei Gelegenheit zurückgegriffen wird. Man findet leichter und billiger einen Wechsel auf Brügge in Florenz als einen Wechsel auf Paris in Le Puy. Die Steuereintreiber in der Zeit des Großen Schismas, die ihre Einnahmen nach Avignon transferieren müssen und nicht über städtische Handelsplätze wie London oder Brügge verfügen, können ein Lied davon singen. Bevor sie sich auf die Forderungen eines Wechslers oder eines Krämers aus Rennes, Clermont oder Lodève einlassen, der in Avignon natürlich weder über einen Korrespondenten noch über einen finanziellen Gegenwert verfügt, ziehen sehr viele Steuereintreiber es vor, sich selbst auf den Weg zu machen oder jemanden mit einem Sack Gold zu schicken, der am Sattel befestigt ist.

Damit der Wechsel wirklich seine Rolle als Zahlungs- und Kreditinstrument spielen konnte, das in der Lage war, der Geldknappheit im Europa des Mittelalters abzuhelfen, mußte er nur noch indossierbar sein. Einige Wechselmakler scheinen seit dem 15. Jahrhundert auf eine solche Flexibilisierung des Wechselumlaufs gekommen zu sein, aber als Ausnahmeverfahren, das einem genau umrissenen und nicht erneuerbaren Bedürfnis entsprach. Keiner sah darin die zukünftige Bank. Man sah nur die unmittelbare Bequemlichkeit, die von den Umständen zugelassene Notlösung.

Die ersten Indossamente sind pragmatischer Natur. Auf dem unteren Teil eines Wechsels über 617 Francs, der 1410 zugunsten von Gherardo Cattani aus Lucca von Montpellier auf Barcelona gezogen wurde, indossiert letzterer zugunsten eines Landsmanns, anstatt sich auszahlen zu lassen. Die Sache wird kompliziert, wenn der neue Begünstigte seinerseits zu indossieren versucht, in der materiellen Bedeutung des Wortes, das heißt auf der Rückseite des Wechsels:

»Im Namen Gottes. Am 5. Februar 1410.
Zahlt durch diesen ersten Wechel, 16 Tage nach Sicht, an Gherardo Cattani vierhundertdreiundachtzig Livres zwölf Sous fünf Denare, das heißt 483 l. 12 s. 5 d. Auf Rechnung von Bartolino di Niccolo Bartolini in Paris. Gott schütze Euch. Zahlt 16 Tage nach Sicht.
Ich, Gherardo Cattani, bin es zufrieden, daß Ihr mit besagten Denaren den Willen von Jacopo Accettanti erfüllt.
Antonio di Neve, aus Montpellier. Gruß.«
Und auf der Rückseite heißt es:
»Ich, Jacopo Accettanti, bin es zufrieden, daß Ihr für mich besagte Denare an Andrea de' Pazzi und Compagnie gebt.«
Adresse:
»Francesco di Marco aus Prato, in Barcelona.«

Wir wissen nicht den Grund, weswegen der Florentiner Pazzi den Betrag nicht erhielt, der in Buchstaben und Zahlen — eine Vorsichtsmaßnahme, die sich erhalten hat — auf dem aus Montpellier gekommenen Wechsel eingetragen war. Das Indossament zu seinen Gunsten wurde gestrichen, und Accettanti schrieb in der Folge: »Aufgehoben«. Dann ließ er sich auszahlen. Keinen Augenblick haben Cattani und er das Gefühl einer Neuerung zum Ausdruck gebracht. Cattani fand es einfach bequem, seine Forderung zu transferieren, und Accettanti war gerade dabei, es ihm gleich zu tun.

Die gleiche Bequemlichkeit sieht der florentinische Bankier des Papstes, der 1430 einen Wechsel von Rom auf Barcelona entgegennimmt. Der Aussteller ist der Beichtvater Alphons' V. von Aragon, der Bezogene der König selbst, das heißt sein Schatzmeister, der an die Barceloneser Filiale der Pazzi zahlen muß. Dies, die Verbindlichkeit eines Klerikers, der in Rom Geld benötigt, für die Geschäfte seines Herrn, des Königs, gewiß, und der einen Bankier aus Barcelona das zurückzahlen läßt, was er in Rom geliehen hat, dies ist schon ein ungewöhnlicher Wechsel. Noch erstaunlicher ist, daß einer der Gesellschafter der Pazzi in Aragon, Francesco Tosinghi, wie es scheint, den Wechsel zugunsten des Bevollmächtigten der Pazzi in Valencia »indossiert«, wo sich zu dieser Zeit der König befindet. Handelt es sich um eine regelrechte Forderungsabtretung, um das, was die Italiener eine *girata* nennen? Oder ist es nicht eher eine einfache Vollmacht? Der Begünstigte hat auf jeden Fall nicht die Absicht, dem König hinterherzulaufen. Nichts von all dem läßt vermuten, daß das Indossament die Funktion des gezogenen Wechsels als treuhänderisches Geld entwickeln sollte.

Anders ist es, wenn ein bekannter Londoner *stapler*, John Feld, Wolle nach Calais schickt, wo am 31. Oktober 1447 sein Bevollmächtigter Lowes Lyneham für 247 Pfund Wollgarn, an einen Kaufmann aus Bergen, Peter Lorenzen, verkauft, der zwei »Zahlungsbriefe« übergibt, der eine über 124 Pfund, zahlbar an Pfingsten 1448, der andere über 123 Pfund, zahlbar am nächsten Sankt-Michaelis-Tag. Im Juni 1451 bleiben von dem zweiten Brief noch 67 Pfund zu zahlen. Lyneham, der es überdrüssig ist, die Sache weiter zu verfolgen, läßt den Brief an einen Dritten, den Kurzwarenhändler John Petyt, übergeben. Dieser verpflichtet sich, ihn Lyneham zu übergeben — oder an Feld selbst —, wenn nicht alles bis zum Jahr 1454 bezahlt ist. Aber in Wirklichkeit bedient er sich des Briefes, um verschiedene Waren zu bezahlen — bei Flamen, die sich schließlich mit einer Verbindlichkeit gegenüber Peter Lorenzen wiederfinden.

Petyt hat Lyneham eine Garantie gegeben: eine Verbindlichkeit von 80 Pfund. Da er seine 67 Pfund nicht sieht, verlangt Feld vergebens seinen Zahlungsbrief und fordert schließlich die Einlösung der Verbindlichkeit. Petyt wendet ein, daß er seine Pflicht getan, das heißt Lorenzen vor dem Gericht von Bergen den Prozeß gemacht habe...

Die Sache wäre geringfügig, wenn da nicht dieser in Umlauf befindliche Brief und die beiden sich kreuzenden Verbindlichkeiten wären. Es handelt sich hierbei nicht um einen Wechsel, sondern lediglich um eine Schuldanerkennung und eine Garantie. Dennoch bedient sich Petyt sehr wohl seines Briefes als eines Zahlungsmittels, indem er einen Betrag diskontiert, den er selbst nicht eintreiben kann. Natürlich wird dieser ganze Kreislauf durch die Tatsache bestimmt, daß der Kurzwarenhändler Petyt in der Lage ist — oder man ihm zutraut —, einen Schuldner in Bergen zur Zahlung zu zwingen. Auch hier, bei diesem Trattendiskont wie auch bei dem Indossament von Barcelona, ist es die unmittelbare Bequemlichkeit, die eine schnelle Lösung nahelegt. Man tauscht zwei Tratten aus, um sich eine Reise zu ersparen. Es ist eine materielle Erleichterung, aber sie bringt keine Vereinfachung des Verfahrens mit sich. Auch in London ist man sehr weit von dem Geldfluß entfernt, den der indossierbare Wechsel verschaffen wird. Der Gedanke gewinnt erst im 16. Jahrhundert Konturen, wiederum bei den Florentinern.

Selbst in der Toskana ist man im 15. Jahrhundert noch sehr weit entfernt von der modernen Bank. Hier wie in der Buchführung ist alles schon erfunden, aber nicht alles wird bereits angewandt. Der wesentliche Gedanke ist da: Kredit und Zahlung zu kombinieren, die Geschäfte über den Umfang der Geldzirkulation hinaus zu beleben, in die Gleichung von Kosten und Gewinn räumliche Distanzen und zeitliche Fälligkeiten hineinzunehmen. Der Geschäftsmann, der den Zwängen des kanonischen Verbots des Geldverleihs unterliegt, hat die finanziellen Techniken gefunden, die dieses Verbot überleben werden, und beginnt, sie zu beherrschen. Die Bank ist aus dem Handel heraus entstanden, aus seinen Bedürfnissen wie aus seinen Möglichkeiten. In drei Jahrhunderten hat sie die ihr eigenen Funktionen ausgebildet und die ersten Geldkreisläufe Europas umrissen.

Die Unwägbarkeiten der Geschäfte

Gewinn ohne Risiko ist selten. Dieses Risiko, das *damnum emergens,* wird von den Theologen bereits im 13. Jahrhundert als eine der wenigen Rechtfertigungen der Vergütung von Geld anerkannt. Als Gegebenheit der Natur, etwa bei Frost und Viehseuchen, ist es dem Handel eigen, der ebenso von Verlust und stockendem Absatz bedroht ist, wie er den schnellen Gewinn mit Hilfe von unsicheren Geschäften ermöglicht. Sobald er den Umfang seiner Geschäfte erweitert, wagt der Geschäftsmann Spekulationen. Die Gefahr auf See ist nicht die einzige Gefahr, die mit seinen Geschäften verbunden ist.

Die Risiken

Das größte Risiko im Handel ist das Risiko bei der Seefahrt. Da ist der Sturm, der das Schiff lahmlegen, in eine andere Richtung treiben oder in den Schiffbruch führen kann. In Kriegszeiten sind es feindliche Flotten, zu allen anderen Zeiten die Piraten. Die Landwege sind keineswegs sicherer: In den Fahrspuren brechen die Wagen, bei der Durchquerung einer Furt stürzen die Pferde, in den Wäldern verstecken sich Banditen, und der Kaufmann, der so kühn ist, den toskanischen Apennin zu überqueren, wird Opfer räuberischer Überfälle. Das Risiko auf den Straßen entspricht dem Kapital, das man aufs Spiel setzt. Man verliert mehr an einem Schiff, das die Beute von Piraten wird, als an einem Lastpferd, das eine Schlucht hinunterstürzt. Auch wenn Massengüter von geringem Wert auf dem Seeweg befördert werden und Luxusprodukte eher auf dem Landweg reisen, wachsen die Investitionen in die Schiffahrt mit den großen Flotten der Hanse oder Genuas — mit den Konvois von Wein, Salz oder Alaun, die zusammen auf die Reise gehen, um einen besseren gemeinsamen Schutz zu haben, die aber zusammen den natürlichen Risiken und den Fährnissen der Konjunktur ausgesetzt sind — unaufhörlich an. Die Mitglieder der Hanse können ein Lied davon singen, als im Jahr 1449 ihre ganze Flotte, der sich einige niederländische Schiffe zugesellt haben, in die Hände der Engländer fällt: 108 Schiffe auf einen Schlag, das ganze Salz, auf das die Fischfabriken der Ostsee vergeblich warten werden.

Sehr bald schon kommen die Transporteure überein, die finanziellen Risiken zu Lasten der Kaufleute, die ihre Fracht aufgeben, gehen zu lassen. Die einen riskieren ihr Leben, die anderen ihr Geld. Die Kaufleute scheinen das Risiko einer Hausse der Transportkosten vorzuziehen. In den meisten Hafenstädten legt man mit der Zeit in den Verträgen eine erstaunliche Klausel fest: Der Auftraggeber zahlt das eventuelle Lösegeld für den Kapitän und die Seeleute. Die Regelungen der Hanse gehen noch weiter: Der Kaufmann muß die Kosten der Pilgerreise tragen, die die Seeleute antreten, weil sie in der Stunde der Gefahr ein entsprechendes Gelübde abgelegt haben! Man kann sich denken, zu welchen Prozessen es aufgrund solcher Verfügungen kommt. Mit welchem Anteil ist bei einem Schiffbruch das schlechte Wetter und mit welchem Anteil das Versagen des Kapitäns zu veranschlagen? War die eingeschlagene Route die beste? Konnte man es vorhersehen? War die Gefahr so groß, daß sie das Gelübde rechtfertigte?

Nicht weniger alltäglich ist das Risiko, das mit den schwankenden Notierungen zusammenhängt. Überfluß oder Knappheit einer Ware, kurzfristige Konjunktur eines Produkts oder einer bestimmten Qualität, das sind Elemente der Schwankungen des Marktes, die der Spekulant vorherzusehen, wenn schon nicht zu organisieren sucht. Die Zeit ist hier ein wesentlicher Faktor: die Zeit, die man auf der Straße verliert, die Zeit, die beim Warten auf eine Karawane, auf einen Konvoi mit Begleitschutz, auf günstigeren Wind vergeht. Im Laufe der oft nutzlos dahinfließenden Tage gewinnt die Ware selten an Wert. Vielmehr ist es so, daß sie an Wert verliert. Auch wenn es für alle am Ende der Reise Kunden gibt, verkauft der am meisten, der zuerst ankommt. Es könnte sein, daß der letzte keine Kunden mehr findet oder nichts mehr zu verkaufen hat.

Diese Risiken sind nicht zuletzt zu einem großen Teil mit den sozialen und ökonomischen Strukturen verbunden, die die jedem Land und jeder Stadt eigene Mentalität widerspiegeln. Sie sind gering, wenn eine gemeinsame Organisation eine gewisse Sicherheit garantiert. So weiß man, daß die Konvois von Venedig zwar teuer sind, aber sie werden eskortiert, und mit der Sicherheit der Schiffahrt der Republik steht das Ansehen der Serenissima auf dem Spiel. Die Risiken sind ebenfalls gering, wenn die öffentliche Gewalt dem Wagemut entschieden die Zügel anlegt. Der Hansetag verbietet im Jahr 1403 den meisten Schiffen die Fahrt zwischen dem 11. November und dem 22. Februar. Wenige Ausnahmen, vor allem zugunsten der großen preußischen Schiffe, die den Winterstürmen trotzen können, genügen, um in der Praxis die Strenge dieses offiziellen Kalenders zu mildern. Aber dieser bewahrt viele derjenigen vor einem Schiffbruch, die das Risiko eingegangen wären, um nicht anderen den eventuellen Profit der Schiffahrt in einer schwierigen Jahreszeit zu überlassen.

Wenn man der Initiative Schranken setzt, verfehlt man jedoch günstige Gelegenheiten. Als die Hanseaten, die im Jahr 1486 die Salzflotte nach Bourgneuf beordern, bei der Ankunft entdecken, daß kein Salz vorhanden ist, wagt es keiner von ihnen, das Risiko einzugehen, woanders etwas anderes zu laden. Trotz des ökonomischen Widersinns ihrer Entscheidung ordnen sie die Rückfahrt an. Eher kehrt die Flotte leer heim, als zu improvisieren! Sehr real sind hingegen die Risiken jedes Mal, wenn die individuelle Initiative den ökonomischen und technischen Rahmen hinter sich läßt. Der Genuese macht, was er will – sein Konkurrent aber auch. Wer wagt, gewinnt oder verliert. Solche Bedingungen führen schnell dazu, sich alle möglichen Formen der Versicherung auszudenken.

Die Spekulation fügt den natürlichen die kalkulierten Risiken hinzu, die eventuelle Verluste durch hohe Profite ausgleichen. Die Genuesen, mit den Risiken der nicht reglementierten Schiffahrt vertraut, schrecken vor kaum einem Wagnis zurück, das eine Fahrt über die launenhafte See mit sich bringt. Unternehmer, die damit weniger vertraut sind, machen sich eine andere Vorstellung von der Verbindung zwischen Geschäften und Vernunft. Die Florentiner, die den Landweg bevorzugen und denen durch die Bankzusammenbrüche, die um das Jahr 1340 die exzessiven Kredite an die Fürsten zur Folge haben, eine Lehre erteilt worden war, nehmen sich vor übertriebenen Risiken in acht und machen aus dieser Vorsicht eine Regel der Geschäftsführung. »Mach weniger Geschäfte«, schreibt Giovanni di Paolo Morelli, »aber sichere.« Man könnte riskanten Spekulationen kaum eine bessere Absage erteilen.

Und dennoch: Welcher Handel enthält nicht seinen Teil an Kalkül? Jedem Vertrag liegt die Erwartung oder zumindest die Hoffnung auf einen zukünftigen Gewinn zugrunde. Die Terminzahlung verbietet es, die Eventualitäten einer Hausse oder Baisse der Kurse außer acht zu lassen. Wer wäre so naiv, heute zehn Sous für etwas zu bezahlen, das morgen acht Sous wert ist? Vor allem, wenn das Produkt in jedem Fall erst übermorgen lieferbar ist. Als im Jahr 1420 Veckinchusen eine Hausse des französischen Salzes vorhersieht, beeilt er sich zu bestellen. Veckinchusen, sicherlich ein Spekulant, aber kein Abenteurer, versuchte einfach, von einem guten Geschäft zu profitieren. Es gelang ihm nicht.

Die erste Spekulation ist der Kaufakt, die Auffüllung des Lagers, die Erkundung der Märkte. Die charakteristischste Spekulation ist die Bank mit ihren immer unsicheren Forderungen und ihrer mobilen Skala der Zinssätze auf dem Handelsplatz und der Wechselkurse von einem Ort zum andern. Was immer die Kosten im Falle eines Irrtums gewesen sein mögen, die einzigen bedeutenden Profite in den Geschäften des Mittelalters stammen aus dem Geldverkehr. Im Florenz des 15. Jahrhunderts liegen die Gewinne der Krämer im lokalen Handel im Schnitt bei 8 Prozent des eingesetzten Kapitals. Der große internationale Handel mit seinen Geschäften über große Entfernungen und seinen weiterverarbeitenden Gewerbebetrieben garantiert eine bessere Vergütung, um die 12 Prozent. Aber diese Aktivitäten – im großen und ganzen die der *Calimala* – erfordern die Zusammenlegung des

253

Kapitals, das man durch eine Teilung der Gewinne vergüten muß. Wenn die Gesellschafter 7 oder 8 Prozent ihrer Kapitaleinlage erhalten haben, wenn diejenigen, die nicht Gesellschafter sind, mit 6 bis 10 Prozent vergütet werden — je nachdem, wie der Markt beschaffen ist, auf dem der Preis der verfügbaren liquiden Mittel sich danach richtet, ob sie momentan reichlich vorhanden oder eher knapp sind —, behält der Unternehmer der *Calimala* eine Gewinnspanne von 2 bis 5 Prozent jährlich.

Betrachtet man diese Zahlen, so scheint der Bankprofit ohnegleichen zu sein. Bei einfachen Geldtransfers durch Vertrag oder Wechsel, die keinerlei Risiko in sich bergen — es ist kein Bargeld in Umlauf — und bei denen der Wechselaussteller sich eine Dienstleistung für Geld bezahlen läßt, von dem er mehrere Wochen lang profitiert, liegt der Gewinn des Bankiers bereits bei 8 bis 10 Prozent. Bei einem begrenzten Risiko, wie es das einem zahlungskräftigen Mitbürger gewährte Bankdarlehen darstellt, kann der Nettogewinn bei 15 Prozent liegen. Wenn das Risiko größer wird — ein fremder Schuldner, riskante Unternehmungen —, gleicht ein jährlicher Gewinn von 30 bis 35 Prozent eventuelle Verluste aus.

Der Bankier geht bereits Risiken ein, die der einfache Kaufmann nicht kennt. Der Bankier der Fürsten geht weiter. Seine Spekulation geht nicht mit der Hoffnung auf eine unmittelbare Vergütung der gewährten Darlehen einher — zu einem Preis, der in der Tat höchst ungewiß ist —, sondern mit der Erwartung kommerzieller Vorteile, die zu dem Zins des Geldes den Nettoertrag von Geschäften hinzufügen, die umso lohnender sind, als die Bedingungen vorteilhaft sind. Zu 10 Prozent verleihen und zusehen, wie Zwänge und steuerliche Lasten weniger werden, wäre demnach Profit, wenn der Geschäftsmann nicht in dem unerbittlichen Zyklus einer finanziellen Verpflichtung gegenüber einem Stärkeren als ihm gefangen wäre. Der Vorteil ist real, aber der Bankier weiß, daß er alles verliert, wenn er neue Kredite verweigert, und daß er schon bei diesem Kredit alles verlieren kann.

Die Spekulation ist sicherlich verlockend. Mehr als der Zins vergütet hier das Privileg das Risiko. Konzessionen und Steuerbefreiungen bekommt man, indem man Kredite einräumt, ohne sich Illusionen zu machen. Der König von Sizilien macht so das Monopol der Getreideexporte zu Geld, der König von England den freien Zugang zu den Wollgarnen der Insel. Und der Papst läßt seine Bankiers für das Monopol der Belieferung der gewerblichen Märkte des westlichen Europa einen hohen Preis zahlen, indem er die Ausbeutung des Alauns von Tolfa verpachtet.

Die Geschäftsleute von Augsburg handeln nicht anders, wenn sie das Recht des Fürsten auf die metallhaltigen Adern ausnutzen und Kredite einräumen, deren Vergütung wiederum nichts anderes ist als die sorgfältig zugemessene, freie Verfügung über die Silber- oder Kupferproduktion. Als im Jahr 1456 die Meutings dem Grafen Sigismund von Tirol einen Kredit über 35 000 Rheinische Gulden einräumen, geschieht dies mit der Zusage einer Anweisung auf die Silberminen. Die Bürger von Augsburg verbringen zwischen dem 13. und dem 15. Jahrhundert ihre Zeit damit,

Kaisern und Fürsten Kredite zu gewähren, die mehr oder weniger mit einem privilegierten Zugang zu den Minen bezahlt werden.

Aber auf diese Weise bricht im Jahr 1300 die Gesellschaft der Riccardi in Lucca zusammen, die von den Krediten erdrückt worden war, die sie in Frankreich wie in England einräumen mußte, um ihre Position zu festigen. Ein halbes Jahrhundert später sind die Peruzzi Gläubiger Eduards III. für 500 000 Florins und Roberts von Anjou, des Königs von Neapel, für 100 000 Florins. Die Bardi gehen noch weiter und strecken dem Engländer 900 000 und dem Neapolitaner 100 000 Florins vor. Um das Jahr 1340, als die Finanzfestungen, die die großen Florentiner Gesellschaften zu sein schienen, zusammenbrechen, borgt ein in den Augen der Bardi und Peruzzi bescheidener Kaufmann, Tidemann Limberg aus Dortmund, Eduard III. 14 000 Pfund Sterling. Das Geld wird genausowenig zurückgezahlt wie im folgenden Jahrhundert die 3 000 Kronen, die Hildebrand Veckinchusen dem römisch-deutschen Kaiser Sigismund geborgt hat.

Die finanziellen Bankrotte um 1300 und 1430 sind bekannt. Aber die Geschichte wiederholt sich. Die Mannini aus Florenz strecken im Jahr 1395 in Paris dem englischen König Richard II. das Geld für seine Hochzeit mit Isabella, der Tochter Karls VI., vor. Nach dem Sturz Richards II., als die Annäherung an Frankreich für lange Zeit auf Eis gelegt ist, sind die Mannini ruiniert. Der Lancaster zahlt nicht die Schulden desjenigen zurück, den er beseitigt hat, um damit eine Politik zu besiegeln, die er mißbilligt. Die Mannini machen Bankrott. Ein Landsmann, Deo Ambrogi, riskiert es, ihre Forderung zu übernehmen, und kauft so zu einem niedrigen Preis, was eine vorteilhafte Position in England zu sein verspricht, wenn man auf die französische Allianz zurückkäme. Ambrogi spekuliert auf eine Heirat der Witwe Richards II. mit dessen Bezwinger Heinrich IV. von Lancaster! Er verliert dabei seine Zeit und sein Geld. Als im Jahr 1420 Heinrich V. von Lancaster Katharina von Frankreich heiratet, eine andere Tochter Karls VI., ist der Bankier nicht mehr da, um die Forderung der Mannini geltend zu machen.

Natürlich haben die Fürsten einen mehr oder weniger guten Ruf, aber die Geschäftsleute haben selten die Wahl: Allerhöchstens können sie mit einem zukünftigen Vorteil rechnen, mit einer eventuellen Rückzahlung. Oder aber sie können das Ganze mit Gewinn und Verlust abrechnen. So die Bürger von Nürnberg, die im Jahr 1437 nicht umhin können, Kaiser Sigismund 2 000 Gulden zu leihen, der im übrigen 4 000 forderte. Der Rat legte die mit dem kaiserlichen Siegel versehene Schuldanerkennung sorgfältig zur Seite. Aber der Schatzmeister der Stadt, der realistischer war, vermerkte den Betrag in seinen Konten als dem Kaiser »geschenkt«. Wenn man die geliehenen 2 000 Gulden ohnehin nicht mehr wiedersieht, kann man wenigstens die Eintragungen vereinfachen...

Mit Steuerpachten, auf die die großen und kleinen Spekulanten erpicht sind, geht man kein geringeres Risiko ein. Das System ist einfach: Der Fürst oder die

Stadt versteigert die Erhebung einer Abgabe mit ungewissem Ertrag. Derjenige, der den Zuschlag erhält, zahlt — auf einmal oder in mehreren Raten — den Preis für seine Versteigerung und hat den alleinigen Gewinn des Gegenstands der Pacht. Das kann eine Steuer auf Lebensmittel sein, auf den Groß- und Einzelhandel oder den Verbrauch: In Frankreich nennt man dies eine *aide,* in Italien eine *gabelle.* Es kann sich auch um eine Münzstätte, ein Bergwerk, eine Saline handeln. Tidemann Limberg pachtet im Jahr 1346 den Zinkabbau in Cornwall. Die Medici bieten im Jahr 1466 zwei Florins pro *Cantaro* — etwa 50 Kilogramm — des in Tolfa gewonnenen Alauns. Tommaso Portinari entreißt um die gleiche Zeit Arnolfini aus Lucca, auf seine Rechnung und auf die der Medici, die Pacht der Abgabe für den Verkehr auf der Küstenstraße zwischen Calais und den Niederlanden. Das ist eine überaus riskante Spekulation hinsichtlich der Beziehungen zwischen England und Burgund in dem Augenblick, als der zukünftige Karl der Kühne zu regieren beginnt, während Philipp der Gute alt wird.

Die Spekulation ist einfach, auch wenn die Gegebenheiten komplex sind. Wenn der Markt günstig ist, behält der Pächter die Differenz zwischen dem, was er erhoben hat, und dem, was er als Preis für seine Pacht zahlen muß. Aber in Wirklichkeit schützen sich der Fürst oder die Stadt besser als der Pächter vor den Wechselfällen der Konjunktur. Wenn im Eifer der Versteigerung oder aufgrund des übermäßigen Optimismus der Versteigerer die Pacht zu einem überhöhten Preis angesetzt wurde, bedeutet das für den Pächter den sicheren Ruin. Wenn es zu einer Absatzflaute kommt, bricht die indirekte Steuer zusammen. Wenn der Sommer schlecht ist, verursacht die Saline Kosten, anstatt etwas einzubringen. Andersherum geht die Erfindungskraft der Finanzbeamten dahin, übermäßige Profite zu begrenzen, die der Pächter in einem guten Jahr oder auf einem neuen Markt machen könnte. Der französische Geschäftsmann, der für hundert Livres eine Steuer pachtet, die Gewinn verheißt, kann seine Pacht nach drei Monaten verlieren, wenn ein anderer Kandidat, der bei der ersten Versteigerung verdrängt wurde, nun anbietet, ein Drittel mehr zu zahlen und den Zuschlag erhält. Der erste Pächter ist alle Risiken eingegangen, als man die Konjunktur schlecht voraussehen konnte; er verliert seinen Gewinn, wenn der Gewinn ein Drittel des Preises zu übersteigen beginnt. Das wirtschaftliche Wachstum nützt daher nur dem König wirklich. Ebenso legt die Apostolische Kammer bei der Verpachtung des Alauns an die Medici fest, daß der Papst auf jeden Fall zwei Florins pro *Cantaro* bekommt und daß ein Drittel des Überschusses hinzukommt, wenn der Preis des Alauns drei Florins überschreitet.

Ende des 15. Jahrhunderts erhält Jakob II. Fugger mit der Vergütung seiner Darlehen an die Habsburger durch die Silberproduktion in den Tiroler Bergwerken eine sicherere Garantie, da sie weniger an die politische Konjunktur gebunden ist. Als Fugger die Kriege Maximilians I. gegen Venedig finanziert, riskiert er kaum, die Adern mit silberhaltigem Kupfer versiegen zu sehen.

Die Pachten mit einem vertretbaren Risiko und einem eingeschränkten Gewinn sind daher begrenzte Spekulationen. Um die Wahrheit zu sagen: Es gibt keine Gemeinsamkeiten zwischen den Medici, die wegen des päpstlichen Kupfers andere überbieten, oder einem Jacques Cœur, der die Pacht auf die Salinen des Languedoc bekommt, und dem Metzger aus Rouen, der für zwanzig Livres die Pacht einer Gebühr auf Ladengeschäfte übernimmt. Der hochkarätige Geschäftsmann spekuliert mit den Handelsvorteilen, die ihm eine Pacht einbringt, die wenigstens ein lokales Monopol verschafft. Er überbietet, um andere auszuschalten, um einen integrierten Handel zu kontrollieren, ein Wirtschaftsimperium zu begründen. Als Augustin Ysbarre und seine sechzehn Gesellschafter zum Preis von einer halben Million *Livres tournois* die sieben Münzstätten in Pacht nehmen, die die Münzprägung im burgundischen Frankreich sicherstellen, erheben sie Anspruch auf die Kontrolle der Geldströme und des Marktes für Edelmetalle in Frankreich, so wie Biche und Mouche ein Jahrhundert zuvor. Der Metzger sucht nur einen zusätzlichen Profit, eine sich bietende Geldanlage. Er spekuliert auf einen mittelfristigen Gewinn, nicht auf eine ökonomische Position.

Die Pacht auf die Chaussee durch die Porte Bussy in Paris wird im Jahr 1450 für sieben Livres einem braven Mann zugeschlagen, der alles von einem Wiederaufleben des Handels auf den Straßen erwartet, das heißt im besten Fall einen Profit von drei oder vier Livres. Der schlimmste Fall tritt ein, und man findet im folgenden Jahr nur einen Abnehmer für vier Livres. Sogar die größte der vom Pariser Fiskus vorgeschlagenen Pachten, die der Steuer auf die Einfuhr von Wild in die Stadt, die je nach Jahr für drei- bis sechstausend Livres zugeschlagen wird, bietet den vier oder fünf Geschäftsleuten, die sich zu diesem Zweck zusammenschließen, kaum mehr als einen Reingewinn von zwei- oder dreihundert Livres. In Wirklichkeit droht den Pächtern häufig ein Defizit, so wie den vier Pariser Großbürgern, bekannten Tavernenwirten wie Robert Turgis — Wirt der *Pomme de Pin,* in der François Villon Stammgast war — oder angesehenen Weinhändlern auf dem Place de Grève, die sich für schlau halten, als sie im Jahr 1462 ein ganzes Bündel von Pachten auf die Weinverkäufe an sich reißen. Am Ende dieser oft bescheidenen Spekulationen steht manchmal der Prozeß oder der Ruin.

Der echte, obwohl immer begrenzte Profit kommt erst mit der Kontinuität, wenn die guten Jahre die schlechten ausgleichen und wenn die risikoreichen Pachten durch die relative Sicherheit anderer Unternehmungen ausgeglichen werden. Wie alle Spieler warten die unglücklichen Spekulanten darauf, daß sich das Glück wendet. Der bescheidene Pächter der Steuer auf die fünf Pariser Ledergewerbe bittet 1493 die Schatzmeister Frankreichs, »daß sie ihm, um ihn für die besagten Verluste zu entschädigen, besagte Pacht der fünf Gewerbe für die folgenden vier Jahre zuschlagen mögen.«

Wirklichen Profit gibt es nur langfristig und für den, der die Mittel hat, die Investitionen zu vermehren. Ein gutes Geschäft für diejenigen, deren Glück bereits gemacht ist, ein Haufen Illusionen für denjenigen, der zuviel von einer Pacht erwartet und zehnmal aufs neue mit der Hoffnung beginnt, sich wieder zu fangen. Die Spekulation auf die Zuschläge des Fiskus unterstreicht nur das Gefälle zwischen denjenigen, die verdienen, und denjenigen, die sich aufreiben.

Andere Risiken hängen mit strukturellen Schwächen der Unternehmungen zusammen. Sehr bald war man sich der Gefahr bewußt, die exzessive Spekulationen mit sich bringen. Der Bankier, der es, solange er kann, vermeidet, den Bankanteil seiner Geschäfte allzu sehr zu belasten, ist sich dessen wohl bewußt. Bereits im Jahr 1298, beim Bankrott der Buonsignori in Siena, wie mitunter im 15. Jahrhundert in Lübeck erfährt man es: Der Kredit gleicht dem Wind. Ebenso bemerkt man seit dem Jahr 1300 die traurigen Auswirkungen einer wilden Konkurrenz, die gleichzeitig die Riccardi, die Mozzi, die Franzesi, die Frescobaldi und die Scali mit sich fortreißt.

Vor allem sieht man seit diesen Jahren das Risiko zu vieler Sichteinlagen. Auf einen Aktivposten von 1266775 Livres beträgt das Gesellschaftskapital der Gesellschaft der Bardi im Jahr 1318 nur 100000 Livres, weniger als ein Zwölftel. Sehr viele Gesellschaften suchen ihre Verletzbarkeit zu begrenzen, indem sie nur Termineinlagen annehmen, aber der Deponent ist nicht blind und setzt sein Vertrauen zu einem hohen Preis an. Das Depot, das nicht bei Sicht rückzahlbar ist, wird mit einem höheren Zins vergütet. Der Bankier zahlt daher für seine Ruhe mit einer spürbaren Verringerung der Gewinnspanne, von der wir wissen, daß sie ohnehin schon gering ist.

Diese Verletzbarkeit macht den Bankier zum Spielball der Gerüchte, der Vermutungen des Volkes, der Vorgriffe der Spekulanten. Die schlechte Nachricht erzeugt schnell Panik. Es geht darum, wer als erster sein Geld zurückbekommt, wenn noch Bargeld in den Tresoren ist. Natürlich nimmt die Gesellschaft nur Depots an, um ihre Investitionen zu erhöhen. Wozu wäre es sonst gut, Zins für Geld zu zahlen, das man flüssig halten wollte?

Keiner ist daher in der Lage zurückzuzahlen, wenn alle Deponenten gleichzeitig vorstellig werden. Im Jahr 1342 bricht vor den Türen der Florentiner Bankiers in Neapel Panik aus, als man erfährt, daß Florenz Kaiser Ludwig IV., dem Bayern, näherkommt und deshalb auf Distanz zum angevinischen Lager geht, dessen Anführer Neapel ist. Die Konkurse folgen in wenigen Tagen aufeinander. Die Dell'Antella, die Bonaccorsi, die Cocchi, die Perondoli, die Corsini, die Castellani, alle schließen ihre Schalter. Im folgenden Jahr ist man in Florenz mißtrauisch, als man von der Niederlage Eduards III. in Flandern erfährt. Die Peruzzi haben zuviel in die Flandern-Affäre investiert, als daß man annehmen könnte, sie hätten dort nichts zu verlieren. Der Bankrott der Peruzzi zieht den der Acciaiuoli nach sich. Drei Jahre später, im Jahr 1346, wird das größte Bollwerk der Bankwelt erschüttert: Die Bardi stellen ihre Zahlungen ein.

Trotzdem kann auch der besonnenste Geschäftsmann Verpflichtungen nicht vermeiden. Sehr viele Pariser Bankiers, die irgendwie in die Angelegenheiten einer Partei, einer Fraktion, eines Fürsten verwickelt sind, finden den Ruin in dem beständigen Umschlagen der politischen Konjunktur in den schwierigen Jahren des Bürgerkriegs, verlieren bei seiner Ermordung ihre Forderungen an Ludwig von Orléans, sind im Jahr 1413 Opfer des Angriffs der Armagnaken auf die Finanzsäulen einer burgundischen Macht, die von ihren Verbündeten in Verruf gebracht wurde, werden im Jahr 1418 von der Wiederkehr der Burgunder mitgerissen, die sowohl die Untreuen der Fraktion des Armagnac als auch die wenig engagierten Geschäftsmänner einer »Partei des Friedens« ruiniert, die ehemals aus Entrüstung mit den Armagnaken sympathisierte.

In diesem Wechselbad von Verbannungen, Gewalttaten und Massakern bedeutet der Ruin der Nachfolgenden keineswegs das Glück derjenigen, die zuerst ruiniert waren. Umso mehr wird das politische Mißgeschick zur kaufmännischen Katastrophe, wenn die Geschäfte offensichtlich an die Ausübung von Macht gekoppelt sind. Die Florentiner Verschwörung der Pazzi, die sich gegen das politische Regime der Medici richtete, unterminiert im Jahr 1478 die Position der Finanzgesellschaft, obwohl diese aufgehört hat, die wichtigste Basis der Macht der Medici zu sein. Als durch den Regierungsantritt von Karl VIII. im Jahr 1494 das Regime von Piero de' Medici, des unzulänglichen Erben Lorenzos des Prächtigen, zusammenbricht, zerstört dieser für immer eine bereits zerbrechliche Gesellschaft. Sie wird schlecht geführt von einem Giovanni Tornabuoni, der nicht sah, daß die Welt sich änderte, und obendrein ziemlich geschwächt war durch die prestigeträchtigen Ausgaben eines jungen Mannes, der mit dreizehn Jahren Kardinal wurde: des späteren Leo X., Giovanni de' Medici. Als im Jahr 1547 eine Medici Königin von Frankreich wird, existiert die Bank, deren Namen sie trägt, schon lange nicht mehr, nicht weil sie unnütz war für diejenigen, die die Großherzoge der Toskana werden sollten, sondern weil sie Konkurs gemacht hatte. Ein Fürst kann immer aus dem Exil zurückkehren, nicht aber ein Bankier.

Vorsicht und Unergiebigkeit

Mit so vielen Gefahren zu leben, ist dennoch notwendig. Niemand vergißt, daß diese Gefahren zu einem Teil den Profit rechtfertigen. Es gilt aber, ihre Auswirkungen in Grenzen zu halten.

Die erste der Vorsichtsmaßnahmen ist eine genaue und schnelle Information. Die Prognosen der informierten Geschäftsleute zu kennen, ist für den Spekulanten die Grundvoraussetzung. Man muß Friedens- und Kriegszeiten vorhersehen, wissen, was sich verkaufen wird, den Kredit der Partner kennen. Verbindungen an einem

Handelsplatz können kostbar sein. So schickt der Florentiner Notar Ser Lapo Mazzei im November 1407 an den Faktoren Luca del Sera diese vertrauliche Mitteilung:

»Cristofano: Er ist in Verlegenheit. Es geht das Gerücht um und auch andere meinen, daß er in Florenz und anderswo verschuldet ist. Ich glaube nicht, daß seine achthundert Florins bis zu tausend wert sind, denn er genießt kein Vertrauen.«

Punktuelle Vorsichtsmaßnahmen machen strukturelle Verbesserungen nicht überflüssig. Einige Arten des Kapitalismus haben keinen anderen Daseinsgrund als die Vorsicht gegen eine exzessive Konzentration der Risiken. Das Nebeneinander von Gesellschaften unter einem gemeinsamen Namen, das Datini um das Jahr 1390 aufbaut, ist nichts anderes als jene Unabhängigkeit, die die Vorsicht gebietet. Das autonome Kapital der Filialen dient in den großen Gesellschaften des 15. Jahrhunderts keinem anderen Zweck als dem Schutz des Ganzen vor den Risiken eines jeden Handelsplatzes und eines jeden Unternehmens.

Jeder Geschäftsmann hat seit jeher in der Vielfalt der Horizonte, der Waren und der Aktivitäten das Mittel eines ökonomischen Ausgleichs zwischen guten und schlechten Investitionen gefunden. Dadurch, daß sie zahlreiche Beteiligungen an verschiedenen und häufig bescheidenen Geschäften hatten, praktizierten Kaufleute aus Venedig, Lübeck oder Toulouse sehr früh schon eine elementare, aber im allgemeinen wirksame Selbstversicherung.

Desgleichen gehen auf das Konto der Maßnahmen gegen verbreitete Risiken diejenigen Schritte, die in aller Stille um das Jahr 1300 von den Florentiner Gesellschaften, am Ende des Jahrhunderts dann von den Gesellschaften in Lucca gemacht wurden, die ebenfalls vermeiden wollten, daß die Konkurrenz zwischen Landsleuten in eine allgemeine Verunsicherung umschlug. Die Risiken aufzuteilen, ist eine Sache. Man darf sie aber bei dieser Aufteilung nicht vergrößern. Seit den ersten großen Konkursen wird deutlich, daß die exzessiven Profite der einsamen Spekulation stets kurzlebig sind.

Kluge Geschäftsleute entdecken zur gleichen Zeit den Nutzen der Sicherheitsinvestitionen, deren geringeres Risiko den geringeren Ertrag ausgleicht. Die Kurzsichtigkeit einer Addition der Profite — oder der Verluste — einzelner Operationen ist damit überwunden. Man gelangt zu einem richtigen, langfristigen Investitionsplan, der sicherlich auf Erfahrung beruht, aber die Konsolidierung eines ausgeglichenen Vermögens über mehrere Generationen hin ermöglicht. Die kaufmännische Welt wendet damit ihr Interesse der ländlichen Wirtschaft zu, in der sie bis dahin nur Lieferanten und Kunden erkannt hatte. Bevor der Kaufmann das Bedürfnis verspürte, den Herrn zu spielen, entdeckte er im Grundbesitz eine Sicherheit, die seinen Spekulationen und den verderblichen Waren abging. Sicherlich ist das Klima unbeständig, und es gibt schlechte Ernten. Weniger jedoch, als die Mode sich ändert und als der Markt in Kriegs- oder Friedenszeiten schwankt. Gerade weil die Geschäfte ihm relativ hohe Erträge verschaffen, kann der Kaufmann sich in Ruhe eine begrenzte Investition mit schwacher, aber langfristig sicherer Rendite leisten. Das Kapital, das der Boden darstellt, schwindet nicht.

Seit dem 13. Jahrhundert beginnt der Bürger, einiges Geld in Bodenkäufe zu stecken, im allgemeinen kleine Güter, sogenannte »Zinsgüter«, deren Einkünfte er wie jeder Grundherr einzieht, wobei ihm dies häufig wie die beständige Verbuchung pittoresken Trödels erscheint:

»*Item* 60 Kapaune jedes Jahr, jeder Kapaun geschätzt auf 8 Deniers parisis, macht 40 Sous.

Item 40 Hühner jedes Jahr, jedes Huhn geschätzt auf 6 Deniers parisis, macht 20 Sous.

Item die Ölkuchen, ungefähr fünfzig jedes Jahr, jeder Kuchen geschätzt auf 4 Deniers parisis, macht 16 Sous 8 Denare.

Item den Trester zu Weihnachten, geschätzt auf jährlich 5 Sous.

Item die Verkäufe und Lieferungen, geschätzt auf jährlich 10 Sous.

Item 850 Eier jedes Jahr, jedes Hundert geschätzt auf 14 Deniers parisis, macht 9 Sous 11 Denare.

Item eine Gans jedes Jahr zum Fest des heiligen Remigius, zum Preis von 12 Deniers parisis.

Item ein halbes Pfund Mandeln jedes Jahr, zum Preis von 4 Deniers parisis.«

Es ist schon eine Weile her, daß der Grundbesitzer noch ein halbes Huhn und ein halbes Paar Handschuhe erhob und sich damit begnügte, an Weihnachten fünfzig Brote zu bekommen und für den Rest des Jahres nichts mehr. Zu Beginn des 14. Jahrhunderts, als die Bürger von Reims bereits ein Viertel des Bodens im Umland besaßen – und häufig den besten Boden –, wurde alles in Geld ausgezahlt, in kleinen Münzen, deren geringer Wert zum Ruin einer gesellschaftlichen Klasse führte, deren Macht sich allzu ausschließlich auf die Grundherrschaft gegründet hatte. Diese Geringfügigkeit begünstigte die Transaktionen: Der Boden wurde billig verkauft, während an der Wende vom 13. zum 14. Jahrhundert die Grundrente immer mehr abbröckelte. Die Schätzungen setzen im allgemeinen einen Kapitalwert an, der den Einkünften von zehn Jahren entspricht. Bei Käufen, von denen er ohnehin nur ein Zubrot erwartet, ziert sich der Kaufmann nicht lange.

Als der Kaufmann, der landwirtschaftliche Güter, dörfliche Lehen, Hintersassenschaften, kleine Stücke Land für den Getreideanbau, Wiesen und Rebstöcke kaufte, im 15. Jahrhundert auf die Idee kam, diese Parzellierung zu bereinigen, ja ganze Grundherrschaften zu kaufen, führte er in die ländliche Ökonomie andere Perspektiven ein, darunter eine spekulative Landwirtschaft, bei der man mitunter die Ernte riskierte, nie aber Grund und Boden. Und er wandte bei der Verwaltung des Grundbesitzes die Methoden an, die sich anderswo bewährt hatten.

Wenn die regionalen Ressourcen es erlauben, sträubt sich der Kaufmann nicht, seine landwirtschaftlichen Aktivitäten mit seinem städtischen Handel zu verbinden. Wer kurzfristig spekuliert, indem er die Wolle von Schafen anderer kauft, findet es vernünftig, mittelfristig einiges in die Schafzucht zu investieren. Die sogenannten *Gazaille*-Verträge im Languedoc mit dem Äquivalent eines Darlehens, das durch den Viehbestand garantiert ist, bieten eine ebenso interessante (aber sicherere) Investition wie die Geldanlage in einer Bank. Aufgrund der Bedeutung der Wolltuchweberei für den regionalen und internationalen Handel hat die Geschäftswelt ein Interesse an der Schafzucht, das sowohl mit der Suche nach Geldanlagen als auch mit der Kontrolle der Lieferungen zusammenhängt. Das tun im ländlichen England die *woolmen* aus London und in der Toskana die Kapitalisten der *Calimala* und der Wollzunft. Integration und Sicherheit gehen Hand in Hand.

Derartige Investitionen entsprechen den ökonomischen Interessen. Auch wenn das Schaf eines Tages stirbt, ist es weniger vergänglich als der Wechselkurs. Wenn keine Viehseuche die Herde heimsucht, wirft das Schaf Zins ab. Anders ist es, wenn der Kaufmann, auf der Suche nach einem stabilen Grundbesitz, beschließt, seinem Reichtum in der Stadt in Stein Ausdruck zu verleihen. Daß es sich hierbei zu einem guten Teil um ein normales Ergebnis der bürgerlichen Eitelkeit handelt, steht außer Zweifel. Die Zeit der kollektiven Rivalitäten, als sehr viele Städte sehr viel Geld zahlten, um die Spitzbogen ihrer Kathedralen noch höher bauen zu können, ist vorbei. Mit dem 14. Jahrhundert kommt die Zeit der individuellen Prunksucht, die auch die der Kaufmannssippen ist. Zuerst die Stadtpaläste, später, für das Prestige und die Lustbarkeiten, die Landsitze: Die Bauleidenschaft ergreift Kreise, die sich bis dahin dem beweglichen Vermögen gewidmet hatten, und sie öffnet dem schönen Schein Tür und Tor, wie er sich in der Innenausstattung und den Sammlungen zeigt:

»Die Türe des Stadthauses war kunstvoll geschnitzt. Im Hof waren Pfaue und verschiedene Vögel.

Der erste Saal war mit verschiedenen Bildern und belehrenden Schriften geschmückt, die an den Wänden aufgehängt waren. Ein anderer Saal war mit allen möglichen Instrumenten gefüllt, Harfen, Orgeln, Drehleiern, Psaltern und anderen, die besagter Maître Jakob alle spielen konnte. Ein anderer Saal war ausgestattet mit Schachspielen, Tischen und zahlreichen anderen Spielen unterschiedlichster Art.

Item eine schöne Kapelle, in der es Pulte gab, auf die man kunstvolle Bücher legen konnte, und links und rechts verschiedene Sitze.

Item eine Studierstube, deren Wände mit Edelsteinen und mit Gewürzen von süßlichem Geruch bedeckt waren.

Item ein Zimmer, in dem verschiedene Felle lagen. Item mehrere andere Zimmer, die reich mit Betten und Tischen ausgestattet waren, die kunstvoll geschnitzt und mit reichen Decken und Teppichen geschmückt waren.

Item in einem anderen Zimmer befand sich eine große Zahl von Armbrüsten, von denen einige mit schönen Figuren bemalt waren. Dort gab es auch Standarten, Banner, Paniere, Bogen, Piken, Äxte, Kettenhemden aus Eisen und Blei, Schilde, Kanonen und andere Maschinen, und viele Rüstungen. Kurz, es gab so gut wie jedes Kriegsgerät.

Item gab es dort ein kunstvoll gefertigtes Fenster, durch das man einen Kopf aus eisernen Platten nach draußen schob, durch den hindurch man diejenigen, die draußen waren, beobachten und mit ihnen sprechen konnte.

Item war auf dem Haus ein viereckiges Zimmer, das an allen Seiten Fenster hatte, um über die Stadt zu schauen. Und wenn man dort aß, beförderte man Wein und Fleisch mit einer Rolle nach oben, um sie nicht nach oben tragen zu müssen. Und über den Zinnen des Hauses waren schöne vergoldete Bilder.«

Das ist zur Zeit Karls VI. der Wohnsitz von Jacques Duché, eines Großbürgers von Paris, der aus einer gutsituierten Kaufmannsfamilie stammte. Aber Duché ist jetzt einer der Notabeln geworden, der sich von dem Metier seiner Vorfahren distanziert hat. Und über sein Haus an der Rue des Prouvaires spricht man, so auch in dieser Beschreibung, in der Guillebert von Metz den Prunk des 14. Jahrhunderts überschwenglich preist, wohl um die darauffolgenden harten Zeiten umso mehr beklagen zu können. Der Pariser Kaufmann um das Jahr 1400 hat keine Waffensammlung, mit der er einer Belagerung trotzen könnte, und er spielt nicht auf allen Instrumenten. Dennoch ist das Stadthaus von Maître Jacques Duché ein Modell, von dem die Vorübergehenden träumen und das einem gewissen Ideal bürgerlicher Investition entspricht.

Der bürgerliche Wohlstand ist immer auch zu einem Teil Außendarstellung, selbst wenn die örtlichen Gepflogenheiten den Anblick und die Kenntnis solcher Reichtümer den Eingeweihten vorbehalten. Die Strenge der italienischen Palazzi gilt dem *popolo minuto,* dem niederen Volk, das sie von der Straße aus sieht, nicht der Geschäftswelt, die sich geschmeichelt fühlt, dort eintreten zu dürfen. Aber diese unproduktiven Geldanlagen, Steine, Tapisserien, Fresken oder Rubine, sind wiederum ein wesentlicher Teil der Versicherung gegen Schicksalsschläge.

Das wird deutlich, wenn kunstverständige Männer ein bestimmtes Juwel schätzen müssen. Es zählt allein, was gemessen und was eingeschmolzen werden kann: Perlen, Steine, Gold. Die ungefähre Schätzung der von Valentina Visconti anläßlich ihrer Hochzeit mit Ludwig von Orléans 1387 aus Italien mitgebrachten Kronen und

Stirnbänder rechnet die Herstellungskosten mit kaum 5 Prozent, obwohl namhafte Goldschmiede daran beteiligt waren. Bei einem solchen Preis sind Schmuckstücke — wie der Vorrat oder die Kasse des Kaufmanns — eine Reserve. Wenn Schwierigkeiten auftreten, macht man sie flüssig, und in Zeiten des Wohlstands bildet man sie neu. Sofern man den Goldschmuck nicht jedes Jahr einschmilzt, ist der Verlust — den in anderer Hinsicht die Entwicklung der Mode ausgleicht — sehr viel niedriger als der Wertverlust des Geldes. Eine Krone aus Gold mit Rubinen für den Fürsten, eine Kanne aus ziseliertem Silber für den Großbürger, ein Becher aus Korallen für den Kleinbürger, das sind sichere Anlagen, die Vergnügen bereiten, statt Zins abzuwerfen, aber am Tag des Bedarfs verfügbar sind.

Wenn der gemauerte Stein mit dem Dekor eine Verbindung eingeht, wie dies nach 1450 in der Pariser Gesellschaft mit dem Run auf die öffentlichen Ämter der Fall ist, genießen die Ausgaben für den schönen Schein Vorrang vor der Sorge um die Sicherheit. Auch wenn diese Ausgaben einigen Gewerben Lohn und Brot verschaffen, vom Sticker bis zum Maurer, ergibt sich daraus eine Flucht des Kapitals vor der produktiven Investition.

Ein anderer Schutz vor den Risiken der Spekulation ist die Rente, die im 15. Jahrhundert eine neue Bedeutung gewinnt. Seit zwei oder drei Jahrhunderten haben die Grundherren überall — in der Stadt wie auf dem Land — zusätzlichen Nutzen aus mittelmäßig ertragreichen Gütern gezogen, indem sie diese mit lebenslänglichen Renten belasteten, die gegen einen unmittelbar erhobenen Geldbetrag verkauft wurden. Man verschaffte sich so auf der Stelle zwanzig Livres, schuldete aber nur zwei Livres jährlich auf Lebenszeit. Das war ein trügerisches Geschäft für den mit einer Hypothek belasteten Grundherrn. Der Rentier hingegen machte langfristig ein ausgezeichnetes Geschäft. Und das Geschäft war noch besser für denjenigen, der später eine so gut wie getilgte Rente aufkaufte. Natürlich wurde die Rente im Verhältnis zum Geldzins bewertet. Aber welche Sicherheit bot sie!

Im schlimmsten Fall, wenn der Eigentümer des Bodens oder des mit einer Hypothek belasteten Hauses die Rente nicht mehr zahlen konnte, während er schon lange nicht mehr von dem geborgten Geld profitierte, wurden sie zum Verkauf ausgeschrieben. Wer war in einer besseren Position als der Rentier, diese zu einem niedrigen Preis zu kaufen? Überall ist die Rente in erster Linie eine Geldanlage ohne Risiko und erst dann ein Sprungbrett für den Erwerb von Ländereien zum Nutzen derjenigen — der Notabeln der städtischen Gesellschaft, der Advokaten und Notare, der Magistraten und Beamten des Fiskus, der Geschäftsleute —, die sowohl über das Kapital verfügen, um kaufen zu können, als auch über Pressionsmittel wie die Rentenscheine.

Die Staatsrente hat nicht die gleichen Ziele. Sie bietet normalerweise die gleichen Vorteile, was die Sicherheit betrifft. Die Papiere der Kredite der italienischen Städte, die der *Monti de' Paschi* oder der *Casa di San Giorgio,* sind Sicherheiten mit mäßigem

Ertrag. Spekulation ist hier nur begrenzt möglich: bei einer Baisse kaufen, bei einer Hausse verkaufen. Die Unterschiede sind gering und selten risikobehaftet, denn man bewertet aufgrund der Fälligkeiten. Aber man bekommt sein Guthaben zurück, und das System ist manchmal, wie in Genua, günstig für Kapitalbewegungen innerhalb der städtischen Gesellschaft.

Lange Zeit war die Verschuldung der Städte eine der wichtigsten Ursachen sozialer Spannungen. Das Patriziat, Herr über die städtische Regierung, neigte unbedacht zur öffentlichen Anleihe, stellte Wechsel zu guten Sätzen aus, dekretierte die Rückzahlung durch eine auf viele Köpfe verteilte Steuer. Auch die bescheidensten Steuerpflichtigen zahlten so die Rente der Notabeln. Als der Souverän daraus Nutzen zu ziehen verstand, wie in Frankreich zur Zeit Ludwigs des Heiligen und Philipps des Schönen, war diese Verschuldung der beste Vorwand für Eingriffe der königlichen Beamten in die städtischen Angelegenheiten. Der König mischte sich in die Verteilung der Steuer ein, unterdrückte die gewagtesten Spekulationen, nahm die permanente Kontrolle der städtischen Institutionen in die Hand. Aber vor allem organisierten die Finanzbeamten, die Vögte und Seneschalle mit ihrem Durchgreifen eine finanzielle Sanierung, die häufig über eine »Konsolidierung« der Schuld ging. Die Opfer der Konsolidierung, wie hier in Noyon, die das Kapital ohne die fälligen Zinsen – die »Wucherzinsen« – zurückerhielten, wußten genau, was sie taten, wenn sie trotz der Warnungen des Königs noch Renten auf eine übermäßig verschuldete Stadt kauften.

> »Weil die Stadt zu sehr belastet sein wird, eine so hohe Summe zu bezahlen, bitten sie unseren Herrn, den König, ihnen die Zinsen abzuziehen.
>
> Und für diejenigen, die keine der lebenslänglichen Renten bescheinigen wollen, bitten sie, daß diese Zinsen von ihrer Gesamtsumme abgezogen werden, damit sie mehr als das Kapital erhalten haben.
>
> Und es scheint den Finanzbeamten, daß diese Leute sehr gefährlich gekauft haben, was sie gekauft haben, seit dem Verbot durch unseren Herrn, den König, das heißt seit zehn Jahren.«

Die Sicherheit bricht hier zusammen. Man hat Renten verkauft, die über das hinausgehen, was die Stadt bezahlen kann. Nach der Zeit der Expansion, dem 13. Jahrhundert, als die kaufmännische Aristokratie glaubte, mit einem Wachstum rechnen zu können, das scheinbar nicht zu erschüttern war, hält man sich an das Mögliche. So wie der Krieg und seine Lasten zu einer genaueren Buchführung über die städtischen Ausgaben zwingen, führen die Wirtschaftskrisen und in ihrem Gefolge die Erschütterungen des Preisgefüges, der Löhne und der Wechselkurse zu erhöhter Vorsicht bei der Vorwegnahme der Einkünfte. Die Rente wird im 14. Jahrhundert zu einer sicheren Geldanlage, die bei den Bürgern und den ängstlichen Klerikern begehrt ist und von den Geschäftsleuten, die etwas leicht flüssig zu machendes Geld in der Hinterhand haben wollen, für eine sehr bequeme zusätzliche Investition gehalten wird.

Ob Prestigeausgaben oder vorsichtige Geldanlagen, alles ist von der Gesamtmenge des Kapitals abzuziehen, das in die wirtschaftlichen Aktivitäten investiert wird. Das wird deutlich, als im 15. Jahrhundert der Handelsplatz Paris von der Karte verschwindet, wo jetzt die Gewerbe des kleinbürgerlichen Wohlstands die Oberhand gewinnen, insbesondere die Kurzwarenhändler, die eine der Galerien des Palais beherrschen, sowie das Baugewerbe, der Lebensmittelhandel und die Dienstleistungen. Der Pariser ist vom Besitz besessen, wie der reiche Wechsler Jean Taranne, der bei dem Volksaufstand im Jahr 1418 durch den finsteren Henker Capeluche persönlich geköpft werden sollte. Taranne ist Eigentümer zweier Häuser in der Stadt, eines herrschaftlichen Hauses in Saint-Germain-des-Prés und dreier Güter in Chaillot, Vanves und Saint-Cloud, die ihm außer dem Anschein, ein vornehmer Herr zu sein, einen ausgezeichneten Wein für seinen Keller – Chaillot ist ein renommiertes Gewächs – und Holz für den Winter verschaffen.

Ein anderer Zeitgenosse, der unproduktive Investitionen tätigt, der Großbürger Richard Le Pelletier aus Rouen, hat in der Normandie so viel Geld angelegt, daß seine Nachkommen adlig werden können. In zwanzig Jahren, zwischen 1450 und 1471, erwirbt er nicht weniger als neununddreißig Renten, die auf Liegenschaften verkauft sind, und siebenunddreißig Lehen unterschiedlicher Größe.

Auch wenn Jacques Cœur dazu neigt, in richtige Geschäfte mit mehr oder weniger spekulativem Ertrag zu investieren, findet auch er im Boden und im gebauten Besitz die Basis einer gewissen Sicherheit: der Stadtpalast in Bourges, Häuser und Schlösser mit ihren Domänen im Berry, ganz zu schweigen von Einkünften aus Abgaben und den Weinbergen in Burgund.

Es handelt sich um ein allgemeines Phänomen. Tidemann Limberg kauft königliche Lehen, die die Benediktinerabtei von Wimington in Sussex in acht Grafschaften Südenglands besaß. In Lübeck nimmt Heinrich Castorp Hypotheken auf etwa vierzig Häuser auf. In Metz leben die Neffen des großen Bankiers Philippe Le Gronnais – bis zu seinem Tod 1314 Gläubiger des Herzogs und der gesamten lothringischen Aristokratie – bereits 1340 von ihren Renten und ihren Grundstücken. Auf dem Markt lassen sie sich nicht mehr sehen.

Die gemäßigte Risikobereitschaft der Florentiner Kaufleute zeigt uns das Maß für jene Streuung, die Sicherheit verschafft, aber auch für jene Vorsicht, die unbeweglich macht. Der Generaldirektor der Medici-Gesellschaft, Francesco di Tommaso Sassetti, investierte von 1462 bis 1466 nur 68,6 Prozent seiner verfügbaren Gelder in die von ihm geleitete Gesellschaft, sowohl in das Gesellschaftskapital als auch in die Einlagen. Zudem verteilte er die Geldanlagen auf vier Filialen. 11,6 Prozent der Gelder widmete er dem Erwerb von Immobilien in Florenz und in der näheren Umgebung. Die Käufe von Möbeln, Büchern und Goldschmiedearbeiten machen

19,8 Prozent aus. Jeder dritte Florin wurde in unproduktive Investitionen gesteckt. Das heißt aber, daß dennoch zwei von drei Florins in die Geschäfte der Medici gesteckt wurden, ein Anteil, den Sassetti, den in den Jahren 1489 und 1490 sein verzweifelter Versuch, die Filiale in Lyon wiederaufzubauen, ruiniert hatte, auf seinem Totenbett bedauerte.

In Venedig, wo die Reglementierung der Aktivitäten durch den Staat die Geschäftsrisiken begrenzt, legen die Vormünder der Kinder von Andrea Barbarigo ganze 10 Prozent der Erbschaft in wirtschaftlichen Unternehmungen an. Der Rest geht in ein Haus am Canale Grande, in Güter in der Gegend um Verona und Treviso — nicht zu vergessen den Grundbesitz auf Kreta, der von Andrea gekauft worden war — und in Papiere der öffentlichen Schuld.

Cosimo de' Medici gelingt das Unglaubliche: Im Jahre 1460, auf dem Zenit seiner Gesellschaft, wird die Hälfte seines persönlichen Vermögens in *Luoghi* des *Monte* investiert, mit anderen Worten: in Staatsanleihen. Und der Herr von Florenz spekuliert kaum, da er im richtigen Augenblick, während der Krisen, kauft...

Der Verlust an Dynamik liegt auf der Hand. Mit wachsendem Vermögen werden die Geschäftsleute weniger risikofreudig. Das Risiko paßt zum Ehrgeizigen, nicht zu den Notabeln. Lange bevor es zum guten Ton gehört, die kaufmännische Herkunft eines Vermögens vergessen zu lassen, schmiedet der Erfolg eine Mentalität von Rentiers. Die bürgerlichen Familien, die im wirtschaftlichen Leben über mehr als drei Generationen eine Rolle spielen, sind selten. Natürlich gibt es Gruppen der Gesellschaft, in denen der demographische Schwund wütet, da man vor den Kosten der Heirat und der Familiengründung zurückschreckt. Hier geht es jedoch um etwas anderes: Die großen Familien, die wir an der Spitze der Geschäfte sehen, sind zwei Jahrhunderte später immer noch in der Stadt anwesend. Aber was tun sie dort? Die Braque, die Barbou, die Barbette, die Bourdon, die Gencien, die ihr Vermögen aufbauten und im Paris des Jahres 1300 bereits zu den Höchstbesteuerten gehörten, sind aus den Steuerregistern der Jahre 1420 bis 1435 verschwunden. Einige sind im *Parlement,* im *Cour des comptes,* im *Cour des aides,* und sitzen auf Einkünften aus Grundbesitz und auf sicheren Pfändern. Es bleibt, zusammen mit einem dubiosen Barbette, der Tuchhändler Jean Marcel, der letzte Sprößling einer berühmten Familie von Tuchhändlern und Wechslern. Aber schon lange haben er und die Seinen die Bühne des Geschehens verlassen.

Auf dem Weg zur Versicherung

Man kann die Risiken eines Unternehmens begrenzen, indem man sich ihnen entzieht, indem man teilt, hortet. Man kann es auch unmittelbarer mit den handfesten Risiken aufnehmen, die vor allem aus der Unsicherheit der See- und Landwege resultieren. Größere Schiffe widerstehen dem

Sturm besser, sichern einen besseren Ertrag des Kapitals, indem sie die Sauregurkenzeit verkürzen oder beenden; sie transportieren größere, also vielfältiger zusammengesetzte Ladungen. Wenn man gleichzeitig Korallen und Getreide, Ambra und Holz transportiert, verteilt man die Risiken einer Absatzflaute, die selten gleichzeitig Pfeffer und Baumwolle betrifft. Die Erhöhung der Tonnagen begünstigt auch die Teilung der Schiffe und Lasten, ein anderes wirksames Mittel im Kampf gegen das Risiko. Ein Hanseschiff, das 1345 auf See verlorenging, war von sechsundzwanzig Kaufleuten angeheuert worden. Ein anderes, im Jahr 1430, von neununddreißig Kaufleuten. Im Jahr 1468 zählt man nach einem Schiffbruch zweiundsechzig Personen, die Ansprüche erheben. Die Zahl der geschädigten Kaufleute steigt zwar, aber jeder ist nur mit einem kleinen Teil des Geschäfts und mit einem kleinen Teil seiner Geschäfte beteiligt.

Das Handelsschiff, besser konstruiert, um den Naturgewalten zu trotzen, läßt sich so auch besser vor der Böswilligkeit der Menschen schützen. Die Hanse läßt ihre Salzflotten eskortieren. Jacques Cœur versieht seine Handelsgaleeren mit einer starken Artillerie. Venedig organisiert in alle Richtungen bewaffnete Konvois von Staatsschiffen. Keiner denkt in Venedig an die Technik der finanziellen Versicherung: Die wohlüberlegte Entscheidung des Kaufmanns, je nach dem, was er über die momentanen Gefahren weiß, über die kostspieligen staatlichen Konvois oder über die privaten Schiffe, die weniger teuer, aber auch weniger sicher sind, gilt mehr.

Die finanzielle Versicherung entspricht einem anderen Bedürfnis, dem einer Teilung der Gefahren ohne Verminderung der Initiative: Machen, was man will und wann man will, ohne indes alle Risiken einzugehen. Aus der Verbindung von Individualismus und Spekulation entsteht in den kaufmännischen Kreisen, in denen die Risikofreudigkeit mit einem Mißtrauen gegenüber zu hohen Risiken einhergeht, die moderne Versicherung. In Genua und in Florenz entwickelt sich so eine Versicherung, die in erster Linie eine Geisteshaltung ist. Italien nimmt sie sehr schnell an, mit Ausnahme von Venedig, wo eine andere Sicherheit herrscht. Wie die meisten Verstandestechniken, die im Schmelztiegel Italien erprobt wurden, werden auch diese vom übrigen Europa nur langsam, erst im 16. Jahrhundert, angenommen.

Ein in diesem Sinne ziemlich einfaches Verfahren ist seit dem 13. Jahrhundert die Intervention eines Dritten, der mit der Handelsoperation am Anfang nichts zu tun hatte und der seinen – sehr spekulativen – Profit darin findet, in dem Maße zu intervenieren, wie seine Intervention dem betroffenen Kaufmann Entlastung verschafft. Ein simulierter Verkauf genügt, um zusammen mit dem Eigentum die Verantwortung zu übertragen. So verkauft der Genuese Benedetto Zaccaria im Jahr 1298 seinen Landsleuten Enrico Suppa und Baliani Grilli 650 Kantaren – über dreißig Tonnen – Alaun, den ein Schiff von Aigues-Mortes auf dem direkten Seeweg, der damals noch den Italienern Angst machte, nach Brügge transportiert. Aber

Zaccaria verpflichtet sich von diesem Augenblick an, den betreffenden Alaun zurückzukaufen, wenn er in Brügge ankommt. Der Preis des Rückkaufs wird im vorhinein abgesprochen: Er ist natürlich höher als der Verkaufspreis. Der Unterschied zwischen den Preisen entspricht den Kosten Zaccarias für eine Begrenzung der Risiken: Zwischen Aigues-Mortes und Brügge riskiert er nur sein Schiff.

Zu dieser Zeit wird der Wechselverkehr immer ausgefeilter. Der Verkauf von Alaun in Aigues-Mortes verschafft in Brügge nicht das Geld für den Rückkauf. In Brügge leihen Suppa und Grilli daher Zaccaria den Betrag, den er braucht, um ihnen die Ladung abzukaufen. Das Darlehen wird durch einen Wechselvertrag geregelt, der in Genua zahlbar ist.

Das heißt, daß die beiden Genuesen in Brügge nichts bekommen, so daß sie auch keinen Grund haben, selbst dort hinzufahren. Am Anfang haben sie den Preis des Alauns bezahlt. Am Ende, nach der Reise und der Laufzeit des Wechsels, werden sie in Genua bezahlt — mit einem Gewinn. Während dieser Zeit hat Zaccaria in Brügge sein Alaun verkauft und seine Rückfracht mit dem Preis dieses Alauns finanziert.

Das ganze ist ein komplexer Vorgang, der eine Versicherung und eine Forderung kombiniert. Zaccaria hat nur sein Schiff riskiert. Er war mehrere Monate lang im Genuß des Preises einer Ladung Alaun, die er bar verkauft und auf Kredit zurückgekauft hat, um sie bar wiederzuverkaufen. Was Suppa und Grilli betrifft, so haben sie 26 Prozent gewonnen, das heißt mehr als das Doppelte des einfachen Geldzinses, und das bei einem Kredit ohne Risiko.

Noch anderthalb Jahrhunderte später wenden die Genuesen dieses Verfahren an, wobei sie darin vor allem den Kredit für ihr Abenteuer auf See sehen. Im übrigen sucht man die eigentliche Versicherung wenig auf einem Handelsplatz, auf dem das Risiko eine normale Gegebenheit der langen Seereisen auf dem Atlantik und der Nordsee sowie des Handels mit dem Orient zu sein scheint. Man sucht sie so wenig, daß niemand in dieser Zeit der unsicheren Routen auf den Gedanken kommt, den Handel auf dem Landwege zu versichern. Natürlich brechen die fünfzig oder sechzig Wagen, die zwischen Tirol und Venedig regelrechte Kupferkarawanen bilden, seltener alle auf einmal zusammen als die mengenmäßig ebenbürtige Ladung eines einzigen Schiffes auf einmal zugrunde geht. Der simulierte Verkauf nach der Art von Zaccaria versichert die Ladungen auf See, weil er die Ladungen finanziert. Trotz der Banditen in den Alpen und im Apennin erfordern die Wagen, die auf den Straßen des Kontinents fahren, keine derartige Finanzierung. Es ist der Gigantismus des Seeverkehrs, der die Versicherung hervorbringt.

Außerhalb Italiens bieten sich demjenigen andere Mittel, der die Risiken der Handelsinvestition begrenzen will. Sehr viele auf Waren verpfändete Darlehen kombinieren auf glückliche Weise, wie im Genueser System, die Eröffnung einer Forderung mit der Übertragung des Risikos. Die Ladung verschwindet, das Pfand erlischt: keine Rückzahlung. Darüber hinaus muß man die Differenz zwischen dem verpfändeten und dem zurückgezahlten Geld rechtfertigen. Die Genueser Praxis, so komplex sie auch sein mag, hat den Vorteil der Einfachheit zum Zeitpunkt der Auflösung. Der Kaufmann, der den Transport übernahm — Zaccaria in dem zitierten Beispiel —, braucht nur für den Rückkauf oder für die Abtretung seines Rechtes zu optieren. Das verpfändete Darlehen der Franzosen und der Engländer versetzt den Darlehensgeber-Versicherer hingegen vor den Gerichten in eine delikate Lage, nämlich in die des Wucherers.

Am geschicktesten ist letztlich der Florentiner, der es vorzieht, in der Versicherung nur eine spezifische Maßnahme gegen die Risiken zu sehen, aber erweitert auf die verschiedensten Risiken, und zutiefst unterschieden von den Finanzierungen des Handels. Es geht in Florenz nicht darum, zu verkaufen und zurückzukaufen, sondern darum, durch das Mittel der Versicherung den Wert einer Transaktion zurückzubekommen, die schlecht endet, sei es nun eine untergegangene Ladung oder eine unglückliche Spekulation. Was man die Versicherung *alla fiorentina* nennt, die im übrigen gleichzeitig in Pisa und in Florenz entsteht, ist ganz einfach die moderne Versicherung, die Prämienversicherung. Seit 1320 zahlt der Kaufmann, bevor er ein Geschäft lanciert, eine Prämie, die jenem Unterschied entspricht, den das Genueser System zwischen dem Verkaufspreis und dem Rückkaufpreis vorsieht. Die Prämie ist die Entlohnung desjenigen, der das Risiko auf sich nimmt. Es gibt hier keinen Kredit, lediglich eine Sicherheit.

»Am 7. September 1384 haben wir zugunsten von Baldo Ridolfi und Compagnons für hundert Goldflorins die von Peniscola nach Porto Pisano in dem Schiff des Katalanen Guilhem Sale beförderte Wolle versichert. Und für besagte hundert Florins haben wir bar drei Goldflorins erhalten und haben gegen alle Risiken versichert, wie aus der von Gherardo di Ormanno erstellten und von uns unterzeichneten Urkunde hervorgeht.

Das Schiff ist wohlbehalten in Porto Pisano angekommen und wurde im Oktober 1384 entladen, woraufhin wir von der Versicherung befreit sind.

Am 10. September haben wir zugunsten von Ambrogio di Bino Bini für zweihundert Milaneser Golddukaten das von Porto Pisano nach Palermo in dem Schiff von Bartolomeo Vitale beförderte Tuch versichert. Für besagte zweihundert Dukaten haben wir acht Dukaten erhalten und die Schuld dem Konto von Ambrogio, Seite 174, zugeschrieben. Keine andere Urkunde wurde von niemandes Hand verfaßt.

Wohlbehalten in Palermo angekommen.«

Für den Kaufmann, der sich versichert, sind die Vorteile offensichtlich. Das System *alla fiorentina* erfordert nicht dieselben Geldbewegungen wie die schwerfällige Genueser Vorgehensweise oder der zweifelhafte Rückgriff auf das verpfändete Darlehen. Der Preis des versicherten Geschäfts wird nur im Falle eines Unglücks in vollwichtiger Münze gerechnet. Sonst endet das Geschäft mit der Zahlung der Prämie: zwischen drei und vier Prozent für die Durchquerung des östlichen Mittelmeers. Das erlaubt Vereinfachungen des Verfahrens, die wiederum zu einem häufigeren Rückgriff auf die Versicherung führen. So taucht seit dem Jahr 1380 in Florenz ein Versicherungsschein auf, der von einem spezialisierten Makler abgefaßt und vom Versicherer unterschrieben wird.

In einer Weise, die für die toskanische Mentalität des 14. und 15. Jahrhunderts bezeichnend ist, begünstigt der Rückgriff auf die Prämienversicherung die Konzentrationen, die die Konsolidierung der großen Gesellschaften mit sich bringt. Dadurch, daß er immer noch in Begriffen des großen Seehandels denkt, teilt der Genuese seine Schiffe und Ladungen und erhöht die Zahl der Berechtigten. Er läuft dabei das Risiko eines geringeren Zusammenhangs der Geschäfte. Dadurch, daß er sich versichert, findet der Toskaner die Sicherheiten vielfältigerer Geschäfte, ohne den Glanz seiner Gesellschaft durch eine Teilung des Eigentums zu schmälern. Was den Versicherer betrifft — seines Zeichens selbst Kaufmann und in anderen Geschäften engagiert —, so übernimmt er das kalkulierte Risiko, mehrere Geschäfte gleichzeitig zu versichern, was das genuesische System verbietet, das finanziell sehr kostspielig ist für einen Versicherer, der sein Kapital in der Erwartung des Rückkaufs flüssig machen muß. Der Versicherer spekuliert natürlich darauf, daß nicht alle Risiken entschädigt werden. Es ist aber leicht, dieses Risiko zu teilen. So können mehrere Finanziers zur Versicherung derselben Transaktion beitragen.

Die Prämie variiert verständlicherweise je nach Geschäft und Gefahr, also je nach Person und Zeitpunkt. Sie ist hoch bei kleinen Geschäften auf kleinen, schwer zu verteidigenden Schiffen. Krieg oder Frieden, Winter oder Sommer, alles spielt bei der Festlegung der Kosten des Risikos, das der Versicherer für die schwimmende Ware trägt, eine Rolle. Ein Schiff ein Jahr lang zu versichern — wobei niemand wissen kann, was sich in den zwölf Monaten ereignen mag —, kostet im Jahr 1460 etwa 36 Prozent des versicherten Wertes. Für eine einzige Reise, also bei einer Fälligkeit von zwei Wochen oder auch drei Monaten, kostet es *alla fiorentina* 1,5 Prozent von Genua nach Marseille, 5 bis 7 Prozent von Genua nach England und 10 Prozent von Genua nach Flandern. Man zahlt für die Zeit, aber auch für die Ungewißheit. Und man zahlt stets mehr für die Versicherung von Salz, das sich im Falle eines Schiffbruchs auflöst, als für die Versicherung von Fässern, die schwimmen können.

Die größten Verluste entstehen auf See, und das rechtfertigt den systematischen Einsatz der Versicherung. Weil das Prämiensystem wenig kostet und das versicherte Kapital nicht bindet, auch weil es erlaubt, Kapital in unbestimmter Höhe zu versichern, deckt es schließlich alle Arten von Risiken ab. Der Pächter einer Verbrauchssteuer denkt daran, sich für den Fall einer Epidemie zu versichern. Genueser Geschäftsleute, die das toskanische Verfahren überzeugt hat, zeichnen eine Versicherung auf das Leben anderer, auf das des Königs von Aragon, des Papstes oder des Kardinals Fieschi, dessen Tod ihre Unternehmungen beeinträchtigen würde, da er die politischen Bedingungen des Marktes umwälzen würde. Hier tritt das Risiko in den Hintergrund. Die Sicherheit ist einfach ein Bestandteil der Kosten geworden.

Die Buchhaltung

Am Ursprung des Handels steht die Kunst des Addierens und des Subtrahierens. Das Geld in der Kasse, die Waren im Lager sind nur in einem bestimmten Moment innerhalb einer unbestimmten Abfolge einfacher Vorgänge da. Zu wissen, was hereinkommt und was hinausgeht, was man verkaufen und was man zahlen kann, ist die Basis der Geschäftsführung. Dieses Bedürfnis wird auf sehr unterschiedliche Weise verspürt, je nachdem, ob der Kaufmann, der Handwerker oder der Krämer selbst seine Geschäfte, seine Kasse und sein Lager kontrolliert, oder ob er Angestellte dafür einsetzt, die ihm gegenüber verantwortlich sind. Die Notwendigkeit eines Kassenbuchs ist für den Bäcker, der am Abend seine Einnahmen für die Brötchen zählt, die er zu acht Sous das Dutzend verkauft hat, kaum ersichtlich. Natürlich wäre die Buchführung für ihn ein Kontrollmittel. Aber für wen und gegen wen? Wenn acht Sous in der Kasse fehlen, wen soll er dafür verantwortlich machen? Auch der Messerschmied weiß, wann er sein letztes Tranchiermesser verkauft hat und ob er sich wieder mit Klingen aus Deutschland oder der Normandie eindecken muß. Der Tuchhändler hat den Stapel der vorhandenen Wolltuche vor Augen, und der Gewürzhändler braucht kein Konto, um zu bemerken, daß der Sack Pfeffer zu Ende geht.

Die Kontrolle der Geschäfte

Wenn das Ausmaß der Geschäfte zunimmt, die Verantwortlichkeiten hierarchisiert werden, verschafft die Buchführung dem Verwalter die Mittel zu seiner Rechtfertigung und dem Chef diejenigen zu einer ständigen Kontrolle. Wenn der Vorrat größer wird und sich auf mehrere Lager verteilt, erwartet keiner mehr, den Warenbestand mit einem Blick übersehen zu können. Was den Kassenstand betrifft, so ist daraus nicht ersichtlich, wer bezahlt hat und an wen man bezahlt hat. Sobald der Geschäftsmann sein Bargeld einem Kassierer anvertraut, genügt es nicht, zu wissen, wieviel jeden Abend im Tresor ist.

In dem Augenblick, in dem die Geschäfte einen solchen Umfang erreichen, geben der Kassenstand und der Bestand des Lagers nicht mehr allein einen vollständigen Überblick über die Lage der Geschäfte. Auch die öffentliche Buchführung, die der fürstlichen Schatzkammern, die vor allem die empfangenen und ausgegebenen Beträge notiert, weil der Steuereinnehmer oder der Schatzmeister eines Tages darüber Rechenschaft ablegen muß, zeichnet auf, was man hätte erhalten sollen oder in Zukunft erhalten sollte, unbezahlte Wechsel wie künftige Fälligkeiten. Eine Regierung entscheidet nicht über Krieg und Frieden allein in Anbetracht des Inkassos der Schatzkammer. Und die Lagerhaltung, die Eintreibung der Forderungen, die Neuanlage des Gewinns, die Immobilisierung des Kapitals und die Spekulation auf dem Markt lassen sich nicht auf ein einfaches »Journal« der Eingänge und Ausgänge gründen.

Zwei Faktoren der Entwicklung verlangen eine genaue Kenntnis jenes komplexen Gebildes, das man Vermögen nennt: der Kredit und der Kapitalismus.

Der langfristige Kredit beinhaltet in der Tat Fälligkeiten, die über die Rechnungslegung hinausgehen. Kurzfristig werden zehn geliehene und als Ausgaben vermerkte Sous mit zehn Sous verrechnet, die am folgenden Tag zurückgezahlt und als Einnahmen verbucht werden. Da keiner sagen kann, ob der geliehene Betrag tatsächlich zehn Sous betrug, macht der Zins eventuelle Verbuchungen nicht komplizierter. Und die Quittung des Darlehensnehmers genügt als Gedächtnisstütze für den Gläubiger. Anders ist es bei einem Kredit über sechs Monate, wenn die Abrechnungen dreimal im Jahr erfolgen. Sogar jährliche Abrechnungen werden durch mittelfristige Forderungen durcheinandergebracht, die kurz vor der Schließung der Konten verbucht werden. Kein Kassenbuch hilft dem Finanzier, seine Geschäfte zu kontrollieren, wenn das Geld, das er vor Weihnachten leiht und an Ostern zurückbekommt, einmal als Defizit und ein andermal als Gewinn verbucht wird.

Unter den verschiedenen Formen, die sich aus der Praxis des Depots und aus den Systemen der Beteiligung ergeben, bringt der im Entstehen begriffene Kapitalismus für die Unternehmer eine neue Verpflichtung mit sich: Auch der Geschäftsmann hat Rechenschaft abzulegen. Depots anzunehmen oder Gesellschafter anzustellen, reicht nicht aus: Man muß die getroffenen Entscheidungen rechtfertigen, Verlust und Gewinn nachweisen, den Gewinn verteilen.

Der Kaufmann muß auch in seinem eigenen Interesse die Analyse der Lage und der Bewegungen vorantreiben. Man tätigt nicht blindlings die Investitionen, die der Kreditmarkt nahelegt, und auch nicht jene, die die Beobachtung der Käufe der Kundschaft und ihrer Tendenz nahelegt. Das Tempo des Absatzes von violettem Tuch aus Malines oder desjenigen aus Saint-Omer, das Tempo des Absatzes von Pfeffer oder Seife, das bestimmt die Lagerhaltung des Tuchhändlers oder des Gewürzhändlers.

Auch die Verkaufspreise legt man nicht blindlings fest. Zu einem überhöhten Preis verkauft es sich nicht gut. Der Kaufmann ist auf dem Handelsplatz nicht allein, und er weiß das. Zu einem zu niedrigen Preis verkauft man mit Verlust und ruiniert sich. Die rationelle Festlegung der Kosten erfordert, daß man in die Berechnungen so unterschiedliche Elemente wie den wirklichen Preis eines Terminkaufs, den Lohn eines Arbeiters oder eines Fuhrmanns, die Amortisierung von Werkzeugen oder eines Lagers hineinnimmt. Das überrascht nicht, denn das Bedürfnis nach einer analytischen Buchführung verspürt man in erster Linie in dem Wirtschaftssektor, in dem die Komplexität der Finanzierungen derjenigen der technischen Fabrikationsketten folgt: im Tuchgewerbe.

Das Ziel der klügsten Kaufleute — also einmal mehr der Toskaner und der Genuesen — ist daher im 13. und 14. Jahrhundert, den beiden Jahrhunderten, in denen die moderne Buchhaltung entsteht, die Unternehmensverwaltung zu rationalisieren, indem sie alle Elemente des Vermögens in ein regelrechtes System der permanenten Kontrolle hineinnehmen. Man merkt schnell, daß eine solche Integration bedingt, daß alle Werte in Bargeld und Naturalien auf eine Reihe bekannter und arithmetisch verwertbarer Einheiten zurückgeführt werden: auf eine Verrechnungswährung, die entweder theoretisch ist, wie das Livre, oder real, wie der Florin.

Die Buchhaltung rangiert sogar vor der Transparenz des Währungssystems. Die Profite des Wechsels und des Rückwechsels, das heißt die der Bank, gehen auf das Konto der buchhalterischen Stabilität. Wir wissen, daß die Geschäftswelt, um dieses Ziel zu erreichen, nicht zögern wird, dem traditionellen Verrechnungsgeld, das auf die Silbermünze gegründet ist, ein Verrechnungsgeld vorzuziehen, das auf die Goldmünze gegründet ist.

Die Konten werden daher ein Reich der Währungskonversion, und jede Zeile resultiert aus einem komplexen Vorgang. Die im Laufe des Geschäftsjahres eingetretenen Münzverrufe machen die Bilanzen nicht einfacher. Man kann mit Recht vermuten, daß die relative Währungsstabilität in Italien die Entstehung der analytischen Buchhaltung begünstigte und daß die französische Instabilität stark dazu beitrug, die Pariser Kaufleute davon abzubringen, der Praxis der Italiener zu folgen, mit denen sie indessen täglich verkehrten.

Zahlen

Alles beginnt mit der Bestandsaufnahme. Deren Grundbegriffe nehmen von selbst ihren Platz in der Praxis der Buchhalter ein, das heißt der verantwortlichen Geschäftsführer, die wissen, daß sie eines Tages Rechenschaft ablegen müssen. Die Führung paralleler Bücher, welche die Basis des zukünftigen Systems der »doppelten Buchführung« ist, entsteht aus dem Bedarf und der Erfahrung heraus, nicht aus Lehrbüchern. Es ist die Erfahrung der Florentiner, Sienesen, Luccheser und einiger anderer Toskaner sowie gleichzeitig die der Genuesen, die seit dem Jahr 1200 die Offenlegung des kaufmännischen Vermögens organisiert, der Luca Paciolo da

San Sepolcro – ein Franziskaner! – am Ende des 15. Jahrhunderts in einem schnell berühmten und lange von den Kaufleuten benutzten Handbuch definitive Strukturen und die charakteristische Dynamik der modernen Buchführung geben wird.

Europa hat in der Zwischenzeit die italienischen Erfindungen kennengelernt und mehr oder weniger übernommen. Ziemlich langsam, das muß man sagen, sowohl aufgrund von Mißtrauen als aus einem geringeren Bedürfnis heraus. Ende des 15. Jahrhunderts gibt es sehr viele Konten im Okzident, die von Kaufleuten und ihren Angestellten geführt werden. Es gibt außerhalb der italienischen Gesellschaften noch kein System, das in der Lage wäre, auf Dauer über die wirtschaftliche Situation eines Unternehmens Rechenschaft abzulegen.

Genau wie die Korrespondenz kommt die Buchführung zu den normalen Obliegenheiten des Kaufmanns hinzu. Ob nun als Unternehmenschef oder als Angestellter, der eine Zeitlang für die Buchführung abgestellt ist, der Buchhalter ist in Wirklichkeit kein Fachmann der Buchführung. Der Beruf des Buchhalters entsteht erst später, sowohl der des Steuerbuchhalters als auch der des kaufmännischen Buchhalters. Fürs erste sind die Bücher ein normales Instrument der kaufmännischen Arbeit, was im 14. Jahrhundert durch die Senkung des Papierpreises weitgehend erleichtert wird. Keiner mag mehr darauf verzichten. Die Konsequenzen des relativ niedrigen Papierpreises für den Aufschwung der kommunalen Buchführung sind bekannt. Der Kaufmann seinerseits scheut sich nicht vor Ausgaben für Papier, wenn es darum geht, zu wissen, wie es um seine Geschäfte steht. Vielleicht hätte er bei Ausgaben für Pergament gezögert.

Die Entwicklung der juristischen Mentalität geht mit dieser neuen Gewohnheit einher. Der Notar, der mit seinen unterzeichneten Urschriften in sehr vielen Fällen den Platz eingenommen hat, den früher die Kanzleien mit ihren gesiegelten Urkunden innehatten, tritt angesichts der Zunahme von privaten Urkunden selbst etwas in den Hintergrund. Während das kulturelle Niveau des Bürgertums ständig steigt, erkennen die Akteure der Wirtschaft gerne den Wert eines einfachen Papiers, das von einem von ihnen unterschrieben ist, eines Briefes, einer Erwähnung in einem Brief verbindlich an. Die Entwicklung des Wechsels als Kreditinstrument rührt von dieser Anerkennung der persönlichen Unterschrift her, die selbst bezeichnend ist für ein Zivilisationsniveau, auf dem sich eine eigenständige kaufmännische Kultur herausbildet.

Das Konto gewinnt dabei eine neue Daseinsberechtigung. Da niemand mehr daran interessiert ist, Zeit und Geld in Gerichtsverfahren zu verschwenden, ist man sich häufig einig, der Erwähnung einer Schuld, die der Schuldner von eigener Hand in das Buch des Gläubigers eingetragen hat, einen juristischen Wert beizumessen. Die päpstliche Schatzkammer geht sogar so weit, die Authentizität des Kontos zu bestätigen, indem sie am Rand der Ausgaben den Namen von zwei oder drei Zeugen vermerkt. Die Zahlung kann so nicht bestritten werden, und die Schatzkammer spart einige tausend Quittungen. Beamte und Kaufleute, die mit der päpstlichen Schatzkammer zu tun haben, verständigen sich ihrerseits darauf, Nutzen aus einem so einfachen Beweismittel zu ziehen. Beide wachen gewissenhaft darüber, daß ihre eigenen Einzahlungen als Einnahmen verbucht werden, mit Datum. Obwohl sie um eine Quittung gebeten haben, lassen manche eines schönen Tages mit einem Mal frühere Einzahlungen registrieren — mit Erwähnung der Daten der Vorgänge, die sie aus Zeitmangel im Augenblick der Zahlung nicht eintragen ließen. Solche »Nachtragungen« machen das Interesse deutlich, das die Partner der Schatzkammer daran hatten, ihre Forderungen oder den Saldo ihrer Schulden schriftlich festgehalten zu sehen. Eine Zeile im Buch des Schatzmeisters war mindestens ebenso sicher wie eine gesiegelte Quittung.

Bei allen Fortschritten der Rechenkunst hält sich der Kaufmann, wie auch der Finanzbeamte, an die römischen Zahlen, deren Mängel er allerdings kennt. Schon seit langem haben die europäischen Mathematiker nach und nach die Vorteile des persischen Systems und seiner arabischen Verbesserungen begriffen: Zahlen, die sich nicht wiederholen, und dank der Null ein Wert, der von der Stellung abhängig ist. Wenn man bedenkt, daß MMCCCLXXVIII jetzt 2378 geschrieben werden kann! In den Wissenschaftskreisen Spaniens benutzt man diese Zahlen lange vor dem Jahr 1000, und der zukünftige Papst des Jahres 1000, Silvester II., benutzte sie bereits, nicht ohne Scheu, um Rechenjetons zu numerieren, als er noch Lehrer an der bischöflichen Schule in Reims war. Der Kaufmann ist lange Zeit mißtrauisch gegenüber Zahlen, in denen er vor allem eine Erleichterung beim Betrug sieht.

Um das Jahr 1250 indessen kennen die italienischen Kaufleute bereits die persischen Zahlen, die man seit dieser Zeit als arabische bezeichnet und die noch sehr verschieden sind von denen, die wir heute kennen. Franzosen, Spanier, Deutsche und Engländer übernehmen sie im 15. Jahrhundert. Alle verwenden sie aus Bequemlichkeit, aber mit einigem Mißtrauen. In Anbetracht des realen Vorteils, den die Positionsnumerierung mit der Möglichkeit ergibt, die arithmetischen Operationen zu »setzen«, erscheinen diese arabischen Zahlen auf Skizzen und an den Rändern, und sie bleiben lange darauf beschränkt. Sie sind das Mittel der schnellen arithmetischen Überprüfungen, die man für sich macht.

Der Kaufmann will wohl »mit dem Abacus signieren«, wie die Italiener sagen, d. h. die arabischen Zahlen für die Jahreszahl, für die Paginierung eines Kontos, für eine arithmetische Rekapitulation benutzen, kurz: für alles, was überprüfbar ist. Er hütet sich aber davor, sie für den jeweiligen Tag des Monats zu benutzen, der schon allein aufgrund der Wahrscheinlichkeit weniger gewiß ist als das Jahr. Und er benutzt sie keinesfalls für Eintragungen, die eine Verpflichtung bedeuten.

Für eine solche Zurückhaltung gibt es mindestens zwei Gründe, die beide praktischer Natur sind. Der erste hängt mit der Form der arabischen Zahlen zusammen.

Diese ist noch nicht genau festgelegt. Vielleicht weil Spielmarken, die eine Zahl in ihrer Mitte hatten, eine wesentliche Rolle bei der Verbreitung der arabischen Zahl gespielt haben, scheint diese sich unterschiedslos um sich selbst zu drehen, je nachdem, wer sie schreibt. Daraus entsteht ein Eindruck von Unsicherheit, der dem stets gleichbleibenden Schriftzug der römischen Zahlen entgegensteht, die, da es sich um Buchstaben handelt, etablierte Zeichen verwenden. Eine Eintragung in arabischen Zahlen gilt als leicht fälschbar. Ein leichter Federstrich kann alles verändern. Zumindest wird das lange Zeit behauptet.

Der zweite Grund ist genauso realistisch: Man rechnet sehr gut mit den römischen Zahlen. Diese, und nur diese, sind dem Abakus angepaßt, das heißt den Feldern des Teppichs oder des Schachbretts, auf die Spielmarken geworfen werden. Der Mensch des Mittelalters, ob Kaufmann oder Finanzbeamter, rechnet langsam, aber er rechnet gut, und er sieht keinen Grund, schnell zu rechnen. Kontrolliert der mit einem Computer ausgerüstete Historiker des 20. Jahrhunderts die Buchhalter des 15. Jahrhunderts, so ertappt er sie ziemlich selten bei einem Fehler, abgesehen von Abschreibfehlern, die ebenso häufig wie leicht nachzuweisen sind.

Der mittelalterliche Kaufmann sieht daher in den arabischen Zahlen und in der Positionsnumerierung nicht die gleichen Vorteile wie der Astronom bei seinen Berechnungen mit großen Zahlen, seinen Dezimalberechnungen und komplexen Operationen mit Brüchen. Der Kaufmann, der seine Konten führt, sieht in ihnen vor allem ein Interesse der Gelehrten, eine Änderung der Gewohnheiten, eine neue Mode. Und er denkt ganz einfach: »Wozu soll das gut sein?«

Die Partner und das große Buch

Der Gedanke, Schulden und Forderungen aufzuschreiben, ist alt. Er taucht zuerst bei der Verwaltung der großen Vermögen auf. Der Bürger, der seinem Schwager zehn Sous leiht, wird sich daran erinnern können, nicht so der Bäcker, der sich sein Brot am Ende des Monats bezahlen läßt, oder der Pächter einer Domäne, der alle möglichen Abgaben zu allen möglichen Terminen erwarten und erheben muß. Umso mehr wird ein »Konto für Dritte« notwendig, wenn die Verbindungen des Unternehmens mit Dritten — Gläubigern und Schuldnern — die Bedeutung und den unregelmäßigen Charakter annehmen, die sich aus dem finanziellen Spiel ergeben. Auf seiner Bank kann der Wechsler Tournois für Sterling oder Écus für Florins geben, ohne zu notieren, an wen. Nicht so der Tuchhändler, der Wolle zu einem bestimmten Termin kauft oder Wolle auf Kredit, die erst bei der Rückkehr eines Schiffs lieferbar ist, der Tuchhändler, der die Arbeit der Weber und Färber finanziert, ohne je das Tuch zu sehen, das er schließlich an andere Tuchhändler verkaufen wird, die nichts mit der Produktion zu tun haben, und das man ihm zu einem Termin bezahlen wird, der je nach der Konjunktur und den Gebräuchen festgelegt wird. Ganz zu schweigen vom Wechselmakler, der Wechsel auf die Messen der Champagne oder auf die Messen Flanderns zieht, der gezogene Wechsel in Brügge oder in London bezahlt, der Ausgleichsgeschäfte mit Genua oder Venedig macht, und all das zu verschiedenen Fälligkeiten. Weder der eine noch der andere dieser Geschäftsleute, die im übrigen nicht alle ihre Handels- oder Bankpartner kennen können, würde sich ohne eine gewissenhafte Buchführung der Forderungen und Schulden zurechtfinden.

Der Bäcker begnügt sich mit dem Kerbholz, dem der Länge nach gespaltenen Holzstab, den man in bestimmten ländlichen Gegenden Frankreichs noch zu Beginn des 20. Jahrhunderts verwendete. Der Bäcker als Gläubiger behält eine Seite des Holzes, der Kunde als Schuldner nimmt die andere mit. Bei jedem Kauf legt man die Seiten zusammen und macht eine Kerbe. Wenn der Kunde sein Konto begleicht, bringt ein Messerhieb alle Kerben zum Verschwinden. Und man fängt wieder von vorn an. Das System hat einige Vorteile: Es ist einfach, schnell und obendrein analphabetisch. Eine Finanzverwaltung, die so gut geführt ist wie die des englischen Königs, verwendet es noch in der Mitte des 12. Jahrhunderts für ihre immer wieder erneuerten Forderungen.

Wer eine Domäne verwaltet, tut besser daran, ein für allemal eine Liste seiner ständigen Schuldner aufzustellen. Er braucht sie dann nur zu den gewünschten Terminen durchzusehen und sie auf dem laufenden zu halten. Die Kladden der fürstlichen Rechnungskammern stellen so ihre Listen mit Vasallen auf, die Waffendienste schulden, mit Pächtern, die Arbeitstage schulden, und solchen, die den Zehnten oder Renten für ihre Parzellen schulden. Ebenso die Städte, die aufgrund der endemischen Verschuldung im 13. Jahrhundert Listen mit ihren Gläubigern aufstellen, um das Ausmaß der öffentlichen Schuld sowie die Verschuldungskapazität der städtischen Regierung abzuschätzen. Seit 1262 bewahrt man Konten der Schulden von Calais auf. Das »Schuldbuch« wird in Hamburg, Lübeck, Riga, Stralsund und in den meisten Hansestädten seit dem letzten Viertel des 13. Jahrhunderts gewissenhaft geführt.

Da die Gläubiger der Stadt im allgemeinen die Großbürger sind, ist die Schuld der Allgemeinheit die persönliche Forderung derjenigen, die die Stadt regieren. Das heißt, daß diese Registrierung wertvoll für die Geschäftsleute ist, da sie den Kredit offiziell anerkennt.

Diese Terminzahlungen und eintreibbaren Abgaben führen im 13. und 14. Jahrhundert zu ausführlichen Inventarlisten, den *Censiers,* und im 15. Jahrhundert, als man den Notar holt, der aus ihnen authentische Papiere macht, zu sogenannten *Terriers,* wie demjenigen, das ein Geschäftsmann aus Lyon, der sich für einen Edelmann hält, für seinen ländlichen Herrensitz verfassen läßt:

279

»Jean Estévenin, aus Lozanne, besitzt unten eingetragene Güter und Besitztümer:

An erster Stelle die Hälfte eines Landes, das dem verstorbenen Pierre Estévenin gehörte, seinem Vater, gelegen in Lozanne am Ort Peylapuel [...] unter jährlichem und lebenslänglichem Dienst eines Achtels der Weizenernte, eines halben Fuders Hafer, eines Achtels von einem halben Huhn, einer halben Öllampe mit dem Maß von Cazay, eines Obolus und dem Zwölftel eines Denier tournois...«

Wenn man bedenkt, daß der Grundherr wahrscheinlich keine der Abgaben, so wie sie hier festgelegt wurden, erhielt und daß ein *Terrier* nur dazu nützlich war, alle sechzehn Jahre ein ganzes Huhn zu erheben und alle zwölf Jahre einen ganzen Denar! Sofern der Grundherr sich nicht alles in allem mit kleiner Münze begnügte...

Der Steuereinnehmer denkt nicht anders. Er weiß, daß er darauf verzichten muß, einfach eine Straße nach der anderen abzulaufen und von jedem bereits bei der ersten Aufforderung den geschuldeten Betrag zu bekommen. Der Steuerpflichtige ist hartnäckig, der Steuereintreiber muß wiederkommen. Das nach den Registern der vorherigen Steuern aufgestellte und mit der Angabe der diesmal fälligen Beträge auf den neuesten Stand gebrachte Steuerregister ist daher nur eine Gedächtnisstütze. Die Wirklichkeit zeigt sich in einer zweiten Eintragung, die bei jedem Versuch einer Steuereintreibung gemacht wird. Meistens schreibt der Steuereintreiber ein oder zwei Wörter an den Rand: »bezahlt«, »soundsoviel bezahlt«, »nichts«.

Die Verantwortlichen für die Pariser Steuer von 1421 und 1438 sind gerissener. Sie lassen die erste Liste, die sogenannte Liste der Einnahmen, intakt, auf der trotz dieses Namens diejenigen Beträge als erhalten eingetragen sind, die ein bestimmter Steuerpflichtiger nicht bezahlt hat und vielleicht nie bezahlen wird, und sie stellen getrennt davon die Liste der unbezahlten Beträge auf, die als »Ausgaben« ausgewiesen werden, nach dem Muster der Eintreibungskosten und der der Schatzkammer übergebenen Beträge. So bei dem Schuster Jean du Bois, der im Jahr 1421 auf zwei Unzen Silber taxiert wird. Unter »Einnahme« liest man: »Von Jean du Bois, Schuster, veranlagt mit zwei Unzen Silber, von ihm erhalten in Silber: 2 Unzen.« Wer würde denken, wenn er dies liest, daß Jean du Bois nichts bezahlt hat? Aber fünfundzwanzig Blätter weiter hinten erscheinen die »Ausgaben«: »Jean du Bois, Schuster, im Viertel Jean de Vaynes, zu zwei Unzen Silber, befreit, weil man ihn nicht kennt und ihn nicht finden kann, verbleiben: 2 Unzen Silber.«

Der Steuereintreiber des Jahres 1438 belastet sich weniger mit Formeln. Er führt einfach zwei Listen: »Einnahmen« und »Schulden«. So bei einem Geflügelhändler, der 40 Sous schuldet und nur 24 bezahlt hat, auf den Folios 3 und 21 der Rolle:

Von Arnoulet Maschecol, Geflügelhändler:	40 Sous parisis.
Arnoulet Maschecol, Geflügelhändler, verbleiben:	16 Sous parisis.

Der toskanische Kaufmann kennt diese Praxis seit dem Beginn des 13. Jahrhunderts. Die Kaufleute in Antwerpen übernehmen sie um das Jahr 1300, die Kaufleute in Toulouse um das Jahr 1400. Die Kladde bei den Finanziers der Fürsten oder das »große Buch« bei den Kaufleuten und den Handels- und Bankgesellschaften, die Aufstellung der einzutreibenden Forderungen — und der zu bezahlenden Schulden — sind das tägliche Werkzeug jeder kurz- und mittelfristigen Geschäftsführung. Die Italiener verleihen ihm mitunter eine gewisse Feierlichkeit, indem sie es prunkvoll zwischen zwei Holzdeckel einbinden lassen: Dies ist dann das *Libro dell' asse*. Das Buch mit den Holzdeckeln, das die Kontinuität der Geschäfte sichert, da eine Forderung eröffnet wird, bevor eine andere erlischt, ist auf Dauer angelegt.

Die Praxis erfordert die chronologische Ordnung der Konteneröffnung. Der neue Partner nimmt seinen Platz nach demjenigen ein, den man zuvor zum ersten Mal eingetragen hat. Aber wie kann man eine alphabetische Ordnung über die anfängliche Bestandsaufnahme hinaus einhalten? Oder über die periodische Bestandsaufnahme hinaus, die von den Toulouser Kaufleuten um das Jahr 1400 praktiziert wird? Wohlgemerkt: Ihnen fällt nichts Besseres ein, als ihre Kunden in der alphabetischen Ordnung... der Vornamen einzutragen.

Das »große Buch« enthält in der Tat die Liste aller »Dritten«, die in kommerzieller — oder finanzieller — Verbindung mit dem Unternehmen stehen, und jeden Tag kommt etwas dazu. Die Konten folgen daher aufeinander, und um sich zurechtzufinden, muß man die Seiten umblättern. Die Venezianer des 15. Jahrhunderts und auch die Genuesen der *Casa di San Giorgio* kommen auf die Idee, eine ganze Seite für jeden neuen Kunden zu reservieren. Wenn die Seite voll ist, muß man die folgenden Vermerke allerdings auf der ersten freien Seite eintragen. Auch hier muß man die Seiten umblättern.

Da sie erst spät die Vorteile entdeckt haben, die die für jeden Kunden reservierte Seite bietet, gehen die Hanseaten in Lübeck und Hamburg deren Nutzen verlustig, denn sie sträuben sich gegen die Verschwendung von Papier durch die blanko gelassenen Stellen: Dort tragen sie ihre neuen Kunden ein.

Wie auch immer die Formel lautet, mit der die Forderung eingetragen und gelöscht wird, der Kaufmann kennt sein Buch und versteht es. So der Kaufmann aus dem Languedoc, der notiert »Peyre schuldet mir zwei Écus«, und der die Zeile ausstreicht, als Peyre die Schuld beglichen hat. Nicht so der Kunde. Auf einen, der vom Fach ist, kommen zehn, die nichts von Buchhaltung verstehen, die aber gern die Konten verstehen würden, die man ihnen zeigt, und die Gründe, die man angibt. Der Schreiber, der Geld deponiert, der Maurer, der eine Mauer hochzieht und wünscht, daß man seine Bezahlung nicht vergißt, der Tuchwalker, der auf seinen Lohn wartet, der Bürger, der ein Tuch, eine Kanne oder einen Gürtel mitnimmt und verspricht, seinen Kauf in den nächsten Wochen zu bezahlen, alle werden zu besseren Gesprächspartnern bei der Begleichung ihres Kontos, wenn ihnen dieses ohne lange Präambel präsentiert wird und wenn es verständlich ist. Vor allem von dem Augenblick an, wo die »Banküberweisung« als Zahlungsmittel zwischen Leuten gebräuchlich wird, die nicht professionell mit Waren umgehen, können sich die »Dritten« fragen, wie es mit ihrem Konto steht, dem bald ein Betrag gutgeschrieben, bald ein Betrag angelastet wird. Sie wollen es sehen.

Die Buchhalter nehmen daher ziemlich schnell die Gewohnheit an, sich in die Lage des Kunden zu versetzen, dem das Konto vorgelegt wird, so seit dem 13. Jahrhundert in Italien. Eine Forderung von zehn Dukaten an Giovanni wird daher als das eingetragen, was sie in den Augen Giovannis ist, nämlich eine Schuld: »Giovanni muß zehn Dukaten geben.« Der Kaufmann oder der Bankier, der Giovanni zehn Dukaten leiht oder der ihm ein Tuch auf Kredit verkauft, notiert: »Giovanni muß geben...« Einfacher sagt man: »Giovanni *schuldet*...«.

Aus der entgegengesetzten Warte betrachtet, sind die zwanzig Florins, die Pietro leiht, eine Schuld des Buchhalters, da er sie bekommen hat und schuldet. Aber er rechnet sie als Forderung von Pietro. Auf der Seite oder unter der Rubrik, die im Namen von Pietro eröffnet wurde, notiert man: »Pietro muß zwanzig Florins haben.« Man spricht, einfacher, von seinem *Guthaben*.

Wenn Giovanni sein Darlehen zurückzahlt oder sein Tuch bezahlt, kann man notieren: »Giovanni hat gegeben...«. So ist »hat gegeben« logischerweise entgegengesetzt zu »muß geben«. Aber in Wirklichkeit hat Giovanni in der Zwischenzeit verkauft, eingekauft, geliehen, verliehen. Die Geschäfte sind komplex und die Transaktionen kreuzen sich. Diese Vorgänge hingegen können nur in die eine oder andere Richtung gehen. Es handelt sich um eine Forderung oder um eine Schuld. Warum nicht auf einer Seite alles versammeln, was in die gleiche Richtung geht? Die von Giovanni geleistete Rückzahlung wird daher gleich wie eine Forderung verbucht. In der Schlußbilanz vermehrt alles, was die Schuld vermindert, die Forderung. Während sich Giovanni damit begnügt zurückzuzahlen, notiert man: »Giovanni muß haben.« Genau wie für Pietro.

Mit Hilfe des »großen Buches« lassen sich die Geschäfte der Kaufleute ebenso logisch wie bequem rasch zu Papier bringen. Giovanni und Pietro wissen, was sie haben müssen und was sie geben müssen, und sie verstehen den Unterschied. Jedenfalls werden sie ihn nicht bestreiten. Was den Buchhalter betrifft, so kennt er sein Buch gut genug, um zu wissen, daß eine Seite »Schuldet« seines Kontos für »Dritte« Forderungen an ihn selbst und an seine Gesellschaft bedeuten und daß die Eintragungen im »Haben« Schulden sind. Wenn es eine Umkehrung gibt, dann nicht die der Zeichen; es ist die der Lektüre. Das »Konto für Dritte«, das große Buch, ist so gemacht, daß die Kundschaft es lesen kann.

Die Ugolini aus Siena drücken dies ohne Umschweife in dem Buch ihrer Forderungen und Schulden hinsichtlich der Messen der Champagne für das Jahr 1255 und die folgenden aus:

»Das sind die Denare, die Ghino Ugolini in Siena für Frankreich *bezahlt* hat. Als erstes *soll* er 6 Livres in Deniers provinois auf der Messe von Lagny im Jahr 1261 *haben,* die er in Siena in Denaren aus Siena der Frau von Bernardino Ranieri *schuldete.*«

Zwei Jahrhunderte später vermerken die Florentiner Antonio della Casa und Simone Guadagni in dem »gelben Buch« ihrer Genfer Gesellschaft — es ist die Farbe des Einbands, die die aufeinanderfolgenden Bücher unterscheidet — ihre Schuld gegenüber den Strozzi für einen Wechsel auf Rom:

»Carlo della Luna und Francesco degli Strozzi und Compagnons in Rom *sollen haben* auf der Messe des August 1453 den Betrag von 20 alten Écus 1 Sou 4 Denare, den wir *für sie gehabt haben* von Messere Mandone, Prior von Valleschuxa, über Messere Roberto Adimari, als Rest von 55 alten Écus, die er ihnen schuldete: 20 Écus 1 Sou 4 Denare.«

Sogar der Kaufmann Barthélemy Bonis aus Montauban, der im Jahr 1344 sein großes Buch führt, ohne sich des italienischen Vokabulars zu bedienen — ohne »geben« noch »haben« —, drückt Gutschriften und Belastungen in einfachen Wendungen aus, die jedermann, auf beiden Seiten des Kontors, verstehen kann. So, wenn er Gewürze auf Kredit verkauft. Der Verkauf ist eine Schuld des Kunden, die Zahlung ist das Äquivalent einer Schuld des Kaufmanns. Das Verb »schulden« wird in beiden Fällen gebraucht, aber das Subjekt ändert sich:

»Estève Dannac, von den Katalanen, *schuldet* auf einem Konto im Buch B, Folio 125, für Gewürze, Zucker und anderes, die wir ihm durch Durant Turen mit seinem Brief, der sich beläuft auf: 5 Sous 1 Denier tournois, geschickt haben [...] Und wir *schulden ihm:* 5 Sous 1 Denier tournois.«

So steht *schulden ihm* dem Wort *schuldet* gegenüber. Die Antithese »haben« und »geben« gilt hier nicht. Aber die beiden Wörter finden sich auf allen Zeilen des Kontos, das im Jahr 1377 der Faktor des Kaufmanns Francesco di Marco Datini aus Prato in Avignon führt. Hier macht sich bereits der italienische Brauch geltend:

»Gianino Lorancho, der in Orange Salz verkauft, soll geben seit dem besagten Tag [d. h. dem 15. Juli 1377] das Salz, das ihm für uns in Orange Giovanni Bontesone aus Beaucaire übergeben hat: 50 Muids und 1 Quintal Salz nach dem Maß von Orange.«

Der Einzelhändler aus Orange ist in der Schuld. Er »soll geben«. Die Dinge sind klar. Was die Lieferanten von Datini und Compagnie betrifft: Sie »sollen haben«.

»Gili Bresc und Piero und Gabriello Vadini, Brüder, die in Aigues-Mortes wohnen, *sollen haben* seit dem besagten Tag...«

Auch der unwissendste Salzhändler würde sich schon bei der ersten Lektüre dieses Kontos zurechtfinden.

Das Vermögen berechnen: Kasse und Waren

Zur gleichen Zeit begann der Kassierer, das Kassenkonto zu führen, das Rechenschaft ablegt über seine Eingänge und Ausgänge. Ein solches Buch hätte bei einem Krämer keine Berechtigung. Aber es wird notwendig, sobald der Kassierer, wie die anderen Lohnempfänger oder Mitgesellschafter auch, Rechenschaft ablegen muß. Das heißt, daß die Institutionen in diesem Fall, wie schon bei den Kladden, den Kaufleuten voraus waren. Sobald es ein Schatzamt gibt, gibt es einen Schatzmeister, der nachweisen muß, was er mit dem Geld gemacht hat. Bereits im 13. Jahrhundert wissen der Kassierer der *Biccherna,* der die Finanzen von Siena verwaltet, und der Kassierer der *Opera del Duomo,* der die Finanzen des Doms von Pisa verwaltet, daß sie über jeden Denar, den sie erhalten und ausgegeben haben, Rechenschaft ablegen müssen. Die Kaufleute folgen erst im 14. Jahrhundert, als die Gesellschaften aufgrund von Beteiligungen oder Aktien größer werden.

Die Kasse wird dann zu einer Art autonomer Einheit hinsichtlich des gesamten Unternehmens. Die Kasse und ihr Kassierer sind ein »Dritter« wie die Kunden und die Lieferanten. Eine durch die Kasse geleistete Zahlung ist Geld, das man vom Kassierer nicht mehr verlangen wird, da er es ausgegeben hat. Er schuldet es nicht mehr. Da er hier dasselbe Vokabular wie bei den Kunden benutzt, überträgt der Buchhalter der Kasse die so gezahlte Summe auf Rechnung des Unternehmens auf das Haben des Kassierers. Wenn man sich in die Lage des Geschäftsinhabers versetzt, mag die Eintragung natürlich paradox erscheinen: Seine Bücher weisen als »Haben« auf, was er bezahlt hat, und das, was er bekommt, als »Soll«, da die Kasse es ihm schuldet. Das Paradox existiert nur, wenn man das Kassenkonto für ein Konto des Vermögens an Bargeld der Gesellschaft oder des Inhabers ansieht. Wenn man daran denkt, daß es sich um das Konto des Kassierers handelt, scheint das Paradox nicht mehr auf.

Diese neue Umkehrung der Zeichen oder vielmehr der Bücher rührt aus einer einfachen Überlegung her, die mehr aus der Praxis als aus der Reflexion heraus entstanden ist. Die Zahlung, die man erhält, und diejenige, die man leistet, sind die beiden elementaren Operationen des Handels. Sobald die von dem Kunden Jacopo an die Kasse geleistete Zahlung dem »Haben« von Jacopo auf seinem Konto des

»Dritten« gutgeschrieben wird, das heißt in dem großen Buch, scheint es schwierig zu sein, dieselbe Zahlung dem »Haben« der Kasse, die es erhalten hat, gutzuschreiben. Wenn bezahlt für den Dritten »Haben« heißt, muß erhalten »Soll« heißen. Wenn nicht, wenn also das gleiche Wort je nach Buch den Sinn ändert, kommt es zu einer Konfusion. Der Buchhalter wünscht indes, daß die Dinge klar sind. Der Sinn eines Verbs kann sich nicht je nach dem dazugehörigen Subjekt ändern. Der Kaufmann aus Montauban kommt damit zurecht, nicht aber der Toskaner oder der Genuese.

Die Kasse schuldet ihrem Eigentümer das Geld, das sie erhalten hat. Um die Umkehrung der Zeichen zu erklären, die nur ein Ausdruck der – wiederum relativen – Kohärenz des Systems ist, wird die Didaktik der folgenden Jahrhunderte die Theorie des »Herrn der Buchhaltung« erfinden. Die Kasse schuldet ihm, der Kunde schuldet ihm... In Wirklichkeit hat man, lange bevor man daraus ein absolut gerechtes und in sich schlüssiges System machte, sehr bald begriffen, daß dieselbe Handels- oder Bankoperation Anlaß zu zwei Eintragungen in zwei Büchern gab: Was dem einen Konto angelastet wird, geht in ein anderes ein. Das ist die Logik der Führung zweier paralleler Konten, das der Kasse und das des Dritten. Aber zwei Eintragungen für dieselbe Operation können nur von entgegengesetztem Sinn sein: Forderung und Rückzahlung, Schuld und Rückzahlung, Einkauf und Zahlung, Verkauf und Zahlung. Das Spiel der gegenteiligen Eintragungen setzt sich durch. Das Haben von Jacopo – das, was er in die Kasse einzahlt – kann nur ein »Soll« der Kasse sein.

Alles ist dabei eine Angelegenheit des Vokabulars, nicht der Strategie, wie es manche modernen Theoretiker gerne sehen würden. Der erste, der im 13. Jahrhundert diese Wörter verkehrt herum benutzt, um den Stand seiner Kasse zu verfolgen, sorgt sich noch nicht um ein totales Gleichgewicht der Bücher und der Konten. Er benutzt ganz einfach eine bereits professionelle Sprache, einen Berufsjargon, könnte man sagen. Und die Wörter »soll haben« oder »soll geben« haben im Italien des 13. Jahrhunderts noch ihren Sinn. Daß es sich um die Kasse im Verhältnis zur Gesellschaft handelt, ändert nichts an der Sache: Die Redewendung ist logisch.

Die Dinge ändern sich und die Sache wird komplizierter, als die Franzosen zu Beginn der Neuzeit mitmischen. Weniger vertraut mit den kapitalistischen Strukturen der großen Gesellschaften, haben sie einige Mühe, den Chef und seinen Kassierer zu unterscheiden. Und anstatt »soll geben« und »soll haben« einander entgegenzusetzen, stellen sie »soll« und »haben« einander gegenüber. Natürlich besagen »soll« und »soll geben« das gleiche, und der Widerspruch versteht sich von selbst. Aber er macht »soll haben« zu »haben«, was eigentlich ein Widersinn ist. Die französischen Buchhalter des 15. Jahrhunderts kümmern sich dennoch wenig darum. Hier, wie häufig auch andernorts, übernehmen sie mit Verspätung die italienische Praxis, ohne sie richtig zu verstehen.

285

Das Kassenkonto und das Konto von Dritten gleichen sich wirklich erst im Fall einer finanziellen Transaktion aus. Ein Dino gewährtes Darlehen ist eine Schuld für Dino und ein Guthaben für die Kasse. Aber was tun im Falle eines Verkaufs? Das Warenkonto entsteht sowohl aus diesem Bedürfnis nach Gleichgewicht als auch aus einer absoluten Notwendigkeit der Geschäftsführung heraus. Bei Geschäften, die sich entwickeln und vielfältig werden, muß man wissen, was man hat und was man haben muß.

Am Anfang handelt es sich nur um ein einfaches Lagerhaltungsbuch. Das Warenkonto wird indessen sehr bald zum dritten Buch, das konstitutiv ist für eine systematische Buchführung. Seit den ersten Jahren des 14. Jahrhunderts integriert es in den industriellen Gesellschaften die Faktoren, mit deren Hilfe man die Produktionskosten annähernd bestimmt. Es wird somit ein Buch des Einkaufs und des Verkaufs, der *Comprevendite*: Einkauf der Rohstoffe, Verkauf der Fertigprodukte. Dazu kommen die Lohnkosten und die verschiedenen Kosten, einschließlich der Steuerkosten. Diese Buchführung der Produktionskosten, die von den Florentiner Gesellschaften in der zweiten Hälfte des 14. Jahrhunderts perfektioniert wurde, wird teilweise und eher ungeschickt, aber in vollkommener Kenntnis der Vorteile, von den französischen und englischen Fabrikanten des folgenden Jahrhunderts kopiert.

Der Toulouser Tuchhändler Jean Lapeyre versäumt es nicht, im Jahr 1435 jeden Kauf und Verkauf zu registrieren. Er geht so weit, den Gewinn zu kalkulieren, den er aus der Operation zieht, was eine Kontierung der Profite und Verluste antizipiert, die erst an dem Tag wirksam wird, an dem sie bei der Suche nach einem Gleichgewicht der verschiedenen Konten eine Rolle spielt. Zumindest kann man annehmen, daß Lapeyre damit das Mittel hat, seine Käufe zu kontrollieren, die Gewinnmöglichkeiten einzuschätzen, Lieferanten und Kunden zu beurteilen. Und das erspart ihm, sich wieder mit einer Ware zu belasten, die er zum Selbstkostenpreis verkaufen muß, um sein Lager zu erleichtern:

Englisches Tuch.
Andrieu del Portz: 7 Cannes Tuch
Kostet   1 Écu 10 Gros
Verkauft am 8. September 1436, in Gold   2 Écus 1½ Gros
Gewinn   ½ Gros
Johan de Cassals: 1 Canne 3 Pans Garance-Tuch
Kostet   2 Écus 9 Gros
Verkauft 1 Canne 3 Pans am 2. März 1435   2½ Écus
Kein Gewinn.

Man hat verstanden, daß der Écu 18 *Gros d'écu* wert ist. Lapeyre hat begriffen, daß er bei Johan de Cassals kein Tuch mehr bestellen sollte.

Ein Jahrhundert früher gehen die Florentiner Duccio di Banchello und Banco Bencivenni sehr viel weiter bei ihrer Analyse des Eingangs von vierzehn Ladungen englischer Wolle, die am 20. März 1339 von Niccoletto Lioni gekauft wurden:

9 Ladungen englischer Wolle. 9 Säcke in Brügge gewogen: 11 *kiovi*. Zu 15 Mark der Sack waren sie 91 Livres 16 Sous 8 Denare Sterling wert, macht in Livres de gros de compte den Betrag von: 58 l. 13 s. 8 d.
5 Ladungen englischer Wolle, aus Charchamono, markiert K. Die 5 Säcke wogen in Brügge: 6 *kiovi*. Zu 13½ Mark der Sack, waren sie 45 Livres 18 Sous Sterling wert, macht: 29 l. 6 s. 7 d.
Kosten die 14 Ladungen, von den Ausgaben in Brügge bis zur Verladung 15 Sous 3½ Denare in Gros tournois, macht: 1 l. 9 s. 4 d.
Kosten für Ausgaben von Brügge nach Mailand 13 Florins, macht:
        19 l. 15 s. 3 d.
Gesamtsumme: 1076 Goldflorins 10 venezianische Grossi, macht:
        109 l. 4 s. 10 d.
Kosten für 16 Prozent Zinsen nach vier Monaten: 17 l. 1 s.
Insgesamt: 1244 Goldflorins 10 Gros, macht: 126 l. 5 s. 10 d.
Soll haben auf Folio 131:
In Mailand, für:
Zoll von Como: 22 l. 15 s. imperial
Transport der Wolle vom Marktflecken in die Stadt: 5 l. 5 s.
»Kette« und Abdeckung der Wolle: 9 s. 4 d.
Unterbringung in Mailand: 1 l. 8 s.
die Ballen in Mailand wiegen: 7 s.
Wagen von Mailand nach Lodi: 7 l.
ein Kind, das die Ballen von Mailand nach Lodi gehalten hat: 12 s.
Wegezoll von Lodi: 7 l.
Brief und Ladung in Lodi: 16 s.
Bootsmiete von Lodi nach Venedig: 15 l. 8 s.
Wegezoll in Pizzighettone: 13 l. 10 s.
Brückenzoll an der Brücke von Pizzighettone: 6 s. 8 d.
Brief: 2 s. 8 d.
Wegezoll in Cremona: 7 l. 6 s. 8 d.
Wiegen und Brief in Cremona: 6 s.
Brückenzoll in Cremona: 7 s. 6 d.
Wegezoll in Bresello: 2 l. 2 s.
Wegezoll in Borsello: 1 l. 8 s.
Wegezoll in Guastalla: 4 l. 4 s.
Wegezoll in Isollo: 3 l. 9 s.

Wegezoll in Borgoforte: 1 l. 6 s.
Wegezoll in Mantua: 5 l. 13 s.
Gesamtsumme dieser Ausgaben: 91 l. 17 s. 8 d. imperial, macht: 5 l. 14 s. 11 d.
Und die Ausgaben von Ambrogio zwischen Venedig und Bologna betragen:
nach Modena hin- und zurückreisen: 10 gros
sechs Säcke, um die Ballen zu verpacken: 2 s. 3 d. de gros
Führer und Lotse: 2 gros
Wein für die Packer in Bologna: 1 s. 4 d. de gros
von Bologna nach Venedig kommen: 1 s. 1 d. de gros
und Bartolo als Maklergebühr für die Wolle gegeben: 2 s. 4 d. de gros.

Total:	9 s. 10 d.
Summe:	132 l. 10 s. 8 d. de gros
D.h.:	133 l. 1 s. 9 d. *manca*
Duccio di Banchello und Banco Bentivenni und Compagnons *sollen geben* im Buch der Bestellungen:	133 l. 1 s. 9 d. *manca*

Wenn man mit den beiden Florentinern, denen ihr Warenbuch 133 Livres für Wolle »geben soll«, die zu 88 Livres in Brügge gekauft wurde, die Rechnung aufmacht, sieht man, was eine solche Analyse dem Geschäftsmann bringt, der seine Vorratsplätze und seine Reisewege wählen muß. Auf dem Landweg über die Pässe der Zentralalpen, die die Rheinrouten direkt mit der Lombardei verbinden, kostete es etwa 22 Prozent des Warenwerts, um die Wolle von Brügge nach Mailand zu befördern, wozu der Aufschlag von 16 Prozent auf vier Monate kommt: In Mailand kostet die Wolle 138 Prozent ihres Einkaufspreises in Brügge. Von Mailand nach Venedig kostet es nochmals 6,5 Prozent. Außer dem Transport von England nach Flandern und dem Gewinn der englischen und flämischen Zwischenhändler fielen für den Transport der Wolle auf dem Kontinent 45 Prozent Kosten an.

Wenn der Kaufmann an seinem letztendlichen Bestimmungsort nicht mit einer Ware ankommen will, die aufgrund der hohen Kosten auf einem Markt, auf dem große Konkurrenz herrscht, unverkäuflich ist, kann er sich der strengen Disziplin einer analytischen Buchführung nicht entziehen. Von jeder seiner Entscheidungen, das weiß er, hängt sein Glück oder sein Ruin ab.

Das Warenkonto spielt daher sehr bald als paralleles Konto zum Kassenkonto eine Rolle. Ganz wie die Kasse gewinnt der Vorrat hinsichtlich des Unternehmens eine eigenständige Qualität, und man sieht nicht ein, warum ein auf Kredit verkauftes Stück Tuch auf dem Konto eines Kunden als »soll geben« verbucht wird, nicht aber als »soll haben« auf dem Warenkonto. Auch hier handelt es sich keineswegs um eine unlogische Inversion, sondern um eine sehr kapitalistische Sicht des Vorrats, die nicht mehr mit der Person des Kaufmanns verbunden ist, sondern den Miteigentümern gegenüber Rechenschaft ablegen soll.

Das »gelbe Buch« von Genf macht so aus der Reserve an Seidenwaren eine buchhalterische Person. Ebenso wie Della Luna und Strozzi »... haben sollen«, »sollen« auch die Seidentücher »... haben«, was bedeutet, daß man welche verkauft hat:

»Seidentücher *sollen haben,* auf der Augustmesse 1453, 4 Florins 3 Gros für die Entnahme von 4½ Unzen schwarzen Tafts, den wir zu 7¾ Écus das Pfund an Stefano Acaradi und Compagnons verkaufen: 2 Écus 4 Sous 6 Denare.«

Diese Unterscheidung von Buchhalter und Eigentümer, die aus der kapitalistischen Struktur herrührt und dazu führt, daß »Seidentücher« der Gesellschaft 4 Florins schulden, führt auch zur Eröffnung von Konten mit nicht selten erstaunlichen Bezeichnungen. Das große Buch der Farolfi rekapituliert so im Jahre 1300 die Ausgaben ihrer Faktoren in Salon-de-Provence für Lebensmittel:

»Die Ausgaben für Essen und Trinken *sollen geben* vom 20. Januar 1299, wo sie als *sollten geben* im Heft der Ausgaben eingetragen sind: 49 l. 6 s. 6 d. t.«

Das heißt, man rechnet die Lebensmittelreserven als Lagerschuld, wie erhaltene Waren. Diese Eintragung tritt an die Stelle einer ähnlichen Kontierung dieser Vorräte als Einnahme im Kassenbuch. Die Parallelität der beiden Konten ist hier offensichtlich.

Auf dem Weg zu einem System

Der Gesellschafter ist ein Gläubiger der Gesellschaft. Das weiß man von Anfang an, und diese Vorstellung sollte weitreichende Folgen haben. Obwohl er der wichtigste Kapitalist seiner eigenen Gesellschaften ist, macht Francesco di Marco Datini fast jeden Monat gewissenhaft eine Bestandsaufnahme seiner finanziellen Beteiligung an den verschiedenen Gesellschaften. Es gibt indessen einen wesentlichen Unterschied. Die Gläubiger erwarten nichts anderes als die Rückerstattung ihrer Einlagen und Darlehen oder die Bezahlung ihrer Verkäufe. Sie haben höchstens in der einen oder anderen Form das Recht auf eine Vergütung ihres Geldes. Die Gesellschafter hingegen haben ein Recht auf Offenlegung der Konten und auf einen Anteil am eventuellen Gewinn.

In dem Augenblick, wo man die Konten schließt, was normalerweise bei der Erneuerung der Gesellschaft erfolgt, wird daher Bilanz gezogen. Aber die Geschäfte hören mit dieser Erneuerung nicht auf, und die Gesellschaft wird unter ihren Gesellschaftern kaum das Endprodukt der verflossenen Jahre verteilen und zu diesem Zweck alle Handels- und Bankoperationen unterbrechen. Man nimmt vielmehr neue Gesellschafter mit dem von ihnen eingebrachten Kapital auf und behält alle oder einen Teil der alten Gesellschafter mit ihren Aktiva und Passiva. Einige gehen, mit ihrem Kapital und ihrem Anteil am realisierten Gewinn, das heißt mit einer Dividende. Die Gesellschaft, die ihre Existenz beendet und ihre Konten mit einem Komplex von Forderungen und Schulden schließt, von denen keiner annimmt, daß diese für alle auf der Stelle beglichen werden können, schreibt sich ganz einfach als außenstehender Gläubiger oder Schuldner der neuen Gesellschaft ein. Als er im Jahr 1335 das »große Buch« der sechsten Gesellschaft der Peruzzi eröffnet, überträgt der Buchhalter die nicht beglichenen Forderungen und Schulden der fünften Gesellschaft auf ein Konto, das er realistisch als »alte Gesellschaft« bezeichnet.

Einige Jahrzehnte später, gegen Ende des 14. Jahrhunderts, sträubt man sich dagegen, die in die Gesellschaft eingebrachten Einlagen einiger großer Finanziersfamilien in einem »großen Buch« auszubreiten, zu dem auch die kleinen Deponenten Zugang haben. Man eröffnet daher ein spezielles Buch, ein »geheimes Buch«, das das Konto der Gesellschaft sein wird. Dort trägt man die rechtsverbindlichen notariellen Urkunden der Gesellschaft ein. Dort berechnet man das, was Außenstehende nicht zu wissen brauchen, das Gehalt des Personals ebenso wie die den Gesellschaftern ausgezahlten Dividenden.

Es war keineswegs so, daß die Buchhaltungssysteme, die im 14. Jahrhundert in Italien ausgearbeitet, dort im 15. Jahrhundert perfektioniert und später jenseits der Alpen verbreitet wurden, immer so vollständig und so geordnet waren. Noch im 15. Jahrhundert sind sehr viele toskanische und venezianische Buchhaltungen auf ein großes Buch beschränkt, in dem private Konten mehr oder weniger genau Rechenschaft über den Zustand des Vermögens ablegen. Die Geschäftsvorgänge geben nur dann Anlaß zu zwei Eintragungen, wenn sie das konstituierte Vermögen in zweierlei Hinsicht betreffen. Sie spiegeln nur schlecht die Bewegungen der Geschäfte wider. Der Zusammenhang ist meistens nur ein annähernder.

Die anspruchsvollsten Kaufleute verspüren indessen das Bedürfnis nach einer systematischen Buchführung, die mit einem feststehenden Bestand einen unmittelbaren Indikator für die Schwankungen der Phänomene und Situationen abgibt. Es ist sinnlos, ohne diese Bestandsaufnahme langfristig die Orientierung der Wirtschaftspolitik bestimmen und kurzfristig Spekulationen kontrollieren zu wollen.

Die Suche nach einer strengeren Analyse kommt zuerst bei den italienischen Gesellschaften zum Ausdruck, deren Strukturen und deren Reichweite ein solches Bedürfnis lebhafter verspüren lassen. Die ersten derartigen Buchführungen scheinen in Florenz vor 1300 entworfen worden zu sein, wenn man diese Schlußfolgerung aus einer Seite ziehen kann, die sich aus den Büchern der Peruzzi für das Jahr 1292 erhalten hat. Zehn oder zwanzig Jahre später verbreitet sich diese Praxis in der Toskana, wenn auch eher versuchsweise und wenig konsequent. Pisa und Genua folgen, später Venedig, wo die Darlegung auf Seiten oder nebeneinander angelegten Spalten — und nicht in fortlaufend übereinander angelegten Artikeln — sich so sehr durchsetzt, daß man bald jedes buchhalterische System mit doppelter Kontenführung als *alla Veneziana* bezeichnet.

Im 15. Jahrhundert beginnt ganz Europa damit, parallele und komplementäre Konten anzulegen. Von London bis Konstanz, von Brügge bis Lübeck vermehren sich die Bücher. Aber das Verbindende, das daraus ein System machen könnte, ist noch nicht wirklich in Sicht. Man führt gleichzeitig ein Kassenkonto und ein Kundenkonto, sogar ein Buch über die Vorräte. Ihre Parallelität besteht vor allem in ihrer Unabhängigkeit, aber diese führt manchmal zur Unverträglichkeit, unter anderem dann, wenn dasselbe Konto die schematischen Anordnungen des »großen Buches« und die Chronologie des Kassen»journals« vermischt.

Oft erhält man eine nur relative Klärung durch eine Trennung der Konten, die aus dem Unterschied zwischen den verschiedenen Transaktionen resultiert und nicht aus der Suche nach Kohärenz im System der Buchhaltung. Die Lübecker Vekkinchusen teilen im Jahr 1407 das Buch ihrer Filiale in Venedig in ein Konto der Warenausgänge — Produkte aus dem Orient: Gewürze, Seide, Baumwolle — und ein Konto der Kasseneinnahmen und Wareneingänge auf: Produkte aus dem Norden wie Tuch, Ambra und Pelze. In Danzig legt um das Jahr 1439 der Kaufmann Johann Piesz in einem großen Buch, in dem alles gleichermaßen Platz findet, spezielle Konten für die Verkäufe, die Einkäufe und die Kommissionsgeschäfte an.

Keiner würde diesen Warenkomplexen die Mittel einer unmittelbaren Analyse der wirtschaftlichen Gesundheit des Unternehmens entnehmen. Mit Instrumenten, die immer komplizierter werden, entscheiden die Kaufleute weiterhin nach Augenmaß. Trotz vieler Kontakte auf allen Handelsplätzen und trotz vieler italienischer Gesellschaften, die sich jenseits der Alpen niedergelassen haben, zögert Europa einmal mehr, Italien zu folgen. Man erkennt nicht, wie beim Übergang vom Wechselvertrag zum Wechselbrief, die Vorteile.

Europa außerhalb Italiens übernimmt erst im 16. Jahrhundert die systematische Buchführung. Zu diesem Zeitpunkt verhelfen Kaufleute aller Länder einem Handbuch zum Erfolg, in dem im Jahr 1494 Luca Paciolo da San Sepolcro jene Dinge darstellt und erklärt, die fast ein halbes Jahrtausend lang in der Buchhaltung praktiziert wurden.

Die Italiener verständigten sich schnell über eines der einfachsten Prinzipien, das Paciolo deutlich macht. Jeder ökonomische Vorgang bewirkt eine Veränderung des Vermögens. Er hat daher zwei Anwendungen, eine positive und eine negative. Ein Stück Tuch mehr heißt zwei Florins weniger. Ein Pfund Pfeffer weniger heißt fünf Florins mehr. Jeder Vorgang muß daher in den Büchern durch zwei entgegengesetzte Eintragungen zum Ausdruck kommen. Und der Betrag dieser Eintragungen muß auf beiden Seiten äquivalent sein. Die Überweisung von einem Konto auf das andere, wenn sie global das Soll des Bankiers aufrechterhält, erhöht die Forderung

291

eines Dritten und vermindert gleichermaßen diejenige eines anderen. Die beiden Eintragungen erfolgen daher auf zwei Seiten oder in zwei verschiedenen Spalten desselben Kontos. Die Angelegenheit bleibt unter Außenstehenden. Das Unternehmen selbst hat nur den Gläubiger gewechselt. Alles wird im »großen Buch« ausgeglichen.

Bleibt noch, die Zahlen auszugleichen. Man macht viele Versuche, bevor man sie in einer abschließenden und umfassenden Bilanz für einen bestimmten Zeitraum ausgleicht. Wohin mit dem Unterschied zwischen Verkaufspreis und Einkaufspreis? Wohin mit dem Gewinn? Wohin mit dem Verlust, der im Handel selten ist, aber im Verkehr der Wechsel und Forderungen häufig vorkommt? Und wohin mit dem in den unterschiedlichen Ziffern versteckten Zins? Noch in der Mitte des 15. Jahrhunderts begnügt man sich häufig mit dem inneren Gleichgewicht jedes Vorgangs, wie es ein Buch der *Avanzi e disavanzi* ermöglicht, ein Konto der »Vorteile und Nachteile«, das allzu viele Historiker etwas vorschnell für ein richtiges Gewinn- und Verlustkonto gehalten haben.

Die meisten Kaufleute im Europa des 14. und 15. Jahrhunderts, selbst unter den fortschrittlichsten Toskanern, begnügen sich in Wirklichkeit mit dem Vermerk, daß sie eine Sache, die sie zu zehn Sous gekauft haben, zu zwölf Sous verkauft haben. Im 15. Jahrhundert notieren die findigsten Kaufleute in Toulouse den erzielten Gewinn, ohne indessen den Versuch zu unternehmen, diesen in ein arithmetisches Gleichgewicht der Bücher zu integrieren. Desgleichen um die Mitte des Jahrhunderts in Genf, als die Della Casa und Guadagni dem Schloßherrn Giovanni Falconieri ein Darlehen von 12 Dukaten gewährt haben, das auf der Augustmesse des Jahres 1453 zurückzuzahlen ist: Sie tragen es in das »weiße Buch« ein, das große Buch der Gesellschaft, die am Anfang desselben Jahres an ihr Ende gelangt.

Die Erneuerung der Gesellschaft kommt in der Eröffnung neuer Bücher zum Ausdruck. Ein »gelbes Buch« folgt auf das »weiße Buch«. Und der Buchhalter trägt dort die Forderungen ein, die in die von einer Gesellschaft auf die andere übertragenen Aktivposten eingehen. So finden wir die Forderung an Falconieri auf dem ersten Blatt des »gelben Buches«:

»Das weiße Buch *soll haben* durch folgende Schuldner: — Giovanni Falconieri: 12 Dukaten.«

Das hindert keineswegs daran, auf das Konto von Falconieri besagte Forderung zu übertragen, die dort als *soll geben* geführt wird. Wenn er seine Schuld bezahlt, wird der Betrag auf seinem Konto als *soll haben* eingetragen, im vorläufigen Buch der Einnahmen auf der Messe, während der er seine Rückzahlung leistet, als *soll geben* gerechnet und dann auf die gleiche Weise in das permanente Buch der Kasse übertragen.

Aber Falconieri begleicht auch 2 Sous 9 Denare: die kaum verschleierten Zinsen seines Darlehens. Der Buchhalter trägt sie in dem großen Buch auf seinem Konto ein, gleich nach der Erwähnung der Rückzahlung des Kapitals:

»Giovanni Falconieri *soll haben* 14 $^1/_6$ neue Dukaten, die 12 Dukaten wert sind. Und *soll haben* 2 Sous 9 Denare.«

Man muß diese Eintragungen ausgleichen. Wir finden daher die 2 Sous 9 Denare auf dem Konto der *avanzi e disavanzi di banco,* »Vorteile und Nachteile der Bank«, um nicht das verbotene Vokabular zu benutzen, das von empfangenen und geleisteten Zinsen sprechen müßte.

»Die ›Nachteile‹ *sollen geben* an Giovanni Falconieri: 2 Sous 9 Denare.«

Der Buchhalter geht hier bei der Trennung der Gesellschaft und ihrer Buchhaltung sehr weit. Der erhobene Zins ist ein Passivposten, ein »Nachteil«. Nicht die Gesellschaft hat den Zins erhalten, sondern das Gewinnkonto, und dieses schuldet es der Gesellschaft. Die Geschäftsführer haben erhalten, und der erzielte Gewinn bleibt den Aktionären, den Gesellschaftern, den Teilhabern geschuldet. Die kapitalistische Konstruktion ist offensichtlich.

Das System ist indessen weniger streng als es scheint. Man muß einen weiteren Schritt tun, um zu einer wirksamen Analyse der finanziellen Gesundheit des Geschäftes zu gelangen. Das »Messebuch« oder das »Kassenbuch« und das »Buch der Vorteile und Nachteile der Bank« leisten nichts anderes, als den Begriff der Einnahmen aufzuschlüsseln. Die 2 Sous 9 Denare, die von dem Schloßherrn Falconieri als Zinsen gezahlt wurden, erscheinen hier nur, um nicht von Anfang an zu den wirklichen Forderungen gerechnet zu werden, da juristisch gesehen der Zins keine Schuld ist: Er bleibt unsicher und abhängig von den Wechselkursen. Das richtige Gewinn- und Verlustkonto, in dem die anfänglich geliehene Summe und diejenige Summe ausgeglichen werden, die den Vorgang abschließt, in dem *Haben* den Gewinn und *Soll* den Verlust bedeutet, dieses Konto haben Della Casa und Guadagni im Jahr 1453 noch nicht erfunden.

Dennoch handelt es sich seit dem Jahr 1300 bei einigen Buchhaltern in Florenz, Siena und Lucca zweifellos um eine umfassende und wirklich systematische Buchführung, und wir finden dies 1340 in den Büchern der *Massari* bestätigt, die die Finanzen von Genua verwalten. Das gleiche System findet sich ein Jahrhundert später in Venedig in den Konten von Donado Soranso und seinen Brüdern, in denen ein »Gewinn und Verlust«-Konto jene Vorgänge ausgleicht, deren Logik Paciolo später systematisch darstellen sollte:

VORGÄNGE	SOLL GEBEN	SOLL HABEN
Handel Erwerb von Tuch zu 30 Sous Verkauf von Tuch für 35 Sous	Waren: 1 Tuch zu 30 Sous Kasse: 35 Sous	Kasse: 30 Sous Waren: 1 Tuch zu 30 Sous Gewinne und Verluste: 5 Sous
Bank Entnahme oder Empfang eines Betrags Erstattung	Kasse: 10 Sous Gewinne und Verluste: 2 Sous	Großes Buch (Konto des Darlehensgebers): 10 Sous Kasse: 12 Sous

Gewinn und Verlust finden nun ihren Ort zwischen der Eröffnung der Eintragungen und ihrem glücklichen oder unglücklichen Ausgang. Der Gewinn wird auf derselben Seite eingetragen wie die Forderungen, aber als *Haben* der Gesellschaft, nicht als Schuld eines Dritten oder einer Kasse gegenüber der Gesellschaft. Wie das Konto des Gesellschaftskapitals wird dieses Konto den Aktionären oder Gesellschaftern präsentiert, also den Investoren, die keine Spezialisten der Finanzen und der Buchführung sind. Sie wollen mit aller Klarheit wissen, welchen Gewinn man für sie erzielt hat. *Soll haben* hat für sie nur den einen Sinn dessen, was sie bei der Liquidierung der Gesellschaft bekommen werden. Auch hier trägt die Logik den Sieg davon. Der Gewinn gleicht, gleichzeitig mit dem Einkauf, den Verkauf aus.

Diesmal ist das System kohärent. Das wird deutlich, wenn ein Deponent seine Forderung oder sein Depot in eine Beteiligung umwandelt und sein Guthaben in das Gesellschaftskapital der Compagnie einbringt. Das Gesellschaftskapital wächst dann zu Lasten des Kreditkontos des auf diese Weise integrierten Kunden.

VORGÄNGE	SOLL GEBEN	SOLL HABEN
Forderung	Kasse	Großes Buch
Umwandlung der Forderung in eine Beteiligung	Großes Buch	Kapital

Der Sinn der Verbuchungen – der Sinn der Rubriken »Soll geben« und »Soll haben« – ist ein Produkt des gesunden Menschenverstandes. Er wird stillschweigend eine Angelegenheit der Übereinkunft. Man muß wissen, wovon man spricht und mit wem man Geschäfte abschließt. Das wissen die Kaufleute, die durchaus in der Lage sind, das in das Gesellschaftskapital eingebrachte Geld und das gewonnene Geld als Kredit des Unternehmens zu rechnen, und als Kredit des Kunden oder der Kasse jenes Geld zu betrachten, das man jemandem schuldet, sowie dasjenige Geld, welches das Unternehmen von seinem Kassierer nicht mehr verlangen wird.

Auf diese Weise haben die Buchhalter des 15. Jahrhunderts ihr System, das für die ökonomische Analyse bis weit ins 20. Jahrhundert hinein ausreichen wird, vervollständigt. Alles wird in ihre Bücher eingetragen, und diese legen über die Schwankungen des Gesellschaftskapitals sowie über Änderungen in den laufenden Geschäften und vor allem über die wirtschaftlichen Ergebnisse, die im Laufe eines Geschäftsjahres erzielt wurden, Rechenschaft ab.

Jetzt sieht der Kaufmann, wohin er geht, weil er sieht, woran er ist. Er kann ermessen, was es ihn kostet. Und er weiß, was ihm die Entscheidungen der Vergangenheit einbringen.

Die Macht der Geschäfte

Es gibt Städte, die für den Kaufmann wie gemacht zu sein scheinen, vielleicht deshalb, weil sie von ihm gemacht wurden: die Reichsstädte, in dem die souveräne Autorität des Kaisers im Hintergrund bleibt und häufig weit entfernt ist, wenn sie nicht sogar abgelehnt wird. Es sind dies die Städte Nord- und Mittelitaliens, in denen die Partei des Reiches — das heißt die Ghibellinen — nicht unbedingt die Partei des Kaisers ist und in denen die Allianzen zwischen Städten stärker sind als die episodischen Bestätigungen der Einheit des Reichs. Und es sind die deutschen Städte, in denen man den Wettstreit um die kaiserliche Krone als eine Angelegenheit der Fürsten und natürlich der Erzbischöfe, nicht jedoch der Bürger betrachtet.

In Florenz wie in Lübeck, in Genua wie in Hamburg ist die wirkliche politische Macht diejenige, die vom Volk gebildet wird, mit jener Wechselfolge, die in Italien bald das *popolo grasso* der Finanz- und Handelsaristokratie, bald das *popolo minuto* des Kramladens und der Werkstatt emporträgt, und mit jener Fiktion, die dem Rat der Hansestädte das Monopol auf die Vertretung der Bürgerinteressen zuspricht.

Und es gibt die Städte, über die sich vor dem Aufschwung des Bürgertums im 11. und 12. Jahrhundert der Apparat einer souveränen Macht ausgebreitet hat, den die neuen Kräfte des städtischen Lebens, die Kaufleute und die Gewerbetreibenden, die anfangs nicht getrennt waren, als bequemen, da weit entfernten Verbündeten gegen die alten aus der Welt der Karolinger überkommenen Mächte betrachteten, gegen die Macht des Grafen oder des Grundherrn, des Bischofs oder des Abts. Die Bürger gegen das Schloß, das niedere Volk gegen das kaufmännische Patriziat, das allzu sehr geneigt war, seine Interessen mit dem Interesse der Stadt zu verwechseln — alle berufen sich auf den König, den von Frankreich, England oder Aragon. Es sei denn, das Patriziat von Ypern appelliert gegen den Grafen von Flandern an den König von Frankreich, oder die Zünfte von Gent stellen sich aus einem scheinbaren Nationalismus heraus an die Seite des Grafen von Flandern, der seine Vasallenpflichten gegenüber dem französischen König verringern will.

Kurz, es gibt in ganz Europa Kaufleute, die sich der Tatsache bewußt sind, daß sie die politische Macht haben oder haben könnten, und es gibt solche, die wissen, was sie von einer politischen Macht erwarten können, deren Wurzeln woanders sind. Vom Florentiner, der Mitglied einer Zunft ist und seine Prioren wählt, die wiederum die Stadt regieren und ihre politischen Geschäfte führen, bis zum europäischen Horizont des Bürger von Paris, der seine Magistraten wählt, die über die der Stadt gewährten Privilegien wachen und mit den königlichen Beamten den Betrag der Steuerlasten aushandeln, findet sich das ganze Spektrum der Ansprüche und Wirklichkeiten. In der Stadt eine Rolle zu spielen, heißt für den einen nicht dasselbe wie für den andern.

Handel und politische Karriere

Im Laufe des 13. Jahrhunderts bemächtigen sich die Städte des Heiligen Römischen Reiches im wesentlichen dessen, was der Verfall der souveränen Macht ihnen an Freiraum läßt. Schon vor 1250 reißen die im Norden des Kirchenstaates gelegenen großen italienischen Städte eine königliche Prärogative nach der anderen an sich, von der Justiz über die diplomatischen Beziehungen bis hin zur Währung. Mailand, das seit 1167 praktisch frei ist, ist im Jahr 1225 endgültig sein eigener Herr. Bologna, bereits 1114 eigenständig, folgt im Jahr 1230. Desgleichen Siena kurz nach 1240 — sicher seit 1277 — und Florenz 1250, als das Bürgertum mit dem Ruf »Es lebe das Volk!« im Gefolge des Untergangs des letzten großen Hohenstaufen, Friedrichs II., den Aufstand gegen die Regierung der alten Aristokratie anführte.

Die Entfaltung der personalen Grundherrschaften arbeitete im Norden dieser bürgerlichen Autonomie zweifelsohne entgegen. Die Este, Visconti und Malatesta zerstören für lange Zeit die Hoffnungen auf eine Handelsrepublik — in Ferrara nach 1240, in Mailand nach 1277 und in Rimini nach 1295. Dies alles sind Städte, die noch kein kaufmännisches Bürgertum haben, das fest verwurzelt und gut verbündet wäre und damit fähig, dem Einfluß jener politischen Netze zu widerstehen, die hier von den Ghibellinen, die sich opportunistisch auf die kaiserliche Macht stützen, dort von den Guelfen gewoben werden, die in ihren Bündnissen mit dem Papsttum und mit den Angevinern in Neapel nicht weniger opportunistisch sind.

Die Macht des Volkes, mit allem, was ein solcher Begriff an politischer und gesellschaftlicher Vielfalt in zeitlicher und räumlicher Hinsicht bedeutet, erhält sich indessen in denjenigen Städten — mit Hilfe von unzähligen widernatürlichen Bündnissen! —, in denen die Macht der Kaufleute sich bereits auf die Außenbeziehungen erstreckte und in denen die Stärke der Zünfte der städtischen Gesellschaft bereits ihren beruflichen Zusammenhalt gab. Die großen Häfen — Pisa, Genua, Venedig — treten sehr bald als Handelsrepubliken in Erscheinung. Siena und Florenz konstituieren sich als politische Kraft inmitten des Spiels der Parteien und Parteiungen, an dem sich die Fürsten beteiligen, ohne daß es ihnen deswegen gelingt — abgesehen vielleicht von den Guelfen zur Zeit des Königs Robert von Anjou, der von 1309 bis 1343 regierte —, dieses Spiel auf Dauer zu beherrschen. Die Widerrufe der Bürger können eine Zeitlang einen Grundherrn in Florenz und später einen anderen in Genua durchsetzen. In ihren großen Zügen ist die politische Organisation der großen Handelsstädte vor der Neuzeit jedoch nicht rückgängig zu machen, wie es diejenige von Mailand sein wird, wo die gewerbliche und kaufmännische Entwicklung zu spät kommt.

In Deutschland liegen die Dinge sehr viel anders. Hier gelingt es den Handelsstädten, die lange Zeit von den Hohenstaufen des 12. Jahrhunderts gegen die Feudalherren unterstützt wurden, im 13. Jahrhundert ihre Autonomie zu bewahren, und das trotz der gewaltsamen Reaktion von Friedrich II., der die Fürsten für sich gewinnen will. Auch hier wird die weitgehende Unabhängigkeit des städtischen Patriziats durch Bündnisse sowie durch eine gemeinsame Politik auf der Basis politischer und kommerzieller Beziehungen gestärkt. Die Bündnisse der westfälischen Städte, der Städte Niedersachsens und der Städte des Rheinlandes demonstrieren dies um das Jahr 1250, während zugleich die königliche Macht beim Anbruch des »Großen Interregnums« zum Ausverkauf ansteht. Die Städte erheben sich zu Wortführern eines Gebiets, wie Dortmund für Westfalen und später Braunschweig für Sachsen. In den meisten Fällen geht es darum, die wechselseitige Freiheit der Märkte zu garantieren, eine gemeinsame Rechtsprechung sicherzustellen, kurz: einen wirtschaftlichen Raum einzurichten.

Ein solches Bündnis, das 1230 zwischen Lübeck und Hamburg eingegangen wird, führt mit der Zeit zu einem gemeinsamen Währungssystem — beide Städte prägen den gleichen Pfennig — und zu einem gemeinsamen Netz diplomatischer Beziehungen, bevor es sich zwischen 1265 und 1280 auf einen ausgedehnten Komplex von Städten — Lüneburg, Stralsund, Wismar, Rostock — erweitert sowie auf die neuen Städte und Kontore des Baltikums. Daraus entsteht die Hanse. Die Mitgliedsstädte müssen sich absprechen, um die gleiche Wirtschaftspolitik zu betreiben. Sie gehen gemeinsam die Probleme an, die mit der Teilung der Wirtschaftsräume und der Konkurrenz von außen zusammenhängen. Jede Hansestadt bewahrt jedoch ihre Autonomie, wie eine kleine Republik, die das Reich vergißt.

Die Hanse, deren Aufbau in der Mitte des 14. Jahrhunderts abgeschlossen ist, gibt sich eine hierarchische Struktur, die im Jahr 1356 formalisiert wird. Trotz vieler Spannungen begünstigt diese Struktur Lübeck, durch seine zentrale Lage ebenso wie durch seine wirtschaftliche Position. Aber die Tatsache, daß der allgemeine Hansetag drei von vier Malen in Lübeck abgehalten wird, darf uns nicht in die Irre führen. Alle Städte werden eingeladen — auch wenn sehr bald schon viele fernbleiben —, und Lübeck setzt seinen Willen nur mit Hilfe von endlosen Verhandlungen durch. Wie auch immer es um die interne Verteilung der Macht bestellt war, die Hanse war und blieb doch stets eine Angelegenheit der Kaufleute.

Deutschland war damit in einer guten Position. Das Große Interregnum und seine Folgen überlassen den Städten in der zweiten Häfte des 13. Jahrhunderts einen guten Teil der Verantwortung für den öffentlichen und privaten Frieden. Es werden diplomatische Beziehungen geknüpft, die die Städte zu neuen Figuren auf dem europäischen Schachbrett machen. Die Fürsten selbst behandeln die Städte wie Fürsten. Die »Goldene Bulle« von 1356, mit der Kaiser Karl IV. für lange Zeit das Wahlverfahren im Reich festlegt, räumt den Städten das Recht auf eigene Bündnisse ein. Das bedeutet, daß sie Ligen bilden können.

Natürlich zahlen die Städte weiterhin Steuern. Paradoxerweise verstärkt das nur ihre Autonomie, und zwar in dem Maße, in dem den städtischen Regierungen damit eine weitere Prärogative eingeräumt wird. Dadurch, daß die Stadt den Gesamtbetrag aushandelt und selbst die Erhebung übernimmt, macht sie sich zum unerläßlichen Mittelsmann. Als Rudolph von Habsburg sich direkt an die Steuerpflichtigen halten will, laufen die Städte Sturm.

Die Stadt Köln kauft im Jahr 1414 mit einem Darlehen und einer Schenkung — 25000 und 5000 Florins — das Bündnis des zukünftigen Kaisers Sigismund gegen den neuen Erzbischof. Da der Erzbischof seinerseits 18000 Florins geboten hatte, mußte Köln 9000 dazulegen.

Das Handelsbürgertum profitierte davon, daß der Souverän weit weg war, und stattete sich in Deutschland wie in Italien mit einer Position der politischen Autonomie aus, die die Strukturen und Wahrnehmungsweisen der Gesellschaft prägte. Die Stadt wurde zum Fürsten, aber der Fürst ist ein Bürger. So aktiv er auch an der Regierung der Stadt beteiligt sein mochte, blieb der »Bürger« doch stets ein wirtschaftlich denkender und handelnder Mensch.

Das souveräne Bild des Dogen von Venedig und seiner symbolischen Hochzeit mit dem Meer in Anwesenheit aller Räte darf uns nicht glauben machen, daß die Regierung des Dogen eine fürstliche Regierung war, der wie in Frankreich und England Beamte dienten, die in der öffentlichen Verwaltung, die ihnen auf kurze Sicht existentielle Sicherheit und auf lange Sicht das Mittel für ihren sozialen Aufstieg bot, Karriere machten. Mehrere Male erinnert im 14. Jahrhundert der Große Rat auf Bitten der Vierzig an die Grenzen des Rechts der Magistraten, einen Lohn zu fordern und die Einnahmen aus ihrem Amt mit einer Hypothek zu belasten, das heißt an die Grenzen ihrer Möglichkeiten, von dem Anteil zu profitieren, den ihnen die öffentliche Gewalt anvertraut hat. Aber derselbe Große Rat kümmert sich um den Handel mit Getreide und Wein aus Kreta, sichert die Versorgung Euböas, das einer Hungersnot zum Opfer gefallen war, legt den Transportpreis für das Salz aus Zypern fest, garantiert das Monopol des Pfefferhandels, wacht über den Schiffsbau und kontrolliert die Bewegungen der Galeeren, wenn er nicht gerade bei einer Wucheraffäre vermittelt. Seine Politik ist eine Politik der Kaufleute.

In dieser Welt der Kaufleute, in der auch die Rechtsprechung mit der Elle des Kaufmanns gemessen wird, ist der Notar der einzige, der eine Tätigkeit im öffentlichen Interesse behält. Florenz macht später sogar aus dem Gewerbe der Notare eine der oberen Zünfte. Nur eine Welt bleibt von den anderen getrennt, die Welt der Kleriker. Da die Kaufmannsfamilien wohlweislich einige der ihren dazu drängen, findet man Angelo Acciaiuoli auf dem Bischofssitz von Florenz und Bartolo Bardi auf dem von Spoleta.

Auch die militärischen Funktionen entgehen dem Zugriff der Kaufleute nicht. Die Funktion des Podestà, die in Italien erfunden wurde, um die Macht des Heeres und dessen Anteil an der politischen Regierung gegen die inneren Streitigkeiten der städtischen Gesellschaft abzuschotten, findet sich nach und nach jeder Substanz entleert. Das Heer, das sind jetzt Kompanien, die von Hauptleuten geführt werden, die nicht aus der Stadt stammen und keine Rolle innerhalb der städtischen Gesellschaft spielen, die späteren *condottieri*. Aber ihre Rekrutierung ist Sache der Bürger, der Kaufleute, die die Stadt beherrschen und den Sold festlegen. Der Oberbefehl verbleibt bei der politischen Macht, bei den Räten in Lübeck ebenso wie bei den Prioren der Zünfte in Florenz. Der *Gonfaloniere di giustizia** in Person, der Kaufmann Niccolò di Jacopo degli Alberti aus der großen Kaufmannsfamilie der Alberti, erringt im Jahr 1363 an der Spitze der Florentiner Armee am Ende eines Krieges, bei dem nur wirtschaftliche Dinge auf dem Spiel stehen, den entscheidenden Sieg über Pisa. Niccolò Alberti wußte daran zu erinnern, daß die Verteidigung des freien Zugangs zum Meer für Florenz sehr wohl ein Geschäft ist.

Die politische Funktion erscheint so als Krönung einer vorteilhaften Karriere im Handel und im Bankwesen. Die Magistratenämter der Hansestädte stehen den Oberhäuptern der reichen Familien zu, wenn nach vielen Jahren für den einen oder andern die Zeit der Handelsreisen vorbei ist. Heinrich Castorp, der um das Jahr 1420 geboren wurde und sich im Jahr 1450 in Lübeck niedergelasssen hatte, war mit zweiundvierzig Jahren Rat der Stadt und mit zweiundfünfzig Jahren Bürgermeister. Er nahm 1474 an der Konferenz von Utrecht teil, auf der die Hanse den Frieden mit Frankreich und England aushandelte.

Und der Florentiner, der zwischen zwei Reisen dieses und jenes Magistratenamt ausübt, erlangt die höchsten Ämter, wenn er schließlich in seine Heimatstadt zurückkehrt, um dort in dem Stadtpalast, der seinen Namen trägt, alt zu werden. Nach zweiunddreißig Jahren der Reisen und Aufenthalte in der Ferne — in Antwerpen und London sowie im Orient — ist Francesco di Balduccio Pegolotti, der Autor der *Prattica della Mercatura,* in den Jahren 1331 und 1340 *Gonfaloniere di compagnia*, mi-

---

* Anm. d. Übers.: Der *Gonfaloniere di giustizia,* wörtlich: Bannerträger der Gerechtigkeit, vertrat in Florenz seit 1290 die bürgerlichen Rechtsinteressen gegenüber dem Adel. Später war dieses Amt auch in anderen italienischen Städten gebräuchlich.

301

litärischer Oberbefehlshaber von Florenz, und im Jahr 1345 Prior seiner Zunft. Im folgenden Jahrhundert wird Tommaso Portinari, der – wenig ruhmvoll – im Jahr 1496 aus Brügge zurückkehrt, im Alter von einundsiebzig Jahren Botschafter, *Capitano del popolo* und Richter an der *Mercanzia*.

Bescheidenere Kaufleute begnügen sich mit weniger angesehenen Ämtern, die aber in einer kleinen Stadt eine dauerhafte Reputation bezeugen. Francesco di Marco Datini ist Rat seiner Heimatstadt Prato und versäumt es nicht, seinen Anteil an den finanziellen Lasten der Gemeinde zu übernehmen. Er ist mehr oder weniger Bankier – oder vielmehr Gläubiger – der städtischen Finanzverwaltung und streckt 1388 das Geld für das Getreide vor, das für die öffentliche Versorgung gebraucht wird. Und er ist sogar zwei Monate lang *Gonfaloniere de giustizia*, natürlich in Prato. In dieser kleinen Stadt in der Nähe von Florenz wird Datini, der in den Schoß der Heimat zurückgekehrt ist, während fast dreißig Jahren zu einer veritablen Persönlichkeit.

Die Oligarchie

Auch wenn die politischen Systeme lange Zeit den Anschein der Demokratie wahren, sind sie doch alle in Wirklichkeit reine Oligarchien. Langfristig und trotz einiger proletarischer Reaktionen wie derjenigen des *Popolo* in Florenz bleibt die Macht im wesentlichen in den Händen weniger Familien, die das ökonomische Spiel beherrschen. Natürlich haben alle Bürger Zugang zu den Versammlungen, werden alle Räte gewählt, sind alle Magistratenämter wählbar, wenn sie nicht ausgelost werden. Aber die Wirklichkeit sieht anders aus.

Die politische Organisation der Florentiner Regierung enthält sogar drei unterschiedliche Vertretungen der Bürger, von denen die eine *Popolo* genannt wird. Sie wurde vom ersten *Popolo* nach der Revolte von 1250 errichtet, vom zweiten *Popolo* 1284 neu eingerichtet und war ursprünglich eine militärische Institution und ein Bürgerorgan, das dazu bestimmt war, die Adligen in die Schranken zu weisen. Mit seiner Hierarchie von zwanzig Kompanien, die von gewählten Gonfalonieri befehligt wurden, wäre das *Popolo* eine demokratische Regierung gewesen, wenn es sich nicht in allem mit den anderen Organen jenes politischen Komplexes, der Florenz regierte, hätte absprechen müssen. Es gab das alte Organ der Stadtregierung, die Kommune, die bereits im 12. Jahrhundert die Macht mit dem militärischen *Podestà* teilte und die im 14. Jahrhundert von der »Guelfenpartei« streng überwacht wurde, die die Orientierung der Florentiner Politik hinsichtlich der anderen Kräfte auf der Halbinsel Italien aufmerksam beobachtete. Und es gab vor allem die Signoria, den leitenden Rat, dessen stolzes Gebäude mit seinem hohen Turm die Florentiner Landschaft beherrschte und der im Laufe des 13. Jahrhunderts eine richtige professionelle Regierung etablierte, in der die ökonomische Hierarchie sich zur Schau stellte.

Die Zünfte wählen die Räte, und die Prioren werden ausgelost. Aber die Auslosung erfolgt nur innerhalb der oberen Zünfte, und die Börsen, aus denen man wählt, enthalten, wie jedermann weiß, nur die Namen der größten Kaufmannsfamilien. Was den *Gonfaloniere di giustizia* betrifft, der von den Prioren gewählt wird und der wahre Herr der Signoria ist, so wird er mehr und mehr zum Vertreter der finanziellen Interessen der hohen Kaufmannsoligarchie und ihrer Familien. Der Zusammenschluß dieser Familien, der Pitti, der Salviati, der Acciaiuoli, der Tornabuoni, der Albizzi, bildet den Rat der Hundert, dank dessen Cosimo de' Medici, genannt der Große, alle Zügel des politischen Lebens in der Hand hält. Als nach 1471 der zynische Lorenzo de' Medici, Lorenzo der Prächtige, die Zahl der niederen Zünfte von vierzehn auf fünf reduziert, das Amt des *Capitano del popolo* aufhebt und den *Podestà* mit zweitrangigen Aufgaben betraut, bringt er nur die politische Realität einer Macht zum Ausdruck, die gänzlich in den Händen der Signoria liegt. In den hundertfünfzig Jahren vor dem Regime Cosimos bestand die Demokratie in Florenz nur in dem politischen Ausschluß der Adligen und einiger alter Familien, die im 12. Jahrhundert reich geworden waren und im 13. Jahrhundert als »Magnaten« bezeichnet wurden.

Einfachere Systeme führen andernorts zum gleichen Ergebnis. Seit der *Serrata* von 1297 gelangt keine neue Familie mehr in den Großen Rat von Venedig. Tausend Notabeln regieren dort Stadt und Reich, bis nach Kreta, Rhodos und Phokäa in Kleinasien. Derselbe Große Rat, in dem die wichtigsten Kaufmannsfamilien ihre Geschäfte untereinander ausmachen, wählt die hundertzwanzig Mitglieder des Senats, den Rat der Zehn und den Dogen. Der Doge personifiziert Venedig. Auf dem Balkon, der die Lagune beherrscht, macht er bei Feierlichkeiten eine gute Figur. Aber er ist ein Monarch ohne Macht, der von den Zehn kontrolliert und von jenen sechs Räten überwacht wird, die von den Stadtvierteln gewählt werden, und der in jeder Hinsicht schon allein dadurch verdächtig ist, daß er auf Lebenszeit gewählt wird. Mit dem einen oder anderen Titel hält jeder Patrizier einen Teil der politischen Macht in der Hand. Aber kein Aspekt der Macht entgeht dem Kaufmannspatriziat, das Fragen des Fiskus mit denen der Reederei verbindet und Salz und Weizen in eine Diplomatie auf der Ebene der mediterranen Welt integriert.

Anders in Genua. Unter den dreihundert Mitgliedern des Großen Rates finden sich auch Handwerker. Vor allem die Nachfolger von Simone Boccanegra — dem ersten Dogen, der im Jahr 1339 nach dem Beispiel Venedigs gewählt wurde —, die von einer außerordentlichen Versammlung und nicht vom Großen Rat gewählt werden, schulden denen nichts, die mit ihnen die Regierung bilden. Der Doge von Genua genießt daher in Zeiten des inneren Friedens eine wirkliche Handlungsfreiheit, hat in schwierigen Zeiten aber eine geringere Unterstützung in der Bürgerschaft. Der rasche Wechsel der Dogen unterstreicht die Instabilität der Institution. Der Doge, der verpflichtet ist, sich mit dem Rat der Alten und im 15. Jahrhundert mit den Schutzherren von *San Giorgio* abzusprechen, hat nur in dem Maße wirklich die Macht, in dem er sie zum besten der wirtschaftlichen Interessen der Stadt nutzt. Aber die hohe Geschäftsoligarchie ist in Genua weniger deutlich an der Spitze des Staates vertreten als in Venedig oder in Florenz. Der genuesische Individualismus neigt wenig zu einer Verschmelzung der politischen Regierung und der ökonomischen Initiative. Das Schicksal der Stadt ist, wie auch immer, in den Händen derer, die sie mit Leben füllen.

Was die deutschen Städte betrifft, so werden sie meistens von einem Patriziat beherrscht, das aus den großen Kaufleuten und Rentiers, die ehemals im Handel tätig waren, aus Schiffsreedern und sogar aus wohlhabenden Handwerkern besteht. Die oberste Schicht dieses Patriziats definiert sich durch die Erblichkeit der Position — wie bei den *Erfsaten* in Dortmund — oder durch den Anspruch auf die militärische Führung — bei den »Rittern« und »Knappen« —, und vor allem durch einen zur Schau gestellten Reichtum derjenigen, die »mit Gütern gesegnet« sind. Diese Oligarchie organisiert sich im übrigen ungeschminkt, was der politische Einfluß eines »Klubs der Reichen« in Köln beweist, der *Richerzeche,* der die Stadt bis zum Ende des 14. Jahrhunderts regiert.

Nach einer Krise des Patrizierregimes in den Jahren 1408 bis 1416 reserviert Lübeck die Hälfte der Sitze in seinem Rat für einfachere Vertreter der Wirtschaft, für Handwerker, insbesondere für Bierbrauer, und für die kleinen Kaufleute. Einige Revolten — wie in Köln in den Jahren 1364, 1370 und 1396 und in Lübeck im Jahr 1383 — und einige zeitweilige Zugeständnisse im Gefolge der Volksbewegungen ändern indessen nichts an einer politischen Struktur, von der die meisten Hansestädte sich nie lossagen sollten: Die Stadt gehört ihren Kaufleuten. Berufsgilden — häufig die »Gilde der Tuchhändler« — sind ein institutionelles Bindeglied zwischen den kaufmännisch Tätigen und den Organen der städtischen Regierung, dem Bürgermeister und dem Rat. So in Lübeck die »Gesellschaft des Kreises«, die 1379 in einer Kapelle des Sankt-Katharinen-Klosters gegründet wurde. Im 15. Jahrhundert zählen alle führenden Persönlichkeiten des Kaufmannspatriziats dazu, etwa fünfzig Familien. Das heißt, dieses Patriziat stellt allein die Räte der Städte, die regionalen Versammlungen und natürlich den Hansetag, auf dem zwei oder drei Mitglieder des Rates jede Mitgliedsstadt repräsentieren.

Die politische Autonomie der Städte im Innern des Landes wurde meistens zu Lasten des Adels, d.h. der Militäraristokratie, und der Grundherren erlangt. Die Hafenstädte hingegen mußten kaum am Joch des Adels rütteln, das sich selten in Gegenden gefestigt hatte, die vor dem wirtschaftlichen Aufschwung im 11. und 12. Jahrhundert von keinerlei Interesse waren. Auch wenn aus dem Jahr 697 bereits ein Militärbefehlshaber bekannt ist, aus dem die venezianische Geschichte dann den ersten Dogen machte, konnte das noch nicht geeinte Venedig nicht vor dem Jahr 1000 die Basis für eine wie auch immer geartete Feudalmacht abgeben. Die Hafenstädte bleiben daher diesem Problem gegenüber gleichgültig. Es beschäftigt aber alle kleinen Kaufleute, die sich der Tatsache bewußt sind, zwischen 1000 und 1200 aus ihrer Stadt etwas anderes gemacht zu haben als die alte Bischofsstadt und die alte gräfliche oder grundherrliche Festung, aus der städtischen Gesellschaft etwas anderes als eine Kopie der Hierarchie, die aus der Überlagerung von Rechten auf den Boden und Rechten auf den Menschen entstanden war. Ihnen steht vor Augen, daß im wesentlichen sie die Stadt gestaltet haben, in der die Herren des Bodens lange Zeit noch, sogar in den Gegenden antiker Urbanisierung, einen Auswuchs am Rande der bäuerlichen Gesellschaft sahen.

Die Brüche sind indessen seltener als es scheint, wenn man einige Fälle untersucht, in denen die Entwicklung in Richtung auf eine bürgerliche Gesellschaft in einer Krise erfolgte. Nach den Wirren des 13. Jahrhunderts und zwei Regierungen des *Popolo* verbannt Florenz den Adel radikal aus dem politischen Leben. Indem die 1293 erlassenen »Ordnungen der Gerechtigkeit« *(Ordinamenti della giustizia)* in dem gleichen Scherbengericht bewußt den alten Grundadel und eine bereits alteingesessene Geschäftsoligarchie vermischen, berauben sie die Magnaten ihrer politischen Rolle. Eine Liste von 147 Familien wird veröffentlicht, auf die ein besonderes Privatrecht angewandt wird. Man geht sogar soweit, einige Stadtpaläste dem Erdboden gleichzumachen. Weil die »Volksfreunde« die Rolle vergessen, die im Jahr 1298 Aristokraten wie Corso Donati in Campaldino bei der Verteidigung der Republik gespielt haben, und weil sie vor allem sehen, was der Sieg über Arezzo an Steuern gekostet hat, begrüßen sie die Herrschaft des mittleren Bürgertums — des *popolo grasso* — über die Angelegenheiten der Stadt. Natürlich lassen die Ausschreitungen nach. Der Adel, der sich auf seine Domänen zurückgezogen hat, erscheint kaum in der Stadt, deren Interessen nicht mehr die seinen sind. Man toleriert ihn in den Zünften, aber man läßt ihn vor der Tür der Räte stehen. Die Sprache, die dort gesprochen wird, ist nicht mehr die des Adels. Corso Donati, durch sein Engagement an der Spitze der »weißen« Guelfen und durch sein späteres Bündnis mit den Ghibellinen kompromittiert, schließlich besiegt und im Jahr 1308 hingerichtet, findet sich vor den Toren der Danteschen Hölle wieder, wohin ihn sein verschrecktes Pferd auf ewig mit sich fortreißt.

Woanders versteht man sich. Die deutschen Städte lassen in ihren Räten einige Adlige zu, die niemanden stören. Denn die Adligen haben genauso wenig Ambitionen auf die See wie die Bürger auf den Boden. Genua reserviert den *alberghi*, den Familien seiner alten Aristokratie, die Hälfte der öffentlichen Ämter. Der Doge, der aus einer Volksbewegung hervorgegangen ist, die lange Zeit von den Boccanegra angeführt worden war, wird immer unter den »Volksfreunden« gewählt, aber deren reichste Familien monopolisieren das Amt. Volksfreund zu sein, heißt in Genua und in Florenz nicht, arm zu sein. Weder die Fregosi noch die Adorno sind etwas anderes als große Herren à la Genua, die Domänen und Schiffe besitzen. In Venedig ist die Situation paradox. Nicht nur, daß man dort die Macht der Adligen nicht fürchtet: Sie haben von vornherein eine privilegierte Situation. Vielleicht hat dies damit zu tun, daß der venezianische Adel mehr als jeder andere ein städtischer Adel ist. Die Adligen — Grundbesitzer, sobald sich Venedig zum Festland hin öffnete, Offiziere und Siedler zur Zeit der Kolonisierung, stets auch Reeder und Händler — erheben weder Anspruch auf eine besondere Herkunft noch auf eine Funktion, die von der des Bürgertums unterschieden wäre.

Diese alten Familien, von denen die Tradition behauptet, daß sie an der Wahl des ersten Dogen teilgenommen haben, machen eher den Eindruck eines legendenumwobenen Bürgertums als eines militärischen Adels. Ihre Mitglieder behalten de facto — nicht de iure — eine bevorzugte Stellung in allen Bereichen des politischen Lebens. Sie beherrschen die Kommissionen, die den Dogen wählen, und überlassen den anderen nur das Recht, dem Gewählten zuzujubeln. Zehn bis zwölf Familien, durch eheliche Verbindungen einflußreich geworden, die ein wesentliches Mittel für den Fortbestand der Macht sind, machen im Großen Rat wie im Senat das Gesetz. Und man findet dort nur schwerlich einen Venezianer, der kein Patrizier ist. Aber all das versteht sich von selbst. Die venezianische Aristokratie sieht sich als Aristokratie, verhält sich jedoch wie das kaufmännische Bürgertum. Im Grunde genommen ist die rechtliche Spaltung hier gegenstandslos. Diejenigen, die die Serenissima regieren, gehören zu den reichsten Familien — und auch zu den ältesten.

Wenn die Geschäftswelt von einem Ort zum andern auch unterschiedliche Reaktionen gegenüber dem alten Adel an den Tag legt, so verbindet sie doch eines: der Triumph der Kaufleute, die in der Lage sind, überall die Handwerker auszuschalten, die in der inzwischen weit zurückliegenden Zeit der städtischen Emanzipation — im 11. und 12. Jahrhundert — ihre Kampfgenossen waren. Die Gesellschaft schottet sich nach unten ab. An der Basis des politischen Systems befinden sich die Berufsgruppen — Gilden, Zünfte, *crafts, arti* —, und diese verständigen sich darüber, den Zugang durch juristische und ökonomische Klauseln, Ergänzungswahlen, Beiträge, sogar durch einen *Numerus clausus,* hermetisch zu verschließen.

Die Kaufmannsgilden der deutschen Städte öffnen sich den Handwerkern und Krämern weniger leicht als dem reichen, fremden Kaufmann, der in der Stadt verheiratet ist. Alle, die Gilde der Tuchhändler in Bremen oder Magdeburg, der Kreis der Reichen in Köln, die Gesellschaft des Kreises in Lübeck, die Bruderschaft des heiligen Georg in Danzig, werden zu politischen Filtern vor der Tür der Räte. Die verwandtschaftlichen Bande spielen bei der Ergänzungswahl der Regierungsorgane der Stadt die gleiche Rolle wie andernorts in bestimmten königlichen Institutionen, etwa in Frankreich das *Parlement* oder das *Chambre des comptes*. In keinem Text wird es offen gesagt, aber Nachforschungen beweisen, daß in Lübeck um das Jahr 1380 alle Räte miteinander verwandt sind.

Die *Serrata* von 1297 hat die Liste der Berechtigten geschlossen. In den Großen Rat von Venedig sind die bisherigen Räte sowie die Bürger wählbar, die von den Vierzig für wählbar erklärt wurden. In Wirklichkeit sitzen bereits seit einem Jahrhundert im Großen Rat nur noch Nachkommen von Räten. Die Sache wird im Jahr 1322 offiziell. Die seit 1315 geführte offizielle Liste — die 1506 den Namen *Goldenes Buch* erhält —, enthält im 15. Jahrhundert etwa 1200 bis 1300 Namen, die höchstens zweihundert Patrizierfamilien repräsentieren. Um auf diese Liste zu gelangen, muß man sich als des Adels würdig erweisen. Die Wahl des Dogen ist meistens, wie im Jahr 1476 bei Andrea Vendramin, die Illustration dieses Monopols auf die politische Macht durch die reichsten Kaufleute am Canale Grande.

Florenz stellt die Dinge klar. Seit dem 13. Jahrhundert gibt es in dem System der Signoria wirkliche Macht nur noch für die sieben »oberen Zünfte«: die *Calimala,* die zuerst einfach die Zunft der Kaufleute war, die Zunft der Wechsler, die Wollzunft, aus der die Händler bald die Handwerker vertrieben, die Zunft *Por Santa Maria,* die zur Zunft der Seidenhändler wurde, die Zunft der Kurzwarenhändler, Gewürzhändler und Ärzte, die einen Zweig des Luxushandels mit dem Orient kontrolliert, und die Zunft der Kürschner, die die Luxusimporte aus Nordeuropa sicherstellt, zu denen noch, außer der Reihe, die Zunft der Notare hinzukommt. Nur die oberen Zünfte nehmen am Rat der Zunftvorsteher teil. Nur sie sitzen im Gericht der *Mercanzia.*

Selbst die fünf »mittleren Zünfte« der Kleinhändler und Weißnäher, der Schuhmacher und Tuchmacher, der Maurer und Zimmerleute, der Schmiede und der Metzger, in denen sich die Handwerksmeister und ihre Gesellen finden, haben nur an den im strengsten Sinne städtischen Angelegenheiten einigen Anteil: beim Versorgungs- und beim Fuhrwesen. Die mittleren Zünfte werden streng von dem ausgeschlossen, was die ökonomische Ausstrahlung und die politische Position der Signoria betrifft. Die »niederen Zünfte«, von den Weinhändlern und Herbergswirten bis hin zu den Schlossern und Bäckern, sind hingegen nur für die Angelegenheiten ihres Gewerbes zuständig. Sie geben ihre Stimme bei der Wahl des Volksrats, des *Popolo,* ab. Wie man weiß, kann dieser zwar viel Lärm machen, trifft aber kaum Entscheidungen.

Alles ist hier, wie am Canale grande, eine Angelegenheit des Vermögens und der Kundschaft. Die politische Macht wird durch die ökonomische Macht erworben und gerechtfertigt. Wenn sie nicht sogar gekauft wird! Die Medici verdanken ihren Aufstieg nur der langen Blütezeit ihrer Handels- und Bankunternehmungen.

Die dominante Gruppe behält sich die Macht vor. Zumindest übt sie diese aus. Alle politischen Systeme zeigen — mit ungleichem Erfolg — das gleiche Bestreben, das mit dem Aufstieg der Medici in Florenz in seine Schranken verwiesen wird, nämlich das Risiko einer Machtergreifung auszuschließen, die Monokratie zu verhindern. Der Rat der Zehn in Venedig hat keine andere Daseinsberechtigung, als die Aktivitäten des Dogen zu kontrollieren. Die Vielzahl der Räte und die Kollegialität der Zunftvorsteher bewirken in Florenz desgleichen eine Stückelung der Autorität. Mit Ausnahme der Dogen in Venedig und Genua sowie einiger Verwaltungsämter sind in allen Städten Ämter auf Lebenszeit selten. Die Prioren und die *Gonfalonieri di giustizia* werden für zwei Monate gewählt. Cosimo de' Medici selbst war in den dreißig Jahren seiner »Regierung« nur dreimal für je zwei Monate Gonfaloniere. In den deutschen Städten wird der Rat meistens für ein Jahr gewählt. Fast überall kann niemand in Ämter der Exekutive unmittelbar wiedergewählt werden.

Diese Maßnahmen sind in Deutschland wirksam, aber in Italien ziemlich nutzlos. Die Klientelen unterminieren zugunsten der herrschenden Familien den Egalitarismus, den man in der herrschenden Gruppe zu organisieren vorgibt. Die Kontinuität, die dem individuellen Schicksal abgeht, schreibt sich in die Familien ein. Die großen Häuser von Genua und Venedig lösen einander auf der Namensliste der Dogen ab. In Genua rivalisieren die Adorno und die Fregosi anderthalb Jahrhunderte lang miteinander, bekämpfen sich und schicken ihre Söhne und Neffen ins Rennen. Diese Rivalität bricht im Jahr 1363 mit der Wahl von Gabriele Adorno aus, dem unmittelbaren Nachfolger von Simone Boccanegra. Acht Jahre später tritt Domenico Fregosi dessen Nachfolge an. Im Jahr 1390 löst erneut ein Fregosi einen Adorno ab. Nach elf Dogen aus der Familie Fregosi und sechs Dogen aus der Familie Adorno nimmt das Machtmonopol eine andere Gestalt an, als im Jahr 1483 Erzbischof Paolo Fregosi, der Kardinal geworden war, seinen Neffen Battista Fregosi absetzt und sich selbst zum Dogen ausrufen läßt!

In Venedig kommt keine Familie derart häufig an die Macht, weil die Macht des Dogen dort stabiler ist. Trotzdem zählt man außer den fünf Dogen Candiano im 9. und 10. Jahrhundert vier Dogen Orseolo im 10. und 11. Jahrhundert, drei Contareno vom 11. bis zum 14. Jahrhundert, drei Dandolo vom 12. bis zum 14. Jahrhundert, zwei Tiepolo (Vater und Sohn) im 13., drei Gradenigo im 13. und 14. Jahrhundert, drei Mocenigo im 15. Jahrhundert.

In Florenz sind die Dinge weniger offensichtlich. Es reicht nicht aus, die Namen zu notieren, und der Florentiner weiß das, wenn die Kunden der Medici einander in den wichtigsten Magistratenämtern ablösen. Cosimo ist von 1434 an der »erste Bürger von Florenz«. Alles geschieht offen auf seinen Rat hin.

Die Geschäfte in der Politik

Diese Dominanz der Kaufmannskreise hat viele Konsequenzen. Die nie ganz abwesende, aber lange Zeit zweitrangige wirtschaftliche Motivation wird zu einer der wichtigsten Triebfedern der politischen Entscheidung. Der Horizont des Kaufmanns und die Notwendigkeiten des Seehandels führen zur Bildung von Territorialstaaten. Die Notwendigkeit einer Straße oder eines

Zugangs zum Meer, das Bedürfnis nach einem geographischen Raum als Grundlage der wirtschaftlichen Unabhängigkeit begründen die territorialen Ambitionen von Florenz, Lucca oder Siena.

Als Venedig in der Romagna eine regelrechte Kolonisierung betreibt, denkt man zuerst an die Versorgung und erst danach an den Handel der Dogenstadt. Und auch der venezianische Festlandsstaat dient keinem anderen Zweck als der Herstellung des Gleichgewichts zwischen den Wirtschaftsräumen der italienischen Halbinsel und den ökonomischen Kräften im Herzen des venezianischen Imperiums. Ebenso bestimmt die *Casa di San Giorgio* im 15. Jahrhundert die Kolonialpolitik Genuas. Die Erträge aus den Unternehmungen in Übersee stehen an hervorragender Stelle unter den Einkünften, die Genua für die Begleichung seiner öffentlichen Schulden verwendet, das heißt für die Bezahlung der Zinsen von *San Giorgio*. Aber bereits im vorhergehenden Jahrhundert verständigten sich die Stadt und der englische König in einem Vertrag über die Wechselseitigkeit von militärischen und wirtschaftlichen Dienstleistungen. Die Genuesen brauchten den königlichen Schutz für ihre Geschäfte in England, Eduard III. brauchte die genuesischen Geschwader.

Die Macht der ökonomischen Argumente ist so groß, daß Bündnisse im Gefolge von Veränderungen auf der Karte der Handelsbeziehungen zusammenbrechen können. Florenz, das zur Konkurrenz Venedigs auf See geworden ist, wendet sich, als es endlich eine Seemacht ist, Mailand zu und macht auf dem Konzil von Lodi im Jahr 1454 mit dem Sforza gemeinsame Sache. Florenz bemißt seine Bündnisse nun nach ihrer Tragweite auf See und auf dem italienischen Festland.

Der Kaufmann ist daher bereit, für seine Routen, für seine Häfen, für seine nahen oder fernen Märkte zu kämpfen. Deswegen verwickelt er seine Stadt in einen Konflikt. Aber er verwickelt sie zuerst in das subtile Spiel der Verhandlungen. Das wird deutlich, wenn die Patrizier der Hanse alles tun, um einen Krieg zu vermeiden. Wie weit die Zugeständnisse der Diplomatie auch gehen mögen, sie sind weniger kostspielig als der beste Krieg.

Die Wirtschaft wird so zum Gegenstand der Innen- und Außenpolitik der Stadtstaaten, die nicht vergessen, daß sie vor allem Handelsstädte sind und daß der Wohlstand ihre Unabhängigkeit fördert und garantiert. Steuererhebung, Währung, Diplomatie, alle diese Prärogativen der Souveränität in den Ländern, in denen ein Fürst an der Macht ist, sind hier die unbestrittenen Prärogativen desjenigen, der zugleich über die Größe und das Vermögen der *Res publica* wacht.

Die städtischen Oligarchien versuchen natürlich, ein Steuersystem zu etablieren und aufrechtzuerhalten, das für die Geschäfte günstig ist, ein System, das die kollektive Expansion unterstützt und das Vermögen der herrschenden Familien schützt. Der Feind, das ist die direkte Steuer, die die Besitzenden trifft. Sogar einer Stadt wie Brügge, die gezwungen ist, sich mit den Forderungen des Fürsten zu arrangieren, gelingt es im 14. Jahrhundert, jegliche Vermögenssteuer abzuschaffen. Die Zeit der

Kopfsteuer, die den Reichen mit demselben Betrag belegte, den auch der Arme zahlen konnte, ist vorbei. Eher als einer Steuer auf bewegliche und unbewegliche Güter oder einer Steuer im Verhältnis zum Guthaben gibt man also einer Steuer auf die Einkäufe oder Verkäufe den Vorzug. Auch wenn es den Handel trifft, zahlt letztlich der Verbraucher. In Brügge macht die indirekte Steuer 80 bis 90 Prozent der Einnahmen der Stadt aus. Das heißt, daß man die fremden Kaufleute für ihre Geschäfte und die lokale Bevölkerung für ihren Verbrauch bezahlen läßt.

Die Abwälzung der öffentlichen Lasten auf das niedere Volk ist in den Handelsrepubliken noch deutlicher. Die direkte Steuer repräsentiert im 14. Jahrhundert etwa 10 Prozent der Einnahmen von Florenz, einschließlich einer Kopfsteuer, die die staatsbürgerliche Fiktion aufrechterhält — jeder zahlt —, die Reichen aber eher symbolisch trifft. Florenz, das 1494 gezwungen ist, die direkte Steuer wiedereinzuführen, wählt die Bodensteuer, die sowohl das Unternehmen wie die Rente verschont. Kleinere Städte treffen dieselbe Wahl: Die direkte Steuer macht in Pistoia, auf dem Zenit des 14. Jahrhunderts, nur 5 Prozent der städtischen Einnahmen aus.

Unter diesen Umständen überrascht es nicht, wenn fiskalische Entscheidungen sehr vielen sozialen Bewegungen zugrundeliegen. Die französischen Steuerpflichtigen beklagen sich über die Kopfsteuer, die die großen Vermögen begünstigt, und fordern häufig lautstark eine Steuer, bei der »der Starke den Schwachen trägt«. Ebenso revoltieren die Bürger der unabhängigen Städte Deutschlands und Italiens von Zeit zu Zeit gegen einen Lastenausgleich und die übertriebene Inanspruchnahme der Anleihe, die ein Geschäft für die Kaufleute ist, nicht aber für die Handwerker und kleinen Krämer. Als es 1348 in Nürnberg und 1364 in Frankfurt zu einem Aufstand kommt, geht es zu einem guten Teil gegen ein Steuersystem, das in übertriebener Weise der an der Macht befindlichen Oligarchie dienlich ist.

Nichts anderes tun 1382 die Bewohner von Rouen in der sogenannten *Harelle* und die Pariser in der Bewegung der *Maillotins*. Die Wiederherstellung der indirekten Steuer auf den Einzelhandel gilt als ein Sieg des Großbürgertums, das unter Karl V. die Macht hatte und die das Volk endgültig beseitigt zu haben glaubte. Der Aufstand der Maillotins brach im Viertel der *Halles* wegen einiger Denare Steuern auf ein Bündel Kresse aus!

Diese Tendenz, die Städte zu verschulden, um die gemeinsamen Lasten auf das niedere Volk abzuwälzen und den an der Macht befindlichen Kaufleuten substantielle Zinsen zu verschaffen, läßt sich nicht nur in den großen Wirtschaftsmetropolen feststellen. So wie eine solche Verschuldung in den französischen Städten endemisch ist, bevor nicht Ludwig der Heilige, Alphonse de Poitiers und später Philipp der Schöne eingreifen, ist sie auch in den Augen der lokalen Oligarchien, die die kleinen deutschen Städte beherrschen, eine normale Sache. Der Bürgermeister der kleinen hessischen Stadt Rotenburg, Heinrich Topler, hat im Jahr 1408 Forderungen an hundertzwanzig Gemeinden.

Die indirekte Steuer bietet sich für die Verpachtung und folglich für die Diskontierung an. Der Pächter einer Salzsteuer zahlt einen Vorschuß, wenn er die Pacht übernimmt. Die Vorliebe der kaufmännischen Regierungen für diese Steuer führt daher zur öffentlichen Anleihe, zu einem Finanzierungssystem also, das sich notwendigerweise auf Wachstumsperspektiven stützt und in allen Republiken eingerichtet wird, die vom Kaufmannstum beherrscht werden. Die gesamte finanzielle Organisation Venedigs beruht bereits Ende des 13. Jahrhunderts auf der Anleihe, die durch den indirekten *dazio* auf den Handelsverkehr garantiert wird, den letztlich der Verbraucher zahlt. Pisa führt im 14. Jahrhundert die Zwangsanleihe als normale Regierungspraxis ein. Die Rückzahlung erfolgt mit den Einnahmen aus der Salzsteuer, aber auch aus der Ausbeutung der Eisenminen der Insel Elba. Auch Genua macht daraus die Basis jenes Systems, das im 14. Jahrhundert von den *compere* und im 15. Jahrhundert von der *Casa di San Giorgio* verwaltet wird.

Die Währungspolitik, die seit dem 13. Jahrhundert überall auf eine ausreichende Zirkulation von Zahlungsmitteln achtet, schlägt auf geschickte Weise die von den herrschenden kaufmännischen Kreisen gewollte Richtung ein. In Metz, der Bischofsstadt, in der die städtischen Magistraten — die Schöffen und die »Dreizehn Geschworenen« — ein Gesetz nach dem anderen erlassen, das die Schuldverschreibungen betrifft, laufen alle monetären Entscheidungen darauf hinaus, den wahren Wert der Forderungen aufrechtzuerhalten.

Das schlechte Verhältnis von Gold zu Silber bleibt unberührt von den Äußerungen der Aristoteliker und Theologen, die sich im *Conseil* des französischen Königs über die Währung auslassen. In einer Stadt wie Florenz geht es einzig darum, die großen Unternehmer zu bevorzugen, die ihre Arbeiter in Silber bezahlen und für ihre Verkäufe in Gold bezahlt werden. Das Stück Tuch zu zwanzig oder dreißig Florins ist somit mehr Arbeitstage des Walkers oder Färbers zu vier oder fünf Sous wert. Genua geht noch weiter: Seit 1447 müssen alle Verbindlichkeiten im Großhandel in Gold beglichen werden.

Daraus resultiert eine Diplomatie der Geschäfte. Es gibt keinen Vertrag, bei dem die Handelsrepubliken nicht Vorzugsklauseln, freie Zugänge, Vorzugszölle einfügen. Der 1369 zwischen Pisa und Florenz ausgehandelte Vertrag sieht den freien Zugang der Handelsgesellschaften nach Porto Pisano vor und enthält eine namentliche Liste der hundertacht Florentiner Gesellschaften, die in Pisa Steuerfreiheit genießen. Keinem entgeht, daß die Signoria von der Geschäftswelt geführt wird. Und in Genua ist es ganz offiziell Sache von *San Giorgio*, eine Zollpolitik festzulegen, die unmittelbar bei den Einnahmen aus der Salzsteuer, aus den Gewerbebetrieben und den Handelsmonopolen zum Ausdruck kommt, mit denen die Zinsen für die öffentliche Schuld sichergestellt werden.

Zugleich wird die Wirtschaft ein Mittel der Politik. Die venezianischen Banken haben keinen anderen großen Kunden als nur die Serenissima und verweigern den anderen Staaten jeden Kredit. Was die Hanse betrifft, so ist sie in der Lage, die Blockade einer Macht zu veranlassen, die sie lahmlegen will: Brügge macht zweimal, von 1358 bis 1360 und 1388, diese ärgerliche Erfahrung, als die Hanseaten ihre Etappe nach Dordrecht verlegen. Die Hanse leidet eine Zeitlang darunter, aber mehr noch Brügge, das damit einen wesentlichen Vorteil seiner Lage verliert, und mit Brügge alle flämischen Städte. Die Flamen, die kein preußisches Getreide mehr bekommen, als die Ernte in Flandern katastrophal ist, die keine Abgaben mehr auf den Warenverkehr in der Nordsee erheben können, welcher der Stadt normalerweise ihre Funktion als Zwischenhafen garantierte, und deren Geschäfte auf dem Kontinent durch die entschiedene Teilnahme Kölns an der Blockade bedroht waren, geben im Jahr 1360 nach: Die Hanseaten erhalten die steuerlichen Privilegien zurück, die Brügge aufgrund der Krise einschränken wollte. Mit weiteren Konzessionen sowie einer Entschädigung wird in den Jahren 1388 bis 1392 die Rückkehr der Hanseaten im Gefolge einer anderen Krise erkauft.

Diese Unterwerfung der Staatsangelegenheiten unter die Erfordernisse der Wirtschaft verschafft den städtischen Regierungen einen unerwarteten Vorteil, den um das Jahr 1339 die Freske von Ambrogio Lorenzetti im Gemeindepalast von Siena – die *Gute Regierung* – ohne Umschweife herausstreicht. Ohne uns hier über die idyllische Sicht auslassen zu wollen, die die Kaufleute von Siena mit diesem Fresko von einer gesellschaftlichen Harmonie geben wollen, die sich auf den Wohlstand gründet, ist doch anzuerkennen, daß die Sorge um die kaufmännischen Interessen wenn schon nicht zur Gerechtigkeit, so doch zumindest zu einer technisch-formalen Qualität der administrativen und finanziellen Geschäftsführung führt. Die von Kaufleuten regierten Städte gehören zu denjenigen, in denen die kommunale Buchführung am strengsten ist.

Natürlich denken sogar die mit der doppelten Buchführung vertrauten Kaufleute nicht daran, diese in die Bücher der öffentlichen Finanzen einzuführen, weil die lange Gewohnheit der geschätzten Kosten sie in dem Glauben läßt, daß eine Stadt nichts anfangen könne mit einer systematischen Buchführung, die Begriffe enthalte, die den öffentlichen Finanzen fremd seien. Wenn Florenz die doppelte Buchführung für seine Konten nicht übernimmt, dann deswegen, weil es nichts nützt, in eine Analyse des kommunalen Vermögens den Wert des Palazzo des *Podestà* – den wir unter dem Namen Bargello kennen – einzuschließen, und daß es vollkommen sinnlos ist, das virtuelle Kapital, welches das Steuerobjekt darstellt, als Guthaben zu verbuchen. Aber ein Erlaß von 1327 verordnet in Genua, daß die Konten der Stadt »in der Weise der Bank« geführt werden sollen, was eine gewisse Analyse der realen und potentiellen Ressourcen impliziert und eine Verteilung der Eingänge und Ausgänge auf die Vermögenskonten, die Bücher der Schatzkammer, und die Konten von Außenstehenden, die Bücher der Gläubiger.

Andernorts, wo die Techniken der Kaufleute nicht die Systematik der Italiener erreichen, lassen sich der Kaufmann und der städtische Buchhalter von der gleichen

Praxis inspirieren. In Südwestdeutschland werden öffentliche und private Bücher auf die gleiche Weise geführt. Das Hauptinteresse gilt im allgemeinen, wie in Konstanz, einer Aufteilung der Einnahmen und Ausgaben auf spezielle Register, die parallel geführt werden. Zur gleichen Zeit führen die Schreiber der Apostolischen Kammer auf diese Weise die Konten der Einnahmen und der Lasten des Papstes. Die Finanzanalyse wird immer genauer. Aber keiner sucht das Gleichgewicht, nach dem der italienische Buchhalter strebt, wenn er die doppelte Buchführung übernimmt.

Die Kaufleute, die die städtischen Finanzen kontrollieren und die Schatzmeister und Buchhalter stellen, wissen sehr wohl, daß das Tuch aus dem Lager ein Aktivposten ist, der durch Kassenabgänge ausgeglichen wird, und daß die Forderungen an den Handelspartner den Schulden gegenüber den Deponenten entgegengesetzt sind. Aber der kommunale Palazzo und sein Mobiliar gleichen keineswegs die Kosten eines Krieges aus, in dem man manchmal eine Investition sehen könnte, und die Eigenschaft der Steuerpflichtigen, zu essen und zu trinken und auf diese Weise die Steuer zu zahlen, ist nicht der Kehrwert des Lohnes der Sergeanten, die auf der Straße für Ordnung sorgen. Der hellsichtige Realismus der Kaufleute zeigt auf allen Ebenen der Verwaltungstechnik, daß man die Stadt nach Art der Kaufleute regieren kann, weil eine solche Regierung an den Geschäften teilhat, auch wenn eine Stadt kein Geschäft ist.

Die Geschäfte und der Fürst

Man kann ein treuer Untertan seines Königs sein und muß deshalb nicht darauf verzichten wollen, einen Platz in der politischen Gesellschaft einzunehmen, dort eine Rolle zu spielen. Franzosen und Engländer, Kastilier und Portugiesen wissen, daß die Macht nicht — wie in Genua oder Lübeck — von der wirtschaftlichen Stärke herrührt. Die Quellen der *Res publica* liegen an anderer Stelle, und ihre Bestimmungen sind andere. Aber man sieht ein, daß die Orientierung der Steuerpolitik oder der Diplomatie für die Geschäfte nicht gleichgültig sein kann.

Möglichkeiten der Einflußnahme auf die Wirtschaftspolitik sind, auch das weiß man, nur mit Hilfe der Einwirkung auf die verschiedenen Ebenen der politischen Gesellschaft zu haben. Der Kaufmann entscheidet in London oder Lissabon nicht über Krieg und Frieden, aber er muß zur Kenntnis nehmen, was im Rat gesagt wird, und seine Stimme bei den Finanzverhandlungen des Souveräns mit dem *Parlement*, mit den General- oder Provinzständen, mit den *Cortès* hören lassen. Er muß auch die gemeinsame Haltung der Stadt oder der Region gegenüber den königlichen Forderungen wie gegenüber der Konkurrenz der anderen Wirtschaftsmächte herbeiführen.

Die Angelegenheiten der Stadt

Sogar in der Stadt beschränkt der Souverän in außerordentlicher Weise die Möglichkeiten einer städtischen Politik. Das Bürgertum hat immer weniger Autonomie. Von England bis Sizilien beschränkt sich sein Handlungsbereich auf die Wahrung seiner wirtschaftlichen Interessen und vor allem auf die Diskussion seines Anteils an den finanziellen Lasten des Königreichs. Darüber hinaus kommen die Monarchien darin überein, Zusammenschlüsse von Städten zu verhindern, jene Bündnisse, die die Stärke der deutschen und italienischen Städte ausmachen. Verbindungen, die die Städte untereinander knüpfen können, sind selten, und sie ergeben sich häufiger aus gemeinsamen Problemen als aus einem überlegten Zusammenschluß. Das Verhältnis der Städte zum Souverän läßt sich nur in Begriffen der Unterwerfung – was eine Diskussion über Gegenstände von begrenzter Reichweite nicht ausschließt – oder der Revolte begreifen.

Die städtischen Revolten des 14. Jahrhunderts in Paris, Rouen, Gent und Reims sind eher durch Übertragung als durch Koordination entstanden. Die aufrührerischen Florentiner wissen nicht, was in Paris vor sich geht. In der Begeisterung der Aufstände von 1382 schreit der Pariser gern »Es lebe Gent!«, aber der Genter weiß nichts davon und hat nichts davon. Alles in allem haben die aufständischen Bewegungen den Städten nur den Verlust ihrer Privilegien und erdrückende Lasten an Steuern und Entschädigungen eingebracht. Die Lektion zeitigt im 15. Jahrhundert Ergebnisse: Das Bürgertum nimmt keinen Anteil mehr am großen politischen Geschehen, das von den Fürsten allein zu ihrem Nutzen betrieben wird. Die Kaufleute sind sich hier mit den kleinen Krämern einig. Weder die *Praguerie* von 1439 noch die Liga des Öffentlichen Wohls im Jahr 1465 erleben, daß die städtischen Mächte der Wirtschaft sich dem Aufstand anschließen. Der Kaufmann weiß, daß die Fürsten schließlich immer ihren Frieden machen und die Städte sie immer um Vergebung bitten. Für die einen kann das mit Banketten enden und mit Glocken, die das *Te Deum* läuten; für die anderen mit dem Ruin oder am Galgen.

Die politische Dynamik entfaltet sich daher, an unterschiedlichen Gegenständen, in dem nicht hierarchisierten Rahmen der Stadt und des Königreichs. Denn das Königreich ist keine Pyramide von Städten, wie das Herzogtum eine Pyramide von Grafschaften und Burgvogteien ist. Im Staat kann sich das Individuum nur im Rahmen eines öffentlichen Amtes, das vor allem ein Dienst am Fürsten ist, für das Gemeinwohl – das im Mittelalter »Gemeinnutzen« genannt wird – verwenden und einen persönlichen Gewinn daraus ziehen.

Man spricht hier nicht mehr von städtischen Magistraturen, wie in Florenz oder Genua, sondern von Ämtern. In der Stadt ist der Bürger als solcher und nicht, weil er Kaufmann oder Handwerker ist, aktiv an der Stadtverwaltung beteiligt, deren Pläne und Initiativen durch die Anwesenheit der königlichen Richter, der königlichen Verwalter und der Agenten des königlichen Fiskus beschränkt sind.

Die städtische Regierung bleibt daher unter der Vormundschaft des Souveräns und seiner Baillis und Seneschälle eine nicht exklusive Tätigkeit, die für den Lauf der Geschäfte von Belang ist, aber für deren Orientierung nicht ausreicht. Es gibt Kaufleute unter den *aldermen* von London wie unter den *capitouls* von Toulouse. Sie haben jedoch nie, auch nicht in den Rathäusern, jene herausragende Stellung inne wie in den unabhängigen Städten.

Die wahre Vormacht ist die des Staates, die sich in den leitenden Organen der Stadt durch die königlichen Beamten manifestiert. In Toulouse kommt zwischen 1380 und 1420 ein Viertel der *capitouls* aus dem kaufmännischen Bereich: Tuchhändler, Wechsler, Gewürzhändler. Aber man zählt im Kapitol fast genauso viele Adlige, fast genauso viele Rechtsgelehrte, Richter, Advokaten und Notare.

In Paris, wo die Kaufleute und Handwerker — Tuchhändler, Metzger und schließlich Wechsler — bis 1450 aus dem alleinigen Grund den Magistrat beherrscht haben, weil der Pariser Magistrat keine städtische Regierung ist, sondern lediglich die Vertretung der *Hanse des marchands de l'eau,* des Bundes der Kaufleute, gibt es nach dem Hundertjährigen Krieg Wahlen für verschiedene Ämter: für die *Prévôté des marchands,* den Vorstand der Kaufmannsgilde, für das Schöffenamt der Magistraten und Advokaten im *Parlement,* für die *Maîtres des comptes* oder die Mitgliedschaft in der *Chambre aux deniers* und im *Cour des aides. Prévôt des marchands* wird ein gewisser Denis Hesselin, der Bäcker des Königs ist, und Schöffe ein gewisser Jean de Harlay, den alle als den Ritter der Wache kennen, das heißt als Chef der königlichen Polizei. Der Untersuchungsrichter im Châtelet, Jean Colletier, wird sechsmal wiedergewählt und bleibt so von 1471 bis 1485 Schöffe, obwohl dieses Amt theoretisch nach zwei Jahren ausläuft. Und kein einziger Kaufmann wird mehr *Prévôt des marchands* nach dem Wechsler Pierre des Landes, der im Jahre 1444 durch einen Rat im *Parlement* ersetzt wird. Diese Leute der Robe, d. h. des Amtsadels, besetzten bis zur Zeit Bedfords im Durchschnitt jeden fünften Sitz im Rathaus. Seit den Jahren 1440 bis 1450 haben sie zwei oder drei von vier Sitzen inne.

Nur London behält bis zum Ende des Mittelalters eine wirkliche kaufmännische Präsenz in der *Guild Hall*: die *aldermen* sind alle Mitglieder der kaufmännischen *crafts*.

Es handelt sich hier um ein Problem des Einflusses und der Gewinne. Die Macht liegt in anderen Händen. Die Kompetenz dieser städtischen Organe ist und bleibt begrenzt. Im Rathaus behandelt man Angelegenheiten der städtischen Polizei, der öffentlichen Gesundheitspflege, des Straßenbaus, der Wache, der Verteidigung. Aber sobald die Dinge schlecht stehen und die Gefahr Konturen gewinnt, nimmt die königliche Verwaltung alles in die Hand. So organisiert der königliche Profoß des Châtelet, Hugo Aubriot, die Verteidigung der Stadt Paris, die durch ihr Wachstum verwundbar geworden ist: Die Bastille ist eine königliche Festung, und die Pariser haben, als unter Karl V. die neue Stadtmauer gebaut wird, nur das Recht, ihre Abgaben zu zahlen.

Natürlich diskutiert man unter den Bürgern auch über die städtischen Finanzen. Die Stadtmauer zu unterhalten oder das Pflaster zu erneuern, die Sergeanten oder den Brunnenmeister zu entlohnen, das ist Angelegenheit der Einwohner, und die Notabeln sprechen für sie. Etwa wenn sie mit den Verwaltungsbeamten des Königs um den Betrag der Steuer feilschen, bevor sie die Veranlagung beschließen und die Erhebung durchführen. Um den sozialen Frieden, die öffentliche Ordnung und die Rendite zu sichern, geben die königlichen Beamten in ihrer Kontrolle aber keinen Fingerbreit nach. Dies wird durch das stillschweigende Einverständnis der meisten Steuerpflichtigen erleichtert, die wenig geneigt sind, Aufteilungen hinzunehmen, die für die Handelsoligarchien günstig sind.

Auch wenn es darum geht, die ökonomischen Interessen der Stadt oder der Region zu verteidigen, können die Körperschaften der Stadt nicht, wie die Regierungen der unabhängigen Städte, ihre Geschäfte durch direkte Übereinkunft – oder durch direkte Konfrontation – mit den Konkurrenten tätigen. Florenz kann mit Siena und Lübeck mit Hamburg verhandeln, nicht aber Lille mit Amiens oder Madrid mit Cadiz. Alles wird mit dem König ausgehandelt, mit seinem Rat, mit einflußreichen Personen in der Umgebung der Fürsten. Von daher die Bedeutung der Plädoyers, die jedes Jahr von den Vertretern der Städte in den beschlußfassenden Versammlungen und am Hof gehalten werden.

Alles ist dabei eine Frage des Fingerspitzengefühls. Ohne Verbündete auf dem Handelsplatz und ohne Geschenke an die Leute vor Ort sind die Geschäfte nicht zu betreiben. Lyon versäumt diese Gelegenheit nicht, als Ludwig XI. 1476 dort einzieht:

»Alardin, Schatzmeister, hat auf Anordnung der Räte der Stadt sowohl dem Gnädigen Herrn von Argenton, Rat und Kammerherr Unseres Königs, als auch Seiner Durchlaucht, dem Bischof von Evreux, Rat des besagten Herrn, für gewisse Fälligkeiten und Dienste, die besagte Herren besagter Stadt bereitet haben, 63 Écu d'or dem Herrn von Argenton und 43 Écu d'or dem Bischof von Evreux gezahlt.

Besagter Alardin hat außerdem durch dieselbe Verfügung den Betrag von 50 Écu d'or zum Kurs von 35 großen Blancs pro Écu an Madame du Bouchage ausgezahlt, für gewisse Gefälligkeiten und Dienste, die Monsieur du Bouchage, ihr Gemahl, besagter Stadt geleistet hat.«

Die Versammlungen spielen nur in Krisenzeiten eine wirklich politische Rolle. So profitieren die Generalstände 1355 von der finanziellen Notlage Johanns des Guten, als sie das Steuersystem Frankreichs umgestalten wollen:

»Es wird verfügt, daß von den drei Ständen gewisse gute und ehrbare, zahlungsfähige und loyale, über jeden Verdacht erhabene Personen entsandt werden, die in den Ländern die obengenannten Sachen anordnen und hierfür Eintreiber und Gehilfen haben werden nach der Ordonnanz, die hierüber verfügt wird.

Und außer den besonderen Abgeordneten der Länder und Regionen werden durch die drei obengenannten Stände neun gute und ehrbare Personen abgeordnet, das heißt drei von jedem Stand, die Generäle und Superintendenten über alle anderen sein und zwei rechtschaffene und zahlungsfähige Generaleintreiber haben werden.«

Die Kontrolle verliert nach der Niederlage von Poitiers in den dramatischen Sitzungen an Bedeutung, die durch den Volkszorn in Mißkredit gebracht werden: Es kommt zu dem kurzen Zwischenspiel des *Prévôt des marchands* Etienne Marcel im politischen Leben des Königreichs. Schließlich wird diese Form der Kontrolle aufs Spiel gesetzt durch die Allianz zwischen den reformistischen Bürgern der Hauptstadt, die sich gegen die Spekulanten des Rates und gegen einen Adel auflehnen, der unfähig ist, ihre finanziellen Anstrengungen in einen Sieg zu verwandeln, und den Bauern auf dem Land, den sogenannten *Jacques,* die sich gegen die Grundbesitzer erheben. Als die Gefahr verschwindet, siegt der königliche Absolutismus. Man bleibt bei den »Gewählten«, aber nun ernennt sie der König.

Erst in Krisenzeiten tritt das englische Parlament politisch in Aktion. Es ist sicherlich nicht unempfänglich für die Probleme der wirtschaftlichen Konkurrenz mit Flandern, als es 1399 Richard II. absetzt, der allzusehr zu einer Entente mit Frankreich neigt.

Normalerweise verstehen sich das Parlament, die Generalstände und die Provinzstände des Languedoc, der Normandie etc. gut darauf, in die Diskussion über das Gesamtsteueraufkommen Informationen über die verschiedenen Gebiete der Wirtschaft für den König und seine Beamten einfließen zu lassen. So lassen die Kaufleute die königliche Regierung von einer Erfahrung profitieren, die die Beamten, die häufig in der Region fremd sind und fast ebenso häufig nichts mehr mit jener Welt der Wirtschaft zu tun haben, aus der doch viele gerade erst hervorgegangen sind, nicht haben können. Der englische König hört im Parlament gerne die Wollhändler an. Er weiß sehr wohl, daß die königlichen Finanzen zu einem guten Teil vom Umfang ihres Exports abhängen. Der französische König ist nicht weniger aufmerksam für das, was die Abgeordneten der Städte des Languedoc ihm über Prosperität oder Notlagen zu sagen haben, von denen das Steueraufkommen abhängig ist.

Obwohl die Kaufleute im englischen Parlament zahlreich vertreten sind, spielen sie nur eine sehr bescheidene Rolle. Der Kleinadel, nicht die Städte, erhebt am häufigsten seine Stimme, wenn es gilt, Bedingungen für die Steuererhebung zu stellen. Die Kaufleute kümmern sich vor allem um die besonderen Interessen ihres Distrikts, der nicht unbedingt ihrer Stadt entspricht. Die Londoner sind häufig Abgeordnete der ländlichen Marktflecken, und ihre Intervention in das politische Leben des Königreichs erfolgt im allgemeinen im Kielwasser einer Aristokratie, die scheinbar an der Prosperität der Grafschaften, in denen sie Besitz hat, interessiert ist. Das bedeutet, daß die größte und erfolgreichste Pressure-group von den Produzenten und Exporteuren von Wolle gebildet wird. In ihr schließen sich die Viehzüchter und die Wollhändler zusammen.

Die Situation in Frankreich ist eine andere. Zusammen mit den Notaren und Advokaten, die genauso zu den bürgerlichen Notabeln gehören, spielen die von den Städten gewählten Kaufleute eine wesentliche Rolle in den Provinzständen. Dort wird der Beitrag zu den finanziellen Lasten des Königreichs verhandelt, und diese Verhandlungen geben den Repräsentanten der städtischen Notabeln das Mittel an die Hand, auf eine Politik Einfluß zu nehmen, deren Hebel das Handelsprivileg, insbesondere das der Messen, und die Steuerbefreiung sind. Vor allem als der Adel der Versammlungen überdrüssig wird, an denen er kaum Interesse hat, da er ein besonderes Recht genießt, versteht sich das Handelsbürgertum bestens darauf, die Einwilligung in königliche Steuerforderungen zu seinem Nutzen auszubeuten. Das kann man in Montpellier beobachten, wo immer der Erste Konsul in die Stände delegiert wird, der normalerweise ein Wechsler ist. Man geht in die Stände, um über Zahlen zu reden.

Die Vertretung der regionalen Interessen ist von unterschiedlichem Erfolg, je nachdem, an welchem Ort und zu welchem Zeitpunkt sie stattfindet. Aber sie ist das Mittel, mit dem die Kaufleute auf steuerliche Bestimmungen Einfluß nehmen, vor allem auf die indirekten Steuern zum Vorteil des lokalen Handels. Damit veranlassen sie auch weitreichende Entscheidungen. Die Stände des Languedoc erhalten 1471 von Ludwig XI. und 1484 von Karl VIII. die Zusage, daß die Expansion von Lyon dadurch gebremst wird, daß die Einfuhr von Gewürzen auf dem Landweg verboten wird. Die Stände der Provence erreichen, daß René von Anjou die Einfriedung von Land reglementiert, über die sich wie immer Viehzüchter und Ackerbauern streiten.

Zuweilen nimmt die Repräsentation einen juristischen Charakter an. Die Stände des Languedoc plädieren Ende des 15. Jahrhunderts zunächst vor dem Parlament von Bordeaux, danach vor dem Parlament von Paris und schließlich vor dem Großen Rat dafür, daß die Winzer aus Gaillac und dem Haut Languedoc ihren Wein nach Sankt Martin, d. h. nach dem 11. November, auf dem Quai des Chartrons verkaufen dürfen, während die Einwohner von Bordeaux an einem Privileg festhalten, das ihnen erlaubt, die Konkurrenz erst nach Weihnachten anrücken zu sehen.

Mitunter werden hierbei selbst die Rechte des Königs berührt. So kämpfen die Stände des Languedoc Sitzung um Sitzung darum, daß das Verbot aufgehoben wird, das Zahlungen in fremder Währung betrifft. Seit 1424 beauftragen die *capitouls* ihre Delegierten in den in Le Puy einberufenen Ständen mit dieser Angelegenheit:

> »Da verschiedene fremde und andere Kaufleute Tuch, Öl, Honig und andere Waren kaufen und andere verschiedene Verträge und Geschäfte machen und deshalb verschiedene Gold- und Silberwährungen mit sich tragen, wird gestattet, diese zu dem Wert in Zahlung zu nehmen, auf den sich die Parteien einigen, ohne jeden Tadel [...].
> Da die Stadt Toulouse an verschiedene Königreiche und Grafschaften grenzt, wie die Königreiche von Aragon und Navarra, Béarn, Foix, Armagnac und andere Ländereien und Grundherrschaften, aus denen viele Kaufleute

kommen, um Handel zu treiben, die verschiedene Gold- und Silberwährungen mit sich tragen, wird besagten Bittstellern gestattet, besagte Währungen zu dem Wert in Zahlung zu nehmen, über den sich die Parteien einigen, ohne jeden Tadel.«

Vielleicht erleichtert die öffentliche Konfrontation der lokalen Interessen im Rahmen des englischen Parlaments die Vision eines gemeinsamen Interesses des Königreichs, das in Frankreich durch die Praxis der besonderen Botschaften und Verhandlungen aufgesplittert ist. Immerhin unterstreichen die Erlasse der englischen Souveräne, einer nach dem andern, die tiefgehende Einheit der Inselwirtschaft. Die Begriffe des Gemeinwohls und des Gemeinnutzes des Königreichs gewinnen im Mund der Engländer einen Klang, den die gleichen Worte in Frankreich niemals haben. Auf dem Kontinent sind sie griffige Formeln und Rechtfertigungen des Gewohnheitsrechts, nicht das Resultat einer realistischen Einschätzung der Volkswirtschaft.

In den Diensten des Fürsten

Der Zugang zu den städtischen Magistratenämtern ist eine der Ambitionen des Kaufmanns, und auf diesem Wege gelingt es dem italienischen oder deutschen Kaufmann, Politik zu machen. Sobald die Angelegenheiten des Staates abhängig sind von der Macht des Souveräns, entgleitet der Dienst für den Fürsten den Kaufleuten zu einem guten Teil. Es ist ein exklusiver Dienst: Man ist nicht gleichzeitig Tuchhändler und Vogt, so wie man Wechsler und Prior einer Zunft oder Schiffsreeder und Senator ist. Es ist auch ein spezialisierter Dienst, der auf dem erreichten Niveau die amateurhaften einjährigen Magistratenämter verbietet. Die Laufbahnen der öffentlichen Ämter müssen organisiert werden, auch hinsichtlich eines sozialen Aufstiegs, dessen erste Stufe der Zugang zu ihnen ist.

Nicht der Kaufmann besetzt daher das Räderwerk der königlichen Verwaltung, sondern sein Sohn oder sein Neffe, der sich bereits vom Handel distanziert hat. Er mag die Rechte studiert haben. Er mag sich auch langsam von den vorübergehenden Aufgaben gelöst haben, die im Grenzbereich der Geschäfte und der öffentlichen Ämter liegen, wie die Steuereintreibung und die Pachten innerhalb der Stadt. Einer, der Wechsler bleibt und Steuereintreiber wird, macht demjenigen den Weg frei, der sich ganz der Erhebung jährlich verpachteter Steuern widmet und so langfristig ständiger Steuereintreiber für einen bestimmten Bezirk wird.

Wenn er Kaufmann oder Wechsler bleiben will, tritt der Geschäftsmann nur für zeitlich begrenzte, häufig schlecht definierte Aufgaben in den Dienst des Fürsten ein, die außerhalb des üblichen administrativen Rahmens und außerhalb der Perspektive einer Ämterlaufbahn liegen. Der Geschäftemacher braucht den Fürsten. Es liegt in seinem Interesse, sich in einer Position zu etablieren, von der aus er die politischen Entscheidungen beeinflussen kann. Aber er ist auch zu exponiert, um sich hinwegstehlen zu können, um Dienstleistungen und Kredit zu verweigern. Je umfangreicher seine Geschäfte werden, desto mehr scheinen ihm politische Faktoren bestimmend zu sein.

Sein Ehrgeiz geht nicht dahin, Verwaltungsämter in Beschlag zu nehmen, die ihn zeitlich voll in Anspruch nehmen würden. Vielmehr wirft er ein Auge auf die einflußreichen Posten, die Verbindungen schaffen. Die Italiener spielen geschickt mit ihnen und sind angesehene Berater der europäischen Fürsten. Biche und Mouche sind gleichzeitig Berater, Geschäftsleute und gut bezahlte Diplomaten Philipps des Schönen. Eduard I. ebnet zur selben Zeit seinem Bankier Berto Frescobaldi einen Weg in sein *Council*. Graf Gualterotti ist Berater des Grafen von Flandern, Louis de Nevers, der ihn schließlich zu seinem Kanzler machen wird. In Bordeaux leitet Amerigo Frescobaldi, mit dem Titel eines Konnetabeln, die Finanzpolitik des Herzogtums der Guyenne. Als Königin von Neapel macht Johanna I. von Anjou Niccolò Acciaiuoli zu ihrem Berater, später zu ihrem Seneschall. Und Ende des 14. Jahrhunderts ist Dino Rapondi Berater und Bankier des Herzogs von Burgund.

Ein Jahrhundert später ist Tommaso Portinari, der an der Spitze der Filiale der Medici in Brügge steht, nicht nur der Bankier Philipps des Guten und Karls des Kühnen. Er hat einen Sitz in ihrem Rat, und er nimmt 1468 an den Verhandlungen über die Heirat von Herzog Karl mit Margaret von York teil, der Schwester des englischen Königs Eduard IV. 1487 ist er Botschafter Maximilians von Habsburg in Mailand, 1496 Botschafter Philipps des Schönen in London.

Die französischen Kaufleute haben sich ihrerseits in den *Conseil royal* eingeführt, wenn sie nicht in der Rechnungskammer, dem *Chambre des comptes,* sitzen. Im 14. Jahrhundert ist der Schwiegervater von Etienne Marcel, Pierre des Essarts, der sowohl Tuchhändler als auch Bankier ist, einer der wichtigsten Kaufleute von Paris. Aber er ist auch Bankier und Berater der Fürsten. 1320 wird er in den Adelsstand erhoben, bleibt aber im Herzen Kaufmann. Die Konsequenz aus dieser ambivalenten Karriere ist, daß er 1336 seinen jüngeren Bruder Martin, der schon lange den Handel aufgegeben hatte, als *Maître des comptes* ersetzt. Im 15. Jahrhundert vereint Jacques Cœur, solange er in der Gunst des Königs steht, die Tätigkeiten eines Kaufmanns und die eines Beraters des Königs, eines königlichen Kommissars bei den Ständen des Languedoc und die eines allgemeinen Kontrolleurs der Salzsteuer auf sich.

Die Bürger sind im Rat Johanns des Guten bereits vertreten. Es sind die Pariser — die Poilevilain, die Lorris, die Des Essarts, die Braque —, die, immer die Gratwanderung zwischen König der Geschäftswelt vollziehend, gleichzeitig den Weg zum Vermögen und zum Adel einschlagen. Ein Jahrhundert später, unter Ludwig XI., ist ihre Zahl groß genug, um bei den Großen der Gesellschaft Ironie oder Verbitterung hervorzurufen. Das ist die Zeit der Berrichons, der Tourangeaux: Beaune, Briçonnet. Raoulet Toustain, ein großer Salzhändler auf der Loire und der Seine, ist nicht nur ein Agent, sondern sogar ein Spion Ludwigs XI. zur Zeit der »Liga für das Gemeinwohl«. Denn die Laufbahnen vermischen sich kaum weniger als zu früheren Zeiten. Michel Gaillart ist 1463 Pächter der Salzsteuer im Poitou, im Aunis sowie im Saintonge und wird 1473 General der Finanzen. Aber 1476 ist er der große Reeder der französischen Galeeren, die er den Nachfolgern von Jacques Cœur abkauft. Belehrt durch die schlechten Erfahrungen seines Großvaters und seines Vaters, mißtraut Ludwig XI. der Hauptstadt und ihren Bewohnern, nicht aber den Kaufleuten, deren politische Ansichten und deren berechnenden Realismus er häufig teilt, sehr viel mehr als den gemeinsamen Geschmack in Kleidungsfragen, den er oft herausstreicht.

Keiner seiner Zeitgenossen hat indessen sein Vermögen und seinen Einfluß durch eine Kombination von Dienst für den Fürsten und Geschäft mit soviel Umsicht und Realismus aufgebaut wie Jakob Fugger, ein Augsburger Bürger, der Bankier und Berater der Habsburger wurde. Bis zum Jahr 1485 haben sich die Fugger auf dem deutschen Markt und in Venedig Fuß gefaßt, indem sie Verbindungen knüpften und die Spekulation in Grenzen hielten. Sie haben eine exponierte Stellung, aber sie bleibt lokal. Zu diesem Zeitpunkt machen sie Geschäfte mit dem Grafen von Tirol, einem Habsburger. Die Wahl Maximilians zum Kaiser und die rasche Ausschaltung der Herzöge von Bayern eröffnen neue Perspektiven, die dem Habsburger den Profit aus den Bergwerken Tirols sichern. Jakob Fugger verstand es, sich einem Fürsten unentbehrlich zu machen, dem eine reiche Zukunft beschieden war. Maximilian hielt sich weiterhin an denjenigen, der jetzt als Bankier auftrat.

Dieser finanzierte eine europäische Politik, nicht ohne gleichzeitig seinen eigenen ökonomischen Horizont zu erweitern. Als im Jahr 1493 die Fugger die Kosten der Botschaft des Habsburgers beim Konzil von Senlis tragen, auf der Maximilian das Artois, die Franche-Comté und das Charolais wieder an sich reißt, eröffnen sie in Antwerpen eine Zweigstelle, die ihre Position in Nordeuropa konsolidiert. Maximilians Triumph bedeutet letztlich für seine Bankiers neue Niederlassungen in Ungarn, in Kärnten, in Thüringen und sogar am römischen Hof.

Als es darum ging, die Kriege eines ehrgeizigen Fürsten zu finanzieren, der durchaus die Statur hatte, bei anderen Kredit zu bekommen, erwies sich Fugger als sehr klug: Vorschüsse in Bargeld gegen Metall zu einem bestimmten Termin. 10 bis 20 Prozent eines weitgehend durch die Produktion garantierten Gewinns, das charakterisiert eher einen Kaufmann als einen Spekulanten. Aber Jakob »der Reiche« hat bald schon weitergehende Ansprüche. Die Ambitionen des Habsburgers versetzen diesen immer häufiger in die Lage des Bittstellers. Ein Krieg folgt auf den anderen. Der Bankier macht sich unentbehrlich. Maximilian leiht sich von ihm im Jahr 1491 mehr als 200 000 Florins. Natürlich steigen die Zinssätze. Der neue Kaiser diskutiert nicht die Bedingungen, zu denen der große Kapitalist — der große Geldgeber — des Kupfer- und Silberbergbaus tatsächlich die Kontrolle der ungarischen Metallproduktion in die Hand nimmt. Zu Beginn des 16. Jahrhunderts sind Jakob Fugger und seine Gesellschafter die Herren des Finanzmarktes des jungen Habsburger Staates. Wovon Biche und Mouche um das Jahr 1300 eine Ahnung vermittelten und was Jacques Cœur anderthalb Jahrhunderte später versuchte, das haben die Fugger zu Beginn der Neuzeit verwirklicht. In einem politischen Regime, das die Prärogativen der Macht anderen vorbehielt, haben sie den Staat in die Macht der Geschäfte eingebunden.

Die Konfrontation der Interessen

Die Kaufleute gewinnen durch ihre Beteiligung am politischen Leben zunächst persönliche Vorteile. Jeder denkt an sich, und die Aufnahme in den Rat des Königs ist eher eine Sache der Konkurrenz als der Vertretung auf Gegenseitigkeit. Wer in der Nähe der Macht verweilt, kümmert sich zuerst um seine eigenen Geschäfte, seine Zuteilungen, Privilegien und Monopole. Jacques Cœur profitiert von seinem Einfluß auf Karl VII. bei der Sicherung seiner Geschäfte in Lyon und im Languedoc. Der Sohn des wichtigsten Geschäftemachers von Marseille, der Vize-König der Provence, Palamèle Forbin, bedient sich seines Amtes, um die Steuerpacht zu kontrollieren. Alle nutzen ihren privilegierten Zugang zu Informationen, um zu spekulieren. Keine Spekulation ist sicherer als diejenige, die sich auf die neuesten Nachrichten über Steuerentscheidungen und Währungsbeschlüsse gründen kann.

Es gibt große und kleine Geschäfte, aber es gibt keine kleinen Informationen. Diese Erfahrung macht der Pariser Bertrand Fournet, der Pächter der Brennholzsteuer, nachdem er die Pacht für das Jahr 1426/27 erhalten hat und entdeckt, daß die Besitzer der Schwitzbäder, die in großem Umfang Brennholz verbrauchen, wieder einmal die Steuer umgehen wollen. Im Vorjahr war es ihm gelungen, sie zur Zahlung zu veranlassen. Dieses Mal hat er sich jedoch getäuscht: Die Regierung hat die Partei der Bader ergriffen. Selbst bei einer so bescheidenen Spekulation ist es besser zu wissen, ob das Holz der öffentlichen Bäder versteuert werden muß.

Die öffentliche Meinung reagiert übrigens sehr sensibel auf diesen Mißbrauch der politischen Position und den damit verbundenen politischen Einfluß. Wer vor den anderen Bescheid weiß, ist eher in der Lage, Entscheidungen zu beeinflussen. Zumindest in den Augen der Öffentlichkeit ist er dies, und die Spekulation ist ein immer wiederkehrender Anlaß für revolutionäre Unruhen in den Städten des Mittelalters. Daß der Fürst von Spekulanten kontrolliert wird, ist eine ausreichende Erklärung für Steuern, Münzverrufe und sogar für militärische Niederlagen, denn der Steuerpflichtige fragt sich dabei immer, wozu wohl das Steueraufkommen nütze ist.

Der gegen die Spekulation an den Tag gelegte Eifer entspringt natürlich bei einigen nur der Eifersucht. So mancher ist schnell dabei, einen Mißstand zu verurteilen, wenn er nicht im Rat ist, versagt sich aber keinen Vorteil, wenn er selbst im Rat sitzt. Die Rebellion von Etienne Marcel ist nicht zu verwechseln mit der Reaktion des niederen Volkes auf die Fehler der Regierung Johanns des Guten: Sie ist die eines Großbürgers, der durch seinen besser informierten Mitmenschen getäuscht wurde. Als er sich weigerte, die Erbfolge seines Stiefvaters Pierre des Essarts anzutreten — des in den Augen der Reformisten von 1346, die von der allgemeinen Entrüstung im Gefolge der Niederlage Philipps VI. in Crécy beflügelt wurden, herausragenden Beispiels für Untreue im Amt —, während sein Stiefbruder Robert de Lorris sie trotz der enormen Schulden antrat, machte er das schlechteste Geschäft seines Lebens. Wußte Lorris bereits, daß die Verurteilung von Pierre des Essarts widerrufen werden würde? Das glaubt Marcel, als er sieht, wie sein Stiefbruder die 50000 Écus Strafe einstreicht, die dem kühnen Erben vom Fiskus zurückerstattet wurden — und wütet gegen die Spekulanten. In Wirklichkeit mußte Etienne Marcel erfahren, daß jemand gewann, der gerissener war als er.

Der Souverän ist daher hin- und hergerissen zwischen den gegensätzlichen Interessen in seiner Umgebung und zwischen den immer einflußreicheren Pressuregroups. Er ist ebenso sehr ein Opfer der im allgemeinen widersprüchlichen Forderungen des kaufmännischen Bürgertums und eines Adels, der häufig dazu neigt, die Spekulanten aus zwei Motiven heraus anzuprangern: der Feindschaft gegenüber dem König und seinen Eingriffen in die angestammten Prärogativen der feudalen Gesellschaft und der Feindschaft gegenüber den Bürgern und ihrer Konstruktion einer Gesellschaft, die der feudalen Grundherrschaft fremd gegenübersteht.

Der König muß sowohl ein offenes Ohr für die Grundbesitzer haben — für den alten grundbesitzenden Adel und für die neuen, aus kaufmännischen Kreisen hervorgegangenen Rentiers —, die von der unmöglichen Rückkehr zur starken Währung träumen, d.h. von einer Neubemessung der Abgaben, Forderungen und Mieten, als auch für die Kaufleute, die einen Markt wollen, auf dem ausreichend Zahlungsmittel vorhanden sind. Beide erheben ihre Stimme und machen sich Illusionen über die Tugenden einer Währung, die nur deshalb zirkuliert, weil sie schlecht ist. Die von Philipp dem Schönen konsultierten Wechsler verteidigen am Ende seiner Regierungszeit das schwarze Geld:

> »Es scheint uns von Nutzen zu sein, wenn es Unserem guten König und seinem vornehmen Rat gefallen würde, schwarzes Geld herzustellen, damit das Volk genug hat [...]. Das Königreich hätte seinen Frieden, wenn es nur zwei Währungen gäbe: den Golddenar mit dem Lamm und das schwarze Geld.

325

Alle anderen würden eingewechselt, und so wäre das Volk reich. Und wenn das Volk reich ist, ist der König reich. Der Handel, der darniederliegt, würde sich mit Hilfe des schwarzen Geldes erholen...«

Worauf die ewige Klage der Grundbesitzer und Gläubiger antwortet, die ebenfalls im Rat vertreten sind. Der König, unfähig, sie zufriedenzustellen, redet das Blaue vom Himmel herunter:

»Wir haben die Klagen Unserer Untertanen und der Einwohner Unseres Königreiches gehört, wegen des Handels und vieler anderer Dinge, über die Schäden, die sie ohne Zahl durch Münzverrufe und die Schwächung der Währung erlitten haben, über die großen Gefahren, Hab und Gut zu verlieren, denen sie ausgesetzt waren und noch sind, wegen des schlechten, falschen und nachgemachten Geldes, das in der Vergangenheit durch habgierige und geizige Fälscher in Unserem Reich hergestellt und beigebracht wurde und noch wird, und welches als gutes Geld ausgegeben wird, so daß man nicht bemerkt, daß es sich um Falschgeld handelt.

Wir haben in Unseren alten Urkunden und Registern nach den die Währung betreffenden Erlassen, Statuten und Geboten Ludwigs des Heiligen suchen lassen, Unseres Vorgängers als König von Frankreich, der durch seine Vortrefflichkeit seinem Reich den Frieden sicherte und es weise regierte.«

Die Rückkehr zur guten Währung Ludwigs des Heiligen wurde für zwei oder drei Generationen ein Ideal und ein Bezugspunkt. Für diejenigen, die die Abgaben auf ihren Boden in Denaren erheben und damit die Kaufkraft ihres Vermögens dahinschmelzen sehen, ist eine Rückkehr zur harten Währung natürlich das Mittel, die Gesellschaft wieder in Ordnung zu bringen. Im Rat des Königs erhebt die Aristokratie der Barone und Prälaten ihre Stimme.

Vergessen wir nicht das niedere Volk der Mieter und der Verschuldeten. In den Räten vertritt keiner die Kundschaft der Wucherer, aber ihr Murren wird von denen vernommen, die sich um die öffentliche Ordnung kümmern, von den königlichen Beamten und den Kaufleuten, die wissen, daß eine so unbedachte Stärkung der Währung wie diejenige vom September 1306 — die Philipp der Schöne nach einem Aufstand in der Hauptstadt zurücknehmen mußte — Plünderungen nach sich zieht.

Solche Interessenkonflikte haben gewaltige Konsequenzen. Weil sie der Reihe nach die einen zufriedenstellen will, damit sie dienen, die anderen, damit sie zahlen, und wieder andere, damit sie sich ruhig verhalten, und weil sie überdies die Folgen einer Entscheidung rasch durch Maßnahmen zugunsten der Geschädigten ausgleichen will, gleicht die politische Linie Johanns des Guten in Frankreich und Heinrichs IV. von Lancaster in England eher einer Sinuskurve. Das Volk wundert sich über das ständige Hin und Her und sieht nur Spekulation am Werk bei dem, was in

Wirklichkeit lediglich die zwiespältige Folge gegensätzlicher Pressionen und der Unsicherheit des Fürsten ist.

Solche Schwankungen sind wenig effizient. Wenn der Fürst es allen recht machen will, weil er alle braucht, kommt es häufig zu kurzlebigen Maßnahmen. Die Kaufleute neigen dann, weil sie Widersprüchlichkeiten gewohnt sind, zu einer abwartenden Haltung. Es entsteht eine Spekulation, die sich letztlich auf die Erwartung des kommenden Gegenbefehls gründet.

Seit 1420 hatten Karl VII. und danach Ludwig XI. die Messen von Lyon geschaffen und gefördert. Sie boten damit einer Partei von Finanzbeamten die Stirn, die davon überzeugt waren, daß diese Messen, die praktisch an der Grenze des Königreichs lagen, den Abfluß des kostbaren Bargelds begünstigten. Jacques Cœur stellte seine Intelligenz dadurch unter Beweis, daß er entschieden die Expansion Lyons gegen die Konkurrenz von Genf ausspielte, im Gegensatz zur Meinung vorsichtigerer Kaufleute, die fürchteten, damit die Stadt Lyon zu einer Station auf dem Weg nach Genf zu machen. Die Krönung dieser Politik schien im Oktober 1462 der Erlaß zu sein, der den Besuch der Genfer Messen untersagte und das Monopol der Messen von Lyon absegnete. Drei Jahre später ging an den Ufern der Rhône das Gerücht um, daß »die von Genf und manche andere sich rühmen, mit Hilfe einiger adliger Herren die königliche Ordonnanz aufheben zu lassen...«.

Die adligen Herren, das waren der Herzog von Savoyen, der Herzog von Burgund und einige andere, die sich daran störten, daß der Warenstrom nach Lyon ging und damit an anderen Handelsplätzen ausblieb, in denen sie ihre Interessen hatten. Im Frühjahr 1466 überredete der Graf der Bresse, Philipp von Savoyen, Ludwig XI., zu einem Gleichgewicht zwischen den zwei rivalisierenden Handelsplätzen Lyon und Genf zurückzukehren. Gleichzeitig beschwichtigte er die Einwohner von Lyon und bildete eine Kommission von königlichen Beamten und Kaufleuten, die damit beauftragt wurde, eine Lösung vorzuschlagen.

Aber das Problem lag an anderer Stelle: Während der Zwist mit Burgund sich verschärfte, konnte der König auf seine guten Beziehungen zu den Schweizer Kantonen nicht verzichten. Im September 1466 kam es zu der Übereinkunft: zwei Messen im Jahr in Lyon abzuhalten und ebensoviele in Genf. Die Lyoner waren wütend, gaben sich aber nicht geschlagen.

Zur selben Zeit vernahm Ludwig XI. den Bericht der Kommissare, die in seinem Namen der Sitzung der Stände des Languedoc präsidiert hatten. Und er hörte die Nachfolger von Jacques Cœur an, Guillaume de Varye und Pierre Doriole: Der Gewürzhandel war das große Geschäft der Galeeren Frankreichs, die in Montpellier und Marseille ihre Basis hatten. Im November 1466 verbot ein königlicher Erlaß den Import von Gewürzen auf jedem anderen Weg als dem Seeweg. Für Lyon, die Drehscheibe mehrerer transalpiner Wege zu den italienischen Häfen, war dies ein neuer, harter Schlag.

Man organisierte eine internationale Konferenz, die im April 1467 in Montluel zusammentrat. Die gegensätzlichen Standpunkte trafen aufeinander, wie der Vertreter Ludwigs XI., der General der Finanzen Guillaume de Varye und ehemalige Vertraute von Jacques Cœur, notierte. Die Konsuln von Lyon plädierten dafür, wenigstens die beiden besseren Messen zu haben, waren sich im übrigen aber untereinander nicht einig, ob diese besseren Messen die an Ostern und Allerheiligen oder die an Pfingsten und Mariä Himmelfahrt waren. Die Italiener mischten sich ein, ebenso die Deutschen. Man hörte den Vertreter der Ravensburger Gesellschaft. Giuliano Zaccheria, der mit Francesco Nori einer der beiden Direktoren der Lyoner Filiale der Medici war, hob die Nachteile einer Aufteilung hervor:

»Es ist weder angebracht noch von Nutzen, daß besagte Messen getrennt werden. Wenn es dem König gefiele, sie zu trennen, wäre es für die Kaufleute, die die Messen in großer Zahl besuchen, eine Last und ein Schaden, sowohl wegen der Wagen als auch wegen der Mieten für die Häuser und anderer Kosten und Ausgaben, zu denen sie wegen besagter Trennung gezwungen wären.«

Mit der Entscheidung waren beide Seiten unzufrieden: eine Aufteilung mit zwei von vier Messen, ohne daß man noch wußte, welche. Lyon schickte Gesandte zum königlichen Rat. Diese hatten gute Argumente: Sie boten dem König an, den Kauf von zweihundert Harnischen zu finanzieren, die er für seinen nächsten Feldzug brauchte. Am 14. November nahm der König die Entscheidung von Montluel zurück. Der französische König brauchte die Schweizer aber ebensosehr. Sie erhielten Privilegien, die ihnen eine besondere Stellung in Lyon verschafften.

Die königlichen Beamten verschlossen die Augen vor den Gewürzimporten auf dem Landweg. Die Bewohner des Languedoc, die immer auf der Lauer lagen, sprachen von 18000 Goldmark, die Frankreich auf diese Weise für den Kauf von Gewürzen in Venedig verlassen hätten. Im April 1471 erneuerte Ludwig XI. das Verbot der Einfuhr auf dem Landweg. Fünf Jahre später hob er es auf.

Karl VIII. verhielt sich nicht besser. Bereits 1484 schaffte er ganz einfach die Messen von Lyon ab und bestätigte das Monopol der Seehäfen für den Import von Gewürzen. Zahlreiche Botschaften wurden nach Paris gesandt, kreuzten und widersprachen einander. 1487 richtete der König zwei von vier Messen wieder ein. Ein weiteres Mal waren alle unzufrieden.

Es gibt nur ein dauerhaftes Ergebnis dieser — permanenten oder episodischen — Vertretung der kaufmännischen Kreise in den verschiedenen Regierungen: Es ist dies der Merkantilismus, den Ende des 13. Jahrhunderts die Währungspolitik Philipps des Schönen und die Wollpolitik Eduards I. sowie Ende des 14. Jahrhunderts die Bündnisse Philipps von Burgund vorwegnehmen. Er nimmt um 1460 schlagartig zu, als der französische König seinen Kaufleuten untersagt, die Messen von Genf zu besuchen, als der englische König nacheinander die Einfuhr von Seide, die Ausfuhr von Rohwolle und die Einfuhr von Wolltuch verbietet, und als der Herzog von Burgund als Repressalie, aber auch um die Brabanter Textilproduktion zu retten, die niederländischen Häfen für die englischen Tuchfabriken schließt.

Derselbe Protektionismus bündelt gewerbliche Initiativen, die stets getragen sind von der Idee einer Wirtschaftstheorie, derzufolge man seine Ressourcen für sich behält, selbst produziert, um seine Bedürfnisse zu befriedigen, und so wenig wie möglich importiert, um sein Edelmetall nicht zu verlieren. Eine weitere Form des Merkantilismus ist die Vorstellung eines einheitlichen Arbeitsmarktes, den es vor Begehrlichkeiten, die von außen kommen, zu schützen gilt. Während England sein Gewerbepotential aufbaut, kommt Richard III. mehrere Male darauf zurück: Alles, was die Beschäftigungslage bedroht, ist verwerflich, von der Walkmühle, die die Handwerker um ihre Arbeit bringt, bis hin zur Einwanderung von Spezialisten, die die Aufträge der Engländer entgegennehmen. Das englische Gewerbe kann nur gedeihen, wenn Engländer in England die Wolle verarbeiten.

Die Kritik an den Einwanderern wäre zweifellos weniger lebhaft, wenn diese sich nicht vorzugsweise den lukrativsten Tätigkeiten hingeben würden: »Sie wollen keine schwere Arbeit machen, wie Wagen lenken oder den Pflug führen oder derartige Arbeiten, sondern Tuch herstellen und anderen leichten Beschäftigungen nachgehen...«

Indem Ludwig XI., allerdings mit mageren Ergebnissen, die Entwicklung der Seidenproduktion in der Touraine förderte und die Seidenproduktion in Lyon begünstigte, wollte er Frankreich scheinbar von seinen italienischen Lieferanten befreien. Aber er war hellsichtig und wußte wohl, daß es im Königreich an Spezialisten fehlte. Im Gegensatz zu der sich in England entwickelnden Tuchproduktion ließ man in Frankreich die italienischen Seidenverarbeiter kommen. Die toskanischen Städte handelten nicht anders, als sie im 14. Jahrhundert die Weber aufnahmen, die die Vorboten der Krise aus Flandern vertrieben hatten. Der Aufbau einer Gewerbeproduktion macht eine Einwanderungspolitik erforderlich, deren weitere Entwicklung eine Politik der Einwanderungssperre.

Um die Importe aus Mitteleuropa einzuschränken, versucht Ludwig XI. unter schwierigen Bedingungen und zu unvernünftigen Kosten, die Produktion der Bergwerke im Lyonnais und im Roussillon zu erhöhen. Er muß schließlich, im September 1471, solche Unternehmungen auf Rechnung des Staates betreiben:

»Es hat sich Uns gezeigt, daß, wenn Wir in den Bergwerken arbeiten lassen wollen, so wie man es in mehreren Königreichen und Teilen der Christenheit macht, in Deutschland, in Ungarn, Böhmen, Polen, England und anderswo, und Wir Verfügungen erlassen wollen, um besagte Werke zu unterhalten, so wie es in besagten Königreichen und Gegenden geschieht, daraus Unserem Reich und seinen Untertanen großer Nutzen und Gewinn entstehen könnte.«

Der Eintritt der Kaufleute in die Sphäre der politischen Entscheidung macht den Staat zum ökonomischen Entscheidungsträger. Eine Politik, die im städtischen Rahmen erdacht und seit dem 13. Jahrhundert auf dieser Ebene in die Tat umgesetzt wurde, nahm am Vorabend der Renaissance staatliche Dimensionen an.

Der Werdegang des Kaufmanns

Auch wenn sich die Gruppe der Kaufleute gerne nach außen abschottet und eifersüchtig über ihre Märkte und Privilegien wacht, so gibt es doch an ihrem Rande wie in ihrem Innern Durchlässigkeiten, die die starre Welt des Ladengeschäfts und der Werkstatt nicht kennt. Betrachtet man einige außergewöhnliche Schicksale, könnte man glauben, daß das Geflecht der Gesellschaft nicht sehr starr ist. In Wirklichkeit entspricht jeder Werdegang jedoch einem Gleichgewicht jener Verhärtungen, die allen Strukturen eigen sind, und jener Dynamik, die den Individuen innewohnt oder von der Konjunktur hervorgebracht wird.

Die Wege zum Vermögen

Die strukturellen Zwänge, in denen sich das Kleinbürgertum einrichtet und isoliert, sind nicht einfach ein Schutz. Da geschlossene Türen ihm eine geeignete Antwort auf die Bedrohung zu sein scheint, die die Neuankömmlinge für die Alteingesessenen darstellen, richten sich der Weber, der Töpfer und der Bäcker in einer Mentalität sozialer Unbeweglichkeit ein, die sich ihnen schließlich aufzwingt. Eine Inschrift, die mit dem Messer in die Mauer des *Palais de la Cité* eingeritzt wurde – unter dem Porträt, das Enguerran de Marigny über die Treppe, die zum großen Saal führt, malen ließ –, präsentiert die Moral des allzu schnellen Aufstiegs und des spektakulären Falls des Kammerherrn Philipps des Schönen: *Chacun soit content de ses biens / Qui n'a suffisance n'a rien.* (Jeder sei mit dem zufrieden, was er hat/Wem dies nicht genügt, der hat nichts.)

Diese Moral der traurigen Geschichte eines Günstlings, den man hängte, weil er sich zu sehr bereichert hatte, ist die Moral derjenigen Pariser, die gerne Maulaffen feilhalten. Der Bäcker soll Bäcker bleiben, sein Sohn Bäcker werden. Wenn er den Beruf wechselt, dann aus Neigung, Talent oder Bequemlichkeit. Es nicht immer Platz für einen weiteren Handwerker an der Schmiede oder am Backtrog. Der Sohn, der in einer Werkstatt mit vielen Arbeitskräften willkommen ist, ist mitunter lästig, wenn die technische Produktionskapazität nicht folgen kann oder wenn der Markt gesättigt ist. An einem Amboß kann nur mit einem Hammer gearbeitet werden, und im Dorf wird nicht mehr Brot gegessen, nur weil der Sohn des Bäckers an der Seite seines Vaters am Ofen steht. So finden wir im Jahr 1421 unter den Parisern, die am rechten Ufer in der Rue Saint-Martin wohnen, einen »Jean Saintot, genannt Le Barbier, Bäcker«, der den Beruf gewechselt zu haben scheint, ohne daß man darin einen sozialen Aufstieg sehen kann. Einige Tuchhändler, die Fabrikanten wurden, und einige Goldschmiede, die Bankiers wurden, ändern nichts an der Tatsache, daß die untere Schicht des Bürgertums unter sich bleibt.

Besser gewappnet gegen Schicksalsschläge sind paradoxerweise die armen Verwandten der Kaufmannsfamilien, diejenigen, die gezwungen sind, bei anderen als Angestellte einzutreten. Besser als der Krämer mit seinem stets engen geistigen und ökonomischen Horizont ist der Faktor, der *garzone,* in der Lage zu sehen, wie weit er es mit seinem Ehrgeiz bringen kann. Er mag arm sein, aber die erforderliche Initiative haben, er mag kein Kapital besitzen, aber begünstigt sein durch einen entstehenden Kapitalismus, in dem bereits die Funktionen der Finanzierung und der Geschäftsführung unterschieden sind, und er mag obendrein jene Gelegenheiten ergreifen, die die großen Gesellschaften bieten, die mit Messen, Handelsetappen, Bankplätzen, Hauptstädten zu tun haben, in denen man Filialen, Agenten und Korrespondenten braucht. Für viele liegt hier die Chance.

So für Boninsegna di Matteo, einen Florentiner aus bescheidener Familie, der 1372 sehr jung als *garzone* in die Gesellschaft von Francesco di Marco Datini in Avignon eingetreten ist. Sehr bald weiß man seine Geschicklichkeit bei den Geschäften zu schätzen. Er übernimmt die Buchführung und arbeitet sich in den Handel und das Bankwesen ein. Francesco di Marco freundet sich mit seinem jungen Mitarbeiter an und bezahlt dessen alte Schulden. Am 1. Dezember 1382 ändert er vor seiner Rückkehr nach Prato die Statuten seiner Agentur in Avignon und ernennt seine zwei Faktoren zu Gesellschaftern. Damit bringen Boninsegna di Matteo und Tieri di Benci ihre Arbeit und ihre Ersparnisse in die Gesellschaft ein. Die Jahre vergehen. Trotz der längeren Zugehörigkeit von Tieri di Benci zur Gesellschaft und obwohl dieser mehr Kapital eingebracht hat, wird Boninsegna di Matteo Bevollmächtigter, *procuratore,* von Francesco di Marco. Er wird in der Tat Direktor der Gesellschaft in Avignon. Aus dem Jungen ist ein Geschäftsmann geworden. Als er an Weihnachten 1397 vorzeitig stirbt, verliert Avignon einen seiner Notabeln.

Gleiches tun die Medici, die in ihren Gesellschaften neben den jungen Leuten aus der eigenen Familie, die nach Venedig, Ancona oder Rom geschickt werden, um dort die Welt und die Geschäfte kennenzulernen, Direktoren von bescheidenerer Herkunft, aber mit erprobten Fähigkeiten einsetzen. Der spätere Direktor der Filiale von Brügge, Tommaso Portinari, kam 1437 im Alter von zwölf Jahren nach Flandern, um unter der Leitung seines Cousins Bernardo zu arbeiten. 1465 wird er im Alter von vierzig Jahren Direktor.

Die individualistischen Systeme der Kommission und der *Commenda,* die den Venezianern besonders teuer sind, erlauben vielen Kaufleuten ohne eigenes Vermögen, die Märkte zu erobern und Geschäfte zu machen. Der Kommissionär, der für andere kauft und verkauft, erhält ein oder zwei Prozent des Betrags seiner Transaktionen für seine eigene Börse. Im Laufe der Jahre bildet er ein Kapital an Informationen, Beziehungen und Kompetenzen, sogar an Reputation. Früher oder später wird er auf eigene Rechnung tätig.

Außerhalb Italiens, wo der soziale Aufstieg fast nur im »nationalistischen« Rahmen der Stadt und ihres Wirtschaftsraumes möglich ist, hängen sehr viele Laufbahnen davon ab, ob man aus der kleinen in eine mittlere Stadt und aus der mittleren Stadt in die Wirtschaftsmetropole oder in die Hauptstadt zieht. Der Kaufmann aus Dieppe steigt eine Stufe höher, wenn er sich in Rouen niederläßt. Der Kaufmann aus Rouen hat die Wahl: Rouen und die See, Paris und das Königreich. Kaufleute und Handwerker kommen aus den kleinen Städten der Umgebung nach Paris, so wie viele aus den benachbarten Grafschaften, den Städten und Dörfern der *Home counties,* nach London kommen. Hans Fugger, der Vater Jakobs »des Reichen«, verläßt 1367 das Dorf Graben, wo er wie seine Vorfahren den Boden bestellte, um in Augsburg Webereiarbeiter zu werden. Und der Kaufmann, der nicht plötzlich seinen Horizont und seine Gewohnheiten ändern will, kann immer noch seinen Sohn oder seinen Neffen in die große Stadt in die Lehre schicken. Der junge Mann wird seine Chance bekommen.

Innerhalb dieser relativen Flexibilität der sozialen Gruppe kann die Heirat ein wesentlicher Schritt sein. Indem sie das Überschreiten einer Schwelle ermöglicht oder konsolidiert, ist sie insbesondere dann, wenn die Gesellschaft für den Fremden undurchlässig ist, das Mittel der Wahl für eine Umgehung des Gesetzes und eine de facto-Integration. In die Hanse dringt man kaum anders ein als mit einem Ehering. Die Nürnberger Kaufleute wissen dies und machen die Heirat mit einer Tochter aus dem Patriziat von Lübeck zum Gegenstand der Handelsdiplomatie. Hans Fugger erwirbt das Stadtrecht in Augsburg nur mit Hilfe zweier Heiraten, die ihn in den Rat seiner Zunft führen. So erlangt der ehemalige Bauer neben einem sozialen Status das kleine Kapital, das ihn zum Kurzwarenhändler macht. Nun ist er Kaufmann.

In der geschlossenen Welt des französischen oder englischen Handwerks ist die Heirat der wichtigste Weg für einen sozialen Aufstieg, der dem Gesellen offensteht, der Meister werden will. Sehr viele Witwen von niedergelassenen Handwerkern erkaufen sich so mit einer ruhmlosen Verbindung eine relative Sicherheit für die Zukunft. Das Überleben der Werkstatt steht auf dem Spiel.

Wenn die Gruppe sich öffnet, wenn Initiative und Talent den Weg zur Verantwortung ebnen, erscheint die Heirat eher wie eine Etappe, nicht wie ein Faktor des Aufstiegs. Sie ist in den Augen aller vor allem ein Instrument des sozialen Zusammenhalts. Die Heirat wird in den kaufmännischen Kreisen auf gleichem Niveau abgeschlossen, und die wenigen Fälle von Heiraten, die eine Karriere unterstützt haben, sind für den einen »schöne Heiraten« und für den anderen Mesalliancen.

In acht von zehn Fällen besorgen die städtischen Behörden von London, die sich darum kümmern, die Töchter der verschollenen Kaufleute zu verheiraten, diesen verwaisten Mädchen Ehemänner von gleichem ökonomischen Gewicht wie der Verstorbene: bei 53 von 63 Heiraten, die in einem Dokument von 1360 aufgeführt sind. Was bedeuten bei diesen Zahlen die fünf Mädchen, die Adlige heiraten, und die fünf, die an Kaufleute aus weniger angesehenen Gesellschaften verheiratet werden? Die Regel ist, daß Sohn und Schwiegersohn sich ähnlich sind.

Ein Jahrhundert später finden wir dasselbe Gleichgewicht bei der Heirat der jungen Londoner Kaufleute: 6 Prozent werden mit adligen Mädchen verheiratet, 27 Prozent heiraten Töchter von Kaufleuten, die in Gesellschaften von geringerem Ansehen eingeschrieben und wie zufällig die reichsten ihrer Gesellschaft sind, aber 64 Prozent heiraten Witwen oder Töchter von Kollegen, die den gleichen gesellschaftlichen Rang innehaben.

In Paris bleiben die Metzger unter sich, so wie die Advokaten Töchter aus dem Amtsadel heiraten, und die beruflich weniger festgelegte Gruppe der Tuchhändler und Wechsler praktiziert eine Endogamie, die aus Geschäftsrivalitäten Familiendramen macht. In allen Stammbäumen des kaufmännischen Großbürgertums erscheinen die Namen der anderen großen Familien. Damit werden Rivalen zu Verwandten.

Die Toskaner machen aus dieser Praxis eine Strategie. Das System der Gesellschaften vermengt gerne die Familienbande mit den Strukturen des Unternehmens. In Lucca gibt es Heiraten zwischen den Cenami, den Guinigi und den Rapondi. In Florenz holen sich die Medici ihre Frauen oder Ehemänner aus den Familien der Bardi, der Capponi, der Gianfigliazzi, der Strozzi, der Cavalcanti und der Gualterotti.

Das würde jeden sozialen Aufstieg blockieren, wäre da nicht die biologische Ausdünnung der Familien. Im kaufmännischen Bürgertum, in dem die jüngeren Söhne in geringerem Maße als in der Feudalaristokratie ihre Zuflucht in den Laufbahnen der Kirche und des Berufsheeres sehen, wird von denjenigen, die weder ihr Vermögen noch ihre Arbeitskraft teilen wollen, Geburtenbeschränkung praktiziert. In London erwähnen die Testamente des 14. Jahrhunderts im Durchschnitt einen einzigen männlichen Erben, der beim Tod des Vaters noch lebt. Im Falle einer Epidemie ist das Überleben der Familie nicht gesichert. Schlimmer ist es in den kleinen Städten, die von denen verlassen werden, deren Migration in die Metropolen dort den Bevölkerungsstand aufrechterhält. Paris, Genua, Florenz, Köln und Barcelona erscheinen, so gesehen, als demographischer Schlund. Bürgerliche Dynastien regieren zwei oder drei Jahrhunderte lang die Stadt. Sie speisen sich aus dem geringeren Potential an Menschen, über das die mittleren Städte in der Nachbarschaft verfügen.

Hinzu kommt eine mittlere Lebensdauer, die für die Kontinuität der Geschäfte völlig unzureichend ist. Nur selten erben die Kinder erst im Erwachsenenalter, und die Zahl der Achtzigjährigen, die in manchen Familiengeschichten auftauchen, darf nicht darüber hinwegtäuschen, daß kaum von denjenigen gesprochen wird, die mit zwanzig Jahren sterben.

Da der Feudalismus sich auf die Familie und die Erbfolge gründet, sichert er den Schutz des minderjährigen Erben. Vormundschaft und Pflegschaft bewahren das Lehen. Eine Grundherrschaft kann verwaltet werden, ohne daß man dazu den Erben braucht. Und der Grundherr sieht sich in der Verantwortung für die Kinder seines zu früh verstorbenen Vasallen. Im übrigen hat der Grundherr ein Interesse daran, von einer Generation zur andern Vasallen zu haben, die in der Lage sind, den Dienst ihres Lehens zu übernehmen.

Nicht so in den kaufmännischen Kreisen. Dort ist jede Tätigkeit eine persönliche und jede Konstruktion eine individuelle. Was tun mit einem für ein Jahr gemieteten Stand, wenn der Tuchhändler nicht mehr da ist? Wozu ist eine Wechselbank nütze, wenn der Sohn des Wechslers noch nicht rechnen kann? Welche Kontinuität bietet sich dem jungen Sohn eines Maklers, eines Kommissionärs, eines *Aventarius?* Welche Kundschaft? Wenn es keine Kontinuität in der Praxis der Geschäfte gibt, wie soll dann die Kontinuität eines Kapitals aussehen, das aus Waren gebildet ist, die man unverzüglich verkaufen, und aus Forderungen, die man bei ihrer Fälligkeit eintreiben muß?

Die Solidarität der Gruppe unterstützt den Sohn des Handwerkers auf seinem Weg zu jener Meisterschaft, der der Vater seine Position verdankte. In dem in ständiger Bewegung befindlichen Spiel der Geschäfte kann sie einer Kaufmannswaise keinen Platz freihalten. Das Erbe dient dazu, die Waisen aufzuziehen, und die Moral der Gruppe wacht darüber, daß es zu diesem Zweck verwendet wird. Später wird man für den jungen Kaufmannssohn eine Beschäftigung finden. Aber andere haben in der Zwischenzeit an seiner Stelle Geschäfte gemacht. Das ererbte Kapital dient der Erziehung der zukünftigen Kaufleute, nicht der Kontinuität der Geschäfte. Der ehemalige Waisenknabe wird mit einer Lehre und Beziehungen in das Leben entlassen. Aber sein Glück muß er alleine machen.

Der Aufstieg der einen ist die Chance der andern. Die Anziehungskraft der öffentlichen Ämter und des Adels, der häufig aus diesen hervorgeht, macht sehr bald vor allem in den Hauptstädten und den großen regionalen Metropolen so manche Familie der Warenwelt abspenstig, in der sie sich bis dahin bewegt hatte. In London gibt jeder zweite Sohn eines Schöffen den Handel auf. Und diese Tendenz wird immer stärker: Im 14. Jahrhundert zählt man sechzehn Kaufleute unter sechsundzwanzig Söhnen von Schöffen (62 Prozent), im 15. Jahrhundert zehn unter siebzehn (59 Prozent) und im 16. Jahrhundert sechsundzwanzig unter zweiundfünfzig (50 Prozent). Manche großen Kaufleute in London waren die einzigen Geschäftsleute in ihrer Familie. Der schnelle Erfolg bedeutet für den Handel das schnelle Ende.

Das gleiche Phänomen führt zu Umwälzungen im Pariser Großbürgertum. Während man das Gegenteil erwarten würde, ist es dort aufgrund der politischen Erschütterungen der Jahre 1400 bis 1436 noch stärker ausgeprägt. Im Bürgerkrieg hat der Handel seine Verletzlichkeit gezeigt. Manch einer ist im Jahr 1418 ruiniert, weil er Parisern, die er für zahlungsfähig hielt und die als Anhänger der Armagnacs oder des Burgunders plötzlich vom Markt verschwinden, Geld geliehen oder auf Kredit verkauft hatte. Im besten Fall taucht der Schuldner, der Mieter oder der Handelspartner zwanzig Jahre später wieder auf. Keiner wird je den Großteil der Schulden von Ludwig von Orléans zahlen, der 1407 an der Porte Babette ermordet wurde. Und keiner wird die Zwangsanleihen seines Schwiegersohns Bernard d'Armagnac zurückzahlen, des Herrn von Paris in den Jahren 1413 bis 1418.

So mancher ist im Jahre 1463 verzweifelt, wenn mit den wenigen, aber stark verschuldeten Engländern Forderungen entschwinden, die zu Zeiten Bedfords solide zu sein schienen. Und zwanzig Jahre lang genügte es, Etampes oder Arpajon zu erreichen, um den Gläubigern zu entgehen, da die Justiz des einen Königs natürlich nicht in der Lage war, den Untertanen des anderen zu helfen.

Während dieser schrecklichen Jahre waren die Seine und ihre Nebenflüsse voll von gesunkenen Schiffen, die Häfen verlassen, die Straßen durch Räuberbanden bedroht, die Messen unterbrochen oder eingeschlafen, und die Währung spielte verrückt. Am Ende des Konflikts können die Überlebenden sich glücklich schätzen, aber sie sind ausgebrannt. Die Massaker und Verbannungen, ob fremdenfeindlich oder nicht, haben nicht nur ihre Opfer getroffen. Sie haben jeden vertrieben, der sich aufgrund seines Reichtums dem Zorn des Volkes ausgesetzt sah. Paris ist erstarrt. Es sollte sich erst in der Neuzeit erholen.

Und was müssen die verblüfften Bürger erkennen? Daß es in diesen schwierigen Jahren besser war, dem »schlechten« König zu dienen als auf ehrliche Weise Tuch zu verkaufen!

Das ist der Nebeneffekt der Politik Philipps des Guten. Enttäuscht von dem Bündnis mit England, dessen ganzer Gewinn an Bedford zu gehen schien, mußte der Herzog von Burgund einsehen, daß er, wenn schon nicht Paris regieren, so doch im Westen mit Hilfe eines hart ausgehandelten Friedens dank der Neutralität Karls VII. die Feindseligkeiten ausgleichen kann, die ihm im Osten sein offensichtlicher Wunsch einbringt, einen richtigen Staat auf dem Gebiet des ehemaligen Lothringen zu errichten. Im Jahr 1435 wird die Versöhnung durch den Vertrag von Arras in eine Form gebracht.

Ohne sie im geringsten zu vergessen, werden die Zwistigkeiten zum Schweigen gebracht. Eine der von Herzog Philipp durchgesetzten Klauseln bestimmte, daß seine ehemaligen Anhänger ihre Stellungen behielten. Diejenigen, die dem angelsächsisch-burgundischen Frankreich in Paris gedient haben, bleiben damit in ihren Ämtern, neben den Getreuen Karls VII., die aus Bourges oder Poitiers gekommen oder zurückgekommen waren. Welchem König auch immer sie zwanzig Jahre lang ergeben waren, sie sitzen nebeneinander im *Parlement,* in den *Comptes,* den *Aides,* im Schatzamt, im Châtelet.

Das soziale Panorama der Hauptstadt, die von den Unruhen des Bürgerkriegs gehörig gebeutelt wurde, zeigt dies. Jean de Longueil, Zivilleutnant im Châtelet, das heißt gewöhnlicher Richter des Königs für die *Prévôté* und *Vicomté* von Paris, die in Wirklichkeit eine *Bailliage* ist, wurde 1431 durch die Regierung Bedfords ernannt. Er sitzt der Zivilkammer des Châtelet bis 1461 vor. Arnaud de Marle, der im September 1413 mitten in der Reaktion des Armagnac Rat wurde, saß im Parlament Karls VII. in Poitiers und beendete sein Leben als Präsident im wiedervereinigten Parlament von Paris als Kollege von Robert Piédefer, der 1410 Rat wurde, als der Herzog von Burgund, Johann ohne Furcht, die Regierung und die Hauptstadt beherrschte. Piédefer war Präsident des *Chambre des requêtes,* einer Kammer zur Prüfung von Bittschriften und Beschwerden, dann Präsident im Parlament von Paris unter der angelsächsisch-burgundischen Regierung, und auch er beendete seine Laufbahn als Präsident des wiedervereinigten Parlaments Karls VII.

Alle diese Beamten des öffentlichen Dienstes hatten sicherlich unter der Krise gelitten. Während des Krieges — das gilt vor allem für die Pariser — hatte man es oft versäumt, ihnen ihren Lohn zu zahlen. Zumindest verfügen sie nach dieser Prüfung über ein intaktes Vermögen.

Angesichts derartiger Laufbahnen kann man sich die Überlegungen der Pariser Kaufleute vorstellen. Geschädigt, wenn nicht ruiniert, da sie unter der Regierung Bedfords mit den Parisern Handel getrieben hatten, müssen sie nun mitansehen, wie die ehemaligen Diener des Lancaster sich an der Spitze gehalten haben. Im Paris des Jahres 1440 gelten die Geschäfte mit gutem Recht als die unsicherste Geldanlage.

Das haben die klügsten Kaufleute schon seit dem 14. Jahrhundert begriffen, seit der Zeit der Reformisten, die sich gegen die Spekulanten erhoben hatten, seit der Zeit, als sich die Ratgeber Karls VII., wie die Familien der Braque oder der Bureau, in die Reihen des Adels einschlichen. Arnoul Braque, Wechsler bis zum Jahr 1340, verzichtet 1346 ausdrücklich auf seine bürgerliche Herkunft: Er ist adlig. Seine Söhne sind noch Wechsler, aber keiner sollte es bleiben. Robert de Lorris, der Sohn eines Schankwirts, ist 1339 Notar und Sekretär des Königs. 1346 ist er *Maître des requêtes* und adlig. Und Jean Le Mercier, der 1358 noch als von bescheidener Herkunft angesehen wird, ist 1374 adlig, und man erwähnt ihm gegenüber seine Herkunft nicht mehr.

Der Krieg ist vorbei. Die Unentschlossenen geben ihre Stellung auf, als 1440 die Hauptstadt wieder in ihr Recht gesetzt wird, ohne daß Paris als Handelsplatz wieder zum Leben erwacht. Von den großen Familien, die den Bund der Kaufleute vor anderthalb Jahrhunderten kontrolliert haben, sind nur noch wenige im Rathaus. Die Familien Gencien und Pizdoe waren lange Zeit eine Ausnahme. Sie waren dort noch zu Zeiten Karls VII. anzutreffen — bis zu ihrer Verbannung im Jahr 1418. Damals gingen sie ihrem Ende entgegen. Manche Familien, wie die Arrode oder die Dammartin, werden Mitglieder des Amtsadels. Bald wird man dort den Edelmann spielen. Die meisten, wie die Marcel oder die Coquatrix, haben ihre Vormachtstellung verloren. Die Augier, Barbette, Saint-Benoît sind ins Glied zurückgetreten. Hier sind noch Plätze frei.

Die politischen Karrieren, die in den Reihen des Handels Lücken hinterlassen, verhindern im übrigen keineswegs das demographisch bedingte Erlöschen oder das ökonomisch bedingte Verschwinden. Es gibt in allen Städten Beispiele für diese städtischen Meteoriten, die an einem Tag glänzen und tags darauf verschwunden sind. So eine Familie bescheidener Kaufleute aus Cordes, die 1375 in Toulouse ihr Glück machen wollten, sind die Najac, die einen kometenhaften Aufstieg erleben. Nach zwei Generationen haben die Najac als große Tuchhändler auf dem Markt des Languedoc einen Sitz unter den *Capitouls*. Ein Najac ist *Maître général des monnaies*, Schatzmeister. Wenn Toulouse Botschafter nach Paris und an andere Orte schickt, die für die Stadt Geschäfte tätigen sollen, findet sich normalerweise ein Najac unter ihnen. Man würde erwarten, daß dieser Familie ein glanzvolles Schicksal beschieden war. Kurz nach 1450 taucht der Name Najac in den städtischen Dokumenten jedoch nur noch selten auf: Das bedeutet Ruin, Untergang. Aufstieg und Untergang sichern letzten Endes die Mobilität der sozialen Gruppe.

Der Kaufmann und der Edelmann

Sobald der Kaufmann Erfolg hat, richten sich seine Ambitionen natürlich auf die Aristokratie. Man muß die Länder, in denen es Rechtens ist, wenn Adlige Handel treiben, von denjenigen unterscheiden, in denen der Adel durch den Handel zunichte gemacht wird. In England sind die Geschäfte keine »Herablassung«, und man versteht die relativ hohe Zahl der Verbindungen zwischen Adel und Bürgertum, vor allem zwischen jungen Adligen und den Töchtern von Kaufleuten. Wie späterhin sehr viele europäische Familien »vergoldet man das Wappen«. Obwohl exklusiv, was den individuellen Status betrifft — man ist nicht gleichzeitig Adliger und Bürgerlicher —, stehen die beiden Begriffe nicht wirklich im Widerspruch zueinander, weder im täglichen Leben, wo beide sich in gewissen Geschäften begegnen können, noch im Schicksal der Familien, wo beide sich häufig während mehrerer Generationen mischen.

Der in den Adelsstand erhobene Kaufmann hört normalerweise auf, Geschäfte zu tätigen. Nicht so sehr aus rechtlichen Gründen, sondern weil er seinen neuen, mühsam erworbenen Status genießen will. Auf dem Weg zu gesellschaftlichem Ansehen hat er sich lange genug abgemüht, um sich am Ende das Vergnügen eines adligen Lebenswandels zu leisten. In der Vorstellung des englischen Kaufmanns ist die Verleihung des Adelstitels keine Brücke, die man hinter sich abbricht. Es ist eine Brücke, die man endlich überschreitet.

Das Patriziat von Venedig, das im Grunde genommen ein kaufmännisches ist, reißt die Regierung der Serenissima an sich und macht aus dem venezianischen Reich ein riesiges Geschäftshaus. Der alte Adel will natürlich an dieser Sicht der politischen Angelegenheiten teilhaben und treibt ohne die geringsten Hemmungen Handel.

In Frankreich ist die Situation umgekehrt. Die Steuer lastet auf dem späteren Dritten Stand. Der Adel entgeht dem nur aus dem historisch zutreffenden Grund, daß er den Waffendienst leistet. Der eine schlägt sich, der andere zahlt. Seit dem 14. Jahrhundert wird die Steuerfreiheit der Adligen vor allem durch die Tatsache gerechtfertigt, daß es für den König auf das gleiche hinausläuft, die Grundherren zu besteuern, indem er ihnen das Recht läßt, ihrerseits einen Teil des Einkommens ihrer Männer mit dem Einverständnis des Adels einzuziehen, oder diese Männer direkt zu besteuern. In beiden Fällen zahlt der Bauer. Aber bei der direkten Steuererhebung gelangt die Steuer sicherer ins königliche Schatzamt.

Das Ergebnis ist, daß der König nicht zulassen kann, daß ein kaufmännisches Vermögen aus Gründen des Adels der Steuer entgeht, daß die öffentliche Meinung es kaum verstehen würde, wenn eine kaufmännische Aktivität der Steuererhebung entgeht, daß der Adel — der sich darüber im klaren ist, daß durch das Mittel der Besteuerung der Bewohner der Bruttoertrag der Grundherrschaften geschröpft wird — es nicht hinnimmt, daß bestimmte Einkünfte von der Steuerpflicht ausgenommen sind und daß die Geschäftswelt selbst einem Steuerprivileg ablehnend gegenübersteht, welches das Gleichgewicht der Märkte und die Zusammensetzung der Handelskosten durcheinanderbringen würde. Zwischen dem Kaufmann, der Steuern zahlen würde, und demjenigen, der keine zahlte, wären die Chancen ungleich verteilt.

Traditionell gab es die theologisch begründete Trennung der Funktionen zwischen denjenigen, die beten, denjenigen, die schützen, und denjenigen, die durch ihre Arbeit die anderen am Leben erhalten. Sie greift bis ins 12. Jahrhundert hinein, über die *Civitas Dei* von Augustinus, das alte dreigliedrige System der indoeuropäischen Gesellschaften auf. Die gleichzeitige Entstehung der städtischen Gesellschaften und des kaufmännischen Vermögens einerseits, des Staates und seiner Verteilung der Lasten durch Steuererhebung und Finanzierung der sozialen Funktionen andererseits errichtet zwischen den juristisch definierten sozialen Schichten neue

Trennwände, wobei jeder seinen Vorteil findet. Der Adlige aus altem Adel, dessen Einkünfte durch die Krise der Grundrente geschmälert sind, und der Sprößling aus einer Rittersfamilie sehen unwillig, wie Emporkömmlinge, die die Privilegien des Adligen und das Vermögen des Kaufmanns auf sich vereinen, Zugang zum Adel erhalten. Die Karten könnten innerhalb der Aristokratie neu verteilt werden – und sie werden neu gemischt, und nicht zum Vorteil desjenigen, der Vorfahren in Jerusalem oder Akko verloren hat. Der Kaufmann wiederum will auf dem Markt nicht die Konkurrenz eines Kollegen sehen, der durch seinen sozialen Status privilegiert ist. Die Vorstellung des adligen Kaufmanns wird von allen abgelehnt, außer natürlich von den Kandidaten für diesen ambivalenten Status.

In Wirklichkeit sind die Dinge manchmal weniger klar, als man bei der Lektüre der königlichen Erlasse glauben könnte. Guillaume Sanguin, wie sein Vater Wechsler mit einem ganz hübschen Vermögen, wird im Jahr 1400 von Karl VI. geadelt. Er nimmt den Titel eines Junkers an, läßt sich »Edelmann« nennen. Er verkehrt in der Umgebung des Herzogs von Burgund und wird zum Mundschenk von Herzog Johann ohne Furcht ernannt. Im Jahr 1412 befehligt er eine bewaffnete Kompanie. Er kauft Renten, Häuser in Paris, Grundherrschaften in der Region. Man trifft ihn im Parlament, wo Philipp der Gute ihn mit einer regelrechten diplomatischen Mission beauftragt: Es geht darum, den Hof zu bitten, sich bei der Aushandlung des Vertrags von Troyes vertreten zu lassen, der 1420 den englischen König zum Schwiegersohn und Erben des französischen Königs macht. Ganz in fürstlicher Manier läßt er seinen Bastard adeln. Unter dessen Nachkommen finden sich ein Kardinal und verschiedene Räte im Parlament.

Aber zugleich hat der ehemalige Wechsler seine Geschäfte nicht vernachlässigt. Im Jahr 1412 verkauft er dem Herzog von Burgund einen Rubin und eine silberne Kette, die von Johann ohne Furcht dem König und dem späteren Philipp dem Guten angeboten werden, sowie eine andere silberne Kette, die der Herzog auf seiner Rüstung tragen will. Neben Dino Rapondi gehört Sanguin zu den großen Geldleihern, die die burgundische Politik finanzieren. 1429 wird er zum *Prévôt des marchands* gewählt. Drei Jahre später handelt er immer noch mit Saphiren, Rubinen und Perlen. Und er verkauft an seinen Protektor, den Herzog, eine Goldschmiedearbeit, die dieser der Herzogin zu Neujahr überreicht.

Ist das noch ein Kaufmann, der 1441 in der Eglise des Innocents begraben wird, von der man 1974 einen Schlußstein findet, in den sein Wappen eingehauen ist? Ist es nicht eher, wie dann auch Monsieur Jourdain*, ein gefälliger Freund, der die Großen dieser Welt kennt und sich mit Juwelen auskennt, die er gegen Geld be-

---

* Anm. d. Übers.: Monsieur Jourdain ist die Hauptfigur von Molières Sitten- und Charakterkomödie *Der Bürger als Edelmann* (1670), geradezu der Inbegriff des neureichen, selbstgefälligen Bürgers, der es dem Adel gleichtun möchte.

schafft? Bis zum Kramladen und der Bank des Wechslers ist es ein weiter Weg. Aber es werden immer noch Geschäfte gemacht.

Kurz: Sehr viele Adlige verschaffen sich Zutritt zu den Geschäften, und sehr viele Geadelte vergessen, auf der Stelle ihre gewinnbringende Tätigkeit einzustellen. Und dies alles mit Einvernehmen des Königs. Es gibt sowohl das System der Verpachtung der Steuereinnahmen — von der Münzstätte bis zur Steuer auf den Weinverbrauch — als auch das System der Benennung eines besonderen Steuereinnehmers für jede Steuer, auch wenn sie direkt erhoben wird, von dem man erwartet, daß er dem König einen Teil der Einnahmen abtritt und daß er die Geldbewegungen und die Zahlungen der Schatzkammer sicherstellt. Der König verfügt hier über ausgezeichnete Diener — die in den Adelsstand erhoben wurden, weil sie ausgezeichnet sind —, die allmählich in andere Funktionen hineinwachsen, ohne deswegen abrupt jene kaufmännische Tätigkeit zu unterbrechen, an der der Staat seinen Anteil hat.

Auf der Schwelle zum Adel schaut jeder genau hin, was ihm der Titel einbringen könnte. Seit dem Ende des 13. Jahrhunderts hat die Erhebung in den Adelsstand in den italienischen Städten an Anziehungskraft verloren. Der Florentiner würde damit aus der politischen Gesellschaft verbannt. Der Genuese fände keinen Vorteil dabei: Adlige und Leute aus dem Volk genießen die gleichen Vorrechte, der Unterschied zwischen den Familien ist rein historisch. In Venedig ist das Patriziat eine geschlossene Gesellschaft: Keiner denkt also daran, dort Einlaß zu begehren. In England liegen die Vorteile des Adligen klar auf der Hand. Die wesentlichen Privilegien sind hier feudaler Natur, und den Kaufleuten, die wenig geneigt sind, den Boden zu bewirtschaften, würden sie nichts nützen.

Der deutsche Kaufmann sieht im Adel andere Vorteile. Die Rolle, die die Ritter bei den Fürsten spielten, ist bekannt. Die Anziehungskraft des Adels steigt im Verhältnis zur Bedeutung der Politik des Fürsten. Dem Kaufmann aus Lübeck ist es gleichgültig, ob er adlig ist, nicht aber dem Kaufmann aus Augsburg. Hamburg und Bremen werden Republiken, aber in Augsburg empfängt Andreas Fugger 1452 von Friedrich III. sein blaues Wappen mit dem goldenen Damhirsch. Im folgenden Jahrhundert finanziert Jakob Fugger die Wahl der beiden Kaiser Maximilian und Karl V. Sein Neffe Anton wird Graf. Eines Tages werden die Fugger Fürsten des Heiligen Römischen Reiches deutscher Nation sein.

Bleibt Frankreich. Trotz der Niederlagen der Kreuzzüge und des Hundertjährigen Krieges behält der Adel seine Rolle, sein Prestige und seine Prärogativen. Der Adlige aus alter Familie, der herausgehoben genug ist, um Distanz zu signalisieren, und hinreichend zugehörig, um kein Fremder zu sein, hat seine Basis außerhalb der Stadt, ohne deswegen in der Stadt weniger präsent zu sein. Die öffentliche Verwaltung hat den Amtsadel so weit ausgedehnt, daß man sich an die Vorstellung eines Adels gewöhnt, der nicht deswegen niederer ist, weil er sich nicht schlägt, und der sein Vermögen keineswegs dahinschmelzen sieht, obwohl er keinen Handel mehr treibt. Im 13. Jahrhundert bilden die »Ritter des Königs« *(chevaliers du roi)* eine Zwischenschicht, so wie im 14. Jahrhundert die Präsidenten und die adligen Räte des Parlaments. Vögte *(baillis)* und Seneschalle sind normalerweise Ritter oder zumindest Junker.

Der Beweis ist daher erbracht: Man gewinnt ein Vermögen und eine Position dadurch, daß man ein Amt innehat. Zwischen den Waffentragenden und sich selbst sieht der französische Kaufmann eine wohlhabende und angesehene gesellschaftliche Schicht, die in vieler Hinsicht zugänglich ist. Natürlich gleicht der Jurist, der königlicher Richter geworden ist, nicht dem Kaufmann, der königlicher Finanzier geworden ist, aber der einzige wirkliche Unterschied ist die Art des Zugangs. Einmal im Amt, verkehren der Präsident des *Parlement* und der General des *Chambre des aides* miteinander. Heiraten weben Bündnisse. Der Adel ist nicht, wie in England, eine andere Welt.

Was die Vorteile des Adels betrifft, so verstehen sie sich für den Kaufmann von selbst. Ist das Vermögen einmal gemacht, so konsolidiert die Erhebung in den Adelsstand mit ihren Steuerprivilegien das erworbene Vermögen. Die juristischen Privilegien, die vor Überraschungen der Rechtsprechung schützen, wiegen nicht geringer. In einem Land, in dem der Zivilrichter vor allem ein Schiedsrichter ist, gewinnt man viel, wenn man die besten Richter und ein vorteilhaftes Recht hat. Der Adel, der den elementaren Warenhandel verbietet und die Ausübung der Geschäfte einschränkt, kann nur eine Krönung, eine Bestätigung sein. Aber es wäre irrig, wollte man alles in meßbaren Vorteilen abwägen. Wenn man diejenigen betrachtet, die sich vor den Türen des Adels drängen, dann liegt auf der Hand, daß der wichtigste Vorteil die soziale Position, das Ansehen ist. Die Ehre, adlig zu sein, läßt sich nicht in Zahlen messen, aber sie zählt, und viele streben danach, koste es, was es wolle. Schließlich hat in den Geschäften auch die Eifersucht des Nachbarn ihren Preis.

Wenn der Run auf die Nobilitierung unterschiedlichen Motiven entspringt, dann auch deshalb, weil von einem Land zum andern das Band zwischen Staat und Wirtschaft ein anderes ist. Es gibt Länder und Handelsplätze, in denen die Funktionen der Stadt durch die Art der Regierung eng mit dem Handel verbunden sind. Die großen Stadtrepubliken Deutschlands und Italiens verwechseln die Kunst, den Markt zu beherrschen, mit der Kunst, den Staat zu kontrollieren. Diese Verbindung wird im Senat von Venedig deutlich, in dem dieselben Leute zugleich über Bündnisse und Konvois entscheiden. Und dann gibt es Länder, in denen das Auftauchen eines von der Aristokratie unterschiedenen, aber durch die Krone konkretisierten und durch den König repräsentierten Staates zur Entstehung einer öffentlichen Verwaltung führt, deren Aktivitäten in einer eigenen Funktion mit ihren spezifischen Laufbahnen organisiert werden. Frankreich, England und in geringerem Maße die iberischen Königreiche bieten so den Ehrgeizigen Wege, die häufig über den Handel gehen, aber schließlich immer aus diesem herausführen.

Die Wege in den Adelsstand

Sobald die Erhebung in den Adelsstand einem Aufstieg und einer Weihe gleichkommt, sobald der Adel begehrenswert zu sein scheint, stehen zwei Wege offen, die das Spiel der politischen Möglichkeiten, der lokalen Konjunktur und des persönlichen Talents kombiniert: der Weg über die Wirtschaft, der vor allem den Usancen der Kaufleute entspricht, und der Weg über die Politik, der hauptsächlich von den Verfügungen des Fürsten abhängig ist. Von einer Stadt zur andern und von einem Land zum andern wird die Kombination dieser beiden Wege unterschiedlich ausbalanciert.

So bietet Paris den Ehrgeizigen gesellschaftliche Karrieren, die die Provinz nicht bieten kann. In der Nachbarschaft der königlichen Macht, am Sitz der großen Verwaltungen und der hohen Rechtsprechung, wird man in den Diensten des Königs und ebenso in den Diensten eines Fürsten reich und schließlich einer der Notabeln. Die großen Pariser Kaufmannsfamilien nehmen den Weg über den Amtsadel und erreichen den Adel seit der Zeit der ersten Valois. Die Braque, Malet, Lorris, Le Mercier werden unter Johann dem Guten und Karl V. adlig. Zu ihrem adligen Lebensstil gehören der aristokratische Stadtpalast in einer entsprechenden Straße, der Umgang mit den Großen, die Macht an sich. Dazu kommen die Grundherrschaften: Arnoul Braque kauft einige Ländereien und Wälder, aber sein Sohn Nicolas erwirbt auf einen Schlag für 7 700 Écus den Herrensitz von Châtillon-sur-Loing. Jean Le Mercier, der 1374 in den Adelsstand erhoben wird, ist bereits Ratgeber des Königs, als er um das Jahr 1380 beginnt, die Geldbeträge, die ihm die Schatzkammer Karls VI. als Geschenk des Königs und seiner Onkel auszahlt, in Grundherrschaften zu investieren.

In Dijon, Rouen und Toulouse verhält es sich anders. Der König ist noch nicht auf die Idee verfallen, die kleinen Richter, die Gerichtsschreiber und Konsuln in den Adelsstand zu erheben. Der Weg zum Adel führt in der Provinz vor allem über ein Vermögen, das durch den Kauf von Grundherrschaften, durch bestimmte Arten des Zeitvertreibs, durch eine bestimmte Art des Müßiggangs in die Lebensweise des traditionellen Adels investiert wird. Den Adel erhält und demonstriert man gemäß der in der Neuzeit feststehenden Redewendung: »hat immer edel gelebt«. Es ist daher folgenschwer, weiterhin Handel getrieben zu haben.

Sehr viele Familien verstanden es, zumindest kurzfristig Vorsichtsmaßnahmen zu treffen. Der Älteste sichert den Rang und erklimmt die Stufen der sozialen Leiter. Einer der Jüngeren bleibt im Geschäft und sichert die Zukunft vor ökonomischen Zusammenbrüchen. In der nächsten Generation haben die beiden Zweige schon nicht mehr viel gemeinsam. Sobald die frischgebackenen Grundherren anfangen, den Namen ihres Landes zu tragen, fällt der gemeinsame Familienname oft einem diskreten Vergessen anheim, weil dieser allzu sehr an die Herkunft erinnert.

Cardin Le Pelletier, der zwischen Rouen, Paris und Lyon mit exotischen Produkten, aber auch mit Heringen handelt, ist nach dem Hundertjährigen Krieg in diesen Städten als einer der Notabeln der kaufmännischen Kreise von Rouen bekannt. Sein Sohn Richard, der den Handel seines Vaters fortführt und erweitert, baut sich von 1450 an ein Vermögen mit Renten und Ländereien auf. 1471 nutzt er die Möglichkeiten der Ordonnanz des *Franc-fief** und wird adlig. Aber seine Kinder verheiratet er weiterhin im vornehmen und reichen Bürgertum von Rouen. Obwohl sie adlig sind, verzichten Richard und Jacques Le Pelletier keineswegs darauf, Zinn aus England, Tuch aus Lyon und Weizen aus Portugal zu beschaffen. Beide haben natürlich einen Sitz im Rathaus. Ihr Ruf reicht bis ins Ausland: Jacques Le Pelletier bürgt in Venedig für eine Anleihe Karls VIII. Aber Jacques kümmert sich auch um den sorgfältigen Aufbau einer Domäne mit den besten Getreideböden im Caux und im Bray. 1486 ist er Grundherr von Martainville. Die Zeit vergeht: Er lebt edel, spielt den Mäzen. Er ist der »Sire de Martainville«. Sein Enkel heißt nur noch Richard de Martainville und erhält dieses Recht in einer Urkunde von 1571. Als das Parlament ihn auf die Registrierung seiner Namensänderung warten läßt, erklärt Sire de Martainville die Sache damit, daß der Amtsadel eifersüchtig auf den alten Schwertadel sei. Man glaubt zu träumen... Sein eigener Sohn träumt indessen nicht, als er eine Montmorency heiratet.

Auf jeden Fall wird der Kaufmann nur dann in den Adel von Ansehen aufgenommen, wenn er ein bestimmtes wirtschaftliches Gewicht aufweisen kann, das für Reichtum und Erfolg steht. Ob er nun eine Eigenheit des Adels ist oder nicht, der aristokratische Lebensstil ist dessen Ziel. Weder der Fürst noch die soziale Gruppe würden es zulassen, daß sich eine Familie in einer solchen Position etablierte, der nicht ein ausreichendes Vermögen die Möglichkeit gäbe, »ihren Stand zu wahren«.

Der Begriff des sozialen Standes ist natürlich ein ganz relativer Begriff. So wie der damit eng verbundene der Armut. Der Verfall des grundherrschaftlichen Einkommens erhöhte seit dem 14. Jahrhundert die Zahl der »armen Ritter«, die zwar häufig reicher waren als manche wohlhabenden Bauern, aber den Stand eines Ritters nicht mehr angemessen wahren konnten. »Arm« ist ein relativer Begriff, dessen entgegengesetzter Begriff nicht »reich«, sondern »wohlhabend« lautet. Mit dem gleichen Einkommen ist der Bauer an seinem Pflug zufrieden, während der Junker beschämt ist, seine Verpflichtungen nicht erfüllen zu können. Der begüterte Kaufmann, der seinen Handel fortführen muß, um seinen Stand als Bürger zu wahren, ist nicht an der Schwelle zum Adel. Um diese Schwelle zu überschreiten, muß der Kaufmann zeigen, daß seine Nachkommen den Stand eines Edelmanns wahren können.

* Anm. d. Übers.: Gebühr, die ein Bürgerlicher für den Erwerb eines Lehens an den König zahlen mußte.

Die öffentliche Zurschaustellung des kaufmännischen Vermögens ist daher keine vergebliche Auslage. In den Anfängen der modernen Bank bedeuten die Florentiner Paläste die Solidität des Kredits. In London und Paris untermauern die Stadthäuser der oberen Handelskreise die solide Basis der Ansprüche. Wandteppiche, Bilder, Sammlungen, Musikinstrumente, sogar Goldschmuck demonstrieren Beständigkeit. Die Erhebung in den Adelsstand ist die Anerkennung eines faktischen Zustandes. Tidemann Limberg läßt sich von Papst Klemens VI. 1351 das für einen bestimmten Lebensstil bedeutsame Privileg bewilligen, einen tragbaren Altar mit sich führen zu dürfen. Sein Kaplan kann für ihn zu Hause und an jedem anderen Ort die Messe lesen.

Diese Demonstration von Reichtum läßt sicherlich viele mit den Zähnen knirschen, und der alte Adel lacht umso mehr über die Zurschaustellung des Neureichen, als er selten die Mittel hat, einen eigenen Kaplan zu bezahlen.

Der wahre Beweis der Befähigung zum adligen Leben ist indessen das Landgut. Wie ein Grundherr zu leben beweist, daß man adlig sein sollte, und wie ein Grundherr leben zu können, setzt häufig den Besitz einer Grundherrschaft voraus. Indem die Geschäftswelt Nutzen aus der allgemeinen Verarmung derjenigen zieht, deren ganzes Einkommen abhängig von Abgaben war, die durch die Inflation vermindert wurden, profitiert sie von den Verkäufen und Hypotheken. Seit dem 13. Jahrhundert beginnt man in Frankreich damit, kaufmännische Vermögen in Lehen zu investieren. Der französische König, der diese Tendenz dadurch fördern will, daß er sie kontrolliert — er ist der König der Bürger wie derjenige der Adligen und erhebt eine Gebühr, den *Franc-fief,* auf solche Erwerbungen —, zögert nicht, einen häufig widerspenstigen Adel zum Einlenken zu zwingen. So zwingt er 1328 den Abt von Saint-Germain-des-Prés, das Geschenk zu akzeptieren, das ein Bürger für ein kürzlich erworbenes Lehen machen will.

Die Reaktion der Adligen läßt nicht auf sich warten. Seit 1275 ist die Sachlage, was die königliche Domäne der Kapetinger betrifft, klar: Der Kauf eines Lehens genügt nicht, um in den Adelsstand erhoben zu werden. Die Bezahlung des *Franc-fief* ermächtigt dazu, ein Lehen zu halten, auch wenn man nicht in der Lage ist, die wichtigste damit verbundene Gegenleistung sicherzustellen, die theoretisch immer noch der bewaffnete Dienst ist. Aber zahlen, um nicht zu dienen, heißt, nicht zu dienen. Ob man als Lehen ganze Grundherrschaften oder nur ein Viertel des »Gliedes eines Kettenhemdes« hat, wie man in der Normandie sagt, ändert nichts an der Sache. Man ist noch nicht adlig, wenn man adlig lebt. Der *Franc-fief* ist nur eine Entschädigung, die kaum den Austausch eines ritterlichen Vasallen durch einen bürgerlichen Vasallen wiedergutmacht. Der König und die hohe Aristokratie akzeptieren indessen einen solchen Ersatz: Man findet nur schwer einen Ritter, der das Lehen eines ruinierten Ritters kauft, und bei einer pauschalen Verweigerung würde man riskieren, keine Änderungsgebühren mehr erheben zu können. Besser ist es also, den *Franc-fief* zu der Änderungsgebühr auf die Lehen, dem sogenannten *Relief*, hinzuzufügen und auf den Waffendienst zu verzichten. Aber man muß darauf achten, daß man unter sich bleibt.

Im 14. Jahrhundert macht die alte Aristokratie aus ganz anderen Gründen gegen die Neuankömmlinge Front: Es geht darum, die soziale Gruppe zu schützen — wie dies die Handwerker tun, die sich gegen eine Beförderung der Gesellen und gegen die Fremden stemmen — und die Ausdünnung der Privilegien zu verhindern. Aber dieser Kampf stützt sich bequemerweise auf das alte Fundament der Aufgaben der drei »Stände«: Das Lehen ist nicht dazu da, um Gewinne aus dem Handel zu investieren, sondern um einen bewaffneten Verteidiger zu unterhalten. Der König und der Klerus sind sich darüber einig, diese scheinbare Nobilitierung durch den Kauf eines »adligen Lehens« in Grenzen zu halten. Der König gewinnt in jedem Fall dabei, weil er der einzige ist, der den Adel verleiht.

Die reichen Bürger, die ihre Verfügungen für den Erwerb von Grundbesitz getroffen haben, sehen sich damit hinter diejenigen zurückgedrängt, die sich vor allem in der Umgebung des Königs hervorgetan haben. Unter Johann dem Guten und Karl V. können Kaufleute zu Ratgebern werden. Für diejenigen, die diese Schwelle erst erreichen, als sie versperrt ist, ist die Enttäuschung groß. Etienne Marcel gehört zu ihnen.

Die Vorliebe der Kaufleute für den Grundbesitz läßt indessen nicht nach. Alles trägt dazu bei, angefangen bei dem Wunsch nach sicheren Investitionen bis hin zum Bedürfnis nach Versorgung. Der Londoner, der Güter für die Schafzucht kauft, der Kaufmann aus Bordeaux, der in Weinberge investiert, der Venezianer, der wie Benedetto Zaccharia in Phokäa ein Lehen erwirbt, das Alaun produziert, oder derjenige, der sich wie Federigo Corner auf Zypern eine Zuckerplantage sichert, sie alle verbinden die Möglichkeiten des Kaufmanns mit der Zurschaustellung von Grundbesitz. So auch der Kaufmann aus Paris oder Dijon, der seine Gäste damit überrascht, daß er an seiner Tafel Wein aus seinem Weinberg kredenzt. Man kommt dem Adel näher, indem man beginnt, ihm ähnlich zu werden.

In Frankreich begünstigt und beschleunigt der Wiederaufbau auf dem Lande nach dem Hundertjährigen Krieg diese Tendenz. Nur Kapitalisten, die keinen unmittelbaren Ertrag erwarten, sind in der Lage, die Güter umzustrukturieren und neue Lehensleute einzusetzen, die fähig sind, den Boden zu bewirtschaften. Nur sie vermögen Werkzeug und Saatgut zu finanzieren und in dem Bewußtsein zu investieren, daß man erst in drei Jahren ernten kann — oder in sieben, wenn es sich um einen Weinberg handelt. Der Kaufmann, der Geld in einem Landgut anlegt, sucht nicht den schnellen Verdienst. Dafür stehen ihm andere Geldanlagen zur Verfügung. Aber finanzielle Sicherheit und gesellschaftliches Ansehen sind auf lange Sicht vorgeplant.

Wirtschaftliche Motive leiten vor allem die mittleren Kaufleute, deren politischer Horizont eng bleibt. Etwas sichere Wolle — eine leichte, aber im Falle eines plötzlichen Bedarfs schwierig zu Geld zu machende Sicherheit — dahin gehen die Ambitionen desjenigen, der ehrlich seinen Weg geht und die Fundamente einer vorhersehbaren Zukunft legt. Der Geschäftemacher hält sich kaum mit solchen Manövern auf. Seine Ziele sind höher gesteckt und seine Ansprüche kurzfristiger. Wenn er Ländereien kauft, dann aus sozialem Ehrgeiz, nicht aus ökonomischem Kalkül: Er will den Landedelmann spielen oder seinen Sohn diesen spielen lassen, und er denkt daran, seine Tochter mit einer Mitgift zu versehen, die den Gebräuchen der alten Aristokratie Ehre macht.

Hier sind nicht mehr ökonomische Überlegungen mit ihren meßbaren Parametern am Werk, sondern psychologische Motive, Ehrgeiz und die Phantasmen des Parvenüs. Von daher die mitunter beträchtlichen Unterschiede, die man innerhalb derselben sozialen Gruppe beobachten kann. Manche großen Londoner Kaufleute besitzen nicht einmal ein einziges Landgut, während weniger reiche Kollegen ein Drittel oder die Hälfte ihres Vermögens in den Erwerb von Land stecken.

Das politische Amt konsolidiert manchmal das Vermögen. Dies ist in Italien bei den Magistratenämtern der Fall, die von den städtischen Regierungen angeboten werden. Paolo Guinigi, Oberhaupt der reichsten Familie und des größten Geschäftshauses von Lucca, wird im Jahr 1400 *Signore* von Lucca. Franco Sacchetti, der Sohn eines Florentiner Kaufmanns, macht als professioneller *Podestà* in mehreren italienischen Städten eine glänzende Karriere. Weder Guinigi noch Sacchetti sind indessen typische Fälle.

In den Ländern, in denen die öffentlichen Ämter nicht von der Herkunft abhängig sind, gibt es regelrechte politische Laufbahnen, die in den Adelsstand führen. Das administrative und juristische System Frankreichs und seiner großen Fürstentümer hält mehr als jedes andere ein breites Spektrum an Karrieren bereit, in denen der Kaufmann mühelos für sich und die Seinen Verwendung findet: *Chambre des comptes, Chambre des aides*, Schatzamt, Münzstätte. Für den Anfang gibt es auf der unteren Ebene Wahlämter, die Münzmeister, die Steuereintreiber. Nicht zu vergessen die Gerichtshöfe und die Verwaltungen, die jenen Kaufmannsprößlingen offenstehen, die ein wenig die Rechte studiert haben und sich auf familiäre Beziehungen berufen können, wie es die Neffen der Räte im Parlament ganz selbstverständlich tun.

Die unglaubliche Karriere der Briçonnets ist bekannt. Alles beginnt in Tours mit dem Kaufmann Jean Briçonnet, der in der Familiengenealogie später Jean I. genannt wird. Um das Jahr 1390 handelt er mit Salz. Er heiratet die Tochter eines Wechslers. Sie haben zwei Söhne: Jean II. wird Strumpfhändler, Pierre Notar. Bald schon macht der Notar in der königlichen Finanzlaufbahn Karriere. Er wird in das *Chambre des aides* gewählt, obwohl seit einem Dreivierteljahrhundert die Abgeordneten vom König ernannt wurden. Als sein Sohn — Jean der Ältere, denn zwei seiner Söhne heißen Jean — als Gewählter seine Nachfolge antritt und die Tochter eines großen Wechslers heiratet, der seinerseits Meister des *Chambre aux deniers* der Königin geworden ist, kommen die Briçonnet langsam der Macht näher.

Jean der Ältere — Jean III. — beteiligt sich an der Zwangsverwaltung der Güter von Jacques Cœur. Er ist einer der Vertrauten Karls VII. 1462 wird er erster Bürgermeister von Tours und gehört zu den Notabeln. Zu diesem Zeitpunkt ist sein Bruder André immer noch Notar. Kein Briçonnet erhebt offen Anspruch auf den Adelstitel.

Dank der Freundschaft von Jean Bourré, des Sekretärs Ludwigs XI., wird Jean der Ältere oberster Steuereintreiber Nordfrankreichs und sogar Finanzminister des Königs. Aufgrund des Vertrauens Ludwigs XI. wird er bei passender Gelegenheit politischer Agent. 1469 wird er damit beauftragt, die Umtriebe Karls von Frankreich zu überwachen, des lästigen Bruders des Königs. Das heißt, daß Jean III. Briçonnet bereits kein Kaufmann mehr ist.

Auch sein Bruder, Jean der Jüngere, genannt der Patron, bringt es weit. Zuerst heiratet er die Tochter des obersten Finanzverwalters des Hofes von Tours, Jean de Beaune. Danach tritt er in die Gesellschaft seines Schwiegervaters ein. Sehr bald leitet er deren Sitz in Tours. Er ist immer noch in Geschäften tätig, hat sich aber weit von der Welt der Ladenbesitzer entfernt.

Die beiden Brüder sind auf dem Gipfel ihrer Geschäfte: der eine an der Spitze der königlichen Finanzen, der andere an der Spitze einer Handels- und Bankgesellschaft, die damals in Frankreich nicht ihresgleichen hatte und deren einziger wirklicher Konkurrent in der Nachbarschaft des Hofes der Repräsentant der Medici war, der Vertrauensmann Lorenzos des Prächtigen, Giannetto Ballerini.

Die Zeit vergeht, und mit ihr kommen die Bürger von Tours aus der Mode. Andere besetzen den Markt. Aber die Briçonnet sind gewappnet. Als Jean der Ältere 1493 stirbt, hat sein Sohn Guillaume bereits ein schönes Vermögen gemacht und selbst auch eine Beaune geheiratet. Er wird Witwer und tritt ins Kloster ein. Im selben Jahr, 1493, wird er Bischof von Saint-Malo. Ein Jahr später ist er Kardinal, behält das Bischofsamt von Saint-Malo und reißt die Verwaltung des Bistums von Nîmes an sich. Er hat Einfluß am päpstlichen Hof und bleibt ein wichtiger Ratgeber Karls VIII. und Ludwigs XII.

Der Kardinal hinterläßt das Bistum von Saint-Malo seinem Sohn Denis, das Bistum von Nîmes seinem Neffen Michel. Was seinen Sohn Guillaume betrifft, so wird er 1489 mit siebzehn Jahren Bischof von Lode've. Als Botschafter Ludwigs XII. in Italien, Bischof von Meaux und Reformator seiner Abtei Saint-Germain-des-Prés ist vor allem er derjenige, der ohne Umschweife die Partei der Reform der Kirche ergreift und in Meaux eine Gruppe von Humanisten um sich schart, der eine Anklage wegen Ketzerei nur unter Mühen erspart bleibt.

Der Kardinal hatte zwei Brüder. Der eine, Robert, war Präsident des *Chambre des comptes* und danach Kanzler von Frankreich; der andere, Guillaume, war bekannt als der Grundherr von La Quérée. Er war der Ahnherr einer adligen Familie, die den Salzhändler, den Wechsler und den Strumpfhändler vollkommen vergessen hatte.

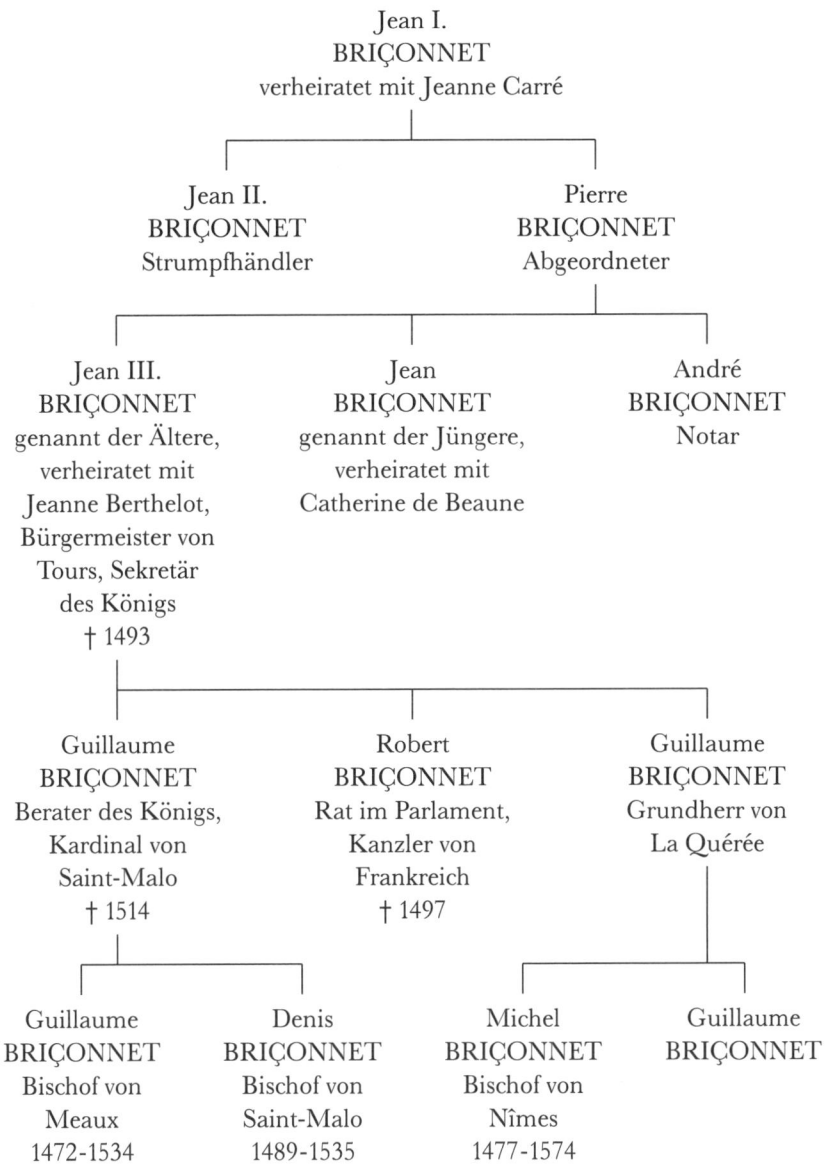

Die Nobilitierung kann zu jedem Zeitpunkt erfolgen. Pierre des Essarts und Guillaume Sanguin, die sich noch nicht weit von ihren bürgerlichen Ursprüngen entfernt haben, werden 1320 bzw. 1400 in den Adelsstand erhoben. Andere warten und finden wie die Briçonnets andere Wege in den Adelsstand. Die Nobilitierungsurkunden kommen manchmal noch vor den ständigen Ämtern der öffentlichen Verwaltung, häufig danach. Unter der Bedingung, daß man sich von der Welt des Ladengeschäfts distanziert, kann man auf anderen Ebenen mit anderen Horizonten ertragreiche Geschäfte tätigen...

Für diejenigen, die am besten eingeführt sind und in einer Generation den Adelstitel erlangen, ist der Aufbau großer Landgüter kein geeignetes Mittel. Man macht zuerst seinen Weg, dann verleiht man dem sozialen Aufstieg durch massive Käufe Geltung. Le Pelletier hatte seinen Besitz noch langsam aufgebaut, indem er Land um Land und Rente um Rente kaufte. In den Jahren nach seiner Nobilitierung kauft Guillaume Sanguin nicht weniger als sieben große Güter in der Pariser Region, einschließlich derer von Meudon, Malmaison und Ormesson. Pierre d'Orgemont, 1355 Präsident des *Parlement,* 1373 Kanzler von Frankreich, kauft 1376 Thoiry und 1386 Chantilly.

Bei der Familie Bureau ist die zeitliche Verschiebung noch deutlicher. Die Bureau dienten Johann dem Guten und Karl V. und wurden 1361 in den Adelsstand erhoben. Sie galten damals als Emporkömmlinge, reich mit Sold und Geschenken des Königs versehen, im Besitz einiger kleiner Ländereien, die ohne übergreifende Perspektive gekauft worden waren. Die Brüder Jean und Gaspard Bureau dienten ihrerseits dem König, zuerst Heinrich VI. und seinem Regenten Bedford, danach Karl VII. Sie machten aus der französischen Artillerie eine schlagkräftige Truppe. Nach 1440 entdeckten sie ihre Leidenschaft für die Grundherrschaft. Die Bureau brauchten fast ein Jahrhundert, um sich in Grundherren zu verwandeln.

Diesen Adligen aus den hohen öffentlichen Ämtern dient die Grundherrschaft nicht dazu, rasch die Stufenleiter der Gesellschaft zu erklimmen. Aber es kommt eine Zeit, als derjenige, der keine Grundherrschaft hat, die anderen um Rat bittet. Der Lebensstil muß der Macht entsprechen. Das ist zweifellos eine Sache der Mode. Nach dem Krieg, als mit der Artillerie die befestigte Burg einen gut Teil ihrer Daseinsberechtigung verlor und die französische Aristokratie den Charme des zur Landschaft hin offenen Schlosses und die Lust am Garten entdeckte, taucht ein neues Kriterium der Respektabilität auf: Es schickt sich nicht, die schöne Jahreszeit an einem anderen Ort zu verbringen als unter dem Laubwerk eines Landhauses, dessen Namen man trägt.

Das Vermögen und das Gewissen

Der Kaufmann ist für die Partei der Ordnung. Die Sicherheit der Transaktionen und der Ertrag der Geldanlagen beruhen auf Sicherheiten in der Gegenwart und der Kontrolle von Unsicherheiten in der Zukunft. Der Kaufmann entfernt sich sowohl von einem Abenteurertum, das er für gefährlich hält, als auch von allem, was in seinen Augen den Anstrich unrealistischer Askese hat. Der Geist der Geschäfte ist derjenige des goldenen Mittelwegs.

Der Gewinn und das Seelenheil

Der Gewinn ist ein Mittel zum Zweck, aber er ist zuallererst ein Ziel, und keineswegs ein schändliches. Die Aussagen des Evangeliums über die Schwierigkeiten, die den Reichen vor dem »Nadelöhr« erwarten, erschüttern keinesfalls die Selbstsicherheit der Kaufleute. Zweifellos läßt sich der Gewinn aus dem Wucher nur schwer rechtfertigen, aber bei den Handels- und Bankgeschäften fällt er unter den in der *Genesis* berichteten göttlichen Ausspruch: Im Schweiße Deines Angesichts sollst Du Dein Brot verdienen. Der Kaufmann oder der Bankier glaubt, daß er zur Genüge schwitzt und daß die Bibel das Brot nicht abgemessen hat. Der *Prediger Salomo* gilt als eine Aufforderung zur Resignation: »Was nützt dem Menschen alle Mühsal unter der Sonne?« Das erscheint keineswegs als eine Verurteilung des Lohnes der Mühe, sondern als eine Erinnerung an das, was der Mensch im Vergleich zur göttlichen Macht darstellt. Was die Parabel über die Vögel des Himmels betrifft, die nicht ernten, so wurde sie nie als eine Verurteilung des Landbaus verstanden. Das heißt, daß man seit langem die heilige Schrift so verstand, wie man sie verstehen wollte.

Der Wucher ist Gegenstand schärfster Verurteilungen, die weder Ausnahmen noch mildernde Umstände enthalten. Der heilige Thomas von Aquin bemerkt im 13. Jahrhundert, daß der Wucher eine Sünde sei, »weil man etwas verkauft, was es nicht gibt«. Das heißt, daß es kein Vergehen ist, ein richtiges Gut – natürlich mit Gewinn – zu verkaufen. Der Prediger Jacques de Vitry läßt in der Sammlung von

Exempeln, die er für seine Mitbrüder zusammengestellt hat, auf den Wucherer seinen Bannstrahl niedergehen:

»Gott hat drei Arten von Menschen vorgesehen: die Bauern und die anderen Arbeiter, die den Lebensunterhalt aller sichern, die Ritter, die sie verteidigen, und die Geistlichen, die sie regieren. Aber der Teufel hat eine vierte erfunden: die Wucherer. Sie beteiligen sich nicht an der Arbeit der Menschen. Sie werden daher nicht zusammen mit den Menschen gezüchtigt, sondern zusammen mit den Dämonen.«

Der Prediger macht den Unterschied deutlich: Was den Wucherer ausmacht, ist die Abwesenheit von Arbeit. Das Geld arbeitet von alleine, mit Hilfe der Zeit. Wir wollen über den Anspruch des Klerikers auf »Regierung« hinwegsehen. Der heilige Augustinus und nach ihm die Theologen des 11. Jahrhunderts begnügten sich damit, den Geistlichen den Bereich des Gebets anzuvertrauen. Das 13. Jahrhundert beschränkt nach zwei Jahrhunderten einer beständigen Ausdehnung des Handels und der Entstehung einer nicht nur lokalen Gewerbeproduktion die Welt der Arbeit nicht mehr alleine auf die Bauern. Der Kaufmann wird stillschweigend wie die »anderen Arbeiter« behandelt. Der Wucherer gehört nicht dazu:

»Der Menge an Geld, die sie aus dem Wucher beziehen, entspricht die Menge an Holz, das in die Hölle geht, um sie zu verbrennen.«

Dante, der im Wucher ein Verbrechen wider die Natur sieht, geht noch weiter. Er steckt in seine Hölle all jene, die mit Geld handeln, die Geschäftsleute, die sowohl Kaufleute als auch Bankiers sind, ebenso wie die eigentlichen Wucherer: »Doch ins Auge fiel mir, daß am Hals eines jeden von ihnen eine Börse hing.«

Aber Dante ist weder Theologe noch Moralist. Er ist ein Polemiker, der in seinem Zorn selten feine Unterschiede macht. Nur ist es leichter, von der Kanzel herab oder vom Schreibpult aus gegen die Wucherer zu wettern, als im täglichen Leben auf sie zu verzichten. Für den christlichen Wucherer wie für den Christen, der seine Dienste in Anspruch nehmen muß, besteht das Problem also darin, so zu tun, als sei der Geldzins nicht wirklich ein solcher. Wenn man gezwungen ist, ihn beim Namen zu nennen, wenn der mit Geld gemachte Gewinn unausweichlich unter die Verurteilungen des kanonischen Rechts fällt, kann der Wucherer nur noch beschließen, ein armer Sünder zu sein.

Aber beurteilen wir nicht die Wirklichkeit nach den Predigten. Der Wucherer sagt sich, daß dies schließlich nicht seine einzige Sünde ist. Wie andere auch, die nicht mit verzinslichen Darlehen handeln, betrügt der Wucherer seine Frau oder verprügelt seinen Nachbarn. Aus dem notwendigen Einvernehmen zwischen Kirche

352

und Sünder — die Religion ist nicht der Weg zur Verzweiflung — entsteht außerhalb jeder fundamentalen Theologie die Vorstellung des Fegefeuers, die gegen Ende des 12. Jahrhunderts, in einer Zeit des wirtschaftlichen Wachstums, zum goldenen Mittelweg für den Menschen wird, der dazu verurteilt ist, in der Welt zu leben: weder als Heiliger noch als Gottesfeind. Der Mensch betrachtet sich als fehlbar und zieht seine Konsequenzen daraus. Er fühlt sich deshalb nicht als ein Rebell, der zur ewigen Verdammnis verurteilt ist.

Die Mentalität des goldenen Mittelwegs begründet die Suche nach einer Mäßigung der Zinssätze, die den Wucher erträglich machen soll. Die Sünde par excellence in dieser Angelegenheit ist die Maßlosigkeit. So wie die Bibel nicht den Wein aus den Reben von Kanaan verurteilt, sondern die sozialen Folgen von Noahs Trunksucht — die Haltung der Söhne — anführt, so denunzieren Kanoniker und Theologen vor allem jenen Zinswucher, aus dem kein Schuldner sich befreien kann. Schließlich trifft man sich in der Mitte: Der Wucherer sollte sich aus seinem Exil im Fegefeuer befreien, so wie sein Schuldner aus einer Verschuldung herausgelangen konnte, die ihm seine Freiheit raubte. Wenn es für den Unglücklichen keine Hoffnung gibt, gibt es auch keine Vergebung für den Wucherer. Die beiden Schuldtilgungen gleichen sich aus. Demjenigen, der seinem Nächsten eine Chance läßt, läßt der höchste Richter die seinige. Die Hölle ist für die Erbarmungslosen.

Hinzu kommt, daß der Kaufmann sein ganzes Leben lang auf Kredit und vom Kredit gelebt hat. Das Paradies auf Kredit gehört normalerweise zu seiner Vorstellung von der Ewigkeit. In der Buchführung des Jenseits, die die Beziehungen von Mensch und Gott regelt, ist die Zeit, die Geld erzeugt, auch eine Zeit, die das Heil verschafft.

Der Gewinn an sich hat einen Zweck, der durch das irdische Dasein gerechtfertigt ist. Er garantiert die Sicherheit, er befreit von der Angst. Und er macht den Genuß weltlicher Güter möglich, die keiner für an sich schlecht hält. Die luxuriöse Villa des Florentiner Bankiers Niccolò di Jacopo degli Alberti heißt *Villa del Paradiso,* ohne daß dies im geringsten anstößig wäre. Der Humanismus des ausgehenden Mittelalters setzt gern das Schöne mit dem Guten gleich. In einem traumhaften Rahmen zu leben, der durch Arbeit und Verstand geschaffen wurde, kann kein Verstoß gegen Gottes Gebot sein. Weit entfernt von dem genießerischen Zynismus, den das *Decamerone* Boccaccios illustriert, der durch die Schwarze Pest dazu verurteilt war, zwischen jetzt oder nie zu wählen, tritt dieses *Paradiso* in den Farben der toskanischen Landschaft nicht in Gegensatz zu demjenigen des Jüngsten Gerichts.

Der Gewinn als Mittel zum Zweck des sozialen und politischen Aufstiegs, der wiederum dieses Mittel hinlänglich rechtfertigt, ist Teil der menschlichen Bestimmung: Es ist jene »gute Regierung« der *res publica,* auf die sich die Kaufleute verstehen. Dem Florentiner macht der Erfolg in den Geschäften den Weg zu staatsbürgerlichen Ehren frei, die Lasten und Pflichten, aber auch Objekte des Ehrgeizes sind.

Der reiche Mann ist für die Stadt nützlich. Dies glaubt der Arme wohl kaum, aber der Reiche schert sich ohnehin nicht darum.

Dem Franzosen und Engländer eröffnet das Vermögen Perspektiven des sozialen Aufstiegs gemäß einer Stufenleiter, die zum natürlichen Rahmen der Gesellschaft gehört, d. h. gemäß einer von Gott gewollten Stufenleiter. Abgesehen von einigen revolutionären Anwandlungen, die immer zeitlich und räumlich begrenzt waren – die *Jacques* 1358 in Frankreich, der Bauernkrieg von 1381 in England, die Predigten der »Spiritualisten« des Franziskanerordens zu Beginn des 14. Jahrhunderts und die eines Savonarola am Ende des 15. Jahrhunderts –, empört sich der Mensch des Mittelalters genausowenig über das eigenhändig erworbene Vermögen des Kaufmanns wie über das ererbte Vermögen der alten Aristokratie oder die ererbte Macht der Fürsten. »Als Adam grub und Eva spann, wo war denn da der Edelmann?«, fragt einige Zeit nach den Spiritualisten der englische Prediger John Ball. Savonarolas Angriffe richten sich gegen den Luxus, die Frauen, die Wechsler. Dem Kaufmann, der mit seinem Gewissen in Frieden leben will, erscheint dies alles übertrieben. In unruhigen Zeiten senkt man den Kopf. Man geht freilich nicht so weit, den Stand zu wechseln.

Im übrigen gibt es die gottgefälligen Werke, mit denen sich die Notwendigkeit des Gewinns bekräftigen läßt. Wer würde den Armen etwas geben, wenn es nicht den Reichen gäbe? Stiftungen und andere Werke der Barmherzigkeit sind der ausdrückliche Zweck des Reichtums von Datini, der kein eheliches Kind hat und keinen Grund sieht, sein Vermögen seinen Neffen zu hinterlassen. Die Kaufleute als Männer der Stadt einigen sich recht gut mit den anderen Städtern par excellence, den Bettelorden, den Dominikanern und vor allem den Franziskanern.

Ihren Klöstern, den Symbolen der Armut des Evangeliums, vermacht der Kaufmann in seiner letzten Stunde seine bedeutsamsten Spenden. Für die Kapelle der Bardi in Santa Croce, dem Franziskanerkloster von Florenz, malt Giotto um das Jahr 1317, wie ehedem für das Kloster von Assisi, ein *Leben des heiligen Franziskus*. Und für die Sterbekapelle des Bankiers Francesco Sassetti in der Kirche Santa Trinita in Florenz malt Ghirlandaio um das Jahr 1485 mehrere Szenen aus dem Leben des heiligen Franz von Assisi, dessen Namenspatron.

Der Gewinn ist nicht der Notbehelf des Christen, der in der Welt leben muß. Er ist eine Gabe Gottes, sofern er kein Darlehen ist, wie in der testamentarischen Formel Dino Rapondis oder seiner Pariser Notare:

»In dem Wunsch, für das Heil seiner Seele die weltlichen Güter zu verfügen, die Gott ihm in seiner Gnade auf dieser irdischen Pilgerfahrt anvertraut hat...«

Das Vermögen vergütet die Tugenden des Kaufmanns. Morelli geht noch weiter: Es ist die Belohnung für Gottesfurcht. In seinem *Buch des ehrbaren Lebens* rechtfertigt

Paolo da Certaldo den Reichtum durch die persönliche Anstrengung. Die Erbschaften gesellen sich dazu, und es ist angemessen, Gott dafür zu danken, und nicht, sie zu verweigern. Auch soll man nicht auf sie zählen. Nach dem Beispiel von Paolo da Certaldo legen sehr viele Kaufleute Wert darauf, in ihrem Testament darzulegen, daß sie selbst das Geld verdient haben, über das sie verfügen.

Der heilige Bernhard von Siena, der die tiefe Gläubigkeit der toskanischen Kaufleute zum Ausdruck bringt, geht sogar so weit, den Zins durch die Nützlichkeit des Handels zu legitimieren: Dieser trage zur guten Ordnung der christlichen Gesellschaft bei. Der Mensch lebt nicht vom Brot allein, sagt das Evangelium, aber er lebt auch von Brot. Und so bezieht der Dominikanerkardinal Giovanni Dominici Ende des 15. Jahrhunderts — eine gewagte Sache nach den Predigten Savonarolas — den Gewinn in den Schöpfungsplan ein: Gott habe gewisse Menschen zu Reichtum berufen und ihnen daher eine Bestimmung eigener Art gegeben.

Von da an verstehen sich die kaufmännischen Tugenden von selbst. Es sind die Tugenden des ehrbaren Mannes, des guten Christen, der als solcher seine Standespflichten erfüllt. Manche glauben, daß sie der göttliche Teil in einer unvermeidlichen Welt sind, andere, daß sie der menschliche Teil in einer unvermeidlich weltlichen Schöpfung sind.

Die erste Tugend ist der Gott geschuldete Respekt und die Achtung vor dem Anteil, der ihm im erfolgreichen Leben zukommt. Für viele ist das eine Stilfrage; für andere ein Teil ihrer selbst, bei dem es schwierig ist, Aufrichtigkeit und Aberglauben zu unterscheiden. Auch wenn man sich in den Verträgen auf Gott beruft, sind sie eine Angelegenheit des Notars, so wie die frommen Präambeln, mit denen die Testamente zunehmend feierlicher eröffnet werden. Das kostet nur zwei Zeilen. Weniger formelhaft ist sicherlich der Kapitalanteil, den viele Unternehmer »im Namen Gottes« zugunsten der Armen festsetzen.

Ein Prozent eines Geschäfts im Namen Gottes, das ist ein frommes Werk. Für einige zumindest heißt dies, Gott für die Geschäfte zu interessieren. Umso schlimmer für die Armen, wenn das Schiff untergeht. Gott hat es so gewollt. Die göttliche Versicherung ergänzt hier die Prämienversicherung. Schließlich weiß der Kaufmann wohl, daß man alles kaufen kann und daß man im Rat oder im Senat nur die Freunde hat, die man bezahlt. Das Einvernehmen mit Gott und seinen Heiligen muß genauso bezahlt werden.

Man weiß, daß jedes Geschäft ein Abenteuer ist, und das Abenteuer ist die Vorsehung — wenn es nicht die Fortuna ist, was das gleiche besagt, nur in Begriffen der klassischen Antike. Die Zweideutigkeit der Worte spiegelt die der Einstellungen wider.

Die Religion hat ihren Preis. Es ist die Zeit der arithmetischen Frömmigkeit, die die Pilgerschafts- oder Kreuzzugsgelübde in Almosen verwandelt, den Ablaß anhand der Zahl der Gebete berechnet und die hundertfünfzig Ave Maria des Rosenkranzes und die täglichen Messen zählt. Ganz zu schweigen von den »Sieben Freuden« oder den »Sieben Schmerzen« der Jungfrau, die man sorgfältig abzählt, um sie andächtig zu betrachten. Es überrascht also nicht, wenn in einem Testament die Kosten des Seelenheils beziffert werden.

Es ist dies der einfache Ausdruck des Bedürfnisses nach Sicherheit, eine schreckliche Frucht des merkantilen Geistes, vergleichbar jener Haltung, die den Blutdienst durch die Steuer ersetzt. Man will wissen, was es kostet und was man für sein Geld bekommt. Für das ewige Seelenheil zahlt man, und die Mathematik der Testamente läßt eine Versicherungsmentalität durch eine Verteilung der Risiken durchscheinen, die der Streuung der Geschäfte verwandt ist und durch den aufkommenden Kapitalismus begünstigt wird. Selbst für das Jenseits legt man nicht alle goldenen Eier in denselben Korb.

Nachdem er seine Seele Gott befohlen und die Jungfrau Maria, den heiligen Erzengel Michael, die Apostel Petrus und Paulus, den heiligen Nikolaus und den heiligen Antonius ins Spiel gebracht hat, ruft der Genueser Goldschmied Nicolas Pigasse »alle Heiligen, Märtyrer und Beichtväter, und den ganzen gesalbten Hof und die Gesellschaft des Paradieses« an. Man könnte meinen, daß ein Kanzleischreiber die Formeln aneinanderreiht, um ganz sicher zu gehen. Aber Pigasse, der einer der reichsten Männer von Paris geworden ist, klärt jetzt seine Konten mit seinen Beschützern im Himmel. Und er beginnt bei den Bettelbrüdern, den Armen, bei denen er beerdigt zu werden wünscht:

»Dem Kloster der Bettelbrüder in Paris, um dort beerdigt zu werden, für die Vigilien und Gebete: 100 Livres tournois.«
Seinem Beichtvater vom Orden der Bettelbrüder: 25 Livres.
Dem Kollegen des Beichtvaters: 4 Livres.
Dem Pfarrer von Saint-Merry, um den Leichnam zu beerdigen: 60 Sous tournois.
Den Domherren, Kaplanen und der Gemeinschaft der Kirche Saint-Merry für denselben Zweck: 6 Livres.
Den beiden Kirchendienern: 20 Sous.
Dem Opferstock: 100 Sous.
Den Augustinern, Karmelitern und Jakobinern, jedem Orden für die Lesung der Vigilien: 60 Sous.
Dem Heilig-Geist-Hospital von Grève: 40 Sous.
Dem städtischen Krankenhaus in Paris: 100 Sous.
Dem Hospital von Haut-Pas: 40 Sous.
Dem Opferstock von Notre-Dame in Paris: 40 Sous.
Dem Kinderhospital »Quinze-Vingts« von Paris: 20 Sous.
Den guten Schwestern von Sainte-Avoie: 20 Sous.«

Das ist Gottes Anteil. Aber für denjenigen, der die Geschäfte zu streuen versteht, um die Risiken zu verringern, wäre es wohl kein vernünftiger Entschluß, den Bettelbrüdern 167 Livres auf einmal zu geben...

Diejenigen, die in all dem einen Widerspruch zwischen Geld und Evangelium sehen, sind selten. »Selig sind die Armen« gilt als Tröstung der Unfähigen. »Keiner kann zwei Herren dienen« scheint niemanden zu betreffen: Welche Unvereinbarkeit gibt es zwischen dem Vermögen in dieser Welt und dem Seelenheil in der nächsten? Dennoch drückt man sich keineswegs vor den Verpflichtungen der Nächstenliebe, selbst wenn ganz Gerissene die Unannehmlichkeiten auf ihre Erben abwälzen. Die Kaufleute folgen damit nur dem Beispiel der Großen, die es nicht alle dem Grafen von Anjou, Foulque Nerra, oder dem französischen König Philipp I. gleichgetan haben, die ein Kloster gründeten, wenn sie ein anderes verbrannten. Leute wie Jehan Boinebroke überlassen ihren Testamentsvollstreckern die Mühe, das Unrecht ihres Wuchererlebens wiedergutzumachen.

Der Florentiner Notar Ser Lapo Mazzei, der nicht so sehr nach Gewinn strebt, aber mit jeder Faser seines Körpers der Welt der Ware verbunden ist, zeigt in seiner Korrespondenz einen asketischen Geist, sogar einen mystischen Elan, der vor allem darin besteht, sich auf die Vorsehung zu verlassen. Er weiß, daß er ihr jenen ehrbaren Wohlstand verdankt, der Pflichten schafft, aber keine metaphysischen Ängste.

Auf anderen Ebenen des Erfolgs zeigen Francesco Sassetti oder Cosimo de' Medici nicht ohne Eitelkeit ein schlechtes Gewissen. Als Sassetti für sein Seelenheil Ghirlandaio mit den Fresken für die Kapelle beauftragt, die er in der Kirche Santa Trinita in Florenz erbauen läßt, so geschieht dies auch aus dem Grund, um daraus eine Familiengruft zu machen, die über die Jahrhunderte hinweg Zeugnis von dem Vermögen der Sassettis ablegen soll. Ghirlandaio malt die ganze Familie, die hinter ihrem Oberhaupt vereint ist, sicherlich nicht im Geiste der Sühne.

Der Gedanke ist der gleiche, wenn Datini, bevor er ohne eheliches Kind stirbt, sein ganzes Vermögen und sein Haus — mit dem Garten und den Loggias, wie er präzisiert — dem Hospital vermacht, das er für die Armen von Prato gründet, und das mit einer Bedingung, die die Historiker glücklich machen wird, nämlich daß diese *Casa del Ceppo de' poveri* auf immer die Archive bewahre, die Zeugnis ablegen von jenen Geschäften, denen es ein Kaufmann aus Prato verdankt, daß er die Wohltätigkeit des Reichen ausüben kann, wenn er an sein Ende, nicht weniger aber auch an seine eifersüchtigen Neffen und Zeitgenossen denkt. Datini will, daß man sich darüber im klaren ist, seine Nächstenliebe ist nicht anonym:

> »Im Unterschied zu den anderen Häusern und dem Hospital von Prato wird dieses *Das Haus der Armen von Francesco di Marco* heißen.«

Datini wurde verstanden. Kaum ist er tot, lassen seine Freunde die Fassade des Hauses mit Fresken bemalen, das auf diese Weise in ein Werk des Seelenheils und in eine Gedenkstätte verwandelt wurde. Es genügt nicht, daß es den Armen gehört, es muß auch Datinis würdig sein.

Man könnte leicht ironische Bemerkungen über diesen Anteil Gottes machen, der nur die Nachkommen etwas kostet. Aber man hätte unrecht. Derselbe Francesco di Marco ist wie so viele andere imstande, seine Geschäfte zehn Tage lang zu unterbrechen, um auf eine Pilgerreise zu gehen, deren Konten er als guter Geschäftsmann gewissenhaft führt, die spirituellen — die »Vergebung« — ebenso wie die weltlichen:

>»Am 28. August 1399, im Namen Gottes und der Jungfrau Maria, habe ich, Francesco di Marco, durch die Eingebung Gottes und der heiligen Mutter Maria, beschlossen, auf Pilgerschaft zu gehen, in weißes Leinen gekleidet und beschuht, wie derzeit die meisten Leute gehen.«

Datini wird es in seinem Bericht präzisieren: Es ist untersagt, dieses Gewand während der neun Tage der Pilgerschaft auszuziehen sowie in einem Bett zu schlafen.

Nachdem er früh aufgestanden ist, geht der Siebzigjährige also durch Florenz. Von der Piazza Tornaquinci zu Santa Maria Novella, der Kirche der Dominikaner, wo er, anscheinend ohne Messe, die Kommunion empfängt. Dann verläßt er die eigentliche Stadt und trifft die ankommenden Pilgergruppen, die eine mit dem Kruzifix des Viertels von Santa Maria, die andere mit dem des Viertels von Santa Croce. Jetzt ist er einer unter vielen Pilgern, die alle weiß gekleidet sind. Alle gehen barfuß, was unser Mann nicht zu erwähnen versäumt. Man geht nach Santa Croce, dann nach San Niccolò. Man folgt dem Arno bis zur Abtei von Ripoli, wo der Bischof von Fiesole die Pilger erwartet und für sie eine feierliche Messe liest.

Nach der Messe gibt es eine Pause. Alle verteilen sich über die Felder, man ißt Brot, Früchte, Käse. Fleisch ist während der Pilgerschaft verboten.

Aufbruch ist um die Mitte des Nachmittags. Am Abend, in Ruballa, sind die Pilger schon müde:

>»Hier verbrachten wir den Abend mit einer großen Tröstung all der Dinge, die uns fehlten zum Wohl unserer Seele und des Körpers.«

Die neuntägige Pilgerschaft geht weiter. Am zweiten Abend sind die Pilger in Figline, am dritten in Castello San Giovanni (San Giovanni Valdarno), am vierten in Montevarchi, am fünften in Quarata und am sechsten in Arezzo:

>»Wir kamen gegen Mittag dort an und hörten die Messe des Bischofs von Fiesole, auf dem freien Feld. Dann die Predigt. Anschließend gingen wir essen. Unterkunft fanden wir beim Orden der Minoriten, in San Francesco, und wir verbrachten dort den Abend sehr gut.«

Am siebten Tag kommen sie in Laterina an, wo der Bischof von Fiesole wiederum die Messe liest, und in Leona, wo sie in der Herberge schlafen. Am achten Tag erreichen sie Castelfranco, am neunten Pontassieve, wo der Herbergswirt zufällig der Freund eines Kurzwarenhändlers aus Pisa ist, den Datini kennt. Der befreundete Herbergswirt bewirtet unsere Pilger mit Fisch. Am Samstag, zur Zeit der Vesper, passieren sie die Porta Santa Croce. Am Abend ist Francesco di Marco zu Hause. Es ist der 6. September:

»Wir zogen uns abends nicht in einem Bett aus, und wir wechselten das weiße Gewand nicht vor Sonntag morgen, als das Kruzifix mit den wenigen Leuten, die ihm folgten, nach Fiesole zurückgetragen wurde. Auf dem Platz von Fiesole wurde vom Bischof eine feierliche Messe gelesen. Dann predigte man, und gab allen den Segen. Jeder kehrte dann in sein Haus zurück, und die Reise und Pilgerschaft wurde so erfüllt. Gottes Wille geschehe. Er sei unserer Seele gnädig. Amen.«

Unser Mann hat nicht aufgehört, ein Kaufmann zu sein, der rechnet und notiert. Vor seiner Abreise hat er hundert Biskuits gekauft, eine Brosche, um seinen Rosenkranz zu befestigen, und eine Kordel, um sein weißes Kleid zu gürten. Er hat seine beiden Stuten und seine Maulesélin beschlagen lassen, die die Lebensmittel tragen, mit denen Datini die zwölf Begleiter zu verpflegen beabsichtigte — einige Freunde und mehrere seiner Faktoren —, die er dazu überredet hatte, mit ihm zu kommen, um Vergebung zu erlangen.

Überall hat er alles bezahlt, den Wein und den Salat, die Eier und die Bohnen, das Stroh und das Heu. Er hatte sogar einen Vorrat an Wassermelonen gekauft. Und er vergißt weder die drei Sous, die der Wirt von Montevarchi von ihm genommen hat, »um das Nötige zu kochen«, noch die 18 Sous, die er dem Wirt in Pontassieve gegeben hat, »für seine Arbeit beim Kochen, das Öl und den Essig«. Was die dreißig Fische betrifft, die am letzten Tag in Rovezzano mit 1 Sou 8 Denaren bezahlt wurden, so kann man sich fragen, ob sie das magere Festmahl sind, das er seinen Begleitern als letzte Mahlzeit der Reise bietet, oder ob Francesco di Marco die günstige Gelegenheit ergriff, eine Mahlzeit in Florenz zu sparen.

Die Ausgaben sind gering. Die neuntägige Pilgerreise hat 35 Livres gekostet. Aber einer der Notablen, ein wohlhabender Kaufmann, gleichwohl ein alter Mann, ist in zehn Tagen fast zweihundert Kilometer gelaufen, barfuß am ersten Tag, und hat jeden Abend auf einem harten Lager geschlafen. Hier ist weder Stolz noch Eitelkeit im Spiel. Francesco di Marco denkt wirklich an seine Seele. Das hindert ihn freilich nicht daran, das zu sein, was er ist: Er hat alles aufgeschrieben, und er hat die Genugtuung einer erfüllten Pflicht. Er hat seine Pilgerschaft betrieben, wie er ein Geschäft geführt hätte.

Giovanni Colombini aus Siena geht viel weiter, verzichtet 1360 auf sein Vermögen, zieht predigend durch die Lande und gründet schließlich den kleinen Laienorden der Jesuaten. Auf diesem vormals vom heiligen Franz von Assisi eröffneten Weg lassen es die meisten dabei bewenden, die Franziskaner zu finanzieren. Die Kaufleute ehren im 14. Jahrhundert den heiligen Franz sehr. Im 15. Jahrhundert hingegen ziehen es viele Kaufleute vor, mit Zitaten von Seneca oder Cicero zu prahlen.

Die gute Regierung

Es gibt eine weitere Tugend, diesmal hinsichtlich der Menschen, die den Unterschied macht zwischen dem von Gott reich beschenkten Kaufmann und dem Geizhals oder Wucherer, der mit seiner Börse um den Hals am Tympanon des Jüngsten Gerichts aufgehängt ist: die Achtung vor dem gerechten Preis, der dem heiligen Thomas zufolge der rechtmäßigen Entlohnung einer Arbeit wie andere auch, der Arbeit des Kaufmanns, entspringt, der seine Rolle im irdischen Jerusalem spielt. Alles ist indessen mit der Vorstellung verbunden, die sich der Unternehmer von der gerechten Vergütung seiner Mühe macht.

Man versteht es daher, sich von einengenden Definitionen zu distanzieren. Die Regeln der Zünfte wiederholen das Verbot der Geldspiele, sowohl aus moralischer Sorge als auch aus der Sorge des Arbeitgebers heraus: Der Geselle, der spielt, arbeitet während dieser Zeit nicht und läuft Gefahr, sich dem Trunk hinzugeben und seine Arbeit nicht mehr verrichten zu können. Trotzdem verzichtet keiner darauf zu spielen, und die Hersteller von Spielwürfeln bilden in sehr vielen Städten ein offiziell anerkanntes Gewerbe. Ebenso arrangiert man sich mit dem Verbot, welches das aus Geld entstandene Geld mit seinem Bannstrahl trifft. Was ist also der gerechte Preis? Als philosophische Idee und Diskursgegenstand für die Theologen bleibt er ein Theologenkalkül. Für den Kaufmann ist ganz einfach der Preis gerecht, den ihm, ungeachtet des weniger geschickten Konkurrenten, sein Talent, seine Position und seine Kühnheit verschaffen.

Auch wenn der gute Kaufmann viel Aufhebens davon macht, wenn er mit Blick auf seine Kinder und seine Nachfolger moralische Betrachtungen anstellt, so wie Giovanni di Pagnolo Morelli in seinen *Memoiren*, wollen wir die Tugenden gelten lassen, mit denen die Kaufleute ihr irdisches Ideal schmücken: Höflichkeit, gute Erscheinung, gute Erziehung. Sie empfiehlt man den jungen Leuten, und sie werden von den Frauen verlangt. Der umsichtige Geschäftsmann weiß wohl, daß solche Tugenden den guten Ruf in der Gesellschaft und gute Geschäfte auf dem Markt ausmachen, ganz genauso, wie sie auch ins Paradies führen:

»Macht keine Geschäfte mit jemandem, der die Arbeit, die Partner oder die Meister gewechselt hat. Und seid mißtrauisch, euer Geld oder eure Geschäfte einem Mann anzuvertrauen, der spielt, der ausschweifend lebt, der sich zu aufwendig kleidet, der feiert, kurz, einem Mann ohne Hirn.«

Hier gelangt man zum Lob der Klugheit, aus der die Theologen eine der »moralischen Tugenden« gemacht haben. Zweifellos ist sie eine Tugend, die vor dem Bankrott ebenso schützt wie vor der Hölle. Aber sie gehört zu dem vereinfachten Bild, das der Kaufmann oder der Bankier gern von sich entwirft. Ordnung, Klugheit, Sicherheit, das ist alles eins, und zum richtigen Zeitpunkt gehört auch der Wagemut dazu. Man weiß, daß dies zu Mißtrauen, Diskretion und Verschwiegenheit führt. Die Sünde des Geschäftsmanns ist das Geschwätz.

Was die Ehrlichkeit betrifft, so ist es keine rein moralische Behauptung, daraus eine für die Gesellschaft notwendige Tugend zu machen. Sie ist Bedingung aller Zahlungs- und Kreditpraktiken, und sie ist die Basis jedes Rückgriffs auf Geschriebenes, vor allem auf die Kontenbücher. Man ist gezwungen, sie in ein Netz von Beweisen und Zeugnissen einzubetten: Diese erlauben es, den Prozeß zu vermeiden. Aber man könnte sich kein Leben ökonomischer Beziehungen vorstellen, wenn jeder in jedem Augenblick das Beweissystem in Bewegung setzen müßte.

Dieses Bündel von Tugenden definiert eine Kaufmannsmoral, bei der der Gewinn mit dem Guten zusammengeht und der Vorteil eines jeden zum Gemeinwohl beiträgt. Als die Gemeinde von Siena um das Jahr 1337 Ambrogio Lorenzetti mit der Freske beauftragt, die den Saal des Palazzo Pubblico, in dem die Regierung der Neun sitzt, schmücken soll, wählt sie das Thema *Die gute Regierung*. Natürlich handelt es sich um die Regierung der Kaufleute und ihre Auswirkungen auf die städtische und ländliche Gesellschaft. Wie könnte es anders sein in einer Stadtrepublik, deren Wohlergehen die Neun, die aus der Finanzaristokratie hervorgegangen sind, seit dem Sturz des alten Adels vor einem halben Jahrhundert garantieren?

Die Freske besteht aus zwei Teilen, die jedes von einer wesentlichen Person, einer Allegorie dominiert werden: auf der einen Seite die gute Regierung, auf der andern die Sicherheit. Neben dem Alten, der die Macht der Weisen symbolisiert, sitzen die sechs Tugenden, die die gute Regierung ausmachen: Friede, Stärke, Klugheit, Güte, Hoffnung, Gerechtigkeit. Sieben Jahre später nimmt derselbe Lorenzetti die feierliche Gestalt des Alten an, um den Einband eines Kontos der *Biccherna* zu schmücken, des Finanzorgans der Kommune. Das ist eine Regierung nach dem Herzen der Kaufleute und der Bankiers.

Auf der anderen Seite präsentiert die Freske im Palazzo Pubblico *Die Folgen der guten Regierung*. In einem doppelten Theater, dem der Stadt und dem des Landes, in dem eine vollendete Kunst der Perspektive und des Trompe-l'œil zum Ausdruck kommt, bietet uns die Regierung der Neun die realistische Inszenierung einer Gesellschaft, deren Arbeit den Wohlstand garantiert. Alles ist hier nur friedliche Harmonie und arbeitsame Aktivität. Der Schäfer, der bescheiden seine Herde führt, der Lastesel, der geduldig auf seine Last wartet. Weder Eile noch Müßiggang. Keine Bettler an den Straßenecken. Man sieht nur sehr wenige Zuschauer an den Fenstern. In dieser wohlgeordneten Welt ist jeder an seinem Platz und jeder geht seiner Aufgabe nach.

Der Wohlstand tritt in der Beschäftigung eines jeden in Erscheinung, während die jungen Mädchen im Vordergrund, die zum Klang der Tamburins tanzen, diesem Gemälde einer geschäftigen Welt eine fröhliche Note geben.

Die ländliche Tätigkeit im rechten Teil der Komposition gibt dieser umfassenden Sicht der Welt ihr Gleichgewicht. Von der Höhe des Campanile von Siena aus gesehen ist das Land ganz nah, das noch heute tief in die Stadt vordringt. Die Felder sind eingezäunt, die Bauern sind fleißig, die Ernte, auf die ohne Hast ein wohlgeordneter städtischer Markt wartet, ist eingebracht. Und die Dame zu Pferde begegnet nur einer arbeitsamen und ehrfürchtigen Bevölkerung. Sogar das Schwein, das man zu den Eicheln führt, scheint diszipliniert zu sein.

Die konkrete Welt, die Lorenzetti zeigen will, ist poetisch gefiltert, die naturalistische Beobachtung wird zu einer Hymne an den Wohlstand durch Arbeit. Die Bewegung geht hier von den Lasttieren aus, die mit dicken Ballen beladen sind. Es gibt keinen tollen Hund, keine Gaffer. Die Stadtmauer umgrenzt den Raum und sichert die Ruhe. Derselbe Lorenzetti prangert in einer anderen Freske *Die Folgen der schlechten Regierung* an. Mit einem Wort: den Krieg.

Die Allegorie, die das Ganze zusammenfaßt, ist eine geflügelte Frau mit dem Aussehen der Fortuna, die *Die Folgen der guten Regierung* überfliegt: die Securitas. Sie läßt über den gut gezeichneten Feldern die Moral dieser ganzen Inszenierung schweben:

> Ohn' Angst geht jeder freie Mann einher,
> geht jeder seines Weges,
> solange eine solche Gemeinde
> diese edle Dame zur Herrscherin hat.

Der Erfolg läßt sich leichter mit dem Patriotismus als mit dem Evangelium vereinbaren. Der Anteil, den man der Staatsgesinnung schuldet, scheint dem Geschäftsmann, für den die Größe des Unternehmens eng mit derjenigen des Vaterlandes verbunden ist, ein natürlicher zu sein. Ein Florentiner gewinnt bei jedem Zuwachs des Ansehens von Florenz, und ein Jacques Cœur, der immer bereit ist, den Italiener nachzueifern, die er zu übertreffen vorgibt, stellt keine anderen Überlegungen an, wenn er versucht, aus dem französischen Königreich, dessen Fäden er in der Hand hat, die neue Wirtschaftsmacht der mediterranen Welt zu machen.

Ob Italiener oder Deutscher, der Kaufmann versäumt keine Gelegenheit, seine Stadt zu rühmen. Er tut auch sein Möglichstes, um sie zu verschönern. Die Liebe zum heimatlichen Boden verbindet sich hier aufs trefflichste mit einem guten Leumund.

So entwickelt sich trotz der rauhen Konkurrenz eine Tugend, aus der das Bürgertum in den fernen Zeiten der Kämpfe um die städtische Autonomie beinahe eine Norm gemacht hätte, und deren Bedeutung man nach den ersten Krisen, nach den großen Bankzusammenbrüchen, nach den ersten Bilanzen der Depression aufs neue zu schätzen weiß. Diese Tugend, die auf dem Einband eines Kontos der *Biccherna* für das Jahr 1385 erscheint, ist die Solidarität.

Unter dem Pinsel eines anonymen Malers nimmt sie hier die symbolische Gestalt des Greises von Lorenzetti an, die der Weisheit. Das politische Regime hat sich aber seit der *Guten Regierung* der Kaufleute geändert. Die Bewegung von 1355 hat eine merkwürdige Allianz des alten Adels und der Volksschichten an die Macht gebracht. Man spricht in einer Stadt, die anfängt, ihren Niedergang zu spüren, nicht mehr von Wohlstand. Siena hat unter der Schwarzen Pest gelitten. Es verliert seine Stellung im Handel und im Bankwesen Europas. Aber angesichts der Krise ist der Zusammenhalt noch notwendiger als zu Glanzzeiten. Um den Greis herum lassen die Mitglieder des Rates der Zehn von Hand zu Hand die Kordel gleiten, die sie verbindet und die in ihrer Mitte die Gute Regierung selbst in Händen hält. Das Bild ist deutlich: Alle sind solidarisch.

Die staatsbürgerliche Gesinnung geht indessen nicht so weit, den Betrug zu verhindern. Zwar verwenden die städtischen Regierungen und ihre Kommandos vereidigter Agenten ihre Zeit damit, auf öffentlichen Plätzen gefälschte Maße zu beschlagnahmen und zu verbrennen, falsche Ware zu zerstören, zweifelhafte Etiketten zu zerbrechen. Aber die Korrespondenz von Brügge nach Danzig oder Thorn ist voller Proteste gegen Pelzlieferungen, bei denen man die angekündigte Qualität nicht zu erkennen vermag. Man scheut sich sogar nicht, eine Warenprobe zurückzusenden und sich über Betrug zu beschweren. Die Antwort pocht natürlich auf Ehrlichkeit und guten Leumund. In Wirklichkeit enden sehr viele Geschäfte mit einem Prozeß. Man beklagt sich in Paris über Wein, der mit Kreide milder gemacht wurde. In Harfleur diskutiert man über das Gewicht von zu feuchtem Salz. Und der Kneipenwirt, der seinen Wein niemals panscht, gilt als ein Ausbund an Rechtschaffenheit.

Man streitet sich über Geringfügigkeiten. Der Fischer Jean Chaillot aus Epernay, der im Juni 1462 dem Pariser Fischhändler Jean Chastriet über zweitausend Karpfen und Hechte geliefert hat, stellt sich taub, als sein Kunde erklärt, daß er den Fisch mit Verlust verkauft hat und ihn an der Katastrophe beteiligen will. Der eine schwört, daß sie Partner waren, der andere, daß er sich darauf beschränkt hat, seinen Fisch zu verkaufen, und daß man ihn bezahlen muß.

Was den Steuerbetrug betrifft, so ist er allerorten und auf allen Märkten anzutreffen. Es gibt kaum einen Händler, den man nicht in den Registern der von der königlichen Justiz auferlegten Strafen findet. Der Betrug wird zur Regel — und findet sein Echo in den königlichen Erlassen. Karl VII., der die Messen, die er in Lyon geschaffen hat, attraktiv machen will, befreit alle Waren von der *rève* — d. h. von einer Steuer auf die Transaktionen —, die auf den Messen von Lyon und nicht auf anderen Messen verkauft werden. Die Kaufleute reagieren darauf, indem sie in Lyon einige Tage lang Unmengen von Waren anbieten, wie sie der kleinen Kundschaft dieser noch jungen Messen nicht angemessen sind, und sie dann nach Genf bringen, wo das Geschäftsvolumen sehr viel größer ist. Da die Waren auf diese Weise als auf den Messen von Lyon gekauft gelten, entgehen sie der Steuer. Der König muß seinen Erlaß ändern und all das der *rève* unterstellen, was Lyon vor Ende der Messe verläßt, ohne dort ausdrücklich Gegenstand einer Transaktion gewesen zu sein. Aber wer beweist die Transaktion? Die Kaufleute verständigen sich untereinander gegen den König.

In sehr vielen Fällen können Erlasse und Prozesse uns nicht sagen, wer recht und wer unrecht hat. Wo hört das Verbot des Betrugs auf, wo beginnt die Behinderung durch die Steuer? Das System der Pacht, das dem Steuereintreiber seinen Anteil an allem gibt, was er im Namen des Königs erhebt, führt ganz offensichtlich zu erbitterten Kämpfen. Die Streitfälle häufen sich, Schlägereien sind nicht selten, und es kommt zum Prozeß.

So stieß ein Kneipenwirt, der — vielleicht zu Recht — wegen eines Steuerpächters erzürnt war, der mehrmals täglich vorbeikam, um sich zu vergewissern, daß man nicht heimlich die Fässer füllte, um ihn über die tatsächlich verkauften Weinmengen zu täuschen, eines Tages den Mann des Fiskus ziemlich unsanft in den Keller, verriegelte die Tür und begab sich aufs Land, um dort einige Wochen Ferien zu machen!

Kaum legt der Fiskus seine Hand auf einen Scholaren, der dem ganzen späteren Quartier Latin den Wein liefert, den sein Vater ihm angeblich für den eigenen Verbrauch schickt und in Wirklichkeit, um ihm bei der Finanzierung seiner Studien zu helfen, kommt es zu einem Aufruhr an der gesamten Universität. Man schwört, daß der Scholar vertrauenswürdig ist. Nie habe er daran gedacht, Handel zu treiben. Er habe lediglich ein wenig von seinem Überschuß verkauft... Und was soll man über Francesco Sassetti und die Empfehlungen sagen, die er seinen Kindern gibt? Ohne Umschweife rät der Vertrauensmann der Medici, die Villa von Montughi, das bedeutendste Bauwerk seiner späteren Erbschaft, auf den Namen seines Sohnes Federigo zu überschreiben: Federigo ist Priester.

Zwischen den Pächtern des Fiskus, den Agenten der öffentlichen Gewalt und der Welt des Handels ist die Verteilung der Rollen bei der Organisation des Steuerbetrugs und seines Verbots in der Praxis nicht wirklich klar. In Nîmes läßt ein königlicher Richter namens Jean Tiray 1447 mehrere Ochsen schlachten, deren Besitzer er war. Die Angelegenheit wäre nicht von Interesse, wenn er nicht gleichzeitig Nutzen aus seinem Amt gezogen hätte, indem er allen Metzgern der Stadt untersagte, andere Ochsen zu schlachten, bevor nicht sein eigenes Fleisch ganz verkauft wäre. Die anderen Besitzer protestieren natürlich gegen diese unlautere Konkurrenz. Die Sache spitzt sich zu, als der Pächter der Steuer auf das Schlachtfleisch vorstellig wird, um den ihm geschuldeten Betrag zu erheben. Tiray erteilt ihm eine Abfuhr: Die Ochsen gehörten dem König. Der Pächter kennt das und läßt sich nichts vormachen: Er kenne den Unterschied zwischen Ochsen, die dem König gehören, und Ochsen, die einem Richter des Königs gehören. Man streitet sich. Der Ton wird lauter. Tiray entwendet das Kontobuch, das der Pächter zwangsläufig mit sich führt, wenn er die Steuer eintreibt, und zerreißt mehrere Seiten. Der Pächter erhebt die Hand. Tiray ergreift ihn am Kragen, versucht, ihn zu Boden zu schleudern, und begnügt sich schließlich damit, ihn auf die Straße zu werfen. Natürlich kommt es zum Prozeß, diesmal nicht vor dem Richter von Nîmes.

Wenn die staatsbürgerliche Gesinnung zu wünschen übrig läßt, was die Steuer betrifft, so ist sie tadellos, wenn es um die öffentliche Ordnung geht, ohne die es keinen wirtschaftlichen Austausch gibt. Es gibt vor allem ein Wort, das der Kaufmann nur voller Furcht ausspricht: Krieg. Er weiß, daß jeder bewaffnete Konflikt die Dienste der Aristokratie aufwertet, die sich zu Pferde schlägt, diejenigen des Fußvolks, das im Felde Messer und Axt schwingt, und diejenigen der »Spezialisten«, d. h. der Bogenschützen und der berufsmäßigen Armbrustschützen. Man schlägt sich mit dem Geld des Kaufmanns, aber der Ruhm gehört anderen. Auch wenn der Kaufmann wenig empfänglich ist für diesen Ruhm, so sieht er doch dessen Folgen.

Der Krieg bedeutet eine Verringerung seines Einflusses, und einige berühmte Ausnahmen ändern nichts daran. Sicherlich steht der Gonfaloniere Niccolò di Jacopo degli Alberti 1363 — auf dem Höhepunkt des Bankvermögens der Alberti — an der Spitze der im Krieg gegen Pisa befindlichen Florentiner. Und Heinrich Castorp führt 1470 tapfer Krieg gegen England, einen Krieg, den er vergeblich zu verhindern suchte. In den meisten Fällen überlassen es die Kaufleute indessen den Handwerkern, die Stadt zu vertreten, wenn Truppenkontingente verlangt werden.

Das wird schnell offenkundig, als Karl VII. den Einfall hat, den »Freischützen«, die unter den Bürgern ausgewählt werden, eine Steuerbefreiung zu gewähren. Der Kaufmann schreibt sich für die Steuerbefreiung ein und bezahlt einen billigen Ersatzmann, der bei der ersten besten Gelegenheit das Weite sucht. Für den Großkaufmann noch mehr als für den Handwerker ist Zeit Geld. Man verdient ungefähr gleichviel, ob man nun Soldat wird oder Dachziegel setzt. Der Tuchhändler und der Wechsler würden das nicht sagen. Was den Bankier betrifft, so stellt er sich nicht einmal diese Frage.

Die ablehnende Haltung gegenüber dem Krieg hat indessen tiefere Wurzeln. So gerecht der bewaffnete Konflikt auch zu sein scheint, stört er doch das Wirtschaftsleben. Er behindert den Geschäftsverkehr, hält von Investitionen ab. Forderungen werden unsicher, und die Währung wird durcheinandergebracht. »Frieden!«, so lautet stets der Ruf der Händler auf dem Höhepunkt sozialer Bewegungen, die die öffentlichen Plätze in Aufruhr versetzen. Und dies nicht nur aus Furcht vor Schlägen.

Die Haltung der Pariser während des Bürgerkriegs und der englischen Besatzung veranschaulicht diese ablehnende Haltung gegenüber dem Geklirr der Waffen recht gut. Bei jedem Frieden, bei jedem Vertrag, der den Wirren ein Ende zu setzen scheint, zündet man Freudenfeuer an, ruft man »Weihnachten!«, läutet man die Glocken, organisiert Prozessionen, stimmt das *Te Deum* an. Natürlich öffnet man die mit Gips verschlossenen Türen wieder, setzt die Infrastrukturen des Flußhandels wieder instand. Auch die Handelsmessen werden wieder abgehalten.

Die Pariser haben mit einem dynastischen Patriotismus nicht viel im Sinn. Sie arrangieren sich mit dem Lancaster, solange dieser geeignet erscheint, den Frieden zu sichern. Als das Regime Bedfords sich um das Jahr 1425 zu stabilisieren scheint, lebt das Vertrauen sowohl im Hafen von Argenteuil als auch im Hafen von Neuilly wieder auf. Und die Kaufleute finden den Weg zur Messe des Lendit wieder, die im Juni in der Ebene von Saint-Denis abgehalten wird. Englisch, vielleicht, aber in Frieden.

Englisch? Ist das so sicher? Wenn Jeanne d'Arc in den Kaufmannskreisen der Hauptstadt so unbeliebt ist, dann nicht deshalb, weil sie davon spricht, den englischen Besatzer aus Frankreich zu »verjagen«, sondern weil sie eine Region wieder in den Kriegszustand versetzt, die an den Frieden zu glauben begann. Englischer Frieden, angelsächsisch-burgundischer Frieden, das tat nichts zur Sache: Es war Frieden. 1419 erklärt ein Steuerpächter, der die Steuer auf die Waren erhebt, die durch die Tore hereinkommen, also die Steuer auf den Handel auf dem Landweg, daß er mit seiner Pacht Geld verliert: Was er eintreibt, entspricht nicht einmal dem Betrag der Pacht! Kurz: Die Kaufleute kommen nicht mehr nach Paris. 1424 jedoch kommen die Kaufleute aus Rouen, Dieppe, Caen, Bernay, Saint-Quentin zurück. Die Messe des Lendit, die seit 1418 unterbrochen war, findet 1426 wieder statt. Die Versteigerungen der Steuerpachten nehmen wieder zu. Man steht vielleicht nicht auf der Seite Karls VII., aber von der Rückkehr zum Wohlstand zu träumen, hat nichts Lächerliches.

Jeanne d'Arc taucht auf. Für den Pariser bedeutet das 1429 eine Zeit der Erwartung, dann den Zusammenbruch. 1430 gibt es weder Messen noch Kaufleute auf der Durchreise. Der Armbrustschütze, der von der Porte Saint-Honoré auf Jeanne zielt, ist kein Engländer, sondern Pariser. Als die Zeit gekommen ist, wird sich der Pariser nicht weigern, die Engländer aus Frankreich zu verjagen. Für den Augenblick hätte er freilich gern auf diese Wiederaufnahme der Feindseligkeiten verzichtet, die man der Jungfrau von Orléans verdankt.

Im übrigen, was heißt schon »Engländer«, in dieser Hauptstadt, die man »besetzt« nennt? In der Stadt, die sich Jeanne d'Arc gegenüber verteidigt, ist Sir John Fastolf Hauptmann der Festung Saint-Antoine, der späteren »Bastille« und größten

Festung von Paris. Er wird der Held Shakespeares und später Verdis sein. Fastolf verfügt, um die Bastille zu halten, über acht Soldaten und siebzehn Bogenschützen, zusammen mit den Knappen und Knechten über fünfunddreißig Soldaten. Als sein Nachfolger Thomas More die Garnison verstärkt, verfügt er über neun waffentragende Männer und achtundzwanzig Bogenschützen, also vierzig bis fünfzig Soldaten. Zwischen 1430 und 1436 gibt es höchstens zweihundert Engländer in der ganzen Stadt.

Das entspricht kaum der Vorstellung, die man sich von einer besetzten Stadt macht. Auch wenn die Hauptstadt gefallen ist, in diesem dramatischen Augenblick ihrer Geschichte, mit ungefähr fünfzig- bis achtzigtausend Einwohnern, machen zweihundert ausländische Soldaten noch keine Besatzung. Wenn man sagt, Paris sei englisch, heißt das in Wirklichkeit, daß Paris entschieden burgundisch ist.

Weder die Bürger noch die Geistlichen haben die reformistischen Reden des Herzogs Johann ohne Furcht vergessen, und man hat lange Zeit an die — nicht gehaltenen — Versprechungen des Herzogs Philipp des Guten über Steuererleichterungen gedacht. Natürlich glaubt man kaum mehr an diese alte Demagogie. Paris mißt die Regierung Bedfords mit der Elle von dessen Steuerforderungen und der Feste, die der Steuerpflichtige bezahlt. Was den Herzog von Burgund betrifft, so ist er fast immer auf Reisen.

Aber es gibt die ökonomische Wirklichkeit. In Friedenszeiten treibt die Hauptstadt mit den Regionen der unteren Seine und denen des Nordens Handel. Das heißt — seit 1418 — mit dem angelsächsisch-burgundischen Reich. Ein Drittel des Flußverkehrs wird mit Rouen, Elbeuf, Nantes, Vernon, Dieppe und Louviers abgewickelt. Man versorgt sich mit Getreide, Fisch, Früchten, Holz, Heu, mit Weinen aus Frankreich und Burgund, mit Tuch und Erzeugnissen der Metallverarbeitung. Das Handelsaufkommen mit der Picardie, dem Artois und dem französischen Flandern läßt sich auf ungefähr vierzig Prozent des Gesamthandels beziffern. Für den Warenverkehr auf den Straßen, den die Urkunden weniger genau angeben, übersteigt der Anteil des Nordens zweifellos die Hälfte. Die wichtigste Straße für die Pariser ist die nach Norden.

Es läßt sich ermessen, was im Jahr 1435 die Versöhnung des Valois Karl VII. und des Herzogs von Burgund und Grafen von Flandern bedeutet. Man versteht, welche Bedeutung die Wiedereinnahme von Pontoise 1441 und die von Rouen 1450 für die Pariser Kaufleute hat. Nachdem der Frieden zurückgekehrt war, macht der Handel mit den südlich der Loire gelegenen Ländern nicht einmal ein Prozent der in den Umschlagplätzen von Paris getätigten Geschäfte aus. In der Zeit, in der er seine Wahl treffen muß, will der Pariser zwar diesen oder jenen König, aber er schaut auf die Straße nach Lille, nicht auf die nach Bourges.

Wenn er kämpfen muß, bevorzugt der Kaufmann die Waffen seiner Wahl: die Wirtschaftsdiplomatie und den Geldmarkt. Man paßt die Kurse an, um den Gegner der Mittel seines Wohlstands zu berauben. Der Merkantilismus obsiegt, und man glaubt felsenfest, daß man Reichtümer anhäuft, indem man den anderen ruiniert. Notfalls schlägt man sich, um die ökonomischen Bestimmungen durchzusetzen, die den Verträgen einen Sinn geben. Das bedeutet, den sofortigen Frieden dem bleibenden Vorteil zu opfern. Aber der Einsatz wird in Begriffen gemessen, die nicht die der ritterlichen Ehre sind. Auch wenn sie nach einer Niederlage Rechenschaft fordern, ziehen die Kaufmannskreise es vor, zu zahlen. Alle sind damit einverstanden, Hauptleute mit ihren Söldnerkompanien gegen Entgeld anzuwerben. Der Fürst oder die Stadt haben damit Berufssoldaten, der Adlige ein neues Einkommen, der Kaufmann einen Markt wie die anderen: Der Sieg mit seinen Profiten in Friedenszeiten ist käuflich.

Geist und Geld

Der Kaufmann hält stets die Schreibfeder in der Hand. Auch wenn er als Absolvent einer weltlichen Schule der klerikalen Kultur desjenigen Bürgertums fremd bleibt, das den Amtsadel anstrebt, ist er doch ebensosehr ein Mann der Feder wie ein Mann des Geldes. Die Zeit der Muße und des Nachdenkens macht ihn ganz selbstverständlich zu einem Liebhaber von Büchern, ja zu einem Schriftsteller, der versucht ist, das berufsbedingte Lesen und Schreiben auch in seiner Freizeit zu betreiben.

So wie er in den Geschäften den Pragmatismus pflegt, hält er sich von jeder philosophischen oder politischen Spekulation fern, die ihm ein vergebliches Unterfangen zu sein scheint. Genausowenig interessiert er sich für jene – selten elegante – lateinische Sprache, wie sie von den Theoretikern der Universität und manchmal noch von den Praktikern des Rechts kultiviert wird. Und auch das künstliche Latein, in dem sich die ersten Humanisten mit Horaz und Cicero messen, interessiert ihn nicht. Seine Sprache ist die Sprache der Handelskorrespondenz, die realistische Prosa der Rechnungsbücher. Wenn er zur Feder greift, um von etwas anderem zu erzählen als von seiner Entdeckung der Handelsplätze und seinen neuesten Erfahrungen mit dem Wechselkurs, dann in seiner »Vulgärsprache« oder auch – wie der Notar Rusticello aus Pisa, der die Erinnerungen Marco Polos in nordfranzösischer Sprache, der *langue d'oïl,* niederschreibt – in einer Sprache, die dem Milieu entstammt, in dem er lebt.

Weil er bewußt die lateinische Kultur der von Boethius durchtränkten Kleriker übergeht, befleißigt sich der Kaufmann mitunter direkt eines weltlichen Humanismus, in dem sich die naturalistische Beobachtung der Welt mit der Wiedergeburt einer Antike vermischt, die authentischer ist als die von einer Generation zur andern revidierte Antike, aus der sich das universitäre Denken speist. Manche schreiten sehr weit voran auf diesem Weg, wie Palla Strozzi, der nach dem *Catasto* von 1427, in dem die steuerpflichtigen Vermögen aufgeführt werden, reichste Mann von Florenz. Strozzi liest Griechisch, und seine Sekretäre tragen die bezeichnenden Namen Argyropolos und Calixtus. Aber die meisten stoßen nicht bis zum Griechischen vor und halten sich an Reiseerzählungen und Ritterromane, über denen sie träumen können, und an die bürgerlichen Komödien, bei denen sie über ihre Mitmenschen lachen können.

Das Konto und die Erzählkunst

Der Rahmen des kaufmännischen Geistes ist stets die Ware. Die Stadt, zugleich Bühne und Gegenstand der kaufmännischen Literatur, steht im Zentrum des Geschehens, und alles geschieht in der Stadt. Das Jahr des Kaufmanns, der chronologische Rahmen der Erzählungen, ist das Jahr der Fälligkeiten: das Jahr mit 365 Tagen, das vom ersten Januar an gezählt wird. Sogar wenn er Anekdoten erzählt, beruft sich der Kaufmann nicht auf das Jahr der Kanzleien, das hier an Weihnachten und dort an Ostern beginnt und das, wie so häufig im Okzident, einmal elf Monate und ein andermal dreizehn Monate zählen kann. Der Kaufmann ist ein penibler Mensch, der auf den Denar genau die Kosten der Bohnen oder des Käses angibt. Seine mit Zahlen gespickten Erzählungen sind, ob bewußt oder unbewußt, Statistiken mit sicheren Koordinaten. Als Buchhalter und Stadtbewohner lebt er im Rhythmus der Stunden, die von einer öffentlichen Uhr angezeigt werden — es gibt solche Uhren seit der ersten Hälfte des 14. Jahrhunderts in Florenz, Mailand und Padua und in Paris um 1370 —, und er hat wenig im Sinn mit dem kirchlichen Kalender und den bäuerlichen Jahreszeiten. Man kann nicht auf den Sou genau rechnen und »auf den Donnerstag, der auf den Sonntag folgt, an dem man *Oculi* singt« datieren, der im Jahr 1350 der 4. März und im Jahr 1351 der 24. März ist!

Der Kaufmann bevorzugt literarische Genres, die sich aus seinen beruflichen Aktivitäten ergeben und sich von den Sorgen leiten lassen, die die Kaufleute bewegen. Das heißt, daß er vor allem die Beschreibung der menschlichen Gesellschaft in Zeit und Raum liebt. Ob er nun schreibt, um einen Partner über die Schwankungen des Marktes zu informieren, oder ob er für seinen eigenen Gebrauch über finanzielle Strukturen und Handelsströme Buch führt, der Kaufmann kann sich gewisser Bemerkungen am Rande oder im Text nicht enthalten, die ihn zum Geschichtsschreiber seines eigenen Unternehmens und des sozialen Milieus machen, in dem er lebt und arbeitet. Die Handelsbriefe sind voll von Informationen über das Leben der Stadt und des Staates, über die bedeutenden und unbedeutenden Ereignisse, die im Volk kolportiert werden. Die Berichte spiegeln die Gegebenheiten der Konjunktur wider, Krieg und Frieden, eine Pilgerreise und die glückliche Geburt eines Sohnes.

Als Historiker seiner Umgebung verzichtet der Kaufmann nicht darauf, Werturteile zu fällen, die jenem Urteil entsprechen, das jedes kaufmännische Handeln in einer Welt des Kredits voraussetzt. Die Fähigkeit, Menschen und Ereignisse einschätzen zu können, gehört für den Kaufmann zum grundlegenden Handwerkszeug, ob er sich nun zum Chronisten macht oder ob er versucht, seine Entscheidungen auf seine Einschätzung der Partner und der Gelegenheiten zu gründen.

Solange die Buchführung innerhalb der Dimensionen verbleibt, die der Kaufmann selbst bewältigen kann, vermischt sie die Niederschriften der reinen Geschäftsführung und das Erinnerungsbuch des Familienlebens, das schließlich im Französischen *Livre de raison* heißen wird, wobei der ursprüngliche Sinn des italienischen Worts *ragione,* nämlich Konto, völlig verlorenging. Die wesentlichen Ereignisse des privaten Lebens vermischen sich so im Laufe der Chronologie, die Heirat »zählt« wirklich als das, was sie ist — ein Familienereignis und ein Element des Vermögens —, und die Geburten und Sterbefälle gehen in die Bücher ein wie Erwerbungen und Verluste, die gleichzeitig die Struktur des Milieus, die Substanz und den Verlauf der Geschäfte berühren. Alles, was von Nutzen sein kann, wird notiert, und der Kaufmann, der, wenn er schon dabei ist, nicht auch die außerfamiliären Ereignisse notierte, die die Konjunktur beeinflussen können, wäre schlecht beraten. In den Einschätzungen des Kaufmanns und vor allem in denen des Spekulanten erhalten die fürstliche Hochzeit, Krieg und Frieden, sogar Hitzeperioden oder starke Regenfälle daher ihren Platz in der Buchführung der Risiken und der Chancen.

Wen der Umfang seiner Geschäfte dazu bringt, seine Niederschriften aufzugliedern, sieht daher — wenn er Geschmack daran findet — nichts Schlimmes darin, ein separates Register zu führen, in dem bunt gemischt die Annalen der gesehenen und gehörten Dinge und die nützlichen Beschreibungen der durchreisten Welt oder der Phänomene auftauchen, denen man begegnet ist. Einige Kaufleute erweisen sich so als regelrechte Chronisten. Giovanni Villani erzählt in den Jahren 1336 bis 1341 die Geschichte der Welt, wie der Florentiner Kaufmann sie wahrnimmt. Und er beziffert sie:

»Nach einer sorgfältigen Untersuchung haben wir herausgefunden, daß es in dieser Zeit in Florenz 25 000 Männer von fünfzehn bis siebzig Jahren gibt, die fähig sind, Waffen zu tragen, alles Bürger. Unter ihnen gibt es 1 500 Adlige und reiche Bürger, die als Magnaten die Sicherheit der Stadt garantieren.

Es gibt in Florenz auch ungefähr 75 Ritter, die vollständig bewaffnet sind. Vor der zweiten Regierung des *Popolo,* die gegenwärtig an der Macht ist, gab es sicherlich 250 Ritter. Aber seit der Zeit, als das Volk die Regierung ergriffen hat, haben die Magnaten ihren Status und ihre Autorität nicht behalten, so daß nur wenige Personen sich als Ritter bewaffnen ließen.

Wenn man von der Menge Brot ausgeht, die regelmäßig für die Versorgung der Stadt notwendig ist, so hat man geschätzt, daß es 90 000 Münder gab, Männer, Frauen und Kinder.

Man zählte, daß es in der Stadt immer ungefähr 1 500 Fremde gab, Durchreisende und Soldaten, wobei darin die Bürger, die Kleriker sind, oder Mönche oder Nonnen im Kloster nicht enthalten sind.

Man zählte damals 80 000 Personen auf dem Territorium und im Distrikt von Florenz.

> Über den Pfarrer, der die Kinder taufte und der für jeden in San Giovanni getauften Jungen eine schwarze Bohne und für jedes Mädchen eine weiße Bohne deponierte, damit er sich der Zahl sicher wäre, weiß man, daß es in dieser Zeit zwischen 5500 und 6000 Taufen im Jahr gab, wobei die Zahl der Jungen im allgemeinen um 300 bis 500 die Zahl der Mädchen überstieg. Und wir erfahren, daß es zwischen 8000 und 10000 Jungen und Mädchen gab, die lesen lernten, zwischen 1000 und 1200 Kinder, die rechnen lernten, und zwischen 550 und 600, die Grammatik und Logik lernten.«

Villani rühmt zugleich Florenz und die vergangenen Zeiten. Im folgenden Jahrhundert, um das Jahr 1423, schreibt Marin Sandro die Geschichte Venedigs im Horizont des Kaufmanns. Buonaccorso Pitti hat größere Ambitionen, als er um das Jahr 1400 eine richtige Chronik des Okzidents verfaßt, die Florenz zum Zentrum der Welt macht. Die meisten dieser kaufmännischen Historiker halten sich aber an ihre Stadt oder an ihre Familie, wie Jakob Lubbe in Danzig gegen Ende des 15. Jahrhunderts oder Hans Vessel in Stralsund zu Beginn des 16. Jahrhunderts.

Wenn man diese Chroniken von Männern liest, die den Umgang mit Zahlen gewohnt waren, könnte man versucht sein, die Präzision des mittelalterlichen Kaufmanns für diejenige des Historikers oder des zeitgenössischen Ökonomen zu halten: Bevölkerungszahlen, Währungskurse oder der Preis des Schildlausfarbstoffs, alles wird abgezählt, datiert, abgemessen. Aber trotzdem...

Wieviele Zahlen gibt es, die weder dem Vergleich noch der Analyse standhalten! Wieviele aufgeblähte Bevölkerungszahlen, die von den Steuerdokumenten auf ein bescheideneres Niveau zurückgeführt werden! Der Kaufmann scheint stillschweigend einen Unterschied zu machen zwischen den Zahlen, die sein Verhalten bedingen und beruflichen Zwecken dienen, und denjenigen, die seiner persönlichen Erfahrung fremd sind und keine andere Bedeutung haben als die eines Superlativs. Als Francesco Datini den Preis eines Pfundes Pfeffer notiert, weiß er, wovon er spricht. Als Bonvesin della Riva die Mailänder Gesellschaft von 1288 beschreibt, macht er Zugeständnisse an seine Vorliebe für große Zahlen:

> »In der Stadt und ihrer Grafschaft können unschwer mehr als tausend Personen Kriegspferde unter dem Befehl der Kommune halten...
> Der Notare gibt es mehr als tausendfünfhundert, unter denen viele sind, die in der Abfassung von Verträgen ausgezeichnet sind.«

Bonvesin wäre unfähig zu sagen, wie er zu dieser Kohorte von Notaren kommt. Aber es liegt auf der Hand, daß sehr viele Umstände, vor allem psychologische und patriotische, zu dieser Überhöhung gemeinsamer Tüchtigkeit beitragen. Man tut einer Zahl Gewalt an, um die Heimatstadt aufs Podest zu heben, und wenn man ferne Orte beschreibt, trägt man gerne dem Bedürfnis Rechnung, diejenigen in Erstaunen zu versetzen, die im Lande geblieben sind. Von Brügge bis China verbindet die Sicht der italienischen Kaufleute auf die Welt in einem nicht nachprüfbaren Maße die Kunst, in Erstaunen zu versetzen, mit der anhaltenden Unfähigkeit der Menschen des Mittelalters, Mengen und Phänomene genau wahrzunehmen und zu bemessen. Guillebert von Metz, zweifellos ein Berufsschreiber, wenn er auch das erzählt, was andere gesagt haben, gibt in seiner berühmten Beschreibung von Paris genauso unsichere Zahlen an:

»Man schätzte, daß es in Paris mehr als 4 000 Weintavernen, mehr als 80 000 Bettler und mehr als 60 000 Schriftsteller gab. Ferner Scholaren und Gewerbetreibende ohne Zahl.«

Eine solche Zählung kann einer Stadt nicht entsprechen, die selbst die optimistischsten Historiker dieser Zeit mit etwa 200 000 Bewohnern ausstatten. Sie bedeutet nur eines: Es gibt in Paris um das Jahr 1400 viele Tavernen, Bettler und Intellektuelle. Derselbe Guillebert von Metz gibt uns in demselben Text eine scheinbar präzise Aufstellung der erforderlichen Lebensmittelversorgung:

»Man aß in Paris jede Woche 4 000 Hammel, 240 Ochsen, 500 Kälber, 200 gepökelte Ferkel und 400 ungepökelte Ferkel. Desgleichen verkaufte man jeden Tag 700 Fässer Wein, von denen der König den vierten Teil beanspruchte, nicht gerechnet den Wein der Scholaren und denjenigen der anderen, die nicht zahlten, wie die Grundherren und einige andere, weil sie ihn auf ihrem Erbteil ernteten.«

Wenn man sich an die höchste mutmaßliche Bevölkerungszahl hält, die heute allgemein anerkannt ist, macht das jede Woche einen Ochsen für achthundert Einwohner, einen Hammel für fünfzig, ein Kalb für vierhundert und ein Schwein für fünfhundert Einwohner. Das heißt, jeden Tag ein Stück Fleisch für die Reichen und jede Woche eines für die weniger Reichen. All das ist wahrscheinlich.

Die Erklärung für solche Ungenauigkeiten läßt sich am Beispiel des Weins finden. Guillebert zählt die Fässer, für die Steuer — der Vierte — bezahlt wurde, und weiß genau, daß er den Wein der von der Steuer Befreiten außer acht läßt, sowohl den Wein der Adligen als auch den der Scholaren. Ebenso ignoriert er den Wein, den die Besitzer der Weinberge in der Pariser Region im Herbst in ihre Keller einfahren. Anders gesagt, seine Verbrauchszahlen hat er vom Steuerpächter, einem Mann, der gewissenhaft jedes Weinfaß zählt. Die Schlachttiere wurden zweifellos anderswo gezählt, sei es durch die Pächter, die die Steuer an den Toren erheben, sei es auf dem Ferkelmarkt der Porte Saint-Honoré.

Was sich zählen läßt, wird gezählt, denkt der Bürger. Der Mann, der mit Geschäften zu tun hat, zählt das Stück Vieh. Was sich nicht zählen läßt, wird erfunden, und die große Zahl ist in Wirklichkeit nur ein Superlativ. Das wissen alle. Der Leser weiß wohl, daß es leicht ist, die Ochsen vor dem Tor oder auf dem Markt zu zählen, und daß es unmöglich ist, die Tavernen zu zählen, da jedes Haus in einer geschützten Ecke im Erdgeschoß einen Tisch und eine Bank enthält. Niemand wird den Erzähler für einen Lügner halten, weil er die Bettler zählt: Damit nimmt man es nicht so genau. Sollte er sich jedoch beim Zählen der Fässer täuschen, würde man ihn für unfähig halten.

Eine kaufmännische Literatur

Beobachtung, Information, Bildung, alles trägt dazu bei, aus der Reiseerzählung das bevorzugte literarische Genre desjenigen zu machen, der durch die Welt reisen mußte, um sie kennenzulernen, und der nicht aufhört, eine Korrespondenz zu unterhalten, um ihre Entwicklung zu verfolgen. Indem er unfreiwillig die Naivität desjenigen, der etwas entdeckt, mit der Erfahrung desjenigen verbindet, der eine besondere Aufmerksamkeit für die Aktivitäten des eigenen Gewerbes hat, ist er gleichzeitig Zeuge und Analytiker. Buonaccorso Pitti wird von denen gerne gelesen, die auf den Straßen des Okzidents seinen Spuren folgen. Boccaccio stellt sein Talent in den Dienst der Erinnerungen von Landolfo Ruffolo, eines einfachen Kaufmanns aus Ravello, der besser bei Tisch erzählen als ein Buch schreiben kann. Und es ist bekannt, daß es das gemeinsame Talent des Notars Rusticello und des Kaufmanns Marco Polo braucht, um eine Erzählung abzufassen, die an vielen Stellen geschönt ist und in der Christoph Columbus glaubt, nützliche Hinweise auf den Orient zu finden, den er auf einer anderen Route zu erreichen sucht.

Sehr viele Kaufleute wissen, was sie gewinnen, wenn sie genaue Informationen über die Welt besitzen. Die Geographie gilt bereits als eine notwendige Wissenschaft für jede Wirtschaftspolitik. Ressourcen, Kundschaft, Entfernungen, Gebräuche, all das führt eines Tages entweder zu einer klugen Entscheidung oder zu kostspieligen Irrtümern.

Seit dem 15. Jahrhundert entwickeln die Kaufleute daher die Vorstellung von der Nützlichkeit der wissenschaftlichen — theoretischen oder experimentellen — Forschung. Während im vorangegangenen Jahrhundert die Arbeiten, die zur Abfassung jener astronomischen Tabellen führten, die man die Alphonsinischen Tabellen nannte, in der Praxis keinen Einfluß auf die kühnen Unternehmungen der Seefahrer hatten, finanzieren die Nürnberger Kaufleute nun die astronomische Forschung, um die kaufmännischen Verbindungen verbessern und die Rentabilität der Reisen sichern zu können. Martin Alonso Pinzon, der Seefahrer und Schiffsbauer aus Palos in Andalusien, der Christoph Columbus seine Schiffe liefert und auf dem Weg nach Amerika selbst die *Pinta* befehligt, begeistert sich für die Astronomie. Und ein Faktor der Medici in Cadiz, später in Sevilla, ein aufgeklärter Liebhaber der Kosmographie, gibt dem neuen Kontinent seinen Namen: Dieser Kaufmann heißt Amerigo Vespucci. Er ist nicht der erste, der die transatlantischen Küsten erreicht, aber er hat besser als Columbus verstanden, was man entdeckt hat.

Eine andere schriftstellerische Strömung hängt mit dem Realismus des Kaufmanns zusammen, der immer demjenigen, der ein Recht darauf hat — nicht den andern —, Rezepte dafür übermitteln will, wie man gute Geschäfte macht. Allen Traktaten über Moral und die häusliche Wirtschaft liegt die Angst desjenigen zugrunde, der um die Zerbrechlichkeit der mobilen Vermögen weiß, die Angst, daß nach seinem Tod alles zusammenbricht. Wie kann man Erfolg haben, wie einen guten Ruf gewinnen und erhalten, wie glücklich und geachtet leben? Das schreibt der Kaufmann für seine Witwe, für seine Kinder und Gesellschafter ins reine, nicht ohne die unverhohlene Freude desjenigen zu empfinden, der sich als Beispiel hinstellen kann.

Zwei Sorgen scheinen den Geist des Kaufmanns zu beschäftigen, wenn er den Seinigen Ratschläge gibt: einerseits die Prinzipien des Berufslebens zu verankern, die ein Vermögen entstehen lassen, ohne in die Hölle oder das Gefängnis zu führen, andererseits die Erziehung der Kinder. Die Moral ist eine pragmatische, und es ist die des goldenen Mittelwegs, der Vorsicht, ja des Mißtrauens. Das Geld ist der Schlüssel zu allem, aber es ist auch die höchste Belohnung in dieser Welt. Ob man danach strebt oder es zurücklegt, es muß verdient werden. Was die Erziehung betrifft, so geht sie — zumindest in den Worten des Moralisten — weit über die einfache Berufsausbildung hinaus. Es gibt Kenntnisse, sogar Rezepte. Und es gibt die Kunst, einen Charakter zu schmieden, der fähig ist, zugleich sein Lebensglück und den Erfolg zu schaffen. Das reicht bis zur Kunst des Tadels und der Art, Diener und Lieferanten zu bezahlen:

»Behaltet immer im Gedächtnis, Euren Leuten zu sagen, daß sie nur mit friedfertigen Leuten zu tun haben sollen, daß sie vor dem Geschäftsabschluß stets feilschen und oftmals zahlen sollen, ohne eine lange Forderung auf Papier zu erwarten, obwohl ein Stück Papier oder ein Kerbholz besser ist, als alles vom eigenen Gedächtnis zu erwarten, denn die Gläubiger glauben immer an mehr und die Schuldner immer an weniger, und daraus entstehen Debatten, Haß und gemeine Vorwürfe.«

Der Realismus der Geschäfte schließt die Imagination nicht aus. In der Literatur schenkt der Kaufmann seine Gunst einer Phantasie, die — in einem geistigen und gesellschaftlichen Rahmen, in dem er seine Nachbarn und Kollegen wiedererkennt – Antriebskräfte ins Spiel bringt, die seinem Leben als Bürger einer Stadt, als Arbeitgeber, als Ehemann, als Kaufmann entlehnt sind. Die Satire der anderen Gesellschaftsschichten ist ein bevorzugtes Vergnügen, mit dem der Bürger seine eigenen Überzeugungen bestärkt und sich gelegentlich revanchiert. Die Imagination ergänzt und korrigiert die Gegebenheiten der Wirklichkeit. Die Schläge gelten dem Pfarrer, in den Augen seiner Schäfchen der ewige Rivale des allzu sehr mit seiner Arbeit beschäftigten Ehemannes. Aber auch dem Bauern, dessen Derbheit das Überlegenheitsgefühl des Stadtbewohners stärkt. Und schließlich gelegentlich auch dem Amtsadel, den Richtern und Advokaten, die durch Prozesse fett werden, in denen sich der Kaufmann ruiniert, sowie den neuen Aristokraten, die allzu leicht ihre Herkunft vergessen. Der einzige, über den sich diese dem Kaufmann teure Literatur nie lustig macht, ist der Bürger.

Die Literatur der Kleriker stellt, mit ihrer langen Reihe übers Ohr gehauener Bürger und einfältiger Reicher, das Gleichgewicht des Komischen wieder her. Wenn der traurige Held der *Quinze joies de mariage* dem Bonhomme entspricht, der so selbstzufrieden ist, daß er darüber blind wird, so will der Autor, ein Geistlicher, seine Mitmenschen mit der Dummheit des Krämers erheitern.

Die Komik des Kaufmanns gehört nicht immer zur feinsten Sorte. Zumindest ist sie frei von ätzender Kritik. Der Krämer will lachen, aber er denkt nicht daran, eine Kritik des politischen Lebens oder der Gesellschaft zu entwerfen. Roman und Theater tragen zu den Festen bei, nicht zur Reform.

Es gibt eine andere Literatur, eine Literatur der Zerstreuung, die im Geist des Bürgers das Grau in Grau des Alltags und die Enge der Welt kompensiert. Neben einigen großen Kaufleuten, die mit Alexandria in Ägypten Handel treiben oder auf die Ankunft der Karawanen aus dem Sudan spekulieren, gibt es die vielen Krämer, die im Buch nur die Erweiterung eines Blickwinkels suchen, der das ganze Jahr über durch den Horizont des eigenen Ladens begrenzt ist...

Dort findet der Kaufmann einen Heroismus, den man mit dem beruflichen Wagemut eines vorsichtigen Spekulanten nicht vergleichen kann. Neben der Arbeit versagt sich unser Mann nicht das Epische, das Ritterliche, das Unvernünftige. Er schreckt weder vor der edlen Uneigennützigkeit noch vor den erhabenen Gefühlen zurück. Die Romane und die dramatischen Werke des Artuszyklus nähren die Phantasie des Wechslers und des Tuchhändlers. Bei Gelegenheit berauscht man sich. Der Bürgermeister von Lübeck, Johann Roseke, läßt sich Johann Parzival nennen. In sehr vielen deutschen Städten versammelt sich das kaufmännische Bürgertum gerne in »Artusrunden«, in denen man dem Alltag dadurch entflieht, daß man sich an imaginären Heldentaten berauscht. Die französische Welt des Kontors und der Werkbank erfreut sich an den Platitüden von Amadis de Gaula, Petit Jehan de Saintré und eines von Jehan de Paris:

»Die Herolde von Jehan de Paris betraten den Saal, in dem sich der spanische König in Gesellschaft mehrerer Könige, Barone, Damen und Ritter aufhielt, um den König für ihren Herrn um Unterkunft zu bitten.

›Edler König von Spanien, unser Herr, Jehan de Paris, entbietet Euch und der ganzen vornehmen Gesellschaft seinen Gruß.‹

›Ich bitte Euch, ihm und seinen Gefolgsleuten in einem Stadtviertel seiner Wahl eine angemessene Unterkunft zu stellen. Dann wird er Euch, und den Damen, seine Aufwartung machen. Anderenfalls kommt er nicht!‹

›Meine Freunde‹, sagte der König, ›nach meinem besten Wissen und Gewissen wird es bei der Unterkunft nicht bleiben, weil ich eine Pacht an ihn zu vergeben gedenke.‹

›Sire‹, sagten die Herolde, ›wenn es Euch beliebt, so laßt es uns noch in dieser Stunde zeigen, damit wir sehen können, ob er dort wohnen kann.‹«

Das gefällt. Wohnungsangelegenheiten, das kennt der Bürger. Und er interessiert sich umso mehr für diese Europarundreise von Jehan de Paris, als diese Person ein Betrüger ist, ein reicher Händler, der sein Vermögen zur Schau stellt, um die Höfe zu täuschen, an denen jeder einen diplomatischen Zwischenfall befürchtet, wenn er einen Mann, der in so großem Aufzug erscheint, nicht angemessen behandelt. Der Leser weidet sich an Festen, die er nie zu Gesicht bekommen wird, so wie er sich über den Schwindel amüsiert, mit dem die Aristokratie übers Ohr gehauen wird.

»Jehan de Paris griff nach seinem Pokal und befahl, die beiden anderen Kelche zwei Königinnen zu reichen, und sagte: ›Laßt uns drei anstoßen, um einen Anfang zu machen. Sollen die anderen trinken, wann immer es ihnen gefällt.‹ Und er trank, ohne zuzuwarten. Dann erhob er seinen Pokal auf eine Jungfrau, die sich ihm gegenüber sehr zurückhielt, und sagte: ›Hört, mein Püppchen, ich habe auf Euch getrunken. Und ich glaube wohl, daß Ihr Euch nicht vor mir fürchten sollt.‹

›Bei Gott‹, sprach die Jungfrau, ›dafür gibt es keinen Grund. Ich danke Euch von Herzen.‹

Die Könige und die anderen edlen Herren und Damen tranken und wunderten sich sehr, daß Jehan de Paris all jenen Königen zuvorgekommen war, die weitaus älter waren als er.«

Wundersame Geschichten, anzügliche Anspielungen und eine entsprechende Aneinanderreihung von Abgeschmacktheiten: Daraus besteht das billige Schrifttum, in dem Ende des 15. Jahrhunderts die epische und höfische Literatur der Heldenlieder und der Artusromane ausblutet. Diese Romane, in denen man schwerfällig die ehemals von Chrétien de Troyes farbig geschilderten Ideale ausschlachtet, hatten damals einen Erfolg, der durch die neue Möglichkeit einer hohen Auflage begünstigt wurde. Diese Literatur kam seit 1480 in jährlichen Neuauflagen aus den ersten Pariser Pressen.

Denn der Drucker muß leben, und es sind nicht die *Lateinischen Briefe* von Gasparin von Bergamo, die Werke des Sallust, die Briefe von Bessarion und die *Gespräche in Tusculum* des Cicero, die die Existenz des Buchhändlers sichern. Während der neu entstehende Humanismus in der Erfindung der beweglichen Lettern die unschätzbare Möglichkeit der Korrektur und der Verbesserung der Texte sieht, die der Philologie und einer Wiederentdeckung der Sprachen und Gedanken den Weg frei macht, sieht der tüchtige Bürger, der nach Kultur hungert — der Advokat ebenso wie der Kaufmann —, darin vor allem die Möglichkeit einer hohen und billigen Auflage. Neben Cicero und den *Großen Chroniken von Frankreich* kommen aus den Druckereien die *Farce de maître Pathelin,* bei der das Publikum vor allem die grobe Komik des Schuldners zu würdigen weiß, der »Bäh!« sagt, um nicht zahlen zu müssen; das *Testament* von Villon, in dem man vor allem den »Schürzenjäger« sieht, der dem Ritter der Wache eine schlecht beleumundete Taverne andreht und einem der reichsten Goldschmiede der Pont au Change einen Diamanten, den er gar nicht hat; und eine Reihe von *Fiérabras,* von *Merlin der Zauberer* und *Amadis de Gaula,* über denen man auf der vornehmen Etage der Häuser mit Holzwänden träumt.

Ein Jahrhundert später zeichnet Cervantes das dramatische Porträt eines tapferen Mannes, der sich im Sinne einer neu erfundenen Ritterlichkeit in Torheiten verrennt. *Don Quijote* verdankt alles dem Amadisroman. Die Maßlosigkeit des Traums ist die Antwort des Menschen auf die Unwirtlichkeit der steinigen Hochebenen der *meseta* Kastiliens. In weniger schwindelnden Höhen und bei geringeren Konfrontationen des Realen mit dem Imaginären gibt es in der Mitte des 15. Jahrhunderts genügend Don Quijotes auf der Pont au Change.

Das Theater als spezifischer Ausdruck des kulturellen Lebens der bürgerlichen Welt bietet sich als Rahmen für einen kollektiven Eskapismus an. In den deutschen Städten spielt man ohne Unterlaß eine Literatur, die sich aus der griechischen und germanischen Mythologie herleitet. Man führt hier das *Urteil des Paris* auf, das die schöne Helena in den Bestand des deutschen Imaginären eingliedert. Man zeigt dort eine *Frau Krimhild,* die die Heldentaten der *Nibelungen* auf das Format von Eheszenen zurechtstutzt und aus dem tragischen Geschick der Walküre die Geschichte einer *Ménage à trois* macht. Frankreich schöpft nicht weniger aus seinem historischen Fundus und gießt die Taten Ludwigs des Heiligen und der Jungfrau von Orléans in die gefällige Form des Mysterienspiels.

Mit seinem *Vrai Mystère de la Passion,* das im Jahr 1452 der Organist von Notre-Dame in Paris, Arnoul Gréban, aufführt, gibt der Autor der Erlösung — in den vier Tagen, in denen die Erzählung des Evangeliums mit allen Anspielungen angereichert wird, die die Übereinstimmungen zwischen Altem und Neuem Testament zulassen — den Anstrich eines bürgerlichen Dramas mit seinen naturalistischen Figuren, Haltungen und Sprechweisen. Gréban hat ein Ziel: Der Bürger soll die wesentlichen Wahrheiten der biblischen Geschichte verstehen. Offensichtlich gelingt ihm dies, indem er der Offenbarungsgeschichte die Sprache und die Bezüge seines Mysterienspiels entlehnt.

Das Bürgertum ist genausowenig einheitlicher Natur wie das Kaufmannstum. Der Geschäftemacher versteht die Dinge anders als der Waffenhändler oder der Metzgergeselle. Bei dem zeitaufwendigen und kostspieligen Unterfangen einer öffentlichen Aufführung wird der größte Teil der Arbeit für die kleinen Leute aufgewendet, die glücklich sind, dort Ablenkung und eine Scheinwelt zu finden. Aber täuschen wir uns nicht: Die Auswahl der Stücke erfolgt durch die herrschenden Kreise. Die städtische Oligarchie regiert ihre Bühnen genauso, wie sie den Buchhändler beeinflußt.

Neue Fürsten, neue Mäzene

Nie vergißt der Kaufmann, seine Rechnung aufzumachen. So wie er die Kosten seines Seelenheils bemißt, kennt er sowohl den Preis als auch den Nutzen einer Kultur, die ein Teil seines Prestiges ist. Selbst auf der Ebene der Uneigennützigkeit ist sie eine öffentliche Darstellung des Vermögens, die Erfüllung des Erfolgs. Sie unterstreicht die göttlichen Segnungen in demselben Maße, in dem sie aus ihnen hervorgeht. Als Tommaso Portinari für Sant' Egidio in Florenz das Triptychon bestellt, das der Flame Hugo van der Goes malen wird, bekräftigt er gegenüber ganz Florenz seine Zugehörigkeit zu den »Großen«, die in der Lage sind, der christlichen Gesellschaft einen Rahmen für das Leben und das Gebet zu bieten.

Gibt es ein besseres Zeugnis für die neue Würde und die gesellschaftliche Achtung als solche Mittel zur Verfügung zu haben, diese Möglichkeit einer relativen Verschwendung — eines Teils seiner Zeit und seines Vermögens —, die sich in den Heldenphantasien des Deutschen Johann »Parzival« ebenso zeigt wie in der Selbstzufriedenheit des Ehepaars Arnolfini, das Jan van Eyck mit einem geschickten Spiel der Spiegel von vorne und von hinten zeigen kann?

Ganz anders bei den florentinischen Kaufleuten, die sich für den platonischen Humanismus des Jahres 1450 erwärmen. Palla Strozzi hält sich Pädagogen; einer von ihnen ist Tommaso Parentucelli, der spätere Papst Nikolaus V. Cosimo de' Medici begründet jene Versammlung schöner Geister und jenen neuen Rahmen des gelehrten Disputs, der sich Platonische Akademie nennt. Und derselbe Cosimo ist es auch, der dem Sohn seines Arztes, einem jungen Mann namens Marsile Ficin, seine Chance gibt.

Man muß die Dinge jedoch ganz klar sehen: Palla Strozzi und Cosimo der Große haben damals aufgehört, sich wirklich um ihre Geschäfte zu kümmern. Sie führen nichtsdestoweniger die Vorstellung eines bewußten, uneigennützigen, weltlichen Mäzenatentums in die bürgerliche Gesellschaft ein. Man ist hier weit entfernt von jenem frommen Mäzenatentum, das zwei Jahrhunderte zuvor der Kathedrale von Chartres zweiundvierzig Kirchenfenster verschaffte, die von den Zünften gestiftet wurden, abgesehen von den vierundvierzig Fenstern, die die Fürsten und Barone stifteten. Auf den Kirchenfenstern von Chartres und anderen Orten zeigten sich die Gewerbetreibenden stolz mit ihren Werkzeugen und den Taten ihrer Arbeit. Den Medici und Bardi, die in ihrer Großzügigkeit Platz für die Sterbekapelle ihrer Dynastie schaffen, ist es fast gleichgültig, an den kaufmännischen Ursprung ihres Vermögens zu erinnern. Wir sind nicht nur zeitlich weit entfernt von dem öffentlichkeitswirksamen Mäzenatentum eines Jacques Cœur, dessen maritime Ambitionen sich in der Ausstattung seines Stadthauses in Bourges zeigen.

Bei den neuen toskanischen Mäzenen und ihren Epigonen handelt es sich um ein völlig anderes Mäzenatentum, das aus einer neuen Herangehensweise an die angehäuften Reichtümer hervorgeht, ja aus einer neuen Berufung des Reichen bei der Gestaltung der Welt. »Die Gabe, das Geld sinnvoll auszugeben, ist eine Tugend«, schreibt in seinem *Zibaldone* der Schwiegersohn von Palla Strozzi, Giovanni Ruccellai.

Indem die Geschäftsleute ihren Wunsch nach Aufnahme in die aristokratische Gesellschaft auch auf die Uneigennützigkeit ausdehnen, erheben sie Anspruch auf eine Funktion, die bis dahin den Fürsten und hohen Adligen, den Kardinälen und Erzbischöfen zukam. Wie Karl von Orléans an seinem Hof in Blois oder René von Anjou in Neapel und in der Provence geben die Fürsten des Handels und der Bank den Künstlern Arbeit und unterhalten an ihrer Seite Dichter und Philosophen. Aus dem Anteil Gottes ist der Anteil des Schönen und Guten geworden.

Das eine schließt das andere im übrigen nicht aus, und die religiöse Orientierung, die weiterhin sehr viele Aufträge für literarische Werke und Kunstgegenstände bringt, auch wenn das literarische Leben andere Wege geht, bleibt bestehen. Man gibt von allen Seiten die Muttergottes mit Kind und Heiligenbilder in Auftrag. Man wünscht die Geburt des Jesuskindes und die heiligen drei Könige, den Kreuzweg und die Niederlegung des Kreuzes. Francesco Sassetti und Giovanni Tornabuoni wenden sich wegen ihrer Sterbekapelle nacheinander an Ghirlandaio, wie im vorangegangenen Jahrhundert die Bardi und Peruzzi an Giotto und die Strozzi und Acciaiuoli an Orcagna. Sassetti läßt so die Kapelle ausschmücken, die er sich in Florenz in der Kirche neben Santa Trinità herrichten läßt, da er sich mit den Ordensbrüdern von Santa Maria Novella nicht einigen konnte. Tornabuoni erhebt Anspruch auf Besseres, und nachdem er an Ghirlandaio den Auftrag für die Ausschmückung jener Kapelle vergeben hat, in der er 1477 in der Kirche Santa Maria sopra Minerva in Rom seine Gattin, eine Pitti, beerdigt, vertraut er demselben Ghirlandaio die Kapelle an, die er in Santa Maria Novella sich selbst vorbehalten hat.

Und es ist ein Altarblatt der Madonna mit den Heiligen Cosmas und Damian, das Cosimo de' Medici an Van der Weyden in Auftrag gibt, der in Italien Erfahrungen machen will. Lorenzo, der sich seinerseits an Botticelli wendet, gibt diesem eine Anbetung der Heiligen in Auftrag.

Was das Privileg der Fürsten zu sein schien, die Sammlung, fügt sich in den Lebensstil des Kaufmanns ein, der sein Ladengeschäft lange hinter sich gelassen hat. Man legt sie für sich und seine Mitmenschen an, so wie man kostbare Manuskripte und bald auch Inkunabeln sammelt. Ein Mann von durchschnittlicher Bildung wie Datini hat seit 1400 Titus Livius und Seneca in seiner Bibliothek stehen. Hat er sie gelesen? Das ist ungewiß. Zumindest schaut er sie liebevoll an, wie zur gleichen Zeit Jean de Berry seine Juwelen und Miniaturmalereien. Zumindest weiß er, daß man nicht länger ein von Fortuna belohnter Geschäftsmann ist, wenn man nicht die antiken Grundlagen einer neuen Kultur sein eigen nennen kann. Der konvexe Spiegel, der die Wand schmückt, die Jan van Eyck seinem Doppelbildnis der Arnolfini als Hintergrund gibt, dient vor allem dem Zweck, der Szene Tiefe und eine Rückansicht zu verschaffen. Aber wie soll man übersehen, daß dieses einfache Möbelstück, ein Spiegel, in einen verzierten Rahmen eingefaßt ist, den neben einer Krone aus Lapislazuli die zehn Emailarbeiten eines Kreuzwegs schmücken?

Dieses neue Mäzenatentum gibt der Kunst ihr Gepräge: den Realismus. Zuerst ist es ein ökonomischer Realismus, denn der Geschäftsmann will die Konkurrenz ins Spiel bringen, will wissen, wieviel das Werk kosten wird und was er für sein Geld bekommt. Für die Pforten des Baptisteriums organisiert Florenz einen Wettbewerb, aus dem Lorenzo Ghiberti als Sieger hervorgeht. Dann gibt es einen Realismus der Visionen, der die Kaufleute dazu bringt, die Forschungen eines Giotto und später die eines Ucello zu unterstützen. Diejenigen, die zu beobachten und zu messen verstehen, finden so die genaue Darstellung einer Welt, die nicht nur der Rahmen, sondern der Gegenstand des Lebens ist. Schließlich gibt es den Realismus der Porträts, den Männer zu schätzen wissen, die nicht mehr in Begriffen der idealen und hierarchischen Ordnung denken, sondern wissen wollen, mit wem sie es zu tun haben, und die das Individuum nach seinen persönlichen Fähigkeiten und nicht aufgrund seines Platzes im göttlichen Schöpfungsplan beurteilen.

Es ist daher nicht verwunderlich, daß der Meister der Erforschung der räumlichen Gestaltung ein Kaufmannssohn ist, Leon Battista Alberti, und daß der erste naturalistische Porträtmaler Jan van Eyck ist, ein Sohn Flanders, wo die ökonomische Realität auf natürliche Weise zur gesellschaftlichen Wirklichkeit wird. In den Geschäften muß man erkennen und selbst anerkannt sein.

In diesem neuen Interesse am Porträt vereinigen sich zwei Bestrebungen, die den beiden gesellschaftlichen Tendenzen entsprechen, die im Geist des Kaufmanns zusammenwirken: der Individualismus, der mit dem Gewinnstreben verbunden ist, und das Gruppenbewußtsein, das mit den Verpflichtungen verbunden ist, die sich um die Märkte und Privilegien herum entwickeln. Auch kommt das Vorbild von oben, vom päpstlichen Hof, an dem der ehemalige Gegner der Medici, Sixtus IV., allen, die ihn umgeben, einen Platz in der Freskenmalerei der neuen Kapelle — der Sixtinischen Kapelle — einräumt, die er am 15. August 1483 einweiht und für die er einen Perugino, einen Signorelli, Rosselli und Ghirlandaio arbeiten läßt. Der Direktor der Filiale der Medici in Rom, Giovanni Tornabuoni, taucht in einer der Fresken von Ghirlandaio auf, in der *Berufung der Jünger Petrus und Andreas*. Einige Jahre zuvor hatte Tornabuoni den Sohn eines Goldschmieds, Domenico Ghirlandaio, bereits für die Sterbekapelle seiner Frau angestellt.

Das individuelle Porträt als Ausdruck des Erfolgs und der Verfeinerung einer Persönlichkeit setzt den Kaufmann auf eine Stufe mit dem Fürsten. Van Eyck malt bereits zu Beginn des 15. Jahrhunderts das schonungslose Porträt eines unbekannten Goldschmieds (Museum von Bukarest), bevor er 1434 mit größerer Aufmerksamkeit für die konventionellen Erfordernisse der Respektabilität das Porträt des Ehepaares Arnolfini malt (London, *National Gallery*) und 1436 das Porträt des Dekans der Brügger Zunft der Goldschmiede, Jan de Leeuw (Wien, *Kunsthistorisches Museum*), malt. Cosimo de' Medici gab Donatello seine Büste in Auftrag und Sassetti die seinige einem Schüler von Rossellino. Gegen Ende des 15. Jahrhunderts ließ Tommaso Portinari, um seine Züge und die seiner Frau Maria unsterblich zu machen (New York, *Metropolitan Museum*), den Niederländer Hans Memling holen, der bereits die Florentiner Kolonie von Brügge in seinem *Jüngsten Gericht* (Museum von Danzig) in Szene gesetzt hatte.

Mit Arnolfini wie mit Portinari begegnen wir bereits einer familienhistorischen Sicht der Kunst, die als eine Darstellung des Erfolgs begriffen wird. Als Portinari der Kirche Sant‹ Egidio — einem Nebengebäude von Santa Maria Novella — die *Anbetung der Hirten* schenkt, die heute in den Uffizien in Florenz aufbewahrt wird, geht er noch weiter: Er bittet Hugo van der Goes, hinter seiner eigenen Gestalt als Stifter seine ganze Familie abzubilden und vor allem seine Kinder, in jener Haltung schüchternen Ernstes, die den Erben eines großen Namens ansteht. Francesco Sassetti läßt den Hirten der *Geburt Christi* ebenfalls die Züge seiner Familie geben und seinen Sohn Teodoro im Vordergrund der Szenen des *Lebens des heiligen Franziskus von Assisi* auftreten, die er im Jahr 1483 Domenico Ghirlandaio für Santa Maria Novella in Auftrag gibt.

Derselbe Ghirlandaio malt wenig später im Chor derselben Kirche im Vordergrund seiner großen Darstellungen aus dem Leben Mariens und Johannes' des Täufers — fertiggestellt 1490 — die ganze Familie Tornabuoni und praktisch die ganze Gesellschaft um Tornabuonis Neffen, Lorenzo von Medici. Dort finden sich natürlich die Mutter Lorenzos, Lucrezia Tornabuoni, und auch Francesco Sassetti, den die Gruppensolidarität trotz der offenkundigen Rivalität der beiden Kaufleute nicht zu ignorieren erlaubt.

Darum herum, zwischen dem antikisierenden Trompe-l'œil, erscheinen die persönlichen Symbole, die sich Tornabuoni gegeben hat: die Schleuder und den Zentauren. Der Kaufmann erhebt hier Anspruch auf eine richtiggehende fürstliche Heraldik. Philipp der Gute ließ bereits seinen Adler auf die Wandteppiche seines Zimmers sticken. Ludwig XII. läßt überall sein Stachelschwein verewigen. Anna von Bretagne läßt alle Wände mit Hermelin — gemeint ist das Tier mit dem weißen Fell, und nicht nur das Hermelin des Wappens der Bretagne — und der Knotenschnur der Mönche auskleiden. Franz I. macht aus dem Salamander ein offizielles Emblem.

Die Medici handeln nicht anders als ihr treuer Tornabuoni, als sie beschließen, sich von Sandro Botticelli in der *Anbetung der Könige* (Florenz, Uffizien) darstellen zu lassen, die er zu der Zeit malt — kurz vor 1480, bevor er in der Sixtinischen Kapelle arbeitet —, als er den *Frühling* für die Villa der Medici in Castello realisiert.

Aber Botticelli zeigt sich um das Jahr 1486 noch mutiger in einer doppelten Freske, die heute im Louvre aufbewahrt wird, in der er die schöne Giovanna degli Albizzi Tornabuoni als eine der Personen der Allegorie der *Kardinaltugenden* erscheinen läßt, während ihr Gatte, Lorenzo di Giovanni Tornabuoni, der Cousin zweiten Grades von Lorenzo dem Prächtigen, sich beinahe natürlich in die Konversation der *Freien Künste* einfügt. Es geht hier nicht mehr darum, lediglich die Züge eines Mannes oder einer Frau zu bewahren, zu identifizieren oder zu datieren. Der Maler will die tiefen Gefühle seiner Personen ausdrücken, ohne jede Anspielung auf ihr Vermögen. Der ideale Platz, den die Tornabuoni fordern und den ihnen Botticellis Genie zuweist, ist nicht mehr in der Gesellschaft des Profits, sondern in der des Geistes.

Der Kreis schließt sich. Lorenzo di Giovanni Tornabuoni ist ein Bankier. Er ist der Sohn des Vertrauensmannes der Medici in ihrer Gesellschaft in Neapel. Er hat selbst in Neapel und Rom zwei Bankgesellschaften gegründet — und ziemlich schlecht verwaltet. Jetzt nimmt er, in der Debatte mit den Freien Künsten, die die Wege der Erkenntnis sind, jenen Platz ein, den sich einst unter den schönen Geistern der Akademie an seinem Hofe Karl der Große vorbehielt.

Schluß

Der Kaufmann, der sich die Füße im Staub der Straße schmutzig machte, ist Vergangenheit. Zwar gibt es sie immer noch, die Hausierer, die Nähseide und Kurzwaren verkaufen, die wandernden Messerschmiede und Wasserträger, die Händler, die von Haus zu Haus gehen und die Hausfrauen mit Salz und Schalotten versorgen. Auch gibt es, entlang der Straßen, immer noch die Schmiede, die unter ihrem Vordach die Erzeugnisse ihrer im Hintergrund aufglühenden Esse verkaufen, die Handschuhmacher und die Näherinnen, die die neuesten Modelle anbieten, die Tuchhändler, die ihr Tuch mit der Elle abmessen, und die Tavernenwirte, die offenen Wein im Krug ausschenken.

Doch die ersten umherziehenden Kaufleute glichen kaum denjenigen Kaufleuten, die mit dem wachsenden Bedarf der aufstrebenden Städte im 11. Jahrhundert die Szene betraten. Die kleine Welt der Straße und des Ladengeschäfts hat nichts mehr gemein mit dem Geschäftemacher und Händler, für den die Fracht, die zwischen zwei weit entfernten Häfen unterwegs ist, nie ein Gegenstand sein wird, den man noch mit den eigenen Händen prüft, mit dem Bankier, für den Überweisungen, Überträge, Rediskontierungen Werte und keine Waren sind, oder mit dem Spekulanten, für den der Warenfluß nach Alexandria nur eine Gegebenheit der europäischen Politik ist und der in der Pacht eines Gewerbe- oder Handelsmonopols die Gegenleistung für einen Kredit an den Papst oder den Habsburger sieht.

Cosimo der Alte, der 1464 stirbt, ist noch mit den Triebkräften seines Vermögens vertraut. Lorenzo, der 1449 geboren wird, wächst bereits in einer anderen Welt auf, in der sein Sohn und später sein Neffe Papst werden. Lorenzo der Prächtige, der Enkel einer Bardi und Sohn einer Tornabuoni — Namen, die in der Welt der Geschäfte klingende Münze verheißen —, heiratet eine Orsini, ein Name, der in Rom die Erinnerung an ein halbes Jahrtausend feudaler Macht wachruft. Ihre Urenkelin Katharina wird Königin von Frankreich. Ihre Cousine Maria von Medici, die Tochter von Cosimo I., den Pius V. 1569 zum Großherzog der Toskana krönt, folgt ihr nach.

Zu diesem Zeitpunkt sind die kleinen Neffen Jakobs des Reichen Reichsgrafen des Heiligen Römischen Reiches. Ihre Nachfahren sind die Grafen Fugger.

Die Nachkommenschaft ist weitläufig. Sie reicht bis zu den Pariser Finanziers, jenen Generalpächtern, denen wir einige der schönsten Stadthäuser im Marais und auf der Ile Saint-Louis verdanken.

Und nicht weit von der Londoner City, die zum Symbol für weltweite Geschäfte wurde, befindet sich der Amtssitz des *Lord Chancellor,* dessen Fundament noch immer jener Sack Wolle ist, der an den Reichtum Englands erinnert.

In der Zwischenzeit, in den drei Jahrhunderten, die aus dem Kaufmann, der sich um seine Tuchballen sorgte, die er lieber selbst zu den Messen der Champagne brachte, einen Organisator gemacht haben, der ein Netz mit hundert Knoten und tausend Waren knüpft, hat der Geschäftsmann die Bühne betreten. Er zeichnet sich durch eine Denk- und Handlungsweise aus, die er selbst geschaffen hat, um immer aufs neue die Horizonte zu überschreiten, die ihm die Techniken seines Sieges über Zeit und Raum eröffnen.

Er entdeckte die Kunst, Kapital und Tatkraft zu vereinen. Er verhalf dem Reichtum zu neuer Produktivität. Er erfand die — empfindlichen und oft gefährlichen — Mittel einer Expansion jenseits des Bargelds.

Er schuf die Wissenschaft einer systematischen Analyse der Strukturen und Bewegungen, die der Welt der Wirtschaft bis hin zu den Kontenplänen unseres Jahrhunderts praktische Dienste geleistet hat.

Er fand den Modus des notwendigen Gleichgewichts von Risiko und Sicherheit, Vorausschau in die Zukunft und Selbstvertrauen.

Er gestaltete sich seinen eigenen Platz in einer Gesellschaft, die mit der Zeit von der wechselseitigen Durchdringung von Politik und Wirtschaft überzeugt war. So verschaffte er in der Welt des Geistes dem ökonomischen Denken Geltung, setzte die Hebel der Wirtschaftspolitik in Bewegung, entdeckte die Handlungsmechanismen und Gesetze der Volkswirtschaft.

Ein neuer Menschentypus nahm seinen Platz in der Welt der Entscheidungsträger, der Handelnden und Rechenschaftspflichtigen ein.

Weil er sich etabliert hat, ist der Geschäftsmann zu Beginn der Renaissance nicht mehr jener Entdecker und Pionier, wie es der fahrende Kaufmann war. Während man sich gegen das »große Abenteuer« versichert, das der Handel über weite Entfernungen darstellt, überläßt der Geschäftsmann anderen die Wege des Abenteuers. Er sieht auf dem Atlantik nur die Investition.

Andere werden kommen, für die diese Worte immer jenseits des Horizonts liegen werden: Gold und Gewürze...

Bibliographie

Niemand vermag ein so weites Gebiet wie das der Geschäfte im ausgehenden Mittelalter allein zu erschließen. Es ist profunden Monographien zu verdanken, wenn unsere Kenntnisse der allgemeinen Zusammenhänge anwachsen, was im Bereich der Sozial- und Wirtschaftsgeschichte seit etwa einem halben Jahrhundert der Fall ist. Alle diese Studien beruhen auf der Auswertung bestimmter Quellen oder Archive, die es ermöglichen, ein zusammenhängendes Bild zu entwerfen. Mit anderen Worten: Diese grundlegenden Untersuchungen tragen im allgemeinen den Namen einer Stadt oder einer Ware im Titel.

Daraus folgt, daß für Literaturhinweise wie diese hier jegliche Klassifikation illusorisch ist. Ein Buch über Brügge kann eine Analyse des europäischen Münzwesens sein, ein Werk über Toulouse originelle Einblicke in die Entstehung des frühen Kapitalismus zulassen, und eine Abhandlung über den Pelzhandel kann die Beziehung zwischen den Geschäften und der Mode in einem neuen Licht erscheinen lassen. Es ist daher schwierig auseinanderzuhalten, was für die Geschichtsschreibung allgemein von Bedeutung und was nur von lokalem Interesse ist.

Aus Gründen der Übersichtlichkeit habe ich mich deshalb ganz einfach an die alphabetische Reihenfolge der Autorennamen gehalten. Was die Ausgaben von Originalquellen betrifft, die von den Werken abweichen, die einst unter dem Namen ihres mittelalterlichen Autors veröffentlicht wurden, so fordert der wissenschaftliche Brauch die Auflistung der Anonyma nach ihren Titeln. Ich habe dem Verfahren, sie nach den Namen der Gelehrten aufzuführen, die sie in neuerer Zeit ediert haben, den Vorzug gegeben. Auch in diesem Fall habe ich ausschließlich an den Leser gedacht.

In ähnlicher Weise habe ich es mir angesichts der Weitläufigkeit des Themas versagt, Hunderte von Aufsätzen älteren oder neueren Datums anzuführen, die zwar wichtig, aber für denjenigen kaum erreichbar sind, der nicht über eine einschlägige Bibliothek verfügt. Zudem ist es meist so, daß die Ergebnisse eines wichtigen Aufsatzes rasch in Gesamtdarstellungen Berücksichtigung finden.

Darstellungen

Abrams, Philip/Wrigley, E. A. (Hg.): Towns in Societies. Essays in Economic History and Historical Sociology, Cambridge 1978.
Ariès, Philippe: Geschichte des Todes, München 1982.
Baldwin, John W.: Masters, Princes and Merchants. The social views of Peter the Chanter and his circle, 2 Bde, Princeton 1970.
Baratier, Edouard/Reynaud, Félix: Histoire du commerce de Marseille. II. De 1291 à 1480, Paris 1951.
Barbali Bagnoli, Vera (Hg.): Domanda e consumi, Livelli e strutture (nei secoli XIII-XVIII), Florenz 1978 (Istituto internazionale di storia economica F. Datini, Prato, II, 6).
— La moneta nell'economia europea. Secoli XIII-XVIII, Prato/Florenz 1981.
Bec, Christian: Les marchands écrivains. Affaires et humanisme à Florence, 1375-1434, Paris/Den Haag 1967.
Bergier, Jean-François: Genève et l'économie européenne de la Renaissance, Paris 1963.
— Die Geschichte vom Salz, Frankfurt/M. 1989.
Bernard, Jacques: Navires et gens de mer à Bordeaux (vers 1400-vers 1500), 3 Bde, Paris 1968.
Bigwood, Georges: Le régime juridique et économique du commerce de l'argent dans la Belgique du Moyen Age, 2 Bde, Brüssel 1921.
Billot, Claudine: Chartres à la fin du Moyen Age, Paris 1987.
Blumenkranz, Bernhard (Hg.): Histoire des Juifs en France, Toulouse 1972.
Boissonnade, P.: Le socialisme d'Etat. L'industrie et les classes industrielles en France pendant les deux premiers siècles de l'ère moderne (1453-1661), Paris 1927.
Bolton, J. L.: The Medieval English Economy, 1150-1500, London 1980.
Brandi, Cesare (Hg.): Palazzo pubblico di Siena. Vicende costruttive e decorazione, Mailand 1983.
Braudel, Fernand: Sozialgeschichte des 15.-18. Jahrhunderts, 3 Bd., München 1986.
Braunstein, Philippe/Delort, Robert: Venise, portrait historique d'une cité, Paris 1971.
Bridbury, A. D.: England and the Salt Trade in the later Middle Ages, Oxford 1955.
Bresc-Bautier, Geneviève: Artistes, patriciens et confréries, Rom 1979.
Brucker, Gene A.: Florenz in der Renaissance. Stadt, Gesellschaft, Kultur, Reinbek 1990.
Carrère, Claude: Barcelone, centre économique. 1380-1462, 2 Bde, Paris/Den Haag 1967.
Carus Wilson: Medieval Merchant Venturers, London 1954.
Cazelles, Raymond: Paris de la fin du règne de Philippe Auguste à la mort de Charles V, Paris 1972.
— La société politique et la crise de la royauté sous Philippe de Valois, Paris 1958.
— Société politique. Noblesse et Couronne sous Jean le Bon et Charles V, Genf/Paris 1982.
Chevalier, Bernard: Les bonnes villes de France du XIVe au XVI siècle, Paris 1982.

— Tours, ville royale. 1356-1520, Paris/Löwen 1975.
Chevalier, Bernard/Contamine, Philippe (Hg.): La France de la fin du XVe siècle. Renouveau et apogée, Paris 1985.
Chiffoleau, Jacques: La comptabilité de l'Au-delà. Les hommes, la mort et la religion dans la région d'Avignon à la fin du Moyen Age, Rom 1980.
Cipolla, Carlo M.: The monetary policy of Fourteenth-Century Florence, Los Angeles 1982.
— Studi di storia della moneta. I movimenti dei cambi in Italia da secolo XIII a XV, Padua 1948.
Cloulas, Ivan: Laurent le Magnifique, Paris 1982.
Coornaert, Emile: Les corporations en France avant 1789, Paris 1941.
— Dawn of modern Banking, New Haven und London 1979 (Center for Medieval and Renaissance Studies, University of California, Los Angeles).
Day, John (Hg.): Etudes d'histoire monétaire, Lille 1984.
Delaruelle, Etienne/Labande, Edmond-René/Ourliac, Paul: L'Eglise au temps du Grand Schisme et de la crise conciliaire, 1378-1449, 2 Bde, Paris 1962.
Delort, Robert: Le commerce des fourrures en Occident à la fin du Moyen Age, 2 Bde, Rom 1978.
Delumeau, Jean: L'alun de Rome. XVe-XIXe siècle, Paris 1962.
— Angst im Abendland. Die Geschichte kollektiver Ängste im Europa des 14. und 18. Jahrhunderts, Reinbek 1989.
De Roover, Raymond: The Bruges money market around 1400, Brüssel 1968.
— Business, Banking and Economic Thought in Late Medieval and Early Modern Europe. Selected Studies, Chicago/London 1974.
— L'évolution de la lettre de change. XIVe-XVIIIe siècle, Paris 1953.
— The Medici Bank. Its organization, management, operations and decline, New York 1948.
— Money, banking and credit in mediaeval Bruges, Cambridge (Mass.) 1949.
— La pensée économique des scolastiques. Doctrines et méthodes, Montréal 1971.
— The rise and decline of the Medici Bank. 1397-1494, New York 1966.
— San Bernardino of Siena and Sant'Antonio of Florence. The two great economic thinkers of the Middle Ages, Boston 1967.
Desportes, Pierre: Reims et les Rémois aux XIIIe et XIVe siècles, Paris 1979.
Dollinger, Philippe: Die Hanse, 3. überarb. Aufl., Stuttgart 1981.
Dubois, Henri: Les foires de Chalon et le commerce dans la vallée de la Saône à la fin du Moyen Age, Paris 1976.
Dufourcq, Charles-E./Gautier-Dalche, Jean: Histoire économique et sociale de l'Espagne chrétienne au Moyen Age, Paris 1976.
Edler, Florence: Glossary of mediaeval terms of business. Italian series. 1200-1600, Cambridge (Mass.) 1934.
Espinas, Georges: La draperie dans la Flandre française au Moyen Age, Paris 1923.
— Aux origines du capitalisme. I. Sire Jehan Boinebroke, patricien et drapier douaisien, Lille 1933, II. Sire Jean de France, patricien et rentier douaisien. Sire Jacques Le Blond, patricien et drapier Douaisien, Lille 1936.
Fagniez, Gustave: Etudes sur l'industrie et la classe industrielle à Paris aux XIIIe et XIV siècles, Paris 1977.
Fanfani, Amintore: Le origini dello spirito capitalistico in Italia, Mailand 1933.
Favier, Jean: Les Finances pontificales à l'époque du Grand Schisme d'Occident. 1378-1409, Paris 1966.
— Paris au XVe siècle, Paris 1974.

Favier, Jean (Hg.): La France médiévale, Paris 1983.
Favreau, Robert: La Ville de Poitiers à la fin du Moyen Age. Une capitale régionale, 2 Bde, Poitiers 1978.
Franklin, Alfred: Dictionnaire historique des arts, métiers et professions exercés dans Paris depuis le XIIIe siècle, 2 Bde, Paris/Leipzig 1905-1906.
Fryde, E. B.: Studies in medieval trade and finance, London 1983.
Gandilhon, René: Politique économique de Louis XI, Paris 1941.
Garin, Eugenio: L'Education de l'homme moderne. 1400-1600, Paris 1969.
Gutkind, Curt S.: Cosimo de'Medici, Pater Patriae, 1384-1464, Oxford 1938.
Heers, Jacques: Christophe Colomb, Paris 1981.
— Le Clan familial au Moyen Age, Paris 1974.
— Gênes au XV siècle. Activité économique et problèmes sociaux, Paris 1961.
— Marco Polo, Paris 1983.
— L'Occident aux XIVe et XVe siècles. Aspects économiques et sociaux, Paris 1963.
Hilaire, Jean: Introduction historique au droit commercial, Paris 1986.
Hocquet, Jean-Claude: Le sel et la fortune de Venise. Production et monopole, 2. Aufl., Lille 1982.
— Voiliers et commerce en Méditerranée. 1200-1650, Lille 1979.
Huisman, Georges: La Juridiction de la Municipalité parisienne, de saint Louis à Charles VII, Paris 1912.
Johnstone, Mary A.: Life in Florence in the Fifteenth Century, Florenz 1968.
Kaeuper, Richard W.: Bankers to the crown. The Riccardi of Lucca and Edward I., Princeton 1973.
Kedar, Benjamin Z.: Merchants in crisis. Genoese and Venitian Men of Affairs and the Fourteenth-Century Depression, New Haven/London 1976.
Klapisch, Christiane/Herlihy, David: Les Toscans et leurs familles, Paris 1978.
Klein, Julius: The Mesta. A study of spanish economic history. 1273-1836, Cambridge (Mass.) 1920.
Lacroix, Jean-Bernard: Les Fermiers fiscaux parisiens de la seconde moitié du XVe siècle. Thèse de l'Ecole nationale des chartes, 1973 (unveröffentlicht).
Lane, Frederic C.: Andrea Barbarigo, merchant of Venice. 1418-1449, Baltimore 1944.
— Seerepublik Venedig, München 1980.
La Roncière, Charles de: Un changeur florentin du Trecento: Lippo di Fede del Sega (1285 env.-1363 env.), Paris 1973.
— Prix et salaires à Florence au XIVe siècle, 1280-1380, Rom 1982.
Laurent, Henri: Un grand commerce d'exportation au Moyen Age. La draperie des Pays-Bas en France et dans les pays méditerranéens (XIIe-XVe siècle), Paris 1935.
Le Goff, Jacques: Die Geburt des Fegefeuers. Vom Wandel des Weltbildes im Mittelalter, Stuttgart 1984.
— Wucherzins und Höllenqualen. Ökonomie und Religion im Mittelalter, Stuttgart 1988.
— Kaufleute und Bankiers im Mittelalter, Frankfurt/M. 1989.
Lopez, Roberto S.: La Révolution commerciale dans l'Europe médiévale, Paris 1974.
Lorcin, Marie-Thérèse: Façons de sentir et de penser: les fabliaux français, Paris 1979.
Maffei, Domenico: Il giovane Machiavelli, banchiere con Berto Berti a Roma, Florenz 1973.
Magalhaes Godinho, Vitorino: L'économie de l'empire portugais aux XVe et XVIe siècles, Paris 1969.
Mallett, Michael E.: The Florentine Galleys in the 15th century, Oxford 1967.
Malowist, Marian: Croissance et régression en Europe, XIVe-XVIIe siècle, Paris 1972.

Melis, Federigo: Aspetti della vita economica medievale (Studi nell'Archivio Datini di Prato), Siena 1962.
— Origini e sviluppi delle assicurazioni in Italia (secoli XIV-XVI), Rom 1975.
— Storia della ragioneria. Contributo alla conoscenza e interpretazione delle fonti piu significative delle storia economica, Bologna 1950.
Michaelsson, Karl: Etudes sur les noms de personne français d'après les rôles de taille parisiens, Uppsala 1927.
Miskimin, Harry A.: The economy of early Renaissance Europe. 1300-1460, Prentice-Hall 1969.
Miskimin, Harry A./Herlihy, David/Udovitch, A. L. (Hg.): The Medieval City, New Haven/London 1977.
Molho, Anthony: Florentine Public Finances in the early Renaissance, 1400-1433, Cambridge (Mass.) 1971.
Mollat, Michel: Le commerce maritime normand à la fin du Moyen Age, Paris 1952.
— Genèse médiévale de la France moderne, Paris 1970.
— Der Königliche Kaufmann Jacques Cœur oder der Geist des Unternehmertums, München 1991.
Moranvillé, Henri: Etude sur la vie de Jean le Mercier, Paris 1888.
Munro, John H.: Wool. Cloth and Gold. The Struggle for Bullion in Anglo-Burgundian Trade. 1340-1478, Toronto 1973.
Munro, John H. (Hg.): Le Rôle du sel dans l'histoire, Paris 1968.
North, D. C./Thomas, R. P.: L'essor du monde occidental, Paris 1980.
Pampaloni, Guido: Firenze al tempo di Dante. Documenti sull'urbanistica fiorentina, Rom 1973.
Petry, Ludwig: Die Popplau. Eine schlesische Kaufmannsfamilie des 15. und 16. Jahrhunderts, Breslau 1935.
Pirenne, Henri: Sozial- und Wirtschaftsgeschichte Europas im Mittelalter, Stuttgart 1986.
Postan, Michael M.: Medieval trade and finance, Cambridge 1973.
Postan, M. M./Rich, E. (Hg.): The Cambridge economic history of Europe. Volume II: Trade and industry in the Middle Ages, Cambridge 1952.
Postan, M. M./Rich, E. E./Miller, E. (Hg.): The Cambridge economic history of Europe. Volume III: Economic organization and policies in the Middle Ages, Cambridge 1963.
Power, Eileen: Medieval English Wool Trade, London 1941.
Power, Eileen/Postan, Michael M.: Studies in English trade in the 15th century, London 1933.
Renouard, Yves: Etudes d'histoire médiévale, 2 Bde, Paris 1968.
— Les hommes d'affaires italiens du Moyen Age, Paris 1968.
— Les relations des papes d'Avignon et des compagnies commerciales et bancaires de 1316 à 1378, Paris 1941.
Rubinstein, Nicolai: The Government of Florence under the Medici (1434 to 1494), Oxford 1966.
Sapori, Armando: Il Mercante italiano nel Medioevo, Florenz 1990.
— Una compagnia di Calimala ai primi del Trecento, Florenz 1932.
Schick, Léon: Un grand homme d'affaires du début du XVIe siècle, Jacob Fugger, Paris 1957.
Schneider, Jean: La Ville de Metz aux XIIIe et XIVe siècles, Nancy 1950.
Schulte, Aloys: Geschichte der Großen Ravensburger Handelsgesellschaft. 1380-1530, 3 Bde, Stuttgart/Berlin 1923.
Sicard, Germain: Aux origines des sociétés anonymes. Les moulins de Toulouse au Moyen Age, Paris 1953.

- Société Jean Bodin (Recueils de la), tome V. La Foire, Brüssel 1953; tome X. L'Etranger, 2 Bde, Brüssel 1958.
Sombart, Werner: Der moderne Kapitalismus, 2. Aufl. Berlin 1928.
Spufford, P.: Monetary problems and policies in the Burgundian Netherlands. 1433-1496, Leyden 1970.
Tenenti, Alberto: Firenze dal Comune a Lorenzo il Magnifico, 2. Aufl. Florenz 1972.
Thrupp, Sylvia: The merchant class of medieval London. 1300-1500, London 1948.
Touchard, Henri: Le commerce maritime breton à la fin du Moyen Age, Paris 1967.
Transports au Moyen Age (Les): Actes du VIIe congrès des médiévistes de l'Enseignement supérieur, Rennes, Juni 1976, Annales de Bretagne, Band 85, 1978, Nummer 2.
Trocmé, Etienne/Delafosse, Marcel: Le commerce rochelais de la fin du XVe siècle au début du XVIIe, Paris 1952.
Usher, P.: The early history of deposit banking in Mediterranean Europe, Cambridge (Mass.), 1943.
Van der Wee, H.: The growth of the Antwerp Market and the European Economy, 3 Bde, Den Haag 1963.
Vannini Marx, Anna (Hg.): Credito, banche e investimenti, secoli XIII-XX, Florenz 1985 (Istituto internazionale di storia economica F. Datini, Prato, II, 4).
- Trasporti e sviluppo economico, secoli XIII-XVIII, Florenz 1986 (Istituto... Datini, Prato, II, 5).
Wolff, Philippe: Automne du Moyen Age ou printemps des temps nouveaux. L'économie européenne aux XIVe et XVe siècles, Paris 1986.
- Commerces et marchands de Toulouse (vers 1350-vers 1450), Paris 1954.

Materialien

Balard, Michel: Gênes et l'Outre-Mer. Tome I. Les actes de Caffa du notaire Lamberto di Sambuceto, 1289-1290, Paris/Den Haag 1973.
Bastian, Franz: Das Rutingerbuch 1383-1407 und verwandtes Material zum Regensburger-Südostdeutschen Handel und Münzwesen, 3 Bde, Regensburg 1944.
Bensa, Enrico: Francesco di Marco da Prato. Notozie e documenti, Mailand/Trier 1928.
Borgia, L./Carli, E./ Ceppari, M. A./ Morandi, U./ Sinibaldi, P./Zarrilli, C.: Le Biccherne. Tavole dipinte delle magistrature senesi (secoli XIII-XVIII), Rom 1984.
Bougard, Pierre/Wyffels, Carlos: Les Finances de Calais au XIIIe siècle, Gent 1966.
Brereton, Georgine E./Ferrier, Janet M.: Le Ménagier de Paris, Oxford 1981.
Casini, Bruno: Il catasto di Pisa del 1428-29, Pisa 1964.
Cassandro, Michele: Il libro giallo di Ginevra della compagnia fiorentina di Antonio della Casa e Simone Guadagni, 1453-1454, Prato 1976 (Istituto internazionale di storia economica F. Datini, Prato, I, 3).
Chiarini, Lorenzo: El libro di mercatantie et usanze de paesi, hg. von F. Borlandi, Turin 1938.
Cobb, Henry S.: The local Port Book of Southampton. 1439-40, Southampton 1961.
Day, John: Les douanes de Gênes. 1376-1377, 2 Bde, Paris 1963.
Dini, Bruno: Una pratica di mercatura in formazione (1394-1395), Florenz 1980 (Istituto internazionale di storia economica F. Datini, Prato, I, 2).
Doehaerd, Renée: Etudes anversoises. Documents sur le commerce international à Anvers, 3 Bde, Paris 1962-1963.
Fagniez, Gustave: Documents sur l'histoire de l'industrie et du commerce en France, 2 Bde, Paris 1898-1900.
Favier, Jean: Les contribuables parisiens à la fin de la guerre de Cent ans. Les rôles d'impôt de 1421, 1423 et 1438, Paris 1970.
Fédou, René: Le Terrier de Jean Jossard, co-seigneur de Châtillon-d'Azergues, 1430-1463, Paris 1966.
Forestié, Edouard: Les Livres de comptes des frères Bonis, marchands montalbanais du XIVe siècle, 3 Bde, Paris/Auch 1890-1894.
Guasti, Cesare: Lettere di un notario a un mercante del secolo XIV, 2 Bde, Florenz 1880.
Heers, Jacques: Le Livre de comptes de Giovanni Piccamiglio, homme d'affaires génois. 1456-1459, Paris 1959.
Le Roux de Lincy, Antoine/Tisserand, Lazare-Maurice: Paris et ses historiens aux XIVe et XVe siècles, Paris 1867.
Lopez, Robert S./Raymond, Irving W.: Medieval Trade in the Mediterranean World, New York 1955.
Machiavelli, Niccolò: Opere, Mailand 1969.

Malden, H. E.: The Cely papers. Selections from the correspondance and memoranda of the Cely family, merchants of the Staple. A.D. 1475-1488, London 1900.
Melis, Federigo: Documenti per la storia economica dei secoli XIII-XVI, Florenz 1972 (Istituto internazionale di storia economica F. Datini, Prato, I, 1).
Michaelsson, Karl: Le livre de la taille de Paris de l'an 1296, Göteborg 1958.
Mollat, Michel: Les affaires de Jacques Cœur. Journal du procureur Dauvet, procès-verbaux de séquestre et d'adjudication, 2 Bde, Paris 1952-1953.
— Comptabilité du port de Dieppe au XVe siècle, Paris 1951.
Pampaloni, Guido: Firenze al tempo di Dante. Documenti sull'urbanistica fiorentina, Rom 1973.
Pegolotti, Francesco di Balduccio: La pratica della mercatura, hg. von Allan Evans, Cambridge (Mass.) 1936.
Pryor, John H.: Business contracts of medieval Provence. Selected Notulae from the cartulary of Giraud Amalric of Marseilles. 1248, Toronto 1981.
Rigaudière, Albert: L'Assiette de l'impôt direct à la fin du XIVe siècle. Le livre d'estimes des consuls de Saint-Flour pour les années 1380-1385, Paris 1977.
Sapori, Armando: I libri della ragione bancaria dei Gianfigliazzi, Mailand 1947.
— I libri di commercio dei Peruzzi, Mailand 1934.
Stieda, Wilhelm: Hildebrand Veckinchusen. Briefwechsel eines deutschen Kaufmannes im 15. Jahrhundert, Leipzig 1921.
Thiriet, Freddy: Délibérations des Assemblées vénitiennes concernant la Romanie, 2 Bde, Paris/Den Haag 1966-1971.
Tuetey, Alexandre: Journal d'un Bourgeois de Paris. 1405-1449, Paris 1881.
— Testaments enregistrés au Parlement de Paris sous le règne de Charles VI, Paris 1880.
Uzzano, Giovanni da: El libro di mercatantie a usanze de' paesi, hg. von Franco Borlandi, Turin 1936.
Villain-Gandossi, Christiane (Hg.): Comptes du sel de Francesco di Marco Datini pour sa compagnie d'Avignon. 1376-1379, Paris 1969.
Villani, Giovanni: Cronica, hg. Magheri, Florenz 1823.
Wolff, Philippe: Les »estimes« toulousaines des XIVe et XVe siècles, Toulouse 1956.

Register

Aachen 18
Aventarii (Abenteurerkaufleute) 385
Accetanti (Jacopo) 247, 248
Acciaiuoli (Familie) 72, 109, 119, 185, 258, 303, 380
— (Angelo), Bischof von Florenz 119, 301
— (Niccolò) 322
Adorno (Familie) 306, 308
— (Gabriele) 308
Adria 26, 34, 41
Ägypten 12, 29, 30, 45, 46, 56, 76, 149, 169, 198
Ärmelkanal 24, 26, 44, 50, 60, 106, 193
Äthiopien 163
Afrika 57, 60
Aigues-Mortes (Gard) 50, 268, 269, 284
Alberti (Familie) 109, 181
— (Leon Battista) 381
— (Niccolo di Jacopo degli) 301, 352, 365
Albertini (Familie) 130
Albi (Tarn) 50, 55, 86
Albizzi (Familie) 303
Alençon (Herzogin von) 214
Alexandria (Ägypten) 12, 18, 29, 30, 31, 44, 46, 56, 58, 71, 96, 100, 112, 149, 167, 170, 192, 193, 194, 232, 376
Algier (Algerien) 58
Allevard (Isère) 178
Alpen 28, 34, 38, 47, 48, 140, 269, 288
Alphons IV., König von Portugal 134
Alphons V., König von Aragon 248
Alphons X., König von Kastilien 44
Alphons von Frankreich, Graf von Poitiers 310
Alston Moor (Großbritannien) 201
Amalfi (Italien) 35

Ambrogi (Deo) 255, 288
Amerika 13
Amic (Jean) 196
Amiens (Somme) 85, 97, 118, 123, 133, 318
Anatolien 56
Ancona (Italien) 185, 332
Andalusien 19, 57, 178, 375
Anjou 34
— (Ludwig, Herzog von) 117, 206
Anna von Bretagne, Königin von Frankreich 383
Annaba (Algerien) 31
Antiochia (Antakya, Türkei) 18, 29, 30
Antoninus von Florenz (Sankt) 211, 213, 356
Antwerpen (Belgien) 49, 59, 97, 100, 103, 107, 132, 136, 148, 186, 187, 194, 195, 218, 219, 227, 235, 237, 280, 301, 323
Apennin 28, 269
Aragon 27, 58, 80, 196, 235, 248, 272, 297
Arcelli (Aguinolfo degli) 51, 108
Arezzo (Italien) 305, 358
Argenteuil (Val-d'Oise) 26, 366
Aristoteles 145, 155, 210
Arles (Bouches-du-Rhône) 17
Armenien 67
Arno 50, 77, 358
Arnolfini (Familie) 256, 379, 381, 382
— (Giovanni) 112
Arras (Pas-de-Calais) 28, 86, 193, 326
Artois 26, 27, 323, 367
Asowsches Meer 194, 198
Asti (Italien) 77, 109, 117, 214, 221, 223
Atlantik 11, 18, 27, 34, 41, 47, 50, 57, 58, 60, 136, 193, 269
Aubriot (Hugo) 317

395

Augsburg 38, 48, 59, 70, 180, 194, 254, 333, 346
Augustaire (Aubert) 220
Augustinus (Sankt) 17, 339, 351
Auvergne 114, 130, 223
Auxerre (Yonne) 21, 25, 26, 63, 77, 133
Auxonne (Côte-d'Or) 148
Avignon (Vaucluse) 23, 54, 55, 70, 76, 78, 79, 81, 84, 109, 110, 112, 127, 128, 129, 146, 172, 175, 176, 183, 186, 196, 198, 214, 223, 224, 228, 234, 236, 243, 247, 283, 332

Badoer (Giacomo) 56
Bagdad (Irak) 67
Baglioni (Familie) 215
Ball (John) 354
Ballardi (Familie) 136
Ballerini (Giannetto) 348
Banchello (Duccio di) 287, 288
Bandinella (Lorenzo) 45
Bar (Eduard I., Graf von) 213
— (Jean de) 221
— (Robert, Herzog von) 213, 220
Barbarigo (Andrea) 80, 190, 198, 267
Barbette (Familie) 267, 338
Barbou (Familie) 267
Barcelona 18, 23, 25, 50, 63, 65, 79, 80, 81, 83, 84, 93, 112, 130, 150, 163, 165, 167, 169, 170, 175, 176, 186, 194, 196, 198, 200, 227, 232, 233, 235, 243, 244, 245, 247, 248, 249, 334
Bardi (Familie) 56, 57, 74, 75, 101, 109, 119, 136, 182, 185, 232, 236, 237, 255, 258, 334, 354, 380, 385
— (Bartolo), Bischof von Spoleta 119, 301
Bari (Italien) 30, 193
Barletta (Italien) 193
Bar-sur-Aube (Aube) 31
Bartole 154
Basciano da Pescina 173
Bataille (Nicolas) 117
Baudouin (Jean) 195
Balduin II., Graf von Courtenay 83
Baye (Nicolas de) 72
Bayern 59, 148
Bayern (Herzöge von) 323
Béarn 27, 320
Beaune (Côte-d'Or) 11, 26, 28, 99

Beaune (Familie) 323, 348, 349
— (Jean de) 348
Beauvais (Oise) 118
Bedford (Johann von Lancaster, Herzog von) 57, 134, 146, 158, 336, 337, 350, 366, 367
Bembo (Brüder) 56
Benci (Giovanni) 179, 185
Benci (Tieri di) 175, 176, 332
Bencivenni (Banco) 287, 288
Benedikt XII., Papst 109
Benedikt XIII., Papst 214
Bergamo (Italien) 57, 378
Bergen (Norwegen) 34, 47, 58, 122, 133, 173, 193, 196, 234, 248, 249
Bergenfahrer 70
Berg op Zoom (Niederlande) 104, 186, 219, 237
Bern (Schweiz) 47, 148, 187
Bernay (Eure) 117, 366
Bernhard von Siena (Sankt) 211
Berry 266
Berry (Johann, Herzog von) 381
Berto (Toro di) 172
Berwick (Großbritannien) 104
Biche und Mouche: siehe Guidi de' Franzesi
Bini (Ambrogio di Bino) 270
Blois (Loir-et-Cher) 380
Boccaccio 353, 374
Boccanegra (Familie) 305
— (Ambrogio) 134
— (Simone) 134, 303, 308
Bodensee 48
Boël (Roger) 121
Böhmen 34, 49, 142, 145, 163, 199, 329
Boinebroke (Jehan) 201, 202, 223, 357
Bologna (Italien) 130, 288, 298
Bonaccorsi (Familie) 109, 258
Bonis (Barthélemy) 23, 283
Bordeaux (Gironde) 11, 17, 23, 34, 47, 97, 105, 106, 136, 193, 238, 239, 320, 322, 346
Borromei (Familie) 185
Bosnien 179
Bosporus 26, 28, 29, 56, 171
Boston (Großbritannien) 103, 238
Botticelli (Sandro di Mariano Filipepi, genannt) 381, 383
Boucher (Jean) 115

Bourbon (Herzog von)   113
Bourdon (Familie)   267
Bourges (Cher)   119, 266, 337, 367, 380
Bourget (Le) (Seine-Saint-Denis)   25
Bourg-la-Reine (Hauts-de-Seine)   25, 82, 90, 123, 133, 136
Bourgneuf (Loire-Atlantique)   26, 34, 45, 47, 99, 193, 252
Bourguerol (Sicard de)   243
Bourré (Jean)   348
Bozen (Italien)   22
Brabant   49, 55, 105, 207
Braque (Familie)   267, 322, 337, 343
— (Arnoul)   337, 343
— (Nicolas)   343
Braunschweig   122, 299
Bremen   63, 306, 340
Brenner (Paß)   48
Brescia (Italien)   57, 59
Bretagne   26, 45, 145, 194, 208
— (Herzog von)   118
Briçonnet (Familie)   323, 347, 348, 349
Bristol (Großbritannien)   27, 135
Brügge (Belgien)   11, 12, 25, 26, 27, 28, 31, 34, 35, 38, 45, 46, 47, 49, 50, 51, 54, 55, 56, 57, 58, 59, 64, 65, 66, 70, 72, 76, 77, 79, 80, 81, 84, 86, 91, 94, 96, 97, 98, 99, 100, 104, 106, 107, 108, 109, 110, 111, 112, 113, 114, 117, 122, 123, 124, 125, 126, 128, 129, 130, 132, 136, 163, 164, 167, 171, 173, 180, 183, 185, 186, 187, 192, 193, 194, 195, 196, 197, 202, 205, 215, 216, 219, 224, 226, 227, 228, 232, 233, 234, 235, 236, 238, 242, 243, 244, 245, 247, 268, 269, 279, 287, 288, 291, 311, 322, 332, 362, 373
Brüssel   77, 99, 123, 193, 207
Brunelli (Donato)   56
Buchara (Usbekistan)   67
Buda, Budapest (Ungarn)   38, 59, 66, 187
Buonsignori (Familie)   109, 258
Bureau (Familie)   337, 350
— (Gaspard)   350
— (Jean)   350
Burgund   22, 26, 38, 97, 100, 145, 148, 161, 192, 238, 256, 266, 367
Burgund (Herzog von)   206, 322, 327, 340, 367
— (Karl der Kühne, Herzog von)   236, 256

— (Johann ohne Furcht, Herzog von)   337, 340, 367
— (Margaret von York, Herzogin von)   322
— (Marie von)   183, 236
— (Philipp der Gute, Herzog von)   256, 336, 340, 367
— (Philipp der Kühne, Herzog von)   322
— (Mahaut von Artois, Gräfin von)   236
— (Otto IV., Graf von)   236
Burlamacchi (Familie)   123, 134
Byzanz: siehe Konstantinopel

Cadiz (Spanien)   15, 31, 54, 57, 58, 198, 318, 375
Caen (Calvados)   366
Cagliari (Italien)   58, 128
Cahors (Lot)   50, 86, 224
Calais (Pas-de-Calais)   97, 103, 104, 235, 248, 256, 279
Campaldino (Italien)   305
Candiano (Familie)   308
Capelle (Bernhard)   162
Capeluche   266
Capponi   334
Carol (Durand)   163
Carpentras (Vaucluse)   198
Casa (Antonio della)   283, 292, 293
— (Ruggieri della)   185
Cassals (Johann von)   286
Cassinel (Bétin)   56
Castelfranco (Italien)   359
Castellani (Familie)   258
Castello (Italien)   358
Castorp (Familie)   198
— (Heinrich)   133, 228, 266, 301, 365
Cattaneo (Familie)   96
Cattani (Gherardo)   247, 248
Caux   85, 344
Cavalcanti (Familie)   334
Cenami (Familie)   123, 334
— (Geoffroi)   112
— (Giovanna)   112
— (Guglielmo)   135
Cervantes (Miguel de)   378
Ceuta (Spanien)   163
Ceylon   67
Chaillot (Jean)   363
Chaillot (Paris)   26, 83, 266

Chalon-sur-Saône (Saône-et-Loire) 38
Champagne 12, 26, 31, 35, 38, 48, 51, 54, 56, 59, 66, 79, 91, 94, 99, 108, 132, 139, 141, 192, 202, 215, 234, 236, 239, 243, 279, 282, 386
Chanigliani (Giovanni) 242
Chantilly (Oise) 350
Charolais 323
Chartres (Eure-et-Loir) 21, 23, 86, 118, 380
Chastriet (Jean) 363
Châteaurenault (Indre-et-Loire) 21
Châtillon (Gaucher de) 136
Cher (Fluß) 22
Chiarini (Giorgio di Lorenzo) 74
Chieri (Italien) 223
China 60, 67, 72, 81, 82, 167, 373
Chios (Griechenland) 46, 56, 112, 177, 178, 192, 193, 229
Chlodwig, König der Franken 143
Chuffart (Jean) 73
Ciboule (Robert) 125
Civittà Vecchia (Italien) 95
Clain (Fluß) 21
Clamart (Hauts-de-Seine) 26, 124
Clermont-Ferrand (Puy-de-Dôme) 113, 247
Cocchi (Familie) 258
Cocket (Fluß) 104
Cœur (Jacques) 59, 60, 119, 130, 148, 163, 194, 196, 198, 199, 228, 257, 266, 268, 322, 323, 324, 327, 362, 380
Cœur (Jean), Erzbischof von Bourges 119
Col (Gontier) 135
Colletier (Jean) 317
Colombini (Giovanni) 360
Columbus, Christoph 110, 134, 374, 375
Comacchio (Italien) 26
Commines (Philippe de) 72
Comminges 27
Compagni (Dino) 72
Compiègne (Oise) 21, 87, 90, 114
Comtat Venaissin 146
Coquatrix (Familie) 338
Corbeil (Essonne) 121
Corbie (Somme) 133
Cordoba (Spanien) 197
Corner oder Cornaro (Familie) 116
— (Federico) 346

— (Katarina, Königin von Zypern) 116
— (Marco) 116
Cornwall 26, 46, 51, 194, 236, 256
Corsini (Familie) 258
Cossa (Baldassare) 198
Cotswolds (Großbritannien) 86
Coucy (Enguerran de) 213, 221
Courçon (Robert de) 210
Couronne (Azémar) 64
Courtonne (Gérard de), Bischof von Soissons 82
Cros (Pons de) 243
Cumberland (Großbritannien) 104

Dalamanya (Ricardo) 80
Dalmatien 57
Dammartin (Familie) 338
Dandolo (Familie) 308
Dante 352
Danzig (Gdansk, Polen) 11, 26, 34, 77, 119, 127, 136, 137, 173, 216, 291, 306, 360, 372
Datini (Francesco di Marco) 14, 57, 80, 81, 172, 175, 176, 197, 199, 205, 260, 283, 289, 302, 332, 357, 359, 358, 359, 372, 381
Dauphiné 48, 236
Dauvet (Jean) 196
Decize (Nièvre) 64
Del Bene (Familie) 204
Dell'Antella (Familie) 258
Des Essarts (Familie) 322
— (Martin) 322
— (Pierre) 322, 325, 349
Dias (Dinis) 163
Dieppe (Seine-Maritime) 85, 136, 333, 366, 367
Dijon (Côte-d'Or) 80, 343, 346
Dominici (Giovanni) 355
Donatello (Donato di Betto Bardi) 382
Donati (Corso) 305
Donau 48
Dordogne 50
Dordrecht (Niederlande) 312
Doria (Familie) 96
Doria (Oliviero) 47
Doriole (Pierre) 327
Dortmund 133, 173, 236, 299, 304
Douai (Nord) 201, 207, 223
Draperio (Familie) 96

Du Bois (Guillaume) 280
Du Bois (Jean) 280
Duché (Jacques) 263
Durazzo (Albanien) 57
Durham (Großbritannien) 104

Eduard I., König von England 136, 322, 328
Eduard III., König von England 56, 97, 132, 136, 142, 207, 213, 221, 236, 255, 258, 309
Eduard IV., König von England 104, 126, 322
Elbe 26, 34, 48, 177, 311
Elba (Insel) 47, 219
Elbeuf (Seine-Maritime) 367
Elsaß 127
Epernay (Marne) 363
Este (Familie) 298
Estévenin (Jean) 280
Etsch 22
Euböa (Griechenland) 57, 149, 300
Eure (Fluß) 21, 23
Evreux (Eure) 25, 232
Evreux (Ludwig, Graf von) 136

Faenza (Italien) 124
Falconieri (Giovanni) 292, 293
Farce de maître Pathelin (La) 378
Falstaff 367
Fauquembergue (Clément de) 72
Feld (John) 248
Ferrara (Italien) 298
Fès (Marokko) 163
Fieschi (Kardinal) 272
Fiesole (Italien) 358
Figeac (Lot) 86
Finnland 26
Flandern 25, 26, 28, 34, 35, 45, 46, 49, 50, 51, 54, 57, 58, 67, 72, 74, 78, 93, 97, 98, 104, 105, 135, 136, 145, 148, 185, 200, 216, 235, 236, 243, 258, 271, 279, 288, 297, 311, 319, 329
Flandern (Graf von) 367
Flandern (Ludwig von Nevers, Graf von) 136
Flandern (Philipp der Kühne, Graf von) 136

Florenz 10, 11, 25, 28, 29, 42, 50, 54, 56, 64, 65, 72, 77, 79, 80, 81, 86, 94, 98, 107, 109, 110, 119, 123, 124, 125, 128, 132, 134, 142, 143, 145, 148, 149, 161, 165, 167, 172, 175, 176, 179, 183, 185, 186, 190, 194, 197, 198, 200, 205, 216, 228, 230, 235, 242, 244, 245, 246, 247, 253, 258, 266, 267, 268, 270, 271, 290, 293, 297, 298, 299, 301, 302, 304, 305, 306, 307, 308, 309, 310, 311, 312, 318, 334, 354, 358, 362, 369, 370, 371, 379, 381
Foix (Ariège) 148, 320
Forbin (Palamèle) 324
Forez 161
Franche-Comté 323
Franken 59
Frankfurt am Main 59, 169, 173, 310
Frankfurt an der Oder 22
Franz I., König von Frankreich 383
Fregosi (Familie) 306, 308
— (Battista) 308
— (Domenico) 308
— (Paolo) 308
Frescobaldi (Familie) 109, 136, 258
— (Amerigo) 136, 322
— (Berto) 322
— (Giovanni) 72
— (Girolamo) 132
Friaul 57
Friedrich II., Kaiser 143, 298, 299
Fugger (Familie) 14, 23, 34, 60, 129, 180, 194, 198, 385
— (Andreas) 180, 341
— (Anton) 341
— (Georg) 180
— (Hans) 333
— (Jakob) 59, 70, 180, 194, 207, 219, 256, 323, 324, 341, 385
— (Johannes) 180
— (Markus) 180
— (Peter) 180
Fulda 18

Gaillac (Tarn) 26, 320
Gaillart (Michel) 323
Gallerani (Familie) 70, 199, 239, 240
Gallien 17, 18, 25
Gambia 164
Gao (Mali) 163

399

Garonne 21, 22, 23, 27
Gascogne 11, 26, 28, 31, 44, 104, 105, 193, 194, 197, 208, 238
Gencien (Familie) 267, 338
Genf 59, 91, 150, 185, 186, 187, 196, 235, 245, 289, 292, 327, 329, 364
Gent (Belgien) 28, 193, 200, 202, 203, 207, 316
Genua 10, 23, 25, 28, 29, 30, 42, 46, 49, 50, 51, 55, 56, 58, 59, 60, 63, 64, 77, 79, 80, 81, 95, 96, 106, 107, 125, 132, 143, 149, 161, 164, 165, 167, 171, 172, 173, 175, 177, 183, 185, 187, 190, 192, 193, 214, 226, 228, 229, 230, 233, 235, 242, 243, 244, 245, 251, 265, 268, 269, 271, 279, 290, 293, 297, 298, 299, 303, 304, 305, 306, 308, 309, 311, 312, 315, 334
Ghiberti (Lorenzo) 381
Ghirlandaio (Domenico) 354, 357, 380, 383
Gianfigliazzi (Familie) 236, 334
Gibraltar 44, 50, 51
Giotto 354, 380, 381
Giustiniani (Familie) 178
Glan (Clément de) 55
Gobi (Wüste) 67
Gotland (Schweden) 35, 67
Gradenigo (Familie) 308
Grandin (Simonet) 115
Gréban (Arnoul) 378, 379
Gregor VII., Papst 35
Gregor XII., Papst 198, 214
Gresham (Thomas) 141
Griffi (Raniero) 239, 240
Grilli (Baliano) 268, 269
Grimaldi (Rainier) 134
Groningen (Niederlande) 148
Guadagnabene (Familie) 123
— (Giovanni di Andriolo) 82
Guadagni (Simone) 283, 292, 293
Gualterotti (Familie) 334
— (Graf) 136, 322
Guardi (Familie) 109
Guérande (Loire-Atlantique) 34
Guidalotti (Gherardo) 172
Guidiccioni, Guidechon (Familie) 134
Guidi de'Franzesi (Albizzo, genannt Biche, Guy) 54, 78, 108, 109, 135, 236, 239, 257, 322, 324
— (Musciatto, genannt Mouche, Guy) 54, 78, 108, 109, 135, 136, 236, 239, 257, 322, 324
— (Tote) 54, 109, 135, 236
— (Vanne) 236, 239, 240
Guillebert von Metz 236, 373
Guinigi (Familie) 119, 334
— (Niccolò), Bischof von Lucca 119
— (Paolo) 347
Guyenne 145, 193, 322
Guyenne (Herzog der) 21, 105

Haarlem (Niederlande) 148
Habsburg (Familie) 219, 256
— (Friedrich von), Graf von Tirol 224
— (Sigismund von), Herzog von Österreich 316
Halle (Josset de) 206
Hamburg 111, 122, 193, 216, 243, 279, 281, 297, 299, 318, 340
Hanse 34, 35, 43, 45, 47, 49, 51, 58, 59, 76, 80, 94, 99, 102, 107, 108, 111, 121, 122, 123, 125, 133, 135, 215, 216, 251, 252, 268, 299, 301, 311, 333
Harfleur (Seine-Maritime) 22, 58, 125, 128
Harlay (Jean de) 317
Heidelberg 66
Heinrich II. Plantagenet, König von England 91, 159
Heinrich III., König von England 105, 144
Heinrich IV., König von England 255, 326
Heinrich V., König von England 159, 255
Heinrich VI., König von England und Frankreich 57, 111, 350
Hennegau 105, 111
Hessen 59
Hesselin (Denis) 317
Hoggar 163
Holland 26, 49, 105, 111, 208
Hompys (Joseph) 187
Hormus (Iran) 67
Houvraste (Alice) 201
— (Piéron) 201
Hull (Großbritannien) 27, 103
Hyères (Var) 17

Ile-de-France 26, 97
Indien 30, 56, 60, 67, 71, 72, 198

Indischer Ozean 67
Innozenz VII., Papst 214, 221
Ipswich (Großbritannien) 103
Irland 17
Isabella von Bayern, Königin von Frankreich 76
Isabella von Frankreich, Königin von England 87, 255
Island 104
Italiano (Paolo) 45
Iwan III., Zar von Rußland 127

Jallée (Androwat) 226
— (Geoffroi) 226
Johanna I. von Anjou, Königin von Neapel 322
Jeanne d'Arc, Johanna von Orléans 366, 378
Johann II. der Gute, König von Frankreich 152, 318, 322, 325, 326, 343, 346, 350
Johannes XXII., Papst 109
Joinville (Jean de) 71, 72
Jouault (Regnault) 115
Jouvenel (Jean) 123, 134
Jura (Judenburg) 34, 129, 140
Justinian, Kaiser 17
Juvénal des Ursins (Jean), Erzbischof von Reims 133
— (Guillaume), Kanzler von Frankreich 133

Kaffa (Krim) 35, 56, 149, 194, 234
Kalabrien 86
Kanarische Inseln 57, 163
Kapverden 163
Karbow (Peter) 58, 173
Karl der Große 18, 19, 139, 142, 383
Karl II. der Kahle 19, 139
Karl IV., Kaiser 300
Karl V., Kaiser 86, 112, 134, 152, 153, 155, 219, 310, 317, 341, 343, 346, 350
Karl VI., König von Frankreich 86, 87, 116, 117, 125, 159, 196, 206, 216, 221, 255, 263, 340, 343
Karl VII., König von Frankreich 21, 57, 125, 130, 196, 199, 324, 327, 336, 337, 338, 350, 364, 365, 366, 367

Karl VIII., König von Frankreich 259, 320, 328, 344, 348
Karl I. von Anjou, König von Neapel 143, 159
Karl von Frankreich, Bruder von Ludwig XI. 348
Karpaten 26, 34, 35, 49
Karolinger 18, 161, 297
Kaspisches Meer 31, 67
Kastilien 11, 28, 82, 179, 378
Katalonien 55, 58, 193, 196
Katharina von Frankreich, Königin von England 255
Katharina von Medici, Königin von Frankreich 259, 385
Kaukasus 194
Klemens VI., Papst 345
Klemens VII., Papst 214, 221
Klendenot (Hermann) 237
Köln 34, 59, 90, 91, 122, 124, 173, 178, 187, 192, 215, 221, 236, 299, 304, 306, 311, 334
Königsberg 35
Konrad IV., Kaiser 143
Konstantin, Kaiser 17
Konstantinopel (heute Istanbul, Türkei) 17, 18, 28, 29, 30, 56, 66, 67, 86, 108, 192, 193, 234
Konstanz 48, 291, 313
Korfu (Griechenland) 57
Korsika 47
Krakau (Polen) 26, 35, 59, 234
Kreta 57, 149, 267, 300, 303
Krim 26, 28, 30, 55, 66, 149, 171, 194
Kublai Khan 28, 81

Lagny (Seine-et Marne) 31, 35, 283
La Layne (Jacques de) 196
Lambertucci (Tuccio) 172
Lange (Johann) 119, 122
Langlois (Jean) 135
Languedoc 22, 27, 31, 42, 57, 104, 130, 148, 161, 190, 196, 199, 207, 262, 280, 319, 320, 324, 327, 328, 338
Laon (Aisne) 118
Lapeyre (Jean) 286
Latini (Brunetto) 66
Lauraguais 27, 28
Leipzig 49, 59, 63, 65

401

Le Maignen (Jean) 115
Lemberg (Lwow, Ukraine) 26
Le Mercier (Jean) 337, 343
Lendit (Messen des) 87, 117, 237, 366,
Leona (Italien) 359
Le Gronnais (Philipp) 266
Le Page (Enguerran) 70
– (Pierre) 70
Le Pelletier (Familie) 350
– (Cardin) 344
– (Jacques) 344
– (Richard) 266, 344
– (Richard de Martainville) 344
Le Riche (Jean) 133
Lerida (Spanien) 86
Lettland 26
Libourne (Gironde) 50, 97
Lille (Nord) 28, 148, 318, 367
Limberg (Familie) 198
– (Tidemann) 201, 236, 255, 256, 266, 345
Lioni (Nicoletto) 287
Lissabon (Portugal) 55, 59, 60, 315
Lisieux (Calvados) 117
Litauen 26, 84
Livorno (Italien) 50
Lizy-sur-Ourcq (Seine-et-Marne) 55
Lobera (Johan de) 79
Lodi (Italien) 287, 309
Loir 21
Loire 21, 97, 322, 367
Lombard (Pierre) 210
Lombardei 18, 26, 47, 130, 173, 204, 288
London 10, 11, 26, 27, 28, 34, 44, 45, 47, 49, 50, 51, 54, 55, 59, 63, 65, 66, 77, 78, 80, 81, 82, 86, 91, 98, 102, 103, 106, 108, 117, 121, 122, 124, 125, 126, 129, 132, 133, 135, 136, 164, 170, 171, 179, 183, 186, 190, 192, 193, 194, 196, 203, 205, 215, 216, 232, 233, 234, 235, 236, 238, 244, 245, 247, 249, 262, 279, 291, 301, 315, 316, 317, 322, 333, 334, 335, 345
Longueil (Jean de) 337
Lorenzen, Peter 248
Lorenzetti (Ambrogio) 361, 362, 363
Lorenzo der Prächtige, siehe Medici
Lorris (Familie) 322, 343
– (Robert de) 325, 337
Louviers (Eure) 117, 367

Lozère (Maulin) 70
Lubbe (Jacob) 372
Lucca (Italien) 54, 70, 77, 99, 107, 109, 112, 119, 123, 129, 134, 135, 136, 137, 196, 197, 200, 214, 247, 255, 260, 266, 293, 309, 334, 347
Ludwig I. der Fromme, Kaiser 139, 141
Ludwig VII., König von Frankreich 159, 213
Ludwig IX. der Heilige, König von Frankreich 34, 142, 143, 144, 145, 213, 265, 310, 326, 378
Ludwig XI., König von Frankreich 65, 91, 105, 111, 150, 204, 318, 320, 322, 323, 327, 328, 329, 348
Ludwig XII., König von Frankreich 348, 383
Ludwig von Bayern, Kaiser 258
Luçon (Vendée) 21
Lübeck 10, 26, 28, 34, 45, 46, 58, 59, 65, 70, 76, 77, 78, 82, 98, 107, 111, 115, 119, 122, 133, 135, 136, 145, 167, 169, 173, 178, 182, 186, 190, 192, 198, 215, 216, 228, 237, 258, 260, 279, 281, 291, 297, 299, 301, 304, 305, 315, 318, 333, 340, 376
Lüneburg 34, 178, 194, 289
Luna (Carlo della) 283, 289
Lusignan (Jakob III. von), König von Zypern 116
Lyneham (Lowes) 248
Lyon (Rhône) 17, 48, 59, 78, 91, 111, 151, 186, 187, 196, 200, 213, 238, 267, 279, 318, 320, 324, 327, 328, 329, 344, 364
Lyonnais 161, 163, 199, 329

Mâcon (Saône-et-Loire) 148
Madeira 57, 163
Maghreb 18, 56
Mailand 47, 48, 50, 148, 183, 185, 186, 187, 198, 287, 288, 298, 299, 309, 322, 370
Mainz 18, 66, 173
Mallorca 57, 175
Malabar 67
Malabayla (Familie) 117
Malateste (Familie) 298
Malet (Familie) 343
Malfante (Antonio) 57
Malines (Belgien) 80, 274

Malmaison (Rueil-Malmaison, Hauts-de-Seine) 350
Malta 86
Mamelucken 31
Manelli (Niccolò) 242
Mannini (Familie) 255
Manresa (Miguel de) 79
Marcel (Etienne) 319, 322, 325, 346
— (Jean) 267
— (Pierre) 54
Marle (Arnaud de) 337
Maria von Medici, Königin von Frankreich 384
Marigny (Enguerran de) 109, 135, 152, 331
Marke (Collard de) 227
Marokko 58
Marseille 17, 18, 23, 47, 64, 65, 80, 135, 171, 186, 193, 271, 324, 327
Mascheol (Arnoulet) 280
Matteo (Boninsegna di) 175, 176, 332
Maubeuge (Nord) 111
Maximilian von Habsburg, Kaiser 59, 97, 256, 322, 323, 341
Mazzei (Ser Lapo) 260, 357
Medici (Familie) 14, 51, 57, 59, 60, 84, 95, 101, 110, 119, 165, 179, 181, 182, 183, 185, 194, 198, 205, 216, 235, 236, 256, 257, 259, 266, 267, 307, 322, 328, 332, 348, 364, 375, 381, 383
— (Katharina von): siehe Katharina von Medici 186
— (Cosimo I. de'), Großherzog der Toskana 190, 267, 303, 308, 357, 379, 380, 382, 385
— (Cosimo di Giovanni de') 185
— (Giovanni de'), Papst Leo X. 119, 259
— (Giovanni di Bicci de') 183, 185, 198, 214
— (Giovanni di Cosimo de') 186
— (Lorenzo de'), genannt Lorenzo der Prächtige 50, 119, 183, 186, 259, 303, 348, 381, 383, 385
— (Lorenzo di Giovanni de') 185, 382
— (Pierfrancesco di Lorenzo de') 186
— (Piero di Cosimo de') 186
— (Piero de') 51, 242, 259
— (Vieri di Cambio de') 185
Medina del Campo (Spanien) 179, 238
Memling (Hans) 382

Metz (Moselle) 214, 219, 226, 266, 311
Meudon (Hauts-de-Seine) 121, 350
Meuting (Familie) 180, 254
Mittelmeer 11, 18, 24, 27, 34, 41, 42, 45, 51, 57, 58, 193, 271
Mocenigo (Familie) 308
Mongolei 66, 21
Mons (Belgien) 87
Monstrelet (Enguerran de) 72
Monstreuil (Riché de) 201
Montagnac (Hérault) 243
Montauban (Tarn-et-Garonne) 23, 25, 283, 285
Montevarchi (Italien) 25, 358, 359
Montpellier (Hérault) 50, 58, 79, 80, 82, 130, 148, 149, 186, 196, 198, 244, 247, 248, 320, 327
Montluel (Ain) 328
Montmorency (Familie) 344
Morelli (Giovanni di Paolo) 253, 354, 360
Moriconi, Moriçon (Familie) 134
Mosel 18, 22
Moskau 127
Mossaldi (Guido) 72
Mossul (Irak) 67
Mouche, siehe Guidi de' Franzesi
Mozzi (Familie) 109, 258
München 66
Muliche (Brüder) 169
Muret (Haute-Garonne) 26
Musnier (Pierre) 83

Najac (Familie) 338
Nantes (Loire-Atlantique) 367
Narbonne (Aude) 18, 86
Nastagio (Tommaso di ser) 172
Naxos (Griechenland) 57
Neapel 29, 58, 180, 185, 193, 258, 298, 383
Nesle (Somme) 133
Neuilly (Hauts-de-Seine) 366
Neve (Antonio di) 247
Neve (Graf von) 247
Newcastle-upon-Tyne (Großbritannien) 104
Nibelungen 380
Niederlande 49, 100, 104, 195, 256
Nikolaus V., Papst 379
Nîmes (Gard) 23, 82, 348, 364, 365

Niort (Deux-Sèvres) 21
Nogent-sur-Seine (Aube) 21, 90
Nordsee 22, 24, 26, 34, 38, 44, 45, 49, 51, 54, 58, 60, 102, 106, 111, 125, 192, 193, 195, 198, 215, 269, 311
Nori (Francesco) 328
Normandie 22, 26, 31, 55, 130, 193, 195, 199, 207, 266, 273, 319
Northumberland (Großbritannien) 104
Norwegen 34, 93, 111, 194
Nowgorod 15, 34, 47, 58, 76, 77, 80, 122, 127, 129, 133, 163, 169, 173, 193, 196, 215,
Noyon (Oise) 265
Nürnberg 48, 49, 59, 106, 107, 119, 121, 123, 169, 178, 180, 187, 198, 201, 216, 255, 310

Oder 34
Oderberg (Bohumin, Polen) 22
Oise 21
Orange (Vaucluse) 283
Orcagna (Andrea di Cione Arcangelo, genannt) 380
Oresme (Nikolaus) 155
Orgemont (Pierre d') 350
Orlandi, Orlant (Henri) 81, 125, 126, 132, 134
— (Thomas) 134
Orléans (Loiret) 17, 26, 35, 157
Orléans (Karl, Herzog von) 214, 380
— (Ludwig, Herzog von) 259, 263, 334
Ormanno (Gherardo di) 270
Ormesson-sur-Marne (Val-de-Marne) 350
Orseolo (Familie) 308
Orsini (Familie) 385
Österreich 59
Ostsee 11, 18, 24, 31, 34, 44, 45, 49, 59, 76, 102, 104, 169, 175, 191, 192, 194, 196, 198, 251

Paciolo (Luca) 275, 276, 291, 293
Padua (Italien) 370
Pagèze (Guilhem) 162
Paillart (Christophe) 133, 134
Palermo (Italien, Sizilien) 30, 58, 270
Palos (Spanien) 375
Parentucelli (Tommaso) 379

Paris 11, 17, 22, 23, 25, 26, 28, 35, 44, 46, 48, 51, 54, 55, 56, 57, 63, 66, 70, 73, 76, 79, 80, 81, 83, 85, 86, 94, 97, 98, 101, 105, 107, 108, 112, 113, 116, 117, 119, 121, 123, 124, 125, 126, 127, 128, 129, 130, 132, 133, 134, 135, 136, 137, 139, 146, 148, 159, 174, 180, 190, 192, 195, 196, 197, 200, 202, 206, 214, 221, 228, 231, 232, 238, 247, 255, 257, 266, 267, 316, 317, 320, 322, 328, 333, 334, 335, 338, 343, 344, 345, 356, 363, 366, 367, 370, 373
Pazzi (Familie) 51, 57, 248, 259
— (Andrea de) 247, 248
Peccais (Gard) 57
Pegolotti (Francesco di Balduccio) 23, 50, 74, 75, 86, 301
Peniscola (Italien) 270
Peramola (Francesco de) 79, 80
Peresi (Luigi) 126, 222
Perondoli (Familie) 258
Perruce (Robert) 202
Persien 67, 72, 82
Persischer Golf 18
Perugia (Italien) 197
Perugino (Pietro Vannuci, genannt) 382
Peruzzi (Familie) 56, 57, 72, 109, 136, 237, 255, 258, 290, 380
Pessagno (Emmanuele) 134
Pest: siehe Budapest
Petyt (John) 248, 249
Pézenas (Hérault) 243
Philipp I., König von Frankreich 35, 357
Philipp II. August, König von Frankreich 38, 141, 145
Philipp III. der Kühne, König von Frankreich 54, 77, 81, 110, 136, 144
Philipp IV. der Schöne, König von Frankreich 38, 54, 56, 78, 108, 111, 130, 134, 135, 136, 152, 265, 310, 322, 325, 326, 328
Philipp VI., Graf von Valois, König von Frankreich 78, 153, 160, 325
Philippa von Hennegau, Königin von England 221
Phokäa (Türkei) 51, 56, 95, 96, 112, 128, 186, 219, 229, 303, 346
Piacenza (Italien) 82, 242
Pian Carpino 71
Picardie 26, 28, 55, 130, 367

Piccamiglio (Giovanni) 165
Piédefer (Robert) 337
Piemont 47, 48
Piesz (Johann) 291
Pigasse (Nicolas) 356
Pinzon (Martin Alonso) 375
Pippin der Kurze, König von Frankreich 17
Pirkheimer (Familie) 119
Pisa (Italien) 29, 30, 50, 81, 99, 107, 149, 175, 183, 186, 194, 198, 230, 270, 284, 290, 298, 301, 311, 359
Pisano (Leonardo) 74
Pitti (Buonaccorso) 66, 86, 303, 372, 374
Plantagenets 31, 97, 105, 136, 143
Po 26, 47
Poilevilain (Familie) 123, 322
Poitiers (Vienne) 21, 152, 157, 318, 337
Polen 26, 35, 57, 82, 145, 208, 234, 329
Polo (Marco, der Junge) 29, 66, 67, 71, 72, 81, 82, 110, 163, 369, 375
— (Marco, der Alte) 28, 66
— (Matteo) 29, 66, 82
— (Niccolò) 28, 66, 82
Pommern 194
Pontassieve (Italien) 359
Ponte (Corrado dal) 221
Portinari (Familie) 132, 180, 181
— (Accerito de Folco) 180, 186
— (Allessandro di Adoardo) 180
— (Benedetto di Pigello) 180
— (Bernardo di Giovanni) 180, 185, 332
— (Folco di Adoardo) 180
— (Folco di Pigello) 180
— (Pigello di Folco) 180, 186
— (Tommaso di Folco) 84, 110, 134, 180, 183, 186, 236, 256, 301, 322, 332, 378, 382
Porto (Portugal) 55
Porto Pisano (Italien) 29, 44, 270, 311
Portugal 51, 82
Portz (Andrieu del) 286
Potier (Thomassin) 113
Prag (Tschechoslowakei) 49
Prato (Italien) 14, 57, 80, 172, 175, 205, 247, 302, 332, 357
Preußen 26, 34, 35, 194, 208
Provence 19, 27, 31, 43, 146, 173, 190, 236, 320, 324

Provins (Seine-et-Marne) 31, 35, 139, 237
Puy (Le), (Haute-Loire) 243, 247, 320
Pyrenäen 22, 57

Quarata (Italien) 358
Quinze joies de mariage (Les) 376

Rabata (Piero da) 242
Ragusa (Dubrovnik, Jugoslawien) 57, 163
Rapondi, Raponde (Familie) 54, 70, 84, 109, 123, 334
— (Andrea) 70, 84
— (Dino) 54, 70, 81, 110, 112, 134, 136, 322, 340, 354
— (Filippo) 70
— (Giovanni) 70
— (Filippa) 70
Ravello (Italien) 374
Ravensburg 59
— Große Ravensburger Handelsgesellschaft 59, 187, 198, 328
Regensburg 48, 216
Reims (Marne) 86, 261, 277, 316
Reuss 47
René, Herzog von Anjou, König von Neapel 320, 380
Reval (Tallin, Estland) 34, 45, 80, 122, 173, 196, 216
Rhein 18, 22, 23, 31, 38, 48, 49, 288
Rhodos (Griechenland) 78, 198, 303
Rhône 18, 47, 57, 172, 175
Riccardi (Familie) 109, 136, 255, 258
Ricci (Lotto) 172
Richard I. Löwenherz, König von England 42
Richard II. von England 77, 87, 128, 255, 318
Ridolfi (Baldo) 270
Riga (Lettland) 34, 67, 76, 112, 122, 169, 173, 196, 216, 279
Rimini (Italien) 30, 298
Riva (Bonvesin della) 372
Roanne (Loire) 22
Robert von Anjou, König von Neapel 255
Roberti (Antonio di Giovanni) 214
Rochelle (La), (Charente-Maritime) 23, 47, 97, 134, 193
Rodez (Aveyron) 25

405

Rom 17, 18, 23, 55, 180, 185, 198, 205, 228, 248, 283, 332, 382, 283, 385
Roseke (Johann) 376
Rossellino (Bernardo) 382
Rostock 43, 299
Rotenburg 310
Rouen (Seine-Maritime) 22, 23, 25, 26, 28, 60, 70, 77, 85, 90, 107, 117, 123, 136, 170, 187, 195, 232, 257, 310, 316, 333, 343, 344, 366, 367
Roussillon 329
Rovezzano (Italien) 359
Royer (Familie) 223
Ruballa (Italien) 358
Ruccelai (Giovanni) 380
Rudolph von Habsburg, Kaiser 143, 300
Ruffolo (Landolfo) 374
Ruhr 200
Rumänien 34
Russel (Sander) 146, 158
Rußland 11, 18, 34, 67, 81, 167, 192, 194
Rustichello von Pisa 66, 71, 72, 369, 374
Ruyelle (Guillaume) 227

Sac (Jean) 57, 134
Sacchetti (Franco) 347
Sachsen 59, 140, 199, 299
Saint-Cloud (Hauts-de-Seine) 266
Saint-Denis (Seine-Saint-Denis) 117, 366
Saint-Jean d'Angély (Charente-Maritime) 97, 98
Saint-Lô (Manche) 26, 55, 123
Saint-Omer (Pas-de-Calais) 86, 97, 193, 202, 274
Saint-Pourçain-sur-Sioule (Allier) 28
Saint-Quentin (Aisne) 366
Sale (Guilhem) 270
Salviati (Giovanni) 242, 303
Samland (Halbinsel) 35
Sandro (Marin) 372
San Gimignano (Italien) 51
San Giovanni Valdarno (Italien) 358
Sanguin (Guillaume) 340, 349, 350
Sankt Bernhard (Paß, Großer) 38, 48
— (Paß, Kleiner) 38
Sankt Gotthard (Paß) 47, 51
Saragossa (Spanien) 187
Sardinien 58

Sassetti (Francesco di Tommaso) 179, 182, 185, 186, 266, 267, 354, 357, 364, 380, 382
— (Federigo) 364
Savonarola 354, 355
Savoyen 48
Savoyen (Herzog von) 327
Scali (Familie) 109, 258
Scaglia de'Tiffi (Jacopo) 236
Scherf (Albert) 81
Schottland 26, 34, 55, 104
Schwarzes Meer 29, 30, 54, 60, 67, 108, 192, 200
Schweden 26, 34, 126, 145
Seeland (Dänemark) 105
Seine 21, 22, 23, 26, 31, 55, 58, 60, 85, 90, 195, 323, 336
Semur-en-Auxois (Côte-d'Or) 148
Sens (Yonne) 90
Septimus Severus, Kaiser 18
Sera (Luca del) 260
Setubal (Portugal) 47
Sevilla (Spanien) 11, 31, 54, 57, 58, 59, 60, 63, 198, 375
Sèvre 21
Sforza (Francesco) 185, 186, 309
Sibirien 76
Siena (Italien) 70, 109, 179, 197, 239, 240, 242, 282, 283, 284, 293, 298, 309, 311, 318, 360, 361, 362, 363
Sidjilmasa (Marokko) 163
Sigismund von Luxemburg, Kaiser 255, 300
Signorelli (Luca) 382
Simplon (Paß) 47
Singapur 67
Sixtus IV., Papst 382
Sizilien 19, 25, 58, 86, 139, 193, 254
Skandinavien 18, 34, 67, 194
Soissons (Aisne) 118
Soldaia (Krim) 29
Solingen 81, 136
Soranso (Donado) 293
Southampton (Großbritannien) 27, 28, 34, 44, 46, 51, 90
Spifame (Familie) 123
— (Bartolomeo) 135
— (Giovanni) 135
— (Jean) 134

Spinola (Nicolozzo)   49, 57
Splügen (Paß)   48
Spoleta (Italien)   119, 301
Stefani (Marchione di Copo)   72
Stockholm   102
Stralsund   70, 279, 299, 372
Stricca (Giacomino di)   70
Strozzi (Familie)   109, 130, 283, 289, 334, 380
— (Francesco degli)   283
— (Palla)   369, 379, 380
— (Rosso di Ubertino degli)   181
Stuttgart   48
Sudan   57, 58, 163
Sumatra   67
Suppa (Enrico)   268, 269
Suresnes (Hauts-de-Seine)   197
Syrakus (Italien, Sizilien)   30
Syrien   18, 29, 30, 86, 130, 198

Täbris (Iran)   67
Tana (La) (Rußland)   194, 198
Taranne (Jean)   266
Tarn (Fluß)   27
Tees (Fluß)   104
Tessin (Schweiz)   48
Thessalien   56
Theoderich, König der Franken   18
Thoiry (Yvelines)   350
Thomas von Aquin (Heiliger)   145, 210, 351, 360
Thorn (Polen)   26, 76, 77, 234, 360
Thüringen   59, 201, 323
Tiberius, Kaiser   18
Tici (Andrea di)   109
Tiepolo (Familie)   308
Timbuktu (Mali)   57, 163
Tiray (Jean)   364, 365
Tirol   48, 194, 207, 219, 256, 269, 323
Tirol (Friedrich II. von Habsburg, Graf von   59, 323
— (Sigismund, Graf von)   59, 219, 254
Tolfa (Italien)   28, 50, 57, 95, 186, 198, 201, 205, 235, 254, 256
Tolomei (Familie)   239, 240
Topler (Heinrich)   310
Tornabuoni (Familie)   303, 382, 385
— (Giovanna degli Albizzi)   383

— (Giovanni)   50, 51, 259, 380, 383
— (Lorenzo di Giovanni)   382, 383
— (Lucrezia)   381, 382
Tosinghi (Francesco)   248
Toulouse (Haute-Garonne)   22, 23, 25, 26, 27, 65, 80, 83, 93, 98, 116, 119, 130, 139, 162, 170, 173, 178, 186, 190, 196, 204, 243, 260, 280, 292, 316, 320, 338, 343
Tournai (Belgien)   87, 114, 204
Tournai (Pierre de)   87, 220
Tours (Indre-et-Loire)   78, 123, 139, 141, 155, 348
Toustain (Raoulet)   323
Trajan, Kaiser   18
Trapezunt (Türkei)   24, 30, 67, 112, 149, 194, 234
Trient (Italien)   22
Trier (Erzbischof von)   213
Tripolitanien   58
Troyes (Aube)   25, 31, 35, 123, 134, 135, 136, 155, 159, 340, 377
Tunis (Tunesien)   31, 58, 163
Tunesien   58, 177, 193
Turgis (Robert)   257
Turin (Italien)   47
Tweed (Fluß)   104

Ucello (Paolo)   381
Ugolini (Familie)   282
— (Ghino)   283
Ungarn   19, 23, 34, 57, 145, 163, 199, 219, 323, 329
Utrecht (Niederlande)   148, 301
Uzzano (Giovanni di Antonio da)   74

Valencia (Spanien)   58, 59, 81, 165, 175, 176, 187, 242, 248
Valenciennes (Nord)   111
Valois   26, 367
Van Buren (Godeman)   215
Van der Beurse (Familie)   227
Van der Goes (Hugo)   379, 382
Van der Weyden (Roger)   381
Van Eyck (Jan)   379, 381, 382
Vanves (Hauts-de-Seine)   266
Varye (Guillaume de)   327, 328
Vaynes (Jean de)   280
Veckinchusen (Familie)   173, 198, 253, 291

— (Cäsar)   173
— (Hildebrand)   58, 86, 173, 215, 255
— (Sievert)   58, 80, 173
Vellati (Donato)   72
Vendramin (Andrea)   307
Venedig   23, 28, 29, 30, 31, 42, 43, 44, 49, 50, 54, 57, 58, 59, 64, 65, 66, 67, 70, 74, 78, 80, 94, 96, 98, 103, 112, 114, 115, 116, 119, 128, 142, 143, 148, 149, 163, 169, 170, 172, 173, 180, 183, 185, 190, 193, 216, 227, 228, 243, 244, 245, 246, 252, 256, 260, 267, 268, 269, 279, 287, 288, 290, 291, 293, 298, 300, 303, 304, 305, 306, 307, 308, 309, 311, 323, 332, 339, 341, 342, 344, 372
— (Fondaco dei Tedeschi)   70
Vernon (Eure)   90, 367
Vespucci (Amerigo)   375
Vilasecha (Johan de)   171
Villani (Giovanni)   72, 371, 372
Villanueva de la Serena (Spanien)   179
Villehardouin (Geoffroy de)   71, 72
Villiers-Cotterêts (Aisne)   197
Villon (François)   257, 378
Vire (Calvados)   117
Visconti (Familie)   298
— (Valentine)   263
Vitale (Bartolomeo)   270
Vitry (Jacques de)   351
Vitry (Michèle de)   134

Vivaldi (Brüder)   57
Vogesen   140

Wallis   47
Warschau (Polen)   59
Weichsel   34, 42
Weser   34, 48
Wessel (Hans)   70, 372
Westmoreland (Großbritannien)   104
Westfalen   299
Wien   38, 187
Wimington (Großbritannien)   266
Winchester (Großbritannien)   57, 228
Wismar   299
Wroclaw (Breslau, Polen)   49

Yangshao (China)   67
Yonne (Fluß)   21
York (Herzogin von)   104, 322
Ypern (Belgien)   167, 201, 207, 297
Ysbarre (Augustin)   56, 257

Zaccharia (Benedetto)   134, 268, 269, 270, 346
Zaccheria (Guiliano del)   328
Zagreb (Kroatien)   66
Zürich   48
Zypern   42, 44, 47, 57, 116, 198, 300, 346